青少年权益维护法律法规及政策汇编

共青团中央维护青少年权益部
中国青少年研究中心 编

QINGSHAONIAN QUANYI WEIHU
FALÜ FAGUI JI ZHENGCE HUIBIAN

法律出版社
LAW PRESS·CHINA

汇编说明

党的十八大以来,以习近平同志为核心的党中央高度重视青少年健康成长,党和国家出台了一系列促进青少年发展的法律法规和政策措施。2017 年 4 月,党中央、国务院制定颁布《中长期青年发展规划(2016—2025 年)》,把“青少年权益维护的法律法规和政策体系更加完善,得到全面贯彻实施”作为发展目标之一。

中国特色社会主义进入新时代。在全面推进依法治国进程中,对运用法治思维和法治方式促进青少年发展提出了新的更高要求。为了系统梳理党的十八大以来我国有关青少年权益维护的法律法规和政策体系,共青团中央维护青少年权益部和中国青少年研究中心整理编辑了《青少年权益维护法律法规及政策汇编》(时间截至 2021 年 4 月底),目的是让全社会知晓和了解我国青少年权益维护方面的新规范,为广大青少年工作者提供全面、准确、便捷的工具书,也可作为增强青少年工作法治化的学习和培训用书。

目前我国有关青少年的法律规范多分散于不同法律规定中。为了方便查找,汇编时采取分类排列方法。首先,按照部门法分编为六编:宪法及相关法律,社会法及相关法律法规与政策,民法及相关法律法规,刑法、行政法及相关法律法规,诉讼法及相关法律法规,国际法规范。其次,对内容较多的“社会法及相关法律法规与政策”,按照青少年工作的专题内容再分为六类:总类、学习教育、劳动就业、安全卫生、文化体育、困难救助。每编按照法律法规的效力位阶和生效时间排列，为了便于读者查阅，部分地方也将关联度较高的法律法规编排在一起。

法律法规汇编是一项专业性很强的工作。编纂历时较长，书稿虽几经修改，仍难免出现疏漏之处。本书出版过程中，得到众多青少年领域法学研究者和实务工作者的指导，得到法律出版社的支持和帮助，在此一并表示感谢！

编　者

2021 年 5 月

目　　录

第一编　宪法及相关法律

第二编　社会法及相关法律法规与政策

第三编 民法及相关法律法规

第四编　刑法、行政法及相关法律法规

第五编　诉讼法及相关法律法规

第六编　国际法规范

第一编
宪法及相关法律

中华人民共和国宪法(节录)

(1982 年 12 月 4 日第五届全国人民代表大会第五次会议通过　1982 年 12 月 4 日中华人民共和国全国人民代表大会公告公布施行　根据 1988 年 4 月 12 日第七届全国人民代表大会第一次会议通过的《中华人民共和国宪法修正案》第一次修正　根据 1993 年 3 月 29 日第八届全国人民代表大会第一次会议通过的《中华人民共和国宪法修正案》第二次修正　根据 1999 年 3 月 15 日第九届全国人民代表大会第二次会议通过的《中华人民共和国宪法修正案》第三次修正　根据 2004 年 3 月 14 日第十届全国人民代表大会第二次会议通过的《中华人民共和国宪法修正案》第四次修正　根据 2018 年 3 月 11 日第十三届全国人民代表大会第一次会议通过的《中华人民共和国宪法修正案》第五次修正)

第二章　公民的基本权利和义务

第三十三条　凡具有中华人民共和国国籍的人都是中华人民共和国公民。

中华人民共和国公民在法律面前一律平等。

国家尊重和保障人权。

任何公民享有宪法和法律规定的权利,同时必须履行宪法和法律规定的义务。

第三十四条　中华人民共和国年满十八周岁的公民,不分民族、种族、性别、职业、家庭出身、宗教信仰、教育程度、财产状况、居住期限,都有选举权和被选举权;但是依照法律被剥夺政治权利的人除外。

第三十五条　中华人民共和国公民有言论、出版、集会、结社、游行、示威的自由。

第三十六条　中华人民共和国公民有宗教信仰自由。

任何国家机关、社会团体和个人不得强制公民信仰宗教或者不信仰宗教,不得歧视信仰宗教的公民和不信仰宗教的公民。

国家保护正常的宗教活动。任何人不得利用宗教进行破坏社会秩序、损害公民身体健康、妨碍国家教育制度的活动。

宗教团体和宗教事务不受外国势力的支配。

第三十七条　中华人民共和国公民的人身自由不受侵犯。

任何公民,非经人民检察院批准或者决定或者人民法院决定,并由公安机关执行,不受逮捕。

禁止非法拘禁和以其他方法非法剥夺或者限制公民的人身自由,禁止非法搜查公民的身体。

第三十八条　中华人民共和国公民的人格尊严不受侵犯。禁止用任何方法对公民进行侮辱、诽谤和诬告陷害。

第三十九条 中华人民共和国公民的住宅不受侵犯。禁止非法搜查或者非法侵入公民的住宅。

第四十条 中华人民共和国公民的通信自由和通信秘密受法律的保护。除因国家安全或者追查刑事犯罪的需要,由公安机关或者检察机关依照法律规定的程序对通信进行检查外,任何组织或者个人不得以任何理由侵犯公民的通信自由和通信秘密。

第四十一条 中华人民共和国公民对于任何国家机关和国家工作人员,有提出批评和建议的权利;对于任何国家机关和国家工作人员的违法失职行为,有向有关国家机关提出申诉、控告或者检举的权利,但是不得捏造或者歪曲事实进行诬告陷害。

对于公民的申诉、控告或者检举,有关国家机关必须查清事实,负责处理。任何人不得压制和打击报复。

由于国家机关和国家工作人员侵犯公民权利而受到损失的人,有依照法律规定取得赔偿的权利。

第四十二条 中华人民共和国公民有劳动的权利和义务。

国家通过各种途径,创造劳动就业条件,加强劳动保护,改善劳动条件,并在发展生产的基础上,提高劳动报酬和福利待遇。

劳动是一切有劳动能力的公民的光荣职责。国有企业和城乡集体经济组织的劳动者都应当以国家主人翁的态度对待自己的劳动。国家提倡社会主义劳动竞赛,奖励劳动模范和先进工作者。国家提倡公民从事义务劳动。

国家对就业前的公民进行必要的劳动就业训练。

第四十三条 中华人民共和国劳动者有休息的权利。

国家发展劳动者休息和休养的设施,规定职工的工作时间和休假制度。

第四十五条 中华人民共和国公民在年老、疾病或者丧失劳动能力的情况下,有从国家和社会获得物质帮助的权利。国家发展为公民享受这些权利所需要的社会保险、社会救济和医疗卫生事业。

国家和社会保障残废军人的生活,抚恤烈士家属,优待军人家属。

国家和社会帮助安排盲、聋、哑和其他有残疾的公民的劳动、生活和教育。

第四十六条 中华人民共和国公民有受教育的权利和义务。

国家培养青年、少年、儿童在品德、智力、体质等方面全面发展。

第四十七条 中华人民共和国公民有进行科学研究、文学艺术创作和其他文化活动的自由。国家对于从事教育、科学、技术、文学、艺术和其他文化事业的公民的有益于人民的创造性工作,给以鼓励和帮助。

第四十八条 中华人民共和国妇女在政治的、经济的、文化的、社会的和家庭的生活等各方面享有同男子平等的权利。

国家保护妇女的权利和利益,实行男女同工同酬,培养和选拔妇女干部。

第四十九条　婚姻、家庭、母亲和儿童受国家的保护。

夫妻双方有实行计划生育的义务。

父母有抚养教育未成年子女的义务，成年子女有赡养扶助父母的义务。

禁止破坏婚姻自由，禁止虐待老人、妇女和儿童。

第五十条　中华人民共和国保护华侨的正当的权利和利益，保护归侨和侨眷的合法的权利和利益。

第五十一条　中华人民共和国公民在行使自由和权利的时候，不得损害国家的、社会的、集体的利益和其他公民的合法的自由和权利。

第五十二条　中华人民共和国公民有维护国家统一和全国各民族团结的义务。

第五十三条　中华人民共和国公民必须遵守宪法和法律，保守国家秘密，爱护公共财产，遵守劳动纪律，遵守公共秩序，尊重社会公德。

第五十四条　中华人民共和国公民有维护祖国的安全、荣誉和利益的义务，不得有危害祖国的安全、荣誉和利益的行为。

第五十五条　保卫祖国、抵抗侵略是中华人民共和国每一个公民的神圣职责。

依照法律服兵役和参加民兵组织是中华人民共和国公民的光荣义务。

第五十六条　中华人民共和国公民有依照法律纳税的义务。

中华人民共和国全国人民代表大会和地方各级人民代表大会选举法(节录)

(1979年7月1日第五届全国人民代表大会第二次会议通过　根据1982年12月10日第五届全国人民代表大会第五次会议《关于修改〈中华人民共和国全国人民代表大会和地方各级人民代表大会选举法〉的若干规定的决议》第一次修正　根据1986年12月2日第六届全国人民代表大会常务委员会第十八次会议《关于修改〈中华人民共和国全国人民代表大会和地方各级人民代表大会选举法〉的决定》第二次修正　根据1995年2月28日第八届全国人民代表大会常务委员会第十二次会议《关于修改〈中华人民共和国全国人民代表大会和地方各级人民代表大会选举法〉的决定》第三次修正　根据2004年10月27日第十届全国人民代表大会常务委员会第十二次会议《关于修改〈中华人民共和国全国人民代表大会和地方各级人民代表大会选举法〉的决定》第四次修正　根据2010年3月14日第十一届全国人民代表大会第三次会议《关于修改〈中华人民共和国全国人民代表大会和地方各级人民代表大会选举法〉的决定》第五次修正　根据2015年8月29日第十二届全国人民代表大会常务委员会第十六次会议《关于修改〈中华人民共和国地方各级人民代表大会和地方各级人民政府组织法〉、〈中华人民共和国全国人民代表大会和地方各级人民代表大会选举法〉、〈中华人民共和国全国人民代表大会和地方各级人民代表大会代表法〉的决定》第六次修正)

第一章　总　　则

第三条　中华人民共和国年满十八周岁的公民,不分民族、种族、性别、职业、家庭出身、宗教信仰、教育程度、财产状况和居住期限,都有选举权和被选举权。

依照法律被剥夺政治权利的人没有选举权和被选举权。

第七章　选 民 登 记

第二十六条　选民登记按选区进行,经登记确认的选民资格长期有效。每次选举前对上次选民登记以后新满十八周岁的、被剥夺政治权利期满后恢复政治权利的选民,予以登记。对选民经登记后迁出原选区的,列入新迁入的选区的选民名单;对死亡的和依照法律被剥夺政治权利的人,从选民名单上除名。

精神病患者不能行使选举权利的,经选举委员会确认,不列入选民名单。

中华人民共和国民族区域自治法(节录)

(1984年5月31日第六届全国人民代表大会第二次会议通过 根据2001年2月28日第九届全国人民代表大会常务委员会第二十次会议《关于修改〈中华人民共和国民族区域自治法〉的决定》修正)

第三十七条 民族自治地方的自治机关自主地发展民族教育,扫除文盲,举办各类学校,普及九年义务教育,采取多种形式发展普通高级中等教育和中等职业技术教育,根据条件和需要发展高等教育,培养各少数民族专业人才。

民族自治地方的自治机关为少数民族牧区和经济困难、居住分散的少数民族山区,设立以寄宿为主和助学金为主的公办民族小学和民族中学,保障就读学生完成义务教育阶段的学业。办学经费和助学金由当地财政解决,当地财政困难的,上级财政应当给予补助。

招收少数民族学生为主的学校(班级)和其他教育机构,有条件的应当采用少数民族文字的课本,并用少数民族语言讲课;根据情况从小学低年级或者高年级起开设汉语文课程,推广全国通用的普通话和规范汉字。

各级人民政府要在财政方面扶持少数民族文字的教材和出版物的编译和出版工作。

第七十一条 国家加大对民族自治地方的教育投入,并采取特殊措施,帮助民族自治地方加速普及九年义务教育和发展其他教育事业,提高各民族人民的科学文化水平。

国家举办民族高等学校,在高等学校举办民族班、民族预科,专门或者主要招收少数民族学生,并且可以采取定向招生、定向分配的办法。高等学校和中等专业学校招收新生的时候,对少数民族考生适当放宽录取标准和条件,对人口特少的少数民族考生给予特殊照顾。各级人民政府和学校应当采取多种措施帮助家庭经济困难的少数民族学生完成学业。

国家在发达地区举办民族中学或者在普通中学开设民族班,招收少数民族学生实施中等教育。

国家帮助民族自治地方培养和培训各民族教师。国家组织和鼓励各民族教师和符合任职条件的各民族毕业生到民族自治地方从事教育教学工作,并给予他们相应的优惠待遇。

中华人民共和国
香港特别行政区基本法(节录)

(1990年4月4日第七届全国人民代表大会第三次会议通过　1990年4月4日中华人民共和国主席令第26号公布　自1997年7月1日起施行)

第二十四条　香港特别行政区居民,简称香港居民,包括永久居民和非永久性居民。

香港特别行政区永久性居民为:

(一)在香港特别行政区成立以前或以后在香港出生的中国公民;

(二)在香港特别行政区成立以前或以后在香港通常居住连续七年以上的中国公民;

(三)第(一)、(二)两项所列居民在香港以外所生的中国籍子女;

(四)在香港特别行政区成立以前或以后持有效旅行证件进入香港、在香港通常居住连续七年以上并以香港为永久居住地的非中国籍的人;

(五)在香港特别行政区成立以前或以后第(四)项所列居民在香港所生的未满二十一周岁的子女;

(六)第(一)至(五)项所列居民以外在香港特别行政区成立以前只在香港有居留权的人。

以上居民在香港特别行政区享有居留权和有资格依照香港特别行政区法律取得载明其居留权的永久性居民身份证。

香港特别行政区非永久性居民为:有资格依照香港特别行政区法律取得香港居民身份证,但没有居留权的人。

第一百三十六条　香港特别行政区政府在原有教育制度的基础上,自行制定有关教育的发展和改进的政策,包括教育体制和管理、教学语言、经费分配、考试制度、学位制度和承认学历等政策。

社会团体和私人可依法在香港特别行政区兴办各种教育事业。

第一百三十七条　各类院校均可保留其自主性并享有学术自由,可继续从香港特别行政区以外招聘教职员和选用教材。宗教组织所办的学校可继续提供宗教教育,包括开设宗教课程。

学生享有选择院校和在香港特别行政区以外求学的自由。

中华人民共和国
澳门特别行政区基本法(节录)

(1993年3月31日第八届全国人民代表大会第一次会议通过　1993年3月31日中华人民共和国主席令第3号公布　自1999年12月20日起实施)

第二十四条　澳门特别行政区居民,简称澳门居民,包括永久性居民和非永久性居民。

澳门特别行政区永久性居民为:

(一)在澳门特别行政区成立以前或以后在澳门出生的中国公民及其在澳门以外所生的中国籍子女;

(二)在澳门特别行政区成立以前或以后在澳门通常居住连续七年以上的中国公民及在其成为永久性居民后在澳门以外所生的中国籍子女;

(三)在澳门特别行政区成立以前或以后在澳门出生并以澳门为永久居住地的葡萄牙人;

(四)在澳门特别行政区成立以前或以后在澳门通常居住连续七年以上并以澳门为永久居住地的葡萄牙人;

(五)在澳门特别行政区成立以前或以后在澳门通常居住连续七年以上并以澳门为永久居住地的其他人;

(六)第(五)项所列永久性居民在澳门特别行政区成立以前或以后在澳门出生的未满十八周岁的子女。

以上居民在澳门特别行政区享有居留权并有资格领取澳门特别行政区永久性居民身份证。

澳门特别行政区非永久性居民为:有资格依照澳门特别行政区法律领取澳门居民身份证,但没有居留权的人。

第三十八条　澳门居民的婚姻自由、成立家庭和自愿生育的权利受法律保护。

妇女的合法权益受澳门特别行政区的保护。

未成年人、老年人和残疾人受澳门特别行政区的关怀和保护。

第一百二十一条　澳门特别行政区政府自行制定教育政策,包括教育体制和管理、教学语言、经费分配、考试制度、承认学历和学位等政策,推动教育的发展。

澳门特别行政区政府依法推行义务教育。

社会团体和私人可依法举办各种教育事业。

第一百二十二条　澳门原有各类学校均可继续开办。澳门特别行政区各类学校均有办学的自主性,依法享有教学自由和学术自由。

各类学校可以继续从澳门特别行政区以外招聘教职员和选用教材。学生享有选择院校和在澳门特别行政区以外求学的自由。

中华人民共和国国籍法(节录)

(1980年9月10日第五届全国人民代表大会第三次会议通过　1980年9月10日全国人民代表大会常务委员会委员长令第8号公布　自公布之日起施行)

第二条　中华人民共和国是统一的多民族的国家,各民族的人都具有中国国籍。

第三条　中华人民共和国不承认中国公民具有双重国籍。

第四条　父母双方或一方为中国公民,本人出生在中国,具有中国国籍。

第五条　父母双方或一方为中国公民,本人出生在外国,具有中国国籍;但父母双方或一方为中国公民并定居在外国,本人出生时即具有外国国籍的,不具有中国国籍。

第六条　父母无国籍或国籍不明,定居在中国,本人出生在中国,具有中国国籍。

第九条　定居外国的中国公民,自愿加入或取得外国国籍的,即自动丧失中国国籍。

第十四条　中国国籍的取得、丧失和恢复,除第九条规定的以外,必须办理申请手续。未满十八周岁的人,可由其父母或其他法定代理人代为办理申请。

中华人民共和国国旗法(节录)

(1990年6月28日第七届全国人民代表大会常务委员会第十四次会议通过　根据2009年8月27日第十一届全国人民代表大会常务委员会第十次会议《关于修改部分法律的决定》第一次修正　根据2020年10月17日第十三届全国人民代表大会常务委员会第二十二次会议《关于修改〈中华人民共和国国旗法〉的决定》第二次修正)

第六条　下列机构所在地应当在工作日升挂国旗:

(一)中国共产党中央各部门和地方各级委员会;

(二)国务院各部门;

(三)地方各级人民代表大会常务委员会;

(四)地方各级人民政府;

(五)中国共产党地方各级纪律检查委员会、地方各级监察委员会;

(六)地方各级人民法院和专门人民法院;

(七)地方各级人民检察院和专门人民检察院;

(八)中国人民政治协商会议地方各级委员会;

(九)各民主党派、各人民团体;

(十)中央人民政府驻香港特别行政区有关机构、中央人民政府驻澳门特别行政区有关机构。

学校除寒假、暑假和休息日外,应当每日升挂国旗。有条件的幼儿园参照学校的规定升挂国旗。

图书馆、博物馆、文化馆、美术馆、科技馆、纪念馆、展览馆、体育馆、青少年宫等公共文化体育设施应当在开放日升挂、悬挂国旗。

第十四条　升挂国旗时,可以举行升旗仪式。

举行升旗仪式时,应当奏唱国歌。在国旗升起的过程中,在场人员应当面向国旗肃立,行注目礼或者按照规定要求敬礼,不得有损害国旗尊严的行为。

北京天安门广场每日举行升旗仪式。

学校除假期外,每周举行一次升旗仪式。

第二十一条　国旗应当作为爱国主义教育的重要内容。

中小学应当教育学生了解国旗的历史和精神内涵、遵守国旗升挂使用规范和升旗仪式礼仪。

新闻媒体应当积极宣传国旗知识,引导公民和组织正确使用国旗及其图案。

中华人民共和国国徽法(节录)

(1991 年 3 月 2 日第七届全国人民代表大会常务委员会第十八次会议通过　根据 2009 年 8 月 27 日第十一届全国人民代表大会常务委员会第十次会议《关于修改部分法律的决定》第一次修正　根据 2020 年 10 月 17 日第十三届全国人民代表大会常务委员会第二十二次会议《关于修改〈中华人民共和国国徽法〉的决定》第二次修正)

第十五条　国徽应当作为爱国主义教育的重要内容。

中小学应当教育学生了解国徽的历史和精神内涵。

新闻媒体应当积极宣传国徽知识,引导公民和组织正确使用国徽及其图案。

中华人民共和国国歌法(节录)

(2017年9月1日第十二届全国人民代表大会常务委员会第二十九次会议通过　2017年9月1日中华人民共和国主席令第75号公布　自2017年10月1日起施行)

第十一条　国歌纳入中小学教育。

中小学应当将国歌作为爱国主义教育的重要内容,组织学生学唱国歌,教育学生了解国歌的历史和精神内涵、遵守国歌奏唱礼仪。

中华人民共和国
城市居民委员会组织法(节录)

(1989年12月26日第七届全国人民代表大会常务委员会第十一次会议通过　根据2018年12月29日第十三届全国人民代表大会常务委员会第七次会议《关于修改〈中华人民共和国村民委员会组织法〉〈中华人民共和国城市居民委员会组织法〉的决定》修正)

第九条　居民会议由十八周岁以上的居民组成。

居民会议可以由全体十八周岁以上的居民或者每户派代表参加,也可以由每个居民小组选举代表二至三人参加。

居民会议必须有全体十八周岁以上的居民、户的代表或者居民小组选举的代表的过半数出席,才能举行。会议的决定,由出席人的过半数通过。

第十条　居民委员会向居民会议负责并报告工作。

居民会议由居民委员会召集和主持。有五分之一以上的十八周岁以上的居民、五分之一以上的户或者三分之一以上的居民小组提议,应当召集居民会议。涉及全体居民利益的重要问题,居民委员会必须提请居民会议讨论决定。

居民会议有权撤换和补选居民委员会成员。

中华人民共和国
村民委员会组织法(节录)

(1998年11月4日第九届全国人民代表大会常务委员会第五次会议通过　2010年10月28日第十一届全国人民代表大会常务委员会第十七次会议修订　根据2018年12月29日第十三届全国人民代表大会常务委员会第七次会议《关于修改〈中华人民共和国村民委员会组织法〉〈中华人民共和国城市居民委员会组织法〉的决定》修正)

第十三条　年满十八周岁的村民,不分民族、种族、性别、职业、家庭出身、宗教信仰、教育程度、财产状况、居住期限,都有选举权和被选举权;但是,依照法律被剥夺政治权利的人除外。

村民委员会选举前,应当对下列人员进行登记,列入参加选举的村民名单:

(一)户籍在本村并且在本村居住的村民;

(二)户籍在本村,不在本村居住,本人表示参加选举的村民;

(三)户籍不在本村,在本村居住一年以上,本人申请参加选举,并且经村民会议或者村民代表会议同意参加选举的公民。

已在户籍所在村或者居住村登记参加选举的村民,不得再参加其他地方村民委员会的选举。

第二十一条　村民会议由本村十八周岁以上的村民组成。

村民会议由村民委员会召集。有十分之一以上的村民或者三分之一以上的村民代表提议,应当召集村民会议。召集村民会议,应当提前十天通知村民。

第二十二条　召开村民会议,应当有本村十八周岁以上村民的过半数,或者本村三分之二以上的户的代表参加,村民会议所作决定应当经到会人员的过半数通过。法律对召开村民会议及作出决定另有规定的,依照其规定。

召开村民会议,根据需要可以邀请驻本村的企业、事业单位和群众组织派代表列席。

中华人民共和国兵役法(节录)

(1984年5月31日第六届全国人民代表大会第二次会议通过　1984年5月31日中华人民共和国主席令第14号公布　根据1998年12月29日第九届全国人民代表大会常务委员会第六次会议《关于修改〈中华人民共和国兵役法〉的决定》第一次修正　根据2009年8月27日第十一届全国人民代表大会常务委员会第十次会议《关于修改部分法律的决定》第二次修正　根据2011年10月29日第十一届全国人民代表大会常务委员会第二十三次会议《关于修改〈中华人民共和国兵役法〉的决定》第三次修正)

第四章　军官的现役和预备役

第二十六条　现役军官由下列人员补充:

(一)选拔优秀士兵和普通高中毕业生入军队院校学习毕业的学员;

(二)选拔普通高等学校毕业的国防生和其他应届优秀毕业生;

(三)直接提升具有普通高等学校本科以上学历表现优秀的士兵;

(四)改任现役军官的文职干部;

(五)招收军队以外的专业技术人员和其他人员。

战时根据需要,可以从士兵、征召的预备役军官和非军事部门的人员中直接任命军官。

第二十七条　预备役军官包括下列人员:

(一)退出现役转入预备役的军官;

(二)确定服军官预备役的退出现役的士兵;

(三)确定服军官预备役的普通高等学校毕业学生;

(四)确定服军官预备役的专职人民武装干部和民兵干部;

(五)确定服军官预备役的非军事部门的干部和专业技术人员。

战时根据需要,可以从士兵、征召的预备役军官和非军事部门的人员中直接任命军官。

第五章　军队院校从青年学生中招收的学员

第三十一条　根据军队建设的需要,军队院校可以从青年学生中招收学员。招收学员的年龄,不受征集服现役年龄的限制。

第三十二条　学员完成学业考试合格的,由院校发给毕业证书,按照规定任命为现役军官、文职干部或者士官。

第三十三条　学员学完规定的科目，考试不合格的，由院校发给结业证书，回入学前户口所在地；就读期间其父母已办理户口迁移手续的，可以回父母现户口所在地，由县、自治县、市、市辖区的人民政府按照国家有关规定接收安置。

第三十四条　学员因患慢性病或者其他原因不宜在军队院校继续学习，经批准退学的，由院校发给肄业证书，回入学前户口所在地；就读期间其父母已办理户口迁移手续的，可以回父母现户口所在地，由县、自治县、市、市辖区的人民政府按照国家有关规定接收安置。

第三十五条　学员被开除学籍的，回入学前户口所在地；就读期间其父母已办理户口迁移手续的，可以回父母现户口所在地，由县、自治县、市、市辖区的人民政府按照国家有关规定办理。

第三十六条　军队根据国防建设的需要，可以依托普通高等学校招收、选拔培养国防生。国防生在校学习期间享受国防奖学金待遇，应当参加军事训练、政治教育，履行国防生培养协议规定的其他义务；毕业后应当履行培养协议到军队服现役，按照规定办理入伍手续，任命为现役军官或者文职干部。

国防生在校学习期间，按照有关规定不宜继续作为国防生培养，但符合所在学校普通生培养要求的，经军队有关部门批准，可以转为普通生；被开除学籍或者作退学处理的，由所在学校按照国家有关规定办理。

第三十七条　本法第三十二条、第三十三条、第三十四条、第三十五条的规定，也适用于从现役士兵中招收的学员。

第八章　普通高等学校和普通高中学生的军事训练

第四十五条　普通高等学校的学生在就学期间，必须接受基本军事训练。

根据国防建设的需要，对适合担任军官职务的学生，再进行短期集中训练，考核合格的，经军事机关批准，服军官预备役。

第四十六条　普通高等学校设军事训练机构，配备军事教员，组织实施学生的军事训练。

第四十五条　第二款规定的培养预备役军官的短期集中训练，由军事部门派出现役军官与普通高等学校军事训练机构共同组织实施。

第四十七条　普通高中和中等职业学校，配备军事教员，对学生实施军事训练。

第四十八条　普通高等学校和普通高中学生的军事训练，由教育部、国防部负责。教育部门和军事部门设学生军事训练的工作机构或者配备专人，承办学生军事训练工作。

第十章　现役军人的待遇和退出现役的安置

第五十四条　国家建立健全以扶持就业为主，自主就业、安排工作、退休、供养以及继续完成学业等多种方式相结合的士兵退出现役安置制度。

第五十五条 现役军人入伍前已被普通高等学校录取或者是正在普通高等学校就学的学生，服役期间保留入学资格或者学籍，退出现役后两年内允许入学或者复学，并按照国家有关规定享受奖学金、助学金和减免学费等优待；入学或者复学后参加国防生选拔、参加国家组织的农村基层服务项目人选选拔，以及毕业后参加军官人选选拔的，优先录取。

义务兵和服现役不满十二年的士官入伍前是机关、团体、企业事业单位工作人员或者职工的，服役期间保留人事关系或者劳动关系；退出现役后可以选择复职复工。

义务兵和士官服现役期间，入伍前依法取得的农村土地承包经营权，应当保留。

第五十六条 现役军人，残疾军人，退出现役军人，烈士、因公牺牲、病故军人遗属，现役军人家属，应当受到社会的尊重，受到国家和社会的优待。军官、士官的家属随军、就业、工作调动以及子女教育，享受国家和社会的优待。

第六十条 义务兵退出现役，按照国家规定发给退役金，由安置地的县级以上地方人民政府接收，根据当地的实际情况，可以发给经济补助。

义务兵退出现役，安置地的县级以上地方人民政府应当组织其免费参加职业教育、技能培训，经考试考核合格的，发给相应的学历证书、职业资格证书并推荐就业。退出现役义务兵就业享受国家扶持优惠政策。

义务兵退出现役，可以免试进入中等职业学校学习；报考普通高等学校以及接受成人教育的，享受加分以及其他优惠政策；在国家规定的年限内考入普通高等学校或者进入中等职业学校学习的，享受国家发给的助学金。

义务兵退出现役，报考公务员、应聘事业单位职位的，在军队服现役经历视为基层工作经历，同等条件下应当优先录用或者聘用。

服现役期间平时荣获二等功以上奖励或者战时荣获三等功以上奖励以及属于烈士子女和因战致残被评定为五级至八级残疾等级的义务兵退出现役，由安置地的县级以上地方人民政府安排工作；待安排工作期间由当地人民政府按照国家有关规定发给生活补助费；本人自愿选择自主就业的，依照本条第一款至第四款规定办理。

国家根据经济社会发展水平，适时调整退役金的标准。退出现役士兵安置所需经费，由中央和地方各级人民政府共同负担。

第六十五条 民兵、预备役人员因参战、参加军事训练、执行军事勤务牺牲、致残的，学生因参加军事训练牺牲、致残的，由当地人民政府依照军人抚恤优待条例的有关规定给予抚恤优待。

第二编

社会法及相关法律法规与政策

第一部分　总　　类

中华人民共和国未成年人保护法

（1991年9月4日第七届全国人民代表大会常务委员会第二十一次会议通过　2006年12月29日第十届全国人民代表大会常务委员会第二十五次会议第一次修订　根据2012年10月26日第十一届全国人民代表大会常务委员会第二十九次会议《关于修改〈中华人民共和国未成年人保护法〉的决定》修正　2020年10月17日第十三届全国人民代表大会常务委员会第二十二次会议第二次修订　自2021年6月1日起施行）

目　　录

第一章　总　　则

第一条　为了保护未成年人身心健康，保障未成年人合法权益，促进未成年人德智体美劳全面发展，培养有理想、有道德、有文化、有纪律的社会主义建设者和接班人，培养担当民族复兴大任的时代新人，根据宪法，制定本法。

第二条　本法所称未成年人是指未满十八周岁的公民。

第三条　国家保障未成年人的生存权、发展权、受保护权、参与权等权利。

未成年人依法平等地享有各项权利，不因本人及其父母或者其他监护人的民族、种族、性别、户籍、职业、宗教信仰、教育程度、家庭状况、身心健康状况等受到歧视。

第四条　保护未成年人，应当坚持最有利于未成年人的原则。处理涉及未成年人事项，应当符合下列要求：

（一）给予未成年人特殊、优先保护；

（二）尊重未成年人人格尊严；

（三）保护未成年人隐私权和个人信息；

（四）适应未成年人身心健康发展的规律和特点；

（五）听取未成年人的意见；

（六）保护与教育相结合。

第五条 国家、社会、学校和家庭应当对未成年人进行理想教育、道德教育、科学教育、文化教育、法治教育、国家安全教育、健康教育、劳动教育，加强爱国主义、集体主义和中国特色社会主义的教育，培养爱祖国、爱人民、爱劳动、爱科学、爱社会主义的公德，抵制资本主义、封建主义和其他腐朽思想的侵蚀，引导未成年人树立和践行社会主义核心价值观。

第六条 保护未成年人，是国家机关、武装力量、政党、人民团体、企业事业单位、社会组织、城乡基层群众性自治组织、未成年人的监护人以及其他成年人的共同责任。

国家、社会、学校和家庭应当教育和帮助未成年人维护自身合法权益，增强自我保护的意识和能力。

第七条 未成年人的父母或者其他监护人依法对未成年人承担监护职责。

国家采取措施指导、支持、帮助和监督未成年人的父母或者其他监护人履行监护职责。

第八条 县级以上人民政府应当将未成年人保护工作纳入国民经济和社会发展规划，相关经费纳入本级政府预算。

第九条 县级以上人民政府应当建立未成年人保护工作协调机制，统筹、协调、督促和指导有关部门在各自职责范围内做好未成年人保护工作。协调机制具体工作由县级以上人民政府民政部门承担，省级人民政府也可以根据本地实际情况确定由其他有关部门承担。

第十条 共产主义青年团、妇女联合会、工会、残疾人联合会、关心下一代工作委员会、青年联合会、学生联合会、少年先锋队以及其他人民团体、有关社会组织，应当协助各级人民政府及其有关部门、人民检察院、人民法院做好未成年人保护工作，维护未成年人合法权益。

第十一条 任何组织或者个人发现不利于未成年人身心健康或者侵犯未成年人合法权益的情形，都有权劝阻、制止或者向公安、民政、教育等有关部门提出检举、控告。

国家机关、居民委员会、村民委员会、密切接触未成年人的单位及其工作人员，在工作中发现未成年人身心健康受到侵害、疑似受到侵害或者面临其他危险情形的，应当立即向公安、民政、教育等有关部门报告。

有关部门接到涉及未成年人的检举、控告或者报告，应当依法及时受理、处置，并以适当方式将处理结果告知相关单位和人员。

第十二条　国家鼓励和支持未成年人保护方面的科学研究，建设相关学科、设置相关专业，加强人才培养。

第十三条　国家建立健全未成年人统计调查制度，开展未成年人健康、受教育等状况的统计、调查和分析，发布未成年人保护的有关信息。

第十四条　国家对保护未成年人有显著成绩的组织和个人给予表彰和奖励。

第二章　家 庭 保 护

第十五条　未成年人的父母或者其他监护人应当学习家庭教育知识，接受家庭教育指导，创造良好、和睦、文明的家庭环境。

共同生活的其他成年家庭成员应当协助未成年人的父母或者其他监护人抚养、教育和保护未成年人。

第十六条　未成年人的父母或者其他监护人应当履行下列监护职责：

（一）为未成年人提供生活、健康、安全等方面的保障；

（二）关注未成年人的生理、心理状况和情感需求；

（三）教育和引导未成年人遵纪守法、勤俭节约，养成良好的思想品德和行为习惯；

（四）对未成年人进行安全教育，提高未成年人的自我保护意识和能力；

（五）尊重未成年人受教育的权利，保障适龄未成年人依法接受并完成义务教育；

（六）保障未成年人休息、娱乐和体育锻炼的时间，引导未成年人进行有益身心健康的活动；

（七）妥善管理和保护未成年人的财产；

（八）依法代理未成年人实施民事法律行为；

（九）预防和制止未成年人的不良行为和违法犯罪行为，并进行合理管教；

（十）其他应当履行的监护职责。

第十七条　未成年人的父母或者其他监护人不得实施下列行为：

（一）虐待、遗弃、非法送养未成年人或者对未成年人实施家庭暴力；

（二）放任、教唆或者利用未成年人实施违法犯罪行为；

（三）放任、唆使未成年人参与邪教、迷信活动或者接受恐怖主义、分裂主义、极端主义等侵害；

（四）放任、唆使未成年人吸烟（含电子烟，下同）、饮酒、赌博、流浪乞讨或者欺凌他人；

（五）放任或者迫使应当接受义务教育的未成年人失学、辍学；

（六）放任未成年人沉迷网络，接触危害或者可能影响其身心健康的图书、报刊、电影、广播电视节目、音像制品、电子出版物和网络信息等；

（七）放任未成年人进入营业性娱乐场所、酒吧、互联网上网服务营业场所等不适宜未成年人活动的场所；

（八）允许或者迫使未成年人从事国家规定以外的劳动；

（九）允许、迫使未成年人结婚或者为未成年人订立婚约；

（十）违法处分、侵吞未成年人的财产或者利用未成年人牟取不正当利益；

（十一）其他侵犯未成年人身心健康、财产权益或者不依法履行未成年人保护义务的行为。

第十八条 未成年人的父母或者其他监护人应当为未成年人提供安全的家庭生活环境，及时排除引发触电、烫伤、跌落等伤害的安全隐患；采取配备儿童安全座椅、教育未成年人遵守交通规则等措施，防止未成年人受到交通事故的伤害；提高户外安全保护意识，避免未成年人发生溺水、动物伤害等事故。

第十九条 未成年人的父母或者其他监护人应当根据未成年人的年龄和智力发展状况，在作出与未成年人权益有关的决定前，听取未成年人的意见，充分考虑其真实意愿。

第二十条 未成年人的父母或者其他监护人发现未成年人身心健康受到侵害、疑似受到侵害或者其他合法权益受到侵犯的，应当及时了解情况并采取保护措施；情况严重的，应当立即向公安、民政、教育等部门报告。

第二十一条 未成年人的父母或者其他监护人不得使未满八周岁或者由于身体、心理原因需要特别照顾的未成年人处于无人看护状态，或者将其交由无民事行为能力、限制民事行为能力、患有严重传染性疾病或者其他不适宜的人员临时照护。

未成年人的父母或者其他监护人不得使未满十六周岁的未成年人脱离监护单独生活。

第二十二条 未成年人的父母或者其他监护人因外出务工等原因在一定期限内不能完全履行监护职责的，应当委托具有照护能力的完全民事行为能力人代为照护；无正当理由的，不得委托他人代为照护。

未成年人的父母或者其他监护人在确定被委托人时，应当综合考虑其道德品质、家庭状况、身心健康状况、与未成年人生活情感上的联系等情况，并听取有表达意愿能力未成年人的意见。

具有下列情形之一的，不得作为被委托人：

（一）曾实施性侵害、虐待、遗弃、拐卖、暴力伤害等违法犯罪行为；

（二）有吸毒、酗酒、赌博等恶习；

（三）曾拒不履行或者长期怠于履行监护、照护职责；

（四）其他不适宜担任被委托人的情形。

第二十三条 未成年人的父母或者其他监护人应当及时将委托照护情况书面告知未成年人所在学校、幼儿园和实际居住地的居民委员会、村民委员会，加强和未成年人所在学校、幼儿园的沟通；与未成年人、被委托人至少每周联系和交流一次，了解未成年人的生活、学习、心理等情况，并给予未成年人亲情关爱。

未成年人的父母或者其他监护人接到被委托人、居民委员会、村民委员会、学校、幼儿园等关于未成年人心理、行为异常的通知后，应当及时采取干预措施。

第二十四条　未成年人的父母离婚时，应当妥善处理未成年子女的抚养、教育、探望、财产等事宜，听取有表达意愿能力未成年人的意见。不得以抢夺、藏匿未成年子女等方式争夺抚养权。

未成年人的父母离婚后，不直接抚养未成年子女的一方应当依照协议、人民法院判决或者调解确定的时间和方式，在不影响未成年人学习、生活的情况下探望未成年子女，直接抚养的一方应当配合，但被人民法院依法中止探望权的除外。

第三章　学 校 保 护

第二十五条　学校应当全面贯彻国家教育方针，坚持立德树人，实施素质教育，提高教育质量，注重培养未成年学生认知能力、合作能力、创新能力和实践能力，促进未成年学生全面发展。

学校应当建立未成年学生保护工作制度，健全学生行为规范，培养未成年学生遵纪守法的良好行为习惯。

第二十六条　幼儿园应当做好保育、教育工作，遵循幼儿身心发展规律，实施启蒙教育，促进幼儿在体质、智力、品德等方面和谐发展。

第二十七条　学校、幼儿园的教职员工应当尊重未成年人人格尊严，不得对未成年人实施体罚、变相体罚或者其他侮辱人格尊严的行为。

第二十八条　学校应当保障未成年学生受教育的权利，不得违反国家规定开除、变相开除未成年学生。

学校应当对尚未完成义务教育的辍学未成年学生进行登记并劝返复学；劝返无效的，应当及时向教育行政部门书面报告。

第二十九条　学校应当关心、爱护未成年学生，不得因家庭、身体、心理、学习能力等情况歧视学生。对家庭困难、身心有障碍的学生，应当提供关爱；对行为异常、学习有困难的学生，应当耐心帮助。

学校应当配合政府有关部门建立留守未成年学生、困境未成年学生的信息档案，开展关爱帮扶工作。

第三十条　学校应当根据未成年学生身心发展特点，进行社会生活指导、心理健康辅导、青春期教育和生命教育。

第三十一条　学校应当组织未成年学生参加与其年龄相适应的日常生活劳动、生产劳动和服务性劳动，帮助未成年学生掌握必要的劳动知识和技能，养成良好的劳动习惯。

第三十二条　学校、幼儿园应当开展勤俭节约、反对浪费、珍惜粮食、文明饮食等宣传教育活动，帮助未成年人树立浪费可耻、节约为荣的意识，养成文明健康、绿色环保的生活习惯。

第三十三条 学校应当与未成年学生的父母或者其他监护人互相配合，合理安排未成年学生的学习时间，保障其休息、娱乐和体育锻炼的时间。

学校不得占用国家法定节假日、休息日及寒暑假期，组织义务教育阶段的未成年学生集体补课，加重其学习负担。

幼儿园、校外培训机构不得对学龄前未成年人进行小学课程教育。

第三十四条 学校、幼儿园应当提供必要的卫生保健条件，协助卫生健康部门做好在校、在园未成年人的卫生保健工作。

第三十五条 学校、幼儿园应当建立安全管理制度，对未成年人进行安全教育，完善安保设施、配备安保人员，保障未成年人在校、在园期间的人身和财产安全。

学校、幼儿园不得在危及未成年人人身安全、身心健康的校舍和其他设施、场所中进行教育教学活动。

学校、幼儿园安排未成年人参加文化娱乐、社会实践等集体活动，应当保护未成年人的身心健康，防止发生人身伤害事故。

第三十六条 使用校车的学校、幼儿园应当建立健全校车安全管理制度，配备安全管理人员，定期对校车进行安全检查，对校车驾驶人进行安全教育，并向未成年人讲解校车安全乘坐知识，培养未成年人校车安全事故应急处理技能。

第三十七条 学校、幼儿园应当根据需要，制定应对自然灾害、事故灾难、公共卫生事件等突发事件和意外伤害的预案，配备相应设施并定期进行必要的演练。

未成年人在校内、园内或者本校、本园组织的校外、园外活动中发生人身伤害事故的，学校、幼儿园应当立即救护，妥善处理，及时通知未成年人的父母或者其他监护人，并向有关部门报告。

第三十八条 学校、幼儿园不得安排未成年人参加商业性活动，不得向未成年人及其父母或者其他监护人推销或者要求其购买指定的商品和服务。

学校、幼儿园不得与校外培训机构合作为未成年人提供有偿课程辅导。

第三十九条 学校应当建立学生欺凌防控工作制度，对教职员工、学生等开展防治学生欺凌的教育和培训。

学校对学生欺凌行为应当立即制止，通知实施欺凌和被欺凌未成年学生的父母或者其他监护人参与欺凌行为的认定和处理；对相关未成年学生及时给予心理辅导、教育和引导；对相关未成年学生的父母或者其他监护人给予必要的家庭教育指导。

对实施欺凌的未成年学生，学校应当根据欺凌行为的性质和程度，依法加强管教。对严重的欺凌行为，学校不得隐瞒，应当及时向公安机关、教育行政部门报告，并配合相关部门依法处理。

第四十条 学校、幼儿园应当建立预防性侵害、性骚扰未成年人工作制度。对性侵害、性骚扰未成年人等违法犯罪行为，学校、幼儿园不得隐瞒，应当及时向公安机关、教育行政部门报告，并配合相关部门依法处理。

学校、幼儿园应当对未成年人开展适合其年龄的性教育，提高未成年人防范性侵害、性骚扰的自我保护意识和能力。对遭受性侵害、性骚扰的未成年人，学校、幼儿园应当及时采取相关的保护措施。

第四十一条　婴幼儿照护服务机构、早期教育服务机构、校外培训机构、校外托管机构等应当参照本章有关规定，根据不同年龄阶段未成年人的成长特点和规律，做好未成年人保护工作。

第四章　社会保护

第四十二条　全社会应当树立关心、爱护未成年人的良好风尚。

国家鼓励、支持和引导人民团体、企业事业单位、社会组织以及其他组织和个人，开展有利于未成年人健康成长的社会活动和服务。

第四十三条　居民委员会、村民委员会应当设置专人专岗负责未成年人保护工作，协助政府有关部门宣传未成年人保护方面的法律法规，指导、帮助和监督未成年人的父母或者其他监护人依法履行监护职责，建立留守未成年人、困境未成年人的信息档案并给予关爱帮扶。

居民委员会、村民委员会应当协助政府有关部门监督未成年人委托照护情况，发现被委托人缺乏照护能力、怠于履行照护职责等情况，应当及时向政府有关部门报告，并告知未成年人的父母或者其他监护人，帮助、督促被委托人履行照护职责。

第四十四条　爱国主义教育基地、图书馆、青少年宫、儿童活动中心、儿童之家应当对未成年人免费开放；博物馆、纪念馆、科技馆、展览馆、美术馆、文化馆、社区公益性互联网上网服务场所以及影剧院、体育场馆、动物园、植物园、公园等场所，应当按照有关规定对未成年人免费或者优惠开放。

国家鼓励爱国主义教育基地、博物馆、科技馆、美术馆等公共场馆开设未成年人专场，为未成年人提供有针对性的服务。

国家鼓励国家机关、企业事业单位、部队等开发自身教育资源，设立未成年人开放日，为未成年人主题教育、社会实践、职业体验等提供支持。

国家鼓励科研机构和科技类社会组织对未成年人开展科学普及活动。

第四十五条　城市公共交通以及公路、铁路、水路、航空客运等应当按照有关规定对未成年人实施免费或者优惠票价。

第四十六条　国家鼓励大型公共场所、公共交通工具、旅游景区景点等设置母婴室、婴儿护理台以及方便幼儿使用的坐便器、洗手台等卫生设施，为未成年人提供便利。

第四十七条　任何组织或者个人不得违反有关规定，限制未成年人应当享有的照顾或者优惠。

第四十八条　国家鼓励创作、出版、制作和传播有利于未成年人健康成长的图书、报刊、电影、广播电视节目、舞台艺术作品、音像制品、电子出版物和网络信息等。

第四十九条 新闻媒体应当加强未成年人保护方面的宣传，对侵犯未成年人合法权益的行为进行舆论监督。新闻媒体采访报道涉及未成年人事件应当客观、审慎和适度，不得侵犯未成年人的名誉、隐私和其他合法权益。

第五十条 禁止制作、复制、出版、发布、传播含有宣扬淫秽、色情、暴力、邪教、迷信、赌博、引诱自杀、恐怖主义、分裂主义、极端主义等危害未成年人身心健康内容的图书、报刊、电影、广播电视节目、舞台艺术作品、音像制品、电子出版物和网络信息等。

第五十一条 任何组织或者个人出版、发布、传播的图书、报刊、电影、广播电视节目、舞台艺术作品、音像制品、电子出版物或者网络信息，包含可能影响未成年人身心健康内容的，应当以显著方式作出提示。

第五十二条 禁止制作、复制、发布、传播或者持有有关未成年人的淫秽色情物品和网络信息。

第五十三条 任何组织或者个人不得刊登、播放、张贴或者散发含有危害未成年人身心健康内容的广告；不得在学校、幼儿园播放、张贴或者散发商业广告；不得利用校服、教材等发布或者变相发布商业广告。

第五十四条 禁止拐卖、绑架、虐待、非法收养未成年人，禁止对未成年人实施性侵害、性骚扰。

禁止胁迫、引诱、教唆未成年人参加黑社会性质组织或者从事违法犯罪活动。

禁止胁迫、诱骗、利用未成年人乞讨。

第五十五条 生产、销售用于未成年人的食品、药品、玩具、用具和游戏游艺设备、游乐设施等，应当符合国家或者行业标准，不得危害未成年人的人身安全和身心健康。上述产品的生产者应当在显著位置标明注意事项，未标明注意事项的不得销售。

第五十六条 未成年人集中活动的公共场所应当符合国家或者行业安全标准，并采取相应安全保护措施。对可能存在安全风险的设施，应当定期进行维护，在显著位置设置安全警示标志并标明适龄范围和注意事项；必要时应当安排专门人员看管。

大型的商场、超市、医院、图书馆、博物馆、科技馆、游乐场、车站、码头、机场、旅游景区景点等场所运营单位应当设置搜寻走失未成年人的安全警报系统。场所运营单位接到求助后，应当立即启动安全警报系统，组织人员进行搜寻并向公安机关报告。

公共场所发生突发事件时，应当优先救护未成年人。

第五十七条 旅馆、宾馆、酒店等住宿经营者接待未成年人入住，或者接待未成年人和成年人共同入住时，应当询问父母或者其他监护人的联系方式、入住人员的身份关系等有关情况；发现有违法犯罪嫌疑的，应当立即向公安机关报告，并及时联系未成年人的父母或者其他监护人。

第五十八条 学校、幼儿园周边不得设置营业性娱乐场所、酒吧、互联网上网服务营业场所等不适宜未成年人活动的场所。营业性歌舞娱乐场所、酒吧、互联网上网服务营业场所等不适宜未成年人活动场所的经营者，不得允许未成年人进入；游艺娱乐场所设置的电子游戏设备，除国家法定节假日外，不得向未成年人提供。经营者应当在显著位置设置未成年人禁入、限入标志；对难以判明是否是未成年人的，应当要求其出示身份证件。

第五十九条　学校、幼儿园周边不得设置烟、酒、彩票销售网点。禁止向未成年人销售烟、酒、彩票或者兑付彩票奖金。烟、酒和彩票经营者应当在显著位置设置不向未成年人销售烟、酒或者彩票的标志；对难以判明是否是未成年人的，应当要求其出示身份证件。

任何人不得在学校、幼儿园和其他未成年人集中活动的公共场所吸烟、饮酒。

第六十条　禁止向未成年人提供、销售管制刀具或者其他可能致人严重伤害的器具等物品。经营者难以判明购买者是否是未成年人的，应当要求其出示身份证件。

第六十一条　任何组织或者个人不得招用未满十六周岁未成年人，国家另有规定的除外。

营业性娱乐场所、酒吧、互联网上网服务营业场所等不适宜未成年人活动的场所不得招用已满十六周岁的未成年人。

招用已满十六周岁未成年人的单位和个人应当执行国家在工种、劳动时间、劳动强度和保护措施等方面的规定，不得安排其从事过重、有毒、有害等危害未成年人身心健康的劳动或者危险作业。

任何组织或者个人不得组织未成年人进行危害其身心健康的表演等活动。经未成年人的父母或者其他监护人同意，未成年人参与演出、节目制作等活动，活动组织方应当根据国家有关规定，保障未成年人合法权益。

第六十二条　密切接触未成年人的单位招聘工作人员时，应当向公安机关、人民检察院查询应聘者是否具有性侵害、虐待、拐卖、暴力伤害等违法犯罪记录；发现其具有前述行为记录的，不得录用。

密切接触未成年人的单位应当每年定期对工作人员是否具有上述违法犯罪记录进行查询。通过查询或者其他方式发现其工作人员具有上述行为的，应当及时解聘。

第六十三条　任何组织或者个人不得隐匿、毁弃、非法删除未成年人的信件、日记、电子邮件或者其他网络通讯内容。

除下列情形外，任何组织或者个人不得开拆、查阅未成年人的信件、日记、电子邮件或者其他网络通讯内容：

（一）无民事行为能力未成年人的父母或者其他监护人代未成年人开拆、查阅；

（二）因国家安全或者追查刑事犯罪依法进行检查；

（三）紧急情况下为了保护未成年人本人的人身安全。

第五章　网 络 保 护

第六十四条　国家、社会、学校和家庭应当加强未成年人网络素养宣传教育，培养和提高未成年人的网络素养，增强未成年人科学、文明、安全、合理使用网络的意识和能力，保障未成年人在网络空间的合法权益。

第六十五条 国家鼓励和支持有利于未成年人健康成长的网络内容的创作与传播，鼓励和支持专门以未成年人为服务对象、适合未成年人身心健康特点的网络技术、产品、服务的研发、生产和使用。

第六十六条 网信部门及其他有关部门应当加强对未成年人网络保护工作的监督检查，依法惩处利用网络从事危害未成年人身心健康的活动，为未成年人提供安全、健康的网络环境。

第六十七条 网信部门会同公安、文化和旅游、新闻出版、电影、广播电视等部门根据保护不同年龄阶段未成年人的需要，确定可能影响未成年人身心健康网络信息的种类、范围和判断标准。

第六十八条 新闻出版、教育、卫生健康、文化和旅游、网信等部门应当定期开展预防未成年人沉迷网络的宣传教育，监督网络产品和服务提供者履行预防未成年人沉迷网络的义务，指导家庭、学校、社会组织互相配合，采取科学、合理的方式对未成年人沉迷网络进行预防和干预。

任何组织或者个人不得以侵害未成年人身心健康的方式对未成年人沉迷网络进行干预。

第六十九条 学校、社区、图书馆、文化馆、青少年宫等场所为未成年人提供的互联网上网服务设施，应当安装未成年人网络保护软件或者采取其他安全保护技术措施。

智能终端产品的制造者、销售者应当在产品上安装未成年人网络保护软件，或者以显著方式告知用户未成年人网络保护软件的安装渠道和方法。

第七十条 学校应当合理使用网络开展教学活动。未经学校允许，未成年学生不得将手机等智能终端产品带入课堂，带入学校的应当统一管理。

学校发现未成年学生沉迷网络的，应当及时告知其父母或者其他监护人，共同对未成年学生进行教育和引导，帮助其恢复正常的学习生活。

第七十一条 未成年人的父母或者其他监护人应当提高网络素养，规范自身使用网络的行为，加强对未成年人使用网络行为的引导和监督。

未成年人的父母或者其他监护人应当通过在智能终端产品上安装未成年人网络保护软件、选择适合未成年人的服务模式和管理功能等方式，避免未成年人接触危害或者可能影响其身心健康的网络信息，合理安排未成年人使用网络的时间，有效预防未成年人沉迷网络。

第七十二条 信息处理者通过网络处理未成年人个人信息的，应当遵循合法、正当和必要的原则。处理不满十四周岁未成年人个人信息的，应当征得未成年人的父母或者其他监护人同意，但法律、行政法规另有规定的除外。

未成年人、父母或者其他监护人要求信息处理者更正、删除未成年人个人信息的，信息处理者应当及时采取措施予以更正、删除，但法律、行政法规另有规定的除外。

第七十三条 网络服务提供者发现未成年人通过网络发布私密信息的，应当及时提示，并采取必要的保护措施。

第七十四条 网络产品和服务提供者不得向未成年人提供诱导其沉迷的产品和服务。

网络游戏、网络直播、网络音视频、网络社交等网络服务提供者应当针对未成年人使用其服务设置相应的时间管理、权限管理、消费管理等功能。

以未成年人为服务对象的在线教育网络产品和服务，不得插入网络游戏链接，不得推送广告等与教学无关的信息。

第七十五条 网络游戏经依法审批后方可运营。

国家建立统一的未成年人网络游戏电子身份认证系统。网络游戏服务提供者应当要求未成年人以真实身份信息注册并登录网络游戏。

网络游戏服务提供者应当按照国家有关规定和标准，对游戏产品进行分类，作出适龄提示，并采取技术措施，不得让未成年人接触不适宜的游戏或者游戏功能。

网络游戏服务提供者不得在每日二十二时至次日八时向未成年人提供网络游戏服务。

第七十六条 网络直播服务提供者不得为未满十六周岁的未成年人提供网络直播发布者账号注册服务；为年满十六周岁的未成年人提供网络直播发布者账号注册服务时，应当对其身份信息进行认证，并征得其父母或者其他监护人同意。

第七十七条 任何组织或者个人不得通过网络以文字、图片、音视频等形式，对未成年人实施侮辱、诽谤、威胁或者恶意损害形象等网络欺凌行为。

遭受网络欺凌的未成年人及其父母或者其他监护人有权通知网络服务提供者采取删除、屏蔽、断开链接等措施。网络服务提供者接到通知后，应当及时采取必要的措施制止网络欺凌行为，防止信息扩散。

第七十八条 网络产品和服务提供者应当建立便捷、合理、有效的投诉和举报渠道，公开投诉、举报方式等信息，及时受理并处理涉及未成年人的投诉、举报。

第七十九条 任何组织或者个人发现网络产品、服务含有危害未成年人身心健康的信息，有权向网络产品和服务提供者或者网信、公安等部门投诉、举报。

第八十条 网络服务提供者发现用户发布、传播可能影响未成年人身心健康的信息且未作显著提示的，应当作出提示或者通知用户予以提示；未作出提示的，不得传输相关信息。

网络服务提供者发现用户发布、传播含有危害未成年人身心健康内容的信息的，应当立即停止传输相关信息，采取删除、屏蔽、断开链接等处置措施，保存有关记录，并向网信、公安等部门报告。

网络服务提供者发现用户利用其网络服务对未成年人实施违法犯罪行为的，应当立即停止向该用户提供网络服务，保存有关记录，并向公安机关报告。

第六章 政 府 保 护

第八十一条 县级以上人民政府承担未成年人保护协调机制具体工作的职能部门应当明确相关内设机构或者专门人员,负责承担未成年人保护工作。

乡镇人民政府和街道办事处应当设立未成年人保护工作站或者指定专门人员,及时办理未成年人相关事务;支持、指导居民委员会、村民委员会设立专人专岗,做好未成年人保护工作。

第八十二条 各级人民政府应当将家庭教育指导服务纳入城乡公共服务体系,开展家庭教育知识宣传,鼓励和支持有关人民团体、企业事业单位、社会组织开展家庭教育指导服务。

第八十三条 各级人民政府应当保障未成年人受教育的权利,并采取措施保障留守未成年人、困境未成年人、残疾未成年人接受义务教育。

对尚未完成义务教育的辍学未成年学生,教育行政部门应当责令父母或者其他监护人将其送入学校接受义务教育。

第八十四条 各级人民政府应当发展托育、学前教育事业,办好婴幼儿照护服务机构、幼儿园,支持社会力量依法兴办母婴室、婴幼儿照护服务机构、幼儿园。

县级以上地方人民政府及其有关部门应当培养和培训婴幼儿照护服务机构、幼儿园的保教人员,提高其职业道德素质和业务能力。

第八十五条 各级人民政府应当发展职业教育,保障未成年人接受职业教育或者职业技能培训,鼓励和支持人民团体、企业事业单位、社会组织为未成年人提供职业技能培训服务。

第八十六条 各级人民政府应当保障具有接受普通教育能力、能适应校园生活的残疾未成年人就近在普通学校、幼儿园接受教育;保障不具有接受普通教育能力的残疾未成年人在特殊教育学校、幼儿园接受学前教育、义务教育和职业教育。

各级人民政府应当保障特殊教育学校、幼儿园的办学、办园条件,鼓励和支持社会力量举办特殊教育学校、幼儿园。

第八十七条 地方人民政府及其有关部门应当保障校园安全,监督、指导学校、幼儿园等单位落实校园安全责任,建立突发事件的报告、处置和协调机制。

第八十八条 公安机关和其他有关部门应当依法维护校园周边的治安和交通秩序,设置监控设备和交通安全设施,预防和制止侵害未成年人的违法犯罪行为。

第八十九条 地方人民政府应当建立和改善适合未成年人的活动场所和设施,支持公益性未成年人活动场所和设施的建设和运行,鼓励社会力量兴办适合未成年人的活动场所和设施,并加强管理。

地方人民政府应当采取措施,鼓励和支持学校在国家法定节假日、休息日及寒暑假期将文化体育设施对未成年人免费或者优惠开放。

地方人民政府应当采取措施，防止任何组织或者个人侵占、破坏学校、幼儿园、婴幼儿照护服务机构等未成年人活动场所的场地、房屋和设施。

第九十条　各级人民政府及其有关部门应当对未成年人进行卫生保健和营养指导，提供卫生保健服务。

卫生健康部门应当依法对未成年人的疫苗预防接种进行规范，防治未成年人常见病、多发病，加强传染病防治和监督管理，做好伤害预防和干预，指导和监督学校、幼儿园、婴幼儿照护服务机构开展卫生保健工作。

教育行政部门应当加强未成年人的心理健康教育，建立未成年人心理问题的早期发现和及时干预机制。卫生健康部门应当做好未成年人心理治疗、心理危机干预以及精神障碍早期识别和诊断治疗等工作。

第九十一条　各级人民政府及其有关部门对困境未成年人实施分类保障，采取措施满足其生活、教育、安全、医疗康复、住房等方面的基本需要。

第九十二条　具有下列情形之一的，民政部门应当依法对未成年人进行临时监护：

（一）未成年人流浪乞讨或者身份不明，暂时查找不到父母或者其他监护人；

（二）监护人下落不明且无其他人可以担任监护人；

（三）监护人因自身客观原因或者因发生自然灾害、事故灾难、公共卫生事件等突发事件不能履行监护职责，导致未成年人监护缺失；

（四）监护人拒绝或者怠于履行监护职责，导致未成年人处于无人照料的状态；

（五）监护人教唆、利用未成年人实施违法犯罪行为，未成年人需要被带离安置；

（六）未成年人遭受监护人严重伤害或者面临人身安全威胁，需要被紧急安置；

（七）法律规定的其他情形。

第九十三条　对临时监护的未成年人，民政部门可以采取委托亲属抚养、家庭寄养等方式进行安置，也可以交由未成年人救助保护机构或者儿童福利机构进行收留、抚养。

临时监护期间，经民政部门评估，监护人重新具备履行监护职责条件的，民政部门可以将未成年人送回监护人抚养。

第九十四条　具有下列情形之一的，民政部门应当依法对未成年人进行长期监护：

（一）查找不到未成年人的父母或者其他监护人；

（二）监护人死亡或者被宣告死亡且无其他人可以担任监护人；

（三）监护人丧失监护能力且无其他人可以担任监护人；

（四）人民法院判决撤销监护人资格并指定由民政部门担任监护人；

（五）法律规定的其他情形。

第九十五条　民政部门进行收养评估后，可以依法将其长期监护的未成年人交由符合条件的申请人收养。收养关系成立后，民政部门与未成年人的监护关系终止。

第九十六条　民政部门承担临时监护或者长期监护职责的，财政、教育、卫生健康、公安等部门应当根据各自职责予以配合。

县级以上人民政府及其民政部门应当根据需要设立未成年人救助保护机构、儿童福利机构，负责收留、抚养由民政部门监护的未成年人。

第九十七条 县级以上人民政府应当开通全国统一的未成年人保护热线，及时受理、转介侵犯未成年人合法权益的投诉、举报；鼓励和支持人民团体、企业事业单位、社会组织参与建设未成年人保护服务平台、服务热线、服务站点，提供未成年人保护方面的咨询、帮助。

第九十八条 国家建立性侵害、虐待、拐卖、暴力伤害等违法犯罪人员信息查询系统，向密切接触未成年人的单位提供免费查询服务。

第九十九条 地方人民政府应当培育、引导和规范有关社会组织、社会工作者参与未成年人保护工作，开展家庭教育指导服务，为未成年人的心理辅导、康复救助、监护及收养评估等提供专业服务。

第七章 司法保护

第一百条 公安机关、人民检察院、人民法院和司法行政部门应当依法履行职责，保障未成年人合法权益。

第一百零一条 公安机关、人民检察院、人民法院和司法行政部门应当确定专门机构或者指定专门人员，负责办理涉及未成年人案件。办理涉及未成年人案件的人员应当经过专门培训，熟悉未成年人身心特点。专门机构或者专门人员中，应当有女性工作人员。

公安机关、人民检察院、人民法院和司法行政部门应当对上述机构和人员实行与未成年人保护工作相适应的评价考核标准。

第一百零二条 公安机关、人民检察院、人民法院和司法行政部门办理涉及未成年人案件，应当考虑未成年人身心特点和健康成长的需要，使用未成年人能够理解的语言和表达方式，听取未成年人的意见。

第一百零三条 公安机关、人民检察院、人民法院、司法行政部门以及其他组织和个人不得披露有关案件中未成年人的姓名、影像、住所、就读学校以及其他可能识别出其身份的信息，但查找失踪、被拐卖未成年人等情形除外。

第一百零四条 对需要法律援助或者司法救助的未成年人，法律援助机构或者公安机关、人民检察院、人民法院和司法行政部门应当给予帮助，依法为其提供法律援助或者司法救助。

法律援助机构应当指派熟悉未成年人身心特点的律师为未成年人提供法律援助服务。

法律援助机构和律师协会应当对办理未成年人法律援助案件的律师进行指导和培训。

第一百零五条 人民检察院通过行使检察权，对涉及未成年人的诉讼活动等依法进行监督。

第一百零六条　未成年人合法权益受到侵犯，相关组织和个人未代为提起诉讼的，人民检察院可以督促、支持其提起诉讼；涉及公共利益的，人民检察院有权提起公益诉讼。

第一百零七条　人民法院审理继承案件，应当依法保护未成年人的继承权和受遗赠权。

人民法院审理离婚案件，涉及未成年子女抚养问题的，应当尊重已满八周岁未成年子女的真实意愿，根据双方具体情况，按照最有利于未成年子女的原则依法处理。

第一百零八条　未成年人的父母或者其他监护人不依法履行监护职责或者严重侵犯被监护的未成年人合法权益的，人民法院可以根据有关人员或者单位的申请，依法作出人身安全保护令或者撤销监护人资格。

被撤销监护人资格的父母或者其他监护人应当依法继续负担抚养费用。

第一百零九条　人民法院审理离婚、抚养、收养、监护、探望等案件涉及未成年人的，可以自行或者委托社会组织对未成年人的相关情况进行社会调查。

第一百一十条　公安机关、人民检察院、人民法院讯问未成年犯罪嫌疑人、被告人，询问未成年被害人、证人，应当依法通知其法定代理人或者其成年亲属、所在学校的代表等合适成年人到场，并采取适当方式，在适当场所进行，保障未成年人的名誉权、隐私权和其他合法权益。

人民法院开庭审理涉及未成年人案件，未成年被害人、证人一般不出庭作证；必须出庭的，应当采取保护其隐私的技术手段和心理干预等保护措施。

第一百一十一条　公安机关、人民检察院、人民法院应当与其他有关政府部门、人民团体、社会组织互相配合，对遭受性侵害或者暴力伤害的未成年被害人及其家庭实施必要的心理干预、经济救助、法律援助、转学安置等保护措施。

第一百一十二条　公安机关、人民检察院、人民法院办理未成年人遭受性侵害或者暴力伤害案件，在询问未成年被害人、证人时，应当采取同步录音录像等措施，尽量一次完成；未成年被害人、证人是女性的，应当由女性工作人员进行。

第一百一十三条　对违法犯罪的未成年人，实行教育、感化、挽救的方针，坚持教育为主、惩罚为辅的原则。

对违法犯罪的未成年人依法处罚后，在升学、就业等方面不得歧视。

第一百一十四条　公安机关、人民检察院、人民法院和司法行政部门发现有关单位未尽到未成年人教育、管理、救助、看护等保护职责的，应当向该单位提出建议。被建议单位应当在一个月内作出书面回复。

第一百一十五条　公安机关、人民检察院、人民法院和司法行政部门应当结合实际，根据涉及未成年人案件的特点，开展未成年人法治宣传教育工作。

第一百一十六条　国家鼓励和支持社会组织、社会工作者参与涉及未成年人案件中未成年人的心理干预、法律援助、社会调查、社会观护、教育矫治、社区矫正等工作。

第八章 法律责任

第一百一十七条 违反本法第十一条第二款规定，未履行报告义务造成严重后果的，由上级主管部门或者所在单位对直接负责的主管人员和其他直接责任人员依法给予处分。

第一百一十八条 未成年人的父母或者其他监护人不依法履行监护职责或者侵犯未成年人合法权益的，由其居住地的居民委员会、村民委员会予以劝诫、制止；情节严重的，居民委员会、村民委员会应当及时向公安机关报告。

公安机关接到报告或者公安机关、人民检察院、人民法院在办理案件过程中发现未成年人的父母或者其他监护人存在上述情形的，应当予以训诫，并可以责令其接受家庭教育指导。

第一百一十九条 学校、幼儿园、婴幼儿照护服务等机构及其教职员工违反本法第二十七条、第二十八条、第三十九条规定的，由公安、教育、卫生健康、市场监督管理等部门按照职责分工责令改正；拒不改正或者情节严重的，对直接负责的主管人员和其他直接责任人员依法给予处分。

第一百二十条 违反本法第四十四条、第四十五条、第四十七条规定，未给予未成年人免费或者优惠待遇的，由市场监督管理、文化和旅游、交通运输等部门按照职责分工责令限期改正，给予警告；拒不改正的，处一万元以上十万元以下罚款。

第一百二十一条 违反本法第五十条、第五十一条规定的，由新闻出版、广播电视、电影、网信等部门按照职责分工责令限期改正，给予警告，没收违法所得，可以并处十万元以下罚款；拒不改正或者情节严重的，责令暂停相关业务、停产停业或者吊销营业执照、吊销相关许可证，违法所得一百万元以上的，并处违法所得一倍以上十倍以下的罚款，没有违法所得或者违法所得不足一百万元的，并处十万元以上一百万元以下罚款。

第一百二十二条 场所运营单位违反本法第五十六条第二款规定、住宿经营者违反本法第五十七条规定的，由市场监督管理、应急管理、公安等部门按照职责分工责令限期改正，给予警告；拒不改正或者造成严重后果的，责令停业整顿或者吊销营业执照、吊销相关许可证，并处一万元以上十万元以下罚款。

第一百二十三条 相关经营者违反本法第五十八条、第五十九条第一款、第六十条规定的，由文化和旅游、市场监督管理、烟草专卖、公安等部门按照职责分工责令限期改正，给予警告，没收违法所得，可以并处五万元以下罚款；拒不改正或者情节严重的，责令停业整顿或者吊销营业执照、吊销相关许可证，可以并处五万元以上五十万元以下罚款。

第一百二十四条 违反本法第五十九条第二款规定，在学校、幼儿园和其他未成年人集中活动的公共场所吸烟、饮酒的，由卫生健康、教育、市场监督管理等部门按照职责分工责令改正，给予警告，可以并处五百元以下罚款；场所管理者未及时制止的，由卫生健康、教育、市场监督管理等部门按照职责分工给予警告，并处一万元以下罚款。

第一百二十五条 违反本法第六十一条规定的，由文化和旅游、人力资源和社会保障、市场监督管理等部门按照职责分工责令限期改正，给予警告，没收违法所得，可以并处十万元以下罚款；拒不改正或者情节严重的，责令停产停业或者吊销营业执照、吊销相关许可证，并处十万元以上一百万元以下罚款。

第一百二十六条 密切接触未成年人的单位违反本法第六十二条规定，未履行查询义务，或者招用、继续聘用具有相关违法犯罪记录人员的，由教育、人力资源和社会保障、市场监督管理等部门按照职责分工责令限期改正，给予警告，并处五万元以下罚款；拒不改正或者造成严重后果的，责令停业整顿或者吊销营业执照、吊销相关许可证，并处五万元以上五十万元以下罚款，对直接负责的主管人员和其他直接责任人员依法给予处分。

第一百二十七条 信息处理者违反本法第七十二条规定，或者网络产品和服务提供者违反本法第七十三条、第七十四条、第七十五条、第七十六条、第七十七条、第八十条规定的，由公安、网信、电信、新闻出版、广播电视、文化和旅游等有关部门按照职责分工责令改正，给予警告，没收违法所得，违法所得一百万元以上的，并处违法所得一倍以上十倍以下罚款，没有违法所得或者违法所得不足一百万元的，并处十万元以上一百万元以下罚款，对直接负责的主管人员和其他责任人员处一万元以上十万元以下罚款；拒不改正或者情节严重的，并可以责令暂停相关业务、停业整顿、关闭网站、吊销营业执照或者吊销相关许可证。

第一百二十八条 国家机关工作人员玩忽职守、滥用职权、徇私舞弊，损害未成年人合法权益的，依法给予处分。

第一百二十九条 违反本法规定，侵犯未成年人合法权益，造成人身、财产或者其他损害的，依法承担民事责任。

违反本法规定，构成违反治安管理行为的，依法给予治安管理处罚；构成犯罪的，依法追究刑事责任。

第九章 附 则

第一百三十条 本法中下列用语的含义：

（一）密切接触未成年人的单位，是指学校、幼儿园等教育机构；校外培训机构；未成年人救助保护机构、儿童福利机构等未成年人安置、救助机构；婴幼儿照护服务机构、早期教育服务机构；校外托管、临时看护机构；家政服务机构；为未成年人提供医疗服务的医疗机构；其他对未成年人负有教育、培训、监护、救助、看护、医疗等职责的企业事业单位、社会组织等。

（二）学校，是指普通中小学、特殊教育学校、中等职业学校、专门学校。

（三）学生欺凌，是指发生在学生之间，一方蓄意或者恶意通过肢体、语言及网络等手段实施欺压、侮辱，造成另一方人身伤害、财产损失或者精神损害的行为。

第一百三十一条 对中国境内未满十八周岁的外国人、无国籍人，依照本法有关规定予以保护。

第一百三十二条 本法自 2021 年 6 月 1 日起施行。

中华人民共和国预防未成年人犯罪法

（1999年6月28日第九届全国人民代表大会常务委员会第十次会议通过　根据2012年10月26日第十一届全国人民代表大会常务委员会第二十九次会议《关于修改〈中华人民共和国预防未成年人犯罪法〉的决定》修正　2020年12月26日第十三届全国人民代表大会常务委员会第二十四次会议修订　自2021年6月1日起施行）

目　　录

第一章　总　　则

第一条　为了保障未成年人身心健康，培养未成年人良好品行，有效预防未成年人违法犯罪，制定本法。

第二条　预防未成年人犯罪，立足于教育和保护未成年人相结合，坚持预防为主、提前干预，对未成年人的不良行为和严重不良行为及时进行分级预防、干预和矫治。

第三条　开展预防未成年人犯罪工作，应当尊重未成年人人格尊严，保护未成年人的名誉权、隐私权和个人信息等合法权益。

第四条　预防未成年人犯罪，在各级人民政府组织下，实行综合治理。

国家机关、人民团体、社会组织、企业事业单位、居民委员会、村民委员会、学校、家庭等各负其责、相互配合，共同做好预防未成年人犯罪工作，及时消除滋生未成年人违法犯罪行为的各种消极因素，为未成年人身心健康发展创造良好的社会环境。

第五条　各级人民政府在预防未成年人犯罪方面的工作职责是：

（一）制定预防未成年人犯罪工作规划；

（二）组织公安、教育、民政、文化和旅游、市场监督管理、网信、卫生健康、新闻出版、电影、广播电视、司法行政等有关部门开展预防未成年人犯罪工作；

（三）为预防未成年人犯罪工作提供政策支持和经费保障；

（四）对本法的实施情况和工作规划的执行情况进行检查；

（五）组织开展预防未成年人犯罪宣传教育；

（六）其他预防未成年人犯罪工作职责。

第六条　国家加强专门学校建设，对有严重不良行为的未成年人进行专门教育。专门教育是国民教育体系的组成部分，是对有严重不良行为的未成年人进行教育和矫治的重要保护处分措施。

省级人民政府应当将专门教育发展和专门学校建设纳入经济社会发展规划。县级以上地方人民政府成立专门教育指导委员会，根据需要合理设置专门学校。

专门教育指导委员会由教育、民政、财政、人力资源社会保障、公安、司法行政、人民检察院、人民法院、共产主义青年团、妇女联合会、关心下一代工作委员会、专门学校等单位，以及律师、社会工作者等人员组成，研究确定专门学校教学、管理等相关工作。

专门学校建设和专门教育具体办法，由国务院规定。

第七条　公安机关、人民检察院、人民法院、司法行政部门应当由专门机构或者经过专业培训、熟悉未成年人身心特点的专门人员负责预防未成年人犯罪工作。

第八条　共产主义青年团、妇女联合会、工会、残疾人联合会、关心下一代工作委员会、青年联合会、学生联合会、少年先锋队以及有关社会组织，应当协助各级人民政府及其有关部门、人民检察院和人民法院做好预防未成年人犯罪工作，为预防未成年人犯罪培育社会力量，提供支持服务。

第九条　国家鼓励、支持和指导社会工作服务机构等社会组织参与预防未成年人犯罪相关工作，并加强监督。

第十条　任何组织或者个人不得教唆、胁迫、引诱未成年人实施不良行为或者严重不良行为，以及为未成年人实施上述行为提供条件。

第十一条　未成年人应当遵守法律法规及社会公共道德规范，树立自尊、自律、自强意识，增强辨别是非和自我保护的能力，自觉抵制各种不良行为以及违法犯罪行为的引诱和侵害。

第十二条　预防未成年人犯罪，应当结合未成年人不同年龄的生理、心理特点，加强青春期教育、心理关爱、心理矫治和预防犯罪对策的研究。

第十三条　国家鼓励和支持预防未成年人犯罪相关学科建设、专业设置、人才培养及科学研究，开展国际交流与合作。

第十四条　国家对预防未成年人犯罪工作有显著成绩的组织和个人，给予表彰和奖励。

第二章　预防犯罪的教育

第十五条　国家、社会、学校和家庭应当对未成年人加强社会主义核心价值观教育，开展预防犯罪教育，增强未成年人的法治观念，使未成年人树立遵纪守法和防范违法犯罪的意识，提高自我管控能力。

第十六条 未成年人的父母或者其他监护人对未成年人的预防犯罪教育负有直接责任，应当依法履行监护职责，树立优良家风，培养未成年人良好品行；发现未成年人心理或者行为异常的，应当及时了解情况并进行教育、引导和劝诫，不得拒绝或者怠于履行监护职责。

第十七条 教育行政部门、学校应当将预防犯罪教育纳入学校教学计划，指导教职员工结合未成年人的特点，采取多种方式对未成年学生进行有针对性的预防犯罪教育。

第十八条 学校应当聘任从事法治教育的专职或者兼职教师，并可以从司法和执法机关、法学教育和法律服务机构等单位聘请法治副校长、校外法治辅导员。

第十九条 学校应当配备专职或者兼职的心理健康教育教师，开展心理健康教育。学校可以根据实际情况与专业心理健康机构合作，建立心理健康筛查和早期干预机制，预防和解决学生心理、行为异常问题。

学校应当与未成年学生的父母或者其他监护人加强沟通，共同做好未成年学生心理健康教育；发现未成年学生可能患有精神障碍的，应当立即告知其父母或者其他监护人送相关专业机构诊治。

第二十条 教育行政部门应当会同有关部门建立学生欺凌防控制度。学校应当加强日常安全管理，完善学生欺凌发现和处置的工作流程，严格排查并及时消除可能导致学生欺凌行为的各种隐患。

第二十一条 教育行政部门鼓励和支持学校聘请社会工作者长期或者定期进驻学校，协助开展道德教育、法治教育、生命教育和心理健康教育，参与预防和处理学生欺凌等行为。

第二十二条 教育行政部门、学校应当通过举办讲座、座谈、培训等活动，介绍科学合理的教育方法，指导教职员工、未成年学生的父母或者其他监护人有效预防未成年人犯罪。

学校应当将预防犯罪教育计划告知未成年学生的父母或者其他监护人。未成年学生的父母或者其他监护人应当配合学校对未成年学生进行有针对性的预防犯罪教育。

第二十三条 教育行政部门应当将预防犯罪教育的工作效果纳入学校年度考核内容。

第二十四条 各级人民政府及其有关部门、人民检察院、人民法院、共产主义青年团、少年先锋队、妇女联合会、残疾人联合会、关心下一代工作委员会等应当结合实际，组织、举办多种形式的预防未成年人犯罪宣传教育活动。有条件的地方可以建立青少年法治教育基地，对未成年人开展法治教育。

第二十五条 居民委员会、村民委员会应当积极开展有针对性的预防未成年人犯罪宣传活动，协助公安机关维护学校周围治安，及时掌握本辖区内未成年人的监护、就学和就业情况，组织、引导社区社会组织参与预防未成年人犯罪工作。

第二十六条　青少年宫、儿童活动中心等校外活动场所应当把预防犯罪教育作为一项重要的工作内容，开展多种形式的宣传教育活动。

第二十七条　职业培训机构、用人单位在对已满十六周岁准备就业的未成年人进行职业培训时，应当将预防犯罪教育纳入培训内容。

第三章　对不良行为的干预

第二十八条　本法所称不良行为，是指未成年人实施的不利于其健康成长的下列行为：

（一）吸烟、饮酒；

（二）多次旷课、逃学；

（三）无故夜不归宿、离家出走；

（四）沉迷网络；

（五）与社会上具有不良习性的人交往，组织或者参加实施不良行为的团伙；

（六）进入法律法规规定未成年人不宜进入的场所；

（七）参与赌博、变相赌博，或者参加封建迷信、邪教等活动；

（八）阅览、观看或者收听宣扬淫秽、色情、暴力、恐怖、极端等内容的读物、音像制品或者网络信息等；

（九）其他不利于未成年人身心健康成长的不良行为。

第二十九条　未成年人的父母或者其他监护人发现未成年人有不良行为的，应当及时制止并加强管教。

第三十条　公安机关、居民委员会、村民委员会发现本辖区内未成年人有不良行为的，应当及时制止，并督促其父母或者其他监护人依法履行监护职责。

第三十一条　学校对有不良行为的未成年学生，应当加强管理教育，不得歧视；对拒不改正或者情节严重的，学校可以根据情况予以处分或者采取以下管理教育措施：

（一）予以训导；

（二）要求遵守特定的行为规范；

（三）要求参加特定的专题教育；

（四）要求参加校内服务活动；

（五）要求接受社会工作者或者其他专业人员的心理辅导和行为干预；

（六）其他适当的管理教育措施。

第三十二条　学校和家庭应当加强沟通，建立家校合作机制。学校决定对未成年学生采取管理教育措施的，应当及时告知其父母或者其他监护人；未成年学生的父母或者其他监护人应当支持、配合学校进行管理教育。

第三十三条　未成年学生有偷窃少量财物，或者有殴打、辱骂、恐吓、强行索要财物等学生欺凌行为，情节轻微的，可以由学校依照本法第三十一条规定采取相应的管理教育措施。

第三十四条 未成年学生旷课、逃学的,学校应当及时联系其父母或者其他监护人,了解有关情况;无正当理由的,学校和未成年学生的父母或者其他监护人应当督促其返校学习。

第三十五条 未成年人无故夜不归宿、离家出走的,父母或者其他监护人、所在的寄宿制学校应当及时查找,必要时向公安机关报告。

收留夜不归宿、离家出走未成年人的,应当及时联系其父母或者其他监护人、所在学校;无法取得联系的,应当及时向公安机关报告。

第三十六条 对夜不归宿、离家出走或者流落街头的未成年人,公安机关、公共场所管理机构等发现或者接到报告后,应当及时采取有效保护措施,并通知其父母或者其他监护人、所在的寄宿制学校,必要时应当护送其返回住所、学校;无法与其父母或者其他监护人、学校取得联系的,应当护送未成年人到救助保护机构接受救助。

第三十七条 未成年人的父母或者其他监护人、学校发现未成年人组织或者参加实施不良行为的团伙,应当及时制止;发现该团伙有违法犯罪嫌疑的,应当立即向公安机关报告。

第四章 对严重不良行为的矫治

第三十八条 本法所称严重不良行为,是指未成年人实施的有刑法规定、因不满法定刑事责任年龄不予刑事处罚的行为,以及严重危害社会的下列行为:

(一)结伙斗殴,追逐、拦截他人,强拿硬要或者任意损毁、占用公私财物等寻衅滋事行为;

(二)非法携带枪支、弹药或者弩、匕首等国家规定的管制器具;

(三)殴打、辱骂、恐吓,或者故意伤害他人身体;

(四)盗窃、哄抢、抢夺或者故意损毁公私财物;

(五)传播淫秽的读物、音像制品或者信息等;

(六)卖淫、嫖娼,或者进行淫秽表演;

(七)吸食、注射毒品,或者向他人提供毒品;

(八)参与赌博赌资较大;

(九)其他严重危害社会的行为。

第三十九条 未成年人的父母或者其他监护人、学校、居民委员会、村民委员会发现有人教唆、胁迫、引诱未成年人实施严重不良行为的,应当立即向公安机关报告。公安机关接到报告或者发现有上述情形的,应当及时依法查处;对人身安全受到威胁的未成年人,应当立即采取有效保护措施。

第四十条 公安机关接到举报或者发现未成年人有严重不良行为的,应当及时制止,依法调查处理,并可以责令其父母或者其他监护人消除或者减轻违法后果,采取措施严加管教。

第四十一条　对有严重不良行为的未成年人，公安机关可以根据具体情况，采取以下矫治教育措施：

（一）予以训诫；

（二）责令赔礼道歉、赔偿损失；

（三）责令具结悔过；

（四）责令定期报告活动情况；

（五）责令遵守特定的行为规范，不得实施特定行为、接触特定人员或者进入特定场所；

（六）责令接受心理辅导、行为矫治；

（七）责令参加社会服务活动；

（八）责令接受社会观护，由社会组织、有关机构在适当场所对未成年人进行教育、监督和管束；

（九）其他适当的矫治教育措施。

第四十二条　公安机关在对未成年人进行矫治教育时，可以根据需要邀请学校、居民委员会、村民委员会以及社会工作服务机构等社会组织参与。

未成年人的父母或者其他监护人应当积极配合矫治教育措施的实施，不得妨碍阻挠或者放任不管。

第四十三条　对有严重不良行为的未成年人，未成年人的父母或者其他监护人、所在学校无力管教或者管教无效的，可以向教育行政部门提出申请，经专门教育指导委员会评估同意后，由教育行政部门决定送入专门学校接受专门教育。

第四十四条　未成年人有下列情形之一的，经专门教育指导委员会评估同意，教育行政部门会同公安机关可以决定将其送入专门学校接受专门教育：

（一）实施严重危害社会的行为，情节恶劣或者造成严重后果；

（二）多次实施严重危害社会的行为；

（三）拒不接受或者配合本法第四十一条规定的矫治教育措施；

（四）法律、行政法规规定的其他情形。

第四十五条　未成年人实施刑法规定的行为、因不满法定刑事责任年龄不予刑事处罚的，经专门教育指导委员会评估同意，教育行政部门会同公安机关可以决定对其进行专门矫治教育。

省级人民政府应当结合本地的实际情况，至少确定一所专门学校按照分校区、分班级等方式设置专门场所，对前款规定的未成年人进行专门矫治教育。

前款规定的专门场所实行闭环管理，公安机关、司法行政部门负责未成年人的矫治工作，教育行政部门承担未成年人的教育工作。

第四十六条　专门学校应当在每个学期适时提请专门教育指导委员会对接受专门教育的未成年学生的情况进行评估。对经评估适合转回普通学校就读的，专门教育指导委员会应当向原决定机关提出书面建议，由原决定机关决定是否将未成年学生转回普通学校就读。

原决定机关决定将未成年学生转回普通学校的，其原所在学校不得拒绝接收；因特殊情况，不适宜转回原所在学校的，由教育行政部门安排转学。

第四十七条 专门学校应当对接受专门教育的未成年人分级分类进行教育和矫治，有针对性地开展道德教育、法治教育、心理健康教育，并根据实际情况进行职业教育；对没有完成义务教育的未成年人，应当保证其继续接受义务教育。

专门学校的未成年学生的学籍保留在原学校，符合毕业条件的，原学校应当颁发毕业证书。

第四十八条 专门学校应当与接受专门教育的未成年人的父母或者其他监护人加强联系，定期向其反馈未成年人的矫治和教育情况，为父母或者其他监护人、亲属等看望未成年人提供便利。

第四十九条 未成年人及其父母或者其他监护人对本章规定的行政决定不服的，可以依法提起行政复议或者行政诉讼。

第五章 对重新犯罪的预防

第五十条 公安机关、人民检察院、人民法院办理未成年人刑事案件，应当根据未成年人的生理、心理特点和犯罪的情况，有针对性地进行法治教育。

对涉及刑事案件的未成年人进行教育，其法定代理人以外的成年亲属或者教师、辅导员等参与有利于感化、挽救未成年人的，公安机关、人民检察院、人民法院应当邀请其参加有关活动。

第五十一条 公安机关、人民检察院、人民法院办理未成年人刑事案件，可以自行或者委托有关社会组织、机构对未成年犯罪嫌疑人或者被告人的成长经历、犯罪原因、监护、教育等情况进行社会调查；根据实际需要并经未成年犯罪嫌疑人、被告人及其法定代理人同意，可以对未成年犯罪嫌疑人、被告人进行心理测评。

社会调查和心理测评的报告可以作为办理案件和教育未成年人的参考。

第五十二条 公安机关、人民检察院、人民法院对于无固定住所、无法提供保证人的未成年人适用取保候审的，应当指定合适成年人作为保证人，必要时可以安排取保候审的未成年人接受社会观护。

第五十三条 对被拘留、逮捕以及在未成年犯管教所执行刑罚的未成年人，应当与成年人分别关押、管理和教育。对未成年人的社区矫正，应当与成年人分别进行。

对有上述情形且没有完成义务教育的未成年人，公安机关、人民检察院、人民法院、司法行政部门应当与教育行政部门相互配合，保证其继续接受义务教育。

第五十四条 未成年犯管教所、社区矫正机构应当对未成年犯、未成年社区矫正对象加强法治教育，并根据实际情况对其进行职业教育。

第五十五条 社区矫正机构应当告知未成年社区矫正对象安置帮教的有关规定，并配合安置帮教工作部门落实或者解决未成年社区矫正对象的就学、就业等问题。

第五十六条 对刑满释放的未成年人，未成年犯管教所应当提前通知其父母或者其他监护人按时接回，并协助落实安置帮教措施。没有父母或者其他监护人、无法查明其父母或者其他监护人的，未成年犯管教所应当提前通知未成年人原户籍所在地或者居住地的司法行政部门安排人员按时接回，由民政部门或者居民委员会、村民委员会依法对其进行监护。

第五十七条 未成年人的父母或者其他监护人和学校、居民委员会、村民委员会对接受社区矫正、刑满释放的未成年人，应当采取有效的帮教措施，协助司法机关以及有关部门做好安置帮教工作。

居民委员会、村民委员会可以聘请思想品德优秀，作风正派，热心未成年人工作的离退休人员、志愿者或其他人员协助做好前款规定的安置帮教工作。

第五十八条 刑满释放和接受社区矫正的未成年人，在复学、升学、就业等方面依法享有与其他未成年人同等的权利，任何单位和个人不得歧视。

第五十九条 未成年人的犯罪记录依法被封存的，公安机关、人民检察院、人民法院和司法行政部门不得向任何单位或者个人提供，但司法机关因办案需要或者有关单位根据国家有关规定进行查询的除外。依法进行查询的单位和个人应当对相关记录信息予以保密。

未成年人接受专门矫治教育、专门教育的记录，以及被行政处罚、采取刑事强制措施和不起诉的记录，适用前款规定。

第六十条 人民检察院通过依法行使检察权，对未成年人重新犯罪预防工作等进行监督。

第六章 法律责任

第六十一条 公安机关、人民检察院、人民法院在办理案件过程中发现实施严重不良行为的未成年人的父母或者其他监护人不依法履行监护职责的，应当予以训诫，并可以责令其接受家庭教育指导。

第六十二条 学校及其教职员工违反本法规定，不履行预防未成年人犯罪工作职责，或者虐待、歧视相关未成年人的，由教育行政等部门责令改正，通报批评；情节严重的，对直接负责的主管人员和其他直接责任人员依法给予处分。构成违反治安管理行为的，由公安机关依法予以治安管理处罚。

教职员工教唆、胁迫、引诱未成年人实施不良行为或者严重不良行为，以及品行不良、影响恶劣的，教育行政部门、学校应当依法予以解聘或者辞退。

第六十三条 违反本法规定，在复学、升学、就业等方面歧视相关未成年人的，由所在单位或者教育、人力资源和社会保障等部门责令改正；拒不改正的，对直接负责的主管人员或者其他直接责任人员依法给予处分。

第六十四条 有关社会组织、机构及其工作人员虐待、歧视接受社会观护的未成年人,或者出具虚假社会调查、心理测评报告的,由民政、司法行政等部门对直接负责的主管人员或者其他直接责任人员依法给予处分,构成违反治安管理行为的,由公安机关予以治安管理处罚。

第六十五条 教唆、胁迫、引诱未成年人实施不良行为或者严重不良行为,构成违反治安管理行为的,由公安机关依法予以治安管理处罚。

第六十六条 国家机关及其工作人员在预防未成年人犯罪工作中滥用职权、玩忽职守、徇私舞弊的,对直接负责的主管人员和其他直接责任人员,依法给予处分。

第六十七条 违反本法规定,构成犯罪的,依法追究刑事责任。

第七章 附 则

第六十八条 本法自2021年6月1日起施行。

中华人民共和国妇女权益保障法

（1992年4月3日第七届全国人民代表大会第五次会议通过　根据2005年8月28日第十届全国人民代表大会常务委员会第十七次会议《关于修改〈中华人民共和国妇女权益保障法〉的决定》第一次修正　根据2018年10月26日第十三届全国人民代表大会常务委员会第六次会议《关于修改〈中华人民共和国野生动物保护法〉等十五部法律的决定》第二次修正）

目　　录

第一章　总　　则

第一条　为了保障妇女的合法权益，促进男女平等，充分发挥妇女在社会主义现代化建设中的作用，根据宪法和我国的实际情况，制定本法。

第二条　妇女在政治的、经济的、文化的、社会的和家庭的生活等各方面享有同男子平等的权利。

实行男女平等是国家的基本国策。国家采取必要措施，逐步完善保障妇女权益的各项制度，消除对妇女一切形式的歧视。

国家保护妇女依法享有的特殊权益。

禁止歧视、虐待、遗弃、残害妇女。

第三条　国务院制定中国妇女发展纲要，并将其纳入国民经济和社会发展规划。

县级以上地方各级人民政府根据中国妇女发展纲要，制定本行政区域的妇女发展规划，并将其纳入国民经济和社会发展计划。

第四条　保障妇女的合法权益是全社会的共同责任。国家机关、社会团体、企业事业单位、城乡基层群众性自治组织，应当依照本法和有关法律的规定，保障妇女的权益。

国家采取有效措施,为妇女依法行使权利提供必要的条件。

第五条 国家鼓励妇女自尊、自信、自立、自强,运用法律维护自身合法权益。

妇女应当遵守国家法律,尊重社会公德,履行法律所规定的义务。

第六条 各级人民政府应当重视和加强妇女权益的保障工作。

县级以上人民政府负责妇女儿童工作的机构,负责组织、协调、指导、督促有关部门做好妇女权益的保障工作。

县级以上人民政府有关部门在各自的职责范围内做好妇女权益的保障工作。

第七条 中华全国妇女联合会和地方各级妇女联合会依照法律和中华全国妇女联合会章程,代表和维护各族各界妇女的利益,做好维护妇女权益的工作。

工会、共产主义青年团,应当在各自的工作范围内,做好维护妇女权益的工作。

第八条 对保障妇女合法权益成绩显著的组织和个人,各级人民政府和有关部门给予表彰和奖励。

第二章 政治权利

第九条 国家保障妇女享有与男子平等的政治权利。

第十条 妇女有权通过各种途径和形式,管理国家事务,管理经济和文化事业,管理社会事务。

制定法律、法规、规章和公共政策,对涉及妇女权益的重大问题,应当听取妇女联合会的意见。

妇女和妇女组织有权向各级国家机关提出妇女权益保障方面的意见和建议。

第十一条 妇女享有与男子平等的选举权和被选举权。

全国人民代表大会和地方各级人民代表大会的代表中,应当有适当数量的妇女代表。国家采取措施,逐步提高全国人民代表大会和地方各级人民代表大会的妇女代表的比例。

居民委员会、村民委员会成员中,妇女应当有适当的名额。

第十二条 国家积极培养和选拔女干部。

国家机关、社会团体、企业事业单位培养、选拔和任用干部,必须坚持男女平等的原则,并有适当数量的妇女担任领导成员。

国家重视培养和选拔少数民族女干部。

第十三条 中华全国妇女联合会和地方各级妇女联合会代表妇女积极参与国家和社会事务的民主决策、民主管理和民主监督。

各级妇女联合会及其团体会员,可以向国家机关、社会团体、企业事业单位推荐女干部。

第十四条 对于有关保障妇女权益的批评或者合理建议,有关部门应当听取和采纳;对于有关侵害妇女权益的申诉、控告和检举,有关部门必须查清事实,负责处理,任何组织或者个人不得压制或者打击报复。

第三章　文化教育权益

第十五条　国家保障妇女享有与男子平等的文化教育权利。

第十六条　学校和有关部门应当执行国家有关规定，保障妇女在入学、升学、毕业分配、授予学位、派出留学等方面享有与男子平等的权利。

学校在录取学生时，除特殊专业外，不得以性别为由拒绝录取女性或者提高对女性的录取标准。

第十七条　学校应当根据女性青少年的特点，在教育、管理、设施等方面采取措施，保障女性青少年身心健康发展。

第十八条　父母或者其他监护人必须履行保障适龄女性儿童少年接受义务教育的义务。

除因疾病或者其他特殊情况经当地人民政府批准的以外，对不送适龄女性儿童少年入学的父母或者其他监护人，由当地人民政府予以批评教育，并采取有效措施，责令送适龄女性儿童少年入学。

政府、社会、学校应当采取有效措施，解决适龄女性儿童少年就学存在的实际困难，并创造条件，保证贫困、残疾和流动人口中的适龄女性儿童少年完成义务教育。

第十九条　各级人民政府应当依照规定把扫除妇女中的文盲、半文盲工作，纳入扫盲和扫盲后继续教育规划，采取符合妇女特点的组织形式和工作方法，组织、监督有关部门具体实施。

第二十条　各级人民政府和有关部门应当采取措施，根据城镇和农村妇女的需要，组织妇女接受职业教育和实用技术培训。

第二十一条　国家机关、社会团体和企业事业单位应当执行国家有关规定，保障妇女从事科学、技术、文学、艺术和其他文化活动，享有与男子平等的权利。

第四章　劳动和社会保障权益

第二十二条　国家保障妇女享有与男子平等的劳动权利和社会保障权利。

第二十三条　各单位在录用职工时，除不适合妇女的工种或者岗位外，不得以性别为由拒绝录用妇女或者提高对妇女的录用标准。

各单位在录用女职工时，应当依法与其签订劳动（聘用）合同或者服务协议，劳动（聘用）合同或者服务协议中不得规定限制女职工结婚、生育的内容。

禁止录用未满十六周岁的女性未成年人，国家另有规定的除外。

第二十四条　实行男女同工同酬。妇女在享受福利待遇方面享有与男子平等的权利。

第二十五条　在晋职、晋级、评定专业技术职务等方面，应当坚持男女平等的原则，不得歧视妇女。

第二十六条 任何单位均应根据妇女的特点，依法保护妇女在工作和劳动时的安全和健康，不得安排不适合妇女从事的工作和劳动。

妇女在经期、孕期、产期、哺乳期受特殊保护。

第二十七条 任何单位不得因结婚、怀孕、产假、哺乳等情形，降低女职工的工资，辞退女职工，单方解除劳动（聘用）合同或者服务协议。但是，女职工要求终止劳动（聘用）合同或者服务协议的除外。

各单位在执行国家退休制度时，不得以性别为由歧视妇女。

第二十八条 国家发展社会保险、社会救助、社会福利和医疗卫生事业，保障妇女享有社会保险、社会救助、社会福利和卫生保健等权益。

国家提倡和鼓励为帮助妇女开展的社会公益活动。

第二十九条 国家推行生育保险制度，建立健全与生育相关的其他保障制度。

地方各级人民政府和有关部门应当按照有关规定为贫困妇女提供必要的生育救助。

第五章 财产权益

第三十条 国家保障妇女享有与男子平等的财产权利。

第三十一条 在婚姻、家庭共有财产关系中，不得侵害妇女依法享有的权益。

第三十二条 妇女在农村土地承包经营、集体经济组织收益分配、土地征收或者征用补偿费使用以及宅基地使用等方面，享有与男子平等的权利。

第三十三条 任何组织和个人不得以妇女未婚、结婚、离婚、丧偶等为由，侵害妇女在农村集体经济组织中的各项权益。

因结婚男方到女方住所落户的，男方和子女享有与所在地农村集体经济组织成员平等的权益。

第三十四条 妇女享有的与男子平等的财产继承权受法律保护。在同一顺序法定继承人中，不得歧视妇女。

丧偶妇女有权处分继承的财产，任何人不得干涉。

第三十五条 丧偶妇女对公、婆尽了主要赡养义务的，作为公、婆的第一顺序法定继承人，其继承权不受子女代位继承的影响。

第六章 人身权利

第三十六条 国家保障妇女享有与男子平等的人身权利。

第三十七条 妇女的人身自由不受侵犯。禁止非法拘禁和以其他非法手段剥夺或者限制妇女的人身自由；禁止非法搜查妇女的身体。

第三十八条 妇女的生命健康权不受侵犯。禁止溺、弃、残害女婴；禁止歧视、虐待生育女婴的妇女和不育的妇女；禁止用迷信、暴力等手段残害妇女；禁止虐待、遗弃病、残妇女和老年妇女。

第三十九条　禁止拐卖、绑架妇女;禁止收买被拐卖、绑架的妇女;禁止阻碍解救被拐卖、绑架的妇女。

各级人民政府和公安、民政、劳动和社会保障、卫生等部门按照其职责及时采取措施解救被拐卖、绑架的妇女,做好善后工作,妇女联合会协助和配合做好有关工作。任何人不得歧视被拐卖、绑架的妇女。

第四十条　禁止对妇女实施性骚扰。受害妇女有权向单位和有关机关投诉。

第四十一条　禁止卖淫、嫖娼。

禁止组织、强迫、引诱、容留、介绍妇女卖淫或者对妇女进行猥亵活动。

禁止组织、强迫、引诱妇女进行淫秽表演活动。

第四十二条　妇女的名誉权、荣誉权、隐私权、肖像权等人格权受法律保护。

禁止用侮辱、诽谤等方式损害妇女的人格尊严。禁止通过大众传播媒介或者其他方式贬低损害妇女人格。未经本人同意,不得以营利为目的,通过广告、商标、展览橱窗、报纸、期刊、图书、音像制品、电子出版物、网络等形式使用妇女肖像。

第七章　婚姻家庭权益

第四十三条　国家保障妇女享有与男子平等的婚姻家庭权利。

第四十四条　国家保护妇女的婚姻自主权。禁止干涉妇女的结婚、离婚自由。

第四十五条　女方在怀孕期间、分娩后一年内或者终止妊娠后六个月内,男方不得提出离婚。女方提出离婚的,或者人民法院认为确有必要受理男方离婚请求的,不在此限。

第四十六条　禁止对妇女实施家庭暴力。

国家采取措施,预防和制止家庭暴力。

公安、民政、司法行政等部门以及城乡基层群众性自治组织、社会团体,应当在各自的职责范围内预防和制止家庭暴力,依法为受害妇女提供救助。

第四十七条　妇女对依照法律规定的夫妻共同财产享有与其配偶平等的占有、使用、收益和处分的权利,不受双方收入状况的影响。

夫妻书面约定婚姻关系存续期间所得的财产归各自所有,女方因抚育子女、照料老人、协助男方工作等承担较多义务的,有权在离婚时要求男方予以补偿。

第四十八条　夫妻共有的房屋,离婚时,分割住房由双方协议解决;协议不成的,由人民法院根据双方的具体情况,按照照顾子女和女方权益的原则判决。夫妻双方另有约定的除外。

夫妻共同租用的房屋,离婚时,女方的住房应当按照照顾子女和女方权益的原则解决。

第四十九条　父母双方对未成年子女享有平等的监护权。

父亲死亡、丧失行为能力或者有其他情形不能担任未成年子女的监护人的,母亲的监护权任何人不得干涉。

第五十条 离婚时，女方因实施绝育手术或者其他原因丧失生育能力的，处理子女抚养问题，应在有利子女权益的条件下，照顾女方的合理要求。

第五十一条 妇女有按照国家有关规定生育子女的权利，也有不生育的自由。

育龄夫妻双方按照国家有关规定计划生育，有关部门应当提供安全、有效的避孕药具和技术，保障实施节育手术的妇女的健康和安全。

国家实行婚前保健、孕产期保健制度，发展母婴保健事业。各级人民政府应当采取措施，保障妇女享有计划生育技术服务，提高妇女的生殖健康水平。

第八章 法律责任

第五十二条 妇女的合法权益受到侵害的，有权要求有关部门依法处理，或者依法向仲裁机构申请仲裁，或者向人民法院起诉。

对有经济困难需要法律援助或者司法救助的妇女，当地法律援助机构或者人民法院应当给予帮助，依法为其提供法律援助或者司法救助。

第五十三条 妇女的合法权益受到侵害的，可以向妇女组织投诉，妇女组织应当维护被侵害妇女的合法权益，有权要求并协助有关部门或者单位查处。有关部门或者单位应当依法查处，并予以答复。

第五十四条 妇女组织对于受害妇女进行诉讼需要帮助的，应当给予支持。

妇女联合会或者相关妇女组织对侵害特定妇女群体利益的行为，可以通过大众传播媒介揭露、批评，并有权要求有关部门依法查处。

第五十五条 违反本法规定，以妇女未婚、结婚、离婚、丧偶等为由，侵害妇女在农村集体经济组织中的各项权益的，或者因结婚男方到女方住所落户，侵害男方和子女享有与所在地农村集体经济组织成员平等权益的，由乡镇人民政府依法调解；受害人也可以依法向农村土地承包仲裁机构申请仲裁，或者向人民法院起诉，人民法院应当依法受理。

第五十六条 违反本法规定，侵害妇女的合法权益，其他法律、法规规定行政处罚的，从其规定；造成财产损失或者其他损害的，依法承担民事责任；构成犯罪的，依法追究刑事责任。

第五十七条 违反本法规定，对侵害妇女权益的申诉、控告、检举，推诿、拖延、压制不予查处，或者对提出申诉、控告、检举的人进行打击报复的，由其所在单位、主管部门或者上级机关责令改正，并依法对直接负责的主管人员和其他直接责任人员给予行政处分。

国家机关及其工作人员未依法履行职责，对侵害妇女权益的行为未及时制止或者未给予受害妇女必要帮助，造成严重后果的，由其所在单位或者上级机关依法对直接负责的主管人员和其他直接责任人员给予行政处分。

违反本法规定，侵害妇女文化教育权益、劳动和社会保障权益、人身和财产权益以及婚姻家庭权益的，由其所在单位、主管部门或者上级机关责令改正，直接负责的主管人员和其他直接责任人员属于国家工作人员的，由其所在单位或者上级机关依法给予行政处分。

第五十八条　违反本法规定，对妇女实施性骚扰或者家庭暴力，构成违反治安管理行为的，受害人可以提请公安机关对违法行为人依法给予行政处罚，也可以依法向人民法院提起民事诉讼。

第五十九条　违反本法规定，通过大众传播媒介或者其他方式贬低损害妇女人格的，由文化、广播电视、电影、新闻出版或者其他有关部门依据各自的职权责令改正，并依法给予行政处罚。

第九章　附　　则

第六十条　省、自治区、直辖市人民代表大会常务委员会可以根据本法制定实施办法。

民族自治地方的人民代表大会，可以依据本法规定的原则，结合当地民族妇女的具体情况，制定变通的或者补充的规定。自治区的规定，报全国人民代表大会常务委员会批准后生效；自治州、自治县的规定，报省、自治区、直辖市人民代表大会常务委员会批准后生效，并报全国人民代表大会常务委员会备案。

第六十一条　本法自 1992 年 10 月 1 日起施行。

中华人民共和国反家庭暴力法

(2015年12月27日第十二届全国人民代表大会常务委员会第十八次会议通过 2015年12月27日中华人民共和国主席令第37号公布 自2016年3月1日起施行)

目 录

第一章 总 则

第一条 为了预防和制止家庭暴力,保护家庭成员的合法权益,维护平等、和睦、文明的家庭关系,促进家庭和谐、社会稳定,制定本法。

第二条 本法所称家庭暴力,是指家庭成员之间以殴打、捆绑、残害、限制人身自由以及经常性谩骂、恐吓等方式实施的身体、精神等侵害行为。

第三条 家庭成员之间应当互相帮助,互相关爱,和睦相处,履行家庭义务。

反家庭暴力是国家、社会和每个家庭的共同责任。

国家禁止任何形式的家庭暴力。

第四条 县级以上人民政府负责妇女儿童工作的机构,负责组织、协调、指导、督促有关部门做好反家庭暴力工作。

县级以上人民政府有关部门、司法机关、人民团体、社会组织、居民委员会、村民委员会、企业事业单位,应当依照本法和有关法律规定,做好反家庭暴力工作。

各级人民政府应当对反家庭暴力工作给予必要的经费保障。

第五条 反家庭暴力工作遵循预防为主,教育、矫治与惩处相结合原则。

反家庭暴力工作应当尊重受害人真实意愿,保护当事人隐私。

未成年人、老年人、残疾人、孕期和哺乳期的妇女、重病患者遭受家庭暴力的,应当给予特殊保护。

第二章 家庭暴力的预防

第六条 国家开展家庭美德宣传教育,普及反家庭暴力知识,增强公民反家庭暴力意识。

工会、共产主义青年团、妇女联合会、残疾人联合会应当在各自工作范围内，组织开展家庭美德和反家庭暴力宣传教育。

广播、电视、报刊、网络等应当开展家庭美德和反家庭暴力宣传。

学校、幼儿园应当开展家庭美德和反家庭暴力教育。

第七条　县级以上人民政府有关部门、司法机关、妇女联合会应当将预防和制止家庭暴力纳入业务培训和统计工作。

医疗机构应当做好家庭暴力受害人的诊疗记录。

第八条　乡镇人民政府、街道办事处应当组织开展家庭暴力预防工作，居民委员会、村民委员会、社会工作服务机构应当予以配合协助。

第九条　各级人民政府应当支持社会工作服务机构等社会组织开展心理健康咨询、家庭关系指导、家庭暴力预防知识教育等服务。

第十条　人民调解组织应当依法调解家庭纠纷，预防和减少家庭暴力的发生。

第十一条　用人单位发现本单位人员有家庭暴力情况的，应当给予批评教育，并做好家庭矛盾的调解、化解工作。

第十二条　未成年人的监护人应当以文明的方式进行家庭教育，依法履行监护和教育职责，不得实施家庭暴力。

第三章　家庭暴力的处置

第十三条　家庭暴力受害人及其法定代理人、近亲属可以向加害人或者受害人所在单位、居民委员会、村民委员会、妇女联合会等单位投诉、反映或者求助。有关单位接到家庭暴力投诉、反映或者求助后，应当给予帮助、处理。

家庭暴力受害人及其法定代理人、近亲属也可以向公安机关报案或者依法向人民法院起诉。

单位、个人发现正在发生的家庭暴力行为，有权及时劝阻。

第十四条　学校、幼儿园、医疗机构、居民委员会、村民委员会、社会工作服务机构、救助管理机构、福利机构及其工作人员在工作中发现无民事行为能力人、限制民事行为能力人遭受或者疑似遭受家庭暴力的，应当及时向公安机关报案。公安机关应当对报案人的信息予以保密。

第十五条　公安机关接到家庭暴力报案后应当及时出警，制止家庭暴力，按照有关规定调查取证，协助受害人就医、鉴定伤情。

无民事行为能力人、限制民事行为能力人因家庭暴力身体受到严重伤害、面临人身安全威胁或者处于无人照料等危险状态的，公安机关应当通知并协助民政部门将其安置到临时庇护场所、救助管理机构或者福利机构。

第十六条　家庭暴力情节较轻，依法不给予治安管理处罚的，由公安机关对加害人给予批评教育或者出具告诫书。

告诫书应当包括加害人的身份信息、家庭暴力的事实陈述、禁止加害人实施家庭暴力等内容。

第十七条 公安机关应当将告诫书送交加害人、受害人,并通知居民委员会、村民委员会。

居民委员会、村民委员会、公安派出所应当对收到告诫书的加害人、受害人进行查访,监督加害人不再实施家庭暴力。

第十八条 县级或者设区的市级人民政府可以单独或者依托救助管理机构设立临时庇护场所,为家庭暴力受害人提供临时生活帮助。

第十九条 法律援助机构应当依法为家庭暴力受害人提供法律援助。

人民法院应当依法对家庭暴力受害人缓收、减收或者免收诉讼费用。

第二十条 人民法院审理涉及家庭暴力的案件,可以根据公安机关出警记录、告诫书、伤情鉴定意见等证据,认定家庭暴力事实。

第二十一条 监护人实施家庭暴力严重侵害被监护人合法权益的,人民法院可以根据被监护人的近亲属、居民委员会、村民委员会、县级人民政府民政部门等有关人员或者单位的申请,依法撤销其监护人资格,另行指定监护人。

被撤销监护人资格的加害人,应当继续负担相应的赡养、扶养、抚养费用。

第二十二条 工会、共产主义青年团、妇女联合会、残疾人联合会、居民委员会、村民委员会等应当对实施家庭暴力的加害人进行法治教育,必要时可以对加害人、受害人进行心理辅导。

第四章 人身安全保护令

第二十三条 当事人因遭受家庭暴力或者面临家庭暴力的现实危险,向人民法院申请人身安全保护令的,人民法院应当受理。

当事人是无民事行为能力人、限制民事行为能力人,或者因受到强制、威吓等原因无法申请人身安全保护令的,其近亲属、公安机关、妇女联合会、居民委员会、村民委员会、救助管理机构可以代为申请。

第二十四条 申请人身安全保护令应当以书面方式提出;书面申请确有困难的,可以口头申请,由人民法院记入笔录。

第二十五条 人身安全保护令案件由申请人或者被申请人居住地、家庭暴力发生地的基层人民法院管辖。

第二十六条 人身安全保护令由人民法院以裁定形式作出。

第二十七条 作出人身安全保护令,应当具备下列条件:

(一)有明确的被申请人;

(二)有具体的请求;

（三）有遭受家庭暴力或者面临家庭暴力现实危险的情形。

第二十八条 人民法院受理申请后，应当在七十二小时内作出人身安全保护令或者驳回申请；情况紧急的，应当在二十四小时内作出。

第二十九条 人身安全保护令可以包括下列措施：

（一）禁止被申请人实施家庭暴力；

（二）禁止被申请人骚扰、跟踪、接触申请人及其相关近亲属；

（三）责令被申请人迁出申请人住所；

（四）保护申请人人身安全的其他措施。

第三十条 人身安全保护令的有效期不超过六个月，自作出之日起生效。人身安全保护令失效前，人民法院可以根据申请人的申请撤销、变更或者延长。

第三十一条 申请人对驳回申请不服或者被申请人对人身安全保护令不服的，可以自裁定生效之日起五日内向作出裁定的人民法院申请复议一次。人民法院依法作出人身安全保护令的，复议期间不停止人身安全保护令的执行。

第三十二条 人民法院作出人身安全保护令后，应当送达申请人、被申请人、公安机关以及居民委员会、村民委员会等有关组织。人身安全保护令由人民法院执行，公安机关以及居民委员会、村民委员会等应当协助执行。

第五章 法律责任

第三十三条 加害人实施家庭暴力，构成违反治安管理行为的，依法给予治安管理处罚；构成犯罪的，依法追究刑事责任。

第三十四条 被申请人违反人身安全保护令，构成犯罪的，依法追究刑事责任；尚不构成犯罪的，人民法院应当给予训诫，可以根据情节轻重处以一千元以下罚款、十五日以下拘留。

第三十五条 学校、幼儿园、医疗机构、居民委员会、村民委员会、社会工作服务机构、救助管理机构、福利机构及其工作人员未依照本法第十四条规定向公安机关报案，造成严重后果的，由上级主管部门或者本单位对直接负责的主管人员和其他直接责任人员依法给予处分。

第三十六条 负有反家庭暴力职责的国家工作人员玩忽职守、滥用职权、徇私舞弊的，依法给予处分；构成犯罪的，依法追究刑事责任。

第六章 附则

第三十七条 家庭成员以外共同生活的人之间实施的暴力行为，参照本法规定执行。

第三十八条 本法自2016年3月1日起施行。

志愿服务条例

（2017年6月7日国务院第175次常务会议通过　2017年8月22日国务院令第685号公布　自2017年12月1日起施行）

第一章　总　　则

第一条　为了保障志愿者、志愿服务组织、志愿服务对象的合法权益，鼓励和规范志愿服务，发展志愿服务事业，培育和践行社会主义核心价值观，促进社会文明进步，制定本条例。

第二条　本条例适用于在中华人民共和国境内开展的志愿服务以及与志愿服务有关的活动。

本条例所称志愿服务，是指志愿者、志愿服务组织和其他组织自愿、无偿向社会或者他人提供的公益服务。

第三条　开展志愿服务，应当遵循自愿、无偿、平等、诚信、合法的原则，不得违背社会公德、损害社会公共利益和他人合法权益，不得危害国家安全。

第四条　县级以上人民政府应当将志愿服务事业纳入国民经济和社会发展规划，合理安排志愿服务所需资金，促进广覆盖、多层次、宽领域开展志愿服务。

第五条　国家和地方精神文明建设指导机构建立志愿服务工作协调机制，加强对志愿服务工作的统筹规划、协调指导、督促检查和经验推广。

国务院民政部门负责全国志愿服务行政管理工作；县级以上地方人民政府民政部门负责本行政区域内志愿服务行政管理工作。

县级以上人民政府有关部门按照各自职责，负责与志愿服务有关的工作。

工会、共产主义青年团、妇女联合会等有关人民团体和群众团体应当在各自的工作范围内做好相应的志愿服务工作。

第二章　志愿者和志愿服务组织

第六条　本条例所称志愿者，是指以自己的时间、知识、技能、体力等从事志愿服务的自然人。

本条例所称志愿服务组织，是指依法成立，以开展志愿服务为宗旨的非营利性组织。

第七条　志愿者可以将其身份信息、服务技能、服务时间、联系方式等个人基本信息，通过国务院民政部门指定的志愿服务信息系统自行注册，也可以通过志愿服务组织进行注册。

志愿者提供的个人基本信息应当真实、准确、完整。

第八条 志愿服务组织可以采取社会团体、社会服务机构、基金会等组织形式。志愿服务组织的登记管理按照有关法律、行政法规的规定执行。

第九条 志愿服务组织可以依法成立行业组织,反映行业诉求,推动行业交流,促进志愿服务事业发展。

第十条 在志愿服务组织中,根据中国共产党章程的规定,设立中国共产党的组织,开展党的活动。志愿服务组织应当为党组织的活动提供必要条件。

第三章 志愿服务活动

第十一条 志愿者可以参与志愿服务组织开展的志愿服务活动,也可以自行依法开展志愿服务活动。

第十二条 志愿服务组织可以招募志愿者开展志愿服务活动;招募时,应当说明与志愿服务有关的真实、准确、完整的信息以及在志愿服务过程中可能发生的风险。

第十三条 需要志愿服务的组织或者个人可以向志愿服务组织提出申请,并提供与志愿服务有关的真实、准确、完整的信息,说明在志愿服务过程中可能发生的风险。志愿服务组织应当对有关信息进行核实,并及时予以答复。

第十四条 志愿者、志愿服务组织、志愿服务对象可以根据需要签订协议,明确当事人的权利和义务,约定志愿服务的内容、方式、时间、地点、工作条件和安全保障措施等。

第十五条 志愿服务组织安排志愿者参与志愿服务活动,应当与志愿者的年龄、知识、技能和身体状况相适应,不得要求志愿者提供超出其能力的志愿服务。

第十六条 志愿服务组织安排志愿者参与的志愿服务活动需要专门知识、技能的,应当对志愿者开展相关培训。

开展专业志愿服务活动,应当执行国家或者行业组织制定的标准和规程。法律、行政法规对开展志愿服务活动有职业资格要求的,志愿者应当依法取得相应的资格。

第十七条 志愿服务组织应当为志愿者参与志愿服务活动提供必要条件,解决志愿者在志愿服务过程中遇到的困难,维护志愿者的合法权益。

志愿服务组织安排志愿者参与可能发生人身危险的志愿服务活动前,应当为志愿者购买相应的人身意外伤害保险。

第十八条 志愿服务组织开展志愿服务活动,可以使用志愿服务标志。

第十九条 志愿服务组织安排志愿者参与志愿服务活动,应当如实记录志愿者个人基本信息、志愿服务情况、培训情况、表彰奖励情况、评价情况等信息,按照统一的信息数据标准录入国务院民政部门指定的志愿服务信息系统,实现数据互联互通。

志愿者需要志愿服务记录证明的,志愿服务组织应当依据志愿服务记录无偿、如实出具。

记录志愿服务信息和出具志愿服务记录证明的办法,由国务院民政部门会同有关单位制定。

第二十条 志愿服务组织、志愿服务对象应当尊重志愿者的人格尊严；未经志愿者本人同意，不得公开或者泄露其有关信息。

第二十一条 志愿服务组织、志愿者应当尊重志愿服务对象人格尊严，不得侵害志愿服务对象个人隐私，不得向志愿服务对象收取或者变相收取报酬。

第二十二条 志愿者接受志愿服务组织安排参与志愿服务活动的，应当服从管理，接受必要的培训。

志愿者应当按照约定提供志愿服务。志愿者因故不能按照约定提供志愿服务的，应当及时告知志愿服务组织或者志愿服务对象。

第二十三条 国家鼓励和支持国家机关、企业事业单位、人民团体、社会组织等成立志愿服务队伍开展专业志愿服务活动，鼓励和支持具备专业知识、技能的志愿者提供专业志愿服务。

国家鼓励和支持公共服务机构招募志愿者提供志愿服务。

第二十四条 发生重大自然灾害、事故灾难和公共卫生事件等突发事件，需要迅速开展救助的，有关人民政府应当建立协调机制，提供需求信息，引导志愿服务组织和志愿者及时有序开展志愿服务活动。

志愿服务组织、志愿者开展应对突发事件的志愿服务活动，应当接受有关人民政府设立的应急指挥机构的统一指挥、协调。

第二十五条 任何组织和个人不得强行指派志愿者、志愿服务组织提供服务，不得以志愿服务名义进行营利性活动。

第二十六条 任何组织和个人发现志愿服务组织有违法行为，可以向民政部门、其他有关部门或者志愿服务行业组织投诉、举报。民政部门、其他有关部门或者志愿服务行业组织接到投诉、举报，应当及时调查处理；对无权处理的，应当告知投诉人、举报人向有权处理的部门或者行业组织投诉、举报。

第四章　促进措施

第二十七条 县级以上人民政府应当根据经济社会发展情况，制定促进志愿服务事业发展的政策和措施。

县级以上人民政府及其有关部门应当在各自职责范围内，为志愿服务提供指导和帮助。

第二十八条 国家鼓励企业事业单位、基层群众性自治组织和其他组织为开展志愿服务提供场所和其他便利条件。

第二十九条 学校、家庭和社会应当培养青少年的志愿服务意识和能力。

高等学校、中等职业学校可以将学生参与志愿服务活动纳入实践学分管理。

第三十条 各级人民政府及其有关部门可以依法通过购买服务等方式，支持志愿服务运营管理，并依照国家有关规定向社会公开购买服务的项目目录、服务标准、资金预算等相关情况。

第三十一条　自然人、法人和其他组织捐赠财产用于志愿服务的，依法享受税收优惠。

第三十二条　对在志愿服务事业发展中做出突出贡献的志愿者、志愿服务组织，由县级以上人民政府或者有关部门按照法律、法规和国家有关规定予以表彰、奖励。

国家鼓励企业和其他组织在同等条件下优先招用有良好志愿服务记录的志愿者。公务员考录、事业单位招聘可以将志愿服务情况纳入考察内容。

第三十三条　县级以上地方人民政府可以根据实际情况采取措施，鼓励公共服务机构等对有良好志愿服务记录的志愿者给予优待。

第三十四条　县级以上人民政府应当建立健全志愿服务统计和发布制度。

第三十五条　广播、电视、报刊、网络等媒体应当积极开展志愿服务宣传活动，传播志愿服务文化，弘扬志愿服务精神。

第五章　法 律 责 任

第三十六条　志愿服务组织泄露志愿者有关信息、侵害志愿服务对象个人隐私的，由民政部门予以警告，责令限期改正；逾期不改正的，责令限期停止活动并进行整改；情节严重的，吊销登记证书并予以公告。

第三十七条　志愿服务组织、志愿者向志愿服务对象收取或者变相收取报酬的，由民政部门予以警告，责令退还收取的报酬；情节严重的，对有关组织或者个人并处所收取报酬一倍以上五倍以下的罚款。

第三十八条　志愿服务组织不依法记录志愿服务信息或者出具志愿服务记录证明的，由民政部门予以警告，责令限期改正；逾期不改正的，责令限期停止活动，并可以向社会和有关单位通报。

第三十九条　对以志愿服务名义进行营利性活动的组织和个人，由民政、工商等部门依法查处。

第四十条　县级以上人民政府民政部门和其他有关部门及其工作人员有下列情形之一的，由上级机关或者监察机关责令改正；依法应当给予处分的，由任免机关或者监察机关对直接负责的主管人员和其他直接责任人员给予处分：

（一）强行指派志愿者、志愿服务组织提供服务；

（二）未依法履行监督管理职责；

（三）其他滥用职权、玩忽职守、徇私舞弊的行为。

第六章　附　　则

第四十一条　基层群众性自治组织、公益活动举办单位和公共服务机构开展公益活动,需要志愿者提供志愿服务的,可以与志愿服务组织合作,由志愿服务组织招募志愿者,也可以自行招募志愿者。自行招募志愿者提供志愿服务的,参照本条例关于志愿服务组织开展志愿服务活动的规定执行。

第四十二条 志愿服务组织以外的其他组织可以开展力所能及的志愿服务活动。

城乡社区、单位内部经基层群众性自治组织或者本单位同意成立的团体,可以在本社区、本单位内部开展志愿服务活动。

第四十三条 境外志愿服务组织和志愿者在境内开展志愿服务,应当遵守本条例和中华人民共和国有关法律、行政法规以及国家有关规定。

组织境内志愿者到境外开展志愿服务,在境内的有关事宜,适用本条例和中华人民共和国有关法律、行政法规以及国家有关规定;在境外开展志愿服务,应当遵守所在国家或者地区的法律。

第四十四条 本条例自 2017 年 12 月 1 日起施行。

中长期青年发展规划(2016—2025年)

青年是国家的未来、民族的希望。青年兴则民族兴,青年强则国家强。促进青年更好成长、更快发展,是国家的基础性、战略性工程。依据党和国家有关政策法规,按照经济社会发展的总体目标和要求,结合我国青年发展的实际情况,制定本规划。

本规划所指的青年,年龄范围是14—35周岁(规划中涉及婚姻、就业、未成年人保护等领域时,年龄界限依据有关法律法规的规定)。

序言

党和国家历来高度重视青年、关怀青年、信任青年,始终坚持把青年作为党和人民事业发展的生力军,为青年在革命、建设、改革中施展才华创造条件、提供舞台;尊重青年敢想敢干、富有梦想的特质,注重激发青年的参与热情和创新活力,引领青年勇开风气之先、走在时代前列;关心、解决青年的现实问题和迫切需求,支持青年在人民的伟大奋斗中实现自己的人生理想。党的十八大以来,以习近平同志为核心的党中央高度重视青年发展事业,反复强调青年一代有理想、有担当,国家就有前途,民族就有希望,实现中华民族伟大复兴就有源源不断的强大力量;进一步明确中国特色社会主义青年运动方向,全面加强对青年的思想政治引领和成长成才服务,制定实施一系列促进青年发展的政策措施,激励引导青年与民族同命运、与祖国共奋进、与时代齐发展,为广大青年指明了正确成长道路,创造了良好成长环境。

在党和国家的关心、支持和推动下,我国青年发展事业取得巨大进步和历史性成就。青年的思想政治面貌总体健康向上,拥护中国共产党的领导,对中国特色社会主义事业充满信心;青年的基本生活条件不断改善,物质生活水平显著提高,精神文化生活日益丰富,青年群体文明程度不断提升;教育事业长足发展,青壮年人口文盲基本消除,新增劳动力平均受教育年限达到13.3年,处于我国历史上最好水平,与发达国家之间的差距显著缩小;社会保障制度更加健全、水平不断提升,法治国家建设不断推进,青年发展权益得到更好维护;青年的创新能力、创业活力不断增强,青年人才队伍不断壮大,在报效祖国、服务人民、奉献社会的过程中实现着自身的成长发展。

未来10年,是实现"两个一百年"奋斗目标、实现中华民族伟大复兴中国梦的关键时期。面对复杂多变的国际环境和国内艰巨繁重的改革发展任务,统筹推进"五位一体"总体布局和协调推进"四个全面"战略布局,适应和引领经济发展新常态,牢固树立和贯彻落实创新、协调、绿色、开放、共享的发展理念,需要青年一代充分发挥作用,在改革发展稳定第一线建功立业、接续奋斗。

青年是国家经济社会发展的生力军和中坚力量。党和国家事业要发展,青年首先要发展。必须清醒认识到，青年发展事业与社会主义现代化建设的新要求、经济社会发展的新形势、广大青年的新期待相比，还存在不少亟待解决的突出问题。主要是：青年思想教育的时代性、实效性有待增强，用共产主义和中国特色社会主义引领青年，用中国梦和社会主义核心价值观凝聚共识、汇聚力量的任务尤为紧迫；青年体质健康水平亟待提高，部分青年心理健康问题日益凸显；青年社会教育和实践教育需要加强，提高教育质量的任务仍十分艰巨；青年就业的结构性矛盾比较突出，影响就业公平的障碍有待进一步破除；青年创业创新的热情有待进一步激发，鼓励青年创业创新的政策和社会环境需要不断优化；人口结构的新特点新变化使得青年一代的工作和生活压力不断增大，在婚恋、社会保障等方面需要获得更多关心和帮助；统筹协调青年发展工作的体制机制还不完善，各方面共同推进青年发展的合力有待进一步形成。

赢得青年才能赢得未来，塑造青年才能塑造未来。要站在党和国家事业后继有人、兴旺发达的高度，把青年发展摆在党和国家工作全局中更加重要的战略位置，整体思考、科学规划、全面推进，努力形成青年人人都能成才、人人皆可出彩的生动局面，为实现“两个一百年”奋斗目标、实现中华民族伟大复兴的中国梦注入强劲、持久的青春动力。

一、指导思想、根本遵循、总体目标

1. 指导思想。高举中国特色社会主义伟大旗帜，全面贯彻党的十八大和十八届三中、四中、五中、六中全会精神，坚持以马克思列宁主义、毛泽东思想、邓小平理论、“三个代表”重要思想、科学发展观为指导，深入学习贯彻习近平总书记系列重要讲话精神和治国理政新理念新思想新战略，坚持党管青年原则，牢牢把握为实现中华民族伟大复兴中国梦而奋斗的时代主题，充分照顾青年的特点和利益，优化青年成长环境，服务青年紧迫需求，维护青年发展权益，促进青年全面发展，引导青年树立共产主义远大理想和中国特色社会主义共同理想，坚定中国特色社会主义道路自信、理论自信、制度自信、文化自信，自觉团结凝聚在党的周围，更好成长为中国特色社会主义事业的合格建设者和可靠接班人。

2. 根本遵循。坚持马克思主义青年观和中国特色社会主义青年运动方向，全面贯彻落实以习近平同志为核心的党中央关于青年工作的决策部署，引导广大青年坚定不移听党话、跟党走；坚持以青年为本，尊重青年主体地位，把服务与成才紧密结合，让青年有更多获得感，促进青年在投身实现中华民族伟大复兴中国梦的实践中放飞青春梦想、实现全面发展；坚持全局视野，从战略高度看待青年发展事业，党委加强领导，政府、群团组织、社会等各方面协同施策，共同营造有利于青年发展的良好环境。

3. 总体目标。到2020年，具有中国特色的青年发展政策体系和工作机制初步形成，广大青年思想政治素养和全面发展水平进一步提升，在决胜全面建成小康社会伟大实践中的生力军和突击队作用得到充分发挥。到2025年，具有中国特色的青年发展政策体系和工作机制更加完善，广大青年思想政治素养和全面发展水平明显提升，不断成长为志存高远、德才并重、情理兼修、勇于开拓，堪当实现中华民族伟大复兴中国梦历史重任的有生力量。

二、发展领域、发展目标、发展措施

(一)青年思想道德

发展目标:广大青年积极践行社会主义核心价值观,中国特色社会主义道路自信、理论自信、制度自信、文化自信进一步增强,思想道德水平和文明素质进一步提高,为实现中国梦而奋斗的共同思想道德基础更加巩固。

发展措施:

1. 加强青年理想信念教育。深入开展共产主义、中国特色社会主义和中国梦学习宣传教育,开展习近平总书记系列重要讲话精神和治国理政新理念新思想新战略学习教育,使中国梦成为青年共同追求的奋斗目标,使中国特色社会主义成为青年衷心拥护的发展道路,使共产主义成为青年矢志追求的远大理想,增进青年对党的信赖、信念、信心。注重引导青年学习马克思主义基本原理,树立辩证唯物主义和历史唯物主义的世界观、方法论。注重加强宣传教育、示范引领和实践养成,引导广大青年增强使命意识和责任意识,自觉把人生追求融入党和国家事业。深入实施青年马克思主义者培养工程。充分发挥思想政治理论课在青年学生思想政治教育中的主渠道作用。实施高校思想政治理论课建设体系创新计划,建设学生真心喜爱、终身受益的高校思想政治理论课。

2. 在青年中培育和践行社会主义核心价值观。引导青年勤学、修德、明辨、笃实,使社会主义核心价值观内化为青年的坚定信念,外化为青年的自觉行动。大力弘扬以爱国主义为核心的民族精神和以改革创新为核心的时代精神,把爱国主义教育贯穿国民教育和精神文明建设全过程,引导青年学习了解党史国史、近现代史和改革开放史,继承五四运动以来的革命文化传统,坚持爱国、爱党、爱社会主义相统一,自觉培养爱国之情、砥砺强国之志、实践报国之行。引导青年传承弘扬中华优秀传统文化,增强文化自信和价值观自信。深入开展形式多样的青年群众性精神文明创建活动,引导青年大力弘扬社会公德、职业道德、家庭美德,培养良好个人品德,积极倡导和培育诚信品格,争当"向上向善好青年",在引领社会文明风尚中发挥积极作用。加强民族团结宣传教育,推动各族青年交往交流交融,树立正确的国家观、民族观、历史观、文化观、宗教观,自觉抵制宗教极端思想,共同维护祖国统一和各民族繁荣发展。开展青年国防教育,推动军地青年共建共育,教育适龄青年自觉履行兵役义务。

3. 分类开展青年思想教育和引导。面向中学中职学生,广泛开展"与人生对话"主题活动,引导他们从小确立人生奋斗的远大志向,培养爱国、爱党、爱社会主义的感情。面向大学生,广泛开展"与信仰对话"主题活动,引导他们认识马克思主义的真理性,坚定走中国特色社会主义道路的信念。面向企业青年,广泛开展岗位建功活动,引导他们正确看待个人、企业、社会、国家的关系,以积极、务实、理性的态度面对职业生涯中遇到的具体问题。面向进城务工青年,注重把解决思想问题与解决实际问题相结合,在排忧解难、传递关怀中引导他们心向党和政府、矢志拼搏奋斗。面向农村青年,广泛宣传党和政府的支农惠农政策,引导他们树立"农村天地广阔、青年大有可为"的思想认识。

4. 强化网上思想引领。把互联网作为开展青年思想教育的重要阵地，团结、带动和壮大网上积极力量，大力开展正面宣传，实施“青年好声音”系列网络文化行动，增强网络正能量，消解网络负能量。提升网络舆情分析和引导能力，疏导青年情绪，澄清误解和谣言，引导青年形成正确认知。在青年群体中广泛开展网络素养教育，引导青年科学、依法、文明、理性用网。广泛开展青年网络文明志愿者行动，组织动员广大青年注册成为网络文明志愿者，参与监督和遏止网上各种违法和不良信息传播，为构建清朗网络空间作贡献。

（二）青年教育

发展目标：青年受教育权利得到更好保障，基本公共教育服务均等化逐步实现，教育公平程度明显提升。新增劳动力平均受教育年限达到13.5年以上，高等教育毛入学率达到50%以上。

发展措施：

1. 提高学校育人质量。坚持立德树人，深化教育改革，把增强学生社会责任感、法治意识、创新精神、实践能力作为重点任务贯彻到学校教育全过程。改善课堂教学，调动青年学生自主学习的积极性，完善知识结构，培养创新兴趣和科学素养。科学设计开展实践育人活动，通过探索实施高校共青团“第二课堂成绩单”制度等途径，帮助学生开阔视野、了解社会、提升综合素质。丰富学生创新实践平台，深入开展“挑战杯”竞赛和中国青少年科技创新奖评选，支持培育学生科技创新社团，营造校园科技创新氛围，为学生开展科技创新探索提供必要条件。将中小学共青团、少先队工作纳入教育督导。完善现代职业教育体系，推进产教融合、校企合作，办好全国职业院校技能大赛。深化考试招生制度改革，把促进学生健康成长成才作为改革的出发点和落脚点，扭转片面应试教育倾向。加强教师队伍建设，严格教师准入制度，突出教师职业道德教育和业务能力培训，深化教师评价管理体系改革。深入开展文明校园、绿色校园创建，创造和谐优美校园环境。在社会科学研究机构、高等学校加强青年学研究。

2. 科学配置教育资源。加大公共教育投入向中西部和民族边远贫困地区的倾斜力度，逐步缩小地区间教育资源差距。普及高中阶段教育，逐步分类实现中等职业教育全部免除学杂费，率先从建档立卡的家庭经济困难学生实施普通高中免除学杂费。实施国家贫困地区定向招生专项计划。完善贫困家庭学生、进城务工青年、少数民族青年和残疾青年等特殊青年群体帮扶救助机制，健全资助体系、完善资助方式，实现家庭经济困难学生资助全覆盖。进一步完善和落实进城务工人员随迁子女接受义务教育后在当地参加升学考试政策。

3. 强化社会实践教育。完善扶持政策，加大经费投入，加强青年社会实践基地建设，鼓励机关、军队、企事业单位、社会组织为有组织的青年社会实践提供帮助和便利。在青年中广泛开展科普教育和群众性科技创新活动，引导广大青年讲科学、爱科学、学科学、用科学。广泛开展大中专学生“三下乡”、志愿服务等社会实践活动，鼓励青年参与社会公共服务和社会公益事业。推进青年信用体系建设，逐步应用到青年入学、就业、创业等领域,引导青年践行诚信理念。

4. 促进青年终身学习。强化家庭教育基础作用,全面宣传普及家庭教育科学理念、知识和方法,实现家庭教育对优秀传统文化、爱国主义、社会责任、生活技能、勤俭美德、自律能力的基础性培养。大力发展继续教育,建立个人学习账号和学分累计制度,开展师生互动式、同伴共享式技能学习培训。加大青年社会教育投入,建立多渠道筹措资金投入机制。创造社会教育良好环境,规划青年成长成才各个环节的教育需求,统筹协调文化、出版、影视、网络等资源,实现对青年教育空间的全覆盖。构建并推行终身职业技能培训制度。推动各类学习资源开放共享,鼓励社会力量和民间资本提供多样化教育服务,推进教育信息化,发展在线教育和远程教育,扩大优质教育资源覆盖面,构建灵活开放的终身教育培训体系。

5. 培育青年人才队伍。实施青年英才开发计划,在重点学科领域培养扶持一批青年拔尖人才;在高水平研究型大学和科研院所优势基础学科建设一批国家青年英才培养基地。统筹推进党政人才、企业经营管理人才、专业技术人才、高技能人才、农村实用人才、社会工作人才等领域青年人才队伍建设。建立健全对青年人才普惠性支持措施。加大教育、科技和其他各类人才工程项目对青年人才培养支持力度,在国家重大人才工程项目中设立青年专项。改革完善青年人才管理体制,创新青年人才培养开发、评价发现、选拔任用、流动配置、激励保障机制,善于发现、重点支持、放手使用青年优秀人才。加强知识产权保护,鼓励青年人才创新创造。鼓励和支持青年人才参与战略前沿领域研究,着力培养一批青年科技创新领军人才。坚持自主培养开发与海外引进并举,用好国内优秀人才,吸引海外高层次青年人才和急需紧缺青年专门人才。

(三)青年健康

发展目标:持续提升青年营养健康水平和体质健康水平,青年体质达标率不低于90%;有效控制青年心理健康问题发生率,青年心理健康辅导和服务水平得到较大提升;引领青年积极投身健康中国建设。

发展措施:

1. 提高青年体质健康水平。实施全民健身计划,严格执行《国家体育锻炼标准》和《国家学生体质健康标准》,在学校教育中强化体质健康指标的硬约束。加强学校体育工作,完善国家体育与健康课程标准,发挥学校体育考核评价体系的导向作用,保证体育课时和课外锻炼时间得到落实。组织青年广泛参与全民健身运动,培养体育运动爱好,提升身体素质,掌握运动技能,养成终身锻炼的习惯。在城乡社区建设更多适应青年特点的体育设施和场所,配备充足的体育器材,方便青年就近就便开展健身运动。鼓励和支持青年体育类社会组织发展,带动更多青年培养体育兴趣和爱好。

2. 加强青年心理健康教育和服务。注重加强对青年的人文关怀和心理疏导,引导青年自尊自信、理性平和、积极向上,培养良好心理素质和意志品质。促进青年身心和谐发展,指导青年正确处理个人与他人、个人与集体、个人与社会的关系。加强对不同青年群体社会心态和群体情绪的研究、管控和疏导，引导青年形成合理预期，主动防范和化解群体性社会风险。加强青年心理健康知识宣传普及，提高心理卫生知晓率。支持各级各类青年专业心理辅导机构和社会组织建设，大力培养青年心理辅导专业人才。重点抓好学校心理健康教育，在高校、中学和职业学校普遍设置心理健康辅导咨询室，有条件的学校配备专职心理健康教育师资队伍。构建和完善青年心理问题高危人群预警及干预机制。加强源头预防，注重对青年心理健康问题成因的研究分析，及时识别青年心理问题高危人群，采取有效措施解决或缓解青年在学业、职业、生活和情感等方面的压力。

3. 提高各类青年群体健康水平。重视服务残疾青年的专业康复训练，落实器材、场所等配套保障。解决农村地区、贫困地区、西部地区青年学生的营养健康问题。引导高校学生“走下网络、走出宿舍、走向操场”，养成健康文明的生活习惯。做好青年职业病的预防和治疗工作，大幅度降低在职青年职业病发生率。关注进城务工青年健康状况，开展健康监测。动员社会力量，通过志愿服务、慈善捐助等形式为青年群体提供有针对性的健康服务。

4. 加强青年健康促进工作。编撰和出版有关生命教育的读物，引导青年尊重生命、热爱生活。定期组织青年参与公共场所安全演练，开展灾害逃生、伤害自护、防恐自救、互助互救等体验教育，增强青年在应对突发性事件中的自我保护意识和防灾避险能力。在青年中倡导健康生活方式，加强健康教育，提升青年健康素养水平。广泛开展禁烟宣传，让青年成为支持禁烟、自觉禁烟的主体人群。完善艾滋病和性病的防治工作机制，针对重点青年群体加强宣传教育，推广有效的干预措施，切实降低艾滋病和性病发生率。做好禁毒宣传教育工作，提高青年群体尤其是青年学生群体对毒品及其危害性的认识。强化对娱乐场所的监管，严厉打击吸毒贩毒、卖淫嫖娼等违法犯罪行为。

（四）青年婚恋

发展目标：青年婚恋观念更加文明、健康、理性；青年婚姻家庭和生殖健康服务水平进一步提升；青年的相关法定权利得到更好保障。

发展措施：

1. 加强青年婚恋观、家庭观教育和引导。将婚恋教育纳入高校教育体系，强化青年对情感生活的尊重意识、诚信意识和责任意识，引导青年树立文明、健康、理性的婚恋观。发挥大众传媒的社会影响力，广泛传播正面的婚恋观念，鲜明抵制负面的婚恋观念，形成积极健康的舆论导向。倡导结婚登记颁证、集体婚礼等文明节俭的婚庆礼仪。引导青年树立正确的家庭观念，倡导尊老爱幼、男女平等、夫妻和睦、勤俭持家、邻里团结，传承优良家教家风，培育家庭文明。加强青年敬老、养老、助老道德建设，大力弘扬孝敬老人的传统美德。

2. 切实服务青年婚恋交友。支持开展健康的青年交友交流活动，重点做好大龄未婚青年等群体的婚姻服务工作。规范已有的社会化青年交友信息平台，打造一批诚信度较高的青年交友信息平台。依法整顿婚介服务市场，严厉打击婚托、婚骗等违法婚介行为。

充分发挥工会、共青团、妇联等群团组织和社会组织的作用,为青年婚恋交友提供必要的基础保障和适合青年特点的便利条件。

3. 开展青年性健康教育和优生优育宣传教育。在青年中加强对国家人口发展战略和政策的宣传教育,促进人口均衡发展。加大对性知识的普及力度,在有条件的学校推广性健康课程,加强专兼职性健康教育师资队伍建设。预防和减少不当性行为对青年造成的伤害,大幅度降低意外妊娠的发生率。大力弘扬以"婚育文明、性别平等;计划生育、优生优育;生殖健康、家庭幸福"为核心的婚育文化,坚决抵制非医学需要的胎儿性别鉴定和选择性别人工终止妊娠行为。加大对适龄青年的婚育辅导力度,加大适龄青年婚前检查、孕前检查和产前检查的普及力度。

4. 保障青年在孕期、产假、哺乳期期间享有的法定权益。全面落实女性青年在怀孕、生育和哺乳期间依法享有的各项权利。鼓励条件成熟的地方探索在物质、假期等方面给予青年更多支持。

(五)青年就业创业

发展目标:青年就业比较充分,高校毕业生就业保持在较高水平;青年就业权利保障更加完善,青年的薪资待遇、劳动保护、社会保险等合法权益得到充分保护;青年创业服务体系更加完善,创业活力明显提升。

发展措施:

1. 推动完善促进青年就业创业政策体系。根据就业形势和就业工作重点变化,加强就业政策与产业、贸易、财税、金融等政策的协调,进一步完善积极就业政策。发挥公共财政促进青年就业作用,完善落实财政金融扶持政策,扶持发展现代服务业、战略性新兴产业、劳动密集型企业和小微企业,吸纳青年就业。加强对灵活就业、新就业形态的支持,促进青年自主就业,鼓励多渠道多形式就业。进一步完善青年创业就业配套政策及法律法规。加强就业统计工作,健全青年就业统计指标体系。

2. 加强青年就业服务。实施青年就业见习计划。健全城乡均等的公共就业创业服务体系,完善服务功能,把有就业意愿的青年全部纳入服务范围,全面落实免费公共就业服务,对就业困难青年提供就业援助,帮助长期失业青年就业。创新就业信息服务方式方法,注重运用互联网技术打造适合青年特点的就业服务模式。加强青年职业培训,健全面向青年的劳动预备制培训计划,落实职业培训补贴政策。实施离校未就业高校毕业生就业促进计划,为毕业生提供职业指导、就业信息、就业见习、就业帮扶等服务。开展青年农民工职业技能培训,通过订单、定向和定岗式培训,对农村未升学初高中毕业生等新生代农民工开展就业技能培训,为有创业意愿的青年农民工提供创业培训。开展青年重点群体职业培训,加大贫困家庭子女、青年失业人员和转岗职工、退役青年军人和残疾青年等劳动者职业技能和创业培训力度,按规定提供培训补贴,对农村贫困家庭学员和城市居民最低生活保障家庭学员给予生活补贴。

3. 推动青年投身创业实践。建立青年创业人才汇聚平台,建设青年创业导师团队,开展普及性培训和“一对一”辅导相结合的创业培训活动，帮助青年增强创业意识、增进创业本领。推动青年创业第三方综合服务体系建设，搭建各类青年创业孵化平台，完善政策咨询、融资服务、跟踪扶持、公益场地等孵化功能。加大青年创业金融服务落地力度，优化银行贷款等间接融资方式，支持创业担保贷款发展，拓宽股权投资等直接融资渠道。支持青年创业基金发展，发挥好国家新兴产业创业投资引导基金和中小企业发展基金等政府引导基金的作用，带动社会资本投入，解决青年创业融资难题。落实结构性减税和普遍性降费政策。建设青年创业项目展示和资源对接平台，搭建青年创业信息公共服务网络，办好青年创新创业大赛、展交会、博览会等创业品牌活动。着力培育服务青年创业的社会组织，建设专业化的服务队伍和服务实体。深入实施大学生创业引领计划，建立健全教学与实践相融合的高校创新创业教育体系，显著提升青年创新型人才培养质量；整合发展国家和省级高校毕业生就业创业基金。深入开展农村青年创业致富带头人培养，支持青年返乡创业。完善互联网创新创业政策，实施青年电商培育工程。加强对留学回国创业青年的服务，帮助他们了解国内信息、熟悉创业环境、交流创业经验、获得政策扶持。推动形成鼓励创新、宽容失败的体制机制和社会环境，更好激发青年创新潜能和创业活力。

4. 加强青年就业权益保障。完善青年就业、劳动保障权益保护机制，加大劳动保障监察执法、劳动人事争议调解仲裁诉讼、安全生产监管监察工作力度。加强人力资源市场监管，规范招人用人制度，营造公平就业环境。完善失业保险、社会救助与就业的联动机制。

（六）青年文化

发展目标：更好引导青年传承中华优秀传统文化、弘扬社会主义先进文化。青年文化活动更加丰富，文化精品不断增多，传播能力大幅提升，人才队伍发展壮大，服务设施、机构和体制更加健全。青年对提升国家文化软实力贡献率显著提高。

发展措施：

1. 加强文化精品创作生产。发挥精神文明建设“五个一工程”、国家舞台艺术精品创作工程、中国艺术节、中国文化艺术政府奖、中国新闻奖、中国出版政府奖等国家级重大工程项目、评奖的引导带动作用，鼓励文化机构、文艺工作者特别是青年文化人才，创作生产展现当代青年奋发向上、崇德向善、传承中华文明的文化精品。引领网络文化，保护网络文化知识产权，扶持高质量网络文化产品生产，加强微电影、动漫、游戏等内容创作创新，提升优秀网络文化产品供给能力和传播能力。国家艺术基金、国家出版基金等文化发展基金要加强对青年题材重点选题项目的扶持，鼓励优秀青年文化人才参与创作，支持青年题材优秀图书、影视、音乐、舞蹈、戏剧、曲艺、美术等生产、发行和推广。

2. 丰富青年文化活动。广泛开展优秀文化作品全国性巡展巡演。深入挖掘中华优秀传统文化的时代价值，开展优秀传统文化艺术展示交流，引导青年积极参与文化遗产保护、传统工艺振兴、民间文艺传承。以校园文化、企业文化、军营文化、乡村文化、社区文化、社团文化、网络文化为载体，加强基层特色文化品牌建设，推动青年人均年度图书阅读量和艺术鉴赏、科普水平逐年提高。加强中国青年与各国青年人文交流，学习、吸收、借鉴世界优秀文化成果，讲好中国故事、传播好中国声音，不断提升文化自信。

3. 造就青年文化人才。通过全国文化名家暨“四个一批”人才培养工程、文化产业人才培养工程、非物质文化遗产传承人、新闻出版广播影视领军人才和互联网创新人才培养等项目，实施青年文化人才培养计划，资助具备文化创新能力、掌握现代传媒技术、熟悉国际人文交流、善于经营管理的青年文化人才主持重大课题研究、领衔重点文化项目。加强后备文化人才队伍建设，面向青年文化工作者开展文化创意服务、文化生产实践、文化经营管理、媒体融合发展、国际合作规则等方面培训，凝聚文化研究、创作、表演、传播、经营、管理、志愿服务等青年人才。

4. 优化青年文化环境。鼓励和支持有条件的报刊、电台、电视台、新闻网站设立青年栏目、节目，制作和传播有益于青年健康成长的内容，增加青年题材报道内容和播出时间，大力宣传青年在推动经济社会发展中的积极作用。在报刊和网络重点栏目、电视和院线黄金时段，增加优秀青年文化精品的宣传内容、频次，引导青年树立高尚精神追求、文明生活方式和正确消费观念。推进公共文化设施免费开放，增强针对青年群体的服务功能。

5. 积极支持青年文化建设。加强文化理论研究，及时掌握青年文化需求、文化观念、文化潮流的动态变化，引领和指导青年文化实践。扶持以服务青年为主要功能的报纸、刊物、新闻出版、网站等文化企事业单位发展。完善公益性演出补贴制度，通过票价补贴、剧场运营补贴等方式，支持青年艺术表演团体公益演出。促进企业和民间资本增加对青年文化事业的投入。鼓励国家投资、资助或拥有版权的文化产品无偿用于公益性青年文化活动和服务。鼓励和支持各类文化单位在五四青年节面向青年免费或低收费开展文化活动、提供文化服务。采取政府购买、项目补贴、定向资助等方式，鼓励青年文化阵地、青年文化团体等社会力量承接青年文化服务。

（七）青年社会融入与社会参与

发展目标：青年更加主动、自信地适应社会、融入社会。青年社会参与的渠道和方式进一步丰富和畅通，实现积极有序、理性合法参与。共青团、青联、学联组织在促进青年社会融入和社会参与中的主导作用充分发挥，带动各类青年组织在促进青年有序社会参与中发挥积极作用。青年参与社会主义现代化建设的积极性主动性进一步增强，青年志愿服务水平进一步提高。不同青年群体相互理解尊重。青年对外交流合作不断拓展。

发展措施：

1. 健全党领导下的以共青团为主导的青年组织体系。积极推进共青团改革，着力构建凝聚青年、服务大局、当好桥梁、从严治团的工作格局，充分发挥共青团作为党的助手的作用。加强共青团自身建设，适应青年发展的新情况新特点，不断创新组织设置，更多更广地覆盖新兴领域青年和流动青年；尊重青年主体地位，调动广大青年参与的积极性和主动性，活跃基层团组织，完善青年社会参与的基本组织依托。教育广大共青团员切实增强先进性光荣感，自觉做共产主义远大理想和中国特色社会主义共同理想的坚定信仰者和忠实实践者,充分发挥在青年中的模范作用和对青年的凝聚作用。充分发挥青联在爱国主义、社会主义旗帜下广泛团结各族各界青年的功能,强化共青团在青联组织中的引领作用,推动青联组织带领各族各界青年在大团结大联合中实现共同发展。加强共青团对学联组织的指导,推动学联组织引导学生追求进步、维护学生合法权益。发展培育青年社团,加强对各行各业青年的凝聚和服务。更好联系、服务和引导青年社会组织,促进青年有序社会参与。支持共青团、青联、学联依法承接政府职能转移,更好参与青年社会事务管理和服务;支持各类青年社会组织立足自身优势,以合适方式参与政府购买服务。

2. 着力促进青年更好实现社会融入。鼓励和支持青年参与社会实践和公益服务,推动理论学习与劳动实践相结合,突出个人实践与社会公益有机统一,学会自我教育、自我管理、自我提升,在为家庭谋幸福、为他人送温暖、为社会作贡献的过程中增加人生历练,强化社会交往能力和社会责任感。充分发挥家庭在青少年社会融入中的重要作用,鼓励青少年自强自立,为青少年接触社会、开展社会交往创造更多机会、提供有效指导。学校教育要支持青年学生开展各种课外和校外活动,加强对青年学生社会融入的针对性指导,促进青年学生学会生存生活,学会做人做事,主动了解社会、适应社会。积极促进在内地就学、就业少数民族青年和进城务工青年及其子女的社会融入,帮助他们更快适应当地习俗、更好融入所在社区。充分发挥青年社会组织等社会力量的独特作用,吸引和带动青年广泛参与各类社会服务,不断培养和提升社会化技能。引导青年正确认识网络空间与现实社会的关系,多到社会实践中长见识、练本领,防止沉迷网络。要在全社会推动形成鼓励青年多样化参与、支持青年个性发展、宽容青年失误的氛围,为青年更好融入社会营造良好环境。

3. 引领青年有序参与政治生活和社会公共事务。支持共青团、青联代表和带领青年积极参与人大、政府、政协、司法机关、社会有关方面各类协商,就涉及青年成长发展的重大问题协商探讨、提出意见、凝聚共识,充分发挥政治参与职能。探索建立有关人大代表、政协委员青少年事务联系机制,为青年参与畅通渠道、搭建平台。鼓励青年参与城乡基层群众自治,推动完善民主恳谈、民主议事制度,在实践中提高青年政治参与能力。推荐优秀青年代表担任人民陪审员、人民监督员、人民调解员等,依法履行相关职责。

4. 鼓励青年在经济社会发展中充分发挥生力军和突击队作用。围绕国家整体发展战略需要,深化各类建功活动,树立先进典型,激励青年在各行各业积极创新,拓展工作领域和空间,形成发展新动力。鼓励青年积极参与生态环境保护,带头践行绿色生产生活方式,共建生态文明,共创美丽中国。组织动员广大青年积极投身脱贫攻坚,充分发挥青年企业家、青年科技工作者、青年致富带头人、青年志愿者等群体作用,为贫困地区改善区域发展环境、促进经济社会发展提供资金、人才、技术、管理等支持。摸清底数、精准施策,充分发挥教育和就业创业在青年脱贫中的重要作用,促进贫困青年早日脱贫。坚持围绕大局、服务社会需求、突出青年特色,深化青年志愿服务工作,组织引导广大青年大力弘扬“奉献、友爱、互助、进步”的志愿精神。

5. 引导青年社会组织健康有序发展。加强对青年社会组织的政治引领,完善党委和政府与青年社会组织沟通交流机制,把对青年社会组织的管理和引导纳入法治化轨道。改进对青年社会组织的联系服务,充分发挥共青团和青联组织作用,通过资金支持、提供阵地场所、培训骨干人员等方式扶持青年社会组织健康发展。重点支持行为规范、运作有序、公信力强、适应经济社会发展要求的青年社会组织,重点发展科技类、公益慈善类、城乡社区服务类青年社会组织,积极发挥重点青年社会组织的示范带动作用。改善对青年社会组织的监督管理,建立完善民政部门和共青团、青联等群团组织及有关职能部门协同发挥作用的管理机制。

6. 增进不同青年群体的交流融合。整合各方资源,帮助解决重点、新兴领域青年群体的实际困难,增进新生代农民工、青年企业家、青年社会组织骨干、青年新媒体从业人员、高校青年教师、归国留学青年等群体的政治认同和社会参与。发挥共青团组织优势,主动联系新的社会阶层青年群体,吸纳他们中的优秀分子进入组织体系。创造条件推动不同阶层、不同领域青年群体进行经常性对话交流,增进理解、认同和包容,舒缓社会压力,融洽社会关系。

7. 增强港澳台青年的国家认同、民族认同和文化认同。实施港澳台青少年交流计划,以中华文化为纽带,不断探索创新工作方式,提高交流实效,实现在多元文化背景下包容差异、消除隔阂、增进认同。积极创造条件,搭建港澳台青年来内地创新创业平台,支持港澳台青年在国家发展及海峡两岸暨港澳经贸融合中寻找发展机会,为港澳台青年就业创业提供便利服务。帮助港澳台青年形成对"一国两制"的正确认知、对祖国文化的认同。

8. 支持青年参与国际交往。拓宽青年参与国际交往的渠道,为青年开展国际交流与合作搭建更广阔的平台。完善选拔方式、丰富选拔手段,让更多的青年群体代表参与国际交流。培养推荐青年优秀人才到国际组织任职。加大宣传力度,提升青年国际交流活动的影响力和辐射面。

(八)维护青少年合法权益

发展目标:青少年权益维护的法律法规和政策体系更加完善,得到全面贯彻实施。青少年权益保护的工作体系和工作机制更加健全,合法权益得到切实维护。侵害青少年合法权益的行为受到有效打击和遏制。

发展措施:

1. 全面贯彻实施有关青少年发展的法律法规。加强《中华人民共和国未成年人保护法》、《中华人民共和国预防未成年人犯罪法》以及教育、卫生、就业创业、社会保障等领域涉及青少年权益的法律法规贯彻实施,切实保障青年合法权益。共青团等群团组织要及时了解和研判青年发展状况,监督涉及青年发展权益的法律法规和政策执行,代表青年向有关部门反映问题、提出建议,推动及时有效解决青年实现发展权益面临的现实困难和突出问题。

2. 完善青少年权益维护法律法规和政策。针对青年权益保障中的突出问题，制定修改相关法律法规和政策，在现有法律法规和政策体系中增加有利于维护青年普遍性权益的内容。以《中华人民共和国未成年人保护法》、《中华人民共和国预防未成年人犯罪法》和《中华人民共和国刑事诉讼法》中的"未成年人刑事案件诉讼程序"专章为基础，建立健全涵盖福利、保护、司法等内容的未成年人法律制度。加快制定电子商务、个人信息保护、互联网信息服务管理等法律法规，出台《未成年人网络保护条例》，严格落实互联网服务提供者的主体责任，有效防范暴力、色情、赌博、毒品、迷信、邪教等腐朽没落文化和丑化党和国家形象及革命先烈的信息传播。

3. 健全青少年权益保护机制。尊重青年主体地位，拓展青年权益表达渠道，充分发挥共青团、青联组织代表和反映青年普遍性利益诉求的作用。建立青年权益状况舆情监测体系和舆论引导机制。支持共青团建设青少年维权工作网络平台和 12355 青少年服务台，把法治宣传教育与法律服务结合起来，带动青年社会组织、青少年事务社会工作者积极参与维护青少年权益。深化"青少年维权岗"创建活动，建立健全基层青少年维权工作机制。加强对困难青年群体、进城务工青年及其未成年子女等群体的关爱和权益维护工作。完善法律援助工作网络，鼓励和支持法律服务机构、社会组织、事业单位等依法为未成年人提供公益性法律服务和援助。健全未成年人行政保护与司法保护衔接机制，加强监护缺失、受到监护侵害的未成年人权益保护工作。

4. 依法打击侵害青少年合法权益的行为。贯彻落实涉及青少年权益保护的法律法规，严厉打击拐卖、性侵害、遗弃、虐待等侵害未成年人合法权益的违法犯罪行为。大力开展青少年禁毒工作，依法惩处涉及青少年的毒品违法犯罪活动。严厉打击涉校违法犯罪活动。加强网络领域综合执法，严厉打击各类涉青少年网络违法犯罪。

（九）预防青少年违法犯罪

发展目标：青少年法治宣传教育常态化、全覆盖，青少年法治观念和法治意识不断增强，成长环境进一步净化。形成比较完善的重点青少年群体服务管理和预防犯罪工作格局，建立针对有严重不良行为和涉罪青少年进行教育矫治的有效机制，青少年涉案涉罪数据逐步下降。

发展措施：

1. 加强法治宣传教育。在青少年中广泛开展法治宣传教育，使青少年明确基本的法律底线和行为边界，自觉尊法学法守法用法。把法治教育纳入国民教育体系，坚持课堂教学主渠道，积极开拓第二课堂，配齐配强中小学校兼职法治副校长、辅导员。落实国家机关"谁执法谁普法"普法责任制，建立法官、检察官、行政执法人员、律师在法律实施过程中面向青少年开展法治教育的制度规范。把法治教育纳入精神文明创建和平安建设内容，健全媒体公益普法制度，注重运用网络新媒体扩大宣传教育覆盖面，统筹青少年法治教育实践基地建设，发展壮大青少年普法工作队伍和志愿者队伍。

2. 优化青少年成长环境。清理和整治社会文化环境，加大"扫黄打非"工作力度，打击各类侵权盗版行为，加强对影视节目的审查，强化以未成年人为题材和主要销售对象的出版物市场监管。加强校园周边环境治理和安全防范工作，严格落实禁止在中小学校园周边开办上网服务营业场所、娱乐场所、彩票专营场所等相关规定。依法采取必要惩戒措施，有效遏制校园欺凌、校园暴力等案（事）件发生。净化网络空间，完善网络文化、网络出版、网络视听节目审查制度和市场监管，定期开展专项整治行动，持续整治网络涉毒、淫秽色情及低俗信息。推动互联网上网服务行业健康发展，进一步规范上网服务营业场所服务管理，依法查处违规接纳未成年人的行为，依法取缔无照场所。

3. 做好重点青少年群体服务管理工作。大力推进"为了明天"预防青少年违法犯罪工程，推动预防青少年违法犯罪工作列入各地工作规划和财政预算，不断健全组织机构和工作体系。在全国县级地区全面推开并不断深化重点青少年群体服务管理工作，明确各类群体工作重点，建立覆盖完整、切实有效、主责清晰、协调联动的工作机制。强化家庭监护和学校教育职责，防止青少年脱离与家庭、学校的联系，出现不良行为时能够及时采取有针对性的预防措施。加强专门学校建设和专门教育工作，畅通有严重不良行为未成年人进入专门学校接受教育矫治的渠道，研究建立符合条件的涉案未成年人进入专门学校接受教育矫治的程序。完善专门学校管理体制和运行机制，加强教师队伍建设，不断提高教育矫治水平。充分发挥青少年事务社会工作专业人才和社会工作服务机构作用，对重点青少年群体提供困难帮扶、法治教育、法律援助、心理疏导、行为矫治等专业服务。

4. 完善未成年人司法保护制度。深化未成年人司法改革，公安机关、人民检察院、人民法院、司法行政机关要加强专门机制建设，明确专门机构或者指定专人办理未成年人违法犯罪案件。改革完善未成年人收容教养制度。在侦查、起诉、审判、刑事执行涉及未成年人案件中，落实社会调查、心理疏导与测评、分押分管、严格限制适用逮捕措施、强制辩护、合适成年人参与、当事人和解、附条件不起诉、分案起诉、法庭教育、回访帮教、犯罪记录封存、分类矫治等特殊保护制度。有条件的地区建立未成年人帮教基地。妥善安置附条件不起诉、适用非监禁刑、特赦的未成年人以及解除收容教养和其他刑满释放的青少年。

（十）青年社会保障

发展目标：社会保障体系充分覆盖青年急需的保障需求，并在各类青年群体之间逐步实现均等化。

发展措施：

1. 加强对残疾青年的关心关爱和扶持保障。健全完善残疾青年教育、医疗、就业等方面的服务保障政策，进一步提高保障水平和服务能力。推动残疾青年平等参与社会生活、共享经济社会发展成果，依法保障残疾青年政治、经济、社会、文化教育权利。大力开展面向残疾青年的专业社会工作和志愿服务，鼓励和引导社会各界参与、支持残疾青年权益维护，培育理解、尊重、关心、帮助残疾青年的社会风尚。

2. 加强青年社会救助工作。完善社会救助制度，健全救助服务管理工作机制。加大对流浪未成年人的救助力度，促使其回归家庭，有针对性地解决流浪未成年人在心理、健康、技能等方面存在的问题。为家庭困难的失学、失业、失管青年提供就业、就学、就医、生活等方面的帮助。加大临时救助政策的落实力度，解决包括进城务工青年在内的困难群众突发性、紧迫性、临时性生活困难。切实解决部分农村留守儿童中存在的学业失教、生活失助、亲情失落、心理失衡、安全失保问题。大力推进城镇基本公共服务向常住人口全覆盖，为进城务工青年与其未成年子女共同生活提供生活居住、日间照料、义务教育、医疗卫生等方面的帮助。

三、重点项目

1. 青年马克思主义者培养工程。着重在青年学生骨干、团干部、青年知识分子等青年群体中选拔一批骨干作为培养对象，以理想信念教育为核心，开设党性教育、理论学习、实践锻炼、工作锤炼、对外交流等方面的课程，进行阶段性集中教育培训，着力培养一批对党忠诚、信仰坚定、素质优良、作风过硬的中国特色社会主义事业合格建设者和可靠接班人。注重后续跟踪培养，动态调整培养方式，充分发挥骨干力量对各行业的示范带动作用。青年马克思主义者培养工程分全国、省级、省级以下三级实施，每年培养不少于20万人。

2. 青年社会主义核心价值观培养工程。坚持不懈用党的科学理论武装青年，推动邓小平理论、"三个代表"重要思想、科学发展观特别是习近平总书记系列重要讲话精神和治国理政新理念新思想新战略进课堂、进教材、进头脑，引导青年深入理解党的理论和路线方针政策。把社会主义核心价值观融入青年教育全过程，搭建课堂教学、社会实践、文化熏陶等多位一体的育人平台；开展革命传统教育和公民道德宣传，宣传先进青年典型，开展社会道德实践，引导青年形成修身律己、崇德向善、诚信互助、礼让宽容的道德风尚。引导青年传承弘扬中华优秀传统文化，深刻挖掘重要节庆日、纪念日蕴藏的丰富教育资源，引导青年汲取中华优秀传统文化的思想精华和道德精髓，增强做中国人的骨气和底气。

3. 青年体质健康提升工程。深化学校体育改革，强化体育课和课外锻炼，以足球为突破口，集中打造青年群众性体育活动载体，大力开展阳光体育系列活动和大学生"走下网络、走出宿舍、走向操场"主题课外体育锻炼活动，使坚持体育锻炼成为青年的生活方式和时尚。培养青年体育运动爱好，经常性参加足球、篮球、排球、田径、游泳、乒乓球、羽毛球、网球等体育运动项目和健身操（舞）、健步走、传统武术、太极拳、骑车、登山、跳绳、踢毽等健身活动，力争使每个青年具备1项以上体育运动爱好，养成终身锻炼的习惯。引导青年树立健康促进理念，在健康促进事业中发挥积极作用。完善青年体质健康监测体系，实现定期抽样监测和公开发布监测结果，倡导青年形成良好的饮食、用眼和睡眠习惯，控制肥胖、近视、龋齿等常见病的发生率。改进普通高校高水平运动队招生工作，激励青年学生参与体育锻炼。

4. 青年就业见习计划。按照"项目化运作、社会化动员、规范化管理"思路，在企业、社区、科研院所建设一批见习、实习基地，开发一批具有职业发展空间、技能训练机会的见习、实习岗位。把大学生实习纳入高校实践学分管理。把未就业大中专毕业生、各类社会青年纳入就业见习范围。加强青年就业见习培训和管理，提高见习实效。充分汇聚政府、企业、社会的力量，为青年参与就业见习提供补贴与支持。

5. 青年文化精品工程。支持青年文化精品创作推广，支持青年文化创意赛事及文化体验，支持青年文化创意人才培养。每年创作生产一批思想性、艺术性、观赏性俱佳的涵盖各文化类别的青年题材文艺精品。打造一批有影响力的青年网络新媒体产品展播平台，开展全国性青年互联网创新创意活动。在国家级文化、出版类评奖推荐活动中，每年向青年推荐优秀影视、网络、动漫文化作品不少于 100 小时，图书、报刊文字量不少于 200 万字，应用类网络游戏不少于 3 部、网络音乐不少于 10 首。

6. 青年网络文明发展工程。深入推进“阳光跟帖”行动，引导广大青年依法上网、文明上网、理性上网，争当“中国好网民”。发展壮大青年网络文明志愿者队伍，持续广泛、强有力、有针对性地发出青年好声音。鼓励支持互联网企业、社会组织、文化机构制作推广符合社会主义核心价值观和青年喜欢的网络新媒体文化产品。加大对中国青年网、未来网、中青在线等青年门户网站、青年公益组织专属网站以及“两微一端”平台的建设扶持力度；加大对青少年新媒体领域社会组织的引导和支持力度，举办网络安全、网络技能、网络文化产品等方面竞赛，发掘、吸引、培养各方面的青年网络人才；加大网络文明队伍指挥协调系统建设力度，开发运行平台，形成管理机制，提升组织效能。倡导网络公益活动，使互联网空间成为青年成长的温馨家园。

7. 中国青年志愿者行动。全面推行青年志愿者实名注册制度，发挥共青团员示范作用，到 2025 年实现实名注册的青年志愿者总数突破 1 亿人。稳步培育青年志愿服务骨干队伍，构建分层分类志愿服务项目库，扩大基层志愿服务组织覆盖，加强激励评价、保险保障等机制建设，形成规模宏大、来源广泛、门类齐全、管理规范的全国青年志愿服务队伍、项目和组织体系，推动青年志愿服务制度化、日常化、便利化开展。坚持以社区为主阵地，广泛开展青年学雷锋志愿服务活动。深入开展大学生志愿服务西部计划，每年选派 2 万名应届大学毕业生到中西部地区开展志愿服务。坚持立德树人，建立健全学生志愿服务工作体系。深化关爱农民工子女志愿服务专项行动和中国青年志愿者助残“阳光行动”。积极参与并做好重大赛事和会议的志愿服务工作。大力实施中国青年志愿者海外服务计划。

8. 青年民族团结进步促进工程。实施青年民族团结交流万人计划，每年组织边疆民族地区青年与内地各族青年开展互访、联谊活动，鼓励不同民族青年之间结对子、互帮互助。开展高校“中华文化进校园”活动，每年在 200 所高校举办图片、影视展和歌舞活动，宣传中华民族形成发展历史，增进中华文化认同，宣传各民族为祖国作出的贡献，增强各族青年学生的中华民族共同体意识。在广大青年中开展民族常识和民族法律法规政策知识大赛。在少数民族流动人口较多的沿海地区和大中城市开展“中华一家亲，可爱城市共同建”活动,为外来少数民族青年融入城市提供帮助。

9. 港澳台青少年交流工程。进一步扩大内地与港澳青少年之间的交流规模,提升交流质量。继续办好港澳青少年实习实践、体验营、训练营和形式多样的交流考察活动,支持内地与港澳青年组织举办青年论坛,组织青少年开展常态化的结对交流和项目合作,促进相互了解。举办海峡青年论坛、两岸青年社团负责人圆桌会议、两岸青年联欢节等活动。

10. 青少年事务社会工作专业人才队伍建设工程。到2020年建成20万人、到2025年建成30万人的青少年事务社会工作专业人才队伍,全面参与基层社区社会工作,重点在青少年成长发展、权益维护、犯罪预防等领域发挥作用。在青少年事务社会工作专业教育培训领域,重点扶持发展10家高等教育机构,建立30家具有继续教育资质的培训机构、50家重点实训基地、100家标准化示范单位。制定青少年社会工作服务标准,推动各级团组织以及青少年服务组织和机构设置社会工作岗位,培育青少年事务社会工作服务机构,逐步实现每个“青年之家”综合服务平台至少配备1名青少年事务社会工作专业人才。把青少年社会工作服务纳入政府购买服务指导性目录,组织实施涵盖重点群体、重点领域、重点环节的青少年事务社会工作项目。依法成立青少年事务社会工作领域的社会组织,建设人才队伍管理信息系统平台。建立健全青少年事务领域社区、社会组织、专业社会工作联动机制和社会工作专业人才、志愿者协作机制。完善青少年事务社会工作专业人才培养、评价、使用、激励相关政策配套体系。

四、组织实施

1. 加强对规划实施工作的组织领导。在党中央统一领导下,设立推动规划落实的部际联席会议机制,共青团中央具体承担协调、督促职责。各地区各部门要高度重视青年工作,关心、支持青年事业的发展,形成工作合力。县级以上党委和政府建立青年工作联席会议机制,负责推动本规划在本地区的落实,协调解决规划落实中的问题,县级以上团委具体承担协调、督促职责。在规划实施中,要积极回应和解决青年关心的问题,多为青年办实事。

2. 建立健全青年发展规划体系。各地要以本规划为指导,根据实际编制本地区青年发展规划。注重加强青年发展规划与各地经济社会发展规划及相关专项规划的衔接,更加重视青年发展工作。

3. 充分发挥共青团维护青年发展权益重要作用。共青团要按照《中共中央关于加强和改进党的群团工作的意见》和中央党的群团工作会议精神,全面推进自身改革,保持和增强政治性、先进性、群众性,始终紧跟党走在时代前列、走在青年前列,切实代表和维护青年发展权益。同时,要引导青年识大体、顾大局,依法理性表达诉求,自觉维护社会和谐稳定。

4. 加强服务青年发展阵地建设。大力推进“青年之声”网络互动社交平台建设,依托城乡社区综合服务设施建设“青年之家”综合服务平台,加强网上网下深度融合对接,使其成为服务青年发展的重要阵地。

5. 保障青年发展经费投入。各级政府将本规划实施所需经费纳入财政预算。动员社会力量，多渠道筹集资金，支持青年发展。

6. 营造规划实施良好社会环境。大力宣传党和国家关于青年工作的重大战略思想和方针政策，宣传关心青年就是关心未来的理念，宣传青年先进典型和成功经验，形成全社会关心、支持青年发展的良好社会氛围，形成推动本规划实施的强大合力。

7. 建立规划实施情况监测评估机制。对本规划实施情况进行年度监测、中期评估和终期评估，制定和调整促进青年发展政策措施，推动本规划实现。规范和完善与青年发展有关的统计指标体系，收集、整理、分析相关数据和信息，建立和完善中央、省（自治区、直辖市）两级青年发展监测数据库。

中共中央关于全面加强新时代少先队工作的意见

（2021年1月31日）

少年儿童是祖国的未来、中华民族的希望，也是党的未来。我们党始终高度重视少年儿童、亲切关心少年儿童，始终把培养好少年儿童作为一项关系红色江山永不变色的战略性、基础性工作。中国少年先锋队是党创立和领导的中国少年儿童的群团组织，是少年儿童学习中国特色社会主义和共产主义的学校，是建设社会主义和共产主义的预备队。长期以来，在党的坚强领导下，中国少年先锋队团结、教育、引领一代又一代少年儿童听党话、跟党走，在革命、建设、改革的各个历史时期健康成长，为党的少年儿童事业发挥了不可替代的重要作用。

党的十八大以来，以习近平同志为核心的党中央高度重视少年儿童和少先队工作，全面加强党的领导，全面强化政治引领，全面优化成长环境。习近平总书记关于少年儿童和少先队工作的重要论述为做好新时代少先队工作指明了前进方向、提供了根本遵循，推动党的少年儿童事业取得历史性成就、发生历史性变革。

全面加强新时代少先队工作，强化对少年儿童的政治启蒙和价值观塑造，引导少年儿童时刻准备着为共产主义事业而奋斗，对于全面建设社会主义现代化国家、实现中华民族伟大复兴的中国梦，对于确保党和人民事业薪火相传、后继有人，对于红色基因代代相传，具有重大而深远的意义。现就全面加强新时代少先队工作提出如下意见。

一、总体要求

（一）指导思想。以习近平新时代中国特色社会主义思想为指导，深入贯彻落实习近平总书记关于少年儿童和少先队工作的重要论述，全面加强党对少先队工作的领导，全面加强党、团、队一体化建设，聚焦培养共产主义接班人，聚焦传承红色基因，聚焦政治启蒙和价值观塑造，把握增强少先队员光荣感工作主线，坚持组织教育、自主教育、实践教育相统一，不断推进少先队组织创新和工作创新，团结、教育、引领广大少年儿童努力成长为能够担当民族复兴大任的时代新人。

（二）工作原则

——坚持党的领导。高举队旗跟党走，把党的要求不折不扣贯彻落实到少先队的工作和建设之中。大力推动形成党委领导、政府支持、共青团牵头、团教协作、社会协同的少先队工作体制机制。

——坚持培育共产主义接班人的根本任务。坚定不移强化少先队工作的政治属性，以培养少年儿童共产主义远大理想和中国特色社会主义共同理想为目标，持续加强政治启蒙，从小培养对党和社会主义祖国的朴素情感，确保红色基因代代相传。

——坚持把增强少先队员光荣感作为工作主线。在全童入队基础上，充分体现少先队组织的先进性，着眼党、团、队特殊政治关系，完善政治培养链条，构建阶梯式成长激励体系，引导少先队员从小学先锋、长大做先锋。

——坚持组织教育、自主教育、实践教育相统一。突出少先队的组织属性，强化少先队员的小主人意识和参与能力，坚持把实践育人作为少先队教育的基本形式，促进少先队员在集体中健康成长，使少先队教育与学校教育、家庭教育、社会教育相互配合、相得益彰。

——坚持与时俱进、改革创新。尊重少先队员主体地位，遵循新时代少年儿童成长规律，用少年儿童易于理解的语言做好思想引领工作。改革创新少先队组织建设、队伍建设、阵地建设、机制建设，着力打造政治鲜明、思想先进、团结友爱、活泼向上的新时代少先队组织。

二、强化政治引领，旗帜鲜明培养共产主义接班人

（三）教育引导少先队员牢记习近平总书记的教导。大力开展“红领巾爱学习”宣传教育活动，广泛宣传习近平总书记对少先队员的希望要求，引导少先队员牢记总书记的话、按总书记要求做，树立远大理想、培养优良品德、勤奋学习知识、锻炼强健体魄、培养劳动精神，努力成长为德智体美劳全面发展的社会主义建设者和接班人。

（四）大力培养少先队员对党和社会主义祖国的朴素情感。讲好党史、新中国史、改革开放史、社会主义发展史的故事，引导广大少先队员认识到祖国建设的伟大成就和今天的幸福生活归根结底来源于党的正确领导、来源于革命先烈的英勇牺牲、来源于人民群众的艰苦奋斗、来源于我国社会主义制度的优越性，发自内心热爱党、热爱祖国、热爱人民，发自内心拥护中国特色社会主义。讲好实现中华民族伟大复兴中国梦的故事，引导广大少先队员认识到祖国和民族的未来归根结底要靠一代又一代人亲手去创造，从小做好全面准备。

（五）从小培育少先队员共产主义理想和道德的萌芽。加强马克思主义基本原理的儿童化解读，讲明白共产主义社会是值得追求的最美好社会形态，在少先队员心中埋下为共产主义事业而奋斗的理想种子。教育引领少先队员从热爱集体、关心他人、团结友爱、乐于奉献、遵纪守法做起，在少先队组织中发扬集体主义、培养团队意识、增强纪律观念，在日常生活中培育全心全意为人民服务的精神，逐渐养成共产主义道德。

（六）引导少先队员从小培育和践行社会主义核心价值观。坚持立德树人，把培育和践行社会主义核心价值观贯穿少先队教育之中，帮助少先队员明德修身，扣好人生第一粒扣子。教育引导少先队员记住要求，把社会主义核心价值观基本内容熟记熟背、入脑入心。教育引导少先队员心有榜样，学习英雄人物、先进人物、美好事物。教育引导少先队员从小做起，从自己做起、从身边做起、从小事做起，一点一滴积累，养成好思想、好品德。教育引导少先队员接受帮助，养成严格要求自己、虚心接受批评帮助的习惯，在知错就改、越改越好的氛围中健康成长。

三、着力增强少先队员光荣感，推进新时代少先队组织改革创新

（七）巩固拓展少先队组织体系。适应少先队员学习生活新特点，构建覆盖广泛、动员便捷、校内外有机衔接的少先队组织体系。强化学校组织基础，在中小学校全面规范建立少先队大、中、小队组织，补齐中学少先队组织建设短板，大力加强民办学校少先队组织建设和工作。加强区域化队建，拓展校外少先队组织，在社区、农村、青少年宫等校外场所建立大队或中队，在少先队员集中的活动场所加强组织和工作覆盖，不断扩大少先队组织动员少先队员的渠道。

（八）活跃提升少先队组织生活。坚持全童入队，实施分批入队，加强分段教育，严格推优入团，建立健全覆盖队前教育、队中培养、团队衔接的阶梯式成长激励体系，持续激发少先队员光荣感。建立健全少先队组织生活制度，定期组织大队会、中队会、小队会、队委会、队课和主题队日，不断强化少先队员组织意识。健全少先队荣誉激励体系，全面开展"红领巾奖章"争章活动，进一步加大优秀少先队员、优秀少先队辅导员、优秀少先队集体的评选力度。

（九）塑造新时代少先队组织文化。深入挖掘、充分用好红领巾、队旗、队徽、队歌、队礼、呼号等少先队标志标识，以及"六一"、"十·一三"建队日等少先队重大节庆日的教育内涵。健全少先队仪式教育体系，普遍开展入队、队会、离队等少先队仪式，增强仪式的庄重性、感染力。在中小学规范建立少先队队室、红领巾广播站、鼓号队等少先队组织文化阵地，配备队报队刊。加强少先队标志标识的规范使用和保护，制定完善相关法律法规和国家标准，健全对违法违规行为的分级分类处置制度。探索少先队队服标准化开发和普及。

四、突出实践育人特色，推动新时代少先队社会化发展

（十）强化少先队实践育人作用。加快建立校内外互为补充、有机联动的少先队实践教育体系，不断拓展实践活动项目和载体。以"争做新时代好队员"主题实践活动为统揽，按照不同年龄和学段特点，分层系统开展学工、学农、学军和生产一线岗位体验、夏冬令营、文化体育、少年科学院、科学普及、志愿服务等丰富生动的实践活动。着力强化劳动实践，帮助少先队员树立劳动最伟大、劳动者最光荣的意识，培养勤俭、奋斗、创新、奉献的劳动精神。加强少先队员国防教育、法治教育、安全教育，深化少年军校、少年警校建设。将少先队活动作为国家规定的必修活动课落实好，小学一年级至初中二年级每周安排一课时，可在综合实践活动等课程中统筹安排，加快推进活动课程内容建设。

（十一）提升少先队社会化工作水平。构建资源有效整合、队伍有效动员、阵地有效利用、队员广泛参与的少先队社会化工作体系。根据各地现实需要，充分利用新时代文明实践中心、爱国主义教育基地、青少年教育基地、中小学生研学实践营地（基地）、博物馆、科技馆、美术馆、基层党群活动场所和青少年宫、儿童活动中心、青年之家等各类文化场馆、社会资源，建设少先队校外实践教育营地（基地），让少先队员就近就便参与校外实践活动。鼓励国家机关、企事业单位、部队等与少先队组织建立联建共育机制，为少先队实践教育活动提供支持。各地新建、整修相关文化设施时,条件具备的要开辟少先队员活动场地。加强与港澳台少年儿童组织、机构的交流合作,增强港澳台少年儿童的国家认同、民族认同和文化认同。加强与世界各国特别是"一带一路"沿线国家少年儿童组织、机构的友好交往。

(十二)提升少先队宣传思想文化工作影响力。研究制定少年儿童文化产品发展规划,大力扶持并持续推出主题鲜明、导向正确的图书、歌曲、影视剧等优秀少先队文化产品。加强新闻媒体对少先队的宣传报道力度,为少先队事业发展营造良好的舆论氛围。大力加强各级共青团、少先队报刊建设,推进融媒体改革,扩大读者覆盖面。持续净化网络环境,依法坚决打击网络有害、错误信息,为少年儿童营造绿色、纯净的网络空间。推进少先队组织上网、工作上网、服务上网,加强少年儿童、少先队相关网站和新媒体平台建设,不断提升全媒体时代少先队的思想引领力。

五、把政治标准放在第一位,强化少先队辅导员队伍建设

(十三)锤炼少先队辅导员政治素质。突出政治要求,明确岗位职责,严格配备标准,完善任职程序,健全少先队辅导员准入和退出机制。强化政治培训,研究制定少先队辅导员教育培训规划,将习近平新时代中国特色社会主义思想作为各级少先队辅导员教育培训的核心内容,不断提升少先队辅导员的政治能力。中小学校党组织要优先选派中青年党员担任少先队辅导员,注重从优秀少先队辅导员中发展党员。

(十四)优化少先队辅导员队伍结构。配齐配强各级少先队总辅导员,加强少先队总辅导员队伍建设并保持相对稳定,确保事有人干、责有人负。中小学校按照德育主任层级配备大队辅导员,规模较大或集团化办学的学校应当设立副大队辅导员岗位。大力选拔优秀中青年教师担任中队辅导员,规模较大的学校可探索配备少先队活动课专任教师。大力加强校外辅导员队伍建设,聘请优秀党员、团员、团干部和各条战线先进人物、"五老"、符合条件的优秀家长等担任少先队校外辅导员,并建立评价和动态管理制度。

(十五)创新少先队辅导员评价和激励机制。改革完善少先队辅导员评价机制,突出少先队活动效果和育人实效,拓宽教育成果和研究成果认定范畴。将大、中队辅导员年度考核纳入学校教师年度考核,由县级少工委研究制定考核指标并参与具体实施,加强结果运用。完善少先队辅导员职称评聘标准和办法,加大对辅导员参评职称的支持力度。开展骨干辅导员、辅导员带头人、特级辅导员等级称号评定。将符合条件的少先队辅导员作为各级总辅导员、少先队学科教研员和教育部门、团委优秀年轻干部人选。将各级少先队名师工作室纳入同级教育部门学科名师工作室建设范畴。

(十六)深化少先队相关学科建设和理论研究。加强各级党校(行政学院)、团校和相关高校、少年儿童研究机构对少先队工作的理论研究。国家社会科学基金、各级各类社科基金、教育科学课题设立研究专项。深化少先队相关学科建设,加快完善人才培养和课程教材体系。将少先队工作纳入小学教育等师范类本专科专业必修课程内容。支持和鼓励相关高校设立少先队工作相关硕士专业学位领域,在有条件的高校设立少先队辅导员招生培养专项,加大面向辅导员招生力度,畅通辅导员在职深造途径。在各级教科院、教育学院设少先队学科教研员,加强中小学少先队工作教研。加强各级少先队工作学会建设。建好用好全国少先队辅导员网络集体备课平台。

六、全面加强党对少先队工作的领导

(十七)强化各级党委领导责任。强化党建带团建、队建,推进党、团、队一体化建设。各级党委要明确对少先队工作的领导责任,完善领导机制,加大政策支持。党和国家领导人担任全国少工委名誉主任,地方各级党委负责同志担任同级少工委名誉主任,中央和地方各级政府明确一名负责同志联系少先队工作。地方各级党委常委会每年至少听取一次少先队工作汇报。各级党委教育工作领导小组加强对少先队重要工作的研究协调。将少先队工作纳入中小学教育督导评估和党建工作规范化建设指标,在党建考核中作为单列内容。在中小学校全面建立少工委,党组织书记或政治面貌为党员的校长担任少工委主任。在条件具备的街道社区、农村等建立少先队活动组织。

(十八)明确各级党委和政府职能部门责任。宣传、网信、文化和旅游等部门要加大对优秀少年儿童文化产品生产创作的支持力度和对少先队工作的宣传力度,加强公共文化服务支持。文明办要把少先队工作作为文明城市、未成年人思想道德建设先进城市、文明校园等创建活动的重要评价指标,加强乡村学校少年宫对少先队工作的支持。科技、体育部门要支持少先队开展科学普及、科技创新、体育锻炼等活动。网信、公安、民政、市场监督管理等部门要做好少先队标志标识规范和保护工作。财政部门要支持做好少先队工作经费保障。人力资源社会保障部门要完善少先队辅导员待遇保障、职称评聘和职业发展配套支持政策,加大少先队评选表彰支持力度。妇女儿童工作委员会、未成年人保护委员会要将少先队工作纳入相关规划。其他相关部门按照各自职责,切实为少先队工作提供有力支持。

(十九)夯实共青团组织全团带队责任。共青团要在政治上、组织上、队伍上、工作上加强对少先队的指导,加大在干部配备、资源分配等方面的力度,切实履行好全团带队的政治责任。省市两级团委负责同志、县级团委主要负责同志担任同级少工委主任,各级团的委员会成员制度化担任少先队辅导员。各级团的领导机关职能部门要对少先队工作一体谋划、一体推进、一体考核。加强各级团委少先队工作干部队伍建设,县级以上团委应当明确承担工作职能的部门和人员。加强中小学校和社区、农村等基层团组织对少先队工作的直接领导,符合条件的团组织负责人应当担任同级少工委副主任。

(二十)强化教育部门协同责任。各级教育部门要切实将做好少先队工作作为政治责任抓紧抓实,将少先队工作纳入提升义务教育质量、推进基础教育改革的总体规划,纳入德智体美劳全面培养教育体系,纳入全员、全过程、全方位育人格局,思想政治工作的重要文件和年度计划应当征询同级团委、少工委意见。深化团教协作,省、市、县级教育部门负责同志担任同级少工委主任,建立定期协商研究少先队工作、重大事项沟通协调等工作机制,按照深化群团组织改革相关规定,组织同级团委和教育部门干部互相挂职兼职。少先队总辅导员或少工委负责同志同时担任当地政府督学,细化各级教育督导清单中的少先队工作指标。将“红领巾奖章”、实践活动、荣誉激励等学生在少先队组织中的表现纳入学生综合素质评价体系。支持少先队开展校内外实践活动,简化审批流程。

(二十一)加大少先队工作经费保障。各级政府应当考虑少先队员人数等因素为少先队工作和活动开展、阵地建设提供充分工作经费保障,纳入相关部门预算,由少工委牵头负责落实。少先队员首次佩戴的红领巾、队徽徽章、“红领巾奖章”由中小学校统一配发。各地要因地制宜设立辅导员岗位津贴,纳入绩效工资管理,相应核增学校绩效工资总量。

(二十二)努力形成全社会共同关心支持少先队工作的良好局面。充分发挥家庭教育作用,积极动员家长支持参与少先队工作。充分发挥社会组织的辅助作用,加大关于少先队校外实践活动、服务项目的政府购买服务力度,为少先队员创设亲情陪伴、心理辅导、兴趣培养、权益维护、社会托管等更多公益项目,形成社会化教育服务机制。发挥少年儿童工作领域专家学者、志愿者、社会工作者等的支持作用,推动各方面力量加入到少先队工作之中。

第二部分　学 习 教 育

中华人民共和国义务教育法

（1986 年 4 月 12 日第六届全国人民代表大会第四次会议通过　2006 年 6 月 29 日第十届全国人民代表大会常务委员会第二十二次会议修订　根据 2015 年 4 月 24 日第十二届全国人民代表大会常务委员会第十四次会议《关于修改〈中华人民共和国义务教育法〉等五部法律的决定》第一次修正　根据 2018 年 12 月 29 日第十三届全国人民代表大会常务委员会第七次会议《关于修改〈中华人民共和国产品质量法〉等五部法律的决定》第二次修正）

目　　录

第一章　总　　则

第一条　为了保障适龄儿童、少年接受义务教育的权利，保证义务教育的实施，提高全民族素质，根据宪法和教育法，制定本法。

第二条　国家实行九年义务教育制度。

义务教育是国家统一实施的所有适龄儿童、少年必须接受的教育，是国家必须予以保障的公益性事业。

实施义务教育，不收学费、杂费。

国家建立义务教育经费保障机制，保证义务教育制度实施。

第三条　义务教育必须贯彻国家的教育方针，实施素质教育，提高教育质量，使适龄儿童、少年在品德、智力、体质等方面全面发展，为培养有理想、有道德、有文化、有纪律的社会主义建设者和接班人奠定基础。

第四条　凡具有中华人民共和国国籍的适龄儿童、少年，不分性别、民族、种族、家庭财产状况、宗教信仰等，依法享有平等接受义务教育的权利，并履行接受义务教育的义务。

第五条　各级人民政府及其有关部门应当履行本法规定的各项职责，保障适龄儿童、少年接受义务教育的权利。

适龄儿童、少年的父母或者其他法定监护人应当依法保证其按时入学接受并完成义务教育。

依法实施义务教育的学校应当按照规定标准完成教育教学任务，保证教育教学质量。

社会组织和个人应当为适龄儿童、少年接受义务教育创造良好的环境。

第六条　国务院和县级以上地方人民政府应当合理配置教育资源，促进义务教育均衡发展，改善薄弱学校的办学条件，并采取措施，保障农村地区、民族地区实施义务教育，保障家庭经济困难的和残疾的适龄儿童、少年接受义务教育。

国家组织和鼓励经济发达地区支援经济欠发达地区实施义务教育。

第七条　义务教育实行国务院领导，省、自治区、直辖市人民政府统筹规划实施，县级人民政府为主管理的体制。

县级以上人民政府教育行政部门具体负责义务教育实施工作；县级以上人民政府其他有关部门在各自的职责范围内负责义务教育实施工作。

第八条　人民政府教育督导机构对义务教育工作执行法律法规情况、教育教学质量以及义务教育均衡发展状况等进行督导，督导报告向社会公布。

第九条　任何社会组织或者个人有权对违反本法的行为向有关国家机关提出检举或者控告。

发生违反本法的重大事件，妨碍义务教育实施，造成重大社会影响的，负有领导责任的人民政府或者人民政府教育行政部门负责人应当引咎辞职。

第十条　对在义务教育实施工作中做出突出贡献的社会组织和个人，各级人民政府及其有关部门按照有关规定给予表彰、奖励。

第二章　学　　生

第十一条　凡年满六周岁的儿童，其父母或者其他法定监护人应当送其入学接受并完成义务教育；条件不具备的地区的儿童，可以推迟到七周岁。

适龄儿童、少年因身体状况需要延缓入学或者休学的，其父母或者其他法定监护人应当提出申请，由当地乡镇人民政府或者县级人民政府教育行政部门批准。

第十二条　适龄儿童、少年免试入学。地方各级人民政府应当保障适龄儿童、少年在户籍所在地学校就近入学。

父母或者其他法定监护人在非户籍所在地工作或者居住的适龄儿童、少年，在其父母或者其他法定监护人工作或者居住地接受义务教育的，当地人民政府应当为其提供平等接受义务教育的条件。具体办法由省、自治区、直辖市规定。

县级人民政府教育行政部门对本行政区域内的军人子女接受义务教育予以保障。

第十三条 县级人民政府教育行政部门和乡镇人民政府组织和督促适龄儿童、少年入学，帮助解决适龄儿童、少年接受义务教育的困难，采取措施防止适龄儿童、少年辍学。

居民委员会和村民委员会协助政府做好工作，督促适龄儿童、少年入学。

第十四条 禁止用人单位招用应当接受义务教育的适龄儿童、少年。

根据国家有关规定经批准招收适龄儿童、少年进行文艺、体育等专业训练的社会组织，应当保证所招收的适龄儿童、少年接受义务教育；自行实施义务教育的，应当经县级人民政府教育行政部门批准。

第三章 学 校

第十五条 县级以上地方人民政府根据本行政区域内居住的适龄儿童、少年的数量和分布状况等因素，按照国家有关规定，制定、调整学校设置规划。新建居民区需要设置学校的，应当与居民区的建设同步进行。

第十六条 学校建设，应当符合国家规定的办学标准，适应教育教学需要；应当符合国家规定的选址要求和建设标准，确保学生和教职工安全。

第十七条 县级人民政府根据需要设置寄宿制学校，保障居住分散的适龄儿童、少年入学接受义务教育。

第十八条 国务院教育行政部门和省、自治区、直辖市人民政府根据需要，在经济发达地区设置接收少数民族适龄儿童、少年的学校（班）。

第十九条 县级以上地方人民政府根据需要设置相应的实施特殊教育的学校（班），对视力残疾、听力语言残疾和智力残疾的适龄儿童、少年实施义务教育。特殊教育学校（班）应当具备适应残疾儿童、少年学习、康复、生活特点的场所和设施。

普通学校应当接收具有接受普通教育能力的残疾适龄儿童、少年随班就读，并为其学习、康复提供帮助。

第二十条 县级以上地方人民政府根据需要，为具有预防未成年人犯罪法规定的严重不良行为的适龄少年设置专门的学校实施义务教育。

第二十一条 对未完成义务教育的未成年犯和被采取强制性教育措施的未成年人应当进行义务教育，所需经费由人民政府予以保障。

第二十二条 县级以上人民政府及其教育行政部门应当促进学校均衡发展，缩小学校之间办学条件的差距，不得将学校分为重点学校和非重点学校。学校不得分设重点班和非重点班。

县级以上人民政府及其教育行政部门不得以任何名义改变或者变相改变公办学校的性质。

第二十三条 各级人民政府及其有关部门依法维护学校周边秩序，保护学生、教师、学校的合法权益，为学校提供安全保障。

第二十四条　学校应当建立、健全安全制度和应急机制，对学生进行安全教育，加强管理，及时消除隐患，预防发生事故。

县级以上地方人民政府定期对学校校舍安全进行检查；对需要维修、改造的，及时予以维修、改造。

学校不得聘用曾经因故意犯罪被依法剥夺政治权利或者其他不适合从事义务教育工作的人担任工作人员。

第二十五条　学校不得违反国家规定收取费用，不得以向学生推销或者变相推销商品、服务等方式谋取利益。

第二十六条　学校实行校长负责制。校长应当符合国家规定的任职条件。校长由县级人民政府教育行政部门依法聘任。

第二十七条　对违反学校管理制度的学生，学校应当予以批评教育，不得开除。

第四章　教　　师

第二十八条　教师享有法律规定的权利，履行法律规定的义务，应当为人师表，忠诚于人民的教育事业。

全社会应当尊重教师。

第二十九条　教师在教育教学中应当平等对待学生，关注学生的个体差异，因材施教，促进学生的充分发展。

教师应当尊重学生的人格，不得歧视学生，不得对学生实施体罚、变相体罚或者其他侮辱人格尊严的行为，不得侵犯学生合法权益。

第三十条　教师应当取得国家规定的教师资格。

国家建立统一的义务教育教师职务制度。教师职务分为初级职务、中级职务和高级职务。

第三十一条　各级人民政府保障教师工资福利和社会保险待遇，改善教师工作和生活条件；完善农村教师工资经费保障机制。

教师的平均工资水平应当不低于当地公务员的平均工资水平。

特殊教育教师享有特殊岗位补助津贴。在民族地区和边远贫困地区工作的教师享有艰苦贫困地区补助津贴。

第三十二条　县级以上人民政府应当加强教师培养工作，采取措施发展教师教育。

县级人民政府教育行政部门应当均衡配置本行政区域内学校师资力量，组织校长、教师的培训和流动，加强对薄弱学校的建设。

第三十三条　国务院和地方各级人民政府鼓励和支持城市学校教师和高等学校毕业生到农村地区、民族地区从事义务教育工作。

国家鼓励高等学校毕业生以志愿者的方式到农村地区、民族地区缺乏教师的学校任教。县级人民政府教育行政部门依法认定其教师资格,其任教时间计入工龄。

第五章 教育教学

第三十四条 教育教学工作应当符合教育规律和学生身心发展特点,面向全体学生,教书育人,将德育、智育、体育、美育等有机统一在教育教学活动中,注重培养学生独立思考能力、创新能力和实践能力,促进学生全面发展。

第三十五条 国务院教育行政部门根据适龄儿童、少年身心发展的状况和实际情况,确定教学制度、教育教学内容和课程设置,改革考试制度,并改进高级中等学校招生办法,推进实施素质教育。

学校和教师按照确定的教育教学内容和课程设置开展教育教学活动,保证达到国家规定的基本质量要求。

国家鼓励学校和教师采用启发式教育等教育教学方法,提高教育教学质量。

第三十六条 学校应当把德育放在首位,寓德育于教育教学之中,开展与学生年龄相适应的社会实践活动,形成学校、家庭、社会相互配合的思想道德教育体系,促进学生养成良好的思想品德和行为习惯。

第三十七条 学校应当保证学生的课外活动时间,组织开展文化娱乐等课外活动。社会公共文化体育设施应当为学校开展课外活动提供便利。

第三十八条 教科书根据国家教育方针和课程标准编写,内容力求精简,精选必备的基础知识、基本技能,经济实用,保证质量。

国家机关工作人员和教科书审查人员,不得参与或者变相参与教科书的编写工作。

第三十九条 国家实行教科书审定制度。教科书的审定办法由国务院教育行政部门规定。

未经审定的教科书,不得出版、选用。

第四十条 教科书价格由省、自治区、直辖市人民政府价格行政部门会同同级出版主管部门按照微利原则确定。

第四十一条 国家鼓励教科书循环使用。

第六章 经费保障

第四十二条 国家将义务教育全面纳入财政保障范围,义务教育经费由国务院和地方各级人民政府依照本法规定予以保障。

国务院和地方各级人民政府将义务教育经费纳入财政预算,按照教职工编制标准、工资标准和学校建设标准、学生人均公用经费标准等,及时足额拨付义务教育经费,确保学校的正常运转和校舍安全,确保教职工工资按照规定发放。

国务院和地方各级人民政府用于实施义务教育财政拨款的增长比例应当高于财政经常性收入的增长比例,保证按照在校学生人数平均的义务教育费用逐步增长,保证教职工工资和学生人均公用经费逐步增长。

第四十三条　学校的学生人均公用经费基本标准由国务院财政部门会同教育行政部门制定，并根据经济和社会发展状况适时调整。制定、调整学生人均公用经费基本标准，应当满足教育教学基本需要。

省、自治区、直辖市人民政府可以根据本行政区域的实际情况，制定不低于国家标准的学校学生人均公用经费标准。

特殊教育学校（班）学生人均公用经费标准应当高于普通学校学生人均公用经费标准。

第四十四条　义务教育经费投入实行国务院和地方各级人民政府根据职责共同负担，省、自治区、直辖市人民政府负责统筹落实的体制。农村义务教育所需经费，由各级人民政府根据国务院的规定分项目、按比例分担。

各级人民政府对家庭经济困难的适龄儿童、少年免费提供教科书并补助寄宿生生活费。

义务教育经费保障的具体办法由国务院规定。

第四十五条　地方各级人民政府在财政预算中将义务教育经费单列。

县级人民政府编制预算，除向农村地区学校和薄弱学校倾斜外，应当均衡安排义务教育经费。

第四十六条　国务院和省、自治区、直辖市人民政府规范财政转移支付制度，加大一般性转移支付规模和规范义务教育专项转移支付，支持和引导地方各级人民政府增加对义务教育的投入。地方各级人民政府确保将上级人民政府的义务教育转移支付资金按照规定用于义务教育。

第四十七条　国务院和县级以上地方人民政府根据实际需要，设立专项资金，扶持农村地区、民族地区实施义务教育。

第四十八条　国家鼓励社会组织和个人向义务教育捐赠，鼓励按照国家有关基金会管理的规定设立义务教育基金。

第四十九条　义务教育经费严格按照预算规定用于义务教育；任何组织和个人不得侵占、挪用义务教育经费，不得向学校非法收取或者摊派费用。

第五十条　县级以上人民政府建立健全义务教育经费的审计监督和统计公告制度。

第七章　法律责任

第五十一条　国务院有关部门和地方各级人民政府违反本法第六章的规定，未履行对义务教育经费保障职责的，由国务院或者上级地方人民政府责令限期改正；情节严重的，对直接负责的主管人员和其他直接责任人员依法给予行政处分。

第五十二条　县级以上地方人民政府有下列情形之一的，由上级人民政府责令限期改正；情节严重的，对直接负责的主管人员和其他直接责任人员依法给予行政处分：

（一）未按照国家有关规定制定、调整学校的设置规划的；

（二）学校建设不符合国家规定的办学标准、选址要求和建设标准的；

（三）未定期对学校校舍安全进行检查，并及时维修、改造的；

（四）未依照本法规定均衡安排义务教育经费的。

第五十三条 县级以上人民政府或者其教育行政部门有下列情形之一的，由上级人民政府或者其教育行政部门责令限期改正、通报批评；情节严重的，对直接负责的主管人员和其他直接责任人员依法给予行政处分：

（一）将学校分为重点学校和非重点学校的；

（二）改变或者变相改变公办学校性质的。

县级人民政府教育行政部门或者乡镇人民政府未采取措施组织适龄儿童、少年入学或者防止辍学的，依照前款规定追究法律责任。

第五十四条 有下列情形之一的，由上级人民政府或者上级人民政府教育行政部门、财政部门、价格行政部门和审计机关根据职责分工责令限期改正；情节严重的，对直接负责的主管人员和其他直接责任人员依法给予处分：

（一）侵占、挪用义务教育经费的；

（二）向学校非法收取或者摊派费用的。

第五十五条 学校或者教师在义务教育工作中违反教育法、教师法规定的，依照教育法、教师法的有关规定处罚。

第五十六条 学校违反国家规定收取费用的，由县级人民政府教育行政部门责令退还所收费用；对直接负责的主管人员和其他直接责任人员依法给予处分。

学校以向学生推销或者变相推销商品、服务等方式谋取利益的，由县级人民政府教育行政部门给予通报批评；有违法所得的，没收违法所得；对直接负责的主管人员和其他直接责任人员依法给予处分。

国家机关工作人员和教科书审查人员参与或者变相参与教科书编写的，由县级以上人民政府或者其教育行政部门根据职责权限责令限期改正，依法给予行政处分；有违法所得的，没收违法所得。

第五十七条 学校有下列情形之一的，由县级人民政府教育行政部门责令限期改正；情节严重的，对直接负责的主管人员和其他直接责任人员依法给予处分：

（一）拒绝接收具有接受普通教育能力的残疾适龄儿童、少年随班就读的；

（二）分设重点班和非重点班的；

（三）违反本法规定开除学生的；

（四）选用未经审定的教科书的。

第五十八条 适龄儿童、少年的父母或者其他法定监护人无正当理由未依照本法规定送适龄儿童、少年入学接受义务教育的，由当地乡镇人民政府或者县级人民政府教育行政部门给予批评教育，责令限期改正。

第五十九条　有下列情形之一的,依照有关法律、行政法规的规定予以处罚:

(一)胁迫或者诱骗应当接受义务教育的适龄儿童、少年失学、辍学的;

(二)非法招用应当接受义务教育的适龄儿童、少年的;

(三)出版未经依法审定的教科书的。

第六十条　违反本法规定,构成犯罪的,依法追究刑事责任。

第八章　附　　则

第六十一条　对接受义务教育的适龄儿童、少年不收杂费的实施步骤,由国务院规定。

第六十二条　社会组织或者个人依法举办的民办学校实施义务教育的,依照民办教育促进法有关规定执行;民办教育促进法未作规定的,适用本法。

第六十三条　本法自 2006 年 9 月 1 日起施行。

中华人民共和国教育法

（1995 年 3 月 18 日第八届全国人民代表大会第三次会议通过　根据 2009 年 8 月 27 日第十一届全国人民代表大会常务委员会第十次会议《关于修改部分法律的决定》第一次修正　根据 2015 年 12 月 27 日第十二届全国人民代表大会常务委员会第十八次会议《关于修改〈中华人民共和国教育法〉的决定》第二次修正　根据 2021 年 4 月 29 日第十三届全国人民代表大会常务委员会第二十八次会议《关于修改〈中华人民共和国教育法〉的决定》第三次修正）

目　录

第一章　总　　则

第一条　为了发展教育事业，提高全民族的素质，促进社会主义物质文明和精神文明建设，根据宪法，制定本法。

第二条　在中华人民共和国境内的各级各类教育，适用本法。

第三条　国家坚持中国共产党的领导，坚持以马克思列宁主义、毛泽东思想、邓小平理论、“三个代表”重要思想、科学发展观、习近平新时代中国特色社会主义思想为指导，遵循宪法确定的基本原则，发展社会主义的教育事业。

第四条　教育是社会主义现代化建设的基础，对提高人民综合素质、促进人的全面发展、增强中华民族创新创造活力、实现中华民族伟大复兴具有决定性意义，国家保障教育事业优先发展。

全社会应当关心和支持教育事业的发展。

全社会应当尊重教师。

第五条 教育必须为社会主义现代化建设服务、为人民服务,必须与生产劳动和社会实践相结合,培养德智体美劳全面发展的社会主义建设者和接班人。

第六条 教育应当坚持立德树人,对受教育者加强社会主义核心价值观教育,增强受教育者的社会责任感、创新精神和实践能力。

国家在受教育者中进行爱国主义、集体主义、中国特色社会主义的教育,进行理想、道德、纪律、法治、国防和民族团结的教育。

第七条 教育应当继承和弘扬中华优秀传统文化、革命文化、社会主义先进文化,吸收人类文明发展的一切优秀成果。

第八条 教育活动必须符合国家和社会公共利益。

国家实行教育与宗教相分离。任何组织和个人不得利用宗教进行妨碍国家教育制度的活动。

第九条 中华人民共和国公民有受教育的权利和义务。

公民不分民族、种族、性别、职业、财产状况、宗教信仰等,依法享有平等的受教育机会。

第十条 国家根据各少数民族的特点和需要,帮助各少数民族地区发展教育事业。

国家扶持边远贫困地区发展教育事业。

国家扶持和发展残疾人教育事业。

第十一条 国家适应社会主义市场经济发展和社会进步的需要,推进教育改革,推动各级各类教育协调发展、衔接融通,完善现代国民教育体系,健全终身教育体系,提高教育现代化水平。

国家采取措施促进教育公平,推动教育均衡发展。

国家支持、鼓励和组织教育科学研究,推广教育科学研究成果,促进教育质量提高。

第十二条 国家通用语言文字为学校及其他教育机构的基本教育教学语言文字,学校及其他教育机构应当使用国家通用语言文字进行教育教学。

民族自治地方以少数民族学生为主的学校及其他教育机构,从实际出发,使用国家通用语言文字和本民族或者当地民族通用的语言文字实施双语教育。

国家采取措施,为少数民族学生为主的学校及其他教育机构实施双语教育提供条件和支持。

第十三条 国家对发展教育事业做出突出贡献的组织和个人,给予奖励。

第十四条 国务院和地方各级人民政府根据分级管理、分工负责的原则,领导和管理教育工作。

中等及中等以下教育在国务院领导下,由地方人民政府管理。

高等教育由国务院和省、自治区、直辖市人民政府管理。

第十五条 国务院教育行政部门主管全国教育工作,统筹规划、协调管理全国的教育事业。

县级以上地方各级人民政府教育行政部门主管本行政区域内的教育工作。

县级以上各级人民政府其他有关部门在各自的职责范围内，负责有关的教育工作。

第十六条 国务院和县级以上地方各级人民政府应当向本级人民代表大会或者其常务委员会报告教育工作和教育经费预算、决算情况，接受监督。

第二章 教育基本制度

第十七条 国家实行学前教育、初等教育、中等教育、高等教育的学校教育制度。

国家建立科学的学制系统。学制系统内的学校和其他教育机构的设置、教育形式、修业年限、招生对象、培养目标等，由国务院或者由国务院授权教育行政部门规定。

第十八条 国家制定学前教育标准，加快普及学前教育，构建覆盖城乡，特别是农村的学前教育公共服务体系。

各级人民政府应当采取措施，为适龄儿童接受学前教育提供条件和支持。

第十九条 国家实行九年制义务教育制度。

各级人民政府采取各种措施保障适龄儿童、少年就学。

适龄儿童、少年的父母或者其他监护人以及有关社会组织和个人有义务使适龄儿童、少年接受并完成规定年限的义务教育。

第二十条 国家实行职业教育制度和继续教育制度。

各级人民政府、有关行政部门和行业组织以及企业事业组织应当采取措施，发展并保障公民接受职业学校教育或者各种形式的职业培训。

国家鼓励发展多种形式的继续教育，使公民接受适当形式的政治、经济、文化、科学、技术、业务等方面的教育，促进不同类型学习成果的互认和衔接，推动全民终身学习。

第二十一条 国家实行国家教育考试制度。

国家教育考试由国务院教育行政部门确定种类，并由国家批准的实施教育考试的机构承办。

第二十二条 国家实行学业证书制度。

经国家批准设立或者认可的学校及其他教育机构按照国家有关规定，颁发学历证书或者其他学业证书。

第二十三条 国家实行学位制度。

学位授予单位依法对达到一定学术水平或者专业技术水平的人员授予相应的学位，颁发学位证书。

第二十四条 各级人民政府、基层群众性自治组织和企业事业组织应当采取各种措施，开展扫除文盲的教育工作。

按照国家规定具有接受扫除文盲教育能力的公民，应当接受扫除文盲的教育。

第二十五条 国家实行教育督导制度和学校及其他教育机构教育评估制度。

第三章 学校及其他教育机构

第二十六条 国家制定教育发展规划，并举办学校及其他教育机构。

国家鼓励企业事业组织、社会团体、其他社会组织及公民个人依法举办学校及其他教育机构。

国家举办学校及其他教育机构，应当坚持勤俭节约的原则。

以财政性经费、捐赠资产举办或者参与举办的学校及其他教育机构不得设立为营利性组织。

第二十七条　设立学校及其他教育机构，必须具备下列基本条件：

（一）有组织机构和章程；

（二）有合格的教师；

（三）有符合规定标准的教学场所及设施、设备等；

（四）有必备的办学资金和稳定的经费来源。

第二十八条　学校及其他教育机构的设立、变更和终止，应当按照国家有关规定办理审核、批准、注册或者备案手续。

第二十九条　学校及其他教育机构行使下列权利：

（一）按照章程自主管理；

（二）组织实施教育教学活动；

（三）招收学生或者其他受教育者；

（四）对受教育者进行学籍管理，实施奖励或者处分；

（五）对受教育者颁发相应的学业证书；

（六）聘任教师及其他职工，实施奖励或者处分；

（七）管理、使用本单位的设施和经费；

（八）拒绝任何组织和个人对教育教学活动的非法干涉；

（九）法律、法规规定的其他权利。

国家保护学校及其他教育机构的合法权益不受侵犯。

第三十条　学校及其他教育机构应当履行下列义务：

（一）遵守法律、法规；

（二）贯彻国家的教育方针，执行国家教育教学标准，保证教育教学质量；

（三）维护受教育者、教师及其他职工的合法权益；

（四）以适当方式为受教育者及其监护人了解受教育者的学业成绩及其他有关情况提供便利；

（五）遵照国家有关规定收取费用并公开收费项目；

（六）依法接受监督。

第三十一条　学校及其他教育机构的举办者按照国家有关规定，确定其所举办的学校或者其他教育机构的管理体制。

学校及其他教育机构的校长或者主要行政负责人必须由具有中华人民共和国国籍、在中国境内定居、并具备国家规定任职条件的公民担任，其任免按照国家有关规定办理。

学校的教学及其他行政管理,由校长负责。

学校及其他教育机构应当按照国家有关规定,通过以教师为主体的教职工代表大会等组织形式,保障教职工参与民主管理和监督。

第三十二条 学校及其他教育机构具备法人条件的,自批准设立或者登记注册之日起取得法人资格。

学校及其他教育机构在民事活动中依法享有民事权利,承担民事责任。

学校及其他教育机构中的国有资产属于国家所有。

学校及其他教育机构兴办的校办产业独立承担民事责任。

第四章 教师和其他教育工作者

第三十三条 教师享有法律规定的权利,履行法律规定的义务,忠诚于人民的教育事业。

第三十四条 国家保护教师的合法权益,改善教师的工作条件和生活条件,提高教师的社会地位。

教师的工资报酬、福利待遇,依照法律、法规的规定办理。

第三十五条 国家实行教师资格、职务、聘任制度,通过考核、奖励、培养和培训,提高教师素质,加强教师队伍建设。

第三十六条 学校及其他教育机构中的管理人员,实行教育职员制度。

学校及其他教育机构中的教学辅助人员和其他专业技术人员,实行专业技术职务聘任制度。

第五章 受教育者

第三十七条 受教育者在入学、升学、就业等方面依法享有平等权利。

学校和有关行政部门应当按照国家有关规定,保障女子在入学、升学、就业、授予学位、派出留学等方面享有同男子平等的权利。

第三十八条 国家、社会对符合入学条件、家庭经济困难的儿童、少年、青年,提供各种形式的资助。

第三十九条 国家、社会、学校及其他教育机构应当根据残疾人身心特性和需要实施教育,并为其提供帮助和便利。

第四十条 国家、社会、家庭、学校及其他教育机构应当为有违法犯罪行为的未成年人接受教育创造条件。

第四十一条 从业人员有依法接受职业培训和继续教育的权利和义务。

国家机关、企业事业组织和其他社会组织,应当为本单位职工的学习和培训提供条件和便利。

第四十二条 国家鼓励学校及其他教育机构、社会组织采取措施,为公民接受终身教育创造条件。

第四十三条　受教育者享有下列权利：

（一）参加教育教学计划安排的各种活动，使用教育教学设施、设备、图书资料；

（二）按照国家有关规定获得奖学金、贷学金、助学金；

（三）在学业成绩和品行上获得公正评价，完成规定的学业后获得相应的学业证书、学位证书；

（四）对学校给予的处分不服向有关部门提出申诉，对学校、教师侵犯其人身权、财产权等合法权益，提出申诉或者依法提起诉讼；

（五）法律、法规规定的其他权利。

第四十四条　受教育者应当履行下列义务：

（一）遵守法律、法规；

（二）遵守学生行为规范，尊敬师长，养成良好的思想品德和行为习惯；

（三）努力学习，完成规定的学习任务；

（四）遵守所在学校或者其他教育机构的管理制度。

第四十五条　教育、体育、卫生行政部门和学校及其他教育机构应当完善体育、卫生保健设施，保护学生的身心健康。

第六章　教育与社会

第四十六条　国家机关、军队、企业事业组织、社会团体及其他社会组织和个人，应当依法为儿童、少年、青年学生的身心健康成长创造良好的社会环境。

第四十七条　国家鼓励企业事业组织、社会团体及其他社会组织同高等学校、中等职业学校在教学、科研、技术开发和推广等方面进行多种形式的合作。

企业事业组织、社会团体及其他社会组织和个人，可以通过适当形式，支持学校的建设，参与学校管理。

第四十八条　国家机关、军队、企业事业组织及其他社会组织应当为学校组织的学生实习、社会实践活动提供帮助和便利。

第四十九条　学校及其他教育机构在不影响正常教育教学活动的前提下，应当积极参加当地的社会公益活动。

第五十条　未成年人的父母或者其他监护人应当为其未成年子女或者其他被监护人受教育提供必要条件。

未成年人的父母或者其他监护人应当配合学校及其他教育机构，对其未成年子女或者其他被监护人进行教育。

学校、教师可以对学生家长提供家庭教育指导。

第五十一条　图书馆、博物馆、科技馆、文化馆、美术馆、体育馆（场）等社会公共文化体育设施，以及历史文化古迹和革命纪念馆（地），应当对教师、学生实行优待，为受教育者接受教育提供便利。

广播、电视台(站)应当开设教育节目,促进受教育者思想品德、文化和科学技术素质的提高。

第五十二条 国家、社会建立和发展对未成年人进行校外教育的设施。

学校及其他教育机构应当同基层群众性自治组织、企业事业组织、社会团体相互配合,加强对未成年人的校外教育工作。

第五十三条 国家鼓励社会团体、社会文化机构及其他社会组织和个人开展有益于受教育者身心健康的社会文化教育活动。

第七章 教育投入与条件保障

第五十四条 国家建立以财政拨款为主、其他多种渠道筹措教育经费为辅的体制,逐步增加对教育的投入,保证国家举办的学校教育经费的稳定来源。

企业事业组织、社会团体及其他社会组织和个人依法举办的学校及其他教育机构,办学经费由举办者负责筹措,各级人民政府可以给予适当支持。

第五十五条 国家财政性教育经费支出占国民生产总值的比例应当随着国民经济的发展和财政收入的增长逐步提高。具体比例和实施步骤由国务院规定。

全国各级财政支出总额中教育经费所占比例应当随着国民经济的发展逐步提高。

第五十六条 各级人民政府的教育经费支出,按照事权和财权相统一的原则,在财政预算中单独列项。

各级人民政府教育财政拨款的增长应当高于财政经常性收入的增长,并使按在校学生人数平均的教育费用逐步增长,保证教师工资和学生人均公用经费逐步增长。

第五十七条 国务院及县级以上地方各级人民政府应当设立教育专项资金,重点扶持边远贫困地区、少数民族地区实施义务教育。

第五十八条 税务机关依法足额征收教育费附加,由教育行政部门统筹管理,主要用于实施义务教育。

省、自治区、直辖市人民政府根据国务院的有关规定,可以决定开征用于教育的地方附加费,专款专用。

第五十九条 国家采取优惠措施,鼓励和扶持学校在不影响正常教育教学的前提下开展勤工俭学和社会服务,兴办校办产业。

第六十条 国家鼓励境内、境外社会组织和个人捐资助学。

第六十一条 国家财政性教育经费、社会组织和个人对教育的捐赠,必须用于教育,不得挪用、克扣。

第六十二条 国家鼓励运用金融、信贷手段,支持教育事业的发展。

第六十三条 各级人民政府及其教育行政部门应当加强对学校及其他教育机构教育经费的监督管理,提高教育投资效益。

第六十四条　地方各级人民政府及其有关行政部门必须把学校的基本建设纳入城乡建设规划，统筹安排学校的基本建设用地及所需物资，按照国家有关规定实行优先、优惠政策。

第六十五条　各级人民政府对教科书及教学用图书资料的出版发行，对教学仪器、设备的生产和供应，对用于学校教育教学和科学研究的图书资料、教学仪器、设备的进口，按照国家有关规定实行优先、优惠政策。

第六十六条　国家推进教育信息化，加快教育信息基础设施建设，利用信息技术促进优质教育资源普及共享，提高教育教学水平和教育管理水平。

县级以上人民政府及其有关部门应当发展教育信息技术和其他现代化教学方式，有关行政部门应当优先安排，给予扶持。

国家鼓励学校及其他教育机构推广运用现代化教学方式。

第八章　教育对外交流与合作

第六十七条　国家鼓励开展教育对外交流与合作，支持学校及其他教育机构引进优质教育资源，依法开展中外合作办学，发展国际教育服务，培养国际化人才。

教育对外交流与合作坚持独立自主、平等互利、相互尊重的原则，不得违反中国法律，不得损害国家主权、安全和社会公共利益。

第六十八条　中国境内公民出国留学、研究、进行学术交流或者任教，依照国家有关规定办理。

第六十九条　中国境外个人符合国家规定的条件并办理有关手续后，可以进入中国境内学校及其他教育机构学习、研究、进行学术交流或者任教，其合法权益受国家保护。

第七十条　中国对境外教育机构颁发的学位证书、学历证书及其他学业证书的承认，依照中华人民共和国缔结或者加入的国际条约办理，或者按照国家有关规定办理。

第九章　法 律 责 任

第七十一条　违反国家有关规定，不按照预算核拨教育经费的，由同级人民政府限期核拨；情节严重的，对直接负责的主管人员和其他直接责任人员，依法给予处分。

违反国家财政制度、财务制度，挪用、克扣教育经费的，由上级机关责令限期归还被挪用、克扣的经费，并对直接负责的主管人员和其他直接责任人员，依法给予处分；构成犯罪的，依法追究刑事责任。

第七十二条　结伙斗殴、寻衅滋事，扰乱学校及其他教育机构教育教学秩序或者破坏校舍、场地及其他财产的，由公安机关给予治安管理处罚；构成犯罪的，依法追究刑事责任。

侵占学校及其他教育机构的校舍、场地及其他财产的，依法承担民事责任。

第七十三条　明知校舍或者教育教学设施有危险，而不采取措施，造成人员伤亡或者重大财产损失的,对直接负责的主管人员和其他直接责任人员,依法追究刑事责任。

第七十四条 违反国家有关规定,向学校或者其他教育机构收取费用的,由政府责令退还所收费用;对直接负责的主管人员和其他直接责任人员,依法给予处分。

第七十五条 违反国家有关规定,举办学校或者其他教育机构的,由教育行政部门或者其他有关行政部门予以撤销;有违法所得的,没收违法所得;对直接负责的主管人员和其他直接责任人员,依法给予处分。

第七十六条 学校或者其他教育机构违反国家有关规定招收学生的,由教育行政部门或者其他有关行政部门责令退回招收的学生,退还所收费用;对学校、其他教育机构给予警告,可以处违法所得五倍以下罚款;情节严重的,责令停止相关招生资格一年以上三年以下,直至撤销招生资格、吊销办学许可证;对直接负责的主管人员和其他直接责任人员,依法给予处分;构成犯罪的,依法追究刑事责任。

第七十七条 在招收学生工作中滥用职权、玩忽职守、徇私舞弊的,由教育行政部门或者其他有关行政部门责令退回招收的不符合入学条件的人员;对直接负责的主管人员和其他直接责任人员,依法给予处分;构成犯罪的,依法追究刑事责任。

盗用、冒用他人身份,顶替他人取得的入学资格的,由教育行政部门或者其他有关行政部门责令撤销入学资格,并责令停止参加相关国家教育考试二年以上五年以下;已经取得学位证书、学历证书或者其他学业证书的,由颁发机构撤销相关证书;已经成为公职人员的,依法给予开除处分;构成违反治安管理行为的,由公安机关依法给予治安管理处罚;构成犯罪的,依法追究刑事责任。

与他人串通,允许他人冒用本人身份,顶替本人取得的入学资格的,由教育行政部门或者其他有关行政部门责令停止参加相关国家教育考试一年以上三年以下;有违法所得的,没收违法所得;已经成为公职人员的,依法给予处分;构成违反治安管理行为的,由公安机关依法给予治安管理处罚;构成犯罪的,依法追究刑事责任。

组织、指使盗用或者冒用他人身份,顶替他人取得的入学资格的,有违法所得的,没收违法所得;属于公职人员的,依法给予处分;构成违反治安管理行为的,由公安机关依法给予治安管理处罚;构成犯罪的,依法追究刑事责任。

入学资格被顶替权利受到侵害的,可以请求恢复其入学资格。

第七十八条 学校及其他教育机构违反国家有关规定向受教育者收取费用的,由教育行政部门或者其他有关行政部门责令退还所收费用;对直接负责的主管人员和其他直接责任人员,依法给予处分。

第七十九条 考生在国家教育考试中有下列行为之一的,由组织考试的教育考试机构工作人员在考试现场采取必要措施予以制止并终止其继续参加考试;组织考试的教育考试机构可以取消其相关考试资格或者考试成绩;情节严重的,由教育行政部门责令停止参加相关国家教育考试一年以上三年以下;构成违反治安管理行为的,由公安机关依法给予治安管理处罚;构成犯罪的,依法追究刑事责任:

（一）非法获取考试试题或者答案的；
（二）携带或者使用考试作弊器材、资料的；
（三）抄袭他人答案的；
（四）让他人代替自己参加考试的；
（五）其他以不正当手段获得考试成绩的作弊行为。

第八十条　任何组织或者个人在国家教育考试中有下列行为之一，有违法所得的，由公安机关没收违法所得，并处违法所得一倍以上五倍以下罚款；情节严重的，处五日以上十五日以下拘留；构成犯罪的，依法追究刑事责任；属于国家机关工作人员的，还应当依法给予处分：

（一）组织作弊的；
（二）通过提供考试作弊器材等方式为作弊提供帮助或者便利的；
（三）代替他人参加考试的；
（四）在考试结束前泄露、传播考试试题或者答案的；
（五）其他扰乱考试秩序的行为。

第八十一条　举办国家教育考试，教育行政部门、教育考试机构疏于管理，造成考场秩序混乱、作弊情况严重的，对直接负责的主管人员和其他直接责任人员，依法给予处分；构成犯罪的，依法追究刑事责任。

第八十二条　学校或者其他教育机构违反本法规定，颁发学位证书、学历证书或者其他学业证书的，由教育行政部门或者其他有关行政部门宣布证书无效，责令收回或者予以没收；有违法所得的，没收违法所得；情节严重的，责令停止相关招生资格一年以上三年以下，直至撤销招生资格、颁发证书资格；对直接负责的主管人员和其他直接责任人员，依法给予处分。

前款规定以外的任何组织或者个人制造、销售、颁发假冒学位证书、学历证书或者其他学业证书，构成违反治安管理行为的，由公安机关依法给予治安管理处罚；构成犯罪的，依法追究刑事责任。

以作弊、剽窃、抄袭等欺诈行为或者其他不正当手段获得学位证书、学历证书或者其他学业证书的，由颁发机构撤销相关证书。购买、使用假冒学位证书、学历证书或者其他学业证书，构成违反治安管理行为的，由公安机关依法给予治安管理处罚。

第八十三条　违反本法规定，侵犯教师、受教育者、学校或者其他教育机构的合法权益，造成损失、损害的，应当依法承担民事责任。

第十章　附　　则

第八十四条　军事学校教育由中央军事委员会根据本法的原则规定。

宗教学校教育由国务院另行规定。

第八十五条　境外的组织和个人在中国境内办学和合作办学的办法，由国务院规定。

第八十六条　本法自 1995 年 9 月 1 日起施行。

中华人民共和国高等教育法

（1998年8月29日第九届全国人民代表大会常务委员会第四次会议通过　根据2015年12月27日第十二届全国人民代表大会常务委员会第十八次会议《关于修改〈中华人民共和国高等教育法〉的决定》第一次修正　根据2018年12月29日第十三届全国人民代表大会常务委员会第七次会议《关于修改〈中华人民共和国电力法〉等四部法律的决定》第二次修正）

目　录

第一章　总　　则

第一条　为了发展高等教育事业，实施科教兴国战略，促进社会主义物质文明和精神文明建设，根据宪法和教育法，制定本法。

第二条　在中华人民共和国境内从事高等教育活动，适用本法。

本法所称高等教育，是指在完成高级中等教育基础上实施的教育。

第三条　国家坚持以马克思列宁主义、毛泽东思想、邓小平理论为指导，遵循宪法确定的基本原则，发展社会主义的高等教育事业。

第四条　高等教育必须贯彻国家的教育方针，为社会主义现代化建设服务、为人民服务，与生产劳动和社会实践相结合，使受教育者成为德、智、体、美等方面全面发展的社会主义建设者和接班人。

第五条　高等教育的任务是培养具有社会责任感、创新精神和实践能力的高级专门人才，发展科学技术文化，促进社会主义现代化建设。

第六条　国家根据经济建设和社会发展的需要，制定高等教育发展规划，举办高等学校，并采取多种形式积极发展高等教育事业。

国家鼓励企业事业组织、社会团体及其他社会组织和公民等社会力量依法举办高等学校,参与和支持高等教育事业的改革和发展。

第七条 国家按照社会主义现代化建设和发展社会主义市场经济的需要,根据不同类型、不同层次高等学校的实际,推进高等教育体制改革和高等教育教学改革,优化高等教育结构和资源配置,提高高等教育的质量和效益。

第八条 国家根据少数民族的特点和需要,帮助和支持少数民族地区发展高等教育事业,为少数民族培养高级专门人才。

第九条 公民依法享有接受高等教育的权利。

国家采取措施,帮助少数民族学生和经济困难的学生接受高等教育。

高等学校必须招收符合国家规定的录取标准的残疾学生入学,不得因其残疾而拒绝招收。

第十条 国家依法保障高等学校中的科学研究、文学艺术创作和其他文化活动的自由。

在高等学校中从事科学研究、文学艺术创作和其他文化活动,应当遵守法律。

第十一条 高等学校应当面向社会,依法自主办学,实行民主管理。

第十二条 国家鼓励高等学校之间、高等学校与科学研究机构以及企业事业组织之间开展协作,实行优势互补,提高教育资源的使用效益。

国家鼓励和支持高等教育事业的国际交流与合作。

第十三条 国务院统一领导和管理全国高等教育事业。

省、自治区、直辖市人民政府统筹协调本行政区域内的高等教育事业,管理主要为地方培养人才和国务院授权管理的高等学校。

第十四条 国务院教育行政部门主管全国高等教育工作,管理由国务院确定的主要为全国培养人才的高等学校。国务院其他有关部门在国务院规定的职责范围内,负责有关的高等教育工作。

第二章 高等教育基本制度

第十五条 高等教育包括学历教育和非学历教育。

高等教育采用全日制和非全日制教育形式。

国家支持采用广播、电视、函授及其他远程教育方式实施高等教育。

第十六条 高等学历教育分为专科教育、本科教育和研究生教育。

高等学历教育应当符合下列学业标准:

(一)专科教育应当使学生掌握本专业必备的基础理论、专门知识,具有从事本专业实际工作的基本技能和初步能力;

(二)本科教育应当使学生比较系统地掌握本学科、专业必需的基础理论、基本知识,掌握本专业必要的基本技能、方法和相关知识,具有从事本专业实际工作和研究工作的初步能力;

（三）硕士研究生教育应当使学生掌握本学科坚实的基础理论、系统的专业知识，掌握相应的技能、方法和相关知识，具有从事本专业实际工作和科学研究工作的能力。博士研究生教育应当使学生掌握本学科坚实宽广的基础理论、系统深入的专业知识、相应的技能和方法，具有独立从事本学科创造性科学研究工作和实际工作的能力。

第十七条 专科教育的基本修业年限为二至三年，本科教育的基本修业年限为四至五年，硕士研究生教育的基本修业年限为二至三年，博士研究生教育的基本修业年限为三至四年。非全日制高等学历教育的修业年限应当适当延长。高等学校根据实际需要，可以对本学校的修业年限作出调整。

第十八条 高等教育由高等学校和其他高等教育机构实施。

大学、独立设置的学院主要实施本科及本科以上教育。高等专科学校实施专科教育。经国务院教育行政部门批准，科学研究机构可以承担研究生教育的任务。

其他高等教育机构实施非学历高等教育。

第十九条 高级中等教育毕业或者具有同等学力的，经考试合格，由实施相应学历教育的高等学校录取，取得专科生或者本科生入学资格。

本科毕业或者具有同等学力的，经考试合格，由实施相应学历教育的高等学校或者经批准承担研究生教育任务的科学研究机构录取，取得硕士研究生入学资格。

硕士研究生毕业或者具有同等学力的，经考试合格，由实施相应学历教育的高等学校或者经批准承担研究生教育任务的科学研究机构录取，取得博士研究生入学资格。

允许特定学科和专业的本科毕业生直接取得博士研究生入学资格，具体办法由国务院教育行政部门规定。

第二十条 接受高等学历教育的学生，由所在高等学校或者经批准承担研究生教育任务的科学研究机构根据其修业年限、学业成绩等，按照国家有关规定，发给相应的学历证书或者其他学业证书。

接受非学历高等教育的学生，由所在高等学校或者其他高等教育机构发给相应的结业证书。结业证书应当载明修业年限和学业内容。

第二十一条 国家实行高等教育自学考试制度，经考试合格的，发给相应的学历证书或者其他学业证书。

第二十二条 国家实行学位制度。学位分为学士、硕士和博士。

公民通过接受高等教育或者自学，其学业水平达到国家规定的学位标准，可以向学位授予单位申请授予相应的学位。

第二十三条 高等学校和其他高等教育机构应当根据社会需要和自身办学条件，承担实施继续教育的工作。

第三章 高等学校的设立

第二十四条 设立高等学校，应当符合国家高等教育发展规划，符合国家利益和社会公共利益。

第二十五条 设立高等学校,应当具备教育法规定的基本条件。

大学或者独立设置的学院还应当具有较强的教学、科学研究力量,较高的教学、科学研究水平和相应规模,能够实施本科及本科以上教育。大学还必须设有三个以上国家规定的学科门类为主要学科。设立高等学校的具体标准由国务院制定。

设立其他高等教育机构的具体标准,由国务院授权的有关部门或者省、自治区、直辖市人民政府根据国务院规定的原则制定。

第二十六条 设立高等学校,应当根据其层次、类型、所设学科类别、规模、教学和科学研究水平,使用相应的名称。

第二十七条 申请设立高等学校的,应当向审批机关提交下列材料:

(一)申办报告;

(二)可行性论证材料;

(三)章程;

(四)审批机关依照本法规定要求提供的其他材料。

第二十八条 高等学校的章程应当规定以下事项:

(一)学校名称、校址;

(二)办学宗旨;

(三)办学规模;

(四)学科门类的设置;

(五)教育形式;

(六)内部管理体制;

(七)经费来源、财产和财务制度;

(八)举办者与学校之间的权利、义务;

(九)章程修改程序;

(十)其他必须由章程规定的事项。

第二十九条 设立实施本科及以上教育的高等学校,由国务院教育行政部门审批;设立实施专科教育的高等学校,由省、自治区、直辖市人民政府审批,报国务院教育行政部门备案;设立其他高等教育机构,由省、自治区、直辖市人民政府教育行政部门审批。审批设立高等学校和其他高等教育机构应当遵守国家有关规定。

审批设立高等学校,应当委托由专家组成的评议机构评议。

高等学校和其他高等教育机构分立、合并、终止,变更名称、类别和其他重要事项,由本条第一款规定的审批机关审批;修改章程,应当根据管理权限,报国务院教育行政部门或者省、自治区、直辖市人民政府教育行政部门核准。

第四章　高等学校的组织和活动

第三十条　高等学校自批准设立之日起取得法人资格。高等学校的校长为高等学校的法定代表人。

高等学校在民事活动中依法享有民事权利，承担民事责任。

第三十一条　高等学校应当以培养人才为中心，开展教学、科学研究和社会服务，保证教育教学质量达到国家规定的标准。

第三十二条　高等学校根据社会需求、办学条件和国家核定的办学规模，制定招生方案，自主调节系科招生比例。

第三十三条　高等学校依法自主设置和调整学科、专业。

第三十四条　高等学校根据教学需要，自主制定教学计划、选编教材、组织实施教学活动。

第三十五条　高等学校根据自身条件，自主开展科学研究、技术开发和社会服务。

国家鼓励高等学校同企业事业组织、社会团体及其他社会组织在科学研究、技术开发和推广等方面进行多种形式的合作。

国家支持具备条件的高等学校成为国家科学研究基地。

第三十六条　高等学校按照国家有关规定，自主开展与境外高等学校之间的科学技术文化交流与合作。

第三十七条　高等学校根据实际需要和精简、效能的原则，自主确定教学、科学研究、行政职能部门等内部组织机构的设置和人员配备；按照国家有关规定，评聘教师和其他专业技术人员的职务，调整津贴及工资分配。

第三十八条　高等学校对举办者提供的财产、国家财政性资助、受捐赠财产依法自主管理和使用。

高等学校不得将用于教学和科学研究活动的财产挪作他用。

第三十九条　国家举办的高等学校实行中国共产党高等学校基层委员会领导下的校长负责制。中国共产党高等学校基层委员会按照中国共产党章程和有关规定，统一领导学校工作，支持校长独立负责地行使职权，其领导职责主要是：执行中国共产党的路线、方针、政策，坚持社会主义办学方向，领导学校的思想政治工作和德育工作，讨论决定学校内部组织机构的设置和内部组织机构负责人的人选，讨论决定学校的改革、发展和基本管理制度等重大事项，保证以培养人才为中心的各项任务的完成。

社会力量举办的高等学校的内部管理体制按照国家有关社会力量办学的规定确定。

第四十条　高等学校的校长，由符合教育法规定的任职条件的公民担任。高等学校的校长、副校长按照国家有关规定任免。

第四十一条　高等学校的校长全面负责本学校的教学、科学研究和其他行政管理工作，行使下列职权：

（一）拟订发展规划，制定具体规章制度和年度工作计划并组织实施；

（二）组织教学活动、科学研究和思想品德教育；

（三）拟订内部组织机构的设置方案，推荐副校长人选，任免内部组织机构的负责人；

（四）聘任与解聘教师以及内部其他工作人员，对学生进行学籍管理并实施奖励或者处分；

（五）拟订和执行年度经费预算方案，保护和管理校产，维护学校的合法权益；

（六）章程规定的其他职权。

高等学校的校长主持校长办公会议或者校务会议，处理前款规定的有关事项。

第四十二条　高等学校设立学术委员会，履行下列职责：

（一）审议学科建设、专业设置，教学、科学研究计划方案；

（二）评定教学、科学研究成果；

（三）调查、处理学术纠纷；

（四）调查、认定学术不端行为；

（五）按照章程审议、决定有关学术发展、学术评价、学术规范的其他事项。

第四十三条　高等学校通过以教师为主体的教职工代表大会等组织形式，依法保障教职工参与民主管理和监督，维护教职工合法权益。

第四十四条　高等学校应当建立本学校办学水平、教育质量的评价制度，及时公开相关信息，接受社会监督。

教育行政部门负责组织专家或者委托第三方专业机构对高等学校的办学水平、效益和教育质量进行评估。评估结果应当向社会公开。

第五章　高等学校教师和其他教育工作者

第四十五条　高等学校的教师及其他教育工作者享有法律规定的权利，履行法律规定的义务，忠诚于人民的教育事业。

第四十六条　高等学校实行教师资格制度。中国公民凡遵守宪法和法律，热爱教育事业，具有良好的思想品德，具备研究生或者大学本科毕业学历，有相应的教育教学能力，经认定合格，可以取得高等学校教师资格。不具备研究生或者大学本科毕业学历的公民，学有所长，通过国家教师资格考试，经认定合格，也可以取得高等学校教师资格。

第四十七条　高等学校实行教师职务制度。高等学校教师职务根据学校所承担的教学、科学研究等任务的需要设置。教师职务设助教、讲师、副教授、教授。

高等学校的教师取得前款规定的职务应当具备下列基本条件：

（一）取得高等学校教师资格；

（二）系统地掌握本学科的基础理论；

（三）具备相应职务的教育教学能力和科学研究能力；

（四）承担相应职务的课程和规定课时的教学任务。

教授、副教授除应当具备以上基本任职条件外，还应当对本学科具有系统而坚实的基础理论和比较丰富的教学、科学研究经验，教学成绩显著，论文或者著作达到较高水平或者有突出的教学、科学研究成果。

高等学校教师职务的具体任职条件由国务院规定。

第四十八条 高等学校实行教师聘任制。教师经评定具备任职条件的，由高等学校按照教师职务的职责、条件和任期聘任。

高等学校的教师的聘任，应当遵循双方平等自愿的原则，由高等学校校长与受聘教师签订聘任合同。

第四十九条 高等学校的管理人员，实行教育职员制度。高等学校的教学辅助人员及其他专业技术人员，实行专业技术职务聘任制度。

第五十条 国家保护高等学校教师及其他教育工作者的合法权益，采取措施改善高等学校教师及其他教育工作者的工作条件和生活条件。

第五十一条 高等学校应当为教师参加培训、开展科学研究和进行学术交流提供便利条件。

高等学校应当对教师、管理人员和教学辅助人员及其他专业技术人员的思想政治表现、职业道德、业务水平和工作实绩进行考核，考核结果作为聘任或者解聘、晋升、奖励或者处分的依据。

第五十二条 高等学校的教师、管理人员和教学辅助人员及其他专业技术人员，应当以教学和培养人才为中心做好本职工作。

第六章 高等学校的学生

第五十三条 高等学校的学生应当遵守法律、法规，遵守学生行为规范和学校的各项管理制度，尊敬师长，刻苦学习，增强体质，树立爱国主义、集体主义和社会主义思想，努力学习马克思列宁主义、毛泽东思想、邓小平理论，具有良好的思想品德，掌握较高的科学文化知识和专业技能。

高等学校学生的合法权益，受法律保护。

第五十四条 高等学校的学生应当按照国家规定缴纳学费。

家庭经济困难的学生，可以申请补助或者减免学费。

第五十五条 国家设立奖学金，并鼓励高等学校、企业事业组织、社会团体以及其他社会组织和个人按照国家有关规定设立各种形式的奖学金，对品学兼优的学生、国家规定的专业的学生以及到国家规定的地区工作的学生给予奖励。

国家设立高等学校学生勤工助学基金和贷学金，并鼓励高等学校、企业事业组织、社会团体以及其他社会组织和个人设立各种形式的助学金，对家庭经济困难的学生提供帮助。

获得贷学金及助学金的学生，应当履行相应的义务。

第五十六条　高等学校的学生在课余时间可以参加社会服务和勤工助学活动，但不得影响学业任务的完成。

高等学校应当对学生的社会服务和勤工助学活动给予鼓励和支持，并进行引导和管理。

第五十七条　高等学校的学生，可以在校内组织学生团体。学生团体在法律、法规规定的范围内活动，服从学校的领导和管理。

第五十八条　高等学校的学生思想品德合格，在规定的修业年限内学完规定的课程，成绩合格或者修满相应的学分，准予毕业。

第五十九条　高等学校应当为毕业生、结业生提供就业指导和服务。

国家鼓励高等学校毕业生到边远、艰苦地区工作。

第七章　高等教育投入和条件保障

第六十条　高等教育实行以举办者投入为主、受教育者合理分担培养成本、高等学校多种渠道筹措经费的机制。

国务院和省、自治区、直辖市人民政府依照教育法第五十六条的规定，保证国家举办的高等教育的经费逐步增长。

国家鼓励企业事业组织、社会团体及其他社会组织和个人向高等教育投入。

第六十一条　高等学校的举办者应当保证稳定的办学经费来源，不得抽回其投入的办学资金。

第六十二条　国务院教育行政部门会同国务院其他有关部门根据在校学生年人均教育成本，规定高等学校年经费开支标准和筹措的基本原则；省、自治区、直辖市人民政府教育行政部门会同有关部门制订本行政区域内高等学校年经费开支标准和筹措办法，作为举办者和高等学校筹措办学经费的基本依据。

第六十三条　国家对高等学校进口图书资料、教学科研设备以及校办产业实行优惠政策。高等学校所办产业或者转让知识产权以及其他科学技术成果获得的收益，用于高等学校办学。

第六十四条　高等学校收取的学费应当按照国家有关规定管理和使用，其他任何组织和个人不得挪用。

第六十五条　高等学校应当依法建立、健全财务管理制度，合理使用、严格管理教育经费，提高教育投资效益。

高等学校的财务活动应当依法接受监督。

第八章　附　　则

第六十六条　对高等教育活动中违反教育法规定的，依照教育法的有关规定给予处罚。

第六十七条 中国境外个人符合国家规定的条件并办理有关手续后，可以进入中国境内高等学校学习、研究、进行学术交流或者任教，其合法权益受国家保护。

第六十八条 本法所称高等学校是指大学、独立设置的学院和高等专科学校，其中包括高等职业学校和成人高等学校。

本法所称其他高等教育机构是指除高等学校和经批准承担研究生教育任务的科学研究机构以外的从事高等教育活动的组织。

本法有关高等学校的规定适用于其他高等教育机构和经批准承担研究生教育任务的科学研究机构，但是对高等学校专门适用的规定除外。

第六十九条 本法自1999年1月1日起施行。

中华人民共和国国防教育法

（2001 年 4 月 28 日第九届全国人民代表大会常务委员会第二十一次会议通过　根据 2018 年 4 月 27 日第十三届全国人民代表大会常务委员会第二次会议《关于修改〈中华人民共和国国境卫生检疫法〉等六部法律的决定》修正）

目　　录

第一章　总　　则

第一条　为了普及和加强国防教育，发扬爱国主义精神，促进国防建设和社会主义精神文明建设，根据国防法和教育法，制定本法。

第二条　国防教育是建设和巩固国防的基础，是增强民族凝聚力、提高全民素质的重要途径。

第三条　国家通过开展国防教育，使公民增强国防观念，掌握基本的国防知识，学习必要的军事技能，激发爱国热情，自觉履行国防义务。

第四条　国防教育贯彻全民参与、长期坚持、讲求实效的方针，实行经常教育与集中教育相结合、普及教育与重点教育相结合、理论教育与行为教育相结合的原则，针对不同对象确定相应的教育内容分类组织实施。

第五条　中华人民共和国公民都有接受国防教育的权利和义务。

普及和加强国防教育是全社会的共同责任。

一切国家机关和武装力量、各政党和各社会团体、各企业事业组织以及基层群众性自治组织，都应当根据各自的实际情况组织本地区、本部门、本单位开展国防教育。

第六条　国务院领导全国的国防教育工作。中央军事委员会协同国务院开展全民国防教育。

地方各级人民政府领导本行政区域内的国防教育工作。驻地军事机关协助和支持地方人民政府开展国防教育。

第七条 国家国防教育工作机构规划、组织、指导和协调全国的国防教育工作。

县级以上地方负责国防教育工作的机构组织、指导、协调和检查本行政区域内的国防教育工作。

第八条 教育、退役军人事务、文化宣传等部门，在各自职责范围内负责国防教育工作。

征兵、国防科研生产、国民经济动员、人民防空、国防交通、军事设施保护等工作的主管部门，依照本法和有关法律、法规的规定，负责国防教育工作。

工会、共产主义青年团、妇女联合会以及其他有关社会团体，协助人民政府开展国防教育。

第九条 中国人民解放军、中国人民武装警察部队按照中央军事委员会的有关规定开展国防教育。

第十条 国家支持、鼓励社会组织和个人开展有益于国防教育的活动。

第十一条 国家和社会对在国防教育工作中作出突出贡献的组织和个人，采取各种形式给予表彰和奖励。

第十二条 国家设立全民国防教育日。

第二章 学校国防教育

第十三条 学校的国防教育是全民国防教育的基础，是实施素质教育的重要内容。

教育行政部门应当将国防教育列入工作计划，加强对学校国防教育的组织、指导和监督，并对学校国防教育工作定期进行考核。

第十四条 小学和初级中学应当将国防教育的内容纳入有关课程，将课堂教学与课外活动相结合，对学生进行国防教育。

有条件的小学和初级中学可以组织学生开展以国防教育为主题的少年军校活动。教育行政部门、共产主义青年团组织和其他有关部门应当加强对少年军校活动的指导与管理。

小学和初级中学可以根据需要聘请校外辅导员，协助学校开展多种形式的国防教育活动。

第十五条 高等学校、高级中学和相当于高级中学的学校应当将课堂教学与军事训练相结合，对学生进行国防教育。

高等学校应当设置适当的国防教育课程，高级中学和相当于高级中学的学校应当在有关课程中安排专门的国防教育内容，并可以在学生中开展形式多样的国防教育活动。

高等学校、高级中学和相当于高级中学的学校学生的军事训练，由学校负责军事训练的机构或者军事教员按照国家有关规定组织实施。军事机关应当协助学校组织学生的军事训练。

第十六条 学校应当将国防教育列入学校的工作和教学计划，采取有效措施，保证国防教育的质量和效果。

学校组织军事训练活动,应当采取措施,加强安全保障。

第十七条 负责培训国家工作人员的各类教育机构,应当将国防教育纳入培训计划,设置适当的国防教育课程。

国家根据需要选送地方和部门的负责人到有关军事院校接受培训,学习和掌握履行领导职责所必需的国防知识。

第三章 社会国防教育

第十八条 国家机关应当根据各自的工作性质和特点,采取多种形式对工作人员进行国防教育。

国家机关工作人员应当具备基本的国防知识。从事国防建设事业的国家机关工作人员,必须学习和掌握履行职责所必需的国防知识。

各地区、各部门的领导人员应当依法履行组织、领导本地区、本部门开展国防教育的职责。

第十九条 企业事业组织应当将国防教育列入职工教育计划,结合政治教育、业务培训、文化体育等活动,对职工进行国防教育。

承担国防科研生产、国防设施建设、国防交通保障等任务的企业事业组织,应当根据所担负的任务,制定相应的国防教育计划,有针对性地对职工进行国防教育。

社会团体应当根据各自的活动特点开展国防教育。

第二十条 军区、省军区(卫戍区、警备区)、军分区(警备区)和县、自治县、市、市辖区的人民武装部按照国家和军队的有关规定,结合政治教育和组织整顿、军事训练、执行勤务、征兵工作以及重大节日、纪念日活动,对民兵、预备役人员进行国防教育。

民兵、预备役人员的国防教育,应当以基干民兵、第一类预备役人员和担任领导职务的民兵、预备役人员为重点,建立和完善制度,保证受教育的人员、教育时间和教育内容的落实。

第二十一条 城市居民委员会、农村村民委员会应当将国防教育纳入社区、农村社会主义精神文明建设的内容,结合征兵工作、拥军优属以及重大节日、纪念日活动,对居民、村民进行国防教育。

城市居民委员会、农村村民委员会可以聘请退役军人协助开展国防教育。

第二十二条 文化、新闻、出版、广播、电影、电视等部门和单位应当根据形势和任务的要求,采取多种形式开展国防教育。

中央和省、自治区、直辖市以及设区的市的广播电台、电视台、报刊应当开设国防教育节目或者栏目,普及国防知识。

第二十三条 烈士陵园、革命遗址和其他具有国防教育功能的博物馆、纪念馆、科技馆、文化馆、青少年宫等场所,应当为公民接受国防教育提供便利,对有组织的国防教育活动实行优惠或者免费;依照本法第二十八条的规定被命名为国防教育基地的,应当对有组织的中小学生免费开放;在全民国防教育日向社会免费开放。

第四章 国防教育的保障

第二十四条 各级人民政府应当将国防教育纳入国民经济和社会发展计划,并根据开展国防教育的需要,在财政预算中保障国防教育所需的经费。

第二十五条 国家机关、事业单位、社会团体开展国防教育所需的经费,在本单位预算经费内列支;企业开展国防教育所需经费,在本单位职工教育经费中列支。

学校组织学生军事训练所需的经费,按照国家有关规定执行。

第二十六条 国家鼓励社会组织和个人捐赠财产,资助国防教育的开展。

社会组织和个人资助国防教育的财产,由依法成立的国防教育基金组织或者其他公益性社会组织依法管理。

国家鼓励社会组织和个人提供或者捐赠所收藏的具有国防教育意义的实物用于国防教育。使用单位对提供使用的实物应当妥善保管,使用完毕,及时归还。

第二十七条 国防教育经费和社会组织、个人资助国防教育的财产,必须用于国防教育事业,任何单位或者个人不得挪用、克扣。

第二十八条 本法第二十三条规定的场所,具备下列条件的,经省、自治区、直辖市人民政府批准,可以命名为国防教育基地:

(一)有明确的国防教育主题内容;

(二)有健全的管理机构和规章制度;

(三)有相应的国防教育设施;

(四)有必要的经费保障;

(五)有显著的社会教育效果。

国防教育基地应当加强建设,不断完善,充分发挥国防教育的功能。被命名的国防教育基地不再具备前款规定条件的,由原批准机关撤销命名。

第二十九条 各级人民政府应当加强对国防教育基地的规划、建设和管理,并为其发挥作用提供必要的保障。

各级人民政府应当加强对具有国防教育意义的文物的收集、整理、保护工作。

第三十条 全民国防教育使用统一的国防教育大纲。国防教育大纲由国家国防教育工作机构组织制定。

适用于不同地区、不同类别教育对象的国防教育教材,由有关部门或者地方依据国防教育大纲并结合本地区、本部门的特点组织编写。

第三十一条 各级国防教育工作机构应当组织、协调有关部门做好国防教育教员的选拔、培训和管理工作,加强国防教育师资队伍建设。

国防教育教员应当从热爱国防教育事业、具有基本的国防知识和必要的军事技能的人员中选拔。

第三十二条　中国人民解放军和中国人民武装警察部队应当根据需要和可能，为驻地有组织的国防教育活动选派军事教员，提供必要的军事训练场地、设施以及其他便利条件。

在国庆节、中国人民解放军建军节和全民国防教育日，经批准的军营可以向社会开放。军营开放的办法由中央军事委员会规定。

第五章　法律责任

第三十三条　国家机关、社会团体、企业事业组织以及其他社会组织违反本法规定，拒不开展国防教育活动的，由人民政府有关部门或者上级机关给予批评教育，并责令限期改正；拒不改正，造成恶劣影响的，对负有直接责任的主管人员依法给予行政处分。

第三十四条　违反本法规定，挪用、克扣国防教育经费的，由有关主管部门责令限期归还；对负有直接责任的主管人员和其他直接责任人员依法给予行政处分；构成犯罪的，依法追究刑事责任。

第三十五条　侵占、破坏国防教育基地设施、损毁展品的，由有关主管部门给予批评教育，并责令限期改正；有关责任人应当依法承担相应的民事责任。

有前款所列行为，违反治安管理规定的，由公安机关依法给予治安管理处罚；构成犯罪的，依法追究刑事责任。

第三十六条　寻衅滋事，扰乱国防教育工作和活动秩序的，或者盗用国防教育名义骗取钱财的，由有关主管部门给予批评教育，并予以制止。

第三十七条　负责国防教育的国家工作人员玩忽职守、滥用职权、徇私舞弊的，依法给予行政处分；构成犯罪的，依法追究刑事责任。

第六章　附　　则

第三十八条　本法自公布之日起施行。

学校艺术教育工作规程

（2002年7月25日教育部令第13号发布　自2002年9月1日起施行）

第一章　总　　则

第一条　为全面贯彻国家教育方针，加强学校艺术教育工作，促进学生全面发展，根据《中华人民共和国教育法》，制定本规程。

第二条　本规程适用于小学、初级中学、普通高级中学、中等和高等职业学校、普通高等学校。

第三条　艺术教育是学校实施美育的重要途径和内容，是素质教育的有机组成部分。

学校艺术教育工作包括：艺术类课程教学，课外、校外艺术教育活动，校园文化艺术环境建设。

第四条　学校艺术教育工作应以马克思列宁主义、毛泽东思想、邓小平理论为指导，坚持面向现代化、面向世界、面向未来，贯彻面向全体学生、分类指导、因地制宜、讲求实效的方针，遵循普及与提高相结合、课内与课外相结合、学习与实践相结合的原则。通过艺术教育，使学生了解我国优秀的民族艺术文化传统和外国的优秀艺术成果，提高文化艺术素养，增强爱国主义精神；培养感受美、表现美、鉴赏美、创造美的能力，树立正确的审美观念，抵制不良文化的影响；陶冶情操，发展个性，启迪智慧，激发创新意识和创造能力，促进学生全面发展。

第五条　国务院教育行政部门主管和指导全国的学校艺术教育工作。

地方各级人民政府教育行政部门主管和协调本行政区域内的学校艺术教育工作。

各级教育部门应当建立对学校艺术教育工作进行督导、评估的制度。

第二章　学校艺术课程

第六条　各级各类学校应当加强艺术类课程教学，按照国家的规定和要求开齐开足艺术课程。职业学校应当开设满足不同学生需要的艺术课程。普通高等学校应当开设艺术类必修课或者选修课。

第七条　小学、初级中学、普通高级中学开设的艺术课程，应当按照国家或者授权的省级教育行政部门颁布的艺术课程标准进行教学。教学中使用经国家或者授权的省级教育行政部门审定通过的教材。职业学校、普通高等学校应当结合实际情况制定艺术类必修课或选修课的教学计划（课程方案）进行教学。

第八条　小学、初级中学、普通高级中学的艺术课程列入期末考查和毕业考核科目。

职业学校和普通高等学校的艺术课程应当进行考试或者考查,考试或者考查方式由学校自行决定。实行学分制的学校应将成绩计入学分。

第三章　课外、校外艺术教育活动

第九条　课外、校外艺术教育活动是学校艺术教育的重要组成部分。学校应当面向全体学生组织艺术社团或者艺术活动小组,每个学生至少要参加一项艺术活动。

第十条　学校每年应当根据自身条件,举办经常性、综合性、多样性的艺术活动,与艺术课程教学相结合,扩展和丰富学校艺术教育的内容和形式。

省、地、县各级教育行政部门应当定期举办学生艺术展演活动。各级各类学校在艺术教育中应当结合重大节日庆典活动对学生进行爱国主义和集体主义教育。

全国每三年举办一次中学生(包括中等职业学校的学生)艺术展演活动,每三年举办一次全国大学生(包括高等职业学校的学生)艺术展演活动。

国务院教育行政部门根据需要组织学生参加国际学生艺术活动。

第十一条　学校应当充分利用社会艺术教育资源,补充和完善艺术教育活动内容,促进艺术教育活动质量和水平的提高,推动校园文化艺术环境建设。

任何部门和学校不得组织学生参与各种商业性艺术活动或者商业性的庆典活动。

学校组织学生参加社会团体、社会文化部门和其它社会组织举办的艺术比赛或活动,应向上级主管部门报告或者备案。

第十二条　学校应当为学生创造良好的校园文化艺术环境。校园的广播、演出、展览、展示以及校园的整体设计应当有利于营造健康、高雅的学校文化艺术氛围,有利于对学生进行审美教育。

校园内不得进行文化艺术产品的推销活动。

第四章　学校艺术教育的保障

第十三条　各级教育行政部门应当明确学校艺术教育管理机构,配备艺术教育管理人员和教研人员,规划、管理、指导学校艺术教育工作。

学校应当有一位校级领导主管学校艺术教育工作,并明确校内艺术教育管理部门。

学校应当注意发挥共青团、少先队、学生会在艺术教育活动中的作用。

第十四条　各级教育部门和学校应当根据国家有关规定配备专职或者兼职艺术教师,做好艺术教师的培训、管理工作,为艺术教师提供必要的工作条件。

学校的艺术教师必须具备教师资格,兼职教师应当相对稳定,非艺术类专业毕业的兼职教师要接受艺术专业的培训。

艺术教师组织、指导学校课外艺术活动,应当计入教师工作量。

第十五条　学校应当设置艺术教室和艺术活动室,并按照国务院教育行政部门制定的器材配备目录配备艺术课程教学和艺术活动器材。

第十六条 各级教育行政部门和学校应当在年度工作经费预算内保证艺术教育经费。

鼓励社会各界及个人捐资支持学校艺术教育事业。

第五章 奖励与处罚

第十七条 教育行政部门和学校对于在学校艺术教育工作中取得突出成绩的单位和个人,应当给予表彰和奖励。

第十八条 对违反本规程,拒不履行艺术教育责任的,按照隶属关系,分别由上级教育行政部门或者所属教育行政部门、学校给予批评教育并责令限期改正;经教育不改的,视情节轻重,对直接负责人给予行政处分。

第十九条 对侵占、破坏艺术教育场所、设施和其他财产的,依法追究法律责任。

第六章 附 则

第二十条 工读学校、特殊教育学校、成人学校的艺术教育工作参照本规程执行;中等、高等专业艺术学校(学院)的艺术教育工作另行规定。

第二十一条 省级教育行政部门可根据本规程制定实施细则。

第二十二条 本规程自公布之日起30日后施行。

中共中央　国务院关于进一步加强和改进未成年人思想道德建设的若干意见

（2004年2月26日　中发〔2004〕8号）

为深入贯彻落实党的十六大精神，适应新形势、新任务的要求，全面提高未成年人的思想道德素质，现就进一步加强和改进未成年人思想道德建设，提出如下意见。

一、加强和改进未成年人思想道德建设是一项重大而紧迫的战略任务

（一）未成年人是祖国未来的建设者，是中国特色社会主义事业的接班人。目前，我国18岁以下的未成年人约有3.67亿。他们的思想道德状况如何，直接关系到中华民族的整体素质，关系到国家前途和民族命运。高度重视对下一代的教育培养，努力提高未成年人思想道德素质，是我们党的优良传统，是党和国家事业后继有人的重要保证。十三届四中全会以来，以江泽民同志为核心的第三代中央领导集体，坚持“两手抓、两手都要硬”的战略方针，采取一系列重大举措，在全面推进社会主义精神文明建设中，切实加强未成年人思想道德建设。十六大以来，以胡锦涛同志为总书记的党中央，从全面建设小康社会的战略高度，对新世纪新阶段进一步加强和改进未成年人思想道德建设提出了明确要求，作出了新的重要部署。各地区各部门认真贯彻中央要求，坚持以邓小平理论和“三个代表”重要思想指导未成年人思想道德建设，深入进行爱国主义、集体主义、社会主义和中华民族精神教育，大力加强公民道德教育，切实改进学校德育工作，广泛开展精神文明创建活动和形式多样的社会实践、道德实践活动，积极营造有利于未成年人健康成长的良好舆论氛围和社会环境，广大未成年人的综合素质不断提高。热爱祖国、积极向上、团结友爱、文明礼貌是当代中国未成年人精神世界的主流。

（二）面对国际国内形势的深刻变化，未成年人思想道德建设既面临新的机遇，也面临严峻挑战。我国对外开放的进一步扩大，为广大未成年人了解世界、增长知识、开阔视野提供了更加有利的条件。与此同时，国际敌对势力与我争夺接班人的斗争也日趋尖锐和复杂，他们利用各种途径加紧对我未成年人进行思想文化渗透，某些腐朽没落的生活方式对未成年人的影响不能低估。我国社会主义市场经济的深入发展，社会经济成分、组织形式、就业方式、利益关系和分配方式的日益多样化，为未成年人的全面发展创造了更加广阔的空间，与社会进步相适应的新思想新观念正在丰富着未成年人的精神世界。与此同时，一些领域道德失范，诚信缺失、假冒伪劣、欺骗欺诈活动有所蔓延；一些地方封建迷信、邪教和黄赌毒等社会丑恶现象沉渣泛起，成为社会公害；一些成年人价值观发生扭曲，拜金主义、享乐主义、极端个人主义滋长，以权谋私等消极腐败现象屡禁不止等等，也给未成年人的成长带来不可忽视的负面影响。互联网等新兴媒体的快速发展，给未成年人学习和娱乐开辟了新的渠道。与此同时，腐朽落后文化和有害信息也通过网络传播，腐蚀未成年人的心灵。在各种消极因素影响下，少数未成年人精神空虚、行为失范，有的甚至走上违法犯罪的歧途。这些新情况新问题的出现，使未成年人思想道德建设面临一系列新课题。

（三）面对新的形势和任务，未成年人思想道德建设工作还存在许多不适应的地方和亟待加强的薄弱环节。一些地方和部门的领导对这项工作认识不足，重视不够，没有真正担负起领导责任；全社会关心和支持未成年人思想道德建设的风气尚未全面形成，还存在种种不利于未成年人健康成长的社会环境和消极因素；学校教育中重智育轻德育、重课堂教学轻社会实践的现象依然存在，推进素质教育的任务艰巨，教师职业道德建设有待进一步加强；随着人员流动性加大，一些家庭放松了对子女的教育，一些家长在教育子女尤其是独生子女的观念和方法上存在误区，给未成年人教育带来新的问题；未成年人思想道德建设在体制机制、思想观念、内容形式、方法手段、队伍建设、经费投入、政策措施等方面还有许多与时代要求不相适应的地方。这些问题应当引起足够重视，并采取有效措施加以解决。

（四）实现中华民族的伟大复兴，需要一代又一代人的不懈努力。从未成年人抓起，培养和造就千千万万具有高尚思想品质和良好道德修养的合格建设者和接班人，既是一项长远的战略任务，又是一项紧迫的现实任务。我们要从确保党的事业后继有人和社会主义事业兴旺发达的战略高度，从全面建设小康社会和实现中华民族伟大复兴的全局高度，从树立和落实科学发展观，坚持以人为本，执政为民的高度，充分认识加强和改进未成年人思想道德建设的重要性和紧迫性，适应新形势新任务的要求，积极应对挑战，加强薄弱环节，在巩固已有成果的基础上，采取扎实措施，努力开创未成年人思想道德建设工作的新局面。

二、加强和改进未成年人思想道德建设的指导思想、基本原则和主要任务

（五）当前和今后一个时期，加强和改进未成年人思想道德建设的指导思想是：坚持以马克思列宁主义、毛泽东思想、邓小平理论和“三个代表”重要思想为指导，深入贯彻十六大精神，全面落实《爱国主义教育实施纲要》、《公民道德建设实施纲要》，紧密结合全面建设小康社会的实际，针对未成年人身心成长的特点，积极探索新世纪新阶段未成年人思想道德建设的规律，坚持以人为本，教育和引导未成年人树立中国特色社会主义的理想信念和正确的世界观、人生观、价值观，养成高尚的思想品质和良好的道德情操，努力培育有理想、有道德、有文化、有纪律的，德、智、体、美全面发展的中国特色社会主义事业建设者和接班人。

（六）加强和改进未成年人思想道德建设要遵循以下原则：(1)坚持与培育“四有”新人的目标相一致、与社会主义市场经济相适应、与社会主义法律规范相协调、与中华民族传统美德相承接的原则。既要体现优良传统，又要反映时代特点，始终保持生机与活力。

(2)坚持贴近实际、贴近生活、贴近未成年人的原则。既要遵循思想道德建设的普遍规律,又要适应未成年人身心成长的特点和接受能力,从他们的思想实际和生活实际出发,深入浅出,寓教于乐,循序渐进。多用鲜活通俗的语言,多用生动典型的事例,多用喜闻乐见的形式,多用疏导的方法、参与的方法、讨论的方法,进一步增强工作的针对性和实效性,增强吸引力和感染力。(3)坚持知与行相统一的原则。既要重视课堂教育,更要注重实践教育、体验教育、养成教育,注重自觉实践、自主参与,引导未成年人在学习道德知识的同时,自觉遵循道德规范。(4)坚持教育与管理相结合的原则。不断完善思想道德教育与社会管理、自律与他律相互补充和促进的运行机制,综合运用教育、法律、行政、舆论等手段,更有效地引导未成年人的思想,规范他们的行为。

(七)未成年人思想道德建设的主要任务是:(1)从增强爱国情感做起,弘扬和培育以爱国主义为核心的伟大民族精神。深入进行中华民族优良传统教育和中国革命传统教育、中国历史特别是近现代史教育,引导广大未成年人认识中华民族的历史和传统,了解近代以来中华民族的深重灾难和中国人民进行的英勇斗争,从小树立民族自尊心、自信心和自豪感。(2)从确立远大志向做起,树立和培育正确的理想信念。进行中国革命、建设和改革开放的历史教育与国情教育,引导广大未成年人正确认识社会发展规律,正确认识国家的前途和命运,把个人的成长进步同中国特色社会主义伟大事业、同祖国的繁荣富强紧密联系在一起,为担负起建设祖国、振兴中华的光荣使命做好准备。(3)从规范行为习惯做起,培养良好道德品质和文明行为。大力普及"爱国守法、明礼诚信、团结友善、勤俭自强、敬业奉献"的基本道德规范,积极倡导集体主义精神和社会主义人道主义精神,引导广大未成年人牢固树立心中有祖国、心中有集体、心中有他人的意识,懂得为人做事的基本道理,具备文明生活的基本素养,学会处理人与人、人与社会、人与自然等基本关系。(4)从提高基本素质做起,促进未成年人的全面发展。努力培育未成年人的劳动意识、创造意识、效率意识、环境意识和进取精神、科学精神以及民主法制观念,增强他们的动手能力、自主能力和自我保护能力,引导未成年人保持蓬勃朝气、旺盛活力和昂扬向上的精神状态,激励他们勤奋学习、大胆实践、勇于创造,使他们的思想道德素质、科学文化素质和健康素质得到全面提高。

三、扎实推进中小学思想道德教育

(八)学校是对未成年人进行思想道德教育的主渠道,必须按照党的教育方针,把德育工作摆在素质教育的首要位置,贯穿于教育教学的各个环节。要把弘扬和培育民族精神作为思想道德建设极为重要的任务,纳入中小学教育的全过程。

加快中小学思想品德、思想政治课的改进和建设,充分利用和整合各种德育资源,深入研究中小学生思想品德形成的规律和特点,把爱国主义教育、革命传统教育、中华传统美德教育和民主法制教育有机统一于教材之中,并保证占有适当分量,努力构建适应21世纪发展需要的中小学德育课程体系。积极改进中小学思想品德、思想政治课教学方法和形式,采用未成年人喜闻乐见、生动活泼的方式进行教学,把传授知识同陶冶情操、养成良好的行为习惯结合起来。要积极探索实践教学和学生参加社会实践、社区服务的有效机制，建立科学的学生思想道德行为综合考评制度。要因地制宜，积极开展各种富有趣味性的课外文化体育活动、怡情益智的课外兴趣小组活动和力所能及的公益性劳动，培养劳动观念和创新意识，丰富课外生活。要加强心理健康教育，培养学生良好的心理品质。要把思想品德教育与法制教育紧密结合起来，使二者有机统一，相辅相成。要在中小学生中广泛开展“珍惜生命、远离毒品”教育和崇尚科学文明、反对迷信邪教教育，坚决防止毒品、邪教进校园。要加强工读学校建设，对有不良行为的未成年人进行矫治和帮助。

要采取坚决措施，改革课程设置、教材和教学方法，切实减轻中小学生的课业负担，为加强学生思想道德建设，增强创新精神和实践能力，培育德、智、体、美全面发展的社会主义事业接班人创造良好条件。

（九）要依据不同年龄段学生的特点，抓紧修订和完善中小学生《守则》和日常行为规范。对小学生重点是规范其基本言行，培养良好习惯。对中学生重点是加强爱祖国、爱人民、爱劳动、爱科学、爱社会主义教育，引导他们树立正确的理想信念和世界观、人生观、价值观。制定和推行行为规范，要以促进学生全面发展为出发点和落脚点，反映时代和社会进步的要求，体现对学生的尊重与信任，引导学生自觉遵纪守法。

（十）切实加强教师职业道德建设。学校全体教职员工要树立育人为本的思想，认真贯彻《中华人民共和国教育法》、《中华人民共和国教师法》和《中小学教师职业道德规范》，热爱学生，言传身教，为人师表，教书育人，以高尚的情操引导学生德、智、体、美全面发展。教育行政部门和学校要制定和完善有关规章制度，调动全体教师的工作积极性与责任感，充分发挥广大教师在全面推进素质教育进程中的主力军作用。要完善学校的班主任制度，高度重视班主任工作，选派思想素质好、业务水平高、奉献精神强的优秀教师担任班主任。学校各项管理工作、服务工作也要明确育人职责，做到管理育人、服务育人。

四、充分发挥共青团和少先队在未成年人思想道德建设中的重要作用

（十一）加强中学团组织建设，把中学共青团工作纳入学校素质教育的总体布局，推荐优秀青年教师做团的工作。要办好中学生业余团校，配合学校党组织办好高中生业余党校，在确保质量、坚持标准的前提下，做好在高中生中择优培养发展党员的工作。加强对中学学生会工作的指导，更好地发挥他们的作用。

（十二）把少先队工作纳入教育发展规划，把对少先队工作的指导、检查、考核纳入教育行政部门的督导、评估范畴。各级共青团组织和教育行政部门的有关负责同志要参与同级少先队工作委员会工作。中小学校党组织和行政部门要积极支持少先队开展活动，并选派优秀青年教师担任少先队辅导员，把少先队辅导员培训纳入师资培训体系。要建立和完善校外辅导员制度，选聘热心少先队工作、有责任心、有能力、有经验的人士担任校外志愿辅导员。少先队小干部要实行民主选举，定期轮流任职。共青团组织和教育、民政等部门要密切协作，积极推进社区少工委建设，扩大少先队工作的覆盖面。

五、重视和发展家庭教育

（十三）家庭教育在未成年人思想道德建设中具有特殊重要的作用。要把家庭教育与社会教育、学校教育紧密结合起来。各级妇联组织、教育行政部门和中小学校要切实担负起指导和推进家庭教育的责任。要与社区密切合作，办好家长学校、家庭教育指导中心，并积极运用新闻媒体和互联网，面向社会广泛开展家庭教育宣传，普及家庭教育知识，推广家庭教育的成功经验，帮助和引导家长树立正确的家庭教育观念，掌握科学的家庭教育方法，提高科学教育子女的能力。充分发挥各类家庭教育学术团体的作用，针对家庭教育中存在的突出问题，积极开展科学研究，为指导家庭教育工作提供理论支持和决策依据。

（十四）党政机关、企事业单位和社区、村镇等城乡基层单位，要关心职工、居民的家庭教育问题，教育引导职工、居民重视对子女特别是学龄前儿童的思想启蒙和道德品质培养，支持子女参与道德实践活动。注意加强对成年人的思想道德教育，引导家长以良好的思想道德修养为子女作表率。要把家庭教育的情况作为评选文明职工、文明家庭的重要内容。特别要关心单亲家庭、困难家庭、流动人口家庭的未成年子女教育，为他们提供指导和帮助。

要高度重视流动人口家庭子女的义务教育问题。进城务工就业农民流入地政府要建立和完善保障进城务工就业农民子女接受义务教育的工作制度和机制。流出地政府要积极配合做好各项服务工作。民政部门及其所属的儿童福利机构和流浪儿童救助保护机构，要按照《中华人民共和国未成年人保护法》等有关法律法规的要求，做好孤残儿童合法权益的保护工作和流浪儿童的救助保护工作。

六、广泛深入开展未成年人道德实践活动

（十五）思想道德建设是教育与实践相结合的过程。要按照实践育人的要求，以体验教育为基本途径，区分不同层次未成年人的特点，精心设计和组织开展内容鲜活、形式新颖、吸引力强的道德实践活动。各种道德实践活动都要突出思想内涵，强化道德要求，并与丰富多彩的兴趣活动和文体活动结合起来，注意寓教于乐，满足兴趣爱好，使未成年人在自觉参与中思想感情得到熏陶，精神生活得到充实，道德境界得到升华。

面向中小学生开展的活动，要经教育行政部门或学校党团队组织统一协调和部署，把学生安全和社会效益放在首位。要采取多种手段，支持中西部地区和农村开展未成年人道德实践活动。

（十六）各种法定节日，传统节日，革命领袖、民族英雄、杰出名人等历史人物的诞辰和逝世纪念日，建党纪念日、红军长征、辛亥革命等重大历史事件纪念日，“九·一八”、“南京大屠杀”等国耻纪念日，以及未成年人的入学、入队、入团、成人宣誓等有特殊意义的重要日子，都蕴藏着宝贵的思想道德教育资源。要抓住时机，整合资源，集中开展思想道德主题宣传教育活动。要组织丰富多彩的主题班会、队会、团会，举行各种庆祝、纪念活动和必要的仪式，引导未成年人弘扬民族精神，增进爱国情感，提高道德素养。每年的“公民道德宣传日”，在面向社会公众开展道德教育的同时，要注意组织好面向未成年人的宣传教育活动。要丰富未成年人节假日参观、旅游活动的思想道德内涵，精心组织夏令营、冬令营、革命圣地游、红色旅游、绿色旅游以及各种参观、瞻仰和考察等活动，把深刻的教育内容融入到生动有趣的课外活动之中，用祖国大好风光、民族悠久历史、优良革命传统和现代化建设成就教育未成年人。

要运用各种方式向广大未成年人宣传介绍古今中外的杰出人物、道德楷模和先进典型，激励他们崇尚先进、学习先进。通过评选三好学生、优秀团员和少先队员、先进集体等活动，为未成年人树立可亲、可信、可敬、可学的榜样，让他们从榜样的感人事迹和优秀品质中受到鼓舞、汲取力量。

七、加强以爱国主义教育基地为重点的未成年人活动场所建设、使用和管理

（十七）充分发挥爱国主义教育基地对未成年人的教育作用。各类博物馆、纪念馆、展览馆、烈士陵园等爱国主义教育基地，要创造条件对全社会开放，对中小学生集体参观一律实行免票，对学生个人参观可实行半票。要采取聘请专业人才、招募志愿者等方式建立专兼职结合的辅导员队伍，为未成年人开展参观活动服务。

（十八）要加强青少年宫、儿童活动中心等未成年人专门活动场所建设和管理。已有的未成年人专门活动场所，要坚持把社会效益放在首位，坚持面向未成年人、服务未成年人的宗旨，积极开展教育、科技、文化、艺术、体育等未成年人喜闻乐见的活动，把思想道德建设内容融于其中，充分发挥对未成年人的教育引导功能。要深化内部改革，增强自身发展活力，不断提高社会服务水平。同时，各级政府要把未成年人活动场所建设纳入当地国民经济和社会事业发展总体规划。大城市要逐步建立布局合理、规模适当、功能配套的市、区、社区未成年人活动场所。中小城市要因地制宜重点建好市级未成年人活动场所。有条件的城市要辟建少年儿童主题公园。经过 3 至 5 年的努力，要做到每个县都有一所综合性、多功能的未成年人活动场所。各地在城市建设、旧城改造、住宅新区建设中，要配套建设可向未成年人开放的基层活动场所，特别是社区活动场所。有关部门要对已建的未成年人活动场所进行认真清理整顿，名不副实的要限期改正，被挤占、挪用、租借的要限期退还。图书馆、文化馆（站）、体育场（馆）、科技馆、影剧院等场所，也要发挥教育阵地的作用，积极主动地为未成年人开展活动创造条件。

（十九）属于公益性文化事业的未成年人校外活动场所建设和运行所需资金，地方各级人民政府要予以保证，中央可酌情对全国重点爱国主义教育基地以及中西部地区和贫困地区的未成年人活动设施建设，予以一定补助。要在国家彩票公益金中安排一定数额资金，用于未成年人活动场所建设。国家有关部门和地方各级人民政府要制定优惠政策，吸纳社会资金，鼓励、支持社会力量兴办未成年人活动场所。

八、积极营造有利于未成年人思想道德建设的社会氛围

（二十）各类大众传媒都要增强社会责任感，把推动未成年人思想道德教育作为义不容辞的职责，为加强和改进未成年人思想道德建设创造良好舆论氛围。要发挥各自优势，积极制作、刊播有利于未成年人身心健康的公益广告，增加数量，提高质量，扩大影响。各级电台、电视台都要开设和办好少儿专栏或专题节目。中央电视台要进一步办好少儿频道，各地要切实抓好中央电视台少儿频道的落地、覆盖工作。省（区、市）和副省级城市电视台要创造条件逐步开设少儿频道。少儿节目要符合少年儿童的欣赏情趣，适应不同年龄层次少年儿童的欣赏需求，做到知识性、娱乐性、趣味性、教育性相统一。各类报刊要热心关注未成年人思想道德建设，加强宣传报道。面向未成年人的报纸、刊物和其他少儿读物，要把向未成年人提供更好的精神食粮作为自己的神圣职责，努力成为未成年人开阔眼界、提高素质的良师益友和陶冶情操、愉悦身心的精神园地。

加强少年儿童影视片的创作生产，积极扶持国产动画片的创作、拍摄、制作和播出，逐步形成具有民族特色、适合未成年人特点、展示中华民族优良传统的动画片系列。积极探索与社会主义市场经济发展相适应的少年儿童电影发行、放映工作新路子，形成少年儿童电影的发行放映院线。

（二十一）各类互联网站都要充分认识所肩负的社会责任，积极传播先进文化，倡导文明健康的网络风气。重点新闻网站和主要教育网站要发挥主力军作用，开设未成年人思想道德教育的网页、专栏，组织开展各种形式的网上思想道德教育活动。在有条件的校园和社区内，要有组织地建设一批非营业性的互联网上网服务场所，为未成年人提供健康有益的绿色网上空间。信息产业等有关部门要制定相关政策，积极推进这项工作。学校要加强对校园网站的管理，规范上网内容，充分发挥其思想道德教育的功能。要遵循网络特点和网上信息传播规律，充分考虑未成年人的兴趣爱好，加强网上正面宣传，唱响主旋律，打好主动仗，为广大未成年人创造良好的网络文化氛围。

（二十二）要充分考虑未成年人成长进步的需求，精心策划选题，创作、编辑、出版并积极推荐一批知识性、趣味性、科学性强的图书、报刊、音像制品和电子出版物等未成年人读物和视听产品。有关部门要继续做好面向未成年人的优秀影片、歌曲和图书的展演、展播、推介工作，使他们在学习娱乐中受到先进思想文化的熏陶。要积极鼓励、引导、扶持软件开发企业，开发和推广弘扬民族精神、反映时代特点、有益于未成年人健康成长的游戏软件产品。要积极推进全国文化信息资源共享工程建设，让健康的文化信息资源通过网络进入校园、社区、乡村、家庭，丰富广大未成年人的精神文化生活。

（二十三）要积极推动少儿文化艺术繁荣健康发展。加强少儿文艺创作、表演队伍建设，注重培养少儿文艺骨干力量。鼓励作家、艺术家肩负起培养和教育下一代的历史责任，多创作思想内容健康、富有艺术感染力的少儿作品。加大政府对少儿艺术演出的政策扶持力度，增强少儿艺术表演团体发展活力。文化、教育、共青团、妇联、文联、作协等有关职能部门和人民团体要认真履行各自的职责，党委宣传部门要加强指导协调，大力繁荣和发展少儿文化艺术。

九、净化未成年人的成长环境

（二十四）坚持不懈地开展“扫黄”“打非”斗争，加强文化市场监管，坚决查处传播淫秽、色情、凶杀、暴力、封建迷信和伪科学的出版物。严格审查面向未成年人的游戏软件内容,查处含有诱发未成年人违法犯罪行为和恐怖、残忍等有害内容的游戏软件产品。制定相关法规,加强对玩具、饰品制作销售的监管,坚决查处宣扬色情和暴力的玩具、饰品。严格未成年人精神文化产品的进口标准,严把进口关,既要有选择地把世界各国的优秀文化产品介绍进来,又要防止境外有害文化的侵入。

(二十五)加强对互联网上网服务营业场所和电子游戏经营场所的管理。严格执行《互联网上网服务营业场所管理条例》,要按照取缔非法、控制总量、加强监管、完善自律、创新体制的要求,切实加强对网吧的整治和管理。认真落实未成年人不得进入营业性网吧的规定,落实在网吧终端设备上安装封堵色情等不健康内容的过滤软件,有效打击违法行为。推广绿色上网软件,为家长监管未成年人在家庭中的上网行为提供有效技术手段。各有关部门要依法治理利用电子邮件、手机短信等远程通信工具和群发通信传播有害信息、危害未成年人身心健康的违法行为。

加强对营业性歌舞娱乐场所、电子游艺厅、录像厅等社会文化场所的管理。认真落实《互联网上网服务营业场所管理条例》和国务院办公厅转发文化部等部门《关于开展电子游戏经营场所专项治理意见的通知》、《关于开展网吧等互联网上网服务营业场所专项整治意见的通知》规定,进一步优化校园周边环境,中小学校园周边200米内不得有互联网上网服务营业场所和电子游戏经营场所,不得在可能干扰学校教学秩序的地方设立经营性娱乐场所。

十、切实加强对未成年人思想道德建设工作的领导

(二十六)各级党委和政府要把加强和改进未成年人思想道德建设作为一项事关全局的战略任务,纳入经济社会发展总体规划,列入重要议事日程,切实加强和改善领导。要形成党委统一领导、党政群齐抓共管、文明委组织协调、有关部门各负其责、全社会积极参与的领导体制和工作机制。地方各级党委主要负责同志要负起政治责任,经常分析未成年人思想道德状况,及时了解未成年人思想道德建设工作情况,认真研究解决重大问题。各级政府要把未成年人思想道德建设摆在重要位置,狠抓措施的落实;要给予必要的财力支持,并随着财政收入的增长逐步加大支持力度。

(二十七)中央精神文明建设指导委员会负责指导全国未成年人思想道德建设工作,督促检查各地区各部门贯彻落实中央关于加强和改进未成年人思想道德建设工作部署的情况,组织协调各有关部门和社会各方面共同做好未成年人思想道德建设工作。各地文明委要在同级党委领导下,担负起相应责任。要采取切实措施,充实和加强各级文明委的办事机构,搞好思想建设、组织建设和作风建设,使其更好地履行职能,发挥作用。各级宣传、教育、文化、体育、科技、广播影视、新闻出版、信息产业、民政、公安、海关、财政、税务等部门,共青团和工会、妇联等群团组织,在加强和改进未成年人思想道德建设中担负着重要责任,要结合业务工作,发挥各自优势,明确职责,密切配合,形成合力。要加强对未成年人成长规律的科学研究,为做好未成年人思想道德建设工作提供科学依据。要充分发挥民主党派、工商联和无党派人士在未成年人思想道德建设中的作用。

（二十八）要建立健全学校、家庭、社会相结合的未成年人思想道德教育体系，使学校教育、家庭教育和社会教育相互配合，相互促进。城市社区、农村乡镇和村民委员会，以及其他一切基层组织要切实担负起加强未成年人思想道德建设的社会责任，整合利用各种教育资源和活动场所，开展富有吸引力的思想教育和文体活动，真正把教育引导未成年人的工作落实到基层。要把为未成年人健康成长创造良好社会环境作为创建文明城市、文明社区、文明村镇、文明单位的重要内容。各级党委、政府和社会各界都要认真贯彻《中华人民共和国未成年人保护法》，切实维护未成年人的合法权益。要着力建设好中小学及幼儿园教师队伍，各类文化市场管理队伍，青少年宫、博物馆、爱国主义教育基地等各类文化教育设施辅导员队伍，老干部、老战士、老专家、老教师、老模范等"五老"队伍，形成一支专兼结合、素质较高、人数众多、覆盖面广的未成年人思想道德建设工作队伍。要重视关心下一代工作委员会的工作，支持他们为加强和改进未成年人思想道德建设贡献力量。

加强和改进未成年人思想道德建设，是全党全社会的共同任务。各有关部门和社会各有关方面，都要大力弘扬求真务实精神，大兴求真务实之风，根据各自担负的职责和任务，采取有效措施，狠抓贯彻落实，勇于开拓创新，注重工作实效，切实把加强和改进未成年人思想道德建设的各项工作落到实处。

中小学公共安全教育指导纲要

(2007 年 2 月 7 日　国办发〔2007〕9 号)

为进一步加强中小学公共安全教育,培养中小学生的公共安全意识,提高中小学生面临突发安全事件自救自护的应变能力,根据义务教育法、未成年人保护法、《国家突发公共事件总体应急预案》及《中小学幼儿园安全管理办法》、《教育系统突发公共事件应急预案》,特制定本纲要。

一、指导思想、目标和基本原则

(一)必须坚持以邓小平理论和"三个代表"重要思想为指导,树立和落实科学发展观,坚持以人为本,把中小学公共安全教育贯穿于学校教育的各个环节,使广大中小学生牢固树立"珍爱生命,安全第一,遵纪守法,和谐共处"的意识,具备自救自护的素养和能力。

(二)通过开展公共安全教育,培养学生的社会安全责任感,使学生逐步形成安全意识,掌握必要的安全行为的知识和技能,了解相关的法律法规常识,养成在日常生活和突发安全事件中正确应对的习惯,最大限度地预防安全事故发生和减少安全事件对中小学生造成的伤害,保障中小学生健康成长。

(三)中小学公共安全教育要遵循学生身心发展规律,把握学生认知特点,注重实践性、实用性和实效性。坚持专门课程与在其他学科教学中的渗透相结合;课堂教育与实践活动相结合;知识教育与强化管理、培养习惯相结合;学校教育与家庭、社会教育相结合;国家统一要求与地方结合实际积极探索相结合;自救自护与力所能及地帮助他人相结合。做到由浅入深,循序渐进,不断强化,养成习惯。

二、主要内容

(一)公共安全教育的主要内容包括预防和应对社会安全、公共卫生、意外伤害、网络、信息安全、自然灾害以及影响学生安全的其他事故或事件六个模块。重点是帮助和引导学生了解基本的保护个体生命安全和维护社会公共安全的知识和法律法规,树立和强化安全意识,正确处理个体生命与自我、他人、社会和自然之间的关系,了解保障安全的方法并掌握一定的技能。中小学心理健康教育继续遵照教育部已经规定的相关要求实施。

(二)开展公共安全教育必须因地制宜,科学规划,做到分阶段、分模块循序渐进地设置具体教育内容。要把不同学段的公共安全教育内容有机地整合起来,统筹安排。对不同学段各个模块的具体教学内容设置,各地可以根据地区和学生的实际情况加以选择。

1. 小学 1—3 年级的教育内容重点为:

模块一:预防和应对社会安全类事故。

(1)了解社会安全类突发事故的危险和危害。

（2）了解并遵守各种公共场所活动的安全常识。

（3）认识与陌生人交往中应当注意的安全问题，逐步形成基本的自我保护意识。

模块二：预防和应对公共卫生事故。

（1）了解基本公共卫生和饮食卫生常识。

（2）了解常见的肠道和呼吸道等常见疾病的预防常识，养成良好的个人卫生和健康行为及饮食习惯。

模块三：预防和应对意外伤害事故。

（1）学习道路交通法的相关内容，了解出行时道路交通安全常识。

（2）初步识别各种危险标志；学习家用电器、煤气（柴火）、刀具等日常用品的安全使用方法。

（3）初步具备使用电梯、索道、游乐设施等特种设备的安全意识。

（4）初步学会在事故灾害事件中自我保护和求助、求生的简单技能。学会正确使用和拨打110、119、120电话。

模块四：预防和应对自然灾害。

（1）了解学校所在地区和生活环境中可能发生的自然灾害及其危险性。

（2）学习躲避自然灾害引发危险的简单方法，初步学会在自然灾害发生时的自我保护和求助及逃生的简单技能。

模块五：预防和应对影响学生安全的其他事件。

（1）与同学、老师友好相处，不打架；初步形成避免在活动、游戏中造成误伤的意识。

（2）学习当发生突发事件时听从成人安排或者利用现有条件有效地保护自己的方法。

2. 小学4—6年级的教育内容重点为：

模块一：预防和应对社会安全类事故或事件。

（1）认识社会安全类突发事故或事件的危害和范围，不参与影响和危害社会安全的活动。

（2）自觉遵守社会生活中人际交往的基本规则以及公共场所的安全规范。

（3）学会应对可疑陌生人的方法，提高自我防范意识。

（4）了解应对敲诈、恐吓、性侵害的一般方法，提高自我保护能力。

模块二：预防和应对公共卫生事故。

（1）加强卫生和饮食常识学习，形成良好的个人卫生和健康的饮食习惯。

（2）了解常见病和传染病的危害、传播途径和预防措施。

（3）初步了解吸烟、酗酒等不良习惯的危害，知道吸毒是违法行为，逐步形成远离烟酒及毒品的健康生活意识。

（4）初步了解青春期发育基础知识，形成明确的性别意识和自我保护意识。

模块三：预防和应对意外伤害事故。

(1)培养遵守交通规则的良好习惯，形成主动避让车辆的意识。

(2)提高自我保护意识，了解私自到野外游泳、滑冰等活动的危害；学习预防和处理溺水、烫烧伤、动物咬伤、异物进气管等意外伤害的基本常识和方法。

(3)形成对存在危险隐患的设施与区域的防范意识，了解与学习和生活密切相关的特种设备安全知识。

(4)学会有效躲避事故灾害的常用方法和在事故灾害发生时的自我保护和求助及逃生的基本技能。

(5)使学生初步了解与学生意外伤害有关的基本保险知识，提高学生的保险意识。

模块四：预防和应对网络、信息安全事故。

(1)初步认识网络资源的积极意义和了解网络不良信息的危害。

(2)初步学会合理使用网络资源，努力增强对各种信息的辨别能力。

(3)学会控制自己的行为，防止沉迷网络游戏和其他电子游戏。

模块五：预防和应对自然灾害。

(1)了解影响家乡生态环境的常见问题，形成保护自然环境和躲避自然灾害的意识。

(2)学会躲避自然灾害引发危险的基本方法。

(3)掌握突发自然灾害预警信号级别含义及相应采取的防范措施。

模块六：预防和应对影响学生安全的其他事件。

(1)形成和解同学之间纠纷的意识。

(2)形成在遇到危及自身安全时及时向教师、家长、警察求助的意识。

3. 初中年级的教育内容重点为：

模块一：预防和应对社会安全类事故或事件。

(1)增强自律意识，自觉不进入未成年人不宜进入的场所。

逐步养成自觉遵守与维护公共场所秩序的习惯。

(2)不参加影响和危害社会安全的活动，形成社会责任意识。

(3)理解社会安全的重要意义，树立正确的人生观和价值观。

(4)学会应对敲诈、恐吓、性侵害等突发事件的基本技能。

模块二：预防和应对公共卫生事故。

(1)了解重大传染病和食物中毒、生活水污染的知识及基本的预防、急救、处理常识；了解简单的用药安全知识。

(2)了解青春期常见问题的预防与处理；形成维护生殖健康的责任感。

(3)了解艾滋病的基本常识和预防措施，形成自我保护意识。

(4)学习识别毒品的知识和方法，拒绝毒品和烟酒的诱惑。

(5)了解和分析影响生命与健康的可能因素。

模块三:预防和应对意外伤害事故。

(1)增强自觉遵守交通法规的意识;主动分析出行时存在的安全隐患,寻求解决方法;防止因违章而导致交通事故的发生。

(2)正确使用各种设施,具备防火、防盗、防触电及防煤气中毒的知识技能。

(3)了解和积极预防在校园活动中可能发生的公共安全事故,提高自我保护和求助及逃生的基本技能。

模块四:预防和应对网络、信息安全事故。

(1)自觉遵守与信息活动相关的各种法律法规,抵制网络上各种不良信息的诱惑,提高自我保护和预防违法犯罪的意识。

(2)合理利用网络,学会判断和有效拒绝的技能,避免迷恋网络带来的危害。

模块五:预防和应对自然灾害。

(1)学会冷静应对自然灾害事件,提高在自然灾害事件中自我保护和求助及逃生的基本技能。

(2)了解曾经发生在我国的重大自然灾害,认识人类活动与自然灾害之间的关系,增强环境保护意识和生态意识。

模块六:预防和应对影响学生安全的其他事件。

(1)了解校园暴力造成的危害,学习应对的方法。

(2)学会克服青春期的烦恼,逐步学会调节和控制自己的情绪,抑制自己的冲动行为。

(3)学会在与人交往中有效保护自己的方法,构筑起坚固的自我心理防线。

4. 高中年级的教育内容重点为:

模块一:预防和应对社会安全类事故或事件。

(1)自觉遵守与生活紧密相关的各种行为规范。

(2)了解考试泄密、违规的相关法律常识。养成维护考试纪律和规范的良好行为习惯。

(3)自觉抵制影响和危害社会公共安全的活动,提高社会责任感和国家意识。

(4)基本理解国际政治、经济、宗教冲突现象,努力维护国家和社会的稳定与团结。

(5)继承和发扬中华民族传统优秀文化,汲取其他国家文化的精华,抵制不良文化习俗的影响。

模块二:预防和应对公共卫生事故。

(1)基本掌握和简单运用突发公共卫生事件卫生应急的相关技能,进行自救、自护。有报告事件的意识和了解报告的途径和方法。

(2)掌握亚健康的基本知识和预防措施,了解应对心理危机的方法和救助渠道,促进个体身心健康发展。

(3)掌握预防艾滋病的基本知识和措施,正确对待艾滋病毒感染者和患者。

(4)自觉抵制不良生活习惯和行为,具备洁身自好的意识和良好的卫生公德。

(5)了解有关禁毒的法律常识,拒绝毒品诱惑。

(6)学习健康的异性交往方式,学会用恰当的方法保护自己,预防性侵害。当遭到性骚扰时,要用法律保护自己。

模块三:预防和应对网络、信息安全事故。

(1)树立网络交流中的安全意识,养成良好的利用网络习惯,提高网络道德素养。

(2)树立不利用网络发送有害信息或进行反动、色情、迷信等宣传活动以及窃取国家、教育行政部门和学校保密信息的牢固意识。

模块四:预防和应对自然灾害。

(1)基本掌握在自然灾害中自救的各种技能,学习紧急救护他人的基本技能。

(2)了解有关环境保护的法律法规;能结合当地实际情况,为保护和改善自然环境做贡献。

模块五:预防和应对影响学生安全的其他事件。

(1)自觉抵制校园暴力,维护自己和同学的生命安全。

(2)树立正确的安全道德观念,在关注自身安全的同时,去关注他人的安全,并提供力所能及的援助。

三、实施途径

(一)学校要在学科教学和综合实践活动课程中渗透公共安全教育内容。各科教师在学科教学中要挖掘隐性的公共安全教育内容,与显性的公共安全教育内容一起,与学科教学有机整合,按照要求,予以贯彻落实。小学阶段主要在品德与生活、品德与社会课程中进行。

(二)对无法在其他学科中渗透的公共安全教育内容,可以利用地方课程的时间,采用多种形式,帮助学生系统掌握公共安全知识和技能。要充分利用班、团、校会、升旗仪式、专题讲座、墙报、板报、参观和演练等方式,采取多种途径和方法全方位、多角度地开展公共安全教育。

(三)公共安全教育可以针对单一主题或多个主题来设计教学活动;通过游戏、实际体验、影片欣赏、角色扮演等活动,也可以运用广播、电视、计算机、网络等现代教育手段进行教学,探索寓教于乐、寓教于丰富多彩活动的教学组织形式,增强公共安全教育的效果。公共安全教育的形式在小学以游戏和模拟为主,初中以活动和体验为主;高中以体验和辨析为主。

学校要建设符合公共安全教育要求的物质环境和人文环境,使学生在潜移默化中提高安全意识,促进学生学习并掌握必要的安全知识和生存技能,认识、感悟安全的意义和价值。

(四)学校要与公安消防、交通、治安以及卫生、地震等部门建立密切联系,聘请有关人员担任校外辅导员,根据学生特点系统协调承担公共安全教育的内容,并且协助学校制订应急疏散预案和组织疏散演习活动。

公共安全教育是学校、家庭和社会的共同责任。学校要采取积极措施帮助家长强化对孩子的公共安全教育意识，指导家长了解和掌握公共安全教育的科学方法，主动寻求家长和社会对公共安全教育的支持和帮助。

四、保障机制

（一）学校要保证公共安全教育的时间，可根据实际情况，结合不同学段的课程方案和本指导纲要的要求，采用课程渗透和利用地方课程时间相结合的方式，确保完成本纲要中规定的教学内容，并要安排必要的时间，开展自救自护和逃生实践演练活动。

（二）各地要加强教学资源建设，积极开发公共安全教育的软件、图文资料、教学课件、音像制品等教学资源。凡进入中小学校的自助读本或相关教育材料必须按有关规定，经审定后方可使用；公共安全教育自助读本或者相关教育材料的购买由各地根据本地实际情况采用多种方式解决，不得向学生收费增加学生负担。大力提倡学校使用公用图书经费统一购买，供学生循环借阅；重视和加强公共安全教育信息网络资源的建设和共享。

（三）各级教育行政部门和学校要重视教师队伍建设，把公共安全教育列入全体在职教师继续教育的培训系列和教师校本培训计划，分层次开展培训工作，不断提高教师开展公共安全教育的水平。

（四）各地要加强教研活动和课题研究，把公共安全教育研究列入当地课题研究规划，保证经费，及时总结、交流和推广研究成果。学校要充分调动教师的积极性，有针对性地开展公共安全教育的校本研究。

（五）要重视对公共安全教育活动的评价和督导。各地教育行政部门要制订科学的公共安全教育评价标准，并将其列入学校督导和校长考核的重要指标之一。评价的重点应注重学生安全意识的建立、基本知识技能的掌握和安全行为的形成，以及学校对公共安全教育活动的安排、必要的资源配置、实施情况以及实际效果。学校要把教师开展公共安全教育的情况作为教师考核的重要依据。

中小学健康教育指导纲要

（2008年12月1日　教体艺〔2008〕12号）

为贯彻落实《中共中央　国务院关于加强青少年体育增强青少年体质的意见》（中发〔2007〕7号）对健康教育提出的工作要求，进一步加强学校健康教育工作，培养学生的健康意识与公共卫生意识，掌握健康知识和技能，促进学生养成健康的行为和生活方式，依据《中国公民健康素养——基本知识与技能（试行）》及新时期学校健康教育的需求，特制定本纲要。

一、指导思想、目标和基本原则

1. 以邓小平理论和“三个代表”重要思想为指导，按照科学发展观的要求，全面贯彻党的教育方针，认真落实健康第一的指导思想，把增强学生健康素质作为学校教育的基本目标之一，促进学生健康成长。

2. 健康教育是以促进健康为核心的教育。通过有计划地开展学校健康教育，培养学生的健康意识与公共卫生意识，掌握必要的健康知识和技能，促进学生自觉地采纳和保持有益于健康的行为和生活方式，减少或消除影响健康的危险因素，为一生的健康奠定坚实的基础。

3. 学校健康教育要把培养青少年的健康意识，提高学生的健康素质作为根本的出发点，注重实用性和实效性。坚持健康知识传授与健康技能传授并重原则；健康知识和技能传授呈螺旋式递进原则；健康知识传授、健康意识与健康行为形成相统一原则；总体要求与地方实际相结合原则；健康教育理论知识和学生生活实际相结合原则。做到突出重点、循序渐进，不断强化和促进健康知识的掌握、健康技能的提高、健康意识的形成、健康行为和生活方式的建立。

二、健康教育具体目标和基本内容

中小学健康教育内容包括五个领域：健康行为与生活方式、疾病预防、心理健康、生长发育与青春期保健、安全应急与避险。

根据儿童青少年生长发育的不同阶段，依照小学低年级、小学中年级、小学高年级、初中年级、高中年级五级水平，把五个领域的内容合理分配到五级水平中，分别为水平一（小学1—2年级）、水平二（小学3—4年级）、水平三（小学5—6年级）、水平四（初中7—9年级）、水平五（高中10—12年级）。五个不同水平互相衔接，完成中小学校健康教育的总体目标。

（一）水平一（小学1—2年级）

1. 目标

知道个人卫生习惯对健康的影响，初步掌握正确的个人卫生知识；了解保护眼睛和牙齿的知识；知道偏食、挑食对健康的影响，养成良好的饮水、饮食习惯；了解自己的身体，学会自我保护；学会加入同伴群体的技能，能够与人友好相处；了解道路交通和玩耍中的安全常识，掌握一些简单的紧急求助方法；了解环境卫生对个人健康的影响，初步树立维护环境卫生意识。

2. 基本内容

(1)健康行为与生活方式：不随地吐痰，不乱丢果皮纸屑等垃圾；咳嗽、打喷嚏时遮掩口鼻；勤洗澡、勤换衣、勤洗头、勤剪指甲（包含头虱的预防）；不共用毛巾和牙刷等洗漱用品（包含沙眼的预防）；不随地大小便，饭前便后要洗手；正确的洗手方法；正确的身体坐、立、行姿势，预防脊柱弯曲异常；正确的读写姿势；正确做眼保健操；每天早晚刷牙，饭后漱口；正确的刷牙方法以及选择适宜的牙刷和牙膏；预防龋齿（认识龋齿的成因、注意口腔卫生、定期检查）；适量饮水有益健康，每日适宜饮水量，提倡喝白开水；吃好早餐，一日三餐有规律；偏食、挑食对健康的影响；经常喝牛奶、食用豆类及豆制品有益生长发育和健康；经常开窗通气有利健康；文明如厕、自觉维护厕所卫生；知道蚊子、苍蝇、老鼠、蟑螂等会传播疾病。

(2)疾病预防：接种疫苗可以预防一些传染病。

(3)心理健康：日常生活中的礼貌用语，与同学友好相处技能。

(4)生长发育与青春期保健：生命孕育、成长基本知识，知道“我从哪里来”。

(5)安全应急与避险：常见的交通安全标志；行人应遵守的基本交通规则；乘车安全知识；不玩危险游戏，注意游戏安全；燃放鞭炮要注意安全；不玩火，使用电源要注意安全；使用文具、玩具要注意卫生安全；远离野生动物，不与宠物打闹；家养犬要注射疫苗；发生紧急情况，会拨打求助电话（医疗求助电话：120，火警电话：119，匪警电话：110）。

(二)水平二（小学 3—4 年级）

1. 目标

进一步了解保护眼睛、预防近视眼知识，学会合理用眼；了解食品卫生基本知识，初步树立食品卫生意识；了解体育锻炼对健康的作用，初步学会合理安排课外作息时间；初步了解烟草对健康的危害；了解肠道寄生虫病、常见呼吸道传染病和营养不良等疾病的基本知识及预防方法；了解容易导致意外伤害的危险因素，熟悉常见的意外伤害的预防与简单处理方法；了解日常生活中的安全常识，掌握简单的避险与逃生技能；初步了解生命的意义和价值，树立保护生命的意识。

2. 基本内容

(1)健康行为与生活方式：读书写字、看电视、用电脑的卫生要求；预防近视（认识近视的成因、学会合理用眼、注意用眼卫生、定期检查）；预防眼外伤；不吃不洁、腐败变质、超过保质期的食品；生吃蔬菜水果要洗净；人体所需的主要营养素；体育锻炼有利于促进生长发育和预防疾病；睡眠卫生要求；生活垃圾应该分类放置；烟草中含有多种有害于健康的物质，避免被动吸烟。

(2)疾病预防:蛔虫、蛲虫等肠道寄生虫病对健康的危害与预防;营养不良、肥胖对健康的危害与预防;认识传染病(重点为传播链);常见呼吸道传染病(流感、水痘、腮腺炎、麻疹、流脑等)的预防;冻疮的预防(可根据地方实际选择);学生应接种的疫苗。

(3)生长发育与青春期保健:人的生命周期包括诞生、发育、成熟、衰老、死亡;初步了解儿童青少年身体主要器官的功能,学会保护自己。

(4)安全应急与避险:游泳和滑冰的安全知识;不乱服药物,不乱用化妆品;火灾发生时的逃生与求助;地震发生时的逃生与求助;动物咬伤或抓伤后应立即冲洗伤口,及时就医,及时注射狂犬疫苗;鼻出血的简单处理;简便止血方法(指压法、加压包扎法)。

(三)水平三(小学5—6年级)

1. 目标

了解健康的含义与健康的生活方式,初步形成健康意识;了解营养对促进儿童少年生长发育的意义,树立正确的营养观;了解食品卫生知识,养成良好的饮食卫生习惯;了解烟草对健康的危害,树立吸烟有害健康的意识;了解毒品危害的简单知识,远离毒品危害;掌握常见肠道传染病、虫媒传染病基本知识和预防方法,树立卫生防病意识;了解常见地方病如碘缺乏病、血吸虫病对健康的危害,掌握预防方法;了解青春期生理发育基本知识,初步掌握相关的卫生保健知识;了解日常生活中的安全常识,学会体育锻炼中的自我监护,提高自我保护的能力。

2. 基本内容

(1)健康行为与生活方式:健康不仅仅是没有疾病或不虚弱,而是身体、心理、社会适应的完好状态;健康的生活方式(主要包括合理膳食、适量运动、戒烟限酒、心理平衡)有利于健康;膳食应以谷类为主,多吃蔬菜水果和薯类,注意荤素搭配;日常生活饮食应适度,不暴饮暴食,不盲目节食,适当零食;购买包装食品应注意查看生产日期、保质期、包装有无涨包或破损,不购买无证摊贩食品;容易引起食物中毒的常见食品(发芽土豆、不熟扁豆和豆浆、毒蘑菇、新鲜黄花菜、河豚鱼等);不采摘、不食用野果、野菜;体育锻炼时自我监护的主要内容(主观感觉和客观检查的指标);发现视力异常,应到正规医院眼科进行视力检查、验光,注意配戴眼镜的卫生要求;吸烟和被动吸烟会导致癌症、心血管疾病、呼吸系统疾病等多种疾病;不吸烟、不饮酒。常见毒品的名称;毒品对个人和家庭的危害,自我保护的常识和简单方法,能够远离毒品。

(2)疾病预防:贫血对健康的危害与预防;常见肠道传染病(细菌性痢疾、伤寒与副伤寒、甲型肝炎等)的预防;疟疾的预防;流行性出血性结膜炎(红眼病)的预防;碘缺乏病对人体健康的危害;食用碘盐可以预防碘缺乏病;血吸虫病的预防(可根据地方实际选择)。

(3)心理健康:保持自信,自己的事情自己做。

(4)生长发育与青春期保健:青春期的生长发育特点;男女少年在青春发育期的差异(男性、女性第二性征的具体表现);女生月经初潮及意义(月经形成以及周期计算);男生首次遗精及意义;变声期的保健知识;青春期的个人卫生知识。体温、脉搏测量方法及其测量的意义。

(5)安全应急与避险:骑自行车安全常识;常见的危险标识(如高压、易燃、易爆、剧毒、放射性、生物安全),远离危险物;煤气中毒的发生原因和预防;触电、雷击的预防;中暑的预防和处理;轻微烫烧伤和割、刺、擦、挫伤等的自我处理;提高网络安全防范意识。

(四)水平四(初中阶段)

1. 目标

了解生活方式与健康的关系,建立文明、健康的生活方式;进一步了解平衡膳食、合理营养意义,养成科学、营养的饮食习惯;了解充足睡眠对儿童少年生长发育的重要意义;了解预防食物中毒的基本知识;进一步了解常见传染病预防知识,增强卫生防病能力;了解艾滋病基本知识和预防方法,熟悉毒品预防基本知识,增强抵御毒品和艾滋病的能力;了解青春期心理变化特点,学会保持愉快情绪和增进心理健康;进一步了解青春期发育的基本知识,掌握青春期卫生保健知识和青春期常见生理问题的预防和处理方法;了解什么是性侵害,掌握预防方法和技能;掌握简单的用药安全常识;学会自救互救的基本技能,提高应对突发事件的能力;了解网络使用的利弊,合理利用网络。

2. 基本内容

(1)健康行为与生活方式:不良生活方式有害健康,慢性非传染性疾病(恶性肿瘤、冠心病、糖尿病、脑卒中)的发生与不健康的生活方式有关;膳食平衡有利于促进健康;青春期充足的营养素,保证生长发育的需要。保证充足的睡眠有利于生长发育和健康(小学生每天睡眠时间10小时,初中生每天睡眠时间9小时,高中生每天睡眠时间8小时);食物中毒的常见原因(细菌性、化学性、有毒动植物等);发现病死禽畜要报告,不吃病死禽畜肉;适宜保存食品,腐败变质食品会引起食物中毒;拒绝吸烟、饮酒的技巧;毒品对个人、家庭和社会的危害;拒绝毒品的方法;吸毒违法,拒绝毒品。

(2)疾病预防:乙型脑炎的预防;疥疮的预防;肺结核病的预防;肝炎的预防(包括甲型肝炎、乙(丙)型肝炎等);不歧视乙肝病人及感染者;艾滋病的基本知识;艾滋病的危害;艾滋病的预防方法;判断安全行为与不安全行为,拒绝不安全行为的技巧;学会如何寻求帮助的途径和方法;与预防艾滋病相关的青春期生理和心理知识;吸毒与艾滋病;不歧视艾滋病病毒感染者与患者。

(3)心理健康:不良情绪对健康的影响;调控情绪的基本方法;建立自我认同,客观认识和对待自己;根据自己的学习能力和状况确定合理的学习目标;异性交往的原则。

(4)生长发育与青春期保健:热爱生活,珍爱生命;青春期心理发育的特点和变化规律,正确对待青春期心理变化;痤疮发生的原因、预防方法;月经期间的卫生保健常识,痛经的症状及处理;选择和佩戴适宜的胸罩的知识。

(5)安全应急与避险:有病应及时就医;服药要遵从医嘱,不乱服药物;不擅自服用、不滥用镇静催眠等成瘾性药物;不擅自服用止痛药物;保健品不能代替药品;毒物中毒的应急处理;溺水的应急处理;骨折简易应急处理知识(固定、搬运);识别容易发生性侵害的危险因素，保护自己不受性侵害；预防网络成瘾。

（五）水平五（高中阶段）

1. 目标

了解中国居民膳食指南，了解常见食物的选购知识，进一步了解预防艾滋病基本知识，正确对待艾滋病病毒感染者和患者；学会正确处理人际关系，培养有效的交流能力，掌握缓解压力等基本的心理调适技能；进一步了解青春期保健知识，认识婚前性行为对身心健康的危害，树立健康文明的性观念和性道德。

2. 基本内容

（1）健康行为与生活方式：食品选购基本知识；中国居民膳食指南的内容。

（2）疾病预防：艾滋病的预防知识和方法；艾滋病的流行趋势及对社会经济带来的危害；HIV 感染者与艾滋病病人的区别；艾滋病的窗口期和潜伏期；无偿献血知识；不歧视艾滋病病毒感染者与患者。

（3）心理健康：合理宣泄与倾诉的适宜途径，客观看待事物；人际交往中的原则和方法，做到主动、诚恳、公平、谦虚、宽厚地与人交往；缓解压力的基本方法；认识竞争的积极意义；正确应对失败和挫折；考试等特殊时期常见的心理问题与应对。

（4）生长发育与青春期保健：热爱生活，珍爱生命；青春期常见的发育异常，发现不正常要及时就医；婚前性行为严重影响青少年身心健康；避免婚前性行为。

（5）安全应急与避险：网络交友的危险性。

三、实施途径及保障机制

（一）学校要通过学科教学和班会、团会、校会、升旗仪式、专题讲座、墙报、板报等多种宣传教育形式开展健康教育。学科教学每学期应安排 6—7 课时，主要载体课程为《体育与健康》，健康教育教学课时安排可有一定灵活性，如遇在下雨（雪）或高温（严寒）等不适宜户外体育教学的天气时可安排健康教育课。另外，小学阶段还应与《品德与生活》《品德与社会》等学科的教学内容结合，中学阶段应与《生物》等学科教学有机结合。对无法在《体育与健康》等相关课程中渗透的健康教育内容，可以利用综合实践活动和地方课程的时间，采用多种形式，向学生传授健康知识和技能。

（二）各地教育行政部门和学校要重视健康教育师资建设，把健康教育师资培训列入在职教师继续教育的培训系列和教师校本培训计划，分层次开展培训工作，不断提高教师开展健康教育的水平。中小学健康教育师资以现有健康教育专兼职教师和体育教师为基础。要重视健康教育教学研究工作，各级教研部门要把健康教育教学研究纳入教研工作计划，针对不同学段学生特点，开展以知识传播与技能培养相结合的教学研究工作。

（三）各地应加强教学资源建设，积极开发健康教育的教学课件、教学图文资料、音像制品等教学资源，增强健康教育实施效果。凡进入中小学校的自助读本或相关教育材料必须按有关规定，经审定后方可使用；健康教育自助读本或者相关教育材料的购买由各地根据本地实际情况采取多种方式解决，不得向学生收费增加学生负担。大力提倡学校使用公用图书经费统一购买,供学生循环使用。

(四)要重视对健康教育的评价和督导。各地教育行政部门和学校应将健康教育实施过程与健康教育实施效果作为评价重点。评价的重点包括学生健康意识的建立、基本知识和技能的掌握和卫生习惯、健康行为的形成,以及学校对健康教育课程(活动)的安排、必要的资源配置、实施情况以及实际效果。各地教育行政部门应将学校实施健康教育情况列入学校督导考核的重要指标之一。

(五)充分利用现有资源。健康是一个广泛的概念,涉及到生活的方方面面,学校健康教育体现在教育过程的各个环节,各地在组织实施过程中,要注意健康教育与其他相关教育,如安全教育、心理健康教育有机结合,把课堂内教学与课堂外教学活动结合起来,发挥整体教育效应。

(六)学校健康教育是学校教育的一部分,学校管理者应以大健康观为指导,全面、统筹思考学校的健康教育工作,应将健康教育教学、健康环境创设、健康服务提供有机结合,为学生践行健康行为提供支持,以实现促进学生健康发展的目标。

中小学心理健康教育指导纲要(2012 年修订)

(2012 年 12 月 7 日　教基一〔2012〕15 号)

中小学心理健康教育,是提高中小学生心理素质、促进其身心健康和谐发展的教育,是进一步加强和改进中小学德育工作、全面推进素质教育的重要组成部分。中小学生正处在身心发展的重要时期,随着生理、心理的发育和发展、社会阅历的扩展及思维方式的变化,特别是面对社会竞争的压力,他们在学习、生活、自我意识、情绪调适、人际交往和升学就业等方面,会遇到各种各样的心理困扰或问题。因此,在中小学开展心理健康教育,是学生身心健康成长的需要,是全面推进素质教育的必然要求。为深入贯彻党的十八大精神,落实《中共中央国务院关于进一步加强和改进未成年人思想道德建设的若干意见》和《国家中长期教育改革和发展规划纲要(2010—2020 年)》要求,进一步科学地指导和规范中小学心理健康教育工作,在认真总结近些年来全国各地心理健康教育工作经验的基础上,制定本纲要。

一、心理健康教育的指导思想和基本原则

1. 开展中小学心理健康教育工作,必须高举中国特色社会主义伟大旗帜,以邓小平理论、“三个代表”重要思想和科学发展观为指导,学习践行社会主义核心价值体系,贯彻党的教育方针,坚持立德树人、育人为本,注重学生心理和谐健康,加强人文关怀和心理疏导,根据中小学生生理、心理发展特点和规律,把握不同年龄阶段学生的心理发展任务,运用心理健康教育的知识理论和方法技能,培养中小学生良好的心理素质,促进其身心全面和谐发展。

2. 开展中小学心理健康教育,要以学生发展为根本,遵循学生身心发展规律,必须坚持以下基本原则:

——坚持科学性与实效性相结合。要根据学生身心发展的规律和特点及心理健康教育的规律,科学开展心理健康教育,注重心理健康教育的实践性与实效性,切实提高学生心理素质和心理健康水平。

——坚持发展、预防和危机干预相结合。要立足教育和发展,培养学生积极心理品质,挖掘他们的心理潜能,注重预防和解决发展过程中的心理行为问题,在应急和突发事件中及时进行危机干预。

——坚持面向全体学生和关注个别差异相结合。全体教师都要树立心理健康教育意识,尊重学生,平等对待学生,注重教育方式方法,关注个别差异,根据不同学生的特点和需要开展心理健康教育和辅导。

——坚持教师的主导性与学生的主体性相结合。要在教师的教育指导下,充分发挥和调动学生的主体性,引导学生积极主动关注自身心理健康,培养学生自主自助维护自身心理健康的意识和能力。

二、心理健康教育的目标与任务

3. 心理健康教育的总目标是：提高全体学生的心理素质，培养他们积极乐观、健康向上的心理品质，充分开发他们的心理潜能，促进学生身心和谐可持续发展，为他们健康成长和幸福生活奠定基础。

心理健康教育的具体目标是：使学生学会学习和生活，正确认识自我，提高自主自助和自我教育能力，增强调控情绪、承受挫折、适应环境的能力，培养学生健全的人格和良好的个性心理品质；对有心理困扰或心理问题的学生，进行科学有效的心理辅导，及时给予必要的危机干预，提高其心理健康水平。

4. 心理健康教育的主要任务是：全面推进素质教育，增强学校德育工作的针对性、实效性和吸引力，开发学生的心理潜能，提高学生的心理健康水平，促进学生形成健康的心理素质，减少和避免各种不利因素对学生心理健康的影响，培养身心健康、具有社会责任感、创新精神和实践能力的德智体美全面发展的社会主义建设者和接班人。

按照"全面推进、突出重点、分类指导、协调发展"的工作方针，不同地区应根据本地实际情况，积极做好心理健康教育工作。

全面推进。要普及、巩固和深化中小学心理健康教育，加快制度建设、课程建设、心理辅导室建设和师资队伍建设，积极拓展心理健康教育渠道，建立学校、家庭和社区心理健康教育网络和协作机制，全面推进中小学心理健康教育科学发展，在学校普遍建立起规范的心理健康教育服务体系，全面提高全体学生的心理素质。

突出重点。地方教育行政部门和学校要利用地方课程或学校课程科学系统地开展心理健康教育；要加强心理辅导室建设，切实发挥心理辅导室在预防和解决学生心理行为问题中的重要作用；加强心理健康教育师资队伍建设，建立一支科学化、专业化的稳定的中小学心理健康教育教师队伍。

分类指导。大中城市和经济发达地区，要在普遍开展心理健康教育工作的基础上，继续推进和深化心理健康教育工作，努力提高质量和成效，率先建立成熟的心理健康教育服务体系；其他地区，要尽快完善心理健康教育工作机制，建立心理健康教育辅导室和稳定的心理健康专业教师队伍，普遍开展心理健康教育工作。

协调发展。坚持公共教育资源和优质教育资源向农村、中西部地区倾斜，逐步缩小东西部、城乡和区域之间中小学心理健康教育的发展差距，以中西部地区和农村地区发展为重点，推动中小学心理健康教育全面、协调发展。按照"城乡结合，以城带乡"的原则，加强城乡中小学心理健康教育的交流与合作，实现心理健康教育全覆盖和城乡均衡化发展。同时，着力提高中小学心理健康教育质量和成效，促进学生的心理素质和德智体美全面协调发展。

三、心理健康教育的主要内容

5. 心理健康教育的主要内容包括：普及心理健康知识，树立心理健康意识，了解心理调节方法，认识心理异常现象，掌握心理保健常识和技能。其重点是认识自我、学会学习、人际交往、情绪调适、升学择业以及生活和社会适应等方面的内容。

6. 心理健康教育应从不同地区的实际和不同年龄阶段学生的身心发展特点出发，做到循序渐进，设置分阶段的具体教育内容。

小学低年级主要包括：帮助学生认识班级、学校、日常学习生活环境和基本规则；初步感受学习知识的乐趣，重点是学习习惯的培养与训练；培养学生礼貌友好的交往品质，乐于与老师、同学交往，在谦让、友善的交往中感受友情；使学生有安全感和归属感，初步学会自我控制；帮助学生适应新环境、新集体和新的学习生活，树立纪律意识、时间意识和规则意识。

小学中年级主要包括：帮助学生了解自我，认识自我；初步培养学生的学习能力，激发学习兴趣和探究精神，树立自信，乐于学习；树立集体意识，善于与同学、老师交往，培养自主参与各种活动的能力，以及开朗、合群、自立的健康人格；引导学生在学习生活中感受解决困难的快乐，学会体验情绪并表达自己的情绪；帮助学生建立正确的角色意识，培养学生对不同社会角色的适应；增强时间管理意识，帮助学生正确处理学习与兴趣、娱乐之间的矛盾。

小学高年级主要包括：帮助学生正确认识自己的优缺点和兴趣爱好，在各种活动中悦纳自己；着力培养学生的学习兴趣和学习能力，端正学习动机，调整学习心态，正确对待成绩，体验学习成功的乐趣；开展初步的青春期教育，引导学生进行恰当的异性交往，建立和维持良好的异性同伴关系，扩大人际交往的范围；帮助学生克服学习困难，正确面对厌学等负面情绪，学会恰当地、正确地体验情绪和表达情绪；积极促进学生的亲社会行为，逐步认识自己与社会、国家和世界的关系；培养学生分析问题和解决问题的能力，为初中阶段学习生活做好准备。

初中年级主要包括：帮助学生加强自我认识，客观地评价自己，认识青春期的生理特征和心理特征；适应中学阶段的学习环境和学习要求，培养正确的学习观念，发展学习能力，改善学习方法，提高学习效率；积极与老师及父母进行沟通，把握与异性交往的尺度，建立良好的人际关系；鼓励学生进行积极的情绪体验与表达，并对自己的情绪进行有效管理，正确处理厌学心理，抑制冲动行为；把握升学选择的方向，培养职业规划意识，树立早期职业发展目标；逐步适应生活和社会的各种变化，着重培养应对失败和挫折的能力。

高中年级主要包括：帮助学生确立正确的自我意识，树立人生理想和信念，形成正确的世界观、人生观和价值观；培养创新精神和创新能力，掌握学习策略，开发学习潜能，提高学习效率，积极应对考试压力，克服考试焦虑；正确认识自己的人际关系状况，培养人际沟通能力，促进人际间的积极情感反应和体验，正确对待和异性同伴的交往，知道友谊和爱情的界限；帮助学生进一步提高承受失败和应对挫折的能力，形成良好的意志品质；在充分了解自己的兴趣、能力、性格、特长和社会需要的基础上，确立自己的职业志向，培养职业道德意识，进行升学就业的选择和准备，培养担当意识和社会责任感。

四、心理健康教育的途径和方法

7. 学校应将心理健康教育始终贯穿于教育教学全过程。全体教师都应自觉地在各学科教学中遵循心理健康教育的规律，将适合学生特点的心理健康教育内容有机渗透到日常教育教学活动中。要注重发挥教师人格魅力和为人师表的作用，建立起民主、平等、相互尊重的师生关系。要将心理健康教育与班主任工作、班团队活动、校园文体活动、社会实践活动等有机结合，充分利用网络等现代信息技术手段，多种途径开展心理健康教育。

8. 开展心理健康专题教育。专题教育可利用地方课程或学校课程开设心理健康教育课。心理健康教育课应以活动为主，可以采取多种形式，包括团体辅导、心理训练、问题辨析、情境设计、角色扮演、游戏辅导、心理情景剧、专题讲座等。心理健康教育要防止学科化的倾向，避免将其作为心理学知识的普及和心理学理论的教育，要注重引导学生心理、人格积极健康发展，最大程度地预防学生发展过程中可能出现的心理行为问题。

9. 建立心理辅导室。心理辅导室是心理健康教育教师开展个别辅导和团体辅导，指导帮助学生解决在学习、生活和成长中出现的问题，排解心理困扰的专门场所，是学校开展心理健康教育的重要阵地。在心理辅导过程中，教师要树立危机干预意识，对个别有严重心理疾病的学生，能够及时识别并转介到相关心理诊治部门。教育部将对心理辅导室建设的基本标准和规范做出统一规定。

心理辅导是一项科学性、专业性很强的工作，心理健康教育教师应遵循心理发展和教育规律，向学生提供发展性心理辅导和帮助。开展心理辅导必须遵守职业伦理规范，在学生知情自愿的基础上进行，严格遵循保密原则，保护学生隐私，谨慎使用心理测试量表或其他测试手段，不能强迫学生接受心理测试，禁止使用可能损害学生心理健康的仪器，要防止心理健康教育医学化的倾向。

10. 密切联系家长共同实施心理健康教育。学校要帮助家长树立正确的教育观念，了解和掌握孩子成长的特点、规律以及心理健康教育的方法，加强亲子沟通，注重自身良好心理素质的养成，以积极健康和谐的家庭环境影响孩子。同时，学校要为家长提供促进孩子发展的指导意见，协助他们共同解决孩子在发展过程中的心理行为问题。

11. 充分利用校外教育资源开展心理健康教育。学校要加强与基层群众性自治组织、企事业单位、社会团体、公共文化机构、街道社区以及青少年校外活动场所等的联系和合作，组织开展各种有益于中小学生身心健康的文体娱乐活动和心理素质拓展活动，拓宽心理健康教育的途径。

五、心理健康教育的组织实施

12. 加强对中小学心理健康教育工作的领导和管理。各级教育行政部门要切实加强对心理健康教育工作的领导，制定规章制度，明确责任部门和负责人，支持和指导中小学开展心理健康教育工作。各地和学校要通过多种途径和方式，结合教育教学实际，保证心理健康教育时间，课时可在地方课程或学校课程中安排。各级教育行政部门要将心理健康教育工作列入年度工作计划，纳入学校督导评估指标体系之中，教育督导部门应定期开展心理健康教育专项督导检查。教育部将适时开展中小学心理健康教育示范校创建活动。

13. 加强心理健康教育教师队伍建设。心理健康教育是一项专业性很强的工作，必须大力加强专业教师队伍建设。各地各校要制订规划，逐步配齐心理健康教育专职教师，专职教师原则上须具备心理学或相关专业本科学历。每所学校至少配备一名专职或兼职心理健康教育教师，并逐步增大专职人员配比，其编制从学校总编制中统筹解决。地方教育行政部门要健全中小学心理健康教育教师职务（职称）评聘办法，制订相应的专业技术职务（职称）评价标准，落实好心理健康教育教师职务（职称）评聘工作。心理健康教育教师享受班主任同等待遇。

14. 大力开展心理健康教育教师培训。教育部将组织专家制订教师培训课程标准，分期分批对中小学心理健康教育教研员和骨干教师进行国家级培训。各省级教育行政部门要将心理健康教育教师培训纳入教师培训计划，分期分批对区域内心理健康教育教师进行轮训，切实提高专、兼职心理健康教育教师的基本理论、专业知识和操作技能水平。要在中小学校长、班主任和其他学科教师等各类培训中增加心理健康教育的培训内容，建立分层分类的培训体系。

15. 要重视教师的心理健康教育工作。各级教育行政部门和学校要关心教师的工作、学习和生活，从实际出发，采取切实可行的措施，减轻教师的精神紧张和心理压力。要把教师心理健康教育作为教师教育和教师专业发展的重要方面，为教师学习心理健康教育知识提供必要的条件，使他们学会心理调适，增强应对能力，有效地提高其心理健康水平和开展心理健康教育的能力。

16. 加强心理健康教育材料的管理。各种有关心理健康教育的教育材料的编写、审查和选用要根据本指导纲要的统一要求进行。自 2013 年春季开学起，凡进入中小学的心理健康教育材料必须经省级以上教育行政部门组织专家审定后方可使用。

17. 加强心理健康教育的科学研究。各级教育行政部门要加强指导，增加经费投入，将心理健康教育纳入教育科学研究规划，积极组织相关课题申报和优秀成果评选。要积极引导高等学校、科研机构的研究人员开展相关研究，为心理健康教育实践提供理论基础和科学依据。要建立中小学心理健康教育教研制度，各级教研机构应配备心理健康教育教研员。要坚持理论与实践相结合，组织专家学者、教研人员、一线教师和学校管理人员结合实际情况积极开展心理健康教育教学研究，在实践中丰富完善心理健康教育理论，不断提高心理健康教育科学化水平。

国务院办公厅关于规范农村义务教育学校布局调整的意见

（2012年9月7日　国办发〔2012〕48号）

各省、自治区、直辖市人民政府，国务院各部委、各直属机构：

随着我国进城务工人员随迁子女逐年增加、农村人口出生率持续降低，农村学龄人口不断下降，各地对农村义务教育学校进行了布局调整和撤并，改善了办学条件，优化了教师队伍配置，提高了办学效益和办学质量。但同时，农村义务教育学校大幅减少，导致部分学生上学路途变远、交通安全隐患增加，学生家庭经济负担加重，并带来农村寄宿制学校不足、一些城镇学校班额过大等问题。有的地方在学校撤并过程中，规划方案不完善，操作程序不规范，保障措施不到位，影响了农村教育的健康发展。为进一步规范农村义务教育学校布局调整，努力办好人民满意的教育，经国务院同意，现提出如下意见。

一、农村义务教育学校布局的总体要求

保障适龄儿童少年就近入学是义务教育法的规定，是政府的法定责任，是基本公共服务的重要内容。农村义务教育学校布局，要适应城镇化深入发展和社会主义新农村建设的新形势，统筹考虑城乡人口流动、学龄人口变化，以及当地农村地理环境及交通状况、教育条件保障能力、学生家庭经济负担等因素，充分考虑学生的年龄特点和成长规律，处理好提高教育质量和方便学生就近上学的关系，努力满足农村适龄儿童少年就近接受良好义务教育需求。

二、科学制定农村义务教育学校布局规划

县级人民政府要制定农村义务教育学校布局专项规划，合理确定县域内教学点、村小学、中心小学、初中学校布局，以及寄宿制学校和非寄宿制学校的比例，保障学校布局与村镇建设和学龄人口居住分布相适应，明确学校布局调整的保障措施。专项规划经上一级人民政府审核后报省级人民政府批准，并由省级人民政府汇总后报国家教育体制改革领导小组备案。

农村义务教育学校布局要保障学生就近上学的需要。农村小学1至3年级学生原则上不寄宿，就近走读上学；小学高年级学生以走读为主，确有需要的可以寄宿；初中学生根据实际可以走读或寄宿。原则上每个乡镇都应设置初中，人口相对集中的村寨要设置村小学或教学点，人口稀少、地处偏远、交通不便的地方应保留或设置教学点。各地要根据不同年龄段学生的体力特征、道路条件、自然环境等因素，合理确定学校服务半径，尽量缩短学生上下学路途时间。

三、严格规范学校撤并程序和行为

规范农村义务教育学校撤并程序。确因生源减少需要撤并学校的,县级人民政府必须严格履行撤并方案的制定、论证、公示、报批等程序。要统筹考虑学生上下学交通安全、寄宿生学习生活设施等条件保障,并通过举行听证会等多种有效途径,广泛听取学生家长、学校师生、村民自治组织和乡镇人民政府的意见,保障群众充分参与并监督决策过程。学校撤并应先建后撤,保证平稳过渡。撤并方案要逐级上报省级人民政府审批。在完成农村义务教育学校布局专项规划备案之前,暂停农村义务教育学校撤并。要依法规范撤并后原有校园校舍再利用工作,优先保障当地教育事业需要。

坚决制止盲目撤并农村义务教育学校。多数学生家长反对或听证会多数代表反对,学校撤并后学生上学交通安全得不到保障,并入学校住宿和就餐条件不能满足需要,以及撤并后将造成学校超大规模或"大班额"问题突出的,均不得强行撤并现有学校或教学点。已经撤并的学校或教学点,确有必要的由当地人民政府进行规划、按程序予以恢复。

四、办好村小学和教学点

对保留和恢复的村小学和教学点,要采取多种措施改善办学条件,着力提高教学质量。提高村小学和教学点的生均公用经费标准,对学生规模不足100人的村小学和教学点按100人核定公用经费,保证其正常运转。研究完善符合村小学和教学点实际的职称评定标准,职称晋升和绩效工资分配向村小学和教学点专任教师倾斜,鼓励各地采取在绩效工资中设立岗位津贴等有效政策措施支持优秀教师到村小学和教学点工作。加快推进农村教育信息化建设,为村小学和教学点配置数字化优质课程教学资源。中心学校要发挥管理和指导作用,统筹安排课程,组织巡回教学,开展连片教研,推动教学资源共享,提高村小学和教学点教学质量。

五、解决学校撤并带来的突出问题

加强农村寄宿制学校建设和管理。学校撤并后学生需要寄宿的地方,要按照国家或省级标准加强农村寄宿制学校建设,为寄宿制学校配备教室、学生宿舍、食堂、饮用水设备、厕所、澡堂等设施和聘用必要的管理、服务、保安人员,寒冷地区要配备安全的取暖设施。有条件的地方应为学校配备心理健康教师。要科学管理学生作息时间,培养学生良好生活习惯,开展符合学生身心特点、有益于健康成长的校园活动,加强寄宿制学校安全管理和教育。

各地人民政府要认真落实《校车安全管理条例》,切实保障学生上下学交通安全。要通过增设农村客运班线及站点、增加班车班次、缩短发车间隔、设置学生专车等方式,满足学生的乘车需求。公共交通不能满足学生上学需要的,要组织提供校车服务。严厉查处接送学生车辆超速、超员和疲劳驾驶等违法行为,坚决制止采用低速货车、三轮汽车、拖拉机以及拼装车、报废车等车辆接送学生。

高度重视并逐步解决学校撤并带来的"大班额"问题。各地要通过新建、扩建、改建学校和合理分流学生等措施,使学校班额符合国家标准。班额超标学校不得再接收其他学校并入的学生。对教育资源较好学校的“大班额”问题，要通过实施学区管理、建立学校联盟、探索集团化办学等措施，扩大优质教育资源覆盖面，合理分流学生。

六、开展农村义务教育学校布局调整专项督查

省级人民政府教育督导机构要对农村义务教育学校布局是否制订专项规划、调整是否合理、保障措施是否到位、工作程序是否完善、村小学和教学点建设是否合格等进行专项督查，督查结果要向社会公布。对存在问题较多、社会反映强烈的地方，要责成其限期整改。对因学校撤并不当引起严重不良后果的，要依照法律和有关规定追究责任。县级人民政府要认真开展农村义务教育学校布局调整工作检查，及时发现并解决好存在的问题。教育部要会同有关部门加强对各地规范农村义务教育学校布局调整工作的督促指导。

国务院办公厅关于深化高等学校创新创业教育改革的实施意见

（2015年5月13日　国办发〔2015〕36号）

各省、自治区、直辖市人民政府，国务院各部委、各直属机构：

深化高等学校创新创业教育改革，是国家实施创新驱动发展战略、促进经济提质增效升级的迫切需要，是推进高等教育综合改革、促进高校毕业生更高质量创业就业的重要举措。党的十八大对创新创业人才培养作出重要部署，国务院对加强创新创业教育提出明确要求。近年来，高校创新创业教育不断加强，取得了积极进展，对提高高等教育质量、促进学生全面发展、推动毕业生创业就业、服务国家现代化建设发挥了重要作用。但也存在一些不容忽视的突出问题，主要是一些地方和高校重视不够，创新创业教育理念滞后，与专业教育结合不紧，与实践脱节；教师开展创新创业教育的意识和能力欠缺，教学方式方法单一，针对性实效性不强；实践平台短缺，指导帮扶不到位，创新创业教育体系亟待健全。为了进一步推动大众创业、万众创新，经国务院同意，现就深化高校创新创业教育改革提出如下实施意见。

一、总体要求

（一）指导思想

全面贯彻党的教育方针，落实立德树人根本任务，坚持创新引领创业、创业带动就业，主动适应经济发展新常态，以推进素质教育为主题，以提高人才培养质量为核心，以创新人才培养机制为重点，以完善条件和政策保障为支撑，促进高等教育与科技、经济、社会紧密结合，加快培养规模宏大、富有创新精神、勇于投身实践的创新创业人才队伍，不断提高高等教育对稳增长促改革调结构惠民生的贡献度，为建设创新型国家、实现“两个一百年”奋斗目标和中华民族伟大复兴的中国梦提供强大的人才智力支撑。

（二）基本原则

坚持育人为本，提高培养质量。把深化高校创新创业教育改革作为推进高等教育综合改革的突破口，树立先进的创新创业教育理念，面向全体、分类施教、结合专业、强化实践，促进学生全面发展，提升人力资本素质，努力造就大众创业、万众创新的生力军。

坚持问题导向，补齐培养短板。把解决高校创新创业教育存在的突出问题作为深化高校创新创业教育改革的着力点，融入人才培养体系，丰富课程、创新教法、强化师资、改进帮扶，推进教学、科研、实践紧密结合，突破人才培养薄弱环节，增强学生的创新精神、创业意识和创新创业能力。

坚持协同推进，汇聚培养合力。把完善高校创新创业教育体制机制作为深化高校创新创业教育改革的支撑点，集聚创新创业教育要素与资源，统一领导、齐抓共管、开放合作、全员参与，形成全社会关心支持创新创业教育和学生创新创业的良好生态环境。

（三）总体目标

2015年起全面深化高校创新创业教育改革。2017年取得重要进展，形成科学先进、广泛认同、具有中国特色的创新创业教育理念，形成一批可复制可推广的制度成果，普及创新创业教育，实现新一轮大学生创业引领计划预期目标。到2020年建立健全课堂教学、自主学习、结合实践、指导帮扶、文化引领融为一体的高校创新创业教育体系，人才培养质量显著提升，学生的创新精神、创业意识和创新创业能力明显增强，投身创业实践的学生显著增加。

二、主要任务和措施

（一）完善人才培养质量标准

制订实施本科专业类教学质量国家标准，修订实施高职高专专业教学标准和博士、硕士学位基本要求，明确本科、高职高专、研究生创新创业教育目标要求，使创新精神、创业意识和创新创业能力成为评价人才培养质量的重要指标。相关部门、科研院所、行业企业要制修订专业人才评价标准，细化创新创业素质能力要求。不同层次、类型、区域高校要结合办学定位、服务面向和创新创业教育目标要求，制订专业教学质量标准，修订人才培养方案。

（二）创新人才培养机制

实施高校毕业生就业和重点产业人才供需年度报告制度，完善学科专业预警、退出管理办法，探索建立需求导向的学科专业结构和创业就业导向的人才培养类型结构调整新机制，促进人才培养与经济社会发展、创业就业需求紧密对接。深入实施系列“卓越计划”、科教结合协同育人行动计划等，多形式举办创新创业教育实验班，探索建立校校、校企、校地、校所以及国际合作的协同育人新机制，积极吸引社会资源和国外优质教育资源投入创新创业人才培养。高校要打通一级学科或专业类下相近学科专业的基础课程，开设跨学科专业的交叉课程，探索建立跨院系、跨学科、跨专业交叉培养创新创业人才的新机制，促进人才培养由学科专业单一型向多学科融合型转变。

（三）健全创新创业教育课程体系

各高校要根据人才培养定位和创新创业教育目标要求，促进专业教育与创新创业教育有机融合，调整专业课程设置，挖掘和充实各类专业课程的创新创业教育资源，在传授专业知识过程中加强创新创业教育。面向全体学生开发开设研究方法、学科前沿、创业基础、就业创业指导等方面的必修课和选修课，纳入学分管理，建设依次递进、有机衔接、科学合理的创新创业教育专门课程群。各地区、各高校要加快创新创业教育优质课程信息化建设，推出一批资源共享的慕课、视频公开课等在线开放课程。建立在线开放课程学习认证和学分认定制度。组织学科带头人、行业企业优秀人才，联合编写具有科学性、先进性、适用性的创新创业教育重点教材。

（四）改革教学方法和考核方式

各高校要广泛开展启发式、讨论式、参与式教学，扩大小班化教学覆盖面，推动教师把国际前沿学术发展、最新研究成果和实践经验融入课堂教学，注重培养学生的批判性和创造性思维，激发创新创业灵感。运用大数据技术，掌握不同学生学习需求和规律，为学生自主学习提供更加丰富多样的教育资源。改革考试考核内容和方式，注重考查学生运用知识分析、解决问题的能力，探索非标准答案考试，破除“高分低能”积弊。

（五）强化创新创业实践

各高校要加强专业实验室、虚拟仿真实验室、创业实验室和训练中心建设，促进实验教学平台共享。各地区、各高校科技创新资源原则上向全体在校学生开放，开放情况纳入各类研究基地、重点实验室、科技园评估标准。鼓励各地区、各高校充分利用各种资源建设大学科技园、大学生创业园、创业孵化基地和小微企业创业基地，作为创业教育实践平台，建好一批大学生校外实践教育基地、创业示范基地、科技创业实习基地和职业院校实训基地。完善国家、地方、高校三级创新创业实训教学体系，深入实施大学生创新创业训练计划，扩大覆盖面，促进项目落地转化。举办全国大学生创新创业大赛，办好全国职业院校技能大赛，支持举办各类科技创新、创意设计、创业计划等专题竞赛。支持高校学生成立创新创业协会、创业俱乐部等社团，举办创新创业讲座论坛，开展创新创业实践。

（六）改革教学和学籍管理制度

各高校要设置合理的创新创业学分，建立创新创业学分积累与转换制度，探索将学生开展创新实验、发表论文、获得专利和自主创业等情况折算为学分，将学生参与课题研究、项目实验等活动认定为课堂学习。为有意愿有潜质的学生制定创新创业能力培养计划，建立创新创业档案和成绩单，客观记录并量化评价学生开展创新创业活动情况。优先支持参与创新创业的学生转入相关专业学习。实施弹性学制，放宽学生修业年限，允许调整学业进程、保留学籍休学创新创业。设立创新创业奖学金，并在现有相关评优评先项目中拿出一定比例用于表彰优秀创新创业的学生。

（七）加强教师创新创业教育教学能力建设

各地区、各高校要明确全体教师创新创业教育责任，完善专业技术职务评聘和绩效考核标准，加强创新创业教育的考核评价。配齐配强创新创业教育与创业就业指导专职教师队伍，并建立定期考核、淘汰制度。聘请知名科学家、创业成功者、企业家、风险投资人等各行各业优秀人才，担任专业课、创新创业课授课或指导教师，并制定兼职教师管理规范，形成全国万名优秀创新创业导师人才库。将提高高校教师创新创业教育的意识和能力作为岗前培训、课程轮训、骨干研修的重要内容，建立相关专业教师、创新创业教育专职教师到行业企业挂职锻炼制度。加快完善高校科技成果处置和收益分配机制，支持教师以对外转让、合作转化、作价入股、自主创业等形式将科技成果产业化，并鼓励带领学生创新创业。

（八）改进学生创业指导服务

各地区、各高校要建立健全学生创业指导服务专门机构，做到"机构、人员、场地、经费"四到位，对自主创业学生实行持续帮扶、全程指导、一站式服务。健全持续化信息服务制度，完善全国大学生创业服务网功能，建立地方、高校两级信息服务平台，为学生实时提供国家政策、市场动向等信息，并做好创业项目对接、知识产权交易等服务。各地区、各有关部门要积极落实高校学生创业培训政策，研发适合学生特点的创业培训课程，建设网络培训平台。鼓励高校自主编制专项培训计划，或与有条件的教育培训机构、行业协会、群团组织、企业联合开发创业培训项目。各地区和具备条件的行业协会要针对区域需求、行业发展，发布创业项目指南，引导高校学生识别创业机会、捕捉创业商机。

（九）完善创新创业资金支持和政策保障体系

各地区、各有关部门要整合发展财政和社会资金，支持高校学生创新创业活动。各高校要优化经费支出结构，多渠道统筹安排资金，支持创新创业教育教学，资助学生创新创业项目。部委属高校应按规定使用中央高校基本科研业务费，积极支持品学兼优且具有较强科研潜质的在校学生开展创新科研工作。中国教育发展基金会设立大学生创新创业教育奖励基金，用于奖励对创新创业教育作出贡献的单位。鼓励社会组织、公益团体、企事业单位和个人设立大学生创业风险基金，以多种形式向自主创业大学生提供资金支持，提高扶持资金使用效益。深入实施新一轮大学生创业引领计划，落实各项扶持政策和服务措施，重点支持大学生到新兴产业创业。有关部门要加快制定有利于互联网创业的扶持政策。

三、加强组织领导

（一）健全体制机制

各地区、各高校要把深化高校创新创业教育改革作为"培养什么人，怎样培养人"的重要任务摆在突出位置，加强指导管理与监督评价，统筹推进本地本校创新创业教育工作。各地区要成立创新创业教育专家指导委员会，开展高校创新创业教育的研究、咨询、指导和服务。各高校要落实创新创业教育主体责任，把创新创业教育纳入改革发展重要议事日程，成立由校长任组长、分管校领导任副组长、有关部门负责人参加的创新创业教育工作领导小组，建立教务部门牵头，学生工作、团委等部门齐抓共管的创新创业教育工作机制。

（二）细化实施方案

各地区、各高校要结合实际制定深化本地本校创新创业教育改革的实施方案，明确责任分工。教育部属高校需将实施方案报教育部备案，其他高校需报学校所在地省级教育部门和主管部门备案，备案后向社会公布。

（三）强化督导落实

教育部门要把创新创业教育质量作为衡量办学水平、考核领导班子的重要指标，纳入高校教育教学评估指标体系和学科评估指标体系，引入第三方评估。把创新创业教育相关情况列入本科、高职高专、研究生教学质量年度报告和毕业生就业质量年度报告重点内容,接受社会监督。

（四）加强宣传引导

各地区、各有关部门以及各高校要大力宣传加强高校创新创业教育的必要性、紧迫性、重要性,使创新创业成为管理者办学、教师教学、学生求学的理性认知与行动自觉。及时总结推广各地各高校的好经验好做法,选树学生创新创业成功典型,丰富宣传形式,培育创客文化,努力营造敢为人先、敢冒风险、宽容失败的氛围环境。

幼儿园工作规程

（2015 年 12 月 14 日第 48 次部长办公会议审议通过　2016 年 1 月 5 日教育部令第 39 号公布　自 2016 年 3 月 1 日起施行）

第一章　总　　则

第一条　为了加强幼儿园的科学管理，规范办园行为，提高保育和教育质量，促进幼儿身心健康，依据《中华人民共和国教育法》等法律法规，制定本规程。

第二条　幼儿园是对 3 周岁以上学龄前幼儿实施保育和教育的机构。幼儿园教育是基础教育的重要组成部分，是学校教育制度的基础阶段。

第三条　幼儿园的任务是：贯彻国家的教育方针，按照保育与教育相结合的原则，遵循幼儿身心发展特点和规律，实施德、智、体、美等方面全面发展的教育，促进幼儿身心和谐发展。

幼儿园同时面向幼儿家长提供科学育儿指导。

第四条　幼儿园适龄幼儿一般为 3 周岁至 6 周岁。

幼儿园一般为三年制。

第五条　幼儿园保育和教育的主要目标是：

（一）促进幼儿身体正常发育和机能的协调发展，增强体质，促进心理健康，培养良好的生活习惯、卫生习惯和参加体育活动的兴趣。

（二）发展幼儿智力，培养正确运用感官和运用语言交往的基本能力，增进对环境的认识，培养有益的兴趣和求知欲望，培养初步的动手探究能力。

（三）萌发幼儿爱祖国、爱家乡、爱集体、爱劳动、爱科学的情感，培养诚实、自信、友爱、勇敢、勤学、好问、爱护公物、克服困难、讲礼貌、守纪律等良好的品德行为和习惯，以及活泼开朗的性格。

（四）培养幼儿初步感受美和表现美的情趣和能力。

第六条　幼儿园教职工应当尊重、爱护幼儿，严禁虐待、歧视、体罚和变相体罚、侮辱幼儿人格等损害幼儿身心健康的行为。

第七条　幼儿园可分为全日制、半日制、定时制、季节制和寄宿制等。上述形式可分别设置，也可混合设置。

第二章　幼儿入园和编班

第八条　幼儿园每年秋季招生。平时如有缺额，可随时补招。

幼儿园对烈士子女、家中无人照顾的残疾人子女、孤儿、家庭经济困难幼儿、具有接受普通教育能力的残疾儿童等入园，按照国家和地方的有关规定予以照顾。

第九条 企业、事业单位和机关、团体、部队设置的幼儿园，除招收本单位工作人员的子女外，应当积极创造条件向社会开放，招收附近居民子女入园。

第十条 幼儿入园前，应当按照卫生部门制定的卫生保健制度进行健康检查，合格者方可入园。

幼儿入园除进行健康检查外，禁止任何形式的考试或测查。

第十一条 幼儿园规模应当有利于幼儿身心健康，便于管理，一般不超过360人。

幼儿园每班幼儿人数一般为：小班（3周岁至4周岁）25人，中班（4周岁至5周岁）30人，大班（5周岁至6周岁）35人，混合班30人。寄宿制幼儿园每班幼儿人数酌减。

幼儿园可以按年龄分别编班，也可以混合编班。

第三章 幼儿园的安全

第十二条 幼儿园应当严格执行国家和地方幼儿园安全管理的相关规定，建立健全门卫、房屋、设备、消防、交通、食品、药物、幼儿接送交接、活动组织和幼儿就寝值守等安全防护和检查制度，建立安全责任制和应急预案。

第十三条 幼儿园的园舍应当符合国家和地方的建设标准，以及相关安全、卫生等方面的规范，定期检查维护，保障安全。幼儿园不得设置在污染区和危险区，不得使用危房。

幼儿园的设备设施、装修装饰材料、用品用具和玩教具材料等，应当符合国家相关的安全质量标准和环保要求。

入园幼儿应当由监护人或者其委托的成年人接送。

第十四条 幼儿园应当严格执行国家有关食品药品安全的法律法规，保障饮食饮水卫生安全。

第十五条 幼儿园教职工必须具有安全意识，掌握基本急救常识和防范、避险、逃生、自救的基本方法，在紧急情况下应当优先保护幼儿的人身安全。

幼儿园应当把安全教育融入一日生活，并定期组织开展多种形式的安全教育和事故预防演练。

幼儿园应当结合幼儿年龄特点和接受能力开展反家庭暴力教育，发现幼儿遭受或者疑似遭受家庭暴力的，应当依法及时向公安机关报案。

第十六条 幼儿园应当投保校方责任险。

第四章 幼儿园的卫生保健

第十七条 幼儿园必须切实做好幼儿生理和心理卫生保健工作。

幼儿园应当严格执行《托儿所幼儿园卫生保健管理办法》以及其他有关卫生保健的法规、规章和制度。

第十八条　幼儿园应当制定合理的幼儿一日生活作息制度。正餐间隔时间为3.5—4小时。在正常情况下，幼儿户外活动时间（包括户外体育活动时间）每天不得少于2小时，寄宿制幼儿园不得少于3小时；高寒、高温地区可酌情增减。

第十九条　幼儿园应当建立幼儿健康检查制度和幼儿健康卡或档案。每年体检一次，每半年测身高、视力一次，每季度量体重一次；注意幼儿口腔卫生，保护幼儿视力。

幼儿园对幼儿健康发展状况定期进行分析、评价，及时向家长反馈结果。

幼儿园应当关注幼儿心理健康，注重满足幼儿的发展需要，保持幼儿积极的情绪状态，让幼儿感受到尊重和接纳。

第二十条　幼儿园应当建立卫生消毒、晨检、午检制度和病儿隔离制度，配合卫生部门做好计划免疫工作。

幼儿园应当建立传染病预防和管理制度，制定突发传染病应急预案，认真做好疾病防控工作。

幼儿园应当建立患病幼儿用药的委托交接制度，未经监护人委托或者同意，幼儿园不得给幼儿用药。幼儿园应当妥善管理药品，保证幼儿用药安全。

幼儿园内禁止吸烟、饮酒。

第二十一条　供给膳食的幼儿园应当为幼儿提供安全卫生的食品，编制营养平衡的幼儿食谱，定期计算和分析幼儿的进食量和营养素摄取量，保证幼儿合理膳食。

幼儿园应当每周向家长公示幼儿食谱，并按照相关规定进行食品留样。

第二十二条　幼儿园应当配备必要的设备设施，及时为幼儿提供安全卫生的饮用水。

幼儿园应当培养幼儿良好的大小便习惯，不得限制幼儿便溺的次数、时间等。

第二十三条　幼儿园应当积极开展适合幼儿的体育活动，充分利用日光、空气、水等自然因素以及本地自然环境，有计划地锻炼幼儿肌体，增强身体的适应和抵抗能力。正常情况下，每日户外体育活动不得少于1小时。

幼儿园在开展体育活动时，应当对体弱或有残疾的幼儿予以特殊照顾。

第二十四条　幼儿园夏季要做好防暑降温工作，冬季要做好防寒保暖工作，防止中暑和冻伤。

第五章　幼儿园的教育

第二十五条　幼儿园教育应当贯彻以下原则和要求：

（一）德、智、体、美等方面的教育应当互相渗透，有机结合。

（二）遵循幼儿身心发展规律，符合幼儿年龄特点，注重个体差异，因人施教，引导幼儿个性健康发展。

（三）面向全体幼儿，热爱幼儿，坚持积极鼓励、启发引导的正面教育。

（四）综合组织健康、语言、社会、科学、艺术各领域的教育内容，渗透于幼儿一日生活的各项活动中，充分发挥各种教育手段的交互作用。

（五）以游戏为基本活动，寓教育于各项活动之中。

（六）创设与教育相适应的良好环境，为幼儿提供活动和表现能力的机会与条件。

第二十六条 幼儿一日活动的组织应当动静交替，注重幼儿的直接感知、实际操作和亲身体验，保证幼儿愉快的、有益的自由活动。

第二十七条 幼儿园日常生活组织，应当从实际出发，建立必要、合理的常规，坚持一贯性和灵活性相结合，培养幼儿的良好习惯和初步的生活自理能力。

第二十八条 幼儿园应当为幼儿提供丰富多样的教育活动。

教育活动内容应当根据教育目标、幼儿的实际水平和兴趣确定，以循序渐进为原则，有计划地选择和组织。

教育活动的组织应当灵活地运用集体、小组和个别活动等形式，为每个幼儿提供充分参与的机会，满足幼儿多方面发展的需要，促进每个幼儿在不同水平上得到发展。

教育活动的过程应注重支持幼儿的主动探索、操作实践、合作交流和表达表现，不应片面追求活动结果。

第二十九条 幼儿园应当将游戏作为对幼儿进行全面发展教育的重要形式。

幼儿园应当因地制宜创设游戏条件，提供丰富、适宜的游戏材料，保证充足的游戏时间，开展多种游戏。

幼儿园应当根据幼儿的年龄特点指导游戏，鼓励和支持幼儿根据自身兴趣、需要和经验水平，自主选择游戏内容、游戏材料和伙伴，使幼儿在游戏过程中获得积极的情绪情感，促进幼儿能力和个性的全面发展。

第三十条 幼儿园应当将环境作为重要的教育资源，合理利用室内外环境，创设开放的、多样的区域活动空间，提供适合幼儿年龄特点的丰富的玩具、操作材料和幼儿读物，支持幼儿自主选择和主动学习，激发幼儿学习的兴趣与探究的愿望。

幼儿园应当营造尊重、接纳和关爱的氛围，建立良好的同伴和师生关系。

幼儿园应当充分利用家庭和社区的有利条件，丰富和拓展幼儿园的教育资源。

第三十一条 幼儿园的品德教育应当以情感教育和培养良好行为习惯为主，注重潜移默化的影响，并贯穿于幼儿生活以及各项活动之中。

第三十二条 幼儿园应当充分尊重幼儿的个体差异，根据幼儿不同的心理发展水平，研究有效的活动形式和方法，注重培养幼儿良好的个性心理品质。

幼儿园应当为在园残疾儿童提供更多的帮助和指导。

第三十三条 幼儿园和小学应当密切联系，互相配合，注意两个阶段教育的相互衔接。

幼儿园不得提前教授小学教育内容，不得开展任何违背幼儿身心发展规律的活动。

第六章 幼儿园的园舍、设备

第三十四条 幼儿园应当按照国家的相关规定设活动室、寝室、卫生间、保健室、综合活动室、厨房和办公用房等,并达到相应的建设标准。有条件的幼儿园应当优先扩大幼儿游戏和活动空间。

寄宿制幼儿园应当增设隔离室、浴室和教职工值班室等。

第三十五条 幼儿园应当有与其规模相适应的户外活动场地,配备必要的游戏和体育活动设施,创造条件开辟沙地、水池、种植园地等,并根据幼儿活动的需要绿化、美化园地。

第三十六条 幼儿园应当配备适合幼儿特点的桌椅、玩具架、盥洗卫生用具,以及必要的玩教具、图书和乐器等。

玩教具应当具有教育意义并符合安全、卫生要求。幼儿园应当因地制宜,就地取材,自制玩教具。

第三十七条 幼儿园的建筑规划面积、建筑设计和功能要求,以及设施设备、玩教具配备,按照国家和地方的相关规定执行。

第七章 幼儿园的教职工

第三十八条 幼儿园按照国家相关规定设园长、副园长、教师、保育员、卫生保健人员、炊事员和其他工作人员等岗位,配足配齐教职工。

第三十九条 幼儿园教职工应当贯彻国家教育方针,具有良好品德,热爱教育事业,尊重和爱护幼儿,具有专业知识和技能以及相应的文化和专业素养,为人师表,忠于职责,身心健康。

幼儿园教职工患传染病期间暂停在幼儿园的工作。有犯罪、吸毒记录和精神病史者不得在幼儿园工作。

第四十条 幼儿园园长应当符合本规程第三十九条规定,并应当具有《教师资格条例》规定的教师资格、具备大专以上学历、有三年以上幼儿园工作经历和一定的组织管理能力,并取得幼儿园园长岗位培训合格证书。

幼儿园园长由举办者任命或者聘任,并报当地主管的教育行政部门备案。

幼儿园园长负责幼儿园的全面工作,主要职责如下:

(一)贯彻执行国家的有关法律、法规、方针、政策和地方的相关规定,负责建立并组织执行幼儿园的各项规章制度;

(二)负责保育教育、卫生保健、安全保卫工作;

(三)负责按照有关规定聘任、调配教职工,指导、检查和评估教师以及其他工作人员的工作,并给予奖惩;

(四)负责教职工的思想工作,组织业务学习,并为他们的学习、进修、教育研究创造必要的条件;

(五)关心教职工的身心健康,维护他们的合法权益,改善他们的工作条件;

(六)组织管理园舍、设备和经费;

（七）组织和指导家长工作；

（八）负责与社区的联系和合作。

第四十一条 幼儿园教师必须具有《教师资格条例》规定的幼儿园教师资格，并符合本规程第三十九条规定。

幼儿园教师实行聘任制。

幼儿园教师对本班工作全面负责，其主要职责如下：

（一）观察了解幼儿，依据国家有关规定，结合本班幼儿的发展水平和兴趣需要，制订和执行教育工作计划，合理安排幼儿一日生活；

（二）创设良好的教育环境，合理组织教育内容，提供丰富的玩具和游戏材料，开展适宜的教育活动；

（三）严格执行幼儿园安全、卫生保健制度，指导并配合保育员管理本班幼儿生活，做好卫生保健工作；

（四）与家长保持经常联系，了解幼儿家庭的教育环境，商讨符合幼儿特点的教育措施，相互配合共同完成教育任务；

（五）参加业务学习和保育教育研究活动；

（六）定期总结评估保教工作实效，接受园长的指导和检查。

第四十二条 幼儿园保育员应当符合本规程第三十九条规定，并应当具备高中毕业以上学历，受过幼儿保育职业培训。

幼儿园保育员的主要职责如下：

（一）负责本班房舍、设备、环境的清洁卫生和消毒工作；

（二）在教师指导下，科学照料和管理幼儿生活，并配合本班教师组织教育活动；

（三）在卫生保健人员和本班教师指导下，严格执行幼儿园安全、卫生保健制度；

（四）妥善保管幼儿衣物和本班的设备、用具。

第四十三条 幼儿园卫生保健人员除符合本规程第三十九条规定外，医师应当取得卫生行政部门颁发的《医师执业证书》；护士应当取得《护士执业证书》；保健员应当具有高中毕业以上学历，并经过当地妇幼保健机构组织的卫生保健专业知识培训。

幼儿园卫生保健人员对全园幼儿身体健康负责，其主要职责如下：

（一）协助园长组织实施有关卫生保健方面的法规、规章和制度，并监督执行；

（二）负责指导调配幼儿膳食，检查食品、饮水和环境卫生；

（三）负责晨检、午检和健康观察，做好幼儿营养、生长发育的监测和评价；定期组织幼儿健康体检，做好幼儿健康档案管理；

（四）密切与当地卫生保健机构的联系，协助做好疾病防控和计划免疫工作；

（五）向幼儿园教职工和家长进行卫生保健宣传和指导；

（六）妥善管理医疗器械、消毒用具和药品。

第四十四条 幼儿园其他工作人员的资格和职责，按照国家和地方的有关规定执行。

第四十五条　对认真履行职责、成绩优良的幼儿园教职工,应当按照有关规定给予奖励。

对不履行职责的幼儿园教职工,应当视情节轻重,依法依规给予相应处分。

第八章　幼儿园的经费

第四十六条　幼儿园的经费由举办者依法筹措,保障有必备的办园资金和稳定的经费来源。

按照国家和地方相关规定接受财政扶持的提供普惠性服务的国有企事业单位办园、集体办园和民办园等幼儿园,应当接受财务、审计等有关部门的监督检查。

第四十七条　幼儿园收费按照国家和地方的有关规定执行。

幼儿园实行收费公示制度,收费项目和标准向家长公示,接受社会监督,不得以任何名义收取与新生入园相挂钩的赞助费。

幼儿园不得以培养幼儿某种专项技能、组织或参与竞赛等为由,另外收取费用;不得以营利为目的组织幼儿表演、竞赛等活动。

第四十八条　幼儿园的经费应当按照规定的使用范围合理开支,坚持专款专用,不得挪作他用。

第四十九条　幼儿园举办者筹措的经费,应当保证保育和教育的需要,有一定比例用于改善办园条件和开展教职工培训。

第五十条　幼儿膳食费应当实行民主管理制度,保证全部用于幼儿膳食,每月向家长公布账目。

第五十一条　幼儿园应当建立经费预算和决算审核制度,经费预算和决算应当提交园务委员会审议,并接受财务和审计部门的监督检查。

幼儿园应当依法建立资产配置、使用、处置、产权登记、信息管理等管理制度,严格执行有关财务制度。

第九章　幼儿园、家庭和社区

第五十二条　幼儿园应当主动与幼儿家庭沟通合作,为家长提供科学育儿宣传指导,帮助家长创设良好的家庭教育环境,共同担负教育幼儿的任务。

第五十三条　幼儿园应当建立幼儿园与家长联系的制度。幼儿园可采取多种形式,指导家长正确了解幼儿园保育和教育的内容、方法,定期召开家长会议,并接待家长的来访和咨询。

幼儿园应当认真分析、吸收家长对幼儿园教育与管理工作的意见与建议。

幼儿园应当建立家长开放日制度。

第五十四条　幼儿园应当成立家长委员会。

家长委员会的主要任务是:对幼儿园重要决策和事关幼儿切身利益的事项提出意见

和建议;发挥家长的专业和资源优势,支持幼儿园保育教育工作;帮助家长了解幼儿园工作计划和要求,协助幼儿园开展家庭教育指导和交流。

家长委员会在幼儿园园长指导下工作。

第五十五条 幼儿园应当加强与社区的联系与合作,面向社区宣传科学育儿知识,开展灵活多样的公益性早期教育服务,争取社区对幼儿园的多方面支持。

第十章 幼儿园的管理

第五十六条 幼儿园实行园长负责制。

幼儿园应当建立园务委员会。园务委员会由园长、副园长、党组织负责人和保教、卫生保健、财会等方面工作人员的代表以及幼儿家长代表组成。园长任园务委员会主任。

园长定期召开园务委员会会议,遇重大问题可临时召集,对规章制度的建立、修改、废除,全园工作计划,工作总结,人员奖惩,财务预算和决算方案,以及其他涉及全园工作的重要问题进行审议。

第五十七条 幼儿园应当加强党组织建设,充分发挥党组织政治核心作用、战斗堡垒作用。幼儿园应当为工会、共青团等其他组织开展工作创造有利条件,充分发挥其在幼儿园工作中的作用。

第五十八条 幼儿园应当建立教职工大会制度或者教职工代表大会制度,依法加强民主管理和监督。

第五十九条 幼儿园应当建立教研制度,研究解决保教工作中的实际问题。

第六十条 幼儿园应当制订年度工作计划,定期部署、总结和报告工作。每学年年末应当向教育等行政主管部门报告工作,必要时随时报告。

第六十一条 幼儿园应当接受上级教育、卫生、公安、消防等部门的检查、监督和指导,如实报告工作和反映情况。

幼儿园应当依法接受教育督导部门的督导。

第六十二条 幼儿园应当建立业务档案、财务管理、园务会议、人员奖惩、安全管理以及与家庭、小学联系等制度。

幼儿园应当建立信息管理制度,按照规定采集、更新、报送幼儿园管理信息系统的相关信息,每年向主管教育行政部门报送统计信息。

第六十三条 幼儿园教师依法享受寒暑假期的带薪休假。幼儿园应当创造条件,在寒暑假期间,安排工作人员轮流休假。具体办法由举办者制定。

第十一章 附　　则

第六十四条 本规程适用于城乡各类幼儿园。

第六十五条 省、自治区、直辖市教育行政部门可根据本规程,制订具体实施办法。

第六十六条 本规程自2016年3月1日起施行。1996年3月9日由原国家教育委员会令第25号发布的《幼儿园工作规程》同时废止。

青少年法治教育大纲

（2016年6月28日 教政法〔2016〕13号）

为深入贯彻党的十八届四中全会关于“将法治教育纳入国民教育体系，从青少年抓起，在中小学设立法治知识课程”的要求，在国民教育体系中系统规划和科学安排法治教育的目标定位、原则要求和实施路径，制定本大纲。

一、青少年法治教育的重要性和紧迫性

青少年是祖国的未来、民族的希望。加强青少年法治教育，使广大青少年学生从小树立法治观念，养成自觉守法、遇事找法、解决问题靠法的思维习惯和行为方式，是全面依法治国、加快建设社会主义法治国家的基础工程；是在青少年群体中深入开展社会主义核心价值观教育的重要途径；是全面贯彻党的教育方针，促进青少年健康成长、全面发展，培养社会主义合格公民的客观要求。

长期以来，各有关部门、各级各类学校通过多种途径开展了形式多样的青少年法制宣传教育，广大青少年法律素质明显提高。但从总体上看，青少年法治教育仍存在着对其重要地位和作用认识不深刻、定位不够准确；法治教育缺乏整体规划，方式方法有待创新；学校法治教育的评价体系不健全，教育针对性和实效性不强；学校、社会、家庭多元参与的青少年法治教育网络还没有形成；师资、教育资源的保障机制尚不健全等问题。

建设社会主义法治国家的宏伟目标，对加强和改善青少年法治教育提出了现实而迫切的要求，当前和今后一段时间，要高度重视青少年法治教育工作，加快完成法治教育从一般的普法活动到学校教育的重要内容，从传授法律知识到培育法治观念、法律意识的转变，完善工作机制，加大工作力度，将法治教育全面纳入国民教育体系，创新青少年法治教育的形式与内容，着力提高系统化、科学化水平，切实增强教育的针对性与实效性。

二、青少年法治教育的指导思想和工作要求

（一）指导思想

开展青少年法治教育，要高举中国特色社会主义伟大旗帜，以邓小平理论、“三个代表”重要思想、科学发展观为指导，深入贯彻习近平总书记系列重要讲话精神，全面贯彻党的教育方针，以培育和践行社会主义核心价值观为主线，以宪法教育为核心，把法治教育融入学校教育的各个阶段，全面提高青少年法治观念和法律意识，使尊法学法守法用法成为青少年的共同追求和自觉行动。

（二）工作要求

——以社会主义核心价值观为主线。法治教育要与道德教育相结合，注重以法治精神和法律规范弘扬社会主义核心价值观，以良法善治传导正确的价值导向，把法律的约束

力量、底线意识与道德教育的感化力量、提升精神紧密结合，使青少年理解法治的道德底蕴，牢固树立规则意识、诚信观念、契约精神，尊崇公序良俗，实现法治的育人功能。

——以宪法教育为核心，以权利义务教育为本位。法治教育要以宪法教育和公民基本权利义务教育为重点，覆盖各教育阶段，形成层次递进、结构合理、螺旋上升的法治教育体系。要将宪法教育贯穿始终，培养和增强青少年的国家观念和公民意识；将权利义务教育贯穿始终，使青少年牢固树立有权利就有义务、有权力就有责任的观念。

——以贴近青少年实际、提高教育效果为目的。法治教育要遵循青少年身心发展规律，贴近青少年生活实际，科学安排教学内容，合理确定教学重点和方法，注重知行统一，坚持落细落小落实；要更多采取实践式、体验式、参与式等教学方式，与法治事件、现实案例、常见法律问题紧密结合，注重内容的鲜活，注重学生的参与、互动、思辨，创新形式，切实提高法治教育的质量和实效。

——以构建系统完整的法治教育体系为途径。法治教育要从小抓起，贯穿学校教育的各个阶段。要充分发挥课堂教学的主渠道作用，深入挖掘各门学科蕴含的法治教育内涵，注重发挥课外活动、社会实践和网络文化的重要作用，加强政府部门、学校、社会、家庭之间的协调配合，形成校内校外、课内课外、网上网下相结合的教育合力。

三、青少年法治教育的目标

（一）总体目标

以社会主义核心价值观为引领，普及法治知识，养成守法意识，使青少年了解、掌握个人成长和参与社会生活必需的法律常识和制度、明晰行为规则，自觉尊法、守法；规范行为习惯，培育法治观念，增强青少年依法规范自身行为、分辨是非、运用法律方法维护自身权益、通过法律途径参与国家和社会生活的意识和能力；践行法治理念，树立法治信仰，引导青少年参与法治实践，形成对社会主义法治道路的价值认同、制度认同，成为社会主义法治的忠实崇尚者、自觉遵守者、坚定捍卫者。

（二）阶段目标

1. 义务教育阶段。使学生初步了解公民的基本权利义务、重要法治理念与原则，初步了解个人成长和参与社会生活必需的基本法律常识；初步树立法治意识，养成规则意识和尊法守法的行为习惯，初步具备依法维护自身权益、参与社会生活的意识和能力，为培育法治观念、树立法治信仰奠定基础。

其中，小学阶段，着重普及宪法常识，养成守法意识和行为习惯，让学生感知生活中的法、身边的法，培育学生的国家观念、规则意识、诚信观念和遵纪守法的行为习惯。初中阶段，使学生初步了解个人成长和参与社会生活必备的基本法律常识，进一步强化守法意识、公民意识、权利与义务相统一观念、程序思维，初步建立宪法法律至上、民主法治等理念，初步具备运用法律知识辨别是非的能力，初步具备依法维护自身合法权益、参与社会生活的能力。

2. 高中教育阶段。使学生较为全面地了解中国特色社会主义法律体系的基本框架、基本制度以及法律常识，强化守法意识，增强法治观念，牢固树立有权利就有义务的观念，初步具备参与法治实践、正确维护自身权利的能力。

3. 高等教育阶段。进一步深化对法治理念、法治原则、重要法律概念的认识与理解，基本掌握公民常用法律知识，基本具备以法治思维和法治方式维护自身权利、参与社会公共事务、化解矛盾纠纷的能力，牢固树立法治观念，认识全面依法治国的重大意义，坚定走中国特色社会主义法治道路的理想和信念。

四、青少年法治教育的内容

（一）总体内容

青少年法治教育要以法律常识、法治理念、法治原则、法律制度为核心，围绕青少年的身心特点和成长需求，结合青少年与家庭、学校、社会、国家的关系，分阶段、系统安排公民基本权利义务、家庭关系、社会活动、公共生活、行政管理、司法制度、国家机构等领域的主要法律法规以及我国签署加入的重要国际公约的核心内容；按不同的层次和深度，将自由、平等、公正、民主、法治等理念，宪法法律至上、权利保障、权力制约、程序正义等法治原则，立法、执法、司法以及权利救济等法律制度，与法律常识教育相结合，在不同学段的教学内容中统筹安排、层次递进。

（二）分学段的教学内容与要求

1. 义务教育阶段

以基础性的行为规则和法律常识为主，侧重法治意识、尊法守法行为习惯的养成教育。要注重教学内容和方式的形象、生动，贴近学生实际，利用案例教学、实践教学，从生活实践中提炼案例，注重将核心理念、重要概念与学生生活实践能够接触的事件相结合，与学生的理解能力相适应。主要分阶段实施以下内容：

小学低年级（1—2 年级）

认知国家象征及标志。初步建立国家、国籍、公民的概念，初步建立对家庭关系的法律认识。初步建立规则意识，初步理解遵守规则、公平竞争、规则公平的意义与要求。初步建立法律面前人人平等的观念。了解消防安全知识、基本交通规则，知晓常用公共服务电话。初步了解自然，爱护动植物，为节约资源、保护环境做力所能及的事。

小学高年级（3—6 年级）

建立对宪法的法律地位和权威的初步认知。了解人民代表大会制度，初步认知主要国家机构，国家主权与领土，认知国防的意义，增强民族团结意识。

初步了解公民的基本权利和义务，简要认知重要民事权利，了解法律对未成年人的特定保护；初步理解权利行使规则，树立依法维权意识，树立有权利就有义务的观念，建立对校园欺凌行为的认知和防范意识。

了解制定规则要遵循一定的程序，进一步树立规则意识，遵守公共生活规则。初步了解合同以及合同的履行，理解诚实守信和友善的价值与意义。

初步了解消费者权益保护、道路交通、环境保护、消防安全、禁毒、食品安全等生活常用法律的基本规则。

初步认知未成年人能够理解和常见的违法和犯罪行为及其危害和要承担的法律责任。

初步了解司法制度，了解法院、检察院、律师的功能与作用。

知道我国加入的一些重要国际组织和国际公约。

初中阶段(7—9 年级)

进一步深化宪法教育。了解国家基本制度，强化国家认同。初步了解政府依法行政的基本原则，了解重要国家机构的职权。认知国家尊重和保障人权的意义。加深对公民基本权利和义务的认识。

了解民事法律活动的基本原则。了解合同和违约责任，树立诚信意识和契约精神。初步了解物权的概念，加深对知识产权的认识，理解保护知识产权的意义。了解有关民事侵权行为的法律规范和基本原则，认识与学生生活实践相关的民事侵权行为(校园伤害事故等)。了解劳动权利及其保障原则，以及教育、社会保险等相关方面的法律规定。

初步了解政府运行的法治原则，了解治安、道路交通、消防、环境保护、国家安全、公共卫生、教育、税收等公共事务的法律原则，初步形成依法参与社会公共事务的意识。

加深对社会生活中常见违法行为的认知，强化法律责任意识，巩固守法观念。了解犯罪行为的特征、刑罚种类，建立对校园暴力等青少年常见违法犯罪行为的防范意识和应对能力；初步认知罪刑法定、无罪推定等原则，正当防卫、紧急避险等概念。

初步了解我国司法制度的基本原则，建立尊重司法的意识。初步理解程序正义在实现法治中的作用，建立依法处理纠纷，理性维护权利的意识。

2. 高中教育阶段

在义务教育阶段教学内容的基础上，根据学生成长需要和认知能力的发展，全面拓展法律常识、法律制度的内容，有针对性地增加重要的法律知识；加大法治原则、法律理念的教学深度，注重增加教育教学的实践性、参与性和思辨性，结合现实案例、法治实践，着重引导学生理解、认同法律背后的价值、宗旨，注重法治意识的培养。主要实施以下内容：

了解我国社会主义法律体系的构成；理解法的特征与作用，法治的内涵与精神，初步形成对中国特色社会主义法治道路的认同。加深对宪法的地位、功能和价值的认识，明晰宪法原则，深入理解宪法所确立的国家基本制度，加深对公民基本权利与基本义务的认知，加深对重要法治原则的理解，了解选举制度和重要法律规定，认知法治与民主的关系。了解宪法实施及其监督的程序与机制。

理解民事活动的基本法律原则和核心概念，了解物权的法律概念与基本规则，树立尊重所有权的观念，进一步了解合同订立与履行的法律规则，深化对诚信原则的认识。了解知识产权保护的意义和法律规则。简要了解侵权责任的原则、概念。全面认知家庭、婚姻、教育、劳动、继承等与学生个人成长相关的法律关系。了解与生活密切相关的行政法律中的重要规则，认知和理解政府行政管理的法治原则，建立权力受法律制约，有权力就有责任的观念。理解刑法的运行规则，了解犯罪构成以及罪刑法定等基本原则。了解保障人权的重要性及其含义，理解法治与权利保障的关系。

认知民事、行政、刑事方面的法律责任，深化守法意识。了解诉讼制度的基本原则，以及调解、仲裁、行政复议等多元化纠纷解决机制，建立对正当程序原则的认识，树立理性表达诉求、依法维护权益的意识。了解人民法院、人民检察院的机构设置与职能，理解法官、检察官对维护司法公正的价值。了解律师的资格条件、业务范围和权利义务，理解律师维护社会正义的价值。

了解国际法的基本原则，我国签署加入儿童权利公约、残疾人权利公约等主要国际公约的基本内容。

3. 高等教育阶段

在义务教育和高中阶段教育的基础上，针对非法律专业的学生，根据高等教育阶段法治教育的目的，系统介绍中国特色社会主义法学理论体系的基本内涵；掌握法治国家的基本原理，知晓法治的中西源流；明确全面推进依法治国的战略目标、道路选择和社会主义法治体系建设的内容与机制；了解法治的政治、经济、文化、社会和国情基础，理解法治的核心理念和原则；掌握宪法基本知识，了解中国特色社会主义法律体系中的基本法律原则、法律制度及民事、刑事、行政法律等重要、常用的法律概念、法律规范；增加法治实践，提高运用法律知识分析、解决实际问题的意识和能力。

五、青少年法治教育的实施途径

青少年法治教育要充分发挥学校主导作用，与家庭、社会密切配合，拓宽教育途径，创新教育方法，实现全员、全程、全方位育人。

（一）学校教育

1. 专门课程

法治教育要与德育课程紧密结合，要适时、相应修订中小学德育课程标准，完成本大纲要求的教学内容。小学低年级要在道德与法治课中设置专门课时，安排法治教育内容；小学高年级要加大法治教育内容在道德与法治课中的比重，原则上不少于1/3；初中阶段，采取道德与法治课中设置专门教学单元或者集中在某一学期以专册方式实施教学，保证法治教育时间。高中教育阶段，思想政治课要设置专门的课程模块，可以采取分册方式，将法治教育作为思想政治课的独立组成部分，或者加大法治教育选修课的课时。高等教育阶段要把法治教育纳入通识教育范畴，开设法治基础课或者其他相关课程作为公共必修课。鼓励具备条件的地方、学校根据本大纲要求编写法治教育教材，在地方课程或者校本课程中设置法治知识课（必修或选修），完成本大纲要求的教育内容。

2. 教学方式

在课程建设和课程标准修订中要强化法治教育内容，并将法治教育内容落实到各学科课程的教育目标之中。要综合采用故事教学、情景模拟（如法庭模拟）、角色扮演、案例研讨、法治辩论、价值辨析等多种教学方法，必要时，可根据学生认知特点，将真实法治案例引入课堂教学,注重学生法治思维能力的培养。有条件的学校,要充分利用信息技术手段,将多种法治教育资源、形式予以整合、提升,形成以学习者为中心的教育环境,引导学生自主学习,培养学生学习法律的兴趣。

3. 多学科协同

要在各学科课程中挖掘法治教育因素,如:语文教学要充分利用文学作品中的人物形象和典型事件,向学生进行公平正义、违法责任等方面的教育;历史教学要关注法治发展史的教育,要重点讲述依法治国的历史范例;生物教学要对学生进行保护环境、热爱生命、尊重人权的教育;体育教学要对学生进行遵守规则、崇尚公正的教育,等等。

4. 主题教育

要充分利用主题教育、校园文化、党团队活动、学生社团活动、社会实践活动等多种载体,全过程、全要素开展法治教育。要将安全教育、廉政教育、民族团结教育、国防教育、交通安全教育、禁毒教育等专题教育,与法治教育内容相整合,一体化设计教学方案。深入开展“法律进学校”活动。充分利用国家宪法日、国防教育日、国家安全教育日、全国消防日、全国交通安全日、国际禁毒日、世界知识产权日、消费者权益日等,普及相关法律知识,开展形式多样、丰富多彩的主题教育活动。在入学仪式、开学典礼和毕业典礼、成人仪式等活动中,融入法治教育,积极引导学生自主参与,体验感悟。

5. 校园法治文化建设

要全面落实依法治校要求,把法治精神、法治思维和法治方式落实在学校教育、管理和服务的各个环节,建立健全学校章程、相关规章制度,完善学生管理、服务以及权利救济制度,实现环境育人。广泛开展模拟法庭、法律知识竞赛、法律情景剧展演、辩论会、理论研讨、法治社会实践、志愿服务等法治实践活动。中小学图书馆要选配符合青少年学生认知特点的普法读本、影视、动漫作品等,引导学生阅读、观看、讨论。在校园建设中要主动融入法治元素,利用宣传栏、招贴画、名言警句等校园文化载体,宣传法律知识、法治精神,营造校园法治教育氛围。

6. 学生自我教育

在法治教育中要注重发挥学生的主体作用。要根据学生实际,引导、支持学生自主制定规则、公约等,逐步培养学生参与群体生活、自主管理、民主协商的能力,养成按规则办事的习惯,引导学生在学校生活的实践中感受法治力量,培养法治观念。具备条件的,要积极支持学生组建法治兴趣小组、法治实践社团等,加以正确引导,使学生以适当方式研究法治问题、参与法治实践。

(二)社会教育

1. 社会实践教育

各级教育部门和学校要积极组织学生参加法治社会实践活动。各地要根据实际,积极建设综合性的青少年法治教育实践基地,在司法机关、相关政府部门或者有关组织、学校建立专项的法治教育基地。在统一组织的学生社会实践活动中,要安排相当比例的法治实践内容,让学生在真实的法治实践情景中进行学习。学校要充分利用各种社会资源,加强与社区的合作,组织学生进行社区法治服务活动。有条件的高等学校可以设立大学生法律援助中心,利用"三下乡"活动,组织学生进入社区、街道开展法治宣传,普及法律知识,在实践中学法、用法。

2. 国家机关和社会力量参与

要广泛组织和动员国家机关和社会力量支持和参与青少年法治教育工作,建立社会法治教育网络。法院、检察院、公安机关、司法行政机关等国家机关、律师协会等社会组织,要深入学校开展法治宣传教育,与教育部门、学校合作开发法治教育项目;有关行政部门要按照"谁执法、谁普法"的原则,利用学校法治教育平台,为学校提供相应的法治教育资源和实践机会。要切实加强针对有不良行为青少年的专门法治教育工作。鼓励法律工作者、研究人员以各种形式参与青少年法治教育,为学校开发法治教育课程、开展专题法治教育活动提供支持。宣传、文化、新闻出版广电、网信等相关主管部门要加强对报刊、广播电视、网络等媒体的引导和管理,积极鼓励弘扬法治精神的图书、期刊、网络游戏、动漫作品、少儿节目等文化产品以及创意作品的创作和传播,鼓励设立提供青少年法治教育服务的专业化教育机构,形成法治教育的社会合力和良好氛围。

3. 开发利用网络资源

要充分利用网络上的优质法治教育资源,丰富教学的形式和内容,建立学校、社会、家庭共同参与的立体教育网络。利用学校网站、官方微博、微信等平台及教师、班主任或辅导员的个人社交平台进行法治宣传,增强网络法治教育的吸引力,引导学生正确理解法律规范,理性思考和正确认识法治事件、现实案例。

(三)家庭教育

推动家庭与学校形成开展青少年法治教育的合力。积极引导家长重视家庭美德和家庭文化的建设,成为子女学法、守法、用法的榜样。要办好家长学校,完善家校合作机制,大力宣传推广家庭文化建设和家庭教育的成功经验,制定家长法治教育手册,提高家长对孩子进行法治教育的意识和能力,指导家长及时督促改正青少年的不良行为,预防产生违法行为。同时,要发挥学生法治教育对家长的作用,了解家长需求,拓展学校法治教育的影响。

六、青少年法治教育的保障

(一)组织与制度保障

各地要在党委、政府的统一领导下,建立由教育部门牵头,司法部门、共青团和有关部门、组织等共同参与的青少年法治教育工作机制,联合制定青少年法治教育工作规划,明确责任分工,确定工作步骤,协同推进青少年法治教育。

各级教育部门要积极协调相关部门,整合资源,完善保障机制,健全青少年法治教育效果评价机制,推广法治教育的先进经验。要将学校法治教育实施情况作为依法治校的重要方面,纳入学校年度考核的内容;作为预防青少年违法犯罪和"平安校园"创建工作内容,纳入综合(平安建设)工作考评。县级以上各级人民政府教育督导机构要将学校法治教育实施情况纳入教育督导范围,帮助学校推进法治教育工作。

各级各类学校是实施法治教育的主体,要将法治教育纳入学校总体发展规划和年度工作计划,重点在师资配备、课程实施、经费支持、制度机制等方面予以保障,做好法治教育的落实工作。

(二)师资队伍建设

要大力加强法治教育师资队伍建设,逐步建设高水平的法治教育教师队伍。通过多种途径,保证每所中小学要至少有 1 名受过专业培养或者经过专门培训,可以胜任法治教育任务的教师。建立中小学法治教育骨干教师培养机制,完善对法治教育教学成果的支持和奖励制度。提高全体教师的法治素养和法治教育能力,充分挖掘各学科教学内容的法治内涵,提升教师群体的法治意识。完善法治副校长(辅导员)制度,进一步明确职责,完善相关工作机制,充分发挥法官、检察官、律师、高校法律院系教师等法律工作者的力量,健全高校学生法治教育志愿者制度,建设稳定的兼职法治教育师资队伍,为中小学法治教育提供支持。

鼓励高校探索青少年法治教育方向研究生培养。创新机制吸引法律专业毕业生到中小学任教,培养专业化的中小学法治教育师资。完善法治教师继续教育制度,充分利用高校、社会的力量,为中小学法治教育教师培训提供支持。

(三)健全评价机制

要建立健全科学的青少年法治教育评价机制。评价要全面考察青少年法治教育效果,有利于激发青少年学习法治知识、发展法治能力、提高法治素养、参与法治实践的自觉性;有利于激发学校、教师开展法治教育的主动性和创造性,促进青少年法治教育形式与内容的不断改进和创新。评价要基于本大纲确定的青少年法治教育的目标和内容要求,将必要的法律常识纳入不同阶段学生学业评价范畴,在中、高考中适当增加法治知识内容,将法治素养作为学生综合素质的重要组成部分。要注重结合青少年的学习和生活,将反映法治思维、法治观念的行为、态度和实践作为评价的重要方面,增强评价的科学性和有效性。要结合社会诚信体系建设、精神文明创建等机制,探索建立综合性的青少年法治素养评价机制。教育部门可以联合司法部门组织或者委托第三方对学校、区域的青少年法治教育的整体情况进行评价。有条件的高等学校、科研组织可以开展青少年法治教育评价的研究与实践。

(四)教育教学资源保障

整合网络教育资源,加强教育部全国青少年普法网等专业网站建设,提供形式生动多样,内容鲜活丰富的网络优秀法治教育资源,支持中小学开展法治教育。积极推进综合性青少年法治教育实践基地建设,把基地建设纳入各地校外教育机构建设的整体规划。教育、司法行政部门要会同有关部门,加强组织协作,鼓励在政府部门、高等学校、相关社会组织,设立各类法治教育基地,为学校组织学生参观各类国家机关、观摩司法活动、体验法治实践提供便利。

鼓励和支持各种社会组织开发青少年法治教育读本及相关产品，编写出版符合青少年认知特点和接受意趣的法治教育期刊、课件、音像资料等教育教学资源。鼓励各地将法治教育教材、读本纳入免费教科书范围，积极创造条件向中小学特别是农村和边远贫困地区的学校，免费提供优质法治教育资源。

要充分利用高等学校、研究机构的相关科研力量，深入开展青少年法治教育理论研究，为法治教育教学提供理论基础和学理支撑。要加大对青少年法治教育研究扶持力度，设立专项科研课题，特别要设立面向一线教师的法治教育研究课题，鼓励中小学教师与专业研究人员开展合作研究，及时总结、交流和推广研究成果。

要引导大众传媒切实承担起法治教育的社会责任，把青少年学生作为法治宣传教育的重点人群，通过多种形式，开展适合青少年学生特点的公益法治宣传活动。

（五）经费保障

各级教育部门和有关部门要统筹安排相关经费，支持青少年法治教育，支持法治教育实践基地、教育普法网站建设和教师法治培训、法治教育教学研究等工作。具备条件的地方，可以通过政府购买服务等方式，为学校开展青少年法治教育提供优质的教学、实践资源。学校要将法治教育纳入学校工作总体规划和年度计划，将所需经费纳入年度预算。要积极动员全社会力量，鼓励企业、事业组织和公民个人设立公益性基金或者专门基金会，支持青少年法治教育工作。

中小学教育惩戒规则(试行)

(2020年12月23日教育部令第49号公布　自2021年3月1日起施行)

第一条　为落实立德树人根本任务,保障和规范学校、教师依法履行教育教学和管理职责,保护学生合法权益,促进学生健康成长、全面发展,根据教育法、教师法、未成年人保护法、预防未成年人犯罪法等法律法规和国家有关规定,制定本规则。

第二条　普通中小学校、中等职业学校(以下称学校)及其教师在教育教学和管理过程中对学生实施教育惩戒,适用本规则。

本规则所称教育惩戒,是指学校、教师基于教育目的,对违规违纪学生进行管理、训导或者以规定方式予以矫治,促使学生引以为戒、认识和改正错误的教育行为。

第三条　学校、教师应当遵循教育规律,依法履行职责,通过积极管教和教育惩戒的实施,及时纠正学生错误言行,培养学生的规则意识、责任意识。

教育行政部门应当支持、指导、监督学校及其教师依法依规实施教育惩戒。

第四条　实施教育惩戒应当符合教育规律,注重育人效果;遵循法治原则,做到客观公正;选择适当措施,与学生过错程度相适应。

第五条　学校应当结合本校学生特点,依法制定、完善校规校纪,明确学生行为规范,健全实施教育惩戒的具体情形和规则。

学校制定校规校纪,应当广泛征求教职工、学生和学生父母或者其他监护人(以下称家长)的意见;有条件的,可以组织有学生、家长及有关方面代表参加的听证。校规校纪应当提交家长委员会、教职工代表大会讨论,经校长办公会议审议通过后施行,并报主管教育部门备案。

教师可以组织学生、家长以民主讨论形式共同制定班规或者班级公约,报学校备案后施行。

第六条　学校应当利用入学教育、班会以及其他适当方式,向学生和家长宣传讲解校规校纪。未经公布的校规校纪不得施行。

学校可以根据情况建立校规校纪执行委员会等组织机构,吸收教师、学生及家长、社会有关方面代表参加,负责确定可适用的教育惩戒措施,监督教育惩戒的实施,开展相关宣传教育等。

第七条　学生有下列情形之一,学校及其教师应当予以制止并进行批评教育,确有必要的,可以实施教育惩戒:

(一)故意不完成教学任务要求或者不服从教育、管理的;

(二)扰乱课堂秩序、学校教育教学秩序的;

（三）吸烟、饮酒，或者言行失范违反学生守则的；

（四）实施有害自己或者他人身心健康的危险行为的；

（五）打骂同学、老师，欺凌同学或者侵害他人合法权益的；

（六）其他违反校规校纪的行为。

学生实施属于预防未成年人犯罪法规定的不良行为或者严重不良行为的，学校、教师应当予以制止并实施教育惩戒，加强管教；构成违法犯罪的，依法移送公安机关处理。

第八条　教师在课堂教学、日常管理中，对违规违纪情节较为轻微的学生，可以当场实施以下教育惩戒：

（一）点名批评；

（二）责令赔礼道歉、做口头或者书面检讨；

（三）适当增加额外的教学或者班级公益服务任务；

（四）一节课堂教学时间内的教室内站立；

（五）课后教导；

（六）学校校规校纪或者班规、班级公约规定的其他适当措施。

教师对学生实施前款措施后，可以以适当方式告知学生家长。

第九条　学生违反校规校纪，情节较重或者经当场教育惩戒拒不改正的，学校可以实施以下教育惩戒，并应当及时告知家长：

（一）由学校德育工作负责人予以训导；

（二）承担校内公益服务任务；

（三）安排接受专门的校规校纪、行为规则教育；

（四）暂停或者限制学生参加游览、校外集体活动以及其他外出集体活动；

（五）学校校规校纪规定的其他适当措施。

第十条　小学高年级、初中和高中阶段的学生违规违纪情节严重或者影响恶劣的，学校可以实施以下教育惩戒，并应当事先告知家长：

（一）给予不超过一周的停课或者停学，要求家长在家进行教育、管教；

（二）由法治副校长或者法治辅导员予以训诫；

（三）安排专门的课程或者教育场所，由社会工作者或者其他专业人员进行心理辅导、行为干预。

对违规违纪情节严重，或者经多次教育惩戒仍不改正的学生，学校可以给予警告、严重警告、记过或者留校察看的纪律处分。对高中阶段学生，还可以给予开除学籍的纪律处分。

对有严重不良行为的学生，学校可以按照法定程序，配合家长、有关部门将其转入专门学校教育矫治。

第十一条　学生扰乱课堂或者教育教学秩序，影响他人或者可能对自己及他人造成伤害的，教师可以采取必要措施，将学生带离教室或者教学现场，并予以教育管理。

教师、学校发现学生携带、使用违规物品或者行为具有危险性的，应当采取必要措施予以制止；发现学生藏匿违法、危险物品的，应当责令学生交出并可以对可能藏匿物品的课桌、储物柜等进行检查。

教师、学校对学生的违规物品可以予以暂扣并妥善保管，在适当时候交还学生家长；属于违法、危险物品的，应当及时报告公安机关、应急管理部门等有关部门依法处理。

第十二条 教师在教育教学管理、实施教育惩戒过程中，不得有下列行为：

（一）以击打、刺扎等方式直接造成身体痛苦的体罚；

（二）超过正常限度的罚站、反复抄写，强制做不适的动作或者姿势，以及刻意孤立等间接伤害身体、心理的变相体罚；

（三）辱骂或者以歧视性、侮辱性的言行侵犯学生人格尊严；

（四）因个人或者少数人违规违纪行为而惩罚全体学生；

（五）因学业成绩而教育惩戒学生；

（六）因个人情绪、好恶实施或者选择性实施教育惩戒；

（七）指派学生对其他学生实施教育惩戒；

（八）其他侵害学生权利的。

第十三条 教师对学生实施教育惩戒后，应当注重与学生的沟通和帮扶，对改正错误的学生及时予以表扬、鼓励。

学校可以根据实际和需要，建立学生教育保护辅导工作机制，由学校分管负责人、德育工作机构负责人、教师以及法治副校长（辅导员）、法律以及心理、社会工作等方面的专业人员组成辅导小组，对有需要的学生进行专门的心理辅导、行为矫治。

第十四条 学校拟对学生实施本规则第十条所列教育惩戒和纪律处分的，应当听取学生的陈述和申辩。学生或者家长申请听证的，学校应当组织听证。

学生受到教育惩戒或者纪律处分后，能够诚恳认错、积极改正的，可以提前解除教育惩戒或者纪律处分。

第十五条 学校应当支持、监督教师正当履行职务。教师因实施教育惩戒与学生及其家长发生纠纷，学校应当及时进行处理，教师无过错的，不得因教师实施教育惩戒而给予其处分或者其他不利处理。

教师违反本规则第十二条，情节轻微的，学校应当予以批评教育；情节严重的，应当暂停履行职责或者依法依规给予处分；给学生身心造成伤害，构成违法犯罪的，由公安机关依法处理。

第十六条 学校、教师应当重视家校协作，积极与家长沟通，使家长理解、支持和配合实施教育惩戒，形成合力。家长应当履行对子女的教育职责，尊重教师的教育权利，配合教师、学校对违规违纪学生进行管教。

家长对教师实施的教育惩戒有异议或者认为教师行为违反本规则第十二条规定的，可以向学校或者主管教育行政部门投诉、举报。学校、教育行政部门应当按照师德师风建设管理的有关要求，及时予以调查、处理。家长威胁、侮辱、伤害教师的，学校、教育行政部门应当依法保护教师人身安全、维护教师合法权益；情形严重的，应当及时向公安机关报告并配合公安机关、司法机关追究责任。

第十七条　学生及其家长对学校依据本规则第十条实施的教育惩戒或者给予的纪律处分不服的，可以在教育惩戒或者纪律处分作出后15个工作日内向学校提起申诉。

学校应当成立由学校相关负责人、教师、学生以及家长、法治副校长等校外有关方面代表组成的学生申诉委员会，受理申诉申请，组织复查。学校应当明确学生申诉委员会的人员构成、受理范围及处理程序等并向学生及家长公布。

学生申诉委员会应当对学生申诉的事实、理由等进行全面审查，作出维持、变更或者撤销原教育惩戒或者纪律处分的决定。

第十八条　学生或者家长对学生申诉处理决定不服的，可以向学校主管教育部门申请复核；对复核决定不服的，可以依法提起行政复议或者行政诉讼。

第十九条　学校应当有针对性地加强对教师的培训，促进教师更新教育理念、改进教育方式方法，提高教师正确履行职责的意识与能力。

每学期末，学校应当将学生受到本规则第十条所列教育惩戒和纪律处分的信息报主管教育行政部门备案。

第二十条　本规则自2021年3月1日起施行。

各地可以结合本地实际，制定本地方实施细则或者指导学校制定实施细则。

第三部分　劳 动 就 业

中华人民共和国劳动法(节录)

(1994 年 7 月 5 日第八届全国人民代表大会常务委员会第八次会议通过　根据 2009 年 8 月 27 日第十一届全国人民代表大会常务委员会第十次会议《关于修改部分法律的决定》第一次修正　根据 2018 年 12 月 29 日第十三届全国人民代表大会常务委员会第七次会议《关于修改〈中华人民共和国劳动法〉等七部法律的决定》第二次修正)

第二章　促 进 就 业

第十三条　妇女享有与男子平等的就业权利。在录用职工时,除国家规定的不适合妇女的工种或者岗位外,不得以性别为由拒绝录用妇女或者提高对妇女的录用标准。

第十五条　禁止用人单位招用未满十六周岁的未成年人。

文艺、体育和特种工艺单位招用未满十六周岁的未成年人,必须遵守国家有关规定,并保障其接受义务教育的权利。

第三章　劳动合同和集体合同

第二十九条　劳动者有下列情形之一的,用人单位不得依据本法第二十六条、第二十七条的规定解除劳动合同:

(一)患职业病或者因工负伤并被确认丧失或者部分丧失劳动能力的;

(二)患病或者负伤,在规定的医疗期内的;

(三)女职工在孕期、产期、哺乳期内的;

(四)法律、行政法规规定的其他情形。

第七章　女职工和未成年工特殊保护

第五十八条　国家对女职工和未成年工实行特殊劳动保护。

未成年工是指年满十六周岁未满十八周岁的劳动者。

第五十九条　禁止安排女职工从事矿山井下、国家规定的第四级体力劳动强度的劳动和其他禁忌从事的劳动。

第六十条　不得安排女职工在经期从事高处、低温、冷水作业和国家规定的第三级体力劳动强度的劳动。

第六十一条　不得安排女职工在怀孕期间从事国家规定的第三级体力劳动强度的劳动和孕期禁忌从事的劳动。对怀孕七个月以上的女职工,不得安排其延长工作时间和夜班劳动。

第六十二条　女职工生育享受不少于九十天的产假。

第六十三条　不得安排女职工在哺乳未满一周岁的婴儿期间从事国家规定的第三级体力劳动强度的劳动和哺乳期禁忌从事的其他劳动,不得安排其延长工作时间和夜班劳动。

第六十四条　不得安排未成年工从事矿山井下、有毒有害、国家规定的第四级体力劳动强度的劳动和其他禁忌从事的劳动。

第六十五条　用人单位应当对未成年工定期进行健康检查。

第十二章　法律责任

第九十四条　用人单位非法招用未满十六周岁的未成年人的,由劳动行政部门责令改正,处以罚款;情节严重的,由市场监督管理部门吊销营业执照。

第九十五条　用人单位违反本法对女职工和未成年工的保护规定,侵害其合法权益的,由劳动行政部门责令改正,处以罚款;对女职工或者未成年工造成损害的,应当承担赔偿责任。

中华人民共和国职业教育法

（1996年5月15日第八届全国人民代表大会常务委员会第十九次会议通过　1996年5月15日中华人民共和国主席令第69号公布　自1996年9月1日起施行）

目　　录

第一章　总　　则

第一条　为了实施科教兴国战略，发展职业教育，提高劳动者素质，促进社会主义现代化建设，根据教育法和劳动法，制定本法。

第二条　本法适用于各级各类职业学校教育和各种形式的职业培训。国家机关实施的对国家机关工作人员的专门培训由法律、行政法规另行规定。

第三条　职业教育是国家教育事业的重要组成部分，是促进经济、社会发展和劳动就业的重要途径。

国家发展职业教育，推进职业教育改革，提高职业教育质量，建立、健全适应社会主义市场经济和社会进步需要的职业教育制度。

第四条　实施职业教育必须贯彻国家教育方针，对受教育者进行思想政治教育和职业道德教育，传授职业知识，培养职业技能，进行职业指导，全面提高受教育者的素质。

第五条　公民有依法接受职业教育的权利。

第六条　各级人民政府应当将发展职业教育纳入国民经济和社会发展规划。

行业组织和企业、事业组织应当依法履行实施职业教育的义务。

第七条　国家采取措施，发展农村职业教育，扶持少数民族地区、边远贫困地区职业教育的发展。

国家采取措施，帮助妇女接受职业教育，组织失业人员接受各种形式的职业教育，扶持残疾人职业教育的发展。

第八条　实施职业教育应当根据实际需要，同国家制定的职业分类和职业等级标准相适应，实行学历证书、培训证书和职业资格证书制度。

国家实行劳动者在就业前或者上岗前接受必要的职业教育的制度。

第九条　国家鼓励并组织职业教育的科学研究。

第十条　国家对在职业教育中作出显著成绩的单位和个人给予奖励。

第十一条　国务院教育行政部门负责职业教育工作的统筹规划、综合协调、宏观管理。

国务院教育行政部门、劳动行政部门和其他有关部门在国务院规定的职责范围内，分别负责有关的职业教育工作。

县级以上地方各级人民政府应当加强对本行政区域内职业教育工作的领导、统筹协调和督导评估。

第二章　职业教育体系

第十二条　国家根据不同地区的经济发展水平和教育普及程度，实施以初中后为重点的不同阶段的教育分流，建立、健全职业学校教育与职业培训并举，并与其他教育相互沟通、协调发展的职业教育体系。

第十三条　职业学校教育分为初等、中等、高等职业学校教育。

初等、中等职业学校教育分别由初等、中等职业学校实施；高等职业学校教育根据需要和条件由高等职业学校实施，或者由普通高等学校实施。其他学校按照教育行政部门的统筹规划，可以实施同层次的职业学校教育。

第十四条　职业培训包括从业前培训、转业培训、学徒培训、在岗培训、转岗培训及其他职业性培训，可以根据实际情况分为初级、中级、高级职业培训。

职业培训分别由相应的职业培训机构、职业学校实施。

其他学校或者教育机构可以根据办学能力，开展面向社会的、多种形式的职业培训。

第十五条　残疾人职业教育除由残疾人教育机构实施外，各级各类职业学校和职业培训机构及其他教育机构应当按照国家有关规定接纳残疾学生。

第十六条　普通中学可以因地制宜地开设职业教育的课程，或者根据实际需要适当增加职业教育的教学内容。

第三章　职业教育的实施

第十七条　县级以上地方各级人民政府应当举办发挥骨干和示范作用的职业学校、职业培训机构，对农村、企业、事业组织、社会团体、其他社会组织及公民个人依法举办的职业学校和职业培训机构给予指导和扶持。

第十八条　县级人民政府应当适应农村经济、科学技术、教育统筹发展的需要，举办多种形式的职业教育，开展实用技术的培训，促进农村职业教育的发展。

第十九条　政府主管部门、行业组织应当举办或者联合举办职业学校、职业培训机构，组织、协调、指导本行业的企业、事业组织举办职业学校、职业培训机构。

国家鼓励运用现代化教学手段，发展职业教育。

第二十条 企业应当根据本单位的实际，有计划地对本单位的职工和准备录用的人员实施职业教育。

企业可以单独举办或者联合举办职业学校、职业培训机构，也可以委托学校、职业培训机构对本单位的职工和准备录用的人员实施职业教育。

从事技术工种的职工，上岗前必须经过培训；从事特种作业的职工必须经过培训，并取得特种作业资格。

第二十一条 国家鼓励事业组织、社会团体、其他社会组织及公民个人按照国家有关规定举办职业学校、职业培训机构。

境外的组织和个人在中国境内举办职业学校、职业培训机构的办法，由国务院规定。

第二十二条 联合举办职业学校、职业培训机构，举办者应当签订联合办学合同。

政府主管部门、行业组织、企业、事业组织委托学校、职业培训机构实施职业教育的，应当签订委托合同。

第二十三条 职业学校、职业培训机构实施职业教育应当实行产教结合，为本地区经济建设服务，与企业密切联系，培养实用人才和熟练劳动者。

职业学校、职业培训机构可以举办与职业教育有关的企业或者实习场所。

第二十四条 职业学校的设立，必须符合下列基本条件：

（一）有组织机构和章程；

（二）有合格的教师；

（三）有符合规定标准的教学场所、与职业教育相适应的设施、设备；

（四）有必备的办学资金和稳定的经费来源。

职业培训机构的设立，必须符合下列基本条件：

（一）有组织机构和管理制度；

（二）有与培训任务相适应的教师和管理人员；

（三）有与进行培训相适应的场所、设施、设备；

（四）有相应的经费。

职业学校和职业培训机构的设立、变更和终止，应当按照国家有关规定执行。

第二十五条 接受职业学校教育的学生，经学校考核合格，按照国家有关规定，发给学历证书。接受职业培训的学生，经培训的职业学校或者职业培训机构考核合格，按照国家有关规定，发给培训证书。

学历证书、培训证书按照国家有关规定，作为职业学校、职业培训机构的毕业生、结业生从业的凭证。

第四章 职业教育的保障条件

第二十六条 国家鼓励通过多种渠道依法筹集发展职业教育的资金。

第二十七条　省、自治区、直辖市人民政府应当制定本地区职业学校学生人数平均经费标准;国务院有关部门应当会同国务院财政部门制定本部门职业学校学生人数平均经费标准。职业学校举办者应当按照学生人数平均经费标准足额拨付职业教育经费。

各级人民政府、国务院有关部门用于举办职业学校和职业培训机构的财政性经费应当逐步增长。

任何组织和个人不得挪用、克扣职业教育的经费。

第二十八条　企业应当承担对本单位的职工和准备录用的人员进行职业教育的费用,具体办法由国务院有关部门会同国务院财政部门或者由省、自治区、直辖市人民政府依法规定。

第二十九条　企业未按本法第二十条的规定实施职业教育的,县级以上地方人民政府应当责令改正;拒不改正的,可以收取企业应当承担的职业教育经费,用于本地区的职业教育。

第三十条　省、自治区、直辖市人民政府按照教育法的有关规定决定开征的用于教育的地方附加费,可以专项或者安排一定比例用于职业教育。

第三十一条　各级人民政府可以将农村科学技术开发、技术推广的经费,适当用于农村职业培训。

第三十二条　职业学校、职业培训机构可以对接受中等、高等职业学校教育和职业培训的学生适当收取学费,对经济困难的学生和残疾学生应当酌情减免。收费办法由省、自治区、直辖市人民政府规定。

国家支持企业、事业组织、社会团体、其他社会组织及公民个人按照国家有关规定设立职业教育奖学金、贷学金,奖励学习成绩优秀的学生或者资助经济困难的学生。

第三十三条　职业学校、职业培训机构举办企业和从事社会服务的收入应当主要用于发展职业教育。

第三十四条　国家鼓励金融机构运用信贷手段,扶持发展职业教育。

第三十五条　国家鼓励企业、事业组织、社会团体、其他社会组织及公民个人对职业教育捐资助学,鼓励境外的组织和个人对职业教育提供资助和捐赠。提供的资助和捐赠,必须用于职业教育。

第三十六条　县级以上各级人民政府和有关部门应当将职业教育教师的培养和培训工作纳入教师队伍建设规划,保证职业教育教师队伍适应职业教育发展的需要。

职业学校和职业培训机构可以聘请专业技术人员、有特殊技能的人员和其他教育机构的教师担任兼职教师。有关部门和单位应当提供方便。

第三十七条　国务院有关部门、县级以上地方各级人民政府以及举办职业学校、职业培训机构的组织、公民个人,应当加强职业教育生产实习基地的建设。

企业、事业组织应当接纳职业学校和职业培训机构的学生和教师实习;对上岗实习的,应当给予适当的劳动报酬。

第三十八条 县级以上各级人民政府和有关部门应当建立、健全职业教育服务体系，加强职业教育教材的编辑、出版和发行工作。

第五章 附 则

第三十九条 在职业教育活动中违反教育法规定的，应当依照教育法的有关规定给予处罚。

第四十条 本法自1996年9月1日起施行。

中华人民共和国就业促进法(节录)

(2007年8月30日第十届全国人民代表大会常务委员会第二十九次会议通过　根据2015年4月24日第十二届全国人民代表大会常务委员会第十四次会议《关于修改〈中华人民共和国电力法〉等六部法律的决定》修正)

第五章　职业教育和培训

第四十四条　国家依法发展职业教育,鼓励开展职业培训,促进劳动者提高职业技能,增强就业能力和创业能力。

第四十五条　县级以上人民政府根据经济社会发展和市场需求,制定并实施职业能力开发计划。

第四十六条　县级以上人民政府加强统筹协调,鼓励和支持各类职业院校、职业技能培训机构和用人单位依法开展就业前培训、在职培训、再就业培训和创业培训;鼓励劳动者参加各种形式的培训。

第四十七条　县级以上地方人民政府和有关部门根据市场需求和产业发展方向,鼓励、指导企业加强职业教育和培训。

职业院校、职业技能培训机构与企业应当密切联系,实行产教结合,为经济建设服务,培养实用人才和熟练劳动者。

企业应当按照国家有关规定提取职工教育经费,对劳动者进行职业技能培训和继续教育培训。

第四十八条　国家采取措施建立健全劳动预备制度,县级以上地方人民政府对有就业要求的初高中毕业生实行一定期限的职业教育和培训,使其取得相应的职业资格或者掌握一定的职业技能。

第四十九条　地方各级人民政府鼓励和支持开展就业培训,帮助失业人员提高职业技能,增强其就业能力和创业能力。失业人员参加就业培训的,按照有关规定享受政府培训补贴。

第五十条　地方各级人民政府采取有效措施,组织和引导进城就业的农村劳动者参加技能培训,鼓励各类培训机构为进城就业的农村劳动者提供技能培训,增强其就业能力和创业能力。

第五十一条　国家对从事涉及公共安全、人身健康、生命财产安全等特殊工种的劳动者,实行职业资格证书制度,具体办法由国务院规定。

中华人民共和国中小企业促进法(节录)

(2002年6月29日第九届全国人民代表大会常务委员会第二十八次会议通过 2017年9月1日第十二届全国人民代表大会常务委员会第二十九次会议修订)

第二十五条 高等学校毕业生、退役军人和失业人员、残疾人员等创办小型微型企业,按照国家规定享受税收优惠和收费减免。

第三十七条 县级以上人民政府有关部门应当拓宽渠道,采取补贴、培训等措施,引导高等学校毕业生到中小企业就业,帮助中小企业引进创新人才。

国家鼓励科研机构、高等学校和大型企业等创造条件向中小企业开放试验设施,开展技术研发与合作,帮助中小企业开发新产品,培养专业人才。

国家鼓励科研机构、高等学校支持本单位的科技人员以兼职、挂职、参与项目合作等形式到中小企业从事产学研合作和科技成果转化活动,并按照国家有关规定取得相应报酬。

第四十八条 国家支持有关机构、高等学校开展针对中小企业经营管理及生产技术等方面的人员培训,提高企业营销、管理和技术水平。

国家支持高等学校、职业教育院校和各类职业技能培训机构与中小企业合作共建实习实践基地,支持职业教育院校教师和中小企业技术人才双向交流,创新中小企业人才培养模式。

使用有毒物品作业场所劳动保护条例（节录）

（2002年4月30日国务院第57次常务会议通过　2002年5月12日国务院令第352号公布　自公布之日起施行）

第七条　禁止使用童工。

用人单位不得安排未成年人和孕期、哺乳期的女职工从事使用有毒物品的作业。

第六十三条　用人单位违反本条例的规定，有下列行为之一的，由卫生行政部门给予警告，责令限期改正；逾期不改正的，处5万元以上30万元以下的罚款；造成严重职业中毒危害或者导致职业中毒事故发生的，对负有责任的主管人员和其他直接责任人员依照刑法关于重大责任事故罪或者其他罪的规定，依法追究刑事责任：

（一）使用未经培训考核合格的劳动者从事高毒作业的；

（二）安排有职业禁忌的劳动者从事所禁忌的作业的；

（三）发现有职业禁忌或者有与所从事职业相关的健康损害的劳动者，未及时调离原工作岗位，并妥善安置的；

（四）安排未成年人或者孕期、哺乳期的女职工从事使用有毒物品作业的；

（五）使用童工的。

禁止使用童工规定

(2002 年 9 月 18 日国务院第 63 次常务会议通过　2002 年 10 月 1 日国务院令第 364 号公布　自 2002 年 12 月 1 日起施行)

第一条　为保护未成年人的身心健康,促进义务教育制度的实施,维护未成年人的合法权益,根据宪法和劳动法、未成年人保护法,制定本规定。

第二条　国家机关、社会团体、企业事业单位、民办非企业单位或者个体工商户(以下统称用人单位)均不得招用不满 16 周岁的未成年人(招用不满 16 周岁的未成年人,以下统称使用童工)。

禁止任何单位或者个人为不满 16 周岁的未成年人介绍就业。

禁止不满 16 周岁的未成年人开业从事个体经营活动。

第三条　不满 16 周岁的未成年人的父母或者其他监护人应当保护其身心健康,保障其接受义务教育的权利,不得允许其被用人单位非法招用。

不满 16 周岁的未成年人的父母或者其他监护人允许其被用人单位非法招用的,所在地的乡(镇)人民政府、城市街道办事处以及村民委员会、居民委员会应当给予批评教育。

第四条　用人单位招用人员时,必须核查被招用人员的身份证;对不满 16 周岁的未成年人,一律不得录用。用人单位录用人员的录用登记、核查材料应当妥善保管。

第五条　县级以上各级人民政府劳动保障行政部门负责本规定执行情况的监督检查。

县级以上各级人民政府公安、工商行政管理、教育、卫生等行政部门在各自职责范围内对本规定的执行情况进行监督检查,并对劳动保障行政部门的监督检查给予配合。

工会、共青团、妇联等群众组织应当依法维护未成年人的合法权益。

任何单位或者个人发现使用童工的,均有权向县级以上人民政府劳动保障行政部门举报。

第六条　用人单位使用童工的,由劳动保障行政部门按照每使用一名童工每月处 5000 元罚款的标准给予处罚;在使用有毒物品的作业场所使用童工的,按照《使用有毒物品作业场所劳动保护条例》规定的罚款幅度,或者按照每使用一名童工每月处 5000 元罚款的标准,从重处罚。劳动保障行政部门并应当责令用人单位限期将童工送回原居住地交其父母或者其他监护人,所需交通和食宿费用全部由用人单位承担。

用人单位经劳动保障行政部门依照前款规定责令限期改正,逾期仍不将童工送交其父母或者其他监护人的,从责令限期改正之日起,由劳动保障行政部门按照每使用一名童工每月处 1 万元罚款的标准处罚,并由工商行政管理部门吊销其营业执照或者由民政部门撤销民办非企业单位登记;用人单位是国家机关、事业单位的,由有关单位依法对直接负责的主管人员和其他直接责任人员给予降级或者撤职的行政处分或者纪律处分。

第七条 单位或者个人为不满 16 周岁的未成年人介绍就业的,由劳动保障行政部门按照每介绍一人处 5000 元罚款的标准给予处罚;职业中介机构为不满 16 周岁的未成年人介绍就业的,并由劳动保障行政部门吊销其职业介绍许可证。

第八条 用人单位未按照本规定第四条的规定保存录用登记材料,或者伪造录用登记材料的,由劳动保障行政部门处 1 万元的罚款。

第九条 无营业执照、被依法吊销营业执照的单位以及未依法登记、备案的单位使用童工或者介绍童工就业的,依照本规定第六条、第七条、第八条规定的标准加一倍罚款,该非法单位由有关的行政主管部门予以取缔。

第十条 童工患病或者受伤的,用人单位应当负责送到医疗机构治疗,并负担治疗期间的全部医疗和生活费用。

童工伤残或者死亡的,用人单位由工商行政管理部门吊销营业执照或者由民政部门撤销民办非企业单位登记;用人单位是国家机关、事业单位的,由有关单位依法对直接负责的主管人员和其他直接责任人员给予降级或者撤职的行政处分或者纪律处分;用人单位还应当一次性地对伤残的童工、死亡童工的直系亲属给予赔偿,赔偿金额按照国家工伤保险的有关规定计算。

第十一条 拐骗童工,强迫童工劳动,使用童工从事高空、井下、放射性、高毒、易燃易爆以及国家规定的第四级体力劳动强度的劳动,使用不满 14 周岁的童工,或者造成童工死亡或者严重伤残的,依照刑法关于拐卖儿童罪、强迫劳动罪或者其他罪的规定,依法追究刑事责任。

第十二条 国家行政机关工作人员有下列行为之一的,依法给予记大过或者降级的行政处分;情节严重的,依法给予撤职或者开除的行政处分;构成犯罪的,依照刑法关于滥用职权罪、玩忽职守罪或者其他罪的规定,依法追究刑事责任:

(一)劳动保障等有关部门工作人员在禁止使用童工的监督检查工作中发现使用童工的情况,不予制止、纠正、查处的;

(二)公安机关的人民警察违反规定发放身份证或者在身份证上登录虚假出生年月的;

(三)工商行政管理部门工作人员发现申请人是不满 16 周岁的未成年人,仍然为其从事个体经营发放营业执照的。

第十三条 文艺、体育单位经未成年人的父母或者其他监护人同意,可以招用不满 16 周岁的专业文艺工作者、运动员。用人单位应当保障被招用的不满 16 周岁的未成年人的身心健康,保障其接受义务教育的权利。文艺、体育单位招用不满 16 周岁的专业文艺工作者、运动员的办法,由国务院劳动保障行政部门会同国务院文化、体育行政部门制定。

学校、其他教育机构以及职业培训机构按照国家有关规定组织不满16周岁的未成年人进行不影响其人身安全和身心健康的教育实践劳动、职业技能培训劳动，不属于使用童工。

第十四条 本规定自2002年12月1日起施行。1991年4月15日国务院发布的《禁止使用童工规定》同时废止。

未成年工特殊保护规定

（1994年12月9日 劳部发〔1994〕498号）

第一条 为维护未成年工的合法权益，保护其在生产劳动中的健康，根据《中华人民共和国劳动法》的有关规定，制定本规定。

第二条 未成年工是指年满十六周岁，未满十八周岁的劳动者。

未成年工的特殊保护是针对未成年工处于生长发育期的特点，以及接受义务教育的需要，采取的特殊劳动保护措施。

第三条 用人单位不得安排未成年工从事以下范围的劳动：

（一）《生产性粉尘作业危害程度分级》国家标准中第一级以上的接尘作业；

（二）《有毒作业分级》国家标准中第一级以上的有毒作业；

（三）《高处作业分级》国家标准中第二级以上的高处作业；

（四）《冷水作业分级》国家标准中第二级以上的冷水作业；

（五）《高温作业分级》国家标准中第三级以上的高温作业；

（六）《低温作业分级》国家标准中第三级以上的低温作业；

（七）《体力劳动强度分级》国家标准中第四级体力劳动强度的作业；

（八）矿山井下及矿山地面采石作业；

（九）森林业中的伐木、流放及守林作业；

（十）工作场所接触放射性物质的作业；

（十一）有易燃易爆、化学性烧伤和热烧伤等危险性大的作业；

（十二）地质勘探和资源勘探的野外作业；

（十三）潜水、涵洞、涵道作业和海拔三千米以上的高原作业（不包括世居高原者）；

（十四）连续负重每小时在六次以上并每次超过二十公斤，间断负重每次超过二十五公斤的作业；

（十五）使用凿岩机、捣固机、气镐、气铲、铆钉机、电锤的作业；

（十六）工作中需要长时间保持低头、弯腰、上举、下蹲等强迫体位和动作频率每分钟大于五十次的流水线作业；

（十七）锅炉司炉。

第四条 未成年工患有某种疾病或具有某些生理缺陷（非残疾型）时，用人单位不得安排其从事以下范围的劳动：

（一）《高处作业分级》国家标准中第一级以上的高处作业；

（二）《低温作业分级》国家标准中第二级以上的低温作业；

（三）《高温作业分级》国家标准中第二级以上的高温作业；

（四）《体力劳动强度分级》国家标准中第三级以上体力劳动强度的作业；

（五）接触铅、苯、汞、甲醛、二硫化碳等易引起过敏反应的作业。

第五条 患有某种疾病或具有某些生理缺陷（非残疾型）的未成年工，是指有以下一种或一种以上情况者：

（一）心血管系统

1. 先天性心脏病；

2. 克山病；

3. 收缩期或舒张期二级以上心脏杂音。

（二）呼吸系统

1. 中度以上气管炎或支气管哮喘；

2. 呼吸音明显减弱；

3. 各类结核病；

4. 体弱儿，呼吸道反复感染者。

（三）消化系统

1. 各类肝炎；

2. 肝、脾肿大；

3. 胃、十二指肠溃疡；

4. 各种消化道疝。

（四）泌尿系统

1. 急、慢性肾炎；

2. 泌尿系感染。

（五）内分泌系统

1. 甲状腺机能亢进；

2. 中度以上糖尿病。

（六）精神神经系统

1. 智力明显低下；

2. 精神忧郁或狂暴。

（七）肌肉、骨骼运动系统

1. 身高和体重低于同龄人标准；

2. 一个及一个以上肢体存在明显功能障碍；

3. 躯干四分之一以上部位活动受限，包括强直或不能旋转。

（八）其他

1. 结核性胸膜炎；

2. 各类重度关节炎；

3. 血吸虫病；

4. 严重贫血，其血色素每升低于九十五克（<9.5g/dL）。

第六条　用人单位应按下列要求对未成年工定期进行健康检查：

（一）安排工作岗位之前；

（二）工作满一年；

（三）年满十八周岁，距前一次的体检时间已超过半年。

第七条　未成年工的健康检查，应按本规定所附《未成年工健康检查表》列出的项目进行。

第八条　用人单位应根据未成年工的健康检查结果安排其从事适合的劳动，对不能胜任原劳动岗位的，应根据医务部门的证明，予以减轻劳动量或安排其他劳动。

第九条　对未成年工的使用和特殊保护实行登记制度。

（一）用人单位招收使用未成年工，除符合一般用工要求外，还须向所在地的县级以上劳动行政部门办理登记。劳动行政部门根据《未成年工健康检查表》、《未成年工登记表》，核发《未成年工登记证》。

（二）各级劳动行政部门须按本规定第三、四、五、七条的有关规定，审核体检情况和拟安排的劳动范围。

（三）未成年工须持《未成年工登记证》上岗。

（四）《未成年工登记证》由国务院劳动行政部门统一印制。

第十条　未成年工上岗前用人单位应对其进行有关的职业安全卫生教育、培训；未成年工体检和登记，由用人单位统一办理和承担费用。

第十一条　县级以上劳动行政部门对用人单位执行本规定的情况进行监督检查，对违犯本规定的行为依照有关法规进行处罚。

各级工会组织对本规定的执行情况进行监督。

第十二条　省、自治区、直辖市劳动行政部门可以根据本规定制定实施办法。

第十三条　本规定自 1995 年 1 月 1 日起施行。

国务院关于大力发展职业教育的决定

（2005年10月28日　国发〔2005〕35号）

各省、自治区、直辖市人民政府，国务院各部委、各直属机构：

2002年全国职业教育工作会议以来，各地区、各部门认真贯彻《国务院关于大力推进职业教育改革与发展的决定》（国发〔2002〕16号），加强了对职业教育工作的领导和支持，以就业为导向改革与发展职业教育逐步成为社会共识，职业教育规模进一步扩大，服务经济社会的能力明显增强。但从总体上看，职业教育仍然是我国教育事业的薄弱环节，发展不平衡，投入不足，办学条件比较差，办学机制以及人才培养的规模、结构、质量还不能适应经济社会发展的需要。为了进一步贯彻落实《中华人民共和国职业教育法》和《中华人民共和国劳动法》，适应全面建设小康社会对高素质劳动者和技能型人才的迫切要求，促进社会主义和谐社会建设，现就大力发展职业教育作出如下决定：

一、落实科学发展观，把发展职业教育作为经济社会发展的重要基础和教育工作的战略重点

（一）大力发展职业教育，加快人力资源开发，是落实科教兴国战略和人才强国战略，推进我国走新型工业化道路、解决“三农”问题、促进就业再就业的重大举措；是全面提高国民素质，把我国巨大人口压力转化为人力资源优势，提升我国综合国力、构建和谐社会的重要途径；是贯彻党的教育方针，遵循教育规律，实现教育事业全面协调可持续发展的必然要求。在新形势下，各级人民政府要以邓小平理论和“三个代表”重要思想为指导，落实科学发展观，把加快职业教育、特别是加快中等职业教育发展与繁荣经济、促进就业、消除贫困、维护稳定、建设先进文化紧密结合起来，增强紧迫感和使命感，采取强有力措施，大力推动职业教育快速健康发展。

（二）明确职业教育改革发展的目标。进一步建立和完善适应社会主义市场经济体制，满足人民群众终身学习需要，与市场需求和劳动就业紧密结合，校企合作、工学结合，结构合理、形式多样，灵活开放、自主发展，有中国特色的现代职业教育体系。

“十一五”期间，继续完善“政府主导、依靠企业、充分发挥行业作用、社会力量积极参与，公办与民办共同发展”的多元办学格局和“在国务院领导下，分级管理、地方为主、政府统筹、社会参与”的管理体制。

到2010年，中等职业教育招生规模达到800万人，与普通高中招生规模大体相当；高等职业教育招生规模占高等教育招生规模的一半以上。“十一五”期间，为社会输送2500多万名中等职业学校毕业生，1100多万名高等职业院校毕业生。各种形式的职业培训进一步发展，每年培训城乡劳动者上亿人次，使我国劳动者的素质得到明显提高。职业教育办学条件普遍改善，师资队伍建设进一步加强，质量效益明显提高。

二、以服务社会主义现代化建设为宗旨，培养数以亿计的高素质劳动者和数以千万计的高技能专门人才

（三）职业教育要为我国走新型工业化道路，调整经济结构和转变增长方式服务。实施国家技能型人才培养培训工程，加快生产、服务一线急需的技能型人才的培养，特别是现代制造业、现代服务业紧缺的高素质高技能专门人才的培养。各地区、各部门要根据区域经济和行业发展需要，制订地方和行业技能型人才培养规划。

（四）职业教育要为农村劳动力转移服务。实施国家农村劳动力转移培训工程，促进农村劳动力合理有序转移和农民脱贫致富，提高进城农民工的职业技能，帮助他们在城镇稳定就业。

（五）职业教育要为建设社会主义新农村服务。继续强化农村"三教"统筹，促进"农科教"结合。实施农村实用人才培训工程，充分发挥农村各类职业学校、成人文化技术学校以及各种农业技术推广培训机构的作用，大范围培养农村实用型人才和技能型人才，大面积普及农业先进实用技术，大力提高农民思想道德和科学文化素质。

（六）职业教育要为提高劳动者素质特别是职业能力服务。实施以提高职业技能为重点的成人继续教育和再就业培训工程，在企业中建立工学结合的职工教育和培训体系，面向在职职工开展普遍的、持续的文化教育和技术培训，加快培养高级工和技师，建设学习型企业。职业院校和培训机构要为就业再就业服务，面向初高中毕业生、城镇失业人员、农村转移劳动力，开展各种形式的职业技能培训和创业培训，提高他们的就业能力、工作能力、职业转换能力以及创业能力。大力发展社区教育、远程教育，通过自学考试和举办夜校、周末学校等多种形式满足人民群众多样化的学习需求。建立职业教育与其他教育相互沟通和衔接的"立交桥"，使职业教育成为终身教育体系的重要环节，促进学习型社会建立。

三、坚持以就业为导向，深化职业教育教学改革

（七）推进职业教育办学思想的转变。坚持"以服务为宗旨、以就业为导向"的职业教育办学方针，积极推动职业教育从计划培养向市场驱动转变，从政府直接管理向宏观引导转变，从传统的升学导向向就业导向转变。促进职业教育教学与生产实践、技术推广、社会服务紧密结合，积极开展订单培养，加强职业指导和创业教育，建立和完善职业院校毕业生就业和创业服务体系，推动职业院校更好地面向社会、面向市场办学。

（八）进一步深化教育教学改革。根据市场和社会需要，不断更新教学内容，改进教学方法。合理调整专业结构，大力发展面向新兴产业和现代服务业的专业，大力推进精品专业、精品课程和教材建设。加快建立弹性学习制度，逐步推行学分制和选修制。加强职业教育信息化建设，推进现代教育技术在教育教学中的应用。把学生的职业道德、职业能力和就业率作为考核职业院校教育教学工作的重要指标。逐步建立有别于普通教育的，具有职业教育特点的人才培养、选拔与评价的标准和制度。

（九）加强职业院校学生实践能力和职业技能的培养。高度重视实践和实训环节教学，继续实施职业教育实训基地建设计划，在重点专业领域建成2000个专业门类齐全、装备水平较高、优质资源共享的职业教育实训基地。中央财政职业教育专项资金，以奖励等方式支持市场需求大、机制灵活、效益突出的实训基地建设。进一步推进学生获取职业资格证书工作。取得职业院校学历证书的毕业生，参加与所学专业相关的中级职业技能鉴定时，免除理论考核，操作技能考核合格者可获得相应的职业资格证书。到2010年，省级以上重点中等职业学校和有条件的高等职业院校都要建立职业技能鉴定机构，开展职业技能鉴定工作，其学生考核合格后，可同时获得学历证书和相应的职业资格证书。

（十）大力推行工学结合、校企合作的培养模式。与企业紧密联系，加强学生的生产实习和社会实践，改革以学校和课堂为中心的传统人才培养模式。中等职业学校在校学生最后一年要到企业等用人单位顶岗实习，高等职业院校学生实习实训时间不少于半年。建立企业接收职业院校学生实习的制度。实习期间，企业要与学校共同组织好学生的相关专业理论教学和技能实训工作，做好学生实习中的劳动保护、安全等工作，为顶岗实习的学生支付合理报酬。逐步建立和完善半工半读制度，在部分职业院校中开展学生通过半工半读实现免费接受职业教育的试点，取得经验后逐步推广。

（十一）积极开展城市对农村、东部对西部职业教育对口支援工作。要把发展职业教育作为城市与农村、东部与西部对口支援工作的重要内容。各地区要加强统筹协调，把职业教育对口支援工作与农村劳动力转移、教育扶贫、促进就业紧密结合起来。要充分利用东部地区和城市优质职业教育资源和就业市场，进一步推进东西部之间、城乡之间职业院校的联合招生、合作办学。实行更加灵活的学制，有条件地方的职业学校可以采取分阶段、分地区的办学模式，学生前1至2年在西部地区和农村学习，其余时间在东部地区和城市学习。鼓励东部和城市对西部和农村的学生跨地区学习减免学费，并提供就业帮助。

（十二）把德育工作放在首位，全面推进素质教育。坚持育人为本，突出以诚信、敬业为重点的职业道德教育。确定一批职业教育德育工作基地，选聘一批劳动模范、技术能手作为德育辅导员。加强职业院校党团组织建设，积极发展学生党团员。要发挥学校教育、家庭教育和社会教育的作用，为学生健康成长创造良好社会环境。

四、加强基础能力建设，努力提高职业院校的办学水平和质量

（十三）建立和完善遍布城乡、灵活开放的职业教育和培训网络。在合理规划布局、整合现有资源的基础上，每个市（地）都要重点建设一所高等职业技术学院和若干所中等职业学校。每个县（市、区）都要重点办好一所起骨干示范作用的职教中心（中等职业学校）。乡镇要依托中小学、农民文化技术学校及其他培训机构开展职业教育和培训。社区要大力开展职业教育和培训服务。企业要建立健全现代企业培训制度。

（十四）加强县级职教中心建设。继续实施县级职教中心专项建设计划，国家重点扶持建设1000个县级职教中心，使其成为人力资源开发、农村劳动力转移培训、技术培训与推广、扶贫开发和普及高中阶段教育的重要基地。各地区要安排资金改善县级职教中心办学条件。

（十五）加强示范性职业院校建设。实施职业教育示范性院校建设计划，在整合资源、深化改革、创新机制的基础上，重点建设高水平的培养高素质技能型人才的1000所示范性中等职业学校和100所示范性高等职业院校。大力提升这些学校培养高素质技能型人才的能力，促进他们在深化改革、创新体制和机制中起到示范作用，带动全国职业院校办出特色，提高水平。2010年以前，原则上中等职业学校不升格为高等职业院校或并入高等学校，专科层次的职业院校不升格为本科院校。

（十六）加强师资队伍建设。实施职业院校教师素质提高计划，地方各级财政要继续支持职业教育师资培养培训基地建设和师资培训工作。建立职业教育教师到企业实践制度，专业教师每两年必须有两个月到企业或生产服务一线实践。制定和完善职业教育兼职教师聘用政策，支持职业院校面向社会聘用工程技术人员、高技能人才担任专业课教师或实习指导教师。加强"双师型"教师队伍建设，职业院校中实践性较强的专业教师，可按照相应专业技术职务试行条例的规定，申请评定第二个专业技术资格，也可根据有关规定申请取得相应的职业资格证书。

五、积极推进体制改革与创新，增强职业教育发展活力

（十七）推动公办职业学校办学体制改革与创新。公办职业学校要积极吸纳民间资本和境外资金，探索以公有制为主导、产权明晰、多种所有制并存的办学体制。推动公办职业学校与企业合作办学，形成前校后厂（场）、校企合一的办学实体。推动公办职业学校资源整合和重组，走规模化、集团化、连锁化办学的路子。要发挥公办职业学校在职业教育中的主力军作用。

（十八）深化公办职业学校以人事分配制度改革为重点的内部管理体制改革。进一步落实职业院校的办学自主权。中等职业学校实行校长负责制和聘任制，高等职业院校实行党委领导下的校长负责制和任期制。全面推行教职工全员聘用制和岗位管理制度，建立能够吸引人才、稳定人才、合理流动的制度。深化内部收入分配改革，将教职工收入与学校发展、所聘岗位及个人贡献挂钩，调动教职工积极性。

（十九）大力发展民办职业教育。贯彻落实《中华人民共和国民办教育促进法》及其实施条例，把民办职业教育纳入职业教育发展的总体规划。加大对民办职业教育的支持力度，制定和完善民办学校建设用地、资金筹集的相关政策和措施。在师资队伍建设、招生和学生待遇等方面对民办职业院校与公办学校要一视同仁。依法加强对民办职业院校的管理，规范其办学行为。扩大职业教育对外开放，借鉴国外有益经验，积极引进优质资源，推进职业教育领域中外合作办学，努力开拓职业院校毕业生国（境）外就业市场。

六、依靠行业企业发展职业教育，推动职业院校与企业的密切结合

（二十）企业要强化职工培训，提高职工素质。要继续办好已有职业院校，企业可以联合举办职业院校，也可以与职业院校合作办学。企业有责任接受职业院校学生实习和教师实践。对支付实习学生报酬的企业，给予相应税收优惠。

（二十一）要认真落实“一般企业按照职工工资总额的 1.5% 足额提取教育培训经费，从业人员技术要求高、培训任务重、经济效益较好的企业，可按 2.5% 提取”的规定，足额提取教育培训经费，主要用于企业职工特别是一线职工的教育和培训。企业新上项目都要安排员工技术培训经费。

（二十二）行业主管部门和行业协会要在国家教育方针和政策指导下，开展本行业人才需求预测，制订教育培训规划，组织和指导行业职业教育与培训工作；参与制订本行业特有工种职业资格标准、职业技能鉴定和证书颁发工作；参与制订培训机构资质标准和从业人员资格标准；参与国家对职业院校的教育教学评估和相关管理工作。

七、严格实行就业准入制度，完善职业资格证书制度

（二十三）用人单位招录职工必须严格执行“先培训、后就业”、“先培训、后上岗”的规定，从取得职业学校学历证书、职业资格证书和职业培训合格证书的人员中优先录用。要进一步完善涉及人民生命财产安全的相关职业的准入办法。劳动保障、人事和工商等部门要加大对就业准入制度执行情况的监察力度。对违反规定、随意招录未经职业教育或培训人员的用人单位给予处罚，并责令其限期对相关人员进行培训。有关部门要抓紧制定完善就业准入的法规和政策。

（二十四）全面推进和规范职业资格证书制度。加强对职业技能鉴定、专业技术人员职业资格评价、职业资格证书颁发工作的指导与管理。要尽快建立能够反映经济发展和劳动力市场需要的职业资格标准体系。

八、多渠道增加经费投入，建立职业教育学生资助制度

（二十五）各级人民政府要加大对职业教育的支持力度，逐步增加公共财政对职业教育的投入。各级财政安排的职业教育专项经费，重点支持技能型紧缺人才专业建设，职业教育师资培养培训，农业和地矿等艰苦行业、中西部农村地区和少数民族地区的职业教育和成人教育发展。省级政府应当制订本地区职业院校学生人数平均经费标准。

（二十六）要进一步落实城市教育费附加用于职业教育的政策。从 2006 年起，城市教育费附加安排用于职业教育的比例，一般地区不低于 20%，已经普及九年义务教育的地区不低于 30%。农村科学技术开发、技术推广的经费可适当用于农村职业培训。职业院校和培训机构开展的下岗失业人员再就业培训可按规定享受再就业培训补贴。国家和地方安排的扶贫和移民安置资金要加大对贫困地区农村劳动力培训的投入力度。国家鼓励企事业单位、社会团体和公民个人捐资助学，对通过政府部门或非营利组织向职业教育的资助和捐赠，按规定享受税收优惠政策。要合理确定职业院校的学费标准，确保学费收入全额用于学校发展。要加强对职业教育经费的使用管理，提高资金的使用效益。

（二十七）建立职业教育贫困家庭学生助学制度。中央和地方财政要安排经费，资助接受中等职业教育的农村贫困家庭和城镇低收入家庭子女。中等职业学校要从学校收入中安排一定比例用于奖、助学金和学费减免，并把组织学生参加勤工俭学和半工半读作为助学的重要途径。金融机构要为贫困家庭学生接受职业教育提供助学贷款，各地区要把接受职业教育的贫困家庭学生纳入国家助学贷款资助范围。要通过助学金、奖学金、贷学金等多种形式，对贫困家庭学生和选学农业及地矿等艰苦行业职业教育的学生实行学费减、免和生活费补贴。对高等职业院校学生的资助，按国家有关高等学校学生资助政策执行。

九、切实加强领导，动员全社会关心支持职业教育发展

（二十八）各级人民政府要加强对职业教育发展规划、资源配置、条件保障、政策措施的统筹管理，为职业教育提供强有力的公共服务和良好的发展环境。要从严治教，规范管理，引导职业教育健康协调可持续发展。要充分发挥职业教育工作部际联席会议的作用，统筹协调全国职业教育工作，研究解决重大问题。国务院教育行政部门负责职业教育工作的统筹规划、综合协调、宏观管理，劳动保障部门和其他有关部门在各自职责范围内，负责职业教育的有关工作。县级以上地方政府也要建立职业教育工作部门联席会议制度。

（二十九）各级人民政府要切实加强对职业教育工作的领导，把职业教育工作纳入目标管理，作为对主要领导干部进行政绩考核的重要指标，并接受人大、政协的检查和指导。建立职业教育工作定期巡视检查制度，把职业教育督导作为教育督导的重要内容，加强对职业教育的评估检查。加强职业教育科学研究工作，充分发挥社会团体和中介服务机构的作用，为职业教育宏观管理和职业院校改革与发展服务。

（三十）逐步提高生产服务一线技能人才、特别是高技能人才的社会地位和经济收入，实行优秀技能人才特殊奖励政策和激励办法。定期开展全国性的职业技能竞赛活动，对优胜者给予表彰奖励。大力表彰职业教育工作先进单位与先进个人。广泛宣传职业教育的重要地位和作用，宣传优秀技能人才和高素质劳动者在社会主义现代化建设中的重要贡献，提高全社会对职业教育的认识，形成全社会关心、重视和支持职业教育的良好氛围。

就业服务与就业管理规定(节录)

(2007年11月5日劳动和社会保障部令第28号公布　根据2014年12月23日《人力资源社会保障部关于修改〈就业服务与就业管理规定〉的决定》第一次修订　根据2015年4月30日《人力资源社会保障部关于修改部分规章的决定》第二次修订　根据2018年12月14日《人力资源社会保障部关于修改部分规章的决定》第三次修订)

第二章　求职与就业

第六条　劳动者依法享有自主择业的权利。劳动者年满16周岁,有劳动能力且有就业愿望的,可凭本人身份证件,通过公共就业服务机构、职业中介机构介绍或直接联系用人单位等渠道求职。

第八条　劳动者应当树立正确的择业观念,提高就业能力和创业能力。

国家鼓励劳动者在就业前接受必要的职业教育或职业培训,鼓励城镇初高中毕业生在就业前参加劳动预备制培训。

国家鼓励劳动者自主创业、自谋职业。各级劳动保障行政部门应当会同有关部门,简化程序,提高效率,为劳动者自主创业、自谋职业提供便利和相应服务。

第三章　招 用 人 员

第十四条　用人单位招用人员不得有下列行为:

(一)提供虚假招聘信息,发布虚假招聘广告;

(二)扣押被录用人员的居民身份证和其他证件;

(三)以担保或者其他名义向劳动者收取财物;

(四)招用未满16周岁的未成年人以及国家法律、行政法规规定不得招用的其他人员;

(五)招用无合法身份证件的人员;

(六)以招用人员为名牟取不正当利益或进行其他违法活动。

第四章　公共就业服务

第二十八条　职业指导工作包括以下内容:

(一)向劳动者和用人单位提供国家有关劳动保障的法律法规和政策、人力资源市场状况咨询;

(二)帮助劳动者了解职业状况,掌握求职方法,确定择业方向,增强择业能力;

（三）向劳动者提出培训建议，为其提供职业培训相关信息；

（四）开展对劳动者个人职业素质和特点的测试，并对其职业能力进行评价；

（五）对妇女、残疾人、少数民族人员及退出现役的军人等就业群体提供专门的职业指导服务；

（六）对大中专学校、职业院校、技工学校学生的职业指导工作提供咨询和服务；

（七）对准备从事个体劳动或开办私营企业的劳动者提供创业咨询服务；

（八）为用人单位提供选择招聘方法、确定用人条件和标准等方面的招聘用人指导；

（九）为职业培训机构确立培训方向和专业设置等提供咨询参考。

第六章　职业中介服务

第五十八条　禁止职业中介机构有下列行为：

（一）提供虚假就业信息；

（二）发布的就业信息中包含歧视性内容；

（三）伪造、涂改、转让职业中介许可证；

（四）为无合法证照的用人单位提供职业中介服务；

（五）介绍未满16周岁的未成年人就业；

（六）为无合法身份证件的劳动者提供职业中介服务；

（七）介绍劳动者从事法律、法规禁止从事的职业；

（八）扣押劳动者的居民身份证和其他证件，或者向劳动者收取押金；

（九）以暴力、胁迫、欺诈等方式进行职业中介活动；

（十）超出核准的业务范围经营；

（十一）其他违反法律、法规规定的行为。

第七章　就业与失业管理

第六十五条　失业登记的范围包括下列失业人员：

（一）年满16周岁，从各类学校毕业、肄业的；

（二）从企业、机关、事业单位等各类用人单位失业的；

（三）个体工商户业主或私营企业业主停业、破产停止经营的；

（四）承包土地被征用，符合当地规定条件的；

（五）军人退出现役且未纳入国家统一安置的；

（六）刑满释放、假释、监外执行的；

（七）各地确定的其他失业人员。

第六十六条　登记失业人员出现下列情形之一的，由公共就业服务机构注销其失业登记：

（一）被用人单位录用的；

（二）从事个体经营或创办企业，并领取工商营业执照的；
（三）已从事有稳定收入的劳动，并且月收入不低于当地最低工资标准的；
（四）已享受基本养老保险待遇的；
（五）完全丧失劳动能力的；
（六）入学、服兵役、移居境外的；
（七）被判刑收监执行的；
（八）终止就业要求或拒绝接受公共就业服务的；
（九）连续6个月未与公共就业服务机构联系的；
（十）已进行就业登记的其他人员或各地规定的其他情形。

第四部分 安全卫生

中华人民共和国母婴保健法

（1994年10月27日第八届全国人民代表大会常务委员会第十次会议通过 根据2009年8月27日第十一届全国人民代表大会常务委员会第十次会议《关于修改部分法律的决定》第一次修正 2017年11月4日第十二届全国人民代表大会常务委员会第三十次会议《关于修改〈中华人民共和国会计法〉等十一部法律的决定》第二次修正）

目 录

第一章 总 则

第一条 为了保障母亲和婴儿健康，提高出生人口素质，根据宪法，制定本法。

第二条 国家发展母婴保健事业，提供必要条件和物质帮助，使母亲和婴儿获得医疗保健服务。

国家对边远贫困地区的母婴保健事业给予扶持。

第三条 各级人民政府领导母婴保健工作。

母婴保健事业应当纳入国民经济和社会发展计划。

第四条 国务院卫生行政部门主管全国母婴保健工作，根据不同地区情况提出分级分类指导原则，并对全国母婴保健工作实施监督管理。

国务院其他有关部门在各自职责范围内，配合卫生行政部门做好母婴保健工作。

第五条 国家鼓励、支持母婴保健领域的教育和科学研究，推广先进、实用的母婴保健技术，普及母婴保健科学知识。

第六条 对在母婴保健工作中做出显著成绩和在母婴保健科学研究中取得显著成果

的组织和个人,应当给予奖励。

第二章 婚前保健

第七条 医疗保健机构应当为公民提供婚前保健服务。

婚前保健服务包括下列内容:

(一)婚前卫生指导:关于性卫生知识、生育知识和遗传病知识的教育;

(二)婚前卫生咨询:对有关婚配、生育保健等问题提供医学意见;

(三)婚前医学检查:对准备结婚的男女双方可能患影响结婚和生育的疾病进行医学检查。

第八条 婚前医学检查包括对下列疾病的检查:

(一)严重遗传性疾病;

(二)指定传染病;

(三)有关精神病。

经婚前医学检查,医疗保健机构应当出具婚前医学检查证明。

第九条 经婚前医学检查,对患指定传染病在传染期内或者有关精神病在发病期内的,医师应当提出医学意见;准备结婚的男女双方应当暂缓结婚。

第十条 经婚前医学检查,对诊断患医学上认为不宜生育的严重遗传性疾病的,医师应当向男女双方说明情况,提出医学意见;经男女双方同意,采取长效避孕措施或者施行结扎手术后不生育的,可以结婚。但《中华人民共和国婚姻法》规定禁止结婚的除外。

第十一条 接受婚前医学检查的人员对检查结果持有异议的,可以申请医学技术鉴定,取得医学鉴定证明。

第十二条 男女双方在结婚登记时,应当持有婚前医学检查证明或者医学鉴定证明。

第十三条 省、自治区、直辖市人民政府根据本地区的实际情况,制定婚前医学检查制度实施办法。

省、自治区、直辖市人民政府对婚前医学检查应当规定合理的收费标准,对边远贫困地区或者交费确有困难的人员应当给予减免。

第三章 孕产期保健

第十四条 医疗保健机构应当为育龄妇女和孕产妇提供孕产期保健服务。

孕产期保健服务包括下列内容:

(一)母婴保健指导:对孕育健康后代以及严重遗传性疾病和碘缺乏病等地方病的发病原因、治疗和预防方法提供医学意见;

(二)孕妇、产妇保健:为孕妇、产妇提供卫生、营养、心理等方面的咨询和指导以及产前定期检查等医疗保健服务;

(三)胎儿保健:为胎儿生长发育进行监护,提供咨询和医学指导;

(四)新生儿保健:为新生儿生长发育、哺乳和护理提供医疗保健服务。

第十五条　对患严重疾病或者接触致畸物质，妊娠可能危及孕妇生命安全或者可能严重影响孕妇健康和胎儿正常发育的，医疗保健机构应当予以医学指导。

第十六条　医师发现或者怀疑患严重遗传性疾病的育龄夫妻，应当提出医学意见。育龄夫妻应当根据医师的医学意见采取相应的措施。

第十七条　经产前检查，医师发现或者怀疑胎儿异常的，应当对孕妇进行产前诊断。

第十八条　经产前诊断，有下列情形之一的，医师应当向夫妻双方说明情况，并提出终止妊娠的医学意见：

（一）胎儿患严重遗传性疾病的；

（二）胎儿有严重缺陷的；

（三）因患严重疾病，继续妊娠可能危及孕妇生命安全或者严重危害孕妇健康的。

第十九条　依照本法规定施行终止妊娠或者结扎手术，应当经本人同意，并签署意见。本人无行为能力的，应当经其监护人同意，并签署意见。

依照本法规定施行终止妊娠或者结扎手术的，接受免费服务。

第二十条　生育过严重缺陷患儿的妇女再次妊娠前，夫妻双方应当到县级以上医疗保健机构接受医学检查。

第二十一条　医师和助产人员应当严格遵守有关操作规程，提高助产技术和服务质量，预防和减少产伤。

第二十二条　不能住院分娩的孕妇应当由经过培训、具备相应接生能力的接生人员实行消毒接生。

第二十三条　医疗保健机构和从事家庭接生的人员按照国务院卫生行政部门的规定，出具统一制发的新生儿出生医学证明；有产妇和婴儿死亡以及新生儿出生缺陷情况的，应当向卫生行政部门报告。

第二十四条　医疗保健机构为产妇提供科学育儿、合理营养和母乳喂养的指导。

医疗保健机构对婴儿进行体格检查和预防接种，逐步开展新生儿疾病筛查、婴儿多发病和常见病防治等医疗保健服务。

第四章　技 术 鉴 定

第二十五条　县级以上地方人民政府可以设立医学技术鉴定组织，负责对婚前医学检查、遗传病诊断和产前诊断结果有异议的进行医学技术鉴定。

第二十六条　从事医学技术鉴定的人员，必须具有临床经验和医学遗传学知识，并具有主治医师以上的专业技术职务。

医学技术鉴定组织的组成人员，由卫生行政部门提名，同级人民政府聘任。

第二十七条　医学技术鉴定实行回避制度。凡与当事人有利害关系，可能影响公正鉴定的人员，应当回避。

第五章 行 政 管 理

第二十八条 各级人民政府应当采取措施,加强母婴保健工作,提高医疗保健服务水平,积极防治由环境因素所致严重危害母亲和婴儿健康的地方性高发性疾病,促进母婴保健事业的发展。

第二十九条 县级以上地方人民政府卫生行政部门管理本行政区域内的母婴保健工作。

第三十条 省、自治区、直辖市人民政府卫生行政部门指定的医疗保健机构负责本行政区域内的母婴保健监测和技术指导。

第三十一条 医疗保健机构按照国务院卫生行政部门的规定,负责其职责范围内的母婴保健工作,建立医疗保健工作规范,提高医学技术水平,采取各种措施方便人民群众,做好母婴保健服务工作。

第三十二条 医疗保健机构依照本法规定开展婚前医学检查、遗传病诊断、产前诊断以及施行结扎手术和终止妊娠手术的,必须符合国务院卫生行政部门规定的条件和技术标准,并经县级以上地方人民政府卫生行政部门许可。

严禁采用技术手段对胎儿进行性别鉴定,但医学上确有需要的除外。

第三十三条 从事本法规定的遗传病诊断、产前诊断的人员,必须经过省、自治区、直辖市人民政府卫生行政部门的考核,并取得相应的合格证书。

从事本法规定的婚前医学检查、施行结扎手术和终止妊娠手术的人员,必须经过县级以上地方人民政府卫生行政部门的考核,并取得相应的合格证书。

第三十四条 从事母婴保健工作的人员应当严格遵守职业道德,为当事人保守秘密。

第六章 法 律 责 任

第三十五条 未取得国家颁发的有关合格证书的,有下列行为之一,县级以上地方人民政府卫生行政部门应当予以制止,并可以根据情节给予警告或者处以罚款:

(一)从事婚前医学检查、遗传病诊断、产前诊断或者医学技术鉴定的;

(二)施行终止妊娠手术的;

(三)出具本法规定的有关医学证明的。

上款第(三)项出具的有关医学证明无效。

第三十六条 未取得国家颁发的有关合格证书,施行终止妊娠手术或者采取其他方法终止妊娠,致人死亡、残疾、丧失或者基本丧失劳动能力的,依照刑法有关规定追究刑事责任。

第三十七条 从事母婴保健工作的人员违反本法规定,出具有关虚假医学证明或者进行胎儿性别鉴定的,由医疗保健机构或者卫生行政部门根据情节给予行政处分;情节严重的,依法取消执业资格。

第七章　附　　则

第三十八条　本法下列用语的含义：

指定传染病，是指《中华人民共和国传染病防治法》中规定的艾滋病、淋病、梅毒、麻风病以及医学上认为影响结婚和生育的其他传染病。

严重遗传性疾病，是指由于遗传因素先天形成，患者全部或者部分丧失自主生活能力，后代再现风险高，医学上认为不宜生育的遗传性疾病。

有关精神病，是指精神分裂症、躁狂抑郁型精神病以及其他重型精神病。

产前诊断，是指对胎儿进行先天性缺陷和遗传性疾病的诊断。

第三十九条　本法自 1995 年 6 月 1 日起施行。

中华人民共和国母婴保健法实施办法

（2001 年 6 月 20 日国务院令第 308 号公布　根据 2017 年 11 月 17 日国务院令第 690 号《国务院关于修改部分行政法规的决定》修正）

第一章　总　　则

第一条　根据《中华人民共和国母婴保健法》（以下简称母婴保健法），制定本办法。

第二条　在中华人民共和国境内从事母婴保健服务活动的机构及其人员应当遵守母婴保健法和本办法。

从事计划生育技术服务的机构开展计划生育技术服务活动，依照《计划生育技术服务管理条例》的规定执行。

第三条　母婴保健技术服务主要包括下列事项：

（一）有关母婴保健的科普宣传、教育和咨询；

（二）婚前医学检查；

（三）产前诊断和遗传病诊断；

（四）助产技术；

（五）实施医学上需要的节育手术；

（六）新生儿疾病筛查；

（七）有关生育、节育、不育的其他生殖保健服务。

第四条　公民享有母婴保健的知情选择权。国家保障公民获得适宜的母婴保健服务的权利。

第五条　母婴保健工作以保健为中心，以保障生殖健康为目的，实行保健和临床相结合，面向群体、面向基层和预防为主的方针。

第六条　各级人民政府应当将母婴保健工作纳入本级国民经济和社会发展计划，为母婴保健事业的发展提供必要的经济、技术和物质条件，并对少数民族地区、贫困地区的母婴保健事业给予特殊支持。

县级以上地方人民政府根据本地区的实际情况和需要，可以设立母婴保健事业发展专项资金。

第七条　国务院卫生行政部门主管全国母婴保健工作，履行下列职责：

（一）制定母婴保健法及本办法的配套规章和技术规范；

（二）按照分级分类指导的原则，制定全国母婴保健工作发展规划和实施步骤；

（三）组织推广母婴保健及其他生殖健康的适宜技术；

（四）对母婴保健工作实施监督。

第八条 县级以上各级人民政府财政、公安、民政、教育、劳动保障、计划生育等部门应当在各自职责范围内，配合同级卫生行政部门做好母婴保健工作。

第二章 婚前保健

第九条 母婴保健法第七条所称婚前卫生指导，包括下列事项：

（一）有关性卫生的保健和教育；

（二）新婚避孕知识及计划生育指导；

（三）受孕前的准备、环境和疾病对后代影响等孕前保健知识；

（四）遗传病的基本知识；

（五）影响婚育的有关疾病的基本知识；

（六）其他生殖健康知识。

医师进行婚前卫生咨询时，应当为服务对象提供科学的信息，对可能产生的结果进行指导，并提出适当的建议。

第十条 在实行婚前医学检查的地区，准备结婚的男女双方在办理结婚登记前，应当到医疗、保健机构进行婚前医学检查。

第十一条 从事婚前医学检查的医疗、保健机构，由其所在地设区的市级人民政府卫生行政部门进行审查；符合条件的，在其《医疗机构执业许可证》上注明。

第十二条 申请从事婚前医学检查的医疗、保健机构应当具备下列条件：

（一）分别设置专用的男、女婚前医学检查室，配备常规检查和专科检查设备；

（二）设置婚前生殖健康宣传教育室；

（三）具有符合条件的进行男、女婚前医学检查的执业医师。

第十三条 婚前医学检查包括询问病史、体格及相关检查。

婚前医学检查应当遵守婚前保健工作规范并按照婚前医学检查项目进行。婚前保健工作规范和婚前医学检查项目由国务院卫生行政部门规定。

第十四条 经婚前医学检查，医疗、保健机构应当向接受婚前医学检查的当事人出具婚前医学检查证明。

婚前医学检查证明应当列明是否发现下列疾病：

（一）在传染期内的指定传染病；

（二）在发病期内的有关精神病；

（三）不宜生育的严重遗传性疾病；

（四）医学上认为不宜结婚的其他疾病。

发现前款第（一）项、第（二）项、第（三）项疾病的，医师应当向当事人说明情况，提出预防、治疗以及采取相应医学措施的建议。当事人依据医生的医学意见，可以暂缓结婚，也可以自愿采用长效避孕措施或者结扎手术；医疗、保健机构应当为其治疗提供医学咨询和医疗服务。

第十五条 经婚前医学检查，医疗、保健机构不能确诊的，应当转到设区的市级以上人民政府卫生行政部门指定的医疗、保健机构确诊。

第十六条 在实行婚前医学检查的地区，婚姻登记机关在办理结婚登记时，应当查验婚前医学检查证明或者母婴保健法第十一条规定的医学鉴定证明。

第三章 孕产期保健

第十七条 医疗、保健机构应当为育龄妇女提供有关避孕、节育、生育、不育和生殖健康的咨询和医疗保健服务。

医师发现或者怀疑育龄夫妻患有严重遗传性疾病的，应当提出医学意见；限于现有医疗技术水平难以确诊的，应当向当事人说明情况。育龄夫妻可以选择避孕、节育、不孕等相应的医学措施。

第十八条 医疗、保健机构应当为孕产妇提供下列医疗保健服务：

（一）为孕产妇建立保健手册（卡），定期进行产前检查；

（二）为孕产妇提供卫生、营养、心理等方面的医学指导与咨询；

（三）对高危孕妇进行重点监护、随访和医疗保健服务；

（四）为孕产妇提供安全分娩技术服务；

（五）定期进行产后访视，指导产妇科学喂养婴儿；

（六）提供避孕咨询指导和技术服务；

（七）对产妇及其家属进行生殖健康教育和科学育儿知识教育；

（八）其他孕产期保健服务。

第十九条 医疗、保健机构发现孕妇患有下列严重疾病或者接触物理、化学、生物等有毒、有害因素，可能危及孕妇生命安全或者可能严重影响孕妇健康和胎儿正常发育的，应当对孕妇进行医学指导和下列必要的医学检查：

（一）严重的妊娠合并症或者并发症；

（二）严重的精神性疾病；

（三）国务院卫生行政部门规定的严重影响生育的其他疾病。

第二十条 孕妇有下列情形之一的，医师应当对其进行产前诊断：

（一）羊水过多或者过少的；

（二）胎儿发育异常或者胎儿有可疑畸形的；

（三）孕早期接触过可能导致胎儿先天缺陷的物质的；

（四）有遗传病家族史或者曾经分娩过先天性严重缺陷婴儿的；

（五）初产妇年龄超过35周岁的。

第二十一条 母婴保健法第十八条规定的胎儿的严重遗传性疾病、胎儿的严重缺陷、孕妇患继续妊娠可能危及其生命健康和安全的严重疾病目录，由国务院卫生行政部门规定。

第二十二条 生育过严重遗传性疾病或者严重缺陷患儿的，再次妊娠前，夫妻双方应当按照国家有关规定到医疗、保健机构进行医学检查。医疗、保健机构应当向当事人介绍有关遗传性疾病的知识，给予咨询、指导。对诊断患有医学上认为不宜生育的严重遗传性疾病的，医师应当向当事人说明情况，并提出医学意见。

第二十三条 严禁采用技术手段对胎儿进行性别鉴定。

对怀疑胎儿可能为伴性遗传病，需要进行性别鉴定的，由省、自治区、直辖市人民政府卫生行政部门指定的医疗、保健机构按照国务院卫生行政部门的规定进行鉴定。

第二十四条 国家提倡住院分娩。医疗、保健机构应当按照国务院卫生行政部门制定的技术操作规范，实施消毒接生和新生儿复苏，预防产伤及产后出血等产科并发症，降低孕产妇及围产儿发病率、死亡率。

没有条件住院分娩的，应当由经过培训、具备相应接生能力的家庭接生人员接生。

高危孕妇应当在医疗、保健机构住院分娩。

县级人民政府卫生行政部门应当加强对家庭接生人员的培训、技术指导和监督管理。

第四章 婴儿保健

第二十五条 医疗、保健机构应当按照国家有关规定开展新生儿先天性、遗传性代谢病筛查、诊断、治疗和监测。

第二十六条 医疗、保健机构应当按照规定进行新生儿访视，建立儿童保健手册（卡），定期对其进行健康检查，提供有关预防疾病、合理膳食、促进智力发育等科学知识，做好婴儿多发病、常见病防治等医疗保健服务。

第二十七条 医疗、保健机构应当按照规定的程序和项目对婴儿进行预防接种。

婴儿的监护人应当保证婴儿及时接受预防接种。

第二十八条 国家推行母乳喂养。医疗、保健机构应当为实施母乳喂养提供技术指导，为住院分娩的产妇提供必要的母乳喂养条件。

医疗、保健机构不得向孕产妇和婴儿家庭宣传、推荐母乳代用品。

第二十九条 母乳代用品产品包装标签应当在显著位置标明母乳喂养的优越性。

母乳代用品生产者、销售者不得向医疗、保健机构赠送产品样品或者以推销为目的有条件地提供设备、资金和资料。

第三十条 妇女享有国家规定的产假。有不满1周岁婴儿的妇女，所在单位应当在劳动时间内为其安排一定的哺乳时间。

第五章 技术鉴定

第三十一条 母婴保健医学技术鉴定委员会分为省、市、县三级。

母婴保健医学技术鉴定委员会成员应当符合下列任职条件：

（一）县级母婴保健医学技术鉴定委员会成员应当具有主治医师以上专业技术职务；

(二)设区的市级和省级母婴保健医学技术鉴定委员会成员应当具有副主任医师以上专业技术职务。

第三十二条 当事人对婚前医学检查、遗传病诊断、产前诊断结果有异议,需要进一步确诊的,可以自接到检查或者诊断结果之日起 15 日内向所在地县级或者设区的市级母婴保健医学技术鉴定委员会提出书面鉴定申请。

母婴保健医学技术鉴定委员会应当自接到鉴定申请之日起 30 日内作出医学技术鉴定意见,并及时通知当事人。

当事人对鉴定意见有异议的,可以自接到鉴定意见通知书之日起 15 日内向上一级母婴保健医学技术鉴定委员会申请再鉴定。

第三十三条 母婴保健医学技术鉴定委员会进行医学鉴定时须有 5 名以上相关专业医学技术鉴定委员会成员参加。

鉴定委员会成员应当在鉴定结论上署名;不同意见应当如实记录。鉴定委员会根据鉴定结论向当事人出具鉴定意见书。

母婴保健医学技术鉴定管理办法由国务院卫生行政部门制定。

第六章 监督管理

第三十四条 县级以上地方人民政府卫生行政部门负责本行政区域内的母婴保健监督管理工作,履行下列监督管理职责:

(一)依照母婴保健法和本办法以及国务院卫生行政部门规定的条件和技术标准,对从事母婴保健工作的机构和人员实施许可,并核发相应的许可证书;

(二)对母婴保健法和本办法的执行情况进行监督检查;

(三)对违反母婴保健法和本办法的行为,依法给予行政处罚;

(四)负责母婴保健工作监督管理的其他事项。

第三十五条 从事遗传病诊断、产前诊断的医疗、保健机构和人员,须经省、自治区、直辖市人民政府卫生行政部门许可。

从事婚前医学检查的医疗、保健机构和人员,须经设区的市级人民政府卫生行政部门许可。

从事助产技术服务、结扎手术和终止妊娠手术的医疗、保健机构和人员,须经县级人民政府卫生行政部门许可,并取得相应的合格证书。

第三十六条 卫生监督人员在执行职务时,应当出示证件。

卫生监督人员可以向医疗、保健机构了解情况,索取必要的资料,对母婴保健工作进行监督、检查,医疗、保健机构不得拒绝和隐瞒。

卫生监督人员对医疗、保健机构提供的技术资料负有保密的义务。

第三十七条 医疗、保健机构应当根据其从事的业务,配备相应的人员和医疗设备,对从事母婴保健工作的人员加强岗位业务培训和职业道德教育,并定期对其进行检查、考核。

医师和助产人员（包括家庭接生人员）应当严格遵守有关技术操作规范，认真填写各项记录，提高助产技术和服务质量。

助产人员的管理，按照国务院卫生行政部门的规定执行。

从事母婴保健工作的执业医师应当依照母婴保健法的规定取得相应的资格。

第三十八条　医疗、保健机构应当按照国务院卫生行政部门的规定，对托幼园、所卫生保健工作进行业务指导。

第三十九条　国家建立孕产妇死亡、婴儿死亡和新生儿出生缺陷监测、报告制度。

第七章　罚　　则

第四十条　医疗、保健机构或者人员未取得母婴保健技术许可，擅自从事婚前医学检查、遗传病诊断、产前诊断、终止妊娠手术和医学技术鉴定或者出具有关医学证明的，由卫生行政部门给予警告，责令停止违法行为，没收违法所得；违法所得5000元以上的，并处违法所得3倍以上5倍以下的罚款；没有违法所得或者违法所得不足5000元的，并处5000元以上2万元以下的罚款。

第四十一条　从事母婴保健技术服务的人员出具虚假医学证明文件的，依法给予行政处分；有下列情形之一的，由原发证部门撤销相应的母婴保健技术执业资格或者医师执业证书：

（一）因延误诊治，造成严重后果的；

（二）给当事人身心健康造成严重后果的；

（三）造成其他严重后果的。

第四十二条　违反本办法规定进行胎儿性别鉴定的，由卫生行政部门给予警告，责令停止违法行为；对医疗、保健机构直接负责的主管人员和其他直接责任人员，依法给予行政处分。进行胎儿性别鉴定两次以上的或者以营利为目的进行胎儿性别鉴定的，并由原发证机关撤销相应的母婴保健技术执业资格或者医师执业证书。

第八章　附　　则

第四十三条　婚前医学检查证明的格式由国务院卫生行政部门规定。

第四十四条　母婴保健法及本办法所称的医疗、保健机构，是指依照《医疗机构管理条例》取得卫生行政部门医疗机构执业许可的各级各类医疗机构。

第四十五条　本办法自公布之日起施行。

中华人民共和国食品安全法(节录)

(2009年2月28日第十一届全国人民代表大会常务委员会第七次会议通过　2015年4月24日第十二届全国人民代表大会常务委员会第十四次会议修订　根据2018年12月29日第十三届全国人民代表大会常务委员会第七次会议《关于修改〈中华人民共和国产品质量法〉等五部法律的决定》第一次修正　根据2021年4月29日第十三届全国人民代表大会常务委员会第二十八次会议《关于修改〈中华人民共和国道路交通安全法〉等八部法律的决定》第二次修正)

第三章　食品安全标准

第二十六条　食品安全标准应当包括下列内容：

(一)食品、食品添加剂、食品相关产品中的致病性微生物,农药残留、兽药残留、生物毒素、重金属等污染物质以及其他危害人体健康物质的限量规定；

(二)食品添加剂的品种、使用范围、用量；

(三)专供婴幼儿和其他特定人群的主辅食品的营养成分要求；

(四)对与卫生、营养等食品安全要求有关的标签、标志、说明书的要求；

(五)食品生产经营过程的卫生要求；

(六)与食品安全有关的质量要求；

(七)与食品安全有关的食品检验方法与规程；

(八)其他需要制定为食品安全标准的内容。

第四章　食品生产经营

第三十四条　禁止生产经营下列食品、食品添加剂、食品相关产品：

(一)用非食品原料生产的食品或者添加食品添加剂以外的化学物质和其他可能危害人体健康物质的食品,或者用回收食品作为原料生产的食品；

(二)致病性微生物,农药残留、兽药残留、生物毒素、重金属等污染物质以及其他危害人体健康的物质含量超过食品安全标准限量的食品、食品添加剂、食品相关产品；

(三)用超过保质期的食品原料、食品添加剂生产的食品、食品添加剂；

(四)超范围、超限量使用食品添加剂的食品；

(五)营养成分不符合食品安全标准的专供婴幼儿和其他特定人群的主辅食品；

(六)腐败变质、油脂酸败、霉变生虫、污秽不洁、混有异物、掺假掺杂或者感官性状异常的食品、食品添加剂；

(七)病死、毒死或者死因不明的禽、畜、兽、水产动物肉类及其制品；

（八）未按规定进行检疫或者检疫不合格的肉类，或者未经检验或者检验不合格的肉类制品；

（九）被包装材料、容器、运输工具等污染的食品、食品添加剂；

（十）标注虚假生产日期、保质期或者超过保质期的食品、食品添加剂；

（十一）无标签的预包装食品、食品添加剂；

（十二）国家为防病等特殊需要明令禁止生产经营的食品；

（十三）其他不符合法律、法规或者食品安全标准的食品、食品添加剂、食品相关产品。

第五十七条　学校、托幼机构、养老机构、建筑工地等集中用餐单位的食堂应当严格遵守法律、法规和食品安全标准；从供餐单位订餐的，应当从取得食品生产经营许可的企业订购，并按照要求对订购的食品进行查验。供餐单位应当严格遵守法律、法规和食品安全标准，当餐加工，确保食品安全。

学校、托幼机构、养老机构、建筑工地等集中用餐单位的主管部门应当加强对集中用餐单位的食品安全教育和日常管理，降低食品安全风险，及时消除食品安全隐患。

第六十七条　预包装食品的包装上应当有标签。标签应当标明下列事项：

（一）名称、规格、净含量、生产日期；

（二）成分或者配料表；

（三）生产者的名称、地址、联系方式；

（四）保质期；

（五）产品标准代号；

（六）贮存条件；

（七）所使用的食品添加剂在国家标准中的通用名称；

（八）生产许可证编号；

（九）法律、法规或者食品安全标准规定应当标明的其他事项。

专供婴幼儿和其他特定人群的主辅食品，其标签还应当标明主要营养成分及其含量。

食品安全国家标准对标签标注事项另有规定的，从其规定。

第七十四条　国家对保健食品、特殊医学用途配方食品和婴幼儿配方食品等特殊食品实行严格监督管理。

第八十一条　婴幼儿配方食品生产企业应当实施从原料进厂到成品出厂的全过程质量控制，对出厂的婴幼儿配方食品实施逐批检验，保证食品安全。

生产婴幼儿配方食品使用的生鲜乳、辅料等食品原料、食品添加剂等，应当符合法律、行政法规的规定和食品安全国家标准，保证婴幼儿生长发育所需的营养成分。

婴幼儿配方食品生产企业应当将食品原料、食品添加剂、产品配方及标签等事项向省、自治区、直辖市人民政府食品安全监督管理部门备案。

婴幼儿配方乳粉的产品配方应当经国务院食品安全监督管理部门注册。注册时，应当提交配方研发报告和其他表明配方科学性、安全性的材料。

不得以分装方式生产婴幼儿配方乳粉，同一企业不得用同一配方生产不同品牌的婴幼儿配方乳粉。

第八十二条 保健食品、特殊医学用途配方食品、婴幼儿配方乳粉的注册人或者备案人应当对其提交材料的真实性负责。

省级以上人民政府食品安全监督管理部门应当及时公布注册或者备案的保健食品、特殊医学用途配方食品、婴幼儿配方乳粉目录，并对注册或者备案中获知的企业商业秘密予以保密。

保健食品、特殊医学用途配方食品、婴幼儿配方乳粉生产企业应当按照注册或者备案的产品配方、生产工艺等技术要求组织生产。

第八十三条 生产保健食品，特殊医学用途配方食品、婴幼儿配方食品和其他专供特定人群的主辅食品的企业，应当按照良好生产规范的要求建立与所生产食品相适应的生产质量管理体系，定期对该体系的运行情况进行自查，保证其有效运行，并向所在地县级人民政府食品安全监督管理部门提交自查报告。

第八章 监 督 管 理

第一百零九条 县级以上人民政府食品安全监督管理部门根据食品安全风险监测、风险评估结果和食品安全状况等，确定监督管理的重点、方式和频次，实施风险分级管理。

县级以上地方人民政府组织本级食品安全监督管理、农业行政等部门制定本行政区域的食品安全年度监督管理计划，向社会公布并组织实施。

食品安全年度监督管理计划应当将下列事项作为监督管理的重点：

（一）专供婴幼儿和其他特定人群的主辅食品；

（二）保健食品生产过程中的添加行为和按照注册或者备案的技术要求组织生产的情况，保健食品标签、说明书以及宣传材料中有关功能宣传的情况；

（三）发生食品安全事故风险较高的食品生产经营者；

（四）食品安全风险监测结果表明可能存在食品安全隐患的事项。

第九章 法 律 责 任

第一百二十三条 违反本法规定，有下列情形之一，尚不构成犯罪的，由县级以上人民政府食品安全监督管理部门没收违法所得和违法生产经营的食品，并可以没收用于违法生产经营的工具、设备、原料等物品；违法生产经营的食品货值金额不足一万元的，并处十万元以上十五万元以下罚款；货值金额一万元以上的，并处货值金额十五倍以上三十倍以下罚款；情节严重的，吊销许可证，并可以由公安机关对其直接负责的主管人员和其他直接责任人员处五日以上十五日以下拘留：

（一）用非食品原料生产食品、在食品中添加食品添加剂以外的化学物质和其他可能危害人体健康的物质，或者用回收食品作为原料生产食品，或者经营上述食品；

（二）生产经营营养成分不符合食品安全标准的专供婴幼儿和其他特定人群的主辅食品；

（三）经营病死、毒死或者死因不明的禽、畜、兽、水产动物肉类，或者生产经营其制品；

（四）经营未按规定进行检疫或者检疫不合格的肉类，或者生产经营未经检验或者检验不合格的肉类制品；

（五）生产经营国家为防病等特殊需要明令禁止生产经营的食品；

（六）生产经营添加药品的食品。

明知从事前款规定的违法行为，仍为其提供生产经营场所或者其他条件的，由县级以上人民政府食品安全监督管理部门责令停止违法行为，没收违法所得，并处十万元以上二十万元以下罚款；使消费者的合法权益受到损害的，应当与食品生产经营者承担连带责任。

违法使用剧毒、高毒农药的，除依照有关法律、法规规定给予处罚外，可以由公安机关依照第一款规定给予拘留。

第一百二十四条　违反本法规定，有下列情形之一，尚不构成犯罪的，由县级以上人民政府食品安全监督管理部门没收违法所得和违法生产经营的食品、食品添加剂，并可以没收用于违法生产经营的工具、设备、原料等物品；违法生产经营的食品、食品添加剂货值金额不足一万元的，并处五万元以上十万元以下罚款；货值金额一万元以上的，并处货值金额十倍以上二十倍以下罚款；情节严重的，吊销许可证：

（一）生产经营致病性微生物，农药残留、兽药残留、生物毒素、重金属等污染物质以及其他危害人体健康的物质含量超过食品安全标准限量的食品、食品添加剂；

（二）用超过保质期的食品原料、食品添加剂生产食品、食品添加剂，或者经营上述食品、食品添加剂；

（三）生产经营超范围、超限量使用食品添加剂的食品；

（四）生产经营腐败变质、油脂酸败、霉变生虫、污秽不洁、混有异物、掺假掺杂或者感官性状异常的食品、食品添加剂；

（五）生产经营标注虚假生产日期、保质期或者超过保质期的食品、食品添加剂；

（六）生产经营未按规定注册的保健食品、特殊医学用途配方食品、婴幼儿配方乳粉，或者未按注册的产品配方、生产工艺等技术要求组织生产；

（七）以分装方式生产婴幼儿配方乳粉，或者同一企业以同一配方生产不同品牌的婴幼儿配方乳粉；

（八）利用新的食品原料生产食品，或者生产食品添加剂新品种，未通过安全性评估；

（九）食品生产经营者在食品安全监督管理部门责令其召回或者停止经营后，仍拒不召回或者停止经营。

除前款和本法第一百二十三条、第一百二十五条规定的情形外，生产经营不符合法律、法规或者食品安全标准的食品、食品添加剂的，依照前款规定给予处罚。

生产食品相关产品新品种,未通过安全性评估,或者生产不符合食品安全标准的食品相关产品的,由县级以上人民政府食品安全监督管理部门依照第一款规定给予处罚。

第一百二十六条 违反本法规定,有下列情形之一的,由县级以上人民政府食品安全监督管理部门责令改正,给予警告;拒不改正的,处五千元以上五万元以下罚款;情节严重的,责令停产停业,直至吊销许可证:

(一)食品、食品添加剂生产者未按规定对采购的食品原料和生产的食品、食品添加剂进行检验;

(二)食品生产经营企业未按规定建立食品安全管理制度,或者未按规定配备或者培训、考核食品安全管理人员;

(三)食品、食品添加剂生产经营者进货时未查验许可证和相关证明文件,或者未按规定建立并遵守进货查验记录、出厂检验记录和销售记录制度;

(四)食品生产经营企业未制定食品安全事故处置方案;

(五)餐具、饮具和盛放直接入口食品的容器,使用前未经洗净、消毒或者清洗消毒不合格,或者餐饮服务设施、设备未按规定定期维护、清洗、校验;

(六)食品生产经营者安排未取得健康证明或者患有国务院卫生行政部门规定的有碍食品安全疾病的人员从事接触直接入口食品的工作;

(七)食品经营者未按规定要求销售食品;

(八)保健食品生产企业未按规定向食品安全监督管理部门备案,或者未按备案的产品配方、生产工艺等技术要求组织生产;

(九)婴幼儿配方食品生产企业未将食品原料、食品添加剂、产品配方、标签等向食品安全监督管理部门备案;

(十)特殊食品生产企业未按规定建立生产质量管理体系并有效运行,或者未定期提交自查报告;

(十一)食品生产经营者未定期对食品安全状况进行检查评价,或者生产经营条件发生变化,未按规定处理;

(十二)学校、托幼机构、养老机构、建筑工地等集中用餐单位未按规定履行食品安全管理责任;

(十三)食品生产企业、餐饮服务提供者未按规定制定、实施生产经营过程控制要求。

餐具、饮具集中消毒服务单位违反本法规定用水,使用洗涤剂、消毒剂,或者出厂的餐具、饮具未按规定检验合格并随附消毒合格证明,或者未按规定在独立包装上标注相关内容的,由县级以上人民政府卫生行政部门依照前款规定给予处罚。

食品相关产品生产者未按规定对生产的食品相关产品进行检验的,由县级以上人民政府食品安全监督管理部门依照第一款规定给予处罚。

食用农产品销售者违反本法第六十五条规定的,由县级以上人民政府食品安全监督管理部门依照第一款规定给予处罚。

中华人民共和国
食品安全法实施条例(节录)

(2009 年 7 月 20 日国务院令第 557 号公布　根据 2016 年 2 月 6 日《国务院关于修改部分行政法规的决定》修订　2019 年 3 月 26 日国务院第 42 次常务会议修订通过　2019 年 10 月 11 日国务院令第 721 号公布　自 2019 年 12 月 1 日起施行)

第四章　食品生产经营

第二十八条　学校、托幼机构、养老机构、建筑工地等集中用餐单位的食堂应当执行原料控制、餐具饮具清洗消毒、食品留样等制度,并依照食品安全法第四十七条的规定定期开展食堂食品安全自查。

承包经营集中用餐单位食堂的,应当依法取得食品经营许可,并对食堂的食品安全负责。集中用餐单位应当督促承包方落实食品安全管理制度,承担管理责任。

第三十八条　对保健食品之外的其他食品,不得声称具有保健功能。

对添加食品安全国家标准规定的选择性添加物质的婴幼儿配方食品,不得以选择性添加物质命名。

第九章　法 律 责 任

第六十八条　有下列情形之一的,依照食品安全法第一百二十五条第一款、本条例第七十五条的规定给予处罚:

(一)在食品生产、加工场所贮存依照本条例第六十三条规定制定的名录中的物质;

(二)生产经营的保健食品之外的食品的标签、说明书声称具有保健功能;

(三)以食品安全国家标准规定的选择性添加物质命名婴幼儿配方食品;

(四)生产经营的特殊食品的标签、说明书内容与注册或者备案的标签、说明书不一致。

中华人民共和国传染病防治法(节录)

(1989年2月21日第七届全国人民代表大会常务委员会第六次会议通过　2004年8月28日第十届全国人民代表大会常务委员会第十一次会议修订　根据2013年6月29日第十二届全国人民代表大会常务委员会第三次会议《关于修改〈中华人民共和国文物保护法〉等十二部法律的决定》修正)

第一章　总　　则

第二条　国家对传染病防治实行预防为主的方针,防治结合、分类管理、依靠科学、依靠群众。

第十条　国家开展预防传染病的健康教育。新闻媒体应当无偿开展传染病防治和公共卫生教育的公益宣传。

各级各类学校应当对学生进行健康知识和传染病预防知识的教育。

医学院校应当加强预防医学教育和科学研究,对在校学生以及其他与传染病防治相关人员进行预防医学教育和培训,为传染病防治工作提供技术支持。

疾病预防控制机构、医疗机构应当定期对其工作人员进行传染病防治知识、技能的培训。

第二章　传染病预防

第十五条　国家实行有计划的预防接种制度。国务院卫生行政部门和省、自治区、直辖市人民政府卫生行政部门,根据传染病预防、控制的需要,制定传染病预防接种规划并组织实施。用于预防接种的疫苗必须符合国家质量标准。

国家对儿童实行预防接种证制度。国家免疫规划项目的预防接种实行免费。医疗机构、疾病预防控制机构与儿童的监护人应当相互配合,保证儿童及时接受预防接种。具体办法由国务院制定。

第十六条　国家和社会应当关心、帮助传染病病人、病原携带者和疑似传染病病人,使其得到及时救治。任何单位和个人不得歧视传染病病人、病原携带者和疑似传染病病人。

传染病病人、病原携带者和疑似传染病病人,在治愈前或者在排除传染病嫌疑前,不得从事法律、行政法规和国务院卫生行政部门规定禁止从事的易使该传染病扩散的工作。

艾滋病防治条例(节录)

(2006年1月29日国务院令第457号公布　根据2019年3月2日《国务院关于修改部分行政法规的决定》修订)

第十七条　国家鼓励和支持妇女联合会、红十字会开展艾滋病防治的宣传教育,将艾滋病防治的宣传教育纳入妇女儿童工作内容,提高妇女预防艾滋病的意识和能力,组织红十字会会员和红十字会志愿者开展艾滋病防治的宣传教育。

第四十三条　医疗卫生机构应当按照国务院卫生主管部门制定的预防艾滋病母婴传播技术指导方案的规定,对孕产妇提供艾滋病防治咨询和检测,对感染艾滋病病毒的孕产妇及其婴儿,提供预防艾滋病母婴传播的咨询、产前指导、阻断、治疗、产后访视、婴儿随访和检测等服务。

第四十五条　生活困难的艾滋病病人遗留的孤儿和感染艾滋病病毒的未成年人接受义务教育的,应当免收杂费、书本费;接受学前教育和高中阶段教育的,应当减免学费等相关费用。

第五十五条　医疗卫生机构未依照本条例规定履行职责,有下列情形之一的,由县级以上人民政府卫生主管部门责令限期改正,通报批评,给予警告;造成艾滋病传播、流行或者其他严重后果的,对负有责任的主管人员和其他直接责任人员依法给予降级、撤职、开除的处分,并可以依法吊销有关机构或者责任人员的执业许可证件;构成犯罪的,依法追究刑事责任:

(一)未履行艾滋病监测职责的;

(二)未按照规定免费提供咨询和初筛检测的;

(三)对临时应急采集的血液未进行艾滋病检测,对临床用血艾滋病检测结果未进行核查,或者将艾滋病检测阳性的血液用于临床的;

(四)未遵守标准防护原则,或者未执行操作规程和消毒管理制度,发生艾滋病医院感染或者医源性感染的;

(五)未采取有效的卫生防护措施和医疗保健措施的;

(六)推诿、拒绝治疗艾滋病病毒感染者或者艾滋病病人的其他疾病,或者对艾滋病病毒感染者、艾滋病病人未提供咨询、诊断和治疗服务的;

(七)未对艾滋病病毒感染者或者艾滋病病人进行医学随访的;

(八)未按照规定对感染艾滋病病毒的孕产妇及其婴儿提供预防艾滋病母婴传播技术指导的。

中华人民共和国精神卫生法(节录)

(2012年10月26日第十一届全国人民代表大会常务委员会第二十九次会议通过　根据2018年4月27日第十三届全国人民代表大会常务委员会第二次会议《关于修改〈中华人民共和国国境卫生检疫法〉等六部法律的决定》修正)

第一章　总　　则

第三条　精神卫生工作实行预防为主的方针,坚持预防、治疗和康复相结合的原则。

第四条　精神障碍患者的人格尊严、人身和财产安全不受侵犯。

精神障碍患者的教育、劳动、医疗以及从国家和社会获得物质帮助等方面的合法权益受法律保护。

有关单位和个人应当对精神障碍患者的姓名、肖像、住址、工作单位、病历资料以及其他可能推断出其身份的信息予以保密;但是,依法履行职责需要公开的除外。

第五条　全社会应当尊重、理解、关爱精神障碍患者。

任何组织或者个人不得歧视、侮辱、虐待精神障碍患者,不得非法限制精神障碍患者的人身自由。

新闻报道和文学艺术作品等不得含有歧视、侮辱精神障碍患者的内容。

第九条　精神障碍患者的监护人应当履行监护职责,维护精神障碍患者的合法权益。

禁止对精神障碍患者实施家庭暴力,禁止遗弃精神障碍患者。

第二章　心理健康促进和精神障碍预防

第十六条　各级各类学校应当对学生进行精神卫生知识教育;配备或者聘请心理健康教育教师、辅导人员,并可以设立心理健康辅导室,对学生进行心理健康教育。学前教育机构应当对幼儿开展符合其特点的心理健康教育。

发生自然灾害、意外伤害、公共安全事件等可能影响学生心理健康的事件,学校应当及时组织专业人员对学生进行心理援助。

教师应当学习和了解相关的精神卫生知识,关注学生心理健康状况,正确引导、激励学生。地方各级人民政府教育行政部门和学校应当重视教师心理健康。

学校和教师应当与学生父母或者其他监护人、近亲属沟通学生心理健康情况。

第二十一条　家庭成员之间应当相互关爱,创造良好、和睦的家庭环境,提高精神障碍预防意识;发现家庭成员可能患有精神障碍的,应当帮助其及时就诊,照顾其生活,做好看护管理。

第二十三条　心理咨询人员应当提高业务素质,遵守执业规范,为社会公众提供专业化的心理咨询服务。

心理咨询人员不得从事心理治疗或者精神障碍的诊断、治疗。

心理咨询人员发现接受咨询的人员可能患有精神障碍的,应当建议其到符合本法规定的医疗机构就诊。

心理咨询人员应当尊重接受咨询人员的隐私,并为其保守秘密。

国家卫生计生委、中宣部、中央综治办、民政部等二十二个部门关于加强心理健康服务的指导意见

(2016 年 12 月 30 日　国卫疾控发〔2016〕77 号)

各省、自治区、直辖市卫生计生委、党委宣传部、综治办、发展改革委、教育厅(委、局)、科技厅(委)、公安厅(局)、民政厅(局)、司法厅(局)、财政厅(局)、人力资源社会保障厅(局)、文化厅(局)、工商局、新闻出版广电局、科学院、中医药局、工会、共青团省委、妇联、科协、残联、老龄办,新疆生产建设兵团卫生局、党委宣传部、综治办、发展改革委、教育局、科技局、公安局、民政局、司法局、财政局、人力资源社会保障局、文化局、工商局、新闻出版广电局、工会、共青团团委、妇联、科协、残联、老龄办;教育部各直属高校:

心理健康是影响经济社会发展的重大公共卫生问题和社会问题。为深入贯彻落实党的十八届五中全会和习近平总书记在全国卫生与健康大会上关于加强心理健康服务的要求,根据《精神卫生法》《"健康中国 2030"规划纲要》和相关政策,现就加强心理健康服务、健全社会心理服务体系提出如下指导意见。

一、充分认识加强心理健康服务的重要意义

心理健康是人在成长和发展过程中,认知合理、情绪稳定、行为适当、人际和谐、适应变化的一种完好状态。心理健康服务是运用心理学及医学的理论和方法,预防或减少各类心理行为问题,促进心理健康,提高生活质量,主要包括心理健康宣传教育、心理咨询、心理疾病治疗、心理危机干预等。心理健康是健康的重要组成部分,关系广大人民群众幸福安康、影响社会和谐发展。加强心理健康服务、健全社会心理服务体系是改善公众心理健康水平、促进社会心态稳定和人际和谐、提升公众幸福感的关键措施,是培养良好道德风尚、促进经济社会协调发展、培育和践行社会主义核心价值观的基本要求,是实现国家长治久安的一项源头性、基础性工作。

党中央、国务院高度重视心理健康服务和社会心理服务体系建设工作。习近平总书记在 2016 年全国卫生与健康大会上提出,要加大心理健康问题基础性研究,做好心理健康知识和心理疾病科普工作,规范发展心理治疗、心理咨询等心理健康服务。《国民经济和社会发展第十三个五年规划纲要》明确提出要加强心理健康服务。《"健康中国 2030"规划纲要》要求加强心理健康服务体系建设和规范化管理。近年来,各地区各部门结合各自实际情况,从健全心理健康服务体系、搭建心理关爱服务平台、拓展心理健康服务领域、开展社会心理疏导和危机干预、建立专业化心理健康服务队伍等方面进行了积极探索,取

得了一定成效,为进一步做好加强心理健康服务、健全社会心理服务体系工作奠定了基础。

当前,我国正处于经济社会快速转型期,人们的生活节奏明显加快,竞争压力不断加剧,个体心理行为问题及其引发的社会问题日益凸显,引起社会各界广泛关注。一方面,心理行为异常和常见精神障碍人数逐年增多,个人极端情绪引发的恶性案(事)件时有发生,成为影响社会稳定和公共安全的危险因素。另一方面,心理健康服务体系不健全,政策法规不完善,社会心理疏导工作机制尚未建立,服务和管理能力严重滞后。现有的心理健康服务状况远远不能满足人民群众的需求及经济建设的需要。加强心理健康服务、健全社会心理服务体系迫在眉睫。

加强心理健康服务,开展社会心理疏导,是维护和增进人民群众身心健康的重要内容,是社会主义核心价值观内化于心、外化于行的重要途径,是全面推进依法治国、促进社会和谐稳定的必然要求。各地区各部门要认真贯彻落实中央决策部署,从深化健康中国建设的战略高度,充分认识加强心理健康服务、健全社会心理服务体系的重要意义,坚持问题导向,增强责任意识,自觉履行促进群众心理健康责任,加强制度机制建设,为实现“两个一百年”奋斗目标和中华民族伟大复兴中国梦作出积极贡献。

二、总体要求

1. 指导思想

全面贯彻党的十八大和十八届三中、四中、五中、六中全会精神,深入学习贯彻习近平总书记系列重要讲话精神和治国理政新理念、新思想、新战略,按照《精神卫生法》《国民经济和社会发展第十三个五年规划纲要》等法律政策要求,落实健康中国建设战略部署,强化政府领导,明确部门职责,完善心理健康服务网络,加强心理健康人才队伍建设。加强重点人群心理健康服务,培育心理健康意识,最大限度满足人民群众心理健康服务需求,形成自尊自信、理性平和、积极向上的社会心态。

2. 基本原则

——预防为主,以人为本。全面普及和传播心理健康知识,强化心理健康自我管理意识,加强人文关怀和生命教育,消除对心理问题的偏见与歧视,预防和减少个人极端案(事)件发生。

——党政领导,共同参与。进一步强化党委政府加强心理健康服务、健全社会心理服务体系的领导责任,加强部门协调配合,促进全社会广泛参与,单位、家庭、个人尽力尽责。

——立足国情,循序渐进。从我国基本国情和各地实际出发,将满足群众需求与长远制度建设相结合,逐步建立健全心理健康和社会心理服务体系。

——分类指导,规范发展。坚持全民心理健康素养提高和个体心理疏导相结合,满足不同群体心理健康服务需求,促进心理健康服务科学、规范、有序发展。

3. 基本目标

到 2020 年,全民心理健康意识明显提高。各领域各行业普遍开展心理健康教育及心理健康促进工作,加快建设心理健康服务网络,服务能力得到有效提升,心理健康服务纳入城乡基本公共服务体系,重点人群心理健康问题得到关注和及时疏导,社会心理服务体系初步建成。

到2030年,全民心理健康素养普遍提升。符合国情的心理健康服务体系基本健全,心理健康服务网络覆盖城乡,心理健康服务能力和规范化水平进一步提高,常见精神障碍防治和心理行为问题识别、干预水平显著提高,心理相关疾病发生的上升势头得到缓解。

三、大力发展各类心理健康服务

4. 全面开展心理健康促进与教育。各地要结合培育和践行社会主义核心价值观,将提高公民心理健康素养作为精神文明建设的重要内容,充分发挥我国优秀传统文化对促进心理健康的积极作用。结合"世界精神卫生日"及心理健康相关主题活动等,广泛开展心理健康科普宣传。各级宣传和新闻出版广播电视部门要充分利用广播、电视、书刊、影视、动漫等传播形式,组织创作、播出心理健康宣传教育精品和公益广告,利用影视、综艺和娱乐节目的优势传播自尊自信、乐观向上的现代文明理念和心理健康意识。各地基层文化组织要采用群众喜闻乐见的形式,将心理健康知识融入群众文化生活。创新宣传方式,广泛运用门户网站、微信、微博、手机客户端等平台,传播心理健康知识,倡导健康生活方式,提升全民心理健康素养,培育良好社会心态。各类媒体要树立正确的舆论导向,在传播心理健康知识与相关事件报导中要注重科学性、适度性和稳定性,营造健康向上的社会心理氛围。倡导"每个人是自己心理健康第一责任人"的理念,引导公民在日常生活中有意识地营造积极心态,预防不良心态,学会调适情绪困扰与心理压力,积极自助。(国家卫生计生委、中宣部、文化部、新闻出版广电总局按职责分工负责)

5. 积极推动心理咨询和心理治疗服务。充分发挥心理健康专业人员的引导和支持作用,帮助公民促进个性发展和人格完善,更好地进行人生选择,发展自身潜能,解决生活、学习、职业发展、婚姻、亲子、人际交往等方面的心理困扰,预防心理问题演变为心理疾病,促进和谐生活,提升幸福感。

倡导大众科学认识心理行为问题和心理疾病对健康的影响,将提高心理健康意识贯穿终生,逐步消除公众对心理疾病的病耻感,引导心理异常人群积极寻求专业心理咨询和治疗。各级各类医疗机构和专业心理健康服务机构要主动发现心理疾病患者,提供规范的心理疾病诊疗服务,减轻患者心理痛苦,促进患者康复。(国家卫生计生委、国家中医药局按职责分工负责)

6. 重视心理危机干预和心理援助工作。建立和完善心理健康教育、心理热线服务、心理评估、心理咨询、心理治疗、精神科治疗等衔接递进、密切合作的心理危机干预和心理援助服务模式,重视和发挥社会组织和社会工作者的作用。将心理危机干预和心理援助纳入各类突发事件应急预案和技术方案,加强心理危机干预和援助队伍的专业化、系统化建设,定期开展培训和演练。在突发事件发生时,立即开展有序、高效的个体危机干预和群体危机管理,重视自杀预防。在事件善后和恢复重建过程中,依托各地心理援助专业机构、社会工作服务机构、志愿服务组织和心理援助热线，对高危人群持续开展心理援助服务。（国家卫生计生委牵头，中央综治办、民政部等相关部门按职责分工负责）

四、加强重点人群心理健康服务

7. 普遍开展职业人群心理健康服务。各机关、企事业和其他用人单位要把心理健康教育融入员工思想政治工作，制定实施员工心理援助计划，为员工提供健康宣传、心理评估、教育培训、咨询辅导等服务，传授情绪管理、压力管理等自我心理调适方法和抑郁、焦虑等常见心理行为问题的识别方法，为员工主动寻求心理健康服务创造条件。对处于特定时期、特定岗位、经历特殊突发事件的员工，及时进行心理疏导和援助。（各部门分别负责）

8. 全面加强儿童青少年心理健康教育。学前教育机构应当关注和满足儿童心理发展需要，保持儿童积极的情绪状态，让儿童感受到尊重和接纳。特殊教育机构要针对学生身心特点开展心理健康教育，注重培养学生自尊、自信、自强、自立的心理品质。中小学校要重视学生的心理健康教育，培养积极乐观、健康向上的心理品质，促进学生身心可持续发展。高等院校要积极开设心理健康教育课程，开展心理健康教育活动；重视提升大学生的心理调适能力，保持良好的适应能力，重视自杀预防，开展心理危机干预。共青团等组织要与学校、家庭、社会携手，开展“培育积极的心理品质，培养良好的行为习惯”的心理健康促进活动，提高学生自我情绪调适能力，尤其要关心留守儿童、流动儿童心理健康，为遭受学生欺凌和校园暴力、家庭暴力、性侵犯等儿童青少年提供及时的心理创伤干预。（教育部牵头，民政部、共青团中央、中国残联按职责分工负责）

9. 关注老年人、妇女、儿童和残疾人心理健康。各级政府及有关部门尤其是老龄办、妇联、残联和基层组织要将老年人、妇女、儿童和残疾人心理健康服务作为工作重点。充分利用老年大学、老年活动中心、基层老年协会、妇女之家、残疾人康复机构、有资质的社会组织等宣传心理健康知识。通过培训专兼职社会工作者和心理工作者、引入社会力量等多种途径，为空巢、丧偶、失能、失智、留守老年人、妇女、儿童、残疾人和计划生育特殊家庭提供心理辅导、情绪疏解、悲伤抚慰、家庭关系调适等心理健康服务。鼓励有条件的地区适当扩展老年活动场所，组织开展健康有益的老年文体活动，丰富广大老年人精神文化生活，在老年人生病住院、家庭出现重大变故时及时关心看望。加强对孕产期、更年期等特定时期妇女的心理关怀，对遭受性侵犯、家庭暴力等妇女及时提供心理援助。加强对流动、留守妇女和儿童的心理健康服务。鼓励婚姻登记机构、婚姻家庭纠纷调解组织等积极开展婚姻家庭辅导服务。发挥残疾人社区康复协调员、助残社会组织作用，依托城乡社区综合服务设施，广泛宣传心理健康知识，为残疾儿童家长、残疾人及其亲友提供心理疏导、康复经验交流等服务。通过开展“志愿助残阳光行动”、“邻里守望”等群众性助残活动，为残疾人提供心理帮助。护理院、养老机构、残疾人福利机构、康复机构要积极引入社会工作者、心理咨询师等力量开展心理健康服务。（民政部、全国妇联、中国残联、全国老龄办按职责分工负责）

10. 重视特殊人群心理健康服务。健全政府、社会、家庭“三位一体”的帮扶体系,加强人文关怀和心理疏导,消除对特殊人群的歧视,帮助特殊人群融入社会。各地综治、公安、司法行政、民政、卫生计生等部门要高度关注流浪乞讨人员、服刑人员、刑满释放人员、强制隔离戒毒人员、社区矫正人员、社会吸毒人员、易肇事肇祸严重精神障碍患者等特殊人群的心理健康。加强心理疏导和危机干预,提高其承受挫折、适应环境能力,预防和减少极端案(事)件的发生。(中央综治办牵头,公安部、民政部、司法部、国家卫生计生委、中国残联按职责分工负责)

11. 加强严重精神障碍患者服务。各级综治、公安、民政、司法行政、卫生计生、残联等单位建立精神卫生综合管理小组,多渠道开展患者日常发现、登记、随访、危险性评估、服药指导等服务。动员社区组织、患者家属参与居家患者管理服务。做好基本医疗保险、城乡居民大病保险、医疗救助、疾病应急救助等制度的衔接,逐步提高患者医疗保障水平。做好贫困患者的社会救助工作。建立健全精神障碍社区康复服务体系,大力推广“社会化、综合性、开放式”的精神障碍康复模式,做好医疗康复和社区康复的有效衔接。(中央综治办、公安部、民政部、司法部、人力资源社会保障部、国家卫生计生委、中国残联按职责分工负责)

五、建立健全心理健康服务体系

12. 建立健全各部门各行业心理健康服务网络。各级机关和企事业单位依托本单位工会、共青团、妇联、人力资源部门、卫生室(或计生办),普遍设立心理健康辅导室,培养心理健康服务骨干队伍,配备专(兼)职心理健康辅导人员。教育系统要进一步完善学生心理健康服务体系,提高心理健康教育与咨询服务的专业化水平。每所高等院校均设立心理健康教育与咨询中心(室),按照师生比不少于1∶4000配备从事心理辅导与咨询服务的专业教师。中小学校设立心理辅导室,并配备专职或兼职教师。学前教育和特殊教育机构要配备专(兼)职心理健康工作人员。公安、司法行政等部门要根据行业特点普遍设立心理服务机构,配备专业人员,成立危机干预专家组,对系统内人员和工作对象开展心理健康教育、心理健康评估和心理训练等服务。(各部门分别负责)

13. 搭建基层心理健康服务平台。将心理健康服务作为城乡社区服务的重要内容,依托城乡社区综合服务设施或基层综治中心建立心理咨询(辅导)室或社会工作室(站),配备心理辅导人员或社会工作者,协调组织志愿者,对社区居民开展心理健康宣传教育和心理疏导。各级政府及有关部门要发挥社会组织和社会工作者在婚姻家庭、邻里关系、矫治帮扶、心理疏导等服务方面的优势,进一步完善社区、社会组织、社会工作者三社联动机制,通过购买服务等形式引导社会组织、社会工作者、志愿者积极参与心理健康服务,为贫困弱势群体和经历重大生活变故群体提供心理健康服务,确保社区心理健康服务工作有场地、有设施、有保障。(中央综治办、民政部、国家卫生计生委按职责分工负责)

14. 鼓励培育社会化的心理健康服务机构。鼓励心理咨询专业人员创办社会心理健康服务机构。各级政府有关部门要积极支持培育专业化、规范化的心理咨询、辅导机构,通过购买社会心理机构的服务等形式,向各类机关、企事业单位和其他用人单位、基层组织及社区群众提供心理咨询服务,逐步扩大服务覆盖面,并为弱势群体提供公益性服务。社会心理咨询服务机构要加大服务技能和伦理道德的培训,提升服务能力和常见心理疾病的识别能力。(国家卫生计生委、民政部、工商总局按职责分工负责)

15. 加强医疗机构心理健康服务能力。卫生计生等部门要整合现有资源,进一步加强心理健康服务体系建设,支持省、市、县三级精神卫生专业机构提升心理健康服务能力,鼓励和引导综合医院开设精神(心理)科。基层医疗卫生机构普遍配备专职或兼职精神卫生防治人员。各级各类医疗机构在诊疗服务中加强人文关怀,普及心理咨询、治疗技术在临床诊疗中的应用。精神卫生专业机构要充分发挥引领示范作用,对各类临床科室医务人员开展心理健康知识和技能培训,注重提高抑郁、焦虑、老年痴呆、孤独症等心理行为问题和常见精神障碍的筛查识别、处置能力。要建立多学科心理和躯体疾病联络会诊制度,与高等院校和社会心理服务机构建立协作机制,实现双向转诊。妇幼保健机构要为妇女儿童开展心理健康教育,提供心理健康咨询与指导、心理疾病的筛查与转诊服务。各地要充分发挥中医药在心理健康服务中的作用,加强中医院相关科室建设和人才培养,促进中医心理学发展。基层医疗卫生机构和全科医师要大力开展心理健康宣传和服务工作,在专业机构指导下,探索为社区居民提供心理评估服务和心理咨询服务,逐步将儿童常见心理行为问题干预纳入儿童保健服务。监管场所和强制隔离戒毒场所的医疗机构应当根据需要积极创造条件,为被监管人员和强制隔离戒毒人员提供心理治疗、心理咨询和心理健康指导。(国家卫生计生委牵头,教育部、公安部、司法部、国家中医药局按职责分工负责)

六、加强心理健康人才队伍建设

16. 加强心理健康专业人才培养。教育部门要加大应用型心理健康专业人才培养力度,完善临床与咨询心理学、应用心理学等相关专业的学科建设,逐步形成学历教育、毕业后教育、继续教育相结合的心理健康专业人才培养制度。鼓励有条件的高等院校开设临床与咨询心理学相关专业,建设一批实践教学基地,探索符合我国特色的人才培养模式和教学方法。医学、教育、康复、社会工作等相关专业要加强心理学理论教学和实践技能培养,促进学生理论素养和实践技能的全面提升。依托具有资质和良好声誉的医疗机构、高等院校、科研院所及社会心理健康服务机构建立实践督导体系。(教育部牵头,民政部、国家卫生计生委、中科院配合)

17. 促进心理健康服务人才有序发展。人力资源社会保障部门要加强心理咨询师资格鉴定的规范管理,进一步完善全国统一的心理咨询师国家职业标准。加强对心理咨询师培训的管理,改进鉴定考核方式,加强实践操作技能考核。对理论知识考试和实践操作技能考核都合格的考生核发职业资格证书,并将其信息登记上网,向社会提供查询服务,加强监督管理。(人力资源社会保障部牵头)

卫生计生部门要进一步加强心理健康专业人员培养和使用的制度建设。各级各类医疗机构要重视心理健康专业人才培养,鼓励医疗机构引进临床与咨询心理、社会工作专业的人才,加强精神科医师、护士、心理治疗师、心理咨询师、康复师、医务社会工作者等综合服务团队建设。积极培育医务社会工作者队伍,充分发挥其在医患沟通、心理疏导、社会支持等方面优势,强化医疗服务中的人文关怀。(国家卫生计生委牵头)

各部门、各行业对所属心理健康服务机构和人员加强培训、继续教育及规范管理,制定本部门本行业心理健康服务标准和工作规范,明确岗位工作要求,定期进行考评。(各部门分别负责)

18. 完善心理健康服务人才激励机制。各有关部门要积极设立心理健康服务岗位,完善人才激励机制,逐步将心理健康服务人才纳入专业技术岗位设置与管理体系,畅通职业发展渠道,根据行业特点分类制定人才激励和保障政策。在医疗服务价格改革中,要注重体现心理治疗服务的技术劳务价值。要加大专业人才的培训和继续教育工作力度,帮助专业人才实现自我成长和能力提升。鼓励具有相关专业背景并热心大众心理健康服务的组织和个人,积极参加心理健康知识宣传普及等志愿服务。(国家发展改革委、民政部、财政部、人力资源社会保障部、国家卫生计生委按职责分工负责)

19. 发挥心理健康服务行业组织作用。在卫生计生行政部门指导下,建立跨专业、跨部门的国家心理健康服务专家组,充分发挥心理健康服务行业组织作用,对各部门各领域开展心理健康服务提供技术支持和指导。依托专家组和行业组织,制订心理健康服务机构和人员登记、评价、信息公开等工作制度,建立国家和区域心理健康服务机构和人员信息管理体系,将相关信息纳入国家企业信用信息公示系统和国家统一的信用信息共享交换平台。对各类心理健康机构服务情况适时向社会公布,逐步形成"优胜劣汰"的良性运行机制。要建设一批心理健康服务示范单位。心理健康服务行业组织要充分发挥桥梁纽带作用,协助政府部门制定行业技术标准和规范,建立行规行约和行业自律制度,向行业主管部门提出违规者惩戒和退出建议。要开展心理健康服务机构管理者和从业人员的继续教育,不断提升心理健康服务行业整体服务水平。发挥心理健康相关协会、学会等社团组织作用,加强心理健康学术交流、培训、科学研究等工作,促进心理健康服务规范发展。(国家卫生计生委牵头,民政部、科协、中科院等相关部门配合)

七、加强组织领导和工作保障

20. 加强组织领导。各级党委、政府要将加强心理健康服务、健全社会心理服务体系作为健康中国建设重要内容,纳入当地经济和社会发展规划,并作为政府目标管理和绩效考核的重要内容。要建立健全党政领导、卫生计生牵头、综治协调、部门各负其责、各方积极配合的心理健康服务和社会心理服务体系建设工作机制和目标责任制,推动形成部门齐抓共管、社会力量积极参与、单位家庭个人尽力尽责的工作格局。要把心理健康教育作为各级各类领导干部教育培训的重要内容,把良好的心理素质作为衡量干部综合能力的重要方面,全面提升党员领导干部的心理素质。(各相关部门按职责分工负责)

21. 明确部门职责。各部门各行业要做好本部门本行业内人员的心理健康教育和心理疏导等工作。卫生计生部门牵头心理健康服务相关工作，制订行业发展相关政策和服务规范，指导行业组织开展工作，并会同有关部门研究心理健康服务相关法律及制度建设问题。综治机构做好社会心理服务疏导和危机干预，并将其纳入综治（平安建设）考评内容。宣传、文化、新闻出版广播电视部门负责协调新闻媒体、各类文化组织开展心理健康宣传教育。发展改革部门负责将心理健康服务、社会心理服务体系建设纳入国民经济和社会发展规划，完善心理健康服务项目价格政策。教育部门负责完善心理健康相关学科建设，加强专业人才培养，健全各级教育机构心理健康服务体系，组织各级各类学校开展学生心理健康服务工作。科技部门加大对心理健康服务相关科学技术研究的支持力度，并加强科技成果转化。公安、司法行政部门负责完善系统内心理健康服务体系建设，建立重大警务任务前后心理危机干预机制，组织开展被监管人员和强制隔离戒毒人员的心理健康相关工作。民政部门负责引导与管理城乡社区组织、社会组织、社会工作者参与心理健康服务，推动心理健康领域社会工作专业人才队伍建设。财政部门加大心理健康服务投入并监督使用。人力资源社会保障部门负责心理咨询师职业资格鉴定工作的规范管理。工商部门对未经许可擅自从事心理咨询和心理治疗的机构，依有关主管部门提请，依法予以吊销营业执照。中医药管理部门负责指导中医医疗机构做好心理健康服务相关工作。工会、共青团、妇联、残联、老龄办等组织负责职业人群和儿童青少年、妇女、残疾人、老年人等特定工作对象的心理健康服务工作。各相关部门要根据本指导意见制定实施方案。（各相关部门按职责分工负责）

22. 完善法规政策。不断完善心理健康服务的规范管理，研究心理健康服务相关法律问题，探索将心理健康专业人员和机构纳入法制化管理轨道，加快心理健康服务法制化建设。各地各部门要认真贯彻执行《精神卫生法》，并根据工作需要，及时制定加强心理健康服务、健全社会心理服务体系的相关制度和管理办法。鼓励各地结合本地实际情况，建立心理健康服务综合试点，充分发挥先行先试优势，不断改革创新，将实践探索得来的好经验好方法通过地方性法规、规章制度、政策等形式固化下来，为其他地区加强心理健康服务、健全社会心理服务体系提供示范引导。（国家卫生计生委牵头，相关部门配合）

23. 强化基础保障。要积极落实基层组织开展心理健康服务和健全社会心理服务体系的相关政策，加大政府购买社会工作服务力度，完善政府购买社会工作服务成本核算制度与标准规范。要建立多元化资金筹措机制，积极开拓心理健康服务公益性事业投融资渠道。鼓励社会资本投入心理健康服务领域。（民政部、财政部、国家卫生计生委按职责分工负责）

24. 加强行业监管。以规范心理健康服务行为、提高服务质量和提升服务水平为核心，完善心理健康服务监督机制，创新监管方式，推行属地化管理，规范心理健康服务机构从业行为，强化服务质量监管和日常监管。心理健康服务行业组织要定期对心理健康服务机构进行评估，将评估结果作为示范单位、实践基地建设和承接政府购买服务项目的重要依据。加强对心理健康数据安全的保护意识，建立健全数据安全保护机制，防范因违反

伦理、安全意识不足等造成的信息泄露，保护个人隐私。（国家卫生计生委牵头，相关部门配合）

25. 加强心理健康相关科学研究。大力开展心理健康相关的基础和应用研究，开展本土化心理健康基础理论的研究和成果转化及应用。针对重点人群的心理行为问题和危害人民群众健康的重点心理疾病，开展生物、心理、社会因素综合研究和心理健康问题的早期识别与干预研究，推广应用效果明确的心理干预技术和方法；鼓励开展以中国传统文化、中医药为基础的心理健康相关理论和技术的实证研究，逐步形成有中国文化特色的心理学理论和临床服务规范。加强心理健康服务相关法律与政策等软科学研究，为政策法规制订实施提供科学依据。鼓励开展基于互联网技术的心理健康服务相关设备和产品研发，完善基础数据采集和平台建设。加强国际交流与合作，吸收借鉴国际先进科学技术及成功经验。（科技部牵头，教育部、国家卫生计生委、中科院、国家中医药局等相关部门配合）

中华人民共和国献血法(节录)

(1997年12月29日第八届全国人民代表大会常务委员会第二十九次会议通过　1997年12月29日中华人民共和国主席令第93号公布　自1998年10月1日起施行)

第二条　国家实行无偿献血制度。

国家提倡十八周岁至五十五周岁的健康公民自愿献血。

第三条　地方各级人民政府领导本行政区域内的献血工作,统一规划并负责组织、协调有关部门共同做好献血工作。

第六条　国家机关、军队、社会团体、企业事业组织、居民委员会、村民委员会,应当动员和组织本单位或者本居住区的适龄公民参加献血。

现役军人献血的动员和组织办法,由中国人民解放军卫生主管部门制定。

对献血者,发给国务院卫生行政部门制作的无偿献血证书,有关单位可以给予适当补贴。

第七条　国家鼓励国家工作人员、现役军人和高等学校在校学生率先献血,为树立社会新风尚作表率。

人体器官移植条例(节录)

(2007年3月21日国务院第171次常务会议通过　2007年3月31日国务院令第491号公布　自2007年5月1日起施行)

第九条　任何组织或者个人不得摘取未满18周岁公民的活体器官用于移植。

第二十五条　违反本条例规定,有下列情形之一,构成犯罪的,依法追究刑事责任:

(一)未经公民本人同意摘取其活体器官的;

(二)公民生前表示不同意捐献其人体器官而摘取其尸体器官的;

(三)摘取未满18周岁公民的活体器官的。

中华人民共和国突发事件应对法（节录）

（2007年8月30日第十届全国人民代表大会常务委员会第二十九次会议通过　2007年8月30日中华人民共和国主席令第69号公布　自2007年11月1日起施行）

第一章　总　　则

第三条　本法所称突发事件，是指突然发生，造成或者可能造成严重社会危害，需要采取应急处置措施予以应对的自然灾害、事故灾难、公共卫生事件和社会安全事件。

按照社会危害程度、影响范围等因素，自然灾害、事故灾难、公共卫生事件分为特别重大、重大、较大和一般四级。法律、行政法规或者国务院另有规定的，从其规定。

突发事件的分级标准由国务院或者国务院确定的部门制定。

第四条　国家建立统一领导、综合协调、分类管理、分级负责、属地管理为主的应急管理体制。

第五条　突发事件应对工作实行预防为主、预防与应急相结合的原则。国家建立重大突发事件风险评估体系，对可能发生的突发事件进行综合性评估，减少重大突发事件的发生，最大限度地减轻重大突发事件的影响。

第六条　国家建立有效的社会动员机制，增强全民的公共安全和防范风险的意识，提高全社会的避险救助能力。

第二章　预防与应急准备

第三十条　各级各类学校应当把应急知识教育纳入教学内容，对学生进行应急知识教育，培养学生的安全意识和自救与互救能力。

教育主管部门应当对学校开展应急知识教育进行指导和监督。

中华人民共和国道路交通安全法(节录)

(2003年10月28日第十届全国人民代表大会常务委员会第五次会议通过 根据2007年12月29日第十届全国人民代表大会常务委员会第三十一次会议《关于修改〈中华人民共和国道路交通安全法〉的决定》第一次修正 根据2011年4月22日第十一届全国人民代表大会常务委员会第二十次会议《关于修改〈中华人民共和国道路交通安全法〉的决定》第二次修正 根据2021年4月29日第十三届全国人民代表大会常务委员会第二十八次会议《关于修改〈中华人民共和国道路交通安全法〉等八部法律的决定》第三次修正)

第六条 各级人民政府应当经常进行道路交通安全教育,提高公民的道路交通安全意识。

公安机关交通管理部门及其交通警察执行职务时,应当加强道路交通安全法律、法规的宣传,并模范遵守道路交通安全法律、法规。

机关、部队、企业事业单位、社会团体以及其他组织,应当对本单位的人员进行道路交通安全教育。

教育行政部门、学校应当将道路交通安全教育纳入法制教育的内容。

新闻、出版、广播、电视等有关单位,有进行道路交通安全教育的义务。

第三十四条 学校、幼儿园、医院、养老院门前的道路没有行人过街设施的,应当施划人行横道线,设置提示标志。

城市主要道路的人行道,应当按照规划设置盲道。盲道的设置应当符合国家标准。

第六十四条 学龄前儿童以及不能辨认或者不能控制自己行为的精神疾病患者、智力障碍者在道路上通行,应当由其监护人、监护人委托的人或者对其负有管理、保护职责的人带领。

盲人在道路上通行,应当使用盲杖或者采取其他导盲手段,车辆应当避让盲人。

校车安全管理条例

（2012 年 3 月 28 日国务院第 197 次常务会议通过　2012 年 4 月 5 日国务院令第 617 号公布　自公布之日起施行）

第一章　总　　则

第一条　为了加强校车安全管理，保障乘坐校车学生的人身安全，制定本条例。

第二条　本条例所称校车，是指依照本条例取得使用许可，用于接送接受义务教育的学生上下学的 7 座以上的载客汽车。

接送小学生的校车应当是按照专用校车国家标准设计和制造的小学生专用校车。

第三条　县级以上地方人民政府应当根据本行政区域的学生数量和分布状况等因素，依法制定、调整学校设置规划，保障学生就近入学或者在寄宿制学校入学，减少学生上下学的交通风险。实施义务教育的学校及其教学点的设置、调整，应当充分听取学生家长等有关方面的意见。

县级以上地方人民政府应当采取措施，发展城市和农村的公共交通，合理规划、设置公共交通线路和站点，为需要乘车上下学的学生提供方便。

对确实难以保障就近入学，并且公共交通不能满足学生上下学需要的农村地区，县级以上地方人民政府应当采取措施，保障接受义务教育的学生获得校车服务。

国家建立多渠道筹措校车经费的机制，并通过财政资助、税收优惠、鼓励社会捐赠等多种方式，按照规定支持使用校车接送学生的服务。支持校车服务所需的财政资金由中央财政和地方财政分担，具体办法由国务院财政部门制定。支持校车服务的税收优惠办法，依照法律、行政法规规定的税收管理权限制定。

第四条　国务院教育、公安、交通运输以及工业和信息化、质量监督检验检疫、安全生产监督管理等部门依照法律、行政法规和国务院的规定，负责校车安全管理的有关工作。国务院教育、公安部门会同国务院有关部门建立校车安全管理工作协调机制，统筹协调校车安全管理工作中的重大事项，共同做好校车安全管理工作。

第五条　县级以上地方人民政府对本行政区域的校车安全管理工作负总责，组织有关部门制定并实施与当地经济发展水平和校车服务需求相适应的校车服务方案，统一领导、组织、协调有关部门履行校车安全管理职责。

县级以上地方人民政府教育、公安、交通运输、安全生产监督管理等有关部门依照本条例以及本级人民政府的规定，履行校车安全管理的相关职责。有关部门应当建立健全校车安全管理信息共享机制。

第六条 国务院标准化主管部门会同国务院工业和信息化、公安、交通运输等部门，按照保障安全、经济适用的要求，制定并及时修订校车安全国家标准。

生产校车的企业应当建立健全产品质量保证体系，保证所生产（包括改装，下同）的校车符合校车安全国家标准；不符合标准的，不得出厂、销售。

第七条 保障学生上下学交通安全是政府、学校、社会和家庭的共同责任。社会各方面应当为校车通行提供便利，协助保障校车通行安全。

第八条 县级和设区的市级人民政府教育、公安、交通运输、安全生产监督管理部门应当设立并公布举报电话、举报网络平台，方便群众举报违反校车安全管理规定的行为。

接到举报的部门应当及时依法处理；对不属于本部门管理职责的举报，应当及时移送有关部门处理。

第二章 学校和校车服务提供者

第九条 学校可以配备校车。依法设立的道路旅客运输经营企业、城市公共交通企业，以及根据县级以上地方人民政府规定设立的校车运营单位，可以提供校车服务。

县级以上地方人民政府根据本地区实际情况，可以制定管理办法，组织依法取得道路旅客运输经营许可的个体经营者提供校车服务。

第十条 配备校车的学校和校车服务提供者应当建立健全校车安全管理制度，配备安全管理人员，加强校车的安全维护，定期对校车驾驶人进行安全教育，组织校车驾驶人学习道路交通安全法律法规以及安全防范、应急处置和应急救援知识，保障学生乘坐校车安全。

第十一条 由校车服务提供者提供校车服务的，学校应当与校车服务提供者签订校车安全管理责任书，明确各自的安全管理责任，落实校车运行安全管理措施。

学校应当将校车安全管理责任书报县级或者设区的市级人民政府教育行政部门备案。

第十二条 学校应当对教师、学生及其监护人进行交通安全教育，向学生讲解校车安全乘坐知识和校车安全事故应急处理技能，并定期组织校车安全事故应急处理演练。

学生的监护人应当履行监护义务，配合学校或者校车服务提供者的校车安全管理工作。学生的监护人应当拒绝使用不符合安全要求的车辆接送学生上下学。

第十三条 县级以上地方人民政府教育行政部门应当指导、监督学校建立健全校车安全管理制度，落实校车安全管理责任，组织学校开展交通安全教育。公安机关交通管理部门应当配合教育行政部门组织学校开展交通安全教育。

第三章 校车使用许可

第十四条 使用校车应当依照本条例的规定取得许可。

取得校车使用许可应当符合下列条件：

（一）车辆符合校车安全国家标准，取得机动车检验合格证明，并已经在公安机关交通管理部门办理注册登记；

（二）有取得校车驾驶资格的驾驶人；

（三）有包括行驶线路、开行时间和停靠站点的合理可行的校车运行方案；

（四）有健全的安全管理制度；

（五）已经投保机动车承运人责任保险。

第十五条　学校或者校车服务提供者申请取得校车使用许可，应当向县级或者设区的市级人民政府教育行政部门提交书面申请和证明其符合本条例第十四条规定条件的材料。教育行政部门应当自收到申请材料之日起 3 个工作日内，分别送同级公安机关交通管理部门、交通运输部门征求意见，公安机关交通管理部门和交通运输部门应当在 3 个工作日内回复意见。教育行政部门应当自收到回复意见之日起 5 个工作日内提出审查意见，报本级人民政府。本级人民政府决定批准的，由公安机关交通管理部门发给校车标牌，并在机动车行驶证上签注校车类型和核载人数；不予批准的，书面说明理由。

第十六条　校车标牌应当载明本车的号牌号码、车辆的所有人、驾驶人、行驶线路、开行时间、停靠站点以及校车标牌发牌单位、有效期等事项。

第十七条　取得校车标牌的车辆应当配备统一的校车标志灯和停车指示标志。

校车未运载学生上道路行驶的，不得使用校车标牌、校车标志灯和停车指示标志。

第十八条　禁止使用未取得校车标牌的车辆提供校车服务。

第十九条　取得校车标牌的车辆达到报废标准或者不再作为校车使用的，学校或者校车服务提供者应当将校车标牌交回公安机关交通管理部门。

第二十条　校车应当每半年进行一次机动车安全技术检验。

第二十一条　校车应当配备逃生锤、干粉灭火器、急救箱等安全设备。安全设备应当放置在便于取用的位置，并确保性能良好、有效适用。

校车应当按照规定配备具有行驶记录功能的卫星定位装置。

第二十二条　配备校车的学校和校车服务提供者应当按照国家规定做好校车的安全维护，建立安全维护档案，保证校车处于良好技术状态。不符合安全技术条件的校车，应当停运维修，消除安全隐患。

校车应当由依法取得相应资质的维修企业维修。承接校车维修业务的企业应当按照规定的维修技术规范维修校车，并按照国务院交通运输主管部门的规定对所维修的校车实行质量保证期制度，在质量保证期内对校车的维修质量负责。

第四章　校车驾驶人

第二十三条　校车驾驶人应当依照本条例的规定取得校车驾驶资格。

取得校车驾驶资格应当符合下列条件：

(一)取得相应准驾车型驾驶证并具有3年以上驾驶经历,年龄在25周岁以上、不超过60周岁;

(二)最近连续3个记分周期内没有被记满分记录;

(三)无致人死亡或者重伤的交通事故责任记录;

(四)无饮酒后驾驶或者醉酒驾驶机动车记录,最近1年内无驾驶客运车辆超员、超速等严重交通违法行为记录;

(五)无犯罪记录;

(六)身心健康,无传染性疾病,无癫痫、精神病等可能危及行车安全的疾病病史,无酗酒、吸毒行为记录。

第二十四条 机动车驾驶人申请取得校车驾驶资格,应当向县级或者设区的市级人民政府公安机关交通管理部门提交书面申请和证明其符合本条例第二十三条规定条件的材料。公安机关交通管理部门应当自收到申请材料之日起5个工作日内审查完毕,对符合条件的,在机动车驾驶证上签注准许驾驶校车;不符合条件的,书面说明理由。

第二十五条 机动车驾驶人未取得校车驾驶资格,不得驾驶校车。禁止聘用未取得校车驾驶资格的机动车驾驶人驾驶校车。

第二十六条 校车驾驶人应当每年接受公安机关交通管理部门的审验。

第二十七条 校车驾驶人应当遵守道路交通安全法律法规,严格按照机动车道路通行规则和驾驶操作规范安全驾驶、文明驾驶。

第五章 校车通行安全

第二十八条 校车行驶线路应当尽量避开急弯、陡坡、临崖、临水的危险路段;确实无法避开的,道路或者交通设施的管理、养护单位应当按照标准对上述危险路段设置安全防护设施、限速标志、警告标牌。

第二十九条 校车经过的道路出现不符合安全通行条件的状况或者存在交通安全隐患的,当地人民政府应当组织有关部门及时改善道路安全通行条件、消除安全隐患。

第三十条 校车运载学生,应当按照国务院公安部门规定的位置放置校车标牌,开启校车标志灯。

校车运载学生,应当按照经审核确定的线路行驶,遇有交通管制、道路施工以及自然灾害、恶劣气象条件或者重大交通事故等影响道路通行情形的除外。

第三十一条 公安机关交通管理部门应当加强对校车行驶线路的道路交通秩序管理。遇交通拥堵的,交通警察应当指挥疏导运载学生的校车优先通行。

校车运载学生,可以在公共交通专用车道以及其他禁止社会车辆通行但允许公共交通车辆通行的路段行驶。

第三十二条 校车上下学生,应当在校车停靠站点停靠;未设校车停靠站点的路段可以在公共交通站台停靠。

道路或者交通设施的管理、养护单位应当按照标准设置校车停靠站点预告标识和校车停靠站点标牌，施划校车停靠站点标线。

第三十三条　校车在道路上停车上下学生，应当靠道路右侧停靠，开启危险报警闪光灯，打开停车指示标志。校车在同方向只有一条机动车道的道路上停靠时，后方车辆应当停车等待，不得超越。校车在同方向有两条以上机动车道的道路上停靠时，校车停靠车道后方和相邻机动车道上的机动车应当停车等待，其他机动车道上的机动车应当减速通过。校车后方停车等待的机动车不得鸣喇叭或者使用灯光催促校车。

第三十四条　校车载人不得超过核定的人数，不得以任何理由超员。

学校和校车服务提供者不得要求校车驾驶人超员、超速驾驶校车。

第三十五条　载有学生的校车在高速公路上行驶的最高时速不得超过 80 公里，在其他道路上行驶的最高时速不得超过 60 公里。

道路交通安全法律法规规定或者道路上限速标志、标线标明的最高时速低于前款规定的，从其规定。

载有学生的校车在急弯、陡坡、窄路、窄桥以及冰雪、泥泞的道路上行驶，或者遇有雾、雨、雪、沙尘、冰雹等低能见度气象条件时，最高时速不得超过 20 公里。

第三十六条　交通警察对违反道路交通安全法律法规的校车，可以在消除违法行为的前提下先予放行，待校车完成接送学生任务后再对校车驾驶人进行处罚。

第三十七条　公安机关交通管理部门应当加强对校车运行情况的监督检查，依法查处校车道路交通安全违法行为，定期将校车驾驶人的道路交通安全违法行为和交通事故信息抄送其所属单位和教育行政部门。

第六章　校车乘车安全

第三十八条　配备校车的学校、校车服务提供者应当指派照管人员随校车全程照管乘车学生。校车服务提供者为学校提供校车服务的，双方可以约定由学校指派随车照管人员。

学校和校车服务提供者应当定期对随车照管人员进行安全教育，组织随车照管人员学习道路交通安全法律法规、应急处置和应急救援知识。

第三十九条　随车照管人员应当履行下列职责：

（一）学生上下车时，在车下引导、指挥，维护上下车秩序；

（二）发现驾驶人无校车驾驶资格，饮酒、醉酒后驾驶，或者身体严重不适以及校车超员等明显妨碍行车安全情形的，制止校车开行；

（三）清点乘车学生人数，帮助、指导学生安全落座、系好安全带，确认车门关闭后示意驾驶人启动校车；

（四）制止学生在校车行驶过程中离开座位等危险行为；

（五）核实学生下车人数，确认乘车学生已经全部离车后本人方可离车。

第四十条 校车的副驾驶座位不得安排学生乘坐。

校车运载学生过程中，禁止除驾驶人、随车照管人员以外的人员乘坐。

第四十一条 校车驾驶人驾驶校车上道路行驶前，应当对校车的制动、转向、外部照明、轮胎、安全门、座椅、安全带等车况是否符合安全技术要求进行检查，不得驾驶存在安全隐患的校车上道路行驶。

校车驾驶人不得在校车载有学生时给车辆加油，不得在校车发动机引擎熄灭前离开驾驶座位。

第四十二条 校车发生交通事故，驾驶人、随车照管人员应当立即报警，设置警示标志。乘车学生继续留在校车内有危险的，随车照管人员应当将学生撤离到安全区域，并及时与学校、校车服务提供者、学生的监护人联系处理后续事宜。

第七章 法律责任

第四十三条 生产、销售不符合校车安全国家标准的校车的，依照道路交通安全、产品质量管理的法律、行政法规的规定处罚。

第四十四条 使用拼装或者达到报废标准的机动车接送学生的，由公安机关交通管理部门收缴并强制报废机动车；对驾驶人处2000元以上5000元以下的罚款，吊销其机动车驾驶证；对车辆所有人处8万元以上10万元以下的罚款，有违法所得的予以没收。

第四十五条 使用未取得校车标牌的车辆提供校车服务，或者使用未取得校车驾驶资格的人员驾驶校车的，由公安机关交通管理部门扣留该机动车，处1万元以上2万元以下的罚款，有违法所得的予以没收。

取得道路运输经营许可的企业或者个体经营者有前款规定的违法行为，除依照前款规定处罚外，情节严重的，由交通运输主管部门吊销其经营许可证件。

伪造、变造或者使用伪造、变造的校车标牌的，由公安机关交通管理部门收缴伪造、变造的校车标牌，扣留该机动车，处2000元以上5000元以下的罚款。

第四十六条 不按照规定为校车配备安全设备，或者不按照规定对校车进行安全维护的，由公安机关交通管理部门责令改正，处1000元以上3000元以下的罚款。

第四十七条 机动车驾驶人未取得校车驾驶资格驾驶校车的，由公安机关交通管理部门处1000元以上3000元以下的罚款，情节严重的，可以并处吊销机动车驾驶证。

第四十八条 校车驾驶人有下列情形之一的，由公安机关交通管理部门责令改正，可以处200元罚款：

（一）驾驶校车运载学生，不按照规定放置校车标牌、开启校车标志灯，或者不按照经审核确定的线路行驶；

（二）校车上下学生，不按照规定在校车停靠站点停靠；

（三）校车未运载学生上道路行驶，使用校车标牌、校车标志灯和停车指示标志；

（四）驾驶校车上道路行驶前，未对校车车况是否符合安全技术要求进行检查，或者驾驶存在安全隐患的校车上道路行驶；

（五）在校车载有学生时给车辆加油，或者在校车发动机引擎熄灭前离开驾驶座位。

校车驾驶人违反道路交通安全法律法规关于道路通行规定的，由公安机关交通管理部门依法从重处罚。

第四十九条　校车驾驶人违反道路交通安全法律法规被依法处罚或者发生道路交通事故，不再符合本条例规定的校车驾驶人条件的，由公安机关交通管理部门取消校车驾驶资格，并在机动车驾驶证上签注。

第五十条　校车载人超过核定人数的，由公安机关交通管理部门扣留车辆至违法状态消除，并依照道路交通安全法律法规的规定从重处罚。

第五十一条　公安机关交通管理部门查处校车道路交通安全违法行为，依法扣留车辆的，应当通知相关学校或者校车服务提供者转运学生，并在违法状态消除后立即发还被扣留车辆。

第五十二条　机动车驾驶人违反本条例规定，不避让校车的，由公安机关交通管理部门处200元罚款。

第五十三条　未依照本条例规定指派照管人员随校车全程照管乘车学生的，由公安机关责令改正，可以处500元罚款。

随车照管人员未履行本条例规定的职责的，由学校或者校车服务提供者责令改正；拒不改正的，给予处分或者予以解聘。

第五十四条　取得校车使用许可的学校、校车服务提供者违反本条例规定，情节严重的，原作出许可决定的地方人民政府可以吊销其校车使用许可，由公安机关交通管理部门收回校车标牌。

第五十五条　学校违反本条例规定的，除依照本条例有关规定予以处罚外，由教育行政部门给予通报批评；导致发生学生伤亡事故的，对政府举办的学校的负有责任的领导人员和直接责任人员依法给予处分；对民办学校由审批机关责令暂停招生，情节严重的，吊销其办学许可证，并由教育行政部门责令负有责任的领导人员和直接责任人员5年内不得从事学校管理事务。

第五十六条　县级以上地方人民政府不依法履行校车安全管理职责，致使本行政区域发生校车安全重大事故的，对负有责任的领导人员和直接责任人员依法给予处分。

第五十七条　教育、公安、交通运输、工业和信息化、质量监督检验检疫、安全生产监督管理等有关部门及其工作人员不依法履行校车安全管理职责的，对负有责任的领导人员和直接责任人员依法给予处分。

第五十八条　违反本条例的规定，构成违反治安管理行为的，由公安机关依法给予治安管理处罚；构成犯罪的，依法追究刑事责任。

第五十九条　发生校车安全事故，造成人身伤亡或者财产损失的，依法承担赔偿责任。

第八章　附　　则

第六十条　县级以上地方人民政府应当合理规划幼儿园布局，方便幼儿就近入园。

入园幼儿应当由监护人或者其委托的成年人接送。对确因特殊情况不能由监护人或者其委托的成年人接送，需要使用车辆集中接送的，应当使用按照专用校车国家标准设计和制造的幼儿专用校车，遵守本条例校车安全管理的规定。

第六十一条　省、自治区、直辖市人民政府应当结合本地区实际情况，制定本条例的实施办法。

第六十二条　本条例自公布之日起施行。

本条例施行前已经配备校车的学校和校车服务提供者及其聘用的校车驾驶人应当自本条例施行之日起 90 日内，依照本条例的规定申请取得校车使用许可、校车驾驶资格。

本条例施行后，用于接送小学生、幼儿的专用校车不能满足需求的，在省、自治区、直辖市人民政府规定的过渡期限内可以使用取得校车标牌的其他载客汽车。

学生伤害事故处理办法

（2002年6月25日教育部令第12号发布　自2002年9月1日起实施　2010年12月13日根据《教育部关于修改和废止部分规章的决定》修改）

第一章　总　　则

第一条　为积极预防、妥善处理在校学生伤害事故，保护学生、学校的合法权益，根据《中华人民共和国教育法》、《中华人民共和国未成年人保护法》和其他相关法律、行政法规及有关规定，制定本办法。

第二条　在学校实施的教育教学活动或者学校组织的校外活动中，以及在学校负有管理责任的校舍、场地、其他教育教学设施、生活设施内发生的，造成在校学生人身损害后果的事故的处理，适用本办法。

第三条　学生伤害事故应当遵循依法、客观公正、合理适当的原则，及时、妥善地处理。

第四条　学校的举办者应当提供符合安全标准的校舍、场地、其他教育教学设施和生活设施。

教育行政部门应当加强学校安全工作，指导学校落实预防学生伤害事故的措施，指导、协助学校妥善处理学生伤害事故，维护学校正常的教育教学秩序。

第五条　学校应当对在校学生进行必要的安全教育和自护自救教育；应当按照规定，建立健全安全制度，采取相应的管理措施，预防和消除教育教学环境中存在的安全隐患；当发生伤害事故时，应当及时采取措施救助受伤害学生。

学校对学生进行安全教育、管理和保护，应当针对学生年龄、认知能力和法律行为能力的不同，采用相应的内容和预防措施。

第六条　学生应当遵守学校的规章制度和纪律；在不同的受教育阶段，应当根据自身的年龄、认知能力和法律行为能力，避免和消除相应的危险。

第七条　未成年学生的父母或者其他监护人（以下称为监护人）应当依法履行监护职责，配合学校对学生进行安全教育、管理和保护工作。

学校对未成年学生不承担监护职责，但法律有规定的或者学校依法接受委托承担相应监护职责的情形除外。

第二章　事故与责任

第八条　发生学生伤害事故，造成学生人身损害的，学校应当按照《中华人民共和国侵权责任法》及相关法律、法规的规定，承担相应的事故责任。

第九条 因下列情形之一造成的学生伤害事故，学校应当依法承担相应的责任：

（一）学校的校舍、场地、其他公共设施，以及学校提供给学生使用的学具、教育教学和生活设施、设备不符合国家规定的标准，或者有明显不安全因素的；

（二）学校的安全保卫、消防、设施设备管理等安全管理制度有明显疏漏，或者管理混乱，存在重大安全隐患，而未及时采取措施的；

（三）学校向学生提供的药品、食品、饮用水等不符合国家或者行业的有关标准、要求的；

（四）学校组织学生参加教育教学活动或者校外活动，未对学生进行相应的安全教育，并未在可预见的范围内采取必要的安全措施的；

（五）学校知道教师或者其他工作人员患有不适宜担任教育教学工作的疾病，但未采取必要措施的；

（六）学校违反有关规定，组织或者安排未成年学生从事不宜未成年人参加的劳动、体育运动或者其他活动的；

（七）学生有特异体质或者特定疾病，不宜参加某种教育教学活动，学校知道或者应当知道，但未予以必要的注意的；

（八）学生在校期间突发疾病或者受到伤害，学校发现，但未根据实际情况及时采取相应措施，导致不良后果加重的；

（九）学校教师或者其他工作人员体罚或者变相体罚学生，或者在履行职责过程中违反工作要求、操作规程、职业道德或者其他有关规定的；

（十）学校教师或者其他工作人员在负有组织、管理未成年学生的职责期间，发现学生行为具有危险性，但未进行必要的管理、告诫或者制止的；

（十一）对未成年学生擅自离校等与学生人身安全直接相关的信息，学校发现或者知道，但未及时告知未成年学生的监护人，导致未成年学生因脱离监护人的保护而发生伤害的；

（十二）学校有未依法履行职责的其他情形的。

第十条 学生或者未成年学生监护人由于过错，有下列情形之一，造成学生伤害事故，应当依法承担相应的责任：

（一）学生违反法律法规的规定，违反社会公共行为准则、学校的规章制度或者纪律，实施按其年龄和认知能力应当知道具有危险或者可能危及他人的行为的；

（二）学生行为具有危险性，学校、教师已经告诫、纠正，但学生不听劝阻、拒不改正的；

（三）学生或者其监护人知道学生有特异体质，或者患有特定疾病，但未告知学校的；

（四）未成年学生的身体状况、行为、情绪等有异常情况，监护人知道或者已被学校告知，但未履行相应监护职责的；

（五）学生或者未成年学生监护人有其他过错的。

第十一条 学校安排学生参加活动，因提供场地、设备、交通工具、食品及其他消费与服务的经营者，或者学校以外的活动组织者的过错造成的学生伤害事故，有过错的当事人应当依法承担相应的责任。

第十二条 因下列情形之一造成的学生伤害事故，学校已履行了相应职责，行为并无不当的，无法律责任：

（一）地震、雷击、台风、洪水等不可抗的自然因素造成的；

（二）来自学校外部的突发性、偶发性侵害造成的；

（三）学生有特异体质、特定疾病或者异常心理状态，学校不知道或者难于知道的；

（四）学生自杀、自伤的；

（五）在对抗性或者具有风险性的体育竞赛活动中发生意外伤害的；

（六）其他意外因素造成的。

第十三条 下列情形下发生的造成学生人身损害后果的事故，学校行为并无不当的，不承担事故责任；事故责任应当按有关法律法规或者其他有关规定认定：

（一）在学生自行上学、放学、返校、离校途中发生的；

（二）在学生自行外出或者擅自离校期间发生的；

（三）在放学后、节假日或者假期等学校工作时间以外，学生自行滞留学校或者自行到校发生的；

（四）其他在学校管理职责范围外发生的。

第十四条 因学校教师或者其他工作人员与其职务无关的个人行为，或者因学生、教师及其他个人故意实施的违法犯罪行为，造成学生人身损害的，由致害人依法承担相应的责任。

第三章 事故处理程序

第十五条 发生学生伤害事故，学校应当及时救助受伤害学生，并应当及时告知未成年学生的监护人；有条件的，应当采取紧急救援等方式救助。

第十六条 发生学生伤害事故，情形严重的，学校应当及时向主管教育行政部门及有关部门报告；属于重大伤亡事故的，教育行政部门应当按照有关规定及时向同级人民政府和上一级教育行政部门报告。

第十七条 学校的主管教育行政部门应学校要求或者认为必要，可以指导、协助学校进行事故的处理工作，尽快恢复学校正常的教育教学秩序。

第十八条 发生学生伤害事故，学校与受伤害学生或者学生家长可以通过协商方式解决；双方自愿，可以书面请求主管教育行政部门进行调解。成年学生或者未成年学生的监护人也可以依法直接提起诉讼。

第十九条 教育行政部门收到调解申请，认为必要的，可以指定专门人员进行调解，并应当在受理申请之日起60日内完成调解。

第二十条 经教育行政部门调解，双方就事故处理达成一致意见的，应当在调解人员的见证下签订调解协议，结束调解；在调解期限内，双方不能达成一致意见，或者调解过程中一方提起诉讼，人民法院已经受理的，应当终止调解。调解结束或者终止，教育行政部门应当书面通知当事人。

第二十一条 对经调解达成的协议，一方当事人不履行或者反悔的，双方可以依法提起诉讼。

第二十二条 事故处理结束，学校应当将事故处理结果书面报告主管的教育行政部门；重大伤亡事故的处理结果，学校主管的教育行政部门应当向同级人民政府和上一级教育行政部门报告。

第四章 事故损害的赔偿

第二十三条 对发生学生伤害事故负有责任的组织或者个人，应当按照法律法规的有关规定，承担相应的损害赔偿责任。

第二十四条 学生伤害事故赔偿的范围与标准，按照有关行政法规、地方性法规或者最高人民法院司法解释中的有关规定确定。

教育行政部门进行调解时，认为学校有责任的，可以依照有关法律法规及国家有关规定，提出相应的调解方案。

第二十五条 对受伤害学生的伤残程度存在争议的，可以委托当地具有相应鉴定资格的医院或者有关机构，依据国家规定的人体伤残标准进行鉴定。

第二十六条 学校对学生伤害事故负有责任的，根据责任大小，适当予以经济赔偿，但不承担解决户口、住房、就业等与救助受伤害学生、赔偿相应经济损失无直接关系的其他事项。

学校无责任的，如果有条件，可以根据实际情况，本着自愿和可能的原则，对受伤害学生给予适当的帮助。

第二十七条 因学校教师或者其他工作人员在履行职务中的故意或者重大过失造成的学生伤害事故，学校予以赔偿后，可以向有关责任人员追偿。

第二十八条 未成年学生对学生伤害事故负有责任的，由其监护人依法承担相应的赔偿责任。

学生的行为侵害学校教师及其他工作人员以及其他组织、个人的合法权益，造成损失的，成年学生或者未成年学生的监护人应当依法予以赔偿。

第二十九条 根据双方达成的协议、经调解形成的协议或者人民法院的生效判决，应当由学校负担的赔偿金，学校应当负责筹措；学校无力完全筹措的，由学校的主管部门或者举办者协助筹措。

第三十条 县级以上人民政府教育行政部门或者学校举办者有条件的，可以通过设立学生伤害赔偿准备金等多种形式,依法筹措伤害赔偿金。

第三十一条　学校有条件的,应当依据保险法的有关规定,参加学校责任保险。

教育行政部门可以根据实际情况,鼓励中小学参加学校责任保险。

提倡学生自愿参加意外伤害保险。在尊重学生意愿的前提下,学校可以为学生参加意外伤害保险创造便利条件,但不得从中收取任何费用。

第五章　事故责任者的处理

第三十二条　发生学生伤害事故,学校负有责任且情节严重的,教育行政部门应当根据有关规定,对学校的直接负责的主管人员和其他直接责任人员,分别给予相应的行政处分;有关责任人的行为触犯刑律的,应当移送司法机关依法追究刑事责任。

第三十三条　学校管理混乱,存在重大安全隐患的,主管的教育行政部门或者其他有关部门应当责令其限期整顿;对情节严重或者拒不改正的,应当依据法律法规的有关规定,给予相应的行政处罚。

第三十四条　教育行政部门未履行相应职责,对学生伤害事故的发生负有责任的,由有关部门对直接负责的主管人员和其他直接责任人员分别给予相应的行政处分;有关责任人的行为触犯刑律的,应当移送司法机关依法追究刑事责任。

第三十五条　违反学校纪律,对造成学生伤害事故负有责任的学生,学校可以给予相应的处分;触犯刑律的,由司法机关依法追究刑事责任。

第三十六条　受伤害学生的监护人、亲属或者其他有关人员,在事故处理过程中无理取闹,扰乱学校正常教育教学秩序,或者侵犯学校、学校教师或者其他工作人员的合法权益的,学校应当报告公安机关依法处理;造成损失的,可以依法要求赔偿。

第六章　附　　则

第三十七条　本办法所称学校,是指国家或者社会力量举办的全日制的中小学(含特殊教育学校)、各类中等职业学校、高等学校。本办法所称学生是指在上述学校中全日制就读的受教育者。

第三十八条　幼儿园发生的幼儿伤害事故,应当根据幼儿为完全无行为能力人的特点,参照本办法处理。

第三十九条　其他教育机构发生的学生伤害事故,参照本办法处理。

在学校注册的其他受教育者在学校管理范围内发生的伤害事故,参照本办法处理。

第四十条　本办法自 2002 年 9 月 1 日起实施,原国家教委、教育部颁布的与学生人身安全事故处理有关的规定,与本办法不符的,以本办法为准。

在本办法实施之前已处理完毕的学生伤害事故不再重新处理。

学校食堂与学生集体用餐卫生管理规定

（2002 年 9 月 20 日教育部、卫生部令第 14 号公布　自 2002 年 11 月 1 日起实施）

第一章　总　　则

第一条　为防止学校食物中毒或者其他食源性疾患事故的发生，保障师生员工身体健康，根据《食品安全法》和《学校卫生工作条例》，制定本规定。

第二条　本规定适用于各级各类全日制学校以及幼儿园。

第三条　学校食堂与学生集体用餐的卫生管理必须坚持预防为主的工作方针，实行卫生行政部门监督指导、教育行政部门管理督查、学校具体实施的工作原则。

第二章　食堂建筑、设备与环境卫生要求

第四条　食堂应当保持内外环境整洁，采取有效措施，消除老鼠、蟑螂、苍蝇和其他有害昆虫及其孳生条件。

第五条　食堂的设施设备布局应当合理，应有相对独立的食品原料存放间、食品加工操作间、食品出售场所及用餐场所。

第六条　食堂加工操作间应当符合下列要求：

（一）最小使用面积不得小于 8 平方米；

（二）墙壁应有 1.5 米以上的瓷砖或其他防水、防潮、可清洗的材料制成的墙裙；

（三）地面应由防水、防滑、无毒、易清洗的材料建造，具有一定坡度，易于清洗与排水；

（四）配备有足够的照明、通风、排烟装置和有效的防蝇、防尘、防鼠，污水排放和符合卫生要求的存放废弃物的设施和设备；

（五）制售冷荤凉菜的普通高等学校食堂必须有凉菜间，并配有专用冷藏、洗涤消毒的设施设备。

第七条　食堂应当有用耐磨损、易清洗的无毒材料制造或建成的餐饮具专用洗刷、消毒池等清洗设施设备。采用化学消毒的，必须具备 2 个以上的水池，并不得与清洗蔬菜、肉类等的设施设备混用。

第八条　餐饮具使用前必须洗净、消毒，符合国家有关卫生标准。未经消毒的餐饮具不得使用。禁止重复使用一次性使用的餐饮具。

消毒后的餐饮具必须贮存在餐饮具专用保洁柜内备用。已消毒和未消毒的餐饮具应分开存放，并在餐饮具贮存柜上有明显标记。餐饮具保洁柜应当定期清洗、保持洁净。

第九条　餐饮具所使用的洗涤、消毒剂必须符合卫生标准或要求。

洗涤、消毒剂必须有固定的存放场所(橱柜),并有明显的标记。

第十条　食堂用餐场所应设置供用餐者洗手、洗餐具的自来水装置。

第三章　食品采购、贮存及加工的卫生要求

第十一条　严格把好食品的采购关。食堂采购员必须到持有卫生许可证的经营单位采购食品,并按照国家有关规定进行索证;应相对固定食品采购的场所,以保证其质量。

禁止采购以下食品:

(一)腐败变质、油脂酸败、霉变、生虫、污秽不洁、混有异物或者其他感官性状异常,含有毒有害物质或者被有毒、有害物质污染,可能对人体健康有害的食品;

(二)未经兽医卫生检验或者检验不合格的肉类及其制品;

(三)超过保质期限或不符合食品标签规定的定型包装食品;

(四)其他不符合食品卫生标准和要求的食品。

第十二条　学校分管学生集体用餐的订购人员在订餐时,应确认生产经营者的卫生许可证上注有"送餐"或"学生营养餐"的许可项目,不得向未经许可的生产经营者订餐。

学生集体用餐必须当餐加工,不得订购隔餐的剩余食品,不得订购冷荤凉菜食品。

严把供餐卫生质量关,要按照订餐要求对供餐单位提供的食品进行验收。

第十三条　食品贮存应当分类、分架、隔墙、离地存放,定期检查、及时处理变质或超过保质期限的食品。

食品贮存场所禁止存放有毒、有害物品及个人生活物品。

用于保存食品的冷藏设备,必须贴有标志,生食品、半成品和熟食品应分柜存放。

第十四条　用于原料、半成品、成品的刀、墩、板、桶、盆、筐、抹布以及其他工具、容器必须标志明显,做到分开使用,定位存放,用后洗净,保持清洁。

第十五条　食堂炊事员必须采用新鲜洁净的原料制作食品,不得加工或使用腐败变质和感官性状异常的食品及其原料。

第十六条　加工食品必须做到熟透,需要熟制加工的大块食品,其中心温度不低于70℃。

加工后的熟制品应当与食品原料或半成品分开存放,半成品应当与食品原料分开存放,防止交叉污染。食品不得接触有毒物、不洁物。

不得向学生出售腐败变质或者感官性状异常,可能影响学生健康的食物。

第十七条　职业学校、普通中等学校、小学、特殊教育学校、幼儿园的食堂不得制售冷荤凉菜。

普通高等学校食堂的凉菜间必须定时进行空气消毒;应有专人加工操作,非凉菜间工作人员不得擅自进入凉菜间;加工凉菜的工用具、容器必须专用,用前必须消毒,用后必须

洗净并保持清洁。

每餐的各种凉菜应各取不少于250克的样品留置于冷藏设备中保存24小时以上,以备查验。

第十八条 食品在烹饪后至出售前,一般不超过2个小时,若超过2个小时存放的,应当在高于60摄氏度或低于10摄氏度的条件下存放。

第十九条 食堂剩余食品必须冷藏,冷藏时间不得超过24小时,在确认没有变质的情况下,必须经高温彻底加热后,方可继续出售。

第四章 食堂从业人员卫生要求

第二十条 食堂从业人员、管理人员必须掌握有关食品卫生的基本要求。

第二十一条 食堂从业人员每年必须进行健康检查,新参加工作和临时参加工作的食品生产经营人员都必须进行健康检查,取得健康证明后方可参加工作。

凡患有痢疾、伤寒、病毒性肝炎等消化道疾病(包括病原携带者),活动性肺结核,化脓性或者渗出性皮肤病以及其他有碍食品卫生的疾病的,不得从事接触直接入口食品的工作。

食堂从业人员及集体餐分餐人员在出现咳嗽、腹泻、发热、呕吐等有碍于食品卫生的病症时,应立即脱离工作岗位,待查明病因、排除有碍食品卫生的病症或治愈后,方可重新上岗。

第二十二条 食堂从业人员应有良好的个人卫生习惯。必须做到:

(一)工作前、处理食品原料后、便后用肥皂及流动清水洗手;接触直接入口食品之前应洗手消毒;

(二)穿戴清洁的工作衣、帽,并把头发置于帽内;

(三)不得留长指甲、涂指甲油、戴戒指加工食品;

(四)不得在食品加工和销售场所内吸烟。

第五章 管理与监督

第二十三条 学校应建立主管校长负责制,并配备专职或者兼职的食品卫生管理人员。

第二十四条 学校应建立健全食品卫生安全管理制度。

食堂实行承包经营时,学校必须把食品卫生安全作为承包合同的重要指标。

第二十五条 学校食堂必须取得卫生行政部门发放的卫生许可证,未取得卫生许可证的学校食堂不得开办;要积极配合、主动接受当地卫生行政部门的卫生监督。

第二十六条 学校食堂应当建立卫生管理规章制度及岗位责任制度,相关的卫生管理条款应在用餐场所公示,接受用餐者的监督。

食堂应建立严格的安全保卫措施，严禁非食堂工作人员随意进入学校食堂的食品加工操作间及食品原料存放间，防止投毒事件的发生，确保学生用餐的卫生与安全。

第二十七条　学校应当对学生加强饮食卫生教育，进行科学引导，劝阻学生不买街头无照（证）商贩出售的盒饭及食品，不食用来历不明的可疑食物。

第二十八条　各级教育行政部门应根据《食品卫生法》和本规定的要求，加强所辖学校的食品卫生工作的行政管理，并将食品卫生安全管理工作作为对学校督导评估的重要内容，在考核学校工作时，应将食品卫生安全工作作为重要的考核指标。

第二十九条　各级教育行政部门应制定食堂管理人员和从业人员的培训计划，并在卫生行政部门的指导下定期组织对所属学校食堂的管理人员和从业人员进行食品卫生知识、职业道德和法制教育的培训。

第三十条　各级教育行政部门及学校所属的卫生保健机构具有对学校食堂及学生集体用餐的业务指导和检查督促的职责，应定期深入学校食堂进行业务指导和检查督促。

第三十一条　各级卫生行政部门应当根据《食品卫生法》的有关规定，加强对学校食堂与学生集体用餐的卫生监督，对食堂采购、贮存、加工、销售中容易造成食物中毒或其他食源性疾患的重要环节应重点进行监督指导。

加大卫生许可工作的管理和督查力度，严格执行卫生许可证的发放标准，对卫生质量不稳定和不具备卫生条件的学校食堂一律不予发证。对获得卫生许可证的学校食堂要加大监督的力度与频度。

第三十二条　学校应当建立食物中毒或者其他食源性疾患等突发事件的应急处理机制。发生食物中毒或疑似食物中毒事故后，应采取下列措施：

（一）立即停止生产经营活动，并向所在地人民政府、教育行政部门和卫生行政部门报告；

（二）协助卫生机构救治病人；

（三）保留造成食物中毒或者可能导致食物中毒的食品及其原料、工具、设备和现场；

（四）配合卫生行政部门进行调查，按卫生行政部门的要求如实提供有关材料和样品；

（五）落实卫生行政部门要求采取的其他措施，把事态控制在最小范围。

第三十三条　学校必须建立健全食物中毒或者其他食源性疾患的报告制度，发生食物中毒或疑似食物中毒事故应及时报告当地教育行政部门和卫生行政部门。

当地教育行政部门应逐级报告上级教育行政部门。

当地卫生行政部门应当于6小时内上报卫生部，并同时报告同级人民政府和上级卫生行政部门。

第三十四条　要建立学校食品卫生责任追究制度。对违反本规定，玩忽职守、疏于管理，造成学生食物中毒或者其他食源性疾患的学校和责任人，以及造成食物中毒或其他食源性疾患后,隐瞒实情不上报的学校和责任人,由教育行政部门按照有关规定给予通报批评或行政处分。

对不符合卫生许可证发放条件而发放卫生许可证造成食物中毒或其他食源性疾患的责任人,由卫生行政部门按照有关规定给予通报批评或行政处分。

对违反本规定,造成重大食物中毒事件,情节特别严重的,要依法追究相应责任人的法律责任。

第六章 附 则

第三十五条 本规定下列用语含义是:

学生集体用餐:以供学生用餐为目的而配置的膳食和食品,包括学生普通餐、学生营养餐、学生课间餐(牛奶、豆奶、饮料、面点等)、学校举办各类活动时为学生提供的集体饮食等。

食堂:学校自办食堂、承包食堂和高校后勤社会化后专门为学生提供就餐服务的实体。

食堂从业人员:食堂采购员、食堂炊事员、食堂分餐员、仓库保管员等。

第三十六条 以简单加工学生自带粮食、蔬菜或以为学生热饭为主的规模小的农村学校,其食堂建筑、设备等暂不作为实行本规定的单位对待。但是,其他方面应当符合本规定要求。

第三十七条 学生集体用餐生产经营者的监督管理,按《学生集体用餐卫生监督办法》执行。

第三十八条 本规定自2002年11月1日起实施。

中小学幼儿园安全管理办法

（2006年6月30日教育部令第23号公布　自2006年9月1日起施行）

第一章　总　　则

第一条　为加强中小学、幼儿园安全管理，保障学校及其学生和教职工的人身、财产安全，维护中小学、幼儿园正常的教育教学秩序，根据《中华人民共和国教育法》等法律法规，制定本办法。

第二条　普通中小学、中等职业学校、幼儿园（班）、特殊教育学校、工读学校（以下统称学校）的安全管理适用本办法。

第三条　学校安全管理遵循积极预防、依法管理、社会参与、各负其责的方针。

第四条　学校安全管理工作主要包括：

（一）构建学校安全工作保障体系，全面落实安全工作责任制和事故责任追究制，保障学校安全工作规范、有序进行；

（二）健全学校安全预警机制，制定突发事件应急预案，完善事故预防措施，及时排除安全隐患，不断提高学校安全工作管理水平；

（三）建立校园周边整治协调工作机制，维护校园及周边环境安全；

（四）加强安全宣传教育培训，提高师生安全意识和防护能力；

（五）事故发生后启动应急预案、对伤亡人员实施救治和责任追究等。

第五条　各级教育、公安、司法行政、建设、交通、文化、卫生、工商、质检、新闻出版等部门在本级人民政府的领导下，依法履行学校周边治理和学校安全的监督与管理职责。

学校应当按照本办法履行安全管理和安全教育职责。

社会团体、企业事业单位、其他社会组织和个人应当积极参与和支持学校安全工作，依法维护学校安全。

第二章　安全管理职责

第六条　地方各级人民政府及其教育、公安、司法行政、建设、交通、文化、卫生、工商、质检、新闻出版等部门应当按照职责分工，依法负责学校安全工作，履行学校安全管理职责。

第七条　教育行政部门对学校安全工作履行下列职责：

（一）全面掌握学校安全工作状况，制定学校安全工作考核目标，加强对学校安全工作的检查指导，督促学校建立健全并落实安全管理制度；

（二）建立安全工作责任制和事故责任追究制，及时消除安全隐患，指导学校妥善处理学生伤害事故；

（三）及时了解学校安全教育情况，组织学校有针对性地开展学生安全教育，不断提高教育实效；

（四）制定校园安全的应急预案，指导、监督下级教育行政部门和学校开展安全工作；

（五）协调政府其他相关职能部门共同做好学校安全管理工作，协助当地人民政府组织对学校安全事故的救援和调查处理。

教育督导机构应当组织学校安全工作的专项督导。

第八条 公安机关对学校安全工作履行下列职责：

（一）了解掌握学校及周边治安状况，指导学校做好校园保卫工作，及时依法查处扰乱校园秩序、侵害师生人身、财产安全的案件；

（二）指导和监督学校做好消防安全工作；

（三）协助学校处理校园突发事件。

第九条 卫生部门对学校安全工作履行下列职责：

（一）检查、指导学校卫生防疫和卫生保健工作，落实疾病预防控制措施；

（二）监督、检查学校食堂、学校饮用水和游泳池的卫生状况。

第十条 建设部门对学校安全工作履行下列职责：

（一）加强对学校建筑、燃气设施设备安全状况的监管，发现安全事故隐患的，应当依法责令立即排除；

（二）指导校舍安全检查鉴定工作；

（三）加强对学校工程建设各环节的监督管理，发现校舍、楼梯护栏及其他教学、生活设施违反工程建设强制性标准的，应责令纠正；

（四）依法督促学校定期检验、维修和更新学校相关设施设备。

第十一条 质量技术监督部门应当定期检查学校特种设备及相关设施的安全状况。

第十二条 公安、卫生、交通、建设等部门应当定期向教育行政部门和学校通报与学校安全管理相关的社会治安、疾病防治、交通等情况，提出具体预防要求。

第十三条 文化、新闻出版、工商等部门应当对校园周边的有关经营服务场所加强管理和监督，依法查处违法经营者，维护有利于青少年成长的良好环境。

司法行政、公安等部门应当按照有关规定履行学校安全教育职责。

第十四条 举办学校的地方人民政府、企业事业组织、社会团体和公民个人，应当对学校安全工作履行下列职责：

（一）保证学校符合基本办学标准，保证学校围墙、校舍、场地、教学设施、教学用具、生活设施和饮用水源等办学条件符合国家安全质量标准；

（二）配置紧急照明装置和消防设施与器材，保证学校教学楼、图书馆、实验室、师生宿舍等场所的照明、消防条件符合国家安全规定；

（三）定期对校舍安全进行检查，对需要维修的，及时予以维修；对确认的危房，及时予以改造。

举办学校的地方人民政府应当依法维护学校周边秩序，保障师生和学校的合法权益，为学校提供安全保障。

有条件的，学校举办者应当为学校购买责任保险。

第三章　校内安全管理制度

第十五条　学校应当遵守有关安全工作的法律、法规和规章，建立健全校内各项安全管理制度和安全应急机制，及时消除隐患，预防发生事故。

第十六条　学校应当建立校内安全工作领导机构，实行校长负责制；应当设立保卫机构，配备专职或者兼职安全保卫人员，明确其安全保卫职责。

第十七条　学校应当健全门卫制度，建立校外人员入校的登记或者验证制度，禁止无关人员和校外机动车入内，禁止将非教学用易燃易爆物品、有毒物品、动物和管制器具等危险物品带入校园。

学校门卫应当由专职保安或者其他能够切实履行职责的人员担任。

第十八条　学校应当建立校内安全定期检查制度和危房报告制度，按照国家有关规定安排对学校建筑物、构筑物、设备、设施进行安全检查、检验；发现存在安全隐患的，应当停止使用，及时维修或者更换；维修、更换前应当采取必要的防护措施或者设置警示标志。学校无力解决或者无法排除的重大安全隐患，应当及时书面报告主管部门和其他相关部门。

学校应当在校内高地、水池、楼梯等易发生危险的地方设置警示标志或者采取防护设施。

第十九条　学校应当落实消防安全制度和消防工作责任制，对于政府保障配备的消防设施和器材加强日常维护，保证其能够有效使用，并设置消防安全标志，保证疏散通道、安全出口和消防车通道畅通。

第二十条　学校应当建立用水、用电、用气等相关设施设备的安全管理制度，定期进行检查或者按照规定接受有关主管部门的定期检查，发现老化或者损毁的，及时进行维修或者更换。

第二十一条　学校应当严格执行《学校食堂与学生集体用餐卫生管理规定》、《餐饮业和学生集体用餐配送单位卫生规范》，严格遵守卫生操作规范。建立食堂物资定点采购和索证、登记制度与饭菜留验和记录制度，检查饮用水的卫生安全状况，保障师生饮食卫生安全。

第二十二条　学校应当建立实验室安全管理制度，并将安全管理制度和操作规程置于实验室显著位置。

学校应当严格建立危险化学品、放射物质的购买、保管、使用、登记、注销等制度，保证将危险化学品、放射物质存放在安全地点。

第二十三条 学校应当按照国家有关规定配备具有从业资格的专职医务（保健）人员或者兼职卫生保健教师，购置必需的急救器材和药品，保障对学生常见病的治疗，并负责学校传染病疫情及其他突发公共卫生事件的报告。有条件的学校，应当设立卫生（保健）室。

新生入学应当提交体检证明。托幼机构与小学在入托、入学时应当查验预防接种证。学校应当建立学生健康档案，组织学生定期体检。

第二十四条 学校应当建立学生安全信息通报制度，将学校规定的学生到校和放学时间、学生非正常缺席或者擅自离校情况，以及学生身体和心理的异常状况等关系学生安全的信息，及时告知其监护人。

对有特异体质、特定疾病或者其他生理、心理状况异常以及有吸毒行为的学生，学校应当做好安全信息记录，妥善保管学生的健康与安全信息资料，依法保护学生的个人隐私。

第二十五条 有寄宿生的学校应当建立住宿学生安全管理制度，配备专人负责住宿学生的生活管理和安全保卫工作。

学校应当对学生宿舍实行夜间巡查、值班制度，并针对女生宿舍安全工作的特点，加强对女生宿舍的安全管理。

学校应当采取有效措施，保证学生宿舍的消防安全。

第二十六条 学校购买或者租用机动车专门用于接送学生的，应当建立车辆管理制度，并及时到公安机关交通管理部门备案。接送学生的车辆必须检验合格，并定期维护和检测。

接送学生专用校车应当粘贴统一标识。标识样式由省级公安机关交通管理部门和教育行政部门制定。

学校不得租用拼装车、报废车和个人机动车接送学生。

接送学生的机动车驾驶员应当身体健康，具备相应准驾车型 3 年以上安全驾驶经历，最近 3 年内任一记分周期没有记满 12 分记录，无致人伤亡的交通责任事故。

第二十七条 学校应当建立安全工作档案，记录日常安全工作、安全责任落实、安全检查、安全隐患消除等情况。

安全档案作为实施安全工作目标考核、责任追究和事故处理的重要依据。

第四章 日常安全管理

第二十八条 学校在日常的教育教学活动中应当遵循教学规范，落实安全管理要求，合理预见、积极防范可能发生的风险。

学校组织学生参加的集体劳动、教学实习或者社会实践活动，应当符合学生的心理、生理特点和身体健康状况。

学校以及接受学生参加教育教学活动的单位必须采取有效措施，为学生活动提供安全保障。

第二十九条　学校组织学生参加大型集体活动，应当采取下列安全措施：

（一）成立临时的安全管理组织机构；

（二）有针对性地对学生进行安全教育；

（三）安排必要的管理人员，明确所负担的安全职责；

（四）制定安全应急预案，配备相应设施。

第三十条　学校应当按照《学校体育工作条例》和教学计划组织体育教学和体育活动，并根据教学要求采取必要的保护和帮助措施。

学校组织学生开展体育活动，应当避开主要街道和交通要道；开展大型体育活动以及其他大型学生活动，必须经过主要街道和交通要道的，应当事先与公安机关交通管理部门共同研究并落实安全措施。

第三十一条　小学、幼儿园应当建立低年级学生、幼儿上下学时接送的交接制度，不得将晚离学校的低年级学生、幼儿交与无关人员。

第三十二条　学生在教学楼进行教学活动和晚自习时，学校应当合理安排学生疏散时间和楼道上下顺序，同时安排人员巡查，防止发生拥挤踩踏伤害事故。

晚自习学生没有离校之前，学校应当有负责人和教师值班、巡查。

第三十三条　学校不得组织学生参加抢险等应当由专业人员或者成人从事的活动，不得组织学生参与制作烟花爆竹、有毒化学品等具有危险性的活动，不得组织学生参加商业性活动。

第三十四条　学校不得将场地出租给他人从事易燃、易爆、有毒、有害等危险品的生产、经营活动。

学校不得出租校园内场地停放校外机动车辆；不得利用学校用地建设对社会开放的停车场。

第三十五条　学校教职工应当符合相应任职资格和条件要求。学校不得聘用因故意犯罪而受到刑事处罚的人，或者有精神病史的人担任教职工。

学校教师应当遵守职业道德规范和工作纪律，不得侮辱、殴打、体罚或者变相体罚学生；发现学生行为具有危险性的，应当及时告诫、制止，并与学生监护人沟通。

第三十六条　学生在校学习和生活期间，应当遵守学校纪律和规章制度，服从学校的安全教育和管理，不得从事危及自身或者他人安全的活动。

第三十七条　监护人发现被监护人有特异体质、特定疾病或者异常心理状况的，应当及时告知学校。

学校对已知的有特异体质、特定疾病或者异常心理状况的学生，应当给予适当关注和照顾。生理、心理状况异常不宜在校学习的学生，应当休学，由监护人安排治疗、休养。

第五章 安全教育

第三十八条 学校应当按照国家课程标准和地方课程设置要求，将安全教育纳入教学内容，对学生开展安全教育，培养学生的安全意识，提高学生的自我防护能力。

第三十九条 学校应当在开学初、放假前，有针对性地对学生集中开展安全教育。新生入校后，学校应当帮助学生及时了解相关的学校安全制度和安全规定。

第四十条 学校应当针对不同课程实验课的特点与要求，对学生进行实验用品的防毒、防爆、防辐射、防污染等的安全防护教育。

学校应当对学生进行用水、用电的安全教育，对寄宿学生进行防火、防盗和人身防护等方面的安全教育。

第四十一条 学校应当对学生开展安全防范教育，使学生掌握基本的自我保护技能，应对不法侵害。

学校应当对学生开展交通安全教育，使学生掌握基本的交通规则和行为规范。

学校应当对学生开展消防安全教育，有条件的可以组织学生到当地消防站参观和体验，使学生掌握基本的消防安全知识，提高防火意识和逃生自救的能力。

学校应当根据当地实际情况，有针对性地对学生开展到江河湖海、水库等地方戏水、游泳的安全卫生教育。

第四十二条 学校可根据当地实际情况，组织师生开展多种形式的事故预防演练。

学校应当每学期至少开展一次针对洪水、地震、火灾等灾害事故的紧急疏散演练，使师生掌握避险、逃生、自救的方法。

第四十三条 教育行政部门按照有关规定，与人民法院、人民检察院和公安、司法行政等部门以及高等学校协商，选聘优秀的法律工作者担任学校的兼职法制副校长或者法制辅导员。

兼职法制副校长或者法制辅导员应当协助学校检查落实安全制度和安全事故处理、定期对师生进行法制教育等，其工作成果纳入派出单位的工作考核内容。

第四十四条 教育行政部门应当组织负责安全管理的主管人员、学校校长、幼儿园园长和学校负责安全保卫工作的人员，定期接受有关安全管理培训。

第四十五条 学校应当制定教职工安全教育培训计划，通过多种途径和方法，使教职工熟悉安全规章制度、掌握安全救护常识，学会指导学生预防事故、自救、逃生、紧急避险的方法和手段。

第四十六条 学生监护人应当与学校互相配合，在日常生活中加强对被监护人的各项安全教育。

学校鼓励和提倡监护人自愿为学生购买意外伤害保险。

第六章 校园周边安全管理

第四十七条 教育、公安、司法行政、建设、交通、文化、卫生、工商、质检、新闻出版等部门应当建立联席会议制度,定期研究部署学校安全管理工作,依法维护学校周边秩序;通过多种途径和方式,听取学校和社会各界关于学校安全管理工作的意见和建议。

第四十八条 建设、公安等部门应当加强对学校周边建设工程的执法检查,禁止任何单位或者个人违反有关法律、法规、规章、标准,在学校围墙或者建筑物边建设工程,在校园周边设立易燃易爆、剧毒、放射性、腐蚀性等危险物品的生产、经营、储存、使用场所或者设施以及其他可能影响学校安全的场所或者设施。

第四十九条 公安机关应当把学校周边地区作为重点治安巡逻区域,在治安情况复杂的学校周边地区增设治安岗亭和报警点,及时发现和消除各类安全隐患,处置扰乱学校秩序和侵害学生人身、财产安全的违法犯罪行为。

第五十条 公安、建设和交通部门应当依法在学校门前道路设置规范的交通警示标志,施划人行横线,根据需要设置交通信号灯、减速带、过街天桥等设施。

在地处交通复杂路段的学校上下学时间,公安机关应当根据需要部署警力或者交通协管人员维护道路交通秩序。

第五十一条 公安机关和交通部门应当依法加强对农村地区交通工具的监督管理,禁止没有资质的车船搭载学生。

第五十二条 文化部门依法禁止在中学、小学校园周围200米范围内设立互联网上网服务营业场所,并依法查处接纳未成年人进入的互联网上网服务营业场所。工商行政管理部门依法查处取缔擅自设立的互联网上网服务营业场所。

第五十三条 新闻出版、公安、工商行政管理等部门应当依法取缔学校周边兜售非法出版物的游商和无证照摊点,查处学校周边制售含有淫秽色情、凶杀暴力等内容的出版物的单位和个人。

第五十四条 卫生、工商行政管理部门应当对校园周边饮食单位的卫生状况进行监督,取缔非法经营的小卖部、饮食摊点。

第七章 安全事故处理

第五十五条 在发生地震、洪水、泥石流、台风等自然灾害和重大治安、公共卫生突发事件时,教育等部门应当立即启动应急预案,及时转移、疏散学生,或者采取其他必要防护措施,保障学校安全和师生人身财产安全。

第五十六条 校园内发生火灾、食物中毒、重大治安等突发安全事故以及自然灾害时,学校应当启动应急预案,及时组织教职工参与抢险、救助和防护,保障学生身体健康和人身、财产安全。

第五十七条 发生学生伤亡事故时,学校应当按照《学生伤害事故处理办法》规定的原则和程序等,及时实施救助,并进行妥善处理。

第五十八条 发生教职工和学生伤亡等安全事故的,学校应当及时报告主管教育行政部门和政府有关部门;属于重大事故的,教育行政部门应当按照有关规定及时逐级上报。

第五十九条 省级教育行政部门应当在每年1月31日前向国务院教育行政部门书面报告上一年度学校安全工作和学生伤亡事故情况。

第八章 奖励与责任

第六十条 教育、公安、司法行政、建设、交通、文化、卫生、工商、质检、新闻出版等部门,对在学校安全工作中成绩显著或者做出突出贡献的单位和个人,应当视情况联合或者分别给予表彰、奖励。

第六十一条 教育、公安、司法行政、建设、交通、文化、卫生、工商、质检、新闻出版等部门,不依法履行学校安全监督与管理职责的,由上级部门给予批评;对直接责任人员由上级部门和所在单位视情节轻重,给予批评教育或者行政处分;构成犯罪的,依法追究刑事责任。

第六十二条 学校不履行安全管理和安全教育职责,对重大安全隐患未及时采取措施的,有关主管部门应当责令其限期改正;拒不改正或者有下列情形之一的,教育行政部门应当对学校负责人和其他直接责任人员给予行政处分;构成犯罪的,依法追究刑事责任:

(一)发生重大安全事故、造成学生和教职工伤亡的;

(二)发生事故后未及时采取适当措施、造成严重后果的;

(三)瞒报、谎报或者缓报重大事故的;

(四)妨碍事故调查或者提供虚假情况的;

(五)拒绝或者不配合有关部门依法实施安全监督管理职责的。

《中华人民共和国民办教育促进法》及其实施条例另有规定的,依其规定执行。

第六十三条 校外单位或者人员违反治安管理规定、引发学校安全事故的,或者在学校安全事故处理过程中,扰乱学校正常教育教学秩序、违反治安管理规定的,由公安机关依法处理;构成犯罪的,依法追究其刑事责任;造成学校财产损失的,依法承担赔偿责任。

第六十四条 学生人身伤害事故的赔偿,依据有关法律法规、国家有关规定以及《学生伤害事故处理办法》处理。

第九章 附 则

第六十五条 中等职业学校学生实习劳动的安全管理办法另行制定。

第六十六条 本办法自2006年9月1日起施行。

国务院办公厅关于加强中小学幼儿园安全风险防控体系建设的意见

（2017年4月28日　国办发〔2017〕35号）

各省、自治区、直辖市人民政府，国务院各部委、各直属机构：

校园应当是最阳光、最安全的地方。加强中小学、幼儿园（以下统称学校）安全工作是全面贯彻党的教育方针，保障学生健康成长、全面发展的前提和基础，关系广大师生的人身安全，事关亿万家庭幸福和社会和谐稳定。长期以来，党中央、国务院和地方各级党委、政府高度重视学校安全工作，采取了一系列措施维护学校及周边安全，学校安全形势总体稳定。但是，受各种因素影响，学校安全工作还存在相关制度不完善、不配套，预防风险、处理事故的机制不健全、意识和能力不强等问题。为进一步加强和改进学校安全工作，经国务院同意，现就建立健全学校安全风险防控体系提出以下意见：

一、总体要求

（一）指导思想

高举中国特色社会主义伟大旗帜，全面贯彻党的十八大和十八届三中、四中、五中、六中全会精神，深入贯彻习近平总书记系列重要讲话精神和治国理政新理念新思想新战略，认真落实党中央、国务院决策部署，运用法治思维和法治方式推进综合改革、破解关键问题，建立科学系统、切实有效的学校安全风险防控体系，营造良好教育环境和社会环境，为学生健康成长、全面发展提供保障。

（二）基本原则

坚持统筹协调、综合施策。将学校安全作为公共安全和社会治安综合治理的重要内容，加强组织领导和协调配合，充分发挥政府、学校、家庭、社会各方面作用，运用法律、行政、社会服务、市场机制等各种方式，综合施策、形成合力。

坚持以人为本、全面防控。将可能对学生身心健康和生命安全造成影响的各种不安全因素和风险隐患全面纳入防控范畴，科学预防、系统应对、不留死角。

坚持依法治理、立足长效。突出制度建设的根本性和重要性，依据法治原则和法律规定，做好顶层设计，依法明确各方主体权利、义务与职责，形成防控学校安全风险的长效机制。

坚持分类应对、突出重点。坚持问题导向，根据不同区域、地方以及不同层次类型学校的实际，区分风险的类型和特点，有针对性地构建安全风险防控机制，集中解决群众关心、社会关注的校园安全问题。

（三）工作目标

针对影响学校安全的突出问题、难点问题，进一步整合各方面力量，加强和完善相关制度、机制，深入改革创新，加快形成党委领导、政府负责、社会协同、公众参与、法治保障，科学系统、全面规范、职责明确的学校安全风险预防、管控与处置体系，切实维护师生人身安全，保障校园平安有序，促进社会和谐稳定。

二、完善学校安全风险预防体系

（四）健全学校安全教育机制

将提高学生安全意识和自我防护能力作为素质教育的重要内容，着力提高学校安全教育的针对性与实效性。将安全教育与法治教育有机融合，全面纳入国民教育体系，把尊重生命、保障权利、尊重差异的意识和基本安全常识从小根植在学生心中。在教育中要适当增加反欺凌、反暴力、反恐怖行为、防范针对未成年人的犯罪行为等内容，引导学生明确法律底线、强化规则意识。学校要根据学生群体和年龄特点，有针对性地开展安全专题教育，定期组织应对地震、火灾等情况的应急疏散演练。教育部门要将安全知识作为校长、教师培训的必要内容，加大培训力度并组织必要的考核。各相关部门和单位要组织专门力量，积极参与学校安全教育，广泛开展“安全防范进校园”等活动。鼓励各种社会组织为学校开展安全教育提供支持，设立安全教育实践场所，着力普及和提升家庭、社区的安全教育。

（五）完善有关学校安全的国家标准体系和认证制度

不断健全学校安全的人防、物防和技防标准并予以推广。根据学校特点，以保护学生健康安全为优先原则，加强重点领域标准的制修订工作，尽快制定一批强制性国家标准，逐步形成有关学校安全的国家标准体系。建立学校安全事项专项认证及采信推广机制，对学校使用的关系学生安全的设施设备、教学仪器、建筑材料、体育器械等，按照国家强制性产品认证和自愿性产品认证规定，做好相关认证工作，严格控制产品质量。

（六）探索建立学生安全区域制度

加强校园周边综合治理，在学校周边探索实行学生安全区域制度。在此区域内，依法分别作出禁止新建对环境造成污染的企业、设施，禁止设立上网服务、娱乐、彩票专营等营业场所，禁止设立存在安全隐患的场所等相应要求。在学生安全区域内，公安机关要健全日常巡逻防控制度，加强学校周边“护学岗”建设，完善高峰勤务机制，优先布设视频监控系统，增强学生的安全感；公安交管部门要加强交通秩序管理，完善交通管理设施。

（七）健全学校安全预警和风险评估制度

教育部门要会同相关部门制定区域性学校安全风险清单，建立动态监测和数据搜集、分析机制，及时为学校提供安全风险提示，指导学校健全风险评估和预防制度。要建立台账制度，定期汇总、分析学校及周边存在的安全风险隐患，确定整改措施和时限；在出现可能影响学校安全的公共安全事件、自然灾害等风险时，要第一时间通报学校，指导学校予以防范。

（八）探索建立学校安全风险防控专业服务机制

积极培育可以为学校提供安全风险防控服务的专业化社会组织。采取政府购买服务等方式，鼓励、引导和支持具备相应专业能力的机构、组织，研发、提供学校安全风险预防、安全教育相关的服务或者产品，协助教育部门制定、审核学校安全风险防控预案和相关标准，组织、指导学校有针对性地开展专项安全演练、预防和转移安全风险等工作。

三、健全学校安全风险管控机制

（九）落实安全管理主体责任

教育部门、公安机关要指导、监督学校依法健全各项安全管理制度和安全应急机制。学校要明确安全是办学的底线，切实承担起校内安全管理的主体责任，对校园安全实行校长（园长）负责制，健全校内安全工作领导机构，落实学校、教师对学生的教育和管理责任，狠抓校风校纪，加强校内日常安全管理，做到职责明确、管理有方。在风险可控的前提下，学校应当积极组织体育锻炼、户外活动等，培养学生强健的体魄。学生在校期间，对校园实行封闭化管理，并根据条件在校门口设置硬质防冲撞设施，阻止人员、车辆等非法进入校园。各类中小学校外活动场所、以学生为主要对象的各类培训机构和课外班等，由地方政府统筹协调有关部门承担安全监管责任，督促举办者落实安全管理责任。

（十）建立专兼职结合的学校安保队伍

学校应当按照相关规定，根据实际和需要，配备必要的安全保卫力量。除学生人数较少的学校外，每所学校应当至少有 1 名专职安全保卫人员或者受过专门培训的安全管理人员。地方人民政府、有条件的学校可以以购买服务等方式，将校园安全保卫服务交由专门保安服务公司提供。学校要与社区、家长合作，有条件的建立学校安全保卫志愿者队伍，在上下学时段维护学校及校门口秩序。寄宿制学校要根据需要配备宿舍管理人员。

（十一）着力建设安全校园环境

各地要坚持安全优先、勤俭节约的原则开展校园建设。学校建设规划、选址要严格执行国家相关标准规范，对地质灾害、自然灾害、环境污染等因素进行全面评估。各地要建立健全校舍安全保障长效机制，保证学校的校舍、场地、教学及生活设施等符合安全质量和标准。校舍建设要严格执行国家建筑抗震有关技术规范和标准，有条件建设学校体育馆的地方，要按照国家防灾避难相关标准建设。完善学校安全技术防范系统，在校园主要区域要安装视频图像采集装置，有条件的要安装周界报警装置和一键报警系统，做到公共区域无死角。建立校园工程质量终身责任制，凡是在校园工程建设中出现质量问题导致严重后果的建设、勘察、设计、施工、监理单位，一旦查实，承担终身责任并限制进入相关领域。

（十二）进一步健全警校合作机制

各级教育部门、公安机关和学校要在信息沟通、应急处置等方面加强协作，健全联动机制。公安机关要进一步完善与维护校园安全相适应的组织机构设置形式和警力配置，加强学校及周边警务室建设，派出经验丰富的民警加强学校安全防范工作指导。要将校园视频监控系统、紧急报警装置接入公安机关、教育部门的监控或报警平台，并与公共安全视频监控联网共享平台对接，逐步建立校园安全网上巡查系统，及时掌握、快速处理学校安全相关问题。

（十三）健全相关部门日常管理职责体系

政府各相关部门要切实承担起学校安全日常管理的职责。卫生计生部门要加强对学校卫生防疫和卫生保健工作的监督指导，对于学校出现的疫情或者学生群体性健康问题，要及时指导教育部门或者学校采取措施。食品药品监管部门对学校食堂和学校采购的用于学生集体使用的食品、药品要加强监督检查，指导、监督学校落实责任，保障食品、药品符合相关标准和规范。住房城乡建设部门要加强对学校工程建设过程的监管。环保部门要加强对学校及周边大气、土壤、水体环境安全的监管。交通运输部门要加强对提供学生集体用车服务的道路运输企业的监管，综合考虑学生出行需求，合理规划城市公共交通和农村客运线路，为学生和家长选择公共交通出行提供安全、便捷的交通服务。质量监督部门应当对学校特种设备实施重点监督检查，配合教育部门加强对学校采购产品的质量监管，在学校建立产品质量安全风险信息监测采集机制。公安消防部门要依法加强对学校的消防安全检查，指导学校落实消防安全责任，消除火灾隐患。综治、工商、文化、新闻出版广电、城市管理等部门要落实职责，加强对校园周边特别是学生安全区域内有关经营服务场所、经营活动的管理和监督，消除安全隐患。

（十四）构建防控学生欺凌和暴力行为的有效机制

教育部门要会同有关部门研究制定学生欺凌和暴力行为早期发现、预防以及应对的指导手册，建立专项报告和统计分析机制。学校要切实履行教育、管理责任，设立学生求助电话和联系人，及早发现、及时干预和制止欺凌、暴力行为。对有不良行为、暴力行为的学生，探索建立由校园警务室民警或者担任法治副校长、辅导员的民警实施训诫的制度。对实施暴力情节严重，构成违法犯罪的学生，公安、司法机关要坚持宽容但不纵容、关爱又严管的原则，指定专门机构或者专门人员依法处理，特别是对犯罪性质和情节恶劣、手段残忍、后果严重的，必须坚决依法惩处，形成积极正面的教育作用。改革完善专门教育制度，健全专门学校接收学生进行教育矫治的程序，完善专门学校管理体制和运行机制。网络管理部门发现通过网络传播的欺凌或者校园暴力事件，要及时予以管控并通报相关部门。

（十五）严厉打击涉及学校和学生安全的违法犯罪行为

对非法侵入学校扰乱教育教学秩序、侵害师生生命财产安全等违法犯罪行为，公安机关要依法坚决处置、严厉打击，实行专案专人制度。进一步深化平安校园创建活动。建立学校周边治安形势研判预警机制，对涉及学校和学生安全的违法犯罪行为和犯罪团伙，要及时组织开展专项打击整治行动，防止发展蔓延。教育部门要健全学校对未成年学生权利的保护制度，对体罚、性骚扰、性侵害等侵害学生人身健康的违法犯罪行为，要建立零容忍制度，及早发现、及时处理、从严问责，应当追究法律责任的，要协同配合公安、司法机关严格依法惩处。

（十六）形成广泛参与的学生安全保护网络

教育部门要健全对校园内发生的侵害学生人身权利行为的监督机制和举报渠道，建立规范的调查处理程序。有关部门要与学校、未成年人保护组织、家长加强衔接配合，共同构建对受到伤害学生和涉嫌违法犯罪学生的心理疏导、安抚救助和教育矫正机制。共青团组织要完善未成年人维权热线，提供相应法律咨询、心理辅导等。妇联组织要积极指导家长进行正确的家庭教育，开展未成年人家庭保护相关法律法规宣传，组织落实对未成年人家庭保护的法律规定。支持和鼓励律师协会、政法院校等法律专业组织和单位，设立未成年学生保护的公益性组织，利用和发展未成年人保护志愿律师网络，为学生维护合法权益提供法律服务。

四、完善学校安全事故处理和风险化解机制

（十七）健全学校安全事故应对机制

学校发生重特大安全事故，地方政府要在第一时间启动相应的应急处理预案，统一领导，及时动员和组织救援和事故调查、开展责任认定及善后处理，并及时回应社会关切。发生重大自然灾害、公共安全事故，应当优先组织对受影响学校开展救援。教育部门应当指导学校建立安全事故处置预案，健全学校安全事故的报告、处置和部门协调机制。在校内及校外教育教学活动中发生安全事故，学校应当及时组织教职工参与抢险、救助和防护，保障学生身体健康和人身安全。

（十八）健全学校安全事故责任追究和处理制度

发生造成师生伤亡的安全事故，有关部门要依法认定事故责任，学校及相关方面有责任的，要严肃追究有关负责人的责任；学校无责任的，要澄清事实、及时说明，避免由学校承担不应承担的责任。司法机关要加强案例指导，引导社会依法合理认识学校的安全责任，明确学生监护人的职责。积极利用行政调解、仲裁、人民调解、保险理赔、法律援助等方式，通过法治途径和方式处理学校安全事故，及时依法赔偿，理性化解纠纷。对围堵校园、殴打侮辱教师、干扰学校正常教育教学秩序等“校闹”行为，公安机关要及时坚决予以制止。

（十九）建立多元化的事故风险分担机制

学校举办者应当按规定为学校购买校方责任险，义务教育阶段学校投保校方责任险所需经费从公用经费中列支，其他学校投保校方责任险的费用，由各省（区、市）按照国家有关规定执行。各地要根据经济社会发展情况，结合实际合理确定校方责任险的投保责任，规范理赔程序和理赔标准。有条件的地方，可以积极探索与学生利益密切相关的食品安全、校外实习、体育运动伤害等领域的责任保险，充分发挥保险在化解学校安全风险方面的功能作用。保险监管部门要加强对涉及学校的保险业务的监督和管理，会同教育部门依法规范保险公司与学校的合作，严禁以学校名义指定学生购买或者向学生直接推销保险产品。要大力增强师生和家长的保险意识，引导家长根据自愿原则参加保险，分担学生在学校期间因意外而发生的风险。鼓励各种社会组织设立学校安全风险基金或者学生救助基金，健全学生意外伤害救助机制。

（二十）积极构建学校依法处理安全事故的支持体系

各地要采取措施，在中小学推广建立法律顾问制度。教育部门和学校要建立健全新闻发言人制度，增强事故发生后的舆情应对能力。要发挥好安全风险防控专业服务机制的作用，借助专业机构在损失评估、理赔服务、调处纠纷等方面的力量，帮助学校妥善处理事故。教育、司法行政部门要会同相关部门，探索在有需求的县（市、区）设立学校安全事故人民调解委员会，吸纳具有较强专业知识和社会公信力、知名度，热心调解和教育事业的社会人士担任人民调解员，依法调解学校安全事故民事赔偿纠纷。

五、强化领导责任和保障机制

（二十一）加强组织领导

各地要高度重视学校安全风险防控工作，将学校安全作为经济社会发展的重要指标和社会治理的重要内容，建立党委领导、政府主导、相关部门和单位参加的学校安全风险防控体系建设协调机制，定期研究和及时解决学校安全工作中的突出问题，切实为学校正常开展教育教学活动和课外实践活动提供支持和保障。各相关部门和单位要制定具体细则或办法，落实本意见提出的工作要求，加强沟通协调，协同推动防控机制建设，形成各司其职、齐抓共管的工作格局。

（二十二）强化基础保障

各级教育部门、公安机关要明确归口负责学校安全风险防控的专门机构，完善组织体系与工作机制，配齐配强工作力量。各级机构编制部门要根据工作需要，优化现有编制结构，适当向教育部门、公安机关负责学校安全风险防范的机构倾斜。各级财政部门要按规定将学校安全风险防控经费纳入一般公共预算，保障合理支出。要健全学校安全风险防控的网络管理与服务系统，整合各方面力量，积极利用互联网和信息技术，为学校提供便捷、权威的安全风险防控的专业咨询和技术支持服务。加快完善学校安全法律规范，推动适时修改关于未成年人保护的相关法律，启动防控校园暴力行为等相关法律的制修订工作，构建完善的法律保障体系。

（二十三）健全督导与考核机制

各级人民政府教育督导机构要将学校安全工作作为教育督导的重要内容，加强对政府及各有关部门、学校落实安全风险防控职责的监督、检查。对重大安全事故或者产生重大影响的校园安全事件，要组织专项督导并向社会公布督导报告。对学校安全事故频发的地区，要以约谈、挂牌督办等方式督促其限期整改。教育部门要将安全风险防控工作的落实情况，作为考核学校依法办学和学校领导班子工作的重要内容。

高等学校应当结合自身实际，参照本意见，健全安全风险防控体系，完善工作机制和建设方案，所在地的地方人民政府及有关部门应当予以指导、支持，切实履行相关职责。

中华人民共和国网络安全法(节录)

（2016年11月7日第十二届全国人民代表大会常务委员会第二十四次会议通过　2016年11月7日中华人民共和国主席令第53号公布　自2017年6月1日起施行）

第一章　总　　则

第十三条　国家支持研究开发有利于未成年人健康成长的网络产品和服务,依法惩治利用网络从事危害未成年人身心健康的活动,为未成年人提供安全、健康的网络环境。

第二章　网络安全支持与促进

第十九条　各级人民政府及其有关部门应当组织开展经常性的网络安全宣传教育,并指导、督促有关单位做好网络安全宣传教育工作。

大众传播媒介应当有针对性地面向社会进行网络安全宣传教育。

第二十条　国家支持企业和高等学校、职业学校等教育培训机构开展网络安全相关教育与培训,采取多种方式培养网络安全人才,促进网络安全人才交流。

儿童个人信息网络保护规定

(2019年8月22日国家互联网信息办公室令第4号公布　自2019年10月1日起施行)

第一条　为了保护儿童个人信息安全,促进儿童健康成长,根据《中华人民共和国网络安全法》《中华人民共和国未成年人保护法》等法律法规,制定本规定。

第二条　本规定所称儿童,是指不满十四周岁的未成年人。

第三条　在中华人民共和国境内通过网络从事收集、存储、使用、转移、披露儿童个人信息等活动,适用本规定。

第四条　任何组织和个人不得制作、发布、传播侵害儿童个人信息安全的信息。

第五条　儿童监护人应当正确履行监护职责,教育引导儿童增强个人信息保护意识和能力,保护儿童个人信息安全。

第六条　鼓励互联网行业组织指导推动网络运营者制定儿童个人信息保护的行业规范、行为准则等,加强行业自律,履行社会责任。

第七条　网络运营者收集、存储、使用、转移、披露儿童个人信息的,应当遵循正当必要、知情同意、目的明确、安全保障、依法利用的原则。

第八条　网络运营者应当设置专门的儿童个人信息保护规则和用户协议,并指定专人负责儿童个人信息保护。

第九条　网络运营者收集、使用、转移、披露儿童个人信息的,应当以显著、清晰的方式告知儿童监护人,并应当征得儿童监护人的同意。

第十条　网络运营者征得同意时,应当同时提供拒绝选项,并明确告知以下事项:

(一)收集、存储、使用、转移、披露儿童个人信息的目的、方式和范围;

(二)儿童个人信息存储的地点、期限和到期后的处理方式;

(三)儿童个人信息的安全保障措施;

(四)拒绝的后果;

(五)投诉、举报的渠道和方式;

(六)更正、删除儿童个人信息的途径和方法;

(七)其他应当告知的事项。

前款规定的告知事项发生实质性变化的,应当再次征得儿童监护人的同意。

第十一条　网络运营者不得收集与其提供的服务无关的儿童个人信息,不得违反法律、行政法规的规定和双方的约定收集儿童个人信息。

第十二条　网络运营者存储儿童个人信息,不得超过实现其收集、使用目的所必需的期限。

第十三条　网络运营者应当采取加密等措施存储儿童个人信息，确保信息安全。

第十四条　网络运营者使用儿童个人信息，不得违反法律、行政法规的规定和双方约定的目的、范围。因业务需要，确需超出约定的目的、范围使用的，应当再次征得儿童监护人的同意。

第十五条　网络运营者对其工作人员应当以最小授权为原则，严格设定信息访问权限，控制儿童个人信息知悉范围。工作人员访问儿童个人信息的，应当经过儿童个人信息保护负责人或者其授权的管理人员审批，记录访问情况，并采取技术措施，避免违法复制、下载儿童个人信息。

第十六条　网络运营者委托第三方处理儿童个人信息的，应当对受委托方及委托行为等进行安全评估，签署委托协议，明确双方责任、处理事项、处理期限、处理性质和目的等，委托行为不得超出授权范围。

前款规定的受委托方，应当履行以下义务：

（一）按照法律、行政法规的规定和网络运营者的要求处理儿童个人信息；

（二）协助网络运营者回应儿童监护人提出的申请；

（三）采取措施保障信息安全，并在发生儿童个人信息泄露安全事件时，及时向网络运营者反馈；

（四）委托关系解除时及时删除儿童个人信息；

（五）不得转委托；

（六）其他依法应当履行的儿童个人信息保护义务。

第十七条　网络运营者向第三方转移儿童个人信息的，应当自行或者委托第三方机构进行安全评估。

第十八条　网络运营者不得披露儿童个人信息，但法律、行政法规规定应当披露或者根据与儿童监护人的约定可以披露的除外。

第十九条　儿童或者其监护人发现网络运营者收集、存储、使用、披露的儿童个人信息有错误的，有权要求网络运营者予以更正。网络运营者应当及时采取措施予以更正。

第二十条　儿童或者其监护人要求网络运营者删除其收集、存储、使用、披露的儿童个人信息的，网络运营者应当及时采取措施予以删除，包括但不限于以下情形：

（一）网络运营者违反法律、行政法规的规定或者双方的约定收集、存储、使用、转移、披露儿童个人信息的；

（二）超出目的范围或者必要期限收集、存储、使用、转移、披露儿童个人信息的；

（三）儿童监护人撤回同意的；

（四）儿童或者其监护人通过注销等方式终止使用产品或者服务的。

第二十一条　网络运营者发现儿童个人信息发生或者可能发生泄露、毁损、丢失的，应当立即启动应急预案，采取补救措施；造成或者可能造成严重后果的，应当立即向有关主管部门报告，并将事件相关情况以邮件、信函、电话、推送通知等方式告知受影响的儿童及其监护人，难以逐一告知的，应当采取合理、有效的方式发布相关警示信息。

第二十二条 网络运营者应当对网信部门和其他有关部门依法开展的监督检查予以配合。

第二十三条 网络运营者停止运营产品或者服务的，应当立即停止收集儿童个人信息的活动，删除其持有的儿童个人信息，并将停止运营的通知及时告知儿童监护人。

第二十四条 任何组织和个人发现有违反本规定行为的，可以向网信部门和其他有关部门举报。

网信部门和其他有关部门收到相关举报的，应当依据职责及时进行处理。

第二十五条 网络运营者落实儿童个人信息安全管理责任不到位，存在较大安全风险或者发生安全事件的，由网信部门依据职责进行约谈，网络运营者应当及时采取措施进行整改，消除隐患。

第二十六条 违反本规定的，由网信部门和其他有关部门依据职责，根据《中华人民共和国网络安全法》《互联网信息服务管理办法》等相关法律法规规定处理；构成犯罪的，依法追究刑事责任。

第二十七条 违反本规定被追究法律责任的，依照有关法律、行政法规的规定记入信用档案，并予以公示。

第二十八条 通过计算机信息系统自动留存处理信息且无法识别所留存处理的信息属于儿童个人信息的，依照其他有关规定执行。

第二十九条 本规定自 2019 年 10 月 1 日起施行。

网络信息内容生态治理规定(节录)

(2019 年 12 月 15 日国家互联网信息办公室令第 5 号发布　自 2020 年 3 月 1 日起实施)

第二章　网络信息内容生产者

第七条　网络信息内容生产者应当采取措施,防范和抵制制作、复制、发布含有下列内容的不良信息:

(一)使用夸张标题,内容与标题严重不符的;

(二)炒作绯闻、丑闻、劣迹等的;

(三)不当评述自然灾害、重大事故等灾难的;

(四)带有性暗示、性挑逗等易使人产生性联想的;

(五)展现血腥、惊悚、残忍等致人身心不适的;

(六)煽动人群歧视、地域歧视等的;

(七)宣扬低俗、庸俗、媚俗内容的;

(八)可能引发未成年人模仿不安全行为和违反社会公德行为、诱导未成年人不良嗜好等的;

(九)其他对网络生态造成不良影响的内容。

第十一条　鼓励网络信息内容服务平台坚持主流价值导向,优化信息推荐机制,加强版面页面生态管理,在下列重点环节(包括服务类型、位置版块等)积极呈现本规定第五条规定的信息:

(一)互联网新闻信息服务首页首屏、弹窗和重要新闻信息内容页面等;

(二)互联网用户公众账号信息服务精选、热搜等;

(三)博客、微博客信息服务热门推荐、榜单类、弹窗及基于地理位置的信息服务版块等;

(四)互联网信息搜索服务热搜词、热搜图及默认搜索等;

(五)互联网论坛社区服务首页首屏、榜单类、弹窗等;

(六)互联网音视频服务首页首屏、发现、精选、榜单类、弹窗等;

(七)互联网网址导航服务、浏览器服务、输入法服务首页首屏、榜单类、皮肤、联想词、弹窗等;

(八)数字阅读、网络游戏、网络动漫服务首页首屏、精选、榜单类、弹窗等;

(九)生活服务、知识服务平台首页首屏、热门推荐、弹窗等;

(十)电子商务平台首页首屏、推荐区等;

（十一）移动应用商店、移动智能终端预置应用软件和内置信息内容服务首屏、推荐区等；

（十二）专门以未成年人为服务对象的网络信息内容专栏、专区和产品等；

（十三）其他处于产品或者服务醒目位置、易引起网络信息内容服务使用者关注的重点环节。

网络信息内容服务平台不得在以上重点环节呈现本规定第七条规定的信息。

第十三条 鼓励网络信息内容服务平台开发适合未成年人使用的模式，提供适合未成年人使用的网络产品和服务，便利未成年人获取有益身心健康的信息。

第五部分　文 化 体 育

中华人民共和国体育法(节录)

(1995年8月29日第八届全国人民代表大会常务委员会第十五次会议通过　根据2009年8月27日第十一届全国人民代表大会常务委员会第十次会议《关于修改部分法律的规定》第一次修正　根据2016年11月7日第十二届全国人民代表大会常务委员会第二十四次会议《关于修改〈中华人民共和国对外贸易法〉等十二部法律的决定》第二次修正)

第三章　学 校 体 育

第十七条　教育行政部门和学校应当将体育作为学校教育的组成部分,培养德、智、体等方面全面发展的人才。

第十八条　学校必须开设体育课,并将体育课列为考核学生学业成绩的科目。学校应当创造条件为病残学生组织适合其特点的体育活动。

第十九条　学校必须实施国家体育锻炼标准,对学生在校期间每天用于体育活动的时间给予保证。

第二十条　学校应当组织多种形式的课外体育活动,开展课外训练和体育竞赛,并根据条件每学年举行一次全校性的体育运动会。

第二十一条　学校应当按照国家有关规定,配备合格的体育教师,保障体育教师享受与其工作特点有关的待遇。

第二十二条　学校应当按照国务院教育行政部门规定的标准配置体育场地、设施和器材。学校体育场地必须用于体育活动,不得挪作他用。

第二十三条　学校应当建立学生体格健康检查制度。教育、体育和卫生行政部门应当加强对学生体质的监测。

中华人民共和国旅游法(节录)

(2013年4月25日第十二届全国人民代表大会常务委员会第二次会议通过　根据2016年11月7日第十二届全国人民代表大会常务委员会第二十四次会议《关于修改〈中华人民共和国对外贸易法〉等十二部法律的决定》第一次修正　根据2018年10月26日第十三届全国人民代表大会常务委员会第六次会议《关于修改〈中华人民共和国野生动物保护法〉等十五部法律的决定》第二次修正)

第十一条　残疾人、老年人、未成年人等旅游者在旅游活动中依照法律、法规和有关规定享受便利和优惠。

第七十九条　旅游经营者应当严格执行安全生产管理和消防安全管理的法律、法规和国家标准、行业标准,具备相应的安全生产条件,制定旅游者安全保护制度和应急预案。

旅游经营者应当对直接为旅游者提供服务的从业人员开展经常性应急救助技能培训,对提供的产品和服务进行安全检验、监测和评估,采取必要措施防止危害发生。

旅游经营者组织、接待老年人、未成年人、残疾人等旅游者,应当采取相应的安全保障措施。

中华人民共和国公共文化服务保障法(节录)

(2016 年 12 月 25 日第十二届全国人民代表大会常务委员会第二十五次会议通过　2016 年 12 月 25 日中华人民共和国主席令第 60 号公布　自 2017 年 3 月 1 日起施行)

第一章　总　　则

第九条　各级人民政府应当根据未成年人、老年人、残疾人和流动人口等群体的特点与需求,提供相应的公共文化服务。

第十条　国家鼓励和支持公共文化服务与学校教育相结合,充分发挥公共文化服务的社会教育功能,提高青少年思想道德和科学文化素质。

第二章　公共文化设施建设与管理

第十四条　本法所称公共文化设施是指用于提供公共文化服务的建筑物、场地和设备,主要包括图书馆、博物馆、文化馆(站)、美术馆、科技馆、纪念馆、体育场馆、工人文化宫、青少年宫、妇女儿童活动中心、老年人活动中心、乡镇(街道)和村(社区)基层综合性文化服务中心、农家(职工)书屋、公共阅报栏(屏)、广播电视播出传输覆盖设施、公共数字文化服务点等。

县级以上地方人民政府应当将本行政区域内的公共文化设施目录及有关信息予以公布。

第三章　公共文化服务提供

第三十一条　公共文化设施应当根据其功能、特点,按照国家有关规定,向公众免费或者优惠开放。

公共文化设施开放收取费用的,应当每月定期向中小学生免费开放。

公共文化设施开放或者提供培训服务等收取费用的,应当报经县级以上人民政府有关部门批准;收取的费用,应当用于公共文化设施的维护、管理和事业发展,不得挪作他用。

公共文化设施管理单位应当公示服务项目和开放时间;临时停止开放的,应当及时公告。

第三十二条　国家鼓励和支持机关、学校、企业事业单位的文化体育设施向公众开放。

第三十六条　地方各级人民政府应当根据当地实际情况,在人员流动量较大的公共场所、务工人员较为集中的区域以及留守妇女儿童较为集中的农村地区，配备必要的设施，采取多种形式，提供便利可及的公共文化服务。

第三十八条 地方各级人民政府应当加强面向在校学生的公共文化服务，支持学校开展适合在校学生特点的文化体育活动，促进德智体美教育。

第四章 保障措施

第五十二条 国家鼓励和支持文化专业人员、高校毕业生和志愿者到基层从事公共文化服务工作。

第五十四条 国家支持公共文化服务理论研究，加强多层次专业人才教育和培训。

中华人民共和国电影产业促进法(节录)

(2016年11月7日第十二届全国人民代表大会常务委员会第二十四次会议通过　2016年11月7日中华人民共和国主席令第54号公布　自2017年3月1日起施行)

第二章　电影创作、摄制

第十六条　电影不得含有下列内容:

(一)违反宪法确定的基本原则,煽动抗拒或者破坏宪法、法律、行政法规实施;

(二)危害国家统一、主权和领土完整,泄露国家秘密,危害国家安全,损害国家尊严、荣誉和利益,宣扬恐怖主义、极端主义;

(三)诋毁民族优秀文化传统,煽动民族仇恨、民族歧视,侵害民族风俗习惯,歪曲民族历史或者民族历史人物,伤害民族感情,破坏民族团结;

(四)煽动破坏国家宗教政策,宣扬邪教、迷信;

(五)危害社会公德,扰乱社会秩序,破坏社会稳定,宣扬淫秽、赌博、吸毒,渲染暴力、恐怖,教唆犯罪或者传授犯罪方法;

(六)侵害未成年人合法权益或者损害未成年人身心健康;

(七)侮辱、诽谤他人或者散布他人隐私,侵害他人合法权益;

(八)法律、行政法规禁止的其他内容。

第二十条　摄制电影的法人、其他组织应当将取得的电影公映许可证标识置于电影的片头处;电影放映可能引起未成年人等观众身体或者心理不适的,应当予以提示。

未取得电影许可证的电影,不得发行、放映,不得通过互联网、电信网、广播电视网等信息网络进行传播,不得制作为音像制品;但是,国家另有规定的,从其规定。

第三章　电影发行、放映

第二十八条　国务院教育、电影主管部门可以共同推荐有利于未成年人健康成长的电影,并采取措施支持接受义务教育的学生免费观看,由所在学校组织安排。

国家鼓励电影院以及从事电影流动放映活动的企业、个人采取票价优惠、建设不同条件的放映厅、设立社区放映点等多种措施,为未成年人、老年人、残疾人、城镇低收入居民以及进城务工人员等观看电影提供便利;电影院以及从事电影流动放映活动的企业、个人所在地人民政府可以对其发放奖励性补贴。

第四章　电影产业支持、保障

第三十六条　国家支持下列电影的创作、摄制:

（一）传播中华优秀文化、弘扬社会主义核心价值观的重大题材电影；

（二）促进未成年人健康成长的电影；

（三）展现艺术创新成果、促进艺术进步的电影；

（四）推动科学教育事业发展和科学技术普及的电影；

（五）其他符合国家支持政策的电影。

第四十二条 国家实施电影人才扶持计划。

国家支持有条件的高等学校、中等职业学校和其他教育机构、培训机构等开设与电影相关的专业和课程，采取多种方式培养适应电影产业发展需要的人才。

国家鼓励从事电影活动的法人和其他组织参与学校相关人才培养。

第四十四条 国家对优秀电影的外语翻译制作予以支持，并综合利用外交、文化、教育等对外交流资源开展电影的境外推广活动。

国家鼓励公民、法人和其他组织从事电影的境外推广。

中华人民共和国公共图书馆法(节录)

(2017年11月4日第十二届全国人民代表大会常务委员会第三十次会议通过 根据2018年10月26日第十三届全国人民代表大会常务委员会《关于修改〈中华人民共和国野生动物保护法〉等十五部法律的决定》修正)

第四章 服 务

第三十四条 政府设立的公共图书馆应当设置少年儿童阅览区域,根据少年儿童的特点配备相应的专业人员,开展面向少年儿童的阅读指导和社会教育活动,并为学校开展有关课外活动提供支持。有条件的地区可以单独设立少年儿童图书馆。

政府设立的公共图书馆应当考虑老年人、残疾人等群体的特点,积极创造条件,提供适合其需要的文献信息、无障碍设施设备和服务等。

第三十七条 公共图书馆向社会公众提供文献信息,应当遵守有关法律、行政法规的规定,不得向未成年人提供内容不适宜的文献信息。

公共图书馆不得从事或者允许其他组织、个人在馆内从事危害国家安全、损害社会公共利益和其他违反法律法规的活动。

第四十八条 国家支持公共图书馆加强与学校图书馆、科研机构图书馆以及其他类型图书馆的交流与合作,开展联合服务。

国家支持学校图书馆、科研机构图书馆以及其他类型图书馆向社会公众开放。

第五章 法律责任

第五十条 公共图书馆及其工作人员有下列行为之一的,由文化主管部门责令改正,没收违法所得:

(一)违规处置文献信息;

(二)出售或者以其他方式非法向他人提供读者的个人信息、借阅信息以及其他可能涉及读者隐私的信息;

(三)向社会公众提供文献信息违反有关法律、行政法规的规定,或者向未成年人提供内容不适宜的文献信息;

(四)将设施设备场地用于与公共图书馆服务无关的商业经营活动;

(五)其他不履行本法规定的公共图书馆服务要求的行为。

公共图书馆及其工作人员对应当免费提供的服务收费或者变相收费的,由价格主管部门依照前款规定给予处罚。

公共图书馆及其工作人员有前两款规定行为的,对直接负责的主管人员和其他直接责任人员依法追究法律责任。

中华人民共和国广告法(节录)

(1994 年 10 月 27 日第八届全国人民代表大会常务委员会第十次会议通过　2015 年 4 月 24 日第十二届全国人民代表大会常务委员会第十四次会议修订　根据 2018 年 10 月 26 日第十三届全国人民代表大会常务委员会第六次会议《关于修改〈中华人民共和国野生动物保护法〉等十五部法律的决定》第一次修正　根据 2021 年 4 月 29 日第十三届全国人民代表大会常务委员会第二十八次会议《关于修改〈中华人民共和国道路交通安全法〉等八部法律的决定》第二次修正)

第一章　总　　则

第十条　广告不得损害未成年人和残疾人的身心健康。

第二章　广告内容准则

第二十二条　禁止在大众传播媒介或者公共场所、公共交通工具、户外发布烟草广告。禁止向未成年人发送任何形式的烟草广告。

禁止利用其他商品或者服务的广告、公益广告,宣传烟草制品名称、商标、包装、装潢以及类似内容。

烟草制品生产者或者销售者发布的迁址、更名、招聘等启事中,不得含有烟草制品名称、商标、包装、装潢以及类似内容。

第三章　广告行为规范

第三十八条　广告代言人在广告中对商品、服务作推荐、证明,应当依据事实,符合本法和有关法律、行政法规规定,并不得为其未使用过的商品或者未接受过的服务作推荐、证明。

不得利用不满十周岁的未成年人作为广告代言人。

对在虚假广告中作推荐、证明受到行政处罚未满三年的自然人、法人或者其他组织,不得利用其作为广告代言人。

第四十条　在针对未成年人的大众传播媒介上不得发布医疗、药品、保健食品、医疗器械、化妆品、酒类、美容广告,以及不利于未成年人身心健康的网络游戏广告。

针对不满十四周岁的未成年人的商品或者服务的广告不得含有下列内容:

(一)劝诱其要求家长购买广告商品或者服务;

(二)可能引发其模仿不安全行为。

第四十一条　县级以上地方人民政府应当组织有关部门加强对利用户外场所、空间、设施等发布户外广告的监督管理，制定户外广告设置规划和安全要求。

户外广告的管理办法，由地方性法规、地方政府规章规定。

第五章　法 律 责 任

第五十七条　有下列行为之一的，由市场监督管理部门责令停止发布广告，对广告主处二十万元以上一百万元以下的罚款，情节严重的，并可以吊销营业执照，由广告审查机关撤销广告审查批准文件、一年内不受理其广告审查申请；对广告经营者、广告发布者，由市场监督管理部门没收广告费用，处二十万元以上一百万元以下的罚款，情节严重的，并可以吊销营业执照：

（一）发布有本法第九条、第十条规定的禁止情形的广告的；

（二）违反本法第十五条规定发布处方药广告、药品类易制毒化学品广告、戒毒治疗的医疗器械和治疗方法广告的；

（三）违反本法第二十条规定，发布声称全部或者部分替代母乳的婴儿乳制品、饮料和其他食品广告的；

（四）违反本法第二十二条规定发布烟草广告的；

（五）违反本法第三十七条规定，利用广告推销禁止生产、销售的产品或者提供的服务，或者禁止发布广告的商品或者服务的；

（六）违反本法第四十条第一款规定，在针对未成年人的大众传播媒介上发布医疗、药品、保健食品、医疗器械、化妆品、酒类、美容广告，以及不利于未成年人身心健康的网络游戏广告的。

第五十八条　有下列行为之一的，由市场监督管理部门责令停止发布广告，责令广告主在相应范围内消除影响，处广告费用一倍以上三倍以下的罚款，广告费用无法计算或者明显偏低的，处十万元以上二十万元以下的罚款；情节严重的，处广告费用三倍以上五倍以下的罚款，广告费用无法计算或者明显偏低的，处二十万元以上一百万元以下的罚款，可以吊销营业执照，并由广告审查机关撤销广告审查批准文件、一年内不受理其广告审查申请：

（一）违反本法第十六条规定发布医疗、药品、医疗器械广告的；

（二）违反本法第十七条规定，在广告中涉及疾病治疗功能，以及使用医疗用语或者易使推销的商品与药品、医疗器械相混淆的用语的；

（三）违反本法第十八条规定发布保健食品广告的；

（四）违反本法第二十一条规定发布农药、兽药、饲料和饲料添加剂广告的；

（五）违反本法第二十三条规定发布酒类广告的；

（六）违反本法第二十四条规定发布教育、培训广告的；

（七）违反本法第二十五条规定发布招商等有投资回报预期的商品或者服务广告的；

（八）违反本法第二十六条规定发布房地产广告的；

（九）违反本法第二十七条规定发布农作物种子、林木种子、草种子、种畜禽、水产苗种和种养殖广告的；

（十）违反本法第三十八条第二款规定，利用不满十周岁的未成年人作为广告代言人的；

（十一）违反本法第三十八条第三款规定，利用自然人、法人或者其他组织作为广告代言人的；

（十二）违反本法第三十九条规定，在中小学校、幼儿园内或者利用与中小学生、幼儿有关的物品发布广告的；

（十三）违反本法第四十条第二款规定，发布针对不满十四周岁的未成年人的商品或者服务的广告的；

（十四）违反本法第四十六条规定，未经审查发布广告的。

医疗机构有前款规定违法行为，情节严重的，除由市场监督管理部门依照本法处罚外，卫生行政部门可以吊销诊疗科目或者吊销医疗机构执业许可证。

广告经营者、广告发布者明知或者应知有本条第一款规定违法行为仍设计、制作、代理、发布的，由市场监督管理部门没收广告费用，并处广告费用一倍以上三倍以下的罚款，广告费用无法计算或者明显偏低的，处十万元以上二十万元以下的罚款；情节严重的，处广告费用三倍以上五倍以下的罚款，广告费用无法计算或者明显偏低的，处二十万元以上一百万元以下的罚款，并可以由有关部门暂停广告发布业务、吊销营业执照。

第六十八条 广告主、广告经营者、广告发布者违反本法规定，有下列侵权行为之一的，依法承担民事责任：

（一）在广告中损害未成年人或者残疾人的身心健康的；

（二）假冒他人专利的；

（三）贬低其他生产经营者的商品、服务的；

（四）在广告中未经同意使用他人名义或者形象的；

（五）其他侵犯他人合法民事权益的。

中华人民共和国烟草专卖法（节录）

（1991年6月29日第七届全国人民代表大会常务委员会第二十次会议通过 根据2009年8月27日第十一届全国人民代表大会常务委员会第十次会议《关于修改部分法律的决定》第一次修正 根据2013年12月28日第十二届全国人民代表大会常务委员会第六次会议《关于修改〈中华人民共和国海洋环境保护法〉等七部法律的决定》第二次修正 根据2015年4月24日第十二届全国人民代表大会常务委员会第十四次会议《关于修改〈中华人民共和国计量法〉等五部法律的决定》第三次修正）

第五条 国家加强对烟草专卖品的科学研究和技术开发，提高烟草制品的质量，降低焦油和其他有害成份的含量。国家和社会加强吸烟危害健康的宣传教育，禁止或者限制在公共交通工具和公共场所吸烟，劝阻青少年吸烟，禁止中小学生吸烟。

学校体育工作条例

(1990年2月20日国务院批准　1990年3月12日国家教育委员会令第8号、国家体育运动委员会令第11号发布　根据2017年3月1日《国务院关于修改和废止部分行政法规的决定》修订)

第一章　总　　则

第一条　为保证学校体育工作的正常开展,促进学生身心的健康成长,制定本条例。

第二条　学校体育工作是指普通中小学校、农业中学、职业中学、中等专业学校、普通高等学校的体育课教学、课外体育活动、课余体育训练和体育竞赛。

第三条　学校体育工作的基本任务是:增进学生身心健康,增强学生体质;使学生掌握体育基本知识,培养学生体育运动能力和习惯;提高学生运动技术水平,为国家培养体育后备人才;对学生进行品德教育,增强组织纪律性,培养学生的勇敢、顽强、进取精神。

第四条　学校体育工作应当坚持普及与提高相结合、体育锻炼与安全卫生相结合的原则,积极开展多种形式的强身健体活动,重视继承和发扬民族传统体育,注意吸取国外学校体育的有益经验,积极开展体育科学研究工作。

第五条　学校体育工作应当面向全体学生,积极推行国家体育锻炼标准。

第六条　学校体育工作在教育行政部门领导下,由学校组织实施,并接受体育行政部门的指导。

第二章　体育课教学

第七条　学校应当根据教育行政部门的规定,组织实施体育课教学活动。

普通中小学校、农业中学、职业中学、中等专业学校各年级和普通高等学校的一、二年级必须开设体育课。普通高等学校对三年级以上学生开设体育选修课。

第八条　体育课教学应当遵循学生身心发展的规律,教学内容应当符合教学大纲的要求,符合学生年龄、性别特点和所在地区地理、气候条件。

体育课的教学形式应当灵活多样,不断改进教学方法,改善教学条件,提高教学质量。

第九条　体育课是学生毕业、升学考试科目。学生因病、残免修体育课或者免除体育课考试的,必须持医院证明,经学校体育教研室(组)审核同意,并报学校教务部门备案,记入学生健康档案。

第三章　课外体育活动

第十条　开展课外体育活动应当从实际情况出发,因地制宜,生动活泼。

普通中小学、农业中学、职业中学每天应当安排课间操，每周安排三次以上课外体育活动，保证学生每天有一小时体育活动的时间（含体育课）。

中等专业学校、普通高等学校除安排有体育课、劳动课的当天外，每天应当组织学生开展各种课外体育活动。

第十一条　学校应当在学生中认真推行《国家体育锻炼标准》的达标活动和等级运动员制度。

学校可根据条件有计划地组织学生远足、野营和举办夏（冬）令营等多种形式的体育活动。

第四章　课余体育训练与竞赛

第十二条　学校应当在体育课教学和课外体育活动的基础上，开展多种形式的课余体育训练，提高学生的运动技术水平，有条件的普通中小学校、农业中学、职业中学、中等专业学校经省级教育行政部门批准，普通高等学校经国家教育委员会批准，可以开展培养优秀体育后备人才的训练。

第十三条　学校对参加课余体育训练的学生，应当安排好文化课学习，加强思想品德教育，并注意改善他们的营养。普通高等学校对运动水平较高、具有培养前途的学生，报国家教育委员会批准，可适当延长学习年限。

第十四条　学校体育竞赛贯彻小型多样、单项分散、基层为主、勤俭节约的原则。学校每学年至少举行一次以田径项目为主的全校性运动会。

第十五条　全国中学生运动会每三年举行一次；全国大学生运动会每四年举行一次。特殊情况下，经国家教育委员会批准可提前或延期举行。

国家教育委员会根据需要，可以安排学生参加国际学生体育竞赛。

第十六条　学校体育竞赛应当执行国家有关的体育竞赛制度和规定，树立良好的赛风。

第五章　体 育 教 师

第十七条　体育教师应当热爱学校体育工作，具有良好的思想品德、文化素养，掌握体育教育的理论和教学方法。

第十八条　学校应当在各级教育行政部门核定的教师总编制数内，按照教学计划中体育课授课时数所占的比例和开展课余体育活动的需要配备体育教师。除普通小学外，学校应当根据学校女生数量配备一定比例的女体育教师。承担培养优秀体育后备人才训练任务的学校，体育教师的配备应当相应增加。

第十九条　各级教育行政部门和学校应当有计划地安排体育教师进修培训。对体育教师的职务聘任、工资待遇应当与其他任课教师同等对待。按照国家有关规定，有关部门应当妥善解决体育教师的工作服装和粮食定量。

体育教师组织课间操(早操)、课外体育活动和课余训练、体育竞赛应当计算工作量。

学校对妊娠、产后的女体育教师,应当按照《女职工劳动保护规定》给予相应的照顾。

第六章　场地、器材、设备和经费

第二十条　学校的上级主管部门和学校应当按照国家或者地方制定的各类学校体育场地、器材、设备标准,有计划地逐步配齐。学校体育器材应当纳入教学仪器供应计划。新建、改建学校必须按照有关场地、器材的规定进行规划、设计和建设。

在学校比较密集的城镇地区,逐步建立中小学体育活动中心,并纳入城市建设规划。社会的体育场(馆)和体育设施应当安排一定时间免费向学生开放。

第二十一条　学校应当制定体育场地、器材、设备的管理维修制度,并由专人负责管理。

任何单位或者个人不得侵占、破坏学校体育场地或者破坏体育器材、设备。

第二十二条　各级教育行政部门和学校应当根据学校体育工作的实际需要,把学校体育经费纳入核定的年度教育经费预算内,予以妥善安排。

地方各级人民政府在安排年度学校教育经费时,应当安排一定数额的体育经费,以保证学校体育工作的开展。

国家和地方各级体育行政部门在经费上应当尽可能对学校体育工作给予支持。

国家鼓励各种社会力量以及个人自愿捐资支援学校体育工作。

第七章　组织机构和管理

第二十三条　各级教育行政部门应当健全学校体育管理机构,加强对学校体育工作的指导和检查。

学校体育工作应当作为考核学校工作的一项基本内容。普通中小学校的体育工作应当列入督导计划。

第二十四条　学校应当由一位副校(院)长主管体育工作,在制定计划、总结工作、评选先进时,应当把体育工作列为重要内容。

第二十五条　普通高等学校、中等专业学校和规模较大的普通中学,可以建立相应的体育管理部门,配备专职干部和管理人员。

班主任、辅导员应当把学校体育工作作为一项工作内容,教育和督促学生积极参加体育活动。学校的卫生部门应当与体育管理部门互相配合,搞好体育卫生工作。总务部门应当搞好学校体育工作的后勤保障。

学校应当充分发挥共青团、少先队、学生会以及大、中学生体育协会等组织在学校体育工作中的作用。

第八章　奖励与处罚

第二十六条　对在学校体育工作中成绩显著的单位和个人，各级教育、体育行政部门或者学校应当给予表彰、奖励。

第二十七条　对违反本条例，有下列行为之一的单位或者个人，由当地教育行政部门令其限期改正，并视情节轻重对直接责任人员给予批评教育或者行政处分：

（一）不按规定开设或者随意停止体育课的；

（二）未保证学生每天一小时体育活动时间（含体育课）的；

（三）在体育竞赛中违反纪律、弄虚作假的；

（四）不按国家规定解决体育教师工作服装、粮食定量的。

第二十八条　对违反本条例，侵占、破坏学校体育场地、器材、设备的单位或者个人，由当地人民政府或者教育行政部门令其限期清退和修复场地、赔偿或者修复器材、设备。

第九章　附　　则

第二十九条　高等体育院校和普通高等学校的体育专业的体育工作不适用本条例。

技工学校、工读学校、特殊教育学校、成人学校的学校体育工作参照本条例执行。

第三十条　国家教育委员会、国家体育运动委员会可根据本条例制定实施办法。

第三十一条　本条例自发布之日起施行。原教育部、国家体育运动委员会 1979 年 10 月 5 日发布的《高等学校体育工作暂行规定（试行草案）》和《中、小学体育工作暂行规定（试行草案）》同时废止。

出版管理条例(节录)

(2001 年 12 月 25 日国务院令第 343 号公布　根据 2011 年 3 月 19 日《国务院关于修改〈出版管理条例〉的决定》第一次修订　根据 2013 年 7 月 18 日《国务院关于废止和修改部分行政法规的决定》第二次修订　根据 2014 年 7 月 29 日《国务院关于修改部分行政法规的决定》第三次修订　根据 2016 年 2 月 6 日《国务院关于修改部分行政法规的决定》第四次修订　根据 2020 年 11 月 29 日《国务院关于修改和废止部分行政法规的决定》第五次修订)

第三章　出版物的出版

第二十六条　以未成年人为对象的出版物不得含有诱发未成年人模仿违反社会公德的行为和违法犯罪的行为的内容,不得含有恐怖、残酷等妨害未成年人身心健康的内容。

第三十条　中学小学教科书由国务院教育行政主管部门审定;其出版、发行单位应当具有适应教科书出版、发行业务需要的资金、组织机构和人员等条件,并取得国务院出版行政主管部门批准的教科书出版、发行资质。纳入政府采购范围的中学小学教科书,其发行单位按照《中华人民共和国政府采购法》的有关规定确定。其他任何单位或者个人不得从事中学小学教科书的出版、发行业务。

第八章　法 律 责 任

第六十五条　有下列行为之一的,由出版行政主管部门没收出版物、违法所得,违法经营额 1 万元以上的,并处违法经营额 5 倍以上 10 倍以下的罚款;违法经营额不足 1 万元的,可以处 5 万元以下的罚款;情节严重的,责令限期停业整顿或者由原发证机关吊销许可证:

(一)出版单位委托未取得出版物印刷或者复制许可的单位印刷或者复制出版物的;

(二)印刷或者复制单位未取得印刷或者复制许可而印刷或者复制出版物的;

(三)印刷或者复制单位接受非出版单位和个人的委托印刷或者复制出版物的;

(四)印刷或者复制单位未履行法定手续印刷或者复制境外出版物的,印刷或者复制的境外出版物没有全部运输出境的;

(五)印刷或者复制单位、发行单位或者个体工商户印刷或者复制、发行未署出版单位名称的出版物的;

(六)印刷或者复制单位、发行单位或者个体工商户印刷或者复制、发行伪造、假冒出版单位名称或者报纸、期刊名称的出版物的;

(七)出版、印刷、发行单位出版、印刷、发行未经依法审定的中学小学教科书,或者非依照本条例规定确定的单位从事中学小学教科书的出版、发行业务的。

互联网上网服务营业场所管理条例(节录)

(2002 年 9 月 29 日国务院令第 363 号公布　根据 2011 年 1 月 8 日《国务院关于废止和修改部分行政法规的决定》第一次修订　根据 2016 年 2 月 6 日《国务院关于修改部分行政法规的决定》第二次修订　根据 2019 年 3 月 24 日《国务院关于修改部分行政法规的决定》第三次修订)

第一章　总　　则

第二条　本条例所称互联网上网服务营业场所,是指通过计算机等装置向公众提供互联网上网服务的网吧、电脑休闲室等营业性场所。

学校、图书馆等单位内部附设的为特定对象获取资料、信息提供上网服务的场所,应当遵守有关法律、法规,不适用本条例。

第二章　设　　立

第九条　中学、小学校园周围 200 米范围内和居民住宅楼(院)内不得设立互联网上网服务营业场所。

第三章　经　　营

第二十一条　互联网上网服务营业场所经营单位不得接纳未成年人进入营业场所。

互联网上网服务营业场所经营单位应当在营业场所入口处的显著位置悬挂未成年人禁入标志。

第三十一条　互联网上网服务营业场所经营单位违反本条例的规定,有下列行为之一的,由文化行政部门给予警告,可以并处 15000 元以下的罚款;情节严重的,责令停业整顿,直至吊销《网络文化经营许可证》:

(一)在规定的营业时间以外营业的;

(二)接纳未成年人进入营业场所的;

(三)经营非网络游戏的;

(四)擅自停止实施经营管理技术措施的;

(五)未悬挂《网络文化经营许可证》或者未成年人禁入标志的。

娱乐场所管理条例(节录)

(2006年1月18日国务院第122次常务会议通过　国务院令第458号公布　自2006年3月1日起施行　根据2016年2月6日《国务院关于修改部分行政法规的决定》修订)

第二章　设　　立

第七条　娱乐场所不得设在下列地点：

(一)居民楼、博物馆、图书馆和被核定为文物保护单位的建筑物内；

(二)居民住宅区和学校、医院、机关周围；

(三)车站、机场等人群密集的场所；

(四)建筑物地下一层以下；

(五)与危险化学品仓库毗连的区域。

娱乐场所的边界噪声,应当符合国家规定的环境噪声标准。

第三章　经　　营

第二十三条　歌舞娱乐场所不得接纳未成年人。除国家法定节假日外,游艺娱乐场所设置的电子游戏机不得向未成年人提供。

第二十四条　娱乐场所不得招用未成年人;招用外国人的,应当按照国家有关规定为其办理外国人就业许可证。

第三十条　娱乐场所应当在营业场所的大厅、包厢、包间内的显著位置悬挂含有禁毒、禁赌、禁止卖淫嫖娼等内容的警示标志、未成年人禁入或者限入标志。标志应当注明公安部门、文化主管部门的举报电话。

第五章　法 律 责 任

第四十八条　违反本条例规定,有下列情形之一的,由县级人民政府文化主管部门没收违法所得和非法财物,并处违法所得1倍以上3倍以下的罚款;没有违法所得或者违法所得不足1万元的,并处1万元以上3万元以下的罚款;情节严重的,责令停业整顿1个月至6个月:

(一)歌舞娱乐场所的歌曲点播系统与境外的曲库联接的;

(二)歌舞娱乐场所播放的曲目、屏幕画面或者游艺娱乐场所电子游戏机内的游戏项目含有本条例第十三条禁止内容的;

(三)歌舞娱乐场所接纳未成年人的;

（四）游艺娱乐场所设置的电子游戏机在国家法定节假日外向未成年人提供的；

（五）娱乐场所容纳的消费者超过核定人数的。

第五十一条　娱乐场所未按照本条例规定悬挂警示标志、未成年人禁入或者限入标志的，由县级人民政府文化主管部门、县级公安部门依据法定职权责令改正，给予警告。

第五十二条　娱乐场所招用未成年人的，由劳动保障行政部门责令改正，并按照每招用一名未成年人每月处5000元罚款的标准给予处罚。

博物馆条例(节录)

(2015年1月14日国务院第78次常务会议通过　2015年2月9日国务院令第659号公布　自2015年3月20日起施行)

第四章　博物馆社会服务

第三十条　博物馆举办陈列展览,应当遵守下列规定:

(一)主题和内容应当符合宪法所确定的基本原则和维护国家安全与民族团结、弘扬爱国主义、倡导科学精神、普及科学知识、传播优秀文化、培养良好风尚、促进社会和谐、推动社会文明进步的要求;

(二)与办馆宗旨相适应,突出藏品特色;

(三)运用适当的技术、材料、工艺和表现手法,达到形式与内容的和谐统一;

(四)展品以原件为主,使用复制品、仿制品应当明示;

(五)采用多种形式提供科学、准确、生动的文字说明和讲解服务;

(六)法律、行政法规的其他有关规定。

陈列展览的主题和内容不适宜未成年人的,博物馆不得接纳未成年人。

第三十二条　博物馆应当配备适当的专业人员,根据不同年龄段的未成年人接受能力进行讲解;学校寒暑假期间,具备条件的博物馆应当增设适合学生特点的陈列展览项目。

第三十三条　国家鼓励博物馆向公众免费开放。县级以上人民政府应当对向公众免费开放的博物馆给予必要的经费支持。

博物馆未实行免费开放的,其门票、收费的项目和标准按照国家有关规定执行,并在收费地点的醒目位置予以公布。

博物馆未实行免费开放的,应当对未成年人、成年学生、教师、老年人、残疾人和军人等实行免费或者其他优惠。博物馆实行优惠的项目和标准应当向公众公告。

第三十五条　国务院教育行政部门应当会同国家文物主管部门,制定利用博物馆资源开展教育教学、社会实践活动的政策措施。

地方各级人民政府教育行政部门应当鼓励学校结合课程设置和教学计划,组织学生到博物馆开展学习实践活动。

博物馆应当对学校开展各类相关教育教学活动提供支持和帮助。

第三十六条　博物馆应当发挥藏品优势,开展相关专业领域的理论及应用研究,提高业务水平,促进专业人才的成长。

博物馆应当为高等学校、科研机构和专家学者等开展科学研究工作提供支持和帮助。

关于正确引导未成年人健康上网游戏的意见

（2005年7月20日）

近年来，网络游戏在我国发展迅速，并成为许多未成年人喜爱的新兴休闲娱乐方式。它在丰富未成年人的业余生活，缓解学业压力、掌握上网方法等方面起到了一定的积极作用。但同时也带来了很多问题，特别是未成年人沉迷网络游戏和暴力等不良内容侵害的问题突出。为此，政府有关部门采取了多种措施，一方面净化网络文化环境，另一方面加强了对未成年人上网的教育和引导。文化部2004年成立了游戏产品内容审查委员会，开展对进口游戏产品的内容审查，并对国产游戏予以备案。我们以认真负责的态度依法审查，严把进口关，防止暴力、恐怖、残忍等有害内容的产品进入我国。文化部、中央文明办联合有关部门开展的净化网络游戏工作正在稳步推进，得到了家长和社会的一致拥护。

《中共中央、国务院关于进一步加强和改进未成年人思想道德建设的若干意见》指出，要“开发和推广弘扬民族精神、反映时代特点、有益于未成年人健康成长的游戏软件产品。”《文化部、中央文明办、信息产业部、公安部、国家工商行政管理总局关于净化网络游戏工作的通知》也提出，要合理引导未成年人的游戏娱乐需求，要用健康向上的游戏产品占领市场，特别是要让未成年人远离暴力游戏。在文化部文化市场司和中央文明办未成年人组的组织指导下，文化部游戏产品内容审查委员会，从社会各界广泛推荐的80款国产游戏产品中遴选出一批适合未成年人的网络游戏产品，以及可资借鉴的一些国外休闲网络游戏产品，供家长和社会各界作为暑假期间指导未成年人适度游戏的参考。

联合国提出，“对于儿童，游戏是和生存、受教育同等重要的一项权利。”因此，需要我们科学地认识网络游戏，正确地对待孩子们的游戏娱乐活动。家长作为孩子的第一责任人，负有教育、引导、监督孩子游戏的责任。我们认为，应当允许孩子适度游戏，但要严格限制游戏时间，坚决避免沉迷游戏。总之，这项工作需要政府、学校、家长、企业、协会以及社会各界的共同努力。

附件：文化部游戏产品内容审查委员会认定的第一批适合未成年人的网络游戏产品名单

文化部游戏产品内容审查委员会

二〇〇五年七月二十日

附件：

文化部游戏产品内容审查委员会认定的第一批适合未成年人的网络游戏产品名单

国内游戏：

一、角色扮演

1. 梦幻国度——上海市盛大网络发展有限公司

2. 梦幻西游——广东省广州网易互动娱乐有限公司

3. 幻灵游侠——福建省网龙计算机网络信息技术有限公司

4. 数码精灵——浙江省杭州久易科技有限公司

二、休闲类

1. 大家来找茬——北京市联众电脑技术有限责任公司

2. 三国豪侠传——上海市盛大网络发展有限公司

3. QQ 堂——广东省深圳市腾讯计算机系统有限公司

三、棋牌类

1. 四国军旗——北京市联众电脑技术有限责任公司

2. 围棋——北京市联众电脑技术有限责任公司、广东省深圳市腾讯计算机系统有限公司、北京市新浪互联信息技术服务有限公司

3. 中国象棋——北京市联众电脑技术有限责任公司、广东省深圳市腾讯计算机系统有限公司、北京市新浪互联信息技术服务有限公司

4. 五子棋——广东省深圳市腾讯计算机系统有限公司、北京市新浪互联信息技术服务有限公司

国外游戏：

1. 泡泡堂——上海市盛大网络发展有限公司

2. 野菜部落——北京市新浪互联信息技术服务有限公司

3. 劲舞团——上海市润星网络科技有限公司

4. 劲乐团——上海市润星网络科技有限公司

互联网视听节目服务管理规定(节录)

(2007 年 12 月 20 日国家广播电影电视总局、信息产业部令第 56 号发布　自 2008 年 1 月 31 日起施行)

第十六条　互联网视听节目服务单位提供的、网络运营单位接入的视听节目应当符合法律、行政法规、部门规章的规定。已播出的视听节目应至少完整保留 60 日。视听节目不得含有以下内容:

(一)反对宪法确定的基本原则的;

(二)危害国家统一、主权和领土完整的;

(三)泄露国家秘密、危害国家安全或者损害国家荣誉和利益的;

(四)煽动民族仇恨、民族歧视,破坏民族团结,或者侵害民族风俗、习惯的;

(五)宣扬邪教、迷信的;

(六)扰乱社会秩序,破坏社会稳定的;

(七)诱导未成年人违法犯罪和渲染暴力、色情、赌博、恐怖活动的;

(八)侮辱或者诽谤他人,侵害公民个人隐私等他人合法权益的;

(九)危害社会公德,损害民族优秀文化传统的;

(十)有关法律、行政法规和国家规定禁止的其他内容。

未成年人节目管理规定

（2019年3月29日国家广播电视总局令第3号公布　自2019年4月30日起施行）

第一章　总　　则

第一条　为了规范未成年人节目，保护未成年人身心健康，保障未成年人合法权益，教育引导未成年人，培育和弘扬社会主义核心价值观，根据《中华人民共和国未成年人保护法》《广播电视管理条例》等法律、行政法规，制定本规定。

第二条　从事未成年人节目的制作、传播活动，适用本规定。

本规定所称未成年人节目，包括未成年人作为主要参与者或者以未成年人为主要接收对象的广播电视节目和网络视听节目。

第三条　从事未成年人节目制作、传播活动，应当以培养能够担当民族复兴大任的时代新人为着眼点，以培育和弘扬社会主义核心价值观为根本任务，弘扬中华优秀传统文化、革命文化和社会主义先进文化，坚持创新发展，增强原创能力，自觉保护未成年人合法权益，尊重未成年人发展和成长规律，促进未成年人健康成长。

第四条　未成年人节目管理工作应当坚持正确导向，注重保护尊重未成年人的隐私和人格尊严等合法权益，坚持教育保护并重，实行社会共治，防止未成年人节目出现商业化、成人化和过度娱乐化倾向。

第五条　国务院广播电视主管部门负责全国未成年人节目的监督管理工作。

县级以上地方人民政府广播电视主管部门负责本行政区域内未成年人节目的监督管理工作。

第六条　广播电视和网络视听行业组织应当结合行业特点，依法制定未成年人节目行业自律规范，加强职业道德教育，切实履行社会责任，促进业务交流，维护成员合法权益。

第七条　广播电视主管部门对在培育和弘扬社会主义核心价值观、强化正面教育、贴近现实生活、创新内容形式、产生良好社会效果等方面表现突出的未成年人节目，以及在未成年人节目制作、传播活动中做出突出贡献的组织、个人，按照有关规定予以表彰、奖励。

第二章　节目规范

第八条　国家支持、鼓励含有下列内容的未成年人节目的制作、传播：

（一）培育和弘扬社会主义核心价值观；

（二）弘扬中华优秀传统文化、革命文化和社会主义先进文化；

（三）引导树立正确的世界观、人生观、价值观；

（四）发扬中华民族传统家庭美德，树立优良家风；

（五）符合未成年人身心发展规律和特点；

（六）保护未成年人合法权益和情感，体现人文关怀；

（七）反映未成年人健康生活和积极向上的精神面貌；

（八）普及自然和社会科学知识；

（九）其他符合国家支持、鼓励政策的内容。

第九条 未成年人节目不得含有下列内容：

（一）渲染暴力、血腥、恐怖，教唆犯罪或者传授犯罪方法；

（二）除健康、科学的性教育之外的涉性话题、画面；

（三）肯定、赞许未成年人早恋；

（四）诋毁、歪曲或者以不当方式表现中华优秀传统文化、革命文化、社会主义先进文化；

（五）歪曲民族历史或者民族历史人物，歪曲、丑化、亵渎、否定英雄烈士事迹和精神；

（六）宣扬、美化、崇拜曾经对我国发动侵略战争和实施殖民统治的国家、事件、人物；

（七）宣扬邪教、迷信或者消极颓废的思想观念；

（八）宣扬或者肯定不良的家庭观、婚恋观、利益观；

（九）过分强调或者过度表现财富、家庭背景、社会地位；

（十）介绍或者展示自杀、自残和其他易被未成年人模仿的危险行为及游戏项目等；

（十一）表现吸毒、滥用麻醉药品、精神药品和其他违禁药物；

（十二）表现吸烟、售烟和酗酒；

（十三）表现违反社会公共道德、扰乱社会秩序等不良举止行为；

（十四）渲染帮会、黑社会组织的各类仪式；

（十五）宣传、介绍不利于未成年人身心健康的网络游戏；

（十六）法律、行政法规禁止的其他内容。

以科普、教育、警示为目的，制作、传播的节目中确有必要出现上述内容的，应当根据节目内容采取明显图像或者声音等方式予以提示，在显著位置设置明确提醒，并对相应画面、声音进行技术处理，避免过分展示。

第十条 不得制作、传播利用未成年人或者未成年人角色进行商业宣传的非广告类节目。

制作、传播未成年人参与的歌唱类选拔节目、真人秀节目、访谈脱口秀节目应当符合国务院广播电视主管部门的要求。

第十一条 广播电视播出机构、网络视听节目服务机构、节目制作机构应当根据不同年龄段未成年人身心发展状况，制作、传播相应的未成年人节目，并采取明显图像或者声音等方式予以提示。

第十二条 邀请未成年人参与节目制作,应当事先经其法定监护人同意。不得以恐吓、诱骗或者收买等方式迫使、引诱未成年人参与节目制作。

制作未成年人节目应当保障参与制作的未成年人人身和财产安全,以及充足的学习和休息时间。

第十三条 未成年人节目制作过程中,不得泄露或者质问、引诱未成年人泄露个人及其近亲属的隐私信息,不得要求未成年人表达超过其判断能力的观点。

对确需报道的未成年人违法犯罪案件,不得披露犯罪案件中未成年人当事人的姓名、住所、照片、图像等个人信息,以及可能推断出未成年人当事人身份的资料。对于不可避免含有上述内容的画面和声音,应当采取技术处理,达到不可识别的标准。

第十四条 邀请未成年人参与节目制作,其服饰、表演应当符合未成年人年龄特征和时代特点,不得诱导未成年人谈论名利、情爱等话题。

未成年人节目不得宣扬童星效应或者包装、炒作明星子女。

第十五条 未成年人节目应当严格控制设置竞赛排名,不得设置过高物质奖励,不得诱导未成年人现场拉票或者询问未成年人失败退出的感受。

情感故事类、矛盾调解类等节目应当尊重和保护未成年人情感,不得就家庭矛盾纠纷采访未成年人,不得要求未成年人参与节目录制和现场调解,避免未成年人亲眼目睹家庭矛盾冲突和情感纠纷。

未成年人节目不得以任何方式对未成年人进行品行、道德方面的测试,放大不良现象和非理性情绪。

第十六条 未成年人节目的主持人应当依法取得职业资格,言行妆容不得引起未成年人心理不适,并在节目中切实履行引导把控职责。

未成年人节目设置嘉宾,应当按照国务院广播电视主管部门的规定,将道德品行作为首要标准,严格遴选、加强培训,不得选用因丑闻劣迹、违法犯罪等行为造成不良社会影响的人员,并提高基层群众作为节目嘉宾的比重。

第十七条 国产原创未成年人节目应当积极体现中华文化元素,使用外国的人名、地名、服装、形象、背景等应当符合剧情需要。

未成年人节目中的用语用字应当符合有关通用语言文字的法律规定。

第十八条 未成年人节目前后播出广告或者播出过程中插播广告,应当遵守以下规定:

(一)未成年人专门频率、频道、专区、链接、页面不得播出医疗、药品、保健食品、医疗器械、化妆品、酒类、美容广告、不利于未成年人身心健康的网络游戏广告,以及其他不适宜未成年人观看的广告,其他未成年人节目前后不得播出上述广告;

(二)针对不满十四周岁的未成年人的商品或者服务的广告,不得含有劝诱其要求家长购买广告商品或者服务、可能引发其模仿不安全行为的内容;

（三）不得利用不满十周岁的未成年人作为广告代言人；

（四）未成年人广播电视节目每小时播放广告不得超过12分钟；

（五）未成年人网络视听节目播出或者暂停播出过程中，不得插播、展示广告，内容切换过程中的广告时长不得超过30秒。

第三章 传播规范

第十九条 未成年人专门频率、频道应当通过自制、外购、节目交流等多种方式，提高制作、播出未成年人节目的能力，提升节目质量和频率、频道专业化水平，满足未成年人收听收看需求。

网络视听节目服务机构应当以显著方式在显著位置对所传播的未成年人节目建立专区，专门播放适宜未成年人收听收看的节目。

未成年人专门频率频道、网络专区不得播出未成年人不宜收听收看的节目。

第二十条 广播电视播出机构、网络视听节目服务机构对所播出的录播或者用户上传的未成年人节目，应当按照有关规定履行播前审查义务；对直播节目，应当采取直播延时、备用节目替换等必要的技术手段，确保所播出的未成年人节目中不得含有本规定第九条第一款禁止内容。

第二十一条 广播电视播出机构、网络视听节目服务机构应当建立未成年人保护专员制度，安排具有未成年人保护工作经验或者教育背景的人员专门负责未成年人节目、广告的播前审查，并对不适合未成年人收听收看的节目、广告提出调整播出时段或者暂缓播出的建议，暂缓播出的建议由有关节目审查部门组织专家论证后实施。

第二十二条 广播电视播出机构、网络视听节目服务机构在未成年人节目播出过程中，应当至少每隔30分钟在显著位置发送易于辨认的休息提示信息。

第二十三条 广播电视播出机构在法定节假日和学校寒暑假每日8:00至23:00，以及法定节假日和学校寒暑假之外时间每日15:00至22:00，播出的节目应当适宜所有人群收听收看。

未成年人专门频率频道全天播出未成年人节目的比例应当符合国务院广播电视主管部门的要求，在每日17:00－22:00之间应当播出国产动画片或者其他未成年人节目，不得播出影视剧以及引进节目，确需在这一时段播出优秀未成年人影视剧的，应当符合国务院广播电视主管部门的要求。

未成年人专门频率频道、网络专区每日播出或者可供点播的国产动画片和引进动画片的比例应当符合国务院广播电视主管部门的规定。

第二十四条 网络用户上传含有未成年人形象、信息的节目且未经未成年人法定监护人同意的，未成年人的法定监护人有权通知网络视听节目服务机构采取删除、屏蔽、断开链接等必要措施。网络视听节目服务机构接到通知并确认其身份后应当及时采取相关措施。

第二十五条 网络视听节目服务机构应当对网络用户上传的未成年人节目建立公众监督举报制度。在接到公众书面举报后经审查发现节目含有本规定第九条第一款禁止内容或者属于第十条第一款禁止节目类型的,网络视听节目服务机构应当及时采取删除、屏蔽、断开链接等必要措施。

第二十六条 广播电视播出机构、网络视听节目服务机构应当建立由未成年人保护专家、家长代表、教师代表等组成的未成年人节目评估委员会,定期对未成年人节目、广告进行播前、播中、播后评估。必要时,可以邀请未成年人参加评估。评估意见应当作为节目继续播出或者调整的重要依据,有关节目审查部门应当对是否采纳评估意见作出书面说明。

第二十七条 广播电视播出机构、网络视听节目服务机构应当建立未成年人节目社会评价制度,并以适当方式及时公布所评价节目的改进情况。

第二十八条 广播电视播出机构、网络视听节目服务机构应当就未成年人保护情况每年度向当地人民政府广播电视主管部门提交书面年度报告。

评估委员会工作情况、未成年人保护专员履职情况和社会评价情况应当作为年度报告的重要内容。

第四章 监督管理

第二十九条 广播电视主管部门应当建立健全未成年人节目监听监看制度,运用日常监听监看、专项检查、实地抽查等方式,加强对未成年人节目的监督管理。

第三十条 广播电视主管部门应当建立未成年人节目违法行为警示记录系统。

对列入警示记录的严重违反本规定的广播电视节目制作经营机构、广播电视播出机构、网络视听节目服务机构,广播电视主管部门应当及时向社会公布,并告知其有陈述、申辩的权利。

第三十一条 广播电视主管部门应当会同有关部门建立健全违规失信联合惩戒机制,对严重违反本规定的广播电视节目制作经营机构、广播电视播出机构、网络视听节目服务机构及其主要责任人开展联合惩戒。

第三十二条 广播电视主管部门应当设立未成年人节目违法行为举报制度,公布举报电话、邮箱等联系方式。

任何单位或者个人有权举报违反本规定的未成年人节目。广播电视主管部门接到举报,应当记录并及时依法调查、处理;对不属于本部门职责范围的,应当及时移送有关部门。

第三十三条 全国性广播电视、网络视听行业组织应当依据本规定,制定未成年人节目内容审核具体行业标准,加强从业人员培训,并就培训情况向国务院广播电视主管部门提交书面年度报告。

第五章　法 律 责 任

第三十四条　违反本规定，制作、传播含有本规定第九条第一款禁止内容的未成年人节目的，或者在以科普、教育、警示为目的制作的节目中，包含本规定第九条第一款禁止内容但未设置明确提醒、进行技术处理的，或者制作、传播本规定第十条禁止的未成年人节目类型的，依照《广播电视管理条例》第四十九条的规定予以处罚。

第三十五条　违反本规定，播放、播出广告的时间超过规定或者播出国产动画片和引进动画片的比例不符合国务院广播电视主管部门规定的，依照《广播电视管理条例》第五十条的规定予以处罚。

第三十六条　违反本规定第十一条至第十七条、第十九条至第二十二条、第二十三条第一款和第二款、第二十四条至第二十八条的规定，由县级以上人民政府广播电视主管部门责令限期改正，给予警告，可以并处三万元以下的罚款。

违反第十八条第一项至第三项的规定，由有关部门依法予以处罚。

第三十七条　广播电视节目制作经营机构、广播电视播出机构、网络视听节目服务机构违反本规定，其主管部门或者有权处理单位，应当依法对负有责任的主管人员或者直接责任人员给予处分、处理；造成严重社会影响的，广播电视主管部门可以向被处罚单位的主管部门或者有权处理单位通报情况，提出对负有责任的主管人员或者直接责任人员的处分、处理建议，并可函询后续处分、处理结果。

第三十八条　广播电视主管部门工作人员滥用职权、玩忽职守、徇私舞弊或者未依照本规定履行职责的，对负有责任的主管人员和直接责任人员依法给予处分。

第六章　附　　则

第三十九条　本规定所称网络视听节目服务机构，是指互联网视听节目服务机构和专网及定向传播视听节目服务机构。

本规定所称学校寒暑假是指广播电视播出机构所在地、网络视听节目服务机构注册地教育行政部门规定的时间段。

第四十条　未构成本规定所称未成年人节目，但节目中含有未成年人形象、信息等内容，有关内容规范和法律责任参照本规定执行。

第四十一条　本规定自 2019 年 4 月 30 日起施行。

关于防止未成年人沉迷网络游戏的通知

（2019 年 10 月 25 日）

各省、自治区、直辖市新闻出版局，各网络游戏企业，有关行业组织：

近年来，网络游戏行业在满足群众休闲娱乐需要、丰富人民精神文化生活的同时，也出现一些值得高度关注的问题，特别是未成年人沉迷网络游戏、过度消费等现象，对未成年人身心健康和正常学习生活造成不良影响，社会反映强烈。规范网络游戏服务，引导网络游戏企业切实把社会效益放在首位，有效遏制未成年人沉迷网络游戏、过度消费等行为，保护未成年人身心健康成长，是贯彻落实习近平总书记关于青少年工作重要指示精神、促进网络游戏繁荣健康有序发展的有效举措。现就有关工作事项通知如下。

一、实行网络游戏用户账号实名注册制度。所有网络游戏用户均须使用有效身份信息方可进行游戏账号注册。自本通知施行之日起，网络游戏企业应建立并实施用户实名注册系统，不得以任何形式为未实名注册的新增用户提供游戏服务。自本通知施行之日起 2 个月内，网络游戏企业须要求已有用户全部完成实名注册，对未完成实名注册的用户停止提供游戏服务。对用户提供的实名注册信息，网络游戏企业必须严格按照有关法律法规妥善保存、保护，不得用作其他用途。

网络游戏企业可以对其游戏服务设置不超过 1 小时的游客体验模式。在游客体验模式下，用户无须实名注册，不能充值和付费消费。对使用同一硬件设备的用户，网络游戏企业在 15 天内不得重复提供游客体验模式。

二、严格控制未成年人使用网络游戏时段、时长。每日 22 时至次日 8 时，网络游戏企业不得以任何形式为未成年人提供游戏服务。网络游戏企业向未成年人提供游戏服务的时长，法定节假日每日累计不得超过 3 小时，其他时间每日累计不得超过 1.5 小时。

三、规范向未成年人提供付费服务。网络游戏企业须采取有效措施，限制未成年人使用与其民事行为能力不符的付费服务。网络游戏企业不得为未满 8 周岁的用户提供游戏付费服务。同一网络游戏企业所提供的游戏付费服务，8 周岁以上未满 16 周岁的用户，单次充值金额不得超过 50 元人民币，每月充值金额累计不得超过 200 元人民币；16 周岁以上未满 18 周岁的用户，单次充值金额不得超过 100 元人民币，每月充值金额累计不得超过 400 元人民币。

四、切实加强行业监管。本通知前述各项要求，均为网络游戏上网出版运营的必要条件。各地出版管理部门要切实履行属地监管职责，严格按照本通知要求做好属地网络游戏企业及其网络游戏服务的监督管理工作。对未落实本通知要求的网络游戏企业，各地出版管理部门应责令限期改正；情节严重的，依法依规予以处理，直至吊销相关许可。各地出版管理部门协调有关执法机构做好监管执法工作。

五、探索实施适龄提示制度。网络游戏企业应从游戏内容和功能的心理接受程度、对抗激烈程度、可能引起认知混淆程度、可能导致危险模仿程度、付费消费程度等多维度综合衡量，探索对上网出版运营的网络游戏作出适合不同年龄段用户的提示，并在用户下载、注册、登录页面等位置显著标明。有关行业组织要探索实施适龄提示具体标准规范，督促网络游戏企业落实适龄提示制度。网络游戏企业应注意分析未成年人沉迷的成因，并及时对造成沉迷的游戏内容、功能或者规则进行修改。

六、积极引导家长、学校等社会各界力量履行未成年人监护守护责任，加强对未成年人健康合理使用网络游戏的教导，帮助未成年人树立正确的网络游戏消费观念和行为习惯。

七、本通知所称未成年人是指未满 18 周岁的公民，所称网络游戏企业含提供网络游戏服务的平台。

中共中央办公厅、国务院办公厅印发《关于全面加强和改进新时代学校体育工作的意见》和《关于全面加强和改进新时代学校美育工作的意见》

（2020 年 10 月 15 日）

近日，中共中央办公厅、国务院办公厅印发了《关于全面加强和改进新时代学校体育工作的意见》和《关于全面加强和改进新时代学校美育工作的意见》，并发出通知，要求各地区各部门结合实际认真贯彻落实。

《关于全面加强和改进新时代学校体育工作的意见》全文如下。

学校体育是实现立德树人根本任务、提升学生综合素质的基础性工程，是加快推进教育现代化、建设教育强国和体育强国的重要工作，对于弘扬社会主义核心价值观，培养学生爱国主义、集体主义、社会主义精神和奋发向上、顽强拼搏的意志品质，实现以体育智、以体育心具有独特功能。为贯彻落实习近平总书记关于教育、体育的重要论述和全国教育大会精神，把学校体育工作摆在更加突出位置，构建德智体美劳全面培养的教育体系，现就全面加强和改进新时代学校体育工作提出如下意见。

一、总体要求

1. 指导思想。以习近平新时代中国特色社会主义思想为指导，全面贯彻党的教育方针，坚持社会主义办学方向，以立德树人为根本，以社会主义核心价值观为引领，以服务学生全面发展、增强综合素质为目标，坚持健康第一的教育理念，推动青少年文化学习和体育锻炼协调发展，帮助学生在体育锻炼中享受乐趣、增强体质、健全人格、锤炼意志，培养德智体美劳全面发展的社会主义建设者和接班人。

2. 工作原则

——改革创新，面向未来。立足时代需求，更新教育理念，深化教学改革，使学校体育同教育事业的改革发展要求相适应，同广大学生对优质丰富体育资源的期盼相契合，同构建德智体美劳全面培养的教育体系相匹配。

——补齐短板，特色发展。补齐师资、场馆、器材等短板，促进学校体育均衡发展。坚持整体推进与典型引领相结合，鼓励特色发展。弘扬中华体育精神，推广中华传统体育项目，形成“一校一品”、“一校多品”的学校体育发展新局面。

——凝心聚力，协同育人。深化体教融合，健全协同育人机制，为学生纵向升学和横向进入专业运动队、职业体育俱乐部打通通道，建立完善家庭、学校、政府、社会共同关心支持学生全面健康成长的激励机制。

3. 主要目标。到 2022 年，配齐配强体育教师，开齐开足体育课，办学条件全面改善，学校体育工作制度机制更加健全，教学、训练、竞赛体系普遍建立，教育教学质量全面提高，育人成效显著增强，学生身体素质和综合素养明显提升。到 2035 年，多样化、现代化、高质量的学校体育体系基本形成。

二、不断深化教学改革

4. 开齐开足上好体育课。严格落实学校体育课程开设刚性要求，不断拓宽课程领域，逐步增加课时，丰富课程内容。义务教育阶段和高中阶段学校严格按照国家课程方案和课程标准开齐开足上好体育课。鼓励基础教育阶段学校每天开设 1 节体育课。高等教育阶段学校要将体育纳入人才培养方案，学生体质健康达标、修满体育学分方可毕业。鼓励高校和科研院所将体育课程纳入研究生教育公共课程体系。

5. 加强体育课程和教材体系建设。学校体育课程注重大中小幼相衔接，聚焦提升学生核心素养。学前教育阶段开展适合幼儿身心特点的游戏活动，培养体育兴趣爱好，促进运动机能协调发展。义务教育阶段体育课程帮助学生掌握 1 至 2 项运动技能，引导学生树立正确健康观。高中阶段体育课程进一步发展学生运动专长，引导学生养成健康生活方式，形成积极向上的健全人格。职业教育体育课程与职业技能培养相结合，培养身心健康的技术人才。高等教育阶段体育课程与创新人才培养相结合，培养具有崇高精神追求、高尚人格修养的高素质人才。学校体育教材体系建设要扎根中国、融通中外，充分体现思想性、教育性、创新性、实践性，根据学生年龄特点和身心发展规律，围绕课程目标和运动项目特点，精选教学素材，丰富教学资源。

6. 推广中华传统体育项目。认真梳理武术、摔跤、棋类、射艺、龙舟、毽球、五禽操、舞龙舞狮等中华传统体育项目，因地制宜开展传统体育教学、训练、竞赛活动，并融入学校体育教学、训练、竞赛机制，形成中华传统体育项目竞赛体系。涵养阳光健康、拼搏向上的校园体育文化，培养学生爱国主义、集体主义、社会主义精神，增强文化自信，促进学生知行合一、刚健有为、自强不息。深入开展“传承的力量——学校体育艺术教育弘扬中华优秀传统文化成果展示活动”，加强宣传推广，让中华传统体育在校园绽放光彩。

7. 强化学校体育教学训练。逐步完善“健康知识 + 基本运动技能 + 专项运动技能”的学校体育教学模式。教会学生科学锻炼和健康知识，指导学生掌握跑、跳、投等基本运动技能和足球、篮球、排球、田径、游泳、体操、武术、冰雪运动等专项运动技能。健全体育锻炼制度，广泛开展普及性体育运动，定期举办学生运动会或体育节，组建体育兴趣小组、社团和俱乐部，推动学生积极参与常规课余训练和体育竞赛。合理安排校外体育活动时间，着力保障学生每天校内、校外各 1 个小时体育活动时间，促进学生养成终身锻炼的习惯。加强青少年学生军训。

8. 健全体育竞赛和人才培养体系。建立校内竞赛、校际联赛、选拔性竞赛为一体的大中小学体育竞赛体系，构建国家、省、市、县四级学校体育竞赛制度和选拔性竞赛（夏令营）制度。大中小学校建设学校代表队，参加区域乃至全国联赛。加强体教融合，广泛开展青少年体育夏（冬）令营活动，鼓励学校与体校、社会体育俱乐部合作，共同开展体育教学、训练、竞赛，促进竞赛体系深度融合。深化全国学生运动会改革，每年开展赛事项目预赛。加强体育传统特色学校建设，完善竞赛、师资培训等工作，支持建立高水平运动队，提高体育传统特色学校运动水平。加强高校高水平运动队建设，优化拓展项目布局，深化招生、培养、竞赛、管理制度改革，将高校高水平运动队建设与中小学体育竞赛相衔接，纳入国家竞技体育后备人才培养体系。深化高水平运动员注册制度改革，建立健全体育运动水平等级标准，打通教育和体育系统高水平赛事互认通道。

三、全面改善办学条件

9. 配齐配强体育教师。各地要加大力度配齐中小学体育教师，未配齐的地区应每年划出一定比例用于招聘体育教师。在大中小学校设立专（兼）职教练员岗位。建立聘用优秀退役运动员为体育教师或教练员制度。有条件的地区可以通过购买服务方式，与相关专业机构等社会力量合作向中小学提供体育教育教学服务，缓解体育师资不足问题。实施体育教育专业大学生支教计划。通过“国培计划”等加大对农村体育教师的培训力度，支持高等师范院校与优质中小学建立协同培训基地，支持体育教师海外研修访学。推进高校体育教育专业人才培养模式改革，推进地方政府、高校、中小学协同育人，建设一批试点学校和教育基地。明确高校高职体育专业和高校高水平运动队专业教师、教练员配备最低标准，不达标的高校原则上不得开办相关专业。

10. 改善场地器材建设配备。研究制定国家学校体育卫生条件基本标准。建好满足课程教学和实践活动需求的场地设施、专用教室。把农村学校体育设施建设纳入地方义务教育均衡发展规划，鼓励有条件的地区在中小学建设体育场馆，与体育基础薄弱学校共用共享。小规模学校以保基本、兜底线为原则，配备必要的功能教室和设施设备。加强高校体育场馆建设，鼓励有条件的高校与地方共建共享。配好体育教学所需器材设备，建立体育器材补充机制。建有高水平运动队的高校，场地设备配备条件应满足实际需要，不满足的原则上不得招生。

11. 统筹整合社会资源。完善学校和公共体育场馆开放互促共进机制，推进学校体育场馆向社会开放、公共体育场馆向学生免费或低收费开放，提高体育场馆开放程度和利用效率。鼓励学校和社会体育场馆合作开设体育课程。统筹好学校和社会资源，城市和社区建设规划要统筹学生体育锻炼需要，新建项目优先建在学校或其周边。综合利用公共体育设施，将开展体育活动作为解决中小学课后“三点半”问题的有效途径和中小学生课后服务工作的重要载体。

四、积极完善评价机制

12. 推进学校体育评价改革。建立日常参与、体质监测和专项运动技能测试相结合的考查机制，将达到国家学生体质健康标准要求作为教育教学考核的重要内容。完善学生体质健康档案，中小学校要客观记录学生日常体育参与情况和体质健康监测结果，定期向家长反馈。将体育科目纳入初、高中学业水平考试范围。改进中考体育测试内容、方式和计分办法，科学确定并逐步提高分值。积极推进高校在招生测试中增设体育项目。启动在高校招生中使用体育素养评价结果的研究。加强学生综合素质评价档案使用，高校根据人才培养目标和专业学习需要，将学生综合素质评价结果作为招生录取的重要参考。

13. 完善体育教师岗位评价。把师德师风作为评价体育教师素质的第一标准。围绕教会、勤练、常赛的要求，完善体育教师绩效工资和考核评价机制。将评价导向从教师教了多少转向教会了多少，从完成课时数量转向教育教学质量。将体育教师课余指导学生勤练和常赛，以及承担学校安排的课后训练、课外活动、课后服务、指导参赛和走教任务计入工作量，并根据学生体质健康状况和竞赛成绩，在绩效工资内部分配时给予倾斜。完善体育教师职称评聘标准，确保体育教师在职务职称晋升、教学科研成果评定等方面，与其他学科教师享受同等待遇。优化体育教师岗位结构，畅通体育教师职业发展通道。提升体育教师科研能力，在全国教育科学规划课题、教育部人文社会科学研究项目中设立体育专项课题。加大对体育教师表彰力度，在教学成果奖等评选表彰中，保证体育教师占有一定比例。参照体育教师，研究并逐步完善学校教练员岗位评价。

14. 健全教育督导评价体系。将学校体育纳入地方发展规划，明确政府、教育行政部门和学校的职责。把政策措施落实情况、学生体质健康状况、素质测评情况和支持学校开展体育工作情况等纳入教育督导评估范围。完善国家义务教育体育质量监测，提高监测科学性，公布监测结果。把体育工作及其效果作为高校办学评价的重要指标，纳入高校本科教学工作评估指标体系和“双一流”建设成效评价。对政策落实不到位、学生体质健康达标率和素质测评合格率持续下降的地方政府、教育行政部门和学校负责人，依规依法予以问责。

五、切实加强组织保障

15. 加强组织领导和经费保障。地方各级党委和政府要把学校体育工作纳入重要议事日程，加强对本地区学校体育改革发展的总体谋划，党政主要负责同志要重视、关心学校体育工作。各地要建立加强学校体育工作部门联席会议制度，健全统筹协调机制。把学校体育工作纳入有关领导干部培训计划。各级政府要调整优化教育支出结构，完善投入机制，积极支持学校体育工作。地方政府要统筹安排财政转移支付资金和本级财力支持学校体育工作。鼓励和引导社会资金支持学校体育发展，吸引社会捐赠，多渠道增加投入。

16. 加强制度保障。完善学校体育法律制度，研究修订《学校体育工作条例》。鼓励地方出台学校体育法规制度，为推动学校体育发展提供有力法治保障。建立政府主导、部门协同、社会参与的安全风险管理机制。健全政府、学校、家庭共同参与的学校体育运动伤害风险防范和处理机制，探索建立涵盖体育意外伤害的学生综合保险机制。试行学生体育活动安全事故第三方调解机制。强化安全教育，加强大型体育活动安全管理。

17. 营造社会氛围。各地要研究落实加强和改进新时代学校体育工作的具体措施,可以结合实际制定实施学校体育教师配备和场地器材建设三年行动计划。总结经验做法,形成可推广的政策制度。加强宣传,凝聚共识,营造全社会共同促进学校体育发展的良好社会氛围。

《关于全面加强和改进新时代学校美育工作的意见》全文如下。

美是纯洁道德、丰富精神的重要源泉。美育是审美教育、情操教育、心灵教育,也是丰富想象力和培养创新意识的教育,能提升审美素养、陶冶情操、温润心灵、激发创新创造活力。为贯彻落实习近平总书记关于教育的重要论述和全国教育大会精神,进一步强化学校美育育人功能,构建德智体美劳全面培养的教育体系,现就全面加强和改进新时代学校美育工作提出如下意见。

一、总体要求

1. 指导思想。以习近平新时代中国特色社会主义思想为指导,全面贯彻党的教育方针,坚持社会主义办学方向,以立德树人为根本,以社会主义核心价值观为引领,以提高学生审美和人文素养为目标,弘扬中华美育精神,以美育人、以美化人、以美培元,把美育纳入各级各类学校人才培养全过程,贯穿学校教育各学段,培养德智体美劳全面发展的社会主义建设者和接班人。

2. 工作原则

——坚持正确方向。将学校美育作为立德树人的重要载体,坚持弘扬社会主义核心价值观,强化中华优秀传统文化、革命文化、社会主义先进文化教育,引领学生树立正确的历史观、民族观、国家观、文化观,陶冶高尚情操,塑造美好心灵,增强文化自信。

——坚持面向全体。健全面向人人的学校美育育人机制,缩小城乡差距和校际差距,让所有在校学生都享有接受美育的机会,整体推进各级各类学校美育发展,加强分类指导,鼓励特色发展,形成"一校一品"、"一校多品"的学校美育发展新局面。

——坚持改革创新。全面深化学校美育综合改革,坚持德智体美劳五育并举,加强各学科有机融合,整合美育资源,补齐发展短板,强化实践体验,完善评价机制,全员全过程全方位育人,形成充满活力、多方协作、开放高效的学校美育新格局。

3. 主要目标。到2022年,学校美育取得突破性进展,美育课程全面开齐开足,教育教学改革成效显著,资源配置不断优化,评价体系逐步健全,管理机制更加完善,育人成效显著增强,学生审美和人文素养明显提升。到2035年,基本形成全覆盖、多样化、高质量的具有中国特色的现代化学校美育体系。

二、不断完善课程和教材体系

4. 树立学科融合理念。加强美育与德育、智育、体育、劳动教育相融合,充分挖掘和运用各学科蕴含的体现中华美育精神与民族审美特质的心灵美、礼乐美、语言美、行为美、科学美、秩序美、健康美、勤劳美、艺术美等丰富美育资源。有机整合相关学科的美育内容,推进课程教学、社会实践和校园文化建设深度融合,大力开展以美育为主题的跨学科教育教学和课外校外实践活动。

5. 完善课程设置。学校美育课程以艺术课程为主体，主要包括音乐、美术、书法、舞蹈、戏剧、戏曲、影视等课程。学前教育阶段开展适合幼儿身心特点的艺术游戏活动。义务教育阶段丰富艺术课程内容，在开好音乐、美术、书法课程的基础上，逐步开设舞蹈、戏剧、影视等艺术课程。高中阶段开设多样化艺术课程，增加艺术课程的可选择性。职业教育将艺术课程与专业课程有机结合，强化实践，开设体现职业教育特点的拓展性艺术课程。高等教育阶段开设以审美和人文素养培养为核心、以创新能力培育为重点、以中华优秀传统文化传承发展和艺术经典教育为主要内容的公共艺术课程。

6. 科学定位课程目标。构建大中小幼相衔接的美育课程体系，明确各级各类学校美育课程目标。学前教育阶段培养幼儿拥有美好、善良心灵和懂得珍惜美好事物。义务教育阶段注重激发学生艺术兴趣和创新意识，培养学生健康向上的审美趣味、审美格调，帮助学生掌握 1 至 2 项艺术特长。高中阶段丰富审美体验，开阔人文视野，引导学生树立正确的审美观、文化观。职业教育强化艺术实践，培养具有审美修养的高素质技术技能人才，引导学生完善人格修养，增强文化创新意识。高等教育阶段强化学生文化主体意识，培养具有崇高审美追求、高尚人格修养的高素质人才。

7. 加强教材体系建设。编写教材要坚持马克思主义指导地位，扎根中国、融通中外，体现国家和民族基本价值观，格调高雅，凸显中华美育精神，充分体现思想性、民族性、创新性、实践性。根据学生年龄特点和身心成长规律，围绕课程目标，精选教学素材，丰富教学资源。加强大中小学美育教材一体化建设，注重教材纵向衔接，实现主线贯穿、循序渐进。中小学美育教材按规定审定后使用。高校落实美育教材建设主体责任，做好教材研究、编写、使用等工作，探索形成以美学和艺术史论类、艺术鉴赏类、艺术实践类为主体的高校公共艺术课程教材体系。

三、全面深化教学改革

8. 开齐开足上好美育课。严格落实学校美育课程开设刚性要求，不断拓宽课程领域，逐步增加课时，丰富课程内容。义务教育阶段和高中阶段学校严格按照国家课程方案和课程标准开齐开足上好美育课。高等教育阶段将公共艺术课程与艺术实践纳入学校人才培养方案，实行学分制管理，学生修满公共艺术课程 2 个学分方能毕业。鼓励高校和科研院所将美学、艺术学课程纳入研究生教育公共课程体系。

9. 深化教学改革。逐步完善“艺术基础知识基本技能 + 艺术审美体验 + 艺术专项特长”的教学模式。在学生掌握必要基础知识和基本技能的基础上，着力提升文化理解、审美感知、艺术表现、创意实践等核心素养，帮助学生形成艺术专项特长。成立全国高校和中小学美育教学指导委员会，培育一批学校美育优秀教学成果和名师工作室，建设一批学校美育实践基地，开发一批美育课程优质数字教育资源。推动高雅艺术进校园，持续建设中华优秀传统文化传承学校和基地，创作并推广高校原创文化精品，以大爱之心育莘莘学子，以大美之艺绘传世之作，努力培养心灵美、形象美、语言美、行为美的新时代青少年。

10. 丰富艺术实践活动。面向人人，建立常态化学生全员艺术展演机制，大力推广惠及全体学生的合唱、合奏、集体舞、课本剧、艺术实践工作坊和博物馆、非遗展示传习场所体验学习等实践活动，广泛开展班级、年级、院系、校级等群体性展示交流。有条件的地区可以每年开展大中小学生艺术专项展示，每3年分别组织1次省级大学生和中小学生综合性艺术展演。加强国家级示范性大中小学校学生艺术团建设，遴选优秀学生艺术团参与国家重大演出活动，以弘扬中华优秀传统文化、革命文化、社会主义先进文化为导向，发挥示范引领作用。

11. 推进评价改革。把中小学生学习音乐、美术、书法等艺术类课程以及参与学校组织的艺术实践活动情况纳入学业要求，探索将艺术类科目纳入初、高中学业水平考试范围。全面实施中小学生艺术素质测评，将测评结果纳入初、高中学生综合素质评价。探索将艺术类科目纳入中考改革试点，纳入高中阶段学校考试招生录取计分科目，依据课程标准确定考试内容，利用现代技术手段促进客观公正评价。

12. 加快艺术学科创新发展。专业艺术教育坚持以一流为目标，进一步优化学科专业布局，构建多元化、特色化、高水平的中国特色艺术学科专业体系，加强国家级一流艺术类专业点建设，创新艺术人才培养机制，提高艺术人才培养能力。艺术师范教育以培养高素质专业化创新型教师队伍为根本，坚定办学方向、坚守师范特质、坚持服务需求、强化实践环节，构建协同育人机制，鼓励艺术教师互聘和双向交流。鼓励有条件的地区建设一批高水平艺术学科创新团队和平台，整合美学、艺术学、教育学等学科资源，加强美育基础理论建设，建设一批美育高端智库。

四、着力改善办学条件

13. 配齐配好美育教师。各地要加大中小学美育教师补充力度，未配齐的地区应每年划出一定比例用于招聘美育教师。有条件的地区可以通过购买服务方式，与相关专业机构等社会力量合作，向中小学提供美育教育教学服务，缓解美育师资不足问题。鼓励优秀文艺工作者等人士到学校兼任美育教师。推动实施艺术教育专业大学生支教计划。全面提高美育教师思想政治素质、教学素质、育人能力和职业道德水平。优化美育教师岗位结构，畅通美育教师职业发展通道。将美育教师承担学校安排的艺术社团指导，课外活动、课后服务等第二课堂指导和走教任务计入工作量。在教学成果奖等评选表彰中，保证美育教师占有一定比例。

14. 改善场地器材建设配备。建好满足课程教学和实践活动需求的场地设施、专用教室。把农村学校美育设施建设纳入地方义务教育均衡发展规划，小规模学校以保基本、兜底线为原则，配备必要的功能教室和设施设备。鼓励有条件的地区在中小学校建设美育场馆，与周边学校和社区共用共享。加强高校美育场馆建设，鼓励有条件的高校与地方共建共享剧院、音乐厅、美术馆、书法馆、博物馆等艺术场馆。配好美育教学所需器材设备，建立美育器材补充机制。制定学校美育工作基本标准。

15. 统筹整合社会资源。加强美育的社会资源供给，推动基本公共文化服务项目为学校美育教学服务。城市和社区建设规划要统筹学生艺术实践需要，新建文化艺术项目优先建在学校或其周边。鼓励学校与社会公共文化艺术场馆、文艺院团合作开设美育课程。整合校内、校外资源开展美育实践活动，作为解决中小学课后“三点半”问题的有效途径和中小学生课后服务工作的重要载体。有条件的地方和学校每年组织学生现场参观1次美术馆、书法馆、博物馆，让收藏在馆所里的文物、陈列在大地上的文化艺术遗产成为学校美育的丰厚资源，让广大学生在艺术学习过程中了解中华文化变迁，触摸中华文化脉络，汲取中华文化艺术精髓。充分挖掘学校艺术场馆的社会服务功能，鼓励有条件的学校将艺术场馆向社会有序开放。

16. 建立美育基础薄弱学校帮扶机制。各地要加强乡村学校美育教师培养，通过乡村教师公费定向培养项目，培养能够承担美育教学的全科教师。鼓励开展对乡村学校各学科在职教师的美育培训，培养能够承担美育教学与活动指导的兼职美育教师。推进农村学校艺术教育实验县等综合改革实践，建立校际教师共享和城乡学校“手拉手”帮扶机制。统筹乡镇中心学校和小规模学校美育课程设置、教学安排、教研活动和教师管理，采取同步课堂、共享优质在线资源等方式，补齐师资和资源短板。引导高校师生强化服务社会意识，支持高校开展美育浸润行动计划，支持社会力量开展美育公益项目。

五、切实加强组织保障

17. 加强组织领导和经费保障。地方各级党委和政府要把学校美育工作纳入重要议事日程，纳入地方经济社会发展规划，加强对本地区学校美育改革发展的总体谋划。各地要建立加强学校美育工作部门联席会议制度，健全统筹协调机制。把学校美育工作纳入有关领导干部培训计划。各级政府要调整优化教育支出结构，完善投入机制，地方政府要统筹安排财政转移支付资金和本级财力支持学校美育工作。鼓励和引导社会资金支持学校美育发展，吸引社会捐赠，多渠道增加投入。

18. 加强制度保障。完善学校美育法律制度，研究制定规范学校美育工作的法规。鼓励地方出台学校美育法规制度，为推动学校美育发展提供有力法治保障。健全教育督导评价制度，把政策措施落实情况、学生艺术素质测评情况和支持学校开展美育工作情况等纳入教育督导评估范围。完善国家义务教育美育质量监测，公布监测结果。把美育工作及其效果作为高校办学评价的重要指标，纳入高校本科教学工作评估指标体系和“双一流”建设成效评价。对政策落实不到位、学生艺术素质测评合格率持续下降的地方政府、教育行政部门和学校负责人，依规依法予以问责。

19. 营造社会氛围。各地要研究落实加强和改进新时代学校美育工作的具体措施，可以结合实际制定实施学校美育教师配备和场地器材建设三年行动计划。加强宣传，凝聚共识，营造全社会共同促进学校美育发展的良好社会氛围。

第六部分　困 难 救 助

中华人民共和国残疾人保障法(节录)

(1990 年 12 月 28 日第七届全国人民代表大会常务委员会第十七次会议通过　2008 年 4 月 24 日第十一届全国人民代表大会常务委员会第二次会议修订　根据 2018 年 10 月 26 日第十三届全国人民代表大会常务委员会《关于修改〈中华人民共和国野生动物保护法〉等十五部法律的决定》修正)

第一章　总　　则

第九条　残疾人的扶养人必须对残疾人履行扶养义务。

残疾人的监护人必须履行监护职责,尊重被监护人的意愿,维护被监护人的合法权益。

残疾人的亲属、监护人应当鼓励和帮助残疾人增强自立能力。

禁止对残疾人实施家庭暴力,禁止虐待、遗弃残疾人。

第十一条　国家有计划地开展残疾预防工作,加强对残疾预防工作的领导,宣传、普及母婴保健和预防残疾的知识,建立健全出生缺陷预防和早期发现、早期治疗机制,针对遗传、疾病、药物、事故、灾害、环境污染和其他致残因素,组织和动员社会力量,采取措施,预防残疾的发生,减轻残疾程度。

国家建立健全残疾人统计调查制度,开展残疾人状况的统计调查和分析。

第二章　康　　复

第十六条　康复工作应当从实际出发,将现代康复技术与我国传统康复技术相结合;以社区康复为基础,康复机构为骨干,残疾人家庭为依托;以实用、易行、受益广的康复内容为重点,优先开展残疾儿童抢救性治疗和康复;发展符合康复要求的科学技术,鼓励自主创新,加强康复新技术的研究、开发和应用,为残疾人提供有效的康复服务。

残疾人教育条例（节录）

（1994年8月23日国务院令第161号发布　根据2011年1月8日国务院令第588号《国务院关于废止和修改部分行政法规的决定》修订　2017年1月11日国务院第161次常务会议修订通过　2017年2月1日国务院令第674号公布　自2017年5月1日起施行）

第二章　义务教育

第十二条　各级人民政府应当依法履行职责，保障适龄残疾儿童、少年接受义务教育的权利。

县级以上人民政府对实施义务教育的工作进行监督、指导、检查，应当包括对残疾儿童、少年实施义务教育工作的监督、指导、检查。

第十三条　适龄残疾儿童、少年的父母或者其他监护人，应当依法保证其残疾子女或者被监护人入学接受并完成义务教育。

第十四条　残疾儿童、少年接受义务教育的入学年龄和年限，应当与当地儿童、少年接受义务教育的入学年龄和年限相同；必要时，其入学年龄和在校年龄可以适当提高。

第十五条　县级人民政府教育行政部门应当会同卫生行政部门、民政部门、残疾人联合会，根据新生儿疾病筛查和学龄前儿童残疾筛查、残疾人统计等信息，对义务教育适龄残疾儿童、少年进行入学前登记，全面掌握本行政区域内义务教育适龄残疾儿童、少年的数量和残疾情况。

第十六条　县级人民政府应当根据本行政区域内残疾儿童、少年的数量、类别和分布情况，统筹规划，优先在部分普通学校中建立特殊教育资源教室，配备必要的设备和专门从事残疾人教育的教师及专业人员，指定其招收残疾儿童、少年接受义务教育；并支持其他普通学校根据需要建立特殊教育资源教室，或者安排具备相应资源、条件的学校为招收残疾学生的其他普通学校提供必要的支持。

县级人民政府应当为实施义务教育的特殊教育学校配备必要的残疾人教育教学、康复评估和康复训练等仪器设备，并加强九年一贯制义务教育特殊教育学校建设。

第十七条　适龄残疾儿童、少年能够适应普通学校学习生活、接受普通教育的，依照《中华人民共和国义务教育法》的规定就近到普通学校入学接受义务教育。

适龄残疾儿童、少年能够接受普通教育，但是学习生活需要特别支持的，根据身体状况就近到县级人民政府教育行政部门在一定区域内指定的具备相应资源、条件的普通学校入学接受义务教育。

适龄残疾儿童、少年不能接受普通教育的，由县级人民政府教育行政部门统筹安排进入特殊教育学校接受义务教育。

适龄残疾儿童、少年需要专人护理,不能到学校就读的,由县级人民政府教育行政部门统筹安排,通过提供送教上门或者远程教育等方式实施义务教育,并纳入学籍管理。

第十八条 在特殊教育学校学习的残疾儿童、少年,经教育、康复训练,能够接受普通教育的,学校可以建议残疾儿童、少年的父母或者其他监护人将其转入或者升入普通学校接受义务教育。

在普通学校学习的残疾儿童、少年,难以适应普通学校学习生活的,学校可以建议残疾儿童、少年的父母或者其他监护人将其转入指定的普通学校或者特殊教育学校接受义务教育。

第十九条 适龄残疾儿童、少年接受教育的能力和适应学校学习生活的能力应当根据其残疾类别、残疾程度、补偿程度以及学校办学条件等因素判断。

第二十条 县级人民政府教育行政部门应当会同卫生行政部门、民政部门、残疾人联合会,建立由教育、心理、康复、社会工作等方面专家组成的残疾人教育专家委员会。

残疾人教育专家委员会可以接受教育行政部门的委托,对适龄残疾儿童、少年的身体状况、接受教育的能力和适应学校学习生活的能力进行评估,提出入学、转学建议;对残疾人义务教育问题提供咨询,提出建议。

依照前款规定作出的评估结果属于残疾儿童、少年的隐私,仅可被用于对残疾儿童、少年实施教育、康复。教育行政部门、残疾人教育专家委员会、学校及其工作人员对在工作中了解的残疾儿童、少年评估结果及其他个人信息负有保密义务。

第二十一条 残疾儿童、少年的父母或者其他监护人与学校就入学、转学安排发生争议的,可以申请县级人民政府教育行政部门处理。

接到申请的县级人民政府教育行政部门应当委托残疾人教育专家委员会对残疾儿童、少年的身体状况、接受教育的能力和适应学校学习生活的能力进行评估并提出入学、转学建议,并根据残疾人教育专家委员会的评估结果和提出的入学、转学建议,综合考虑学校的办学条件和残疾儿童、少年及其父母或者其他监护人的意愿,对残疾儿童、少年的入学、转学安排作出决定。

第二十二条 招收残疾学生的普通学校应当将残疾学生合理编入班级;残疾学生较多的,可以设置专门的特殊教育班级。

招收残疾学生的普通学校应当安排专门从事残疾人教育的教师或者经验丰富的教师承担随班就读或者特殊教育班级的教育教学工作,并适当缩减班级学生数额,为残疾学生入学后的学习、生活提供便利和条件,保障残疾学生平等参与教育教学和学校组织的各项活动。

第二十三条 在普通学校随班就读残疾学生的义务教育,可以适用普通义务教育的课程设置方案、课程标准和教材,但是对其学习要求可以有适度弹性。

第二十四条 残疾儿童、少年特殊教育学校(班)应当坚持思想教育、文化教育、劳动技能教育与身心补偿相结合，并根据学生残疾状况和补偿程度，实施分类教学；必要时，应当听取残疾学生父母或者其他监护人的意见，制定符合残疾学生身心特性和需要的个别化教育计划，实施个别教学。

第二十五条　残疾儿童、少年特殊教育学校（班）的课程设置方案、课程标准和教材，应当适合残疾儿童、少年的身心特性和需要。

残疾儿童、少年特殊教育学校（班）的课程设置方案、课程标准由国务院教育行政部门制订；教材由省级以上人民政府教育行政部门按照国家有关规定审定。

第二十六条　县级人民政府教育行政部门应当加强对本行政区域内的残疾儿童、少年实施义务教育工作的指导。

县级以上地方人民政府教育行政部门应当统筹安排支持特殊教育学校建立特殊教育资源中心，在一定区域内提供特殊教育指导和支持服务。特殊教育资源中心可以受教育行政部门的委托承担以下工作：

（一）指导、评价区域内的随班就读工作；

（二）为区域内承担随班就读教育教学任务的教师提供培训；

（三）派出教师和相关专业服务人员支持随班就读，为接受送教上门和远程教育的残疾儿童、少年提供辅导和支持；

（四）为残疾学生父母或者其他监护人提供咨询；

（五）其他特殊教育相关工作。

第三章　职 业 教 育

第二十七条　残疾人职业教育应当大力发展中等职业教育，加快发展高等职业教育，积极开展以实用技术为主的中期、短期培训，以提高就业能力为主，培养技术技能人才，并加强对残疾学生的就业指导。

第二十八条　残疾人职业教育由普通职业教育机构和特殊职业教育机构实施，以普通职业教育机构为主。

县级以上地方人民政府应当根据需要，合理设置特殊职业教育机构，改善办学条件，扩大残疾人中等职业学校招生规模。

第二十九条　普通职业学校不得拒绝招收符合国家规定的录取标准的残疾人入学，普通职业培训机构应当积极招收残疾人入学。

县级以上地方人民政府应当采取措施，鼓励和支持普通职业教育机构积极招收残疾学生。

第三十条　实施残疾人职业教育的学校和培训机构，应当根据社会需要和残疾人的身心特性合理设置专业，并与企业合作设立实习实训基地，或者根据教学需要和条件办好实习基地。

第四章　学前教育

第三十一条　各级人民政府应当积极采取措施，逐步提高残疾幼儿接受学前教育的比例。

县级人民政府及其教育行政部门、民政部门等有关部门应当支持普通幼儿园创造条件招收残疾幼儿；支持特殊教育学校和具备办学条件的残疾儿童福利机构、残疾儿童康复机构等实施学前教育。

第三十二条　残疾幼儿的教育应当与保育、康复结合实施。

招收残疾幼儿的学前教育机构应当根据自身条件配备必要的康复设施、设备和专业康复人员，或者与其他具有康复设施、设备和专业康复人员的特殊教育机构、康复机构合作对残疾幼儿实施康复训练。

第三十三条　卫生保健机构、残疾幼儿的学前教育机构、儿童福利机构和家庭，应当注重对残疾幼儿的早期发现、早期康复和早期教育。

卫生保健机构、残疾幼儿的学前教育机构、残疾儿童康复机构应当就残疾幼儿的早期发现、早期康复和早期教育为残疾幼儿家庭提供咨询、指导。

第五章　普通高级中等以上教育及继续教育

第三十四条　普通高级中等学校、高等学校、继续教育机构应当招收符合国家规定的录取标准的残疾考生入学，不得因其残疾而拒绝招收。

第三十五条　设区的市级以上地方人民政府可以根据实际情况举办实施高级中等以上教育的特殊教育学校，支持高等学校设置特殊教育学院或者相关专业，提高残疾人的受教育水平。

第三十六条　县级以上人民政府教育行政部门以及其他有关部门、学校应当充分利用现代信息技术，以远程教育等方式为残疾人接受成人高等教育、高等教育自学考试等提供便利和帮助，根据实际情况开设适合残疾人学习的专业、课程，采取灵活开放的教学和管理模式，支持残疾人顺利完成学业。

第三十七条　残疾人所在单位应当对本单位的残疾人开展文化知识教育和技术培训。

第三十八条　扫除文盲教育应当包括对年满15周岁以上的未丧失学习能力的文盲、半文盲残疾人实施的扫盲教育。

第三十九条　国家、社会鼓励和帮助残疾人自学成才。

残疾预防和残疾人康复条例(节录)

(2017年2月7日国务院令第675号公布　根据2018年9月18日国务院令第703号《国务院关于修改部分行政法规的决定》修正)

第二章　残疾预防

第十条　残疾预防工作应当覆盖全人群和全生命周期,以社区和家庭为基础,坚持普遍预防和重点防控相结合。

第十一条　县级以上人民政府组织有关部门、残疾人联合会等开展下列残疾预防工作:

(一)实施残疾监测,定期调查残疾状况,分析致残原因,对遗传、疾病、药物、事故等主要致残因素实施动态监测;

(二)制定并实施残疾预防工作计划,针对主要致残因素实施重点预防,对致残风险较高的地区、人群、行业、单位实施优先干预;

(三)做好残疾预防宣传教育工作,普及残疾预防知识。

第十二条　卫生主管部门在开展孕前和孕产期保健、产前筛查、产前诊断以及新生儿疾病筛查,传染病、地方病、慢性病、精神疾病等防控,心理保健指导等工作时,应当做好残疾预防工作,针对遗传、疾病、药物等致残因素,采取相应措施消除或者降低致残风险,加强临床早期康复介入,减少残疾的发生。

公安、安全生产监督管理、食品安全监督管理、药品监督管理、生态环境、防灾减灾救灾等部门在开展交通安全、生产安全、食品安全、药品安全、生态环境保护、防灾减灾救灾等工作时,应当针对事故、环境污染、灾害等致残因素,采取相应措施,减少残疾的发生。

第十四条　承担新生儿疾病和未成年人残疾筛查、诊断的医疗卫生机构应当按照规定将残疾和患有致残性疾病的未成年人信息,向所在地县级人民政府卫生主管部门报告。接到报告的卫生主管部门应当按照规定及时将相关信息与残疾人联合会共享,并共同组织开展早期干预。

第十六条　国家鼓励公民学习残疾预防知识和技能,提高自我防护意识和能力。

未成年人的监护人应当保证未成年人及时接受政府免费提供的疾病和残疾筛查,努力使有出生缺陷或者致残性疾病的未成年人及时接受治疗和康复服务。未成年人、老年人的监护人或者家庭成员应当增强残疾预防意识,采取有针对性的残疾预防措施。

第四章　保障措施

第二十六条　国家建立残疾儿童康复救助制度,逐步实现0—6岁视力、听力、言语、肢体、智力等残疾儿童和孤独症儿童免费得到手术、辅助器具配置和康复训练等服务；完善重度残疾人护理补贴制度；通过实施重点康复项目为城乡贫困残疾人、重度残疾人提供基本康复服务，按照国家有关规定对基本型辅助器具配置给予补贴。具体办法由国务院有关部门商中国残疾人联合会根据经济社会发展水平和残疾人康复需求等情况制定。

国家多渠道筹集残疾人康复资金，鼓励、引导社会力量通过慈善捐赠等方式帮助残疾人接受康复服务。工伤保险基金、残疾人就业保障金等按照国家有关规定用于残疾人康复。

有条件的地区应当根据本地实际情况提高保障标准，扩大保障范围，实施高于国家规定水平的残疾人康复保障措施。

第二十八条 国家加强残疾预防和残疾人康复专业人才的培养；鼓励和支持高等学校、职业学校设置残疾预防和残疾人康复相关专业或者开设相关课程，培养专业技术人员。

县级以上人民政府卫生、教育等有关部门应当将残疾预防和残疾人康复知识、技能纳入卫生、教育等相关专业技术人员的继续教育。

国务院关于建立残疾儿童康复救助制度的意见

（2018年7月10日 国发〔2018〕20号）

各省、自治区、直辖市人民政府，国务院各部委、各直属机构：

党和政府高度重视残疾儿童康复工作，制定了一系列法规政策措施，实施了一系列残疾儿童康复项目，残疾儿童康复状况得到显著改善。同时，也有一些残疾儿童因家庭经济困难，未能得到及时康复，还有一些残疾儿童家庭因残致贫、陷入困境，成为全面建成小康社会亟待解决的突出问题。做好残疾儿童康复救助工作，关系残疾儿童切身利益和健康成长，关系千家万户安居乐业和美满幸福，关系社会稳定和文明进步，关系健康中国建设和全面建成小康社会大局。

为全面贯彻落实党的十九大关于“发展残疾人事业，加强残疾康复服务”的重要部署，改善残疾儿童康复状况、促进残疾儿童全面发展、减轻残疾儿童家庭负担，完善社会保障体系，根据《残疾预防和残疾人康复条例》，国务院决定建立残疾儿童康复救助制度。

一、总体要求

（一）指导思想

以习近平新时代中国特色社会主义思想为指导，全面深入贯彻党的十九大和十九届二中、三中全会精神，认真落实党中央、国务院决策部署，统筹推进“五位一体”总体布局和协调推进“四个全面”战略布局，坚持以人民为中心的发展思想，牢固树立新发展理念，按照兜底线、织密网、建机制的要求，着力保障残疾儿童基本康复服务需求，努力实现残疾儿童“人人享有康复服务”，使残疾儿童家庭获得感、幸福感、安全感更加充实、更有保障、更可持续。

（二）基本原则

坚持制度衔接、应救尽救。加强与基本医疗、临时救助等社会保障制度的有效衔接，确保残疾儿童家庭求助有门、救助及时。

坚持尽力而为、量力而行。坚守底线、突出重点、完善制度、引导预期，着力满足残疾儿童基本康复服务需求。

坚持规范有序、公开公正。建立科学规范、便民高效的运行机制，主动接受群众和社会监督，做到公开透明、结果公正。

坚持政府主导、社会参与。更好发挥政府“保基本”作用，不断推进基本康复服务均等化；更好发挥社会力量作用，不断扩大康复服务供给，提高康复服务质量。

（三）总体目标

到2020年，建立与全面建成小康社会目标相适应的残疾儿童康复救助制度体系，形成党委领导、政府主导、残联牵头、部门配合、社会参与的残疾儿童康复救助工作格局，基本实现残疾儿童应救尽救。

到2025年，残疾儿童康复救助制度体系更加健全完善，残疾儿童康复服务供给能力显著增强，服务质量和保障水平明显提高，残疾儿童普遍享有基本康复服务，健康成长、全面发展权益得到有效保障。

二、制度内容

（一）救助对象

救助对象为符合条件的0—6岁视力、听力、言语、肢体、智力等残疾儿童和孤独症儿童。包括城乡最低生活保障家庭、建档立卡贫困户家庭的残疾儿童和儿童福利机构收留抚养的残疾儿童；残疾孤儿、纳入特困人员供养范围的残疾儿童；其他经济困难家庭的残疾儿童。其他经济困难家庭的具体认定办法，由县级以上地方人民政府制定。

有条件的地区，可扩大残疾儿童康复救助年龄范围，也可放宽对救助对象家庭经济条件的限制。

（二）救助内容和标准

县级以上地方人民政府根据本地实际确定残疾儿童康复救助基本服务项目和内容，包括以减轻功能障碍、改善功能状况、增强生活自理和社会参与能力为主要目的的手术、辅助器具配置和康复训练等。

县级以上地方人民政府依据本地财力状况、保障对象数量、残疾类别等，分类确定康复救助基本服务项目的经费保障标准，并建立动态调整机制。

（三）工作流程

申请。残疾儿童监护人向残疾儿童户籍所在地（居住证发放地）县级残联组织提出申请。监护人也可委托他人、社会组织、社会救助经办机构等代为申请。

审核。对于城乡最低生活保障家庭、建档立卡贫困户家庭的残疾儿童和儿童福利机构收留抚养的残疾儿童的救助申请，以及残疾孤儿、纳入特困人员供养范围的残疾儿童的救助申请，由县级残联组织与民政、扶贫部门进行相关信息比对后作出决定；其他经济困难家庭的残疾儿童的救助申请的审核程序，由县级以上地方人民政府规定。

救助。经审核符合条件的，由残疾儿童监护人自主选择定点康复机构接受康复服务。必要时，由地级以上地方残联组织和卫生健康等部门指定的医疗、康复机构做进一步诊断、康复需求评估。定点康复机构由县级以上地方残联组织会同卫生健康、教育、民政等部门按照公开择优原则选择确定。

结算。在定点康复机构接受康复服务发生的费用，经县级残联组织审核后，由同级财政部门与定点康复机构直接结算，结算周期由县级残联组织商同级财政部门确定。经县级残联组织审核同意在非定点康复机构接受康复服务发生的费用，由县级残联组织商同级财政部门明确结算办法。

（四）经费保障

县级以上地方人民政府应将残疾儿童康复救助资金纳入政府预算。中央财政对各地给予适当补助。

三、组织实施

（一）加强组织领导

残疾儿童康复救助工作实行地方人民政府负责制。地方各级人民政府要将残疾儿童康复救助工作列入重要议事日程，作为政府目标管理和绩效考核重要内容，对不作为、慢作为、乱作为的单位和个人加大行政问责力度，对违纪违法的严肃追究责任。残联组织和教育、民政、人力资源社会保障、卫生健康、市场监管等有关部门要履职尽责、协作配合，加强工作衔接和信息共享，深化“放管服”改革，努力实现“最多跑一次”、“一站式结算”，切实提高便民服务水平。

（二）加强能力建设

县级以上人民政府根据本行政区域残疾人数量、分布状况、康复需求等情况，制定康复机构设置规划，举办公益性康复机构，将康复机构设置纳入基本公共服务体系规划，支持社会力量投资康复机构建设，鼓励多种形式举办康复机构。社会力量举办的康复机构和政府举办的康复机构在准入、执业、专业技术人员职称评定、非营利组织财税扶持、政府购买服务等方面执行相同的政策。加强康复人才教育培训培养，不断提高康复服务从业人员能力素质。切实加强残疾儿童康复救助工作经办能力，确保事有人做、责有人负。推动建设残疾儿童康复救助服务管理综合信息平台。充分发挥村（居）民委员会、基层医疗卫生机构、公益慈善组织和残疾人专职委员、社会工作者、志愿服务人员等社会力量作用，做好发现告知、协助申请、志愿服务等工作。健全多渠道筹资机制，鼓励、引导社会捐赠。

（三）加强综合监管

教育、民政、卫生健康、市场监管等有关部门要商残联组织完善残疾儿童康复机构管理相关政策，共同做好康复机构监督管理。残联组织要会同有关部门加强定点康复机构准入、退出等监管，建立定期检查、综合评估机制，指导定点康复机构规范内部管理、改善服务质量、加强风险防控，及时查处违法违规行为和安全责任事故，确保残疾儿童人身安全；探索建立科学合理的康复服务定价机制，加强价格监管；建立覆盖康复机构、从业人员和救助对象家庭的诚信评价和失信行为联合惩戒机制，建立黑名单制度，做好公共信用信息记录和归集，加强与全国信用信息共享平台、国家企业信用信息公示系统的信息交换共享；积极培育和发展康复服务行业协会，发挥行业自律作用。财政、审计等部门要加强对残疾儿童康复救助资金管理使用情况的监督检查，防止发生挤占、挪用、套取等违法违规现象。残疾儿童康复救助实施和资金筹集使用情况要定期向社会公开，接受社会监督。

（四）加强宣传动员

地方各级人民政府及有关部门要充分运用传统媒体、新媒体等多种手段大力开展残疾儿童康复救助制度政策解读和宣传,使社会各界广泛了解党和政府的爱民之心、惠民之举,帮助残疾儿童监护人准确知晓残疾儿童康复救助制度相关内容,了解基本申请程序和要求。积极引导全社会强化残疾预防和康复意识,关心、支持残疾儿童康复工作,营造良好社会环境。

残疾儿童康复救助制度自 2018 年 10 月 1 日起全面实施。各省级人民政府要在 2018 年 9 月底前制定出台本地残疾儿童康复救助制度和配套政策措施。中国残联要会同相关部门督促指导各地做好贯彻落实各项工作,及时研究解决工作中发现的问题,重大情况向国务院报告。国务院将适时组织专项督查。

社会救助暂行办法(节录)

(2014年2月21日国务院令第649号公布 自2014年5月1日起施行 根据2019年3月2日《国务院关于修改部分行政法规的决定》修订)

第二章 最低生活保障

第十二条 对批准获得最低生活保障的家庭,县级人民政府民政部门按照共同生活的家庭成员人均收入低于当地最低生活保障标准的差额,按月发给最低生活保障金。

对获得最低生活保障后生活仍有困难的老年人、未成年人、重度残疾人和重病患者,县级以上地方人民政府应当采取必要措施给予生活保障。

第三章 特困人员供养

第十四条 国家对无劳动能力、无生活来源且无法定赡养、抚养、扶养义务人,或者其法定赡养、抚养、扶养义务人无赡养、抚养、扶养能力的老年人、残疾人以及未满16周岁的未成年人,给予特困人员供养。

第十五条 特困人员供养的内容包括:

(一)提供基本生活条件;

(二)对生活不能自理的给予照料;

(三)提供疾病治疗;

(四)办理丧葬事宜。

特困人员供养标准,由省、自治区、直辖市或者设区的市级人民政府确定、公布。

特困人员供养应当与城乡居民基本养老保险、基本医疗保障、最低生活保障、孤儿基本生活保障等制度相衔接。

第六章 教育救助

第三十三条 国家对在义务教育阶段就学的最低生活保障家庭成员、特困供养人员,给予教育救助。

对在高中教育(含中等职业教育)、普通高等教育阶段就学的最低生活保障家庭成员、特困供养人员,以及不能入学接受义务教育的残疾儿童,根据实际情况给予适当教育救助。

第三十四条 教育救助根据不同教育阶段需求,采取减免相关费用、发放助学金、给予生活补助、安排勤工助学等方式实施,保障教育救助对象基本学习、生活需求。

第三十五条 教育救助标准，由省、自治区、直辖市人民政府根据经济社会发展水平和教育救助对象的基本学习、生活需求确定、公布。

第三十六条 申请教育救助，应当按照国家有关规定向就读学校提出，按规定程序审核、确认后，由学校按照国家有关规定实施。

第九章 临时救助

第五十一条 公安机关和其他有关行政机关的工作人员在执行公务时发现流浪、乞讨人员的，应当告知其向救助管理机构求助。对其中的残疾人、未成年人、老年人和行动不便的其他人员，应当引导、护送到救助管理机构；对突发急病人员，应当立即通知急救机构进行救治。

国务院办公厅关于加强孤儿保障工作的意见

（2010年11月16日　国办发〔2010〕54号）

各省、自治区、直辖市人民政府，国务院各部委、各直属机构：

党和政府历来关心孤儿的健康成长。新中国成立以来，我国孤儿福利事业取得了长足进展，孤儿生活状况得到了明显改善，但总体看，孤儿保障体系还不够健全，保障水平有待提高。为建立与我国经济社会发展水平相适应的孤儿保障制度，使孤儿生活得更加幸福、更有尊严，经国务院同意，现提出以下意见：

一、拓展安置渠道，妥善安置孤儿

孤儿是指失去父母、查找不到生父母的未满18周岁的未成年人，由地方县级以上民政部门依据有关规定和条件认定。地方各级政府要按照有利于孤儿身心健康成长的原则，采取多种方式，拓展孤儿安置渠道，妥善安置孤儿。

（一）亲属抚养。孤儿的监护人依照《中华人民共和国民法通则》等法律法规确定。孤儿的祖父母、外祖父母、兄、姐要依法承担抚养义务、履行监护职责；鼓励关系密切的其他亲属、朋友担任孤儿监护人；没有前述监护人的，未成年人的父、母的所在单位或者未成年人住所地的居民委员会、村民委员会或者民政部门担任监护人。监护人不履行监护职责或者侵害孤儿合法权益的，应承担相应的法律责任。

（二）机构养育。对没有亲属和其他监护人抚养的孤儿，经依法公告后由民政部门设立的儿童福利机构收留抚养。有条件的儿童福利机构可在社区购买、租赁房屋，或在机构内部建造单元式居所，为孤儿提供家庭式养育。公安部门应及时为孤儿办理儿童福利机构集体户口。

（三）家庭寄养。由孤儿父母生前所在单位或者孤儿住所地的村（居）民委员会或者民政部门担任监护人的，可由监护人对有抚养意愿和抚养能力的家庭进行评估，选择抚育条件较好的家庭开展委托监护或者家庭寄养，并给予养育费用补贴，当地政府可酌情给予劳务补贴。

（四）依法收养。鼓励收养孤儿。收养孤儿按照《中华人民共和国收养法》的规定办理。对中国公民依法收养的孤儿，需要为其办理户口登记或者迁移手续的，户口登记机关应及时予以办理，并在登记与户主关系时注明子女关系。对寄养的孤儿，寄养家庭有收养意愿的，应优先为其办理收养手续。继续稳妥开展涉外收养，进一步完善涉外收养办法。

二、建立健全孤儿保障体系,维护孤儿基本权益

(一)建立孤儿基本生活保障制度。为满足孤儿基本生活需要,建立孤儿基本生活保障制度。各省、自治区、直辖市政府按照不低于当地平均生活水平的原则,合理确定孤儿基本生活最低养育标准,机构抚养孤儿养育标准应高于散居孤儿养育标准,并建立孤儿基本生活最低养育标准自然增长机制。地方各级财政要安排专项资金,确保孤儿基本生活费及时足额到位;中央财政安排专项资金,对地方支出孤儿基本生活费按照一定标准给予补助。民政、财政部门要建立严格的孤儿基本生活费管理制度,加强监督检查,确保专款专用、按时发放,确保孤儿基本生活费用于孤儿。

(二)提高孤儿医疗康复保障水平。将孤儿纳入城镇居民基本医疗保险、新型农村合作医疗、城乡医疗救助等制度覆盖范围,适当提高救助水平,参保(合)费用可通过城乡医疗救助制度解决;将符合规定的残疾孤儿医疗康复项目纳入基本医疗保障范围,稳步提高待遇水平;有条件的地方政府和社会慈善组织可为孤儿投保意外伤害保险和重大疾病保险等商业健康保险或补充保险。卫生部门要对儿童福利机构设置的医院、门诊部、诊所、卫生所(室)给予支持和指导;疾病预防控制机构要加强对儿童福利机构防疫工作的指导,及时调查处理机构内发生的传染病疫情;鼓励、支持医疗机构采取多种形式减免孤儿医疗费用。继续实施"残疾孤儿手术康复明天计划"。

(三)落实孤儿教育保障政策。家庭经济困难的学龄前孤儿到学前教育机构接受教育的,由当地政府予以资助。将义务教育阶段的孤儿寄宿生全面纳入生活补助范围。在普通高中、中等职业学校、高等职业学校和普通本科高校就读的孤儿,纳入国家资助政策体系优先予以资助;孤儿成年后仍在校就读的,继续享有相应政策;学校为其优先提供勤工助学机会。切实保障残疾孤儿受教育的权利,具备条件的残疾孤儿,在普通学校随班就读;不适合在普通学校就读的视力、听力、言语、智力等残疾孤儿,安排到特殊教育学校就读;不能到特殊教育学校就读的残疾孤儿,鼓励并扶持儿童福利机构设立特殊教育班或特殊教育学校,为其提供特殊教育。

(四)扶持孤儿成年后就业。认真贯彻落实《中华人民共和国就业促进法》和《国务院关于做好促进就业工作的通知》(国发〔2008〕5号)等精神,鼓励和帮扶有劳动能力的孤儿成年后实现就业,按规定落实好职业培训补贴、职业技能鉴定补贴、免费职业介绍、职业介绍补贴和社会保险补贴等政策;孤儿成年后就业困难的,优先安排其到政府开发的公益性岗位就业。人力资源社会保障部门要进一步落实孤儿成年后就业扶持政策,提供针对性服务和就业援助,促进有劳动能力的孤儿成年后就业。

(五)加强孤儿住房保障和服务。居住在农村的无住房孤儿成年后,按规定纳入农村危房改造计划优先予以资助,乡镇政府和村民委员会要组织动员社会力量和当地村民帮助其建房。居住在城市的孤儿成年后,符合城市廉租住房保障条件或其他保障性住房供应条件的,当地政府要优先安排、应保尽保。对有房产的孤儿,监护人要帮助其做好房屋的维修和保护工作。

三、加强儿童福利机构建设，提高专业保障水平

（一）完善儿童福利机构设施。“十二五”期间，继续实施“儿童福利机构建设蓝天计划”，孤儿较多的县（市）可独立设置儿童福利机构，其他县（市）要依托民政部门设立的社会福利机构建设相对独立的儿童福利设施，并根据实际需要，为其配备抚育、康复、特殊教育必需的设备器材和救护车、校车等，完善儿童福利机构养护、医疗康复、特殊教育、技能培训、监督评估等方面的功能。儿童福利机构设施建设、维修改造及有关设备购置，所需经费由财政预算、民政部门使用的彩票公益金、社会捐助等多渠道解决。发展改革部门要充分考虑儿童福利事业发展需要，统筹安排儿童福利机构设施建设项目，逐步改善儿童福利机构条件。海关在办理国（境）外无偿捐赠给儿童福利机构的物资设备通关手续时，给予通关便利。

（二）加强儿童福利机构工作队伍建设。科学设置儿童福利机构岗位，加强孤残儿童护理员、医护人员、特教教师、社工、康复师等专业人员培训。在整合现有儿童福利机构从业人员队伍的基础上，积极创造条件，通过购买服务和社会化用工等形式，充实儿童福利机构工作力量，提升服务水平。按照国家有关规定，落实对儿童福利机构工作人员的工资倾斜政策。将儿童福利机构中设立的特殊教育班或特殊教育学校的教师、医护人员专业技术职务评定工作纳入教育、卫生系统职称评聘体系，在结构比例、评价方面给予适当倾斜。教育、卫生部门举办的继续教育和业务培训要主动吸收儿童福利机构相关人员参加。积极推进孤残儿童护理员职业资格制度建设，支持开发孤残儿童护理员教材，设置孤残儿童护理员专业，对孤残儿童护理员进行培训。

（三）发挥儿童福利机构的作用。儿童福利机构是孤儿保障的专业机构，要发挥其在孤儿保障中的重要作用。对社会上无人监护的孤儿，儿童福利机构要及时收留抚养，确保孤儿居有定所、生活有着。要发挥儿童福利机构的专业优势，为亲属抚养、家庭寄养的孤儿提供有针对性的指导和服务。

四、健全工作机制，促进孤儿福利事业健康发展

（一）加强组织领导。地方各级政府要高度重视孤儿保障工作，把孤儿福利事业纳入国民经济和社会发展总体规划、相关专项规划和年度计划。要加强对孤儿保障工作的领导，健全“政府主导，民政牵头，部门协作，社会参与”的孤儿保障工作机制，及时研究解决孤儿保障工作中存在的实际困难和问题。民政部门要发挥牵头部门作用，加强孤儿保障工作能力建设，充实儿童福利工作力量，强化对儿童福利机构的监督管理，建设好全国儿童福利信息管理系统。财政部门要建立稳定的经费保障机制，将孤儿保障所需资金纳入社会福利事业发展资金预算，通过财政拨款、民政部门使用的彩票公益金等渠道安排资金，切实保障孤儿的基本生活和儿童福利专项工作经费。发展改革、教育、公安、司法、人力资源社会保障、住房城乡建设、卫生、人口计生等部门要将孤儿保障有关工作列入职责范围和目标管理，进一步明确责任。

（二）保障孤儿合法权益。依法保护孤儿的人身、财产权利，积极引导法律服务人员

为孤儿提供法律服务,为符合法律援助条件的孤儿依法提供法律援助。有关方面要严厉打击查处拐卖孤儿、遗弃婴儿等违法犯罪行为,及时发现并制止公民私自收养弃婴和儿童的行为。公安部门应及时出具弃婴捡拾报案证明,积极查找弃婴和儿童的生父母或者其他监护人。卫生部门要加强对医疗保健机构的监督管理,医疗保健机构发现弃婴,应及时向所在地公安机关报案,不得转送他人。有关部门要尽快研究拟订有关儿童福利的法规。

(三)加强宣传引导。进一步加大宣传工作力度,弘扬中华民族慈幼恤孤的人道主义精神和传统美德,积极营造全社会关心关爱孤儿的氛围。大力发展孤儿慈善事业,引导社会力量通过慈善捐赠、实施公益项目、提供服务等多种方式,广泛开展救孤恤孤活动。

国务院办公厅关于加强和改进流浪未成年人救助保护工作的意见

（2011年8月15日 国办发〔2011〕39号）

各省、自治区、直辖市人民政府，国务院各部委、各直属机构：

党中央、国务院高度重视未成年人权益保护工作，近年来国家出台了一系列法律法规和政策，未成年人权益保护工作取得了积极成效。但受人口流动加速、一些家庭监护缺失和社会不良因素影响，未成年人流浪现象仍然存在，甚至出现胁迫、诱骗、利用未成年人乞讨和实施违法犯罪活动等问题，严重侵害了未成年人合法权益，妨害了未成年人健康成长。为进一步完善流浪未成年人救助保护体系，切实加强和改进流浪未成年人救助保护工作，经国务院同意，现提出如下意见：

一、充分认识流浪未成年人救助保护工作的重要意义

做好流浪未成年人救助保护工作，关系到未成年人的健康成长，关系到社会和谐安定，关系到以人为本执政理念的落实。及时有效救助保护流浪未成年人，是各级政府的重要职责，是维护未成年人合法权益的重要内容，是预防未成年人违法犯罪的重要举措，是加强和创新社会管理的重要方面，是社会文明进步的重要体现。各地区、各有关部门要充分认识加强和改进流浪未成年人救助保护工作的重要性和紧迫性，进一步统一思想，提高认识，认真落实《中华人民共和国未成年人保护法》、《中华人民共和国预防未成年人犯罪法》和《中华人民共和国义务教育法》等法律法规，不断完善政策措施，提升救助保护水平，维护好流浪未成年人的合法权益。

二、流浪未成年人救助保护工作的总体要求和基本原则

（一）总体要求。牢固树立以人为本、执政为民的理念，贯彻预防为主、标本兼治的方针，健全机制，完善政策，落实责任，加快推进流浪未成年人救助保护体系建设，确保流浪未成年人得到及时救助保护、教育矫治、回归家庭和妥善安置，最大限度减少未成年人流浪现象，坚决杜绝胁迫、诱骗、利用未成年人乞讨等违法犯罪行为。

（二）基本原则。

坚持未成年人权益保护优先。把未成年人权益保护和健康成长作为首要任务，加强对家庭监护的指导和监督，及时救助流浪未成年人，严厉打击胁迫、诱骗、利用未成年人乞讨等违法犯罪行为，切实保障未成年人的生存权、发展权、参与权、受保护权。

坚持救助保护和教育矫治并重。积极主动救助流浪未成年人，保障其生活、维护其权益；同时加强流浪未成年人思想、道德、文化和法制教育，强化心理疏导和行为矫治，帮助其顺利回归家庭。

坚持源头预防和综合治理。综合运用经济、行政、司法等手段,落实义务教育、社会保障和扶贫开发等政策,强化家庭、学校、社会共同责任,不断净化社会环境,防止未成年人外出流浪。

坚持政府主导和社会参与。落实政府责任,加大政府投入,加强各方协作,充分发挥基层组织作用,调动社会各方面参与流浪未成年人救助保护的积极性,形成救助保护工作的合力。

三、加强和改进流浪未成年人救助保护工作的政策措施

(一)实行更加积极主动的救助保护。公安机关发现流浪乞讨的未成年人,应当护送到救助保护机构接受救助。其中由成年人携带流浪乞讨的,应当进行调查、甄别,对有胁迫、诱骗、利用未成年人乞讨等违法犯罪嫌疑的,要依法查处;对由父母或其他监护人携带流浪乞讨的,应当批评、教育并引导护送到救助保护机构接受救助,无力自行返乡的由救助保护机构接送返乡,公安机关予以协助配合。民政部门要积极开展主动救助,引导护送流浪未成年人到救助保护机构接受救助。城管部门发现流浪未成年人,应当告知并协助公安或民政部门将其护送到救助保护机构接受救助。对突发急病的流浪未成年人,公安机关和民政、城管部门应当直接护送到定点医院进行救治。

充分发挥村(居)民委员会等基层组织作用,组织和动员居民提供线索,劝告、引导流浪未成年人向公安机关、救助保护机构求助,或及时向公安机关报警。

(二)加大打击拐卖未成年人犯罪力度。公安机关要严厉打击拐卖未成年人犯罪,对来历不明的流浪乞讨和被强迫从事违法犯罪活动的未成年人,要一律采集生物检材,检验后录入全国打拐DNA(脱氧核糖核酸)信息库比对,及时发现、解救失踪被拐未成年人。加强接处警工作,凡接到涉及未成年人失踪被拐报警的,公安机关要立即出警处置,认真核查甄别,打击违法犯罪活动。强化立案工作,实行未成年人失踪快速查找机制,充分调动警务资源,第一时间组织查找。建立跨部门、跨警种、跨地区打击拐卖犯罪工作机制。民政等有关部门要协助公安机关做好被拐未成年人的调查、取证和解救工作。

(三)帮助流浪未成年人及时回归家庭。救助保护机构和公安机关要综合运用救助保护信息系统、公安人口管理信息系统、全国打拐DNA(脱氧核糖核酸)信息库和向社会发布寻亲公告等方式,及时查找流浪未成年人父母或其他监护人。

对查找到父母或其他监护人的流浪未成年人,救助保护机构要及时安排接送返乡,交通运输、铁道等部门要在购票、进出站、乘车等方面积极协助。流出地救助保护机构应当通知返乡流浪未成年人或其监护人常住户口所在地的乡镇人民政府(街道办事处)做好救助保护和帮扶工作。流出地救助保护机构要对流浪未成年人的家庭监护情况进行调查评估:对确无监护能力的,由救助保护机构协助监护人及时委托其他人员代为监护;对拒不履行监护责任、经反复教育不改的,由救助保护机构向人民法院提出申请撤销其监护人资格,依法另行指定监护人。

对暂时查找不到父母或其他监护人的流浪未成年人，在继续查找的同时，要通过救助保护机构照料、社会福利机构代养、家庭寄养等多种方式予以妥善照顾。对经过2年以上仍查找不到父母或其他监护人的，公安机关要按户籍管理有关法规政策规定为其办理户口登记手续，以便于其就学、就业等正常生活。对在打拐过程中被解救且查找不到父母或其他监护人的婴幼儿，民政部门要将其安置到社会福利机构抚育，公安机关要按规定为其办理户口登记手续。

（四）做好流浪未成年人的教育矫治。救助保护机构要依法承担流浪未成年人的临时监护责任，为其提供文化和法制教育、心理辅导、行为矫治、技能培训等救助保护服务，对合法权益受到侵害的，要协助司法部门依法为其提供法律援助或司法救助。救助保护机构要在教育行政部门指导下帮助流浪未成年人接受义务教育或替代教育，对沾染不良习气的，要通过思想、道德和法制教育，矫治不良习惯，纠正行为偏差；对有严重不良行为的，按照有关规定送专门学校进行矫治和接受教育。对流浪残疾未成年人，卫生、残联等部门要指导救助保护机构对其进行心理疏导、康复训练等。

（五）强化流浪未成年人源头预防和治理。预防未成年人流浪是家庭、学校、政府和社会的共同责任，做好源头预防是解决未成年人流浪问题的治本之策。家庭是预防和制止未成年人流浪的第一责任主体，应当依法履行对未成年人的监护责任和抚养义务。有关部门和基层组织要加强对家庭履行监护责任的指导和监督，对困难家庭予以帮扶，提升家庭抚育和教育能力，帮助其解决实际困难。村（居）民委员会要建立随访制度，对父母或其他监护人不依法履行监护责任或者侵害未成年人权益的，要予以劝诫、制止；情节严重的，要报告公安机关予以训诫，责令其改正；构成违反治安管理行为的，由公安机关依法给予行政处罚。

学校是促进未成年人健康成长的重要阵地，要坚持育人为本、德育为先，加强学生思想道德教育和心理健康辅导，根据学生特点和需要，开展职业教育和技能培训，使学生掌握就业技能，实现稳定就业；对品行有缺点、学习有困难的学生，要进行重点教育帮扶；对家庭经济困难的学生，要按照有关规定给予教育资助和特别关怀。教育行政部门要建立适龄儿童辍学、失学信息通报制度，指导学校做好劝学、返学工作，乡镇人民政府（街道办事处）、村（居）民委员会要积极做好协助工作。

地方各级政府和有关部门要进一步落实义务教育、社会保障和扶贫开发等政策，充分调动社会各方面的力量，把流浪未成年人救助保护纳入重点青少年群体教育帮助工作、"春蕾计划"、"安康计划"和家庭教育工作的总体计划；将流浪残疾未成年人纳入残疾未成年人康复、教育总体安排；充分发挥志愿者、社工队伍和社会组织作用，鼓励和支持其参与流浪未成年人救助、教育、矫治等服务。

四、健全工作机制，形成救助保护工作合力

（一）加强组织领导。进一步完善政府主导、民政牵头、部门负责、社会参与的流浪未成年人救助保护工作机制。建立民政部牵头的部际联席会议制度，研究解决突出问题和困难,制定和完善相关政策措施,指导和督促地方做好工作。民政部要发挥牵头部门作用,加强组织协调,定期通报各省(区、市)流浪未成年人救助保护工作情况,建立挂牌督办和警示制度。地方各级政府要高度重视,建立由政府分管领导牵头的流浪未成年人救助保护工作机制;要建立和完善工作责任追究机制,对工作不力、未成年人流浪现象严重的地区,追究该地区相关领导的责任。

(二)完善法律法规。抓紧做好流浪乞讨人员救助管理法律法规规章修订相关工作,完善流浪未成年人救助保护制度,健全流浪未成年人救助保护、教育矫治、回归安置和源头预防等相关规定,规范救助保护工作行为,强化流浪未成年人司法救助和保护,为流浪未成年人救助保护工作提供有力的法律保障。

(三)加强能力建设。各级政府要加强流浪未成年人救助保护能力建设,进一步提高管理和服务水平。要充分发挥现有救助保护机构、各类社会福利机构的作用,不断完善救助保护设施。要加强救助保护机构工作队伍建设,合理配备人员编制,按照国家有关规定落实救助保护机构工作人员的工资倾斜政策,对救助保护机构教师按照国家有关规定开展职称评定和岗位聘用。公安机关要根据需要在救助保护机构内设立警务室或派驻民警,协助救助保护机构做好管理工作。财政部门要做好流浪乞讨人员救助资金保障工作,地方财政要建立稳定的经费保障机制,中央财政给予专项补助。

(四)加强宣传引导。进一步加大未成年人权益保护法律法规宣传力度,开展多种形式的法制宣传活动,在全社会牢固树立未成年人权益保护意识。加强舆论引导,弘扬中华民族恤孤慈幼的传统美德,鼓励社会力量通过开展慈善捐助、实施公益项目、提供志愿服务等多种方式,积极参与流浪未成年人救助保护工作,营造关心关爱流浪未成年人的良好氛围。

国务院关于加强农村留守儿童关爱保护工作的意见

（2016年2月14日 国发〔2016〕13号）

各省、自治区、直辖市人民政府，国务院各部委、各直属机构：

近年来，随着我国经济社会发展和工业化、城镇化进程推进，一些地方农村劳动力为改善家庭经济状况、寻求更好发展，走出家乡务工、创业，但受工作不稳定和居住、教育、照料等客观条件限制，有的选择将未成年子女留在家乡交由他人监护照料，导致大量农村留守儿童出现。农村劳动力外出务工为我国经济建设作出了积极贡献，对改善自身家庭经济状况起到了重要作用，客观上为子女的教育和成长创造了一定的物质基础和条件，但也导致部分儿童与父母长期分离，缺乏亲情关爱和有效监护，出现心理健康问题甚至极端行为，遭受意外伤害甚至不法侵害。这些问题严重影响儿童健康成长，影响社会和谐稳定，各方高度关注，社会反响强烈。进一步加强农村留守儿童关爱保护工作，为广大农村留守儿童健康成长创造更好的环境，是一项重要而紧迫的任务。现提出以下意见：

一、充分认识做好农村留守儿童关爱保护工作的重要意义

留守儿童是指父母双方外出务工或一方外出务工另一方无监护能力、不满十六周岁的未成年人。农村留守儿童问题是我国经济社会发展中的阶段性问题，是我国城乡发展不均衡、公共服务不均等、社会保障不完善等问题的深刻反映。近年来，各地区、各有关部门积极开展农村留守儿童关爱保护工作，对促进广大农村留守儿童健康成长起到了积极作用，但工作中还存在一些薄弱环节，突出表现在家庭监护缺乏监督指导、关爱服务体系不完善、救助保护机制不健全等方面，农村留守儿童关爱保护工作制度化、规范化、机制化建设亟待加强。

农村留守儿童和其他儿童一样是祖国的未来和希望，需要全社会的共同关心。做好农村留守儿童关爱保护工作，关系到未成年人健康成长，关系到家庭幸福与社会和谐，关系到全面建成小康社会大局。党中央、国务院对做好农村留守儿童关爱保护工作高度重视。加强农村留守儿童关爱保护工作、维护未成年人合法权益，是各级政府的重要职责，也是家庭和全社会的共同责任。各地区、各有关部门要充分认识加强农村留守儿童关爱保护工作的重要性和紧迫性，增强责任感和使命感，加大工作力度，采取有效措施，确保农村留守儿童得到妥善监护照料和更好关爱保护。

二、总体要求

（一）指导思想。全面落实党的十八大和十八届二中、三中、四中、五中全会精神，深入贯彻习近平总书记系列重要讲话精神，按照国务院决策部署，以促进未成年人健康成长为出发点和落脚点，坚持依法保护，不断健全法律法规和制度机制，坚持问题导向，强化家庭监护主体责任，加大关爱保护力度，逐步减少儿童留守现象，确保农村留守儿童安全、健康、受教育等权益得到有效保障。

（二）基本原则。

坚持家庭尽责。落实家庭监护主体责任，监护人要依法尽责，在家庭发展中首先考虑儿童利益；加强对家庭监护和委托监护的督促指导，确保农村留守儿童得到妥善监护照料、亲情关爱和家庭温暖。

坚持政府主导。把农村留守儿童关爱保护工作作为各级政府重要工作内容，落实县、乡镇人民政府属地责任，强化民政等有关部门的监督指导责任，健全农村留守儿童关爱服务体系和救助保护机制，切实保障农村留守儿童合法权益。

坚持全民关爱。充分发挥村（居）民委员会、群团组织、社会组织、专业社会工作者、志愿者等各方面积极作用，着力解决农村留守儿童在生活、监护、成长过程中遇到的困难和问题，形成全社会关爱农村留守儿童的良好氛围。

坚持标本兼治。既立足当前，完善政策措施，健全工作机制，着力解决农村留守儿童监护缺失等突出问题；又着眼长远，统筹城乡发展，从根本上解决儿童留守问题。

（三）总体目标。家庭、政府、学校尽职尽责，社会力量积极参与的农村留守儿童关爱保护工作体系全面建立，强制报告、应急处置、评估帮扶、监护干预等农村留守儿童救助保护机制有效运行，侵害农村留守儿童权益的事件得到有效遏制。到2020年，未成年人保护法律法规和制度体系更加健全，全社会关爱保护儿童的意识普遍增强，儿童成长环境更为改善、安全更有保障，儿童留守现象明显减少。

三、完善农村留守儿童关爱服务体系

（一）强化家庭监护主体责任。父母要依法履行对未成年子女的监护职责和抚养义务。外出务工人员要尽量携带未成年子女共同生活或父母一方留家照料，暂不具备条件的应当委托有监护能力的亲属或其他成年人代为监护，不得让不满十六周岁的儿童脱离监护单独居住生活。外出务工人员要与留守未成年子女常联系、多见面，及时了解掌握他们的生活、学习和心理状况，给予更多亲情关爱。父母或受委托监护人不履行监护职责的，村（居）民委员会、公安机关和有关部门要及时予以劝诫、制止；情节严重或造成严重后果的，公安等有关机关要依法追究其责任。

（二）落实县、乡镇人民政府和村（居）民委员会职责。县级人民政府要切实加强统筹协调和督促检查，结合本地实际制定切实可行的农村留守儿童关爱保护政策措施，认真组织开展关爱保护行动，确保关爱保护工作覆盖本行政区域内所有农村留守儿童。乡镇人民政府（街道办事处）和村（居）民委员会要加强对监护人的法治宣传、监护监督和指导，督促其履行监护责任，提高监护能力。村（居）民委员会要定期走访、全面排查，及时掌握农村留守儿童的家庭情况、监护情况、就学情况等基本信息，并向乡镇人民政府（街道办事处）报告；要为农村留守儿童通过电话、视频等方式与父母联系提供便利。乡镇人民政府（街道办事处）要建立翔实完备的农村留守儿童信息台账，一人一档案，实行动态管理、精准施策，为有关部门和社会力量参与农村留守儿童关爱保护工作提供支持；通过党员干部上门家访、驻村干部探访、专业社会工作者随访等方式，对重点对象进行核查，确保农村留守儿童得到妥善照料。县级民政部门及救助管理机构要对乡镇人民政府（街道办事处）、村（居）民委员会开展的监护监督等工作提供政策指导和技术支持。

（三）加大教育部门和学校关爱保护力度。县级人民政府要完善控辍保学部门协调机制，督促监护人送适龄儿童、少年入学并完成义务教育。教育行政部门要落实免费义务教育和教育资助政策，确保农村留守儿童不因贫困而失学；支持和指导中小学校加强心理健康教育，促进学生心理、人格积极健康发展，及早发现并纠正心理问题和不良行为；加强对农村留守儿童相对集中学校教职工的专题培训，着重提高班主任和宿舍管理人员关爱照料农村留守儿童的能力；会同公安机关指导和协助中小学校完善人防、物防、技防措施，加强校园安全管理，做好法治宣传和安全教育，帮助儿童增强防范不法侵害的意识、掌握预防意外伤害的安全常识。中小学校要对农村留守儿童受教育情况实施全程管理，利用电话、家访、家长会等方式加强与家长、受委托监护人的沟通交流，了解农村留守儿童生活情况和思想动态，帮助监护人掌握农村留守儿童学习情况，提升监护人责任意识和教育管理能力；及时了解无故旷课农村留守儿童情况，落实辍学学生登记、劝返复学和书面报告制度，劝返无效的，应书面报告县级教育行政部门和乡镇人民政府，依法采取措施劝返复学；帮助农村留守儿童通过电话、视频等方式加强与父母的情感联系和亲情交流。寄宿制学校要完善教职工值班制度，落实学生宿舍安全管理责任，丰富校园文化生活，引导寄宿学生积极参与体育、艺术、社会实践等活动，增强学校教育吸引力。

（四）发挥群团组织关爱服务优势。各级工会、共青团、妇联、残联、关工委等群团组织要发挥自身优势，积极为农村留守儿童提供假期日间照料、课后辅导、心理疏导等关爱服务。工会、共青团要广泛动员广大职工、团员青年、少先队员等开展多种形式的农村留守儿童关爱服务和互助活动。妇联要依托妇女之家、儿童之家等活动场所，为农村留守儿童和其他儿童提供关爱服务，加强对农村留守儿童父母、受委托监护人的家庭教育指导，引导他们及时关注农村留守儿童身心健康状况，加强亲情关爱。残联要组织开展农村留守残疾儿童康复等工作。关工委要组织动员广大老干部、老战士、老专家、老教师、老模范等离退休老同志，协同做好农村留守儿童的关爱与服务工作。

（五）推动社会力量积极参与。加快孵化培育社会工作专业服务机构、公益慈善类社会组织、志愿服务组织，民政等部门要通过政府购买服务等方式支持其深入城乡社区、学校和家庭，开展农村留守儿童监护指导、心理疏导、行为矫治、社会融入和家庭关系调适等专业服务。充分发挥市场机制作用，支持社会组织、爱心企业依托学校、社区综合服务设施举办农村留守儿童托管服务机构，财税部门要依法落实税费减免优惠政策。

四、建立健全农村留守儿童救助保护机制

（一）建立强制报告机制。学校、幼儿园、医疗机构、村（居）民委员会、社会工作服务机构、救助管理机构、福利机构及其工作人员，在工作中发现农村留守儿童脱离监护单独居住生活或失踪、监护人丧失监护能力或不履行监护责任、疑似遭受家庭暴力、疑似遭受意外伤害或不法侵害等情况的，应当在第一时间向公安机关报告。负有强制报告责任的单位和人员未履行报告义务的，其上级机关和有关部门要严肃追责。其他公民、社会组织积极向公安机关报告的，应及时给予表扬和奖励。

（二）完善应急处置机制。公安机关要及时受理有关报告，第一时间出警调查，有针对性地采取应急处置措施，强制报告责任人要协助公安机关做好调查和应急处置工作。属于农村留守儿童单独居住生活的，要责令其父母立即返回或确定受委托监护人，并对父母进行训诫；属于监护人丧失监护能力或不履行监护责任的，要联系农村留守儿童父母立即返回或委托其他亲属监护照料；上述两种情形联系不上农村留守儿童父母的，要就近护送至其他近亲属、村（居）民委员会或救助管理机构、福利机构临时监护照料，并协助通知农村留守儿童父母立即返回或重新确定受委托监护人。属于失踪的，要按照儿童失踪快速查找机制及时开展调查。属于遭受家庭暴力的，要依法制止，必要时通知并协助民政部门将其安置到临时庇护场所、救助管理机构或者福利机构实施保护；属于遭受其他不法侵害、意外伤害的，要依法制止侵害行为、实施保护；对于上述两种情形，要按照有关规定调查取证，协助其就医、鉴定伤情，为进一步采取干预措施、依法追究相关法律责任打下基础。公安机关要将相关情况及时通报乡镇人民政府（街道办事处）。

（三）健全评估帮扶机制。乡镇人民政府（街道办事处）接到公安机关通报后，要会同民政部门、公安机关在村（居）民委员会、中小学校、医疗机构以及亲属、社会工作专业服务机构的协助下，对农村留守儿童的安全处境、监护情况、身心健康状况等进行调查评估，有针对性地安排监护指导、医疗救治、心理疏导、行为矫治、法律服务、法律援助等专业服务。对于监护人家庭经济困难且符合有关社会救助、社会福利政策的，民政及其他社会救助部门要及时纳入保障范围。

（四）强化监护干预机制。对实施家庭暴力、虐待或遗弃农村留守儿童的父母或受委托监护人，公安机关应当给予批评教育，必要时予以治安管理处罚，情节恶劣构成犯罪的，依法立案侦查。对于监护人将农村留守儿童置于无人监管和照看状态导致其面临危险且经教育不改的，或者拒不履行监护职责六个月以上导致农村留守儿童生活无着的，或者实施家庭暴力、虐待或遗弃农村留守儿童导致其身心健康严重受损的，其近亲属、村（居）民委员会、县级民政部门等有关人员或者单位要依法向人民法院申请撤销监护人资格，另行指定监护人。

五、从源头上逐步减少儿童留守现象

（一）为农民工家庭提供更多帮扶支持。各地要大力推进农民工市民化，为其监护照料未成年子女创造更好条件。符合落户条件的要有序推进其本人及家属落户。符合住房保障条件的要纳入保障范围,通过实物配租公共租赁住房或发放租赁补贴等方式,满足其家庭的基本居住需求。不符合上述条件的,要在生活居住、日间照料、义务教育、医疗卫生等方面提供帮助。倡导用工单位、社会组织和专业社会工作者、志愿者队伍等社会力量,为其照料未成年子女提供便利条件和更多帮助。公办义务教育学校要普遍对农民工未成年子女开放,要通过政府购买服务等方式支持农民工未成年子女接受义务教育;完善和落实符合条件的农民工子女在输入地参加中考、高考政策。

(二)引导扶持农民工返乡创业就业。各地要大力发展县域经济,落实国务院关于支持农民工返乡创业就业的一系列政策措施。中西部地区要充分发挥比较优势,积极承接东部地区产业转移,加快发展地方优势特色产业,加强基本公共服务,制定和落实财政、金融等优惠扶持政策,落实定向减税和普遍性降费政策,为农民工返乡创业就业提供便利条件。人力资源社会保障等有关部门要广泛宣传农民工返乡创业就业政策,加强农村劳动力的就业创业技能培训,对有意愿就业创业的,要有针对性地推荐用工岗位信息或创业项目信息。

六、强化农村留守儿童关爱保护工作保障措施

(一)加强组织领导。各地要将农村留守儿童关爱保护工作纳入重要议事日程,建立健全政府领导,民政部门牵头,教育、公安、司法行政、卫生计生等部门和妇联、共青团等群团组织参加的农村留守儿童关爱保护工作领导机制,及时研究解决工作中的重大问题。民政部要牵头建立农村留守儿童关爱保护工作部际联席会议制度,会同有关部门在2016年上半年开展一次全面的农村留守儿童摸底排查,依托现有信息系统完善农村留守儿童信息管理功能,健全信息报送机制。各级妇儿工委和农民工工作领导小组要将农村留守儿童关爱保护作为重要工作内容,统筹推进相关工作。各地民政、公安、教育等部门要强化责任意识,督促有关方面落实相关责任。要加快推动完善未成年人保护相关法律法规,进一步明确权利义务和各方职责,特别要强化家庭监护主体责任,为农村留守儿童关爱保护工作提供有力法律保障。

(二)加强能力建设。统筹各方资源,充分发挥政府、市场、社会的作用,逐步完善救助管理机构、福利机构场所设施,满足临时监护照料农村留守儿童的需要。加强农村寄宿制学校建设,促进寄宿制学校合理分布,满足农村留守儿童入学需求。利用现有公共服务设施开辟儿童活动场所,提供必要托管服务。各级财政部门要优化和调整支出结构,多渠道筹措资金,支持做好农村留守儿童关爱保护工作。各地要积极引导社会资金投入,为农村留守儿童关爱保护工作提供更加有力的支撑。各地区、各有关部门要加强农村留守儿童关爱保护工作队伍建设,配齐配强工作人员,确保事有人干、责有人负。

(三)强化激励问责。各地要建立和完善工作考核和责任追究机制,对认真履责、工作落实到位、成效明显的,要按照国家有关规定予以表扬和奖励;对工作不力、措施不实、造成严重后果的,要追究有关领导和人员责任。对贡献突出的社会组织和个人,要适当给予奖励。

（四）做好宣传引导。加强未成年人保护法律法规和政策措施宣传工作，开展形式多样的宣传教育活动，强化政府主导、全民关爱的责任意识和家庭自觉履行监护责任的法律意识。建立健全舆情监测预警和应对机制，理性引导社会舆论，及时回应社会关切，宣传报道先进典型，营造良好社会氛围。

各省（区、市）要结合本地实际，制定具体实施方案。对本意见的执行情况，国务院将适时组织专项督查。

国务院关于加强困境儿童保障工作的意见

（2016年6月13日 国发〔2016〕36号）

各省、自治区、直辖市人民政府，国务院各部委、各直属机构：

儿童是家庭的希望，是国家和民族的未来。在党和政府的高度重视下，我国保障儿童权益的法律体系逐步健全，广大儿童合法权益得到有效保障，生存发展环境进一步优化，在家庭、政府和社会的关爱下健康成长。同时，也有一些儿童因家庭经济贫困、自身残疾、缺乏有效监护等原因，面临生存、发展和安全困境，一些冲击社会道德底线的极端事件时有发生，不仅侵害儿童权益，也影响社会和谐稳定，是全面建成小康社会亟需妥善解决的突出问题。

困境儿童包括因家庭贫困导致生活、就医、就学等困难的儿童，因自身残疾导致康复、照料、护理和社会融入等困难的儿童，以及因家庭监护缺失或监护不当遭受虐待、遗弃、意外伤害、不法侵害等导致人身安全受到威胁或侵害的儿童。为困境儿童营造安全无虞、生活无忧、充满关爱、健康发展的成长环境，是家庭、政府和社会的共同责任。做好困境儿童保障工作，关系儿童切身利益和健康成长，关系千家万户安居乐业、和谐幸福，关系社会稳定和文明进步，关系全面建成小康社会大局。为加强困境儿童保障工作，确保困境儿童生存、发展、安全权益得到有效保障，现提出以下意见。

一、总体要求

（一）指导思想。全面落实党的十八大和十八届三中、四中、五中全会精神，深入贯彻习近平总书记系列重要讲话精神，按照党中央、国务院决策部署，以促进儿童全面发展为出发点和落脚点，坚持问题导向，优化顶层设计，强化家庭履行抚养义务和监护职责的意识和能力，综合运用社会救助、社会福利和安全保障等政策措施，分类施策，精准帮扶，为困境儿童健康成长营造良好环境。

（二）基本原则。坚持家庭尽责。强化家庭是抚养、教育、保护儿童，促进儿童发展第一责任主体的意识，大力支持家庭提高抚养监护能力，形成有利于困境儿童健康成长的家庭环境。

坚持政府主导。落实政府责任，积极推动完善保障儿童权益、促进儿童发展的相关立法，制定配套政策措施，健全工作机制，统筹各方资源，加快形成困境儿童保障工作合力。

坚持社会参与。积极孵化培育相关社会组织，动员引导广大企业和志愿服务力量参与困境儿童保障工作，营造全社会关心关爱困境儿童的良好氛围。

坚持分类保障。针对困境儿童监护、生活、教育、医疗、康复、服务和安全保护等方面的突出问题，根据困境儿童自身、家庭情况分类施策，促进困境儿童健康成长。

（三）总体目标。加快形成家庭尽责、政府主导、社会参与的困境儿童保障工作格局，建立健全与我国经济社会发展水平相适应的困境儿童分类保障制度，困境儿童服务体系更加完善，全社会关爱保护儿童的意识明显增强，困境儿童成长环境更为改善、安全更有保障。

二、加强困境儿童分类保障

针对困境儿童生存发展面临的突出问题和困难，完善落实社会救助、社会福利等保障政策，合理拓展保障范围和内容，实现制度有效衔接，形成困境儿童保障政策合力。

（一）保障基本生活。对于无法定抚养人的儿童，纳入孤儿保障范围。对于无劳动能力、无生活来源、法定抚养人无抚养能力的未满16周岁儿童，纳入特困人员救助供养范围。对于法定抚养人有抚养能力但家庭经济困难的儿童，符合最低生活保障条件的纳入保障范围并适当提高救助水平。对于遭遇突发性、紧迫性、临时性基本生活困难家庭的儿童，按规定实施临时救助时要适当提高对儿童的救助水平。对于其他困境儿童，各地区也要做好基本生活保障工作。

（二）保障基本医疗。对于困难的重病、重残儿童，城乡居民基本医疗保险和大病保险给予适当倾斜，医疗救助对符合条件的适当提高报销比例和封顶线。落实小儿行为听力测试、儿童听力障碍语言训练等医疗康复项目纳入基本医疗保障范围政策。对于最低生活保障家庭儿童、重度残疾儿童参加城乡居民基本医疗保险的个人缴费部分给予补贴。对于纳入特困人员救助供养范围的儿童参加城乡居民基本医疗保险给予全额资助。加强城乡居民基本医疗保险、大病保险、医疗救助、疾病应急救助和慈善救助的有效衔接，实施好基本公共卫生服务项目，形成困境儿童医疗保障合力。

（三）强化教育保障。对于家庭经济困难儿童，要落实教育资助政策和义务教育阶段"两免一补"政策。对于残疾儿童，要建立随班就读支持保障体系，为其中家庭经济困难的提供包括义务教育、高中阶段教育在内的12年免费教育。对于农业转移人口及其他常住人口随迁子女，要将其义务教育纳入各级政府教育发展规划和财政保障范畴，全面落实在流入地参加升学考试政策和接受中等职业教育免学费政策。支持特殊教育学校、取得办园许可的残疾儿童康复机构和有条件的儿童福利机构开展学前教育。支持儿童福利机构特教班在做好机构内残疾儿童特殊教育的同时，为社会残疾儿童提供特殊教育。完善义务教育控辍保学工作机制，确保困境儿童入学和不失学，依法完成义务教育。

（四）落实监护责任。对于失去父母、查找不到生父母的儿童，纳入孤儿安置渠道，采取亲属抚养、机构养育、家庭寄养和依法收养方式妥善安置。对于父母没有监护能力且无其他监护人的儿童，以及人民法院指定由民政部门担任监护人的儿童，由民政部门设立的儿童福利机构收留抚养。对于儿童生父母或收养关系已成立的养父母不履行监护职责且经公安机关教育不改的，由民政部门设立的儿童福利机构、救助保护机构临时监护，并依法追究生父母、养父母法律责任。对于决定执行行政拘留的被处罚人或采取刑事拘留等限制人身自由刑事强制措施的犯罪嫌疑人，公安机关应当询问其是否有未成年子女需要委托亲属、其他成年人或民政部门设立的儿童福利机构、救助保护机构监护，并协助其联系有关人员或民政部门予以安排。对于服刑人员、强制隔离戒毒人员的缺少监护人的未成年子女，执行机关应当为其委托亲属、其他成年人或民政部门设立的儿童福利机构、救助保护机构监护提供帮助。对于依法收养儿童，民政部门要完善和强化监护人抚养监护能力评估制度，落实妥善抚养监护要求。

（五）加强残疾儿童福利服务。对于0—6岁视力、听力、言语、智力、肢体残疾儿童和孤独症儿童，加快建立康复救助制度，逐步实现免费得到手术、康复辅助器具配置和康复训练等服务。对于社会散居残疾孤儿，纳入“残疾孤儿手术康复明天计划”对象范围。支持儿童福利机构在做好机构内孤残儿童服务的同时，为社会残疾儿童提供替代照料、养育辅导、康复训练等服务。纳入基本公共服务项目的残疾人康复等服务要优先保障残疾儿童需求。

三、建立健全困境儿童保障工作体系

强化和落实基层政府、部门职责，充实和提升基层工作能力，充分发挥群团组织优势，广泛动员社会力量参与，建立健全覆盖城乡、上下联动、协同配合的困境儿童保障工作体系。

（一）构建县（市、区、旗）、乡镇（街道）、村（居）三级工作网络。县级人民政府要建立政府领导，民政部门、妇儿工委办公室牵头，教育、卫生计生、人力资源社会保障等部门和公安机关、残联组织信息共享、协调联动的工作机制，统筹做好困境儿童保障政策落实和指导、协调、督查等工作。要参照农村留守儿童救助保护机制，建立面向城乡困境儿童包括强制报告、应急处置、评估帮扶、监护干预等在内的困境儿童安全保护机制。要依托县级儿童福利机构、救助保护机构、特困人员救助供养机构、残疾人服务机构、城乡社区公共服务设施等，健全困境儿童服务网络，辐射城乡社区，发挥临时庇护、收留抚养、福利服务等功能。

乡镇人民政府（街道办事处）负责民政工作的机构要建立翔实完备的困境儿童信息台账，一人一档案，实行动态管理，为困境儿童保障工作提供信息支持。乡镇人民政府（街道办事处）要畅通与县级人民政府及其民政部门、妇儿工委办公室和教育、卫生计生、人力资源社会保障等部门以及公安机关、残联组织的联系，并依托上述部门（组织）在乡镇（街道）的办事（派出）机构，及时办理困境儿童及其家庭社会救助、社会福利、安全保护等事务。

村（居）民委员会要设立由村（居）民委员会委员、大学生村官或者专业社会工作者等担（兼）任的儿童福利督导员或儿童权利监察员，负责困境儿童保障政策宣传和日常工作，通过全面排查、定期走访及时掌握困境儿童家庭、监护、就学等基本情况，指导监督家庭依法履行抚养义务和监护职责，并通过村（居）民委员会向乡镇人民政府（街道办事处）报告情况。村（居）民委员会对于发现的困境儿童及其家庭，属于家庭经济贫困、儿童自身残疾等困难情形的，要告知或协助其申请相关社会救助、社会福利等保障；属于家庭监护缺失或监护不当导致儿童人身安全受到威胁或侵害的，要落实强制报告责任；并积极协助乡镇人民政府（街道办事处）、民政部门、妇儿工委办公室和教育、卫生计生、人力资源社会保障等部门及公安机关、残联组织开展困境儿童保障工作。

（二）建立部门协作联动机制。民政部门、妇儿工委办公室要发挥牵头作用，做好综合协调、指导督促等工作，会同教育、卫生计生、人力资源社会保障等有关部门和公安机关、残联组织，推动各有关方面共同做好困境儿童保障工作。民政、教育、卫生计生、人力资源社会保障、住房城乡建设等社会救助管理部门要进一步完善政策措施，健全“一门受理、协同办理”等工作机制，确保符合条件的困境儿童及其家庭及时得到有效帮扶。民政、教育、卫生计生部门和公安机关要督促和指导中小学校、幼儿园、托儿所、医疗卫生机构、社会福利机构、救助保护机构切实履行困境儿童安全保护机制赋予的强制报告、应急处置、评估帮扶、监护干预等职责，保障困境儿童人身安全。

（三）充分发挥群团组织作用。各级群团组织要发挥自身优势，广泛开展适合困境儿童特点和需求的关爱、帮扶、维权等服务，发挥示范带动作用。工会、共青团、妇联要广泛动员广大职工、团员青年、妇女等开展多种形式的困境儿童关爱服务，依托职工之家、妇女之家、儿童之家、家长学校、家庭教育指导中心、青少年综合服务平台等，加强对困境儿童及其家庭的教育指导和培训帮扶。残联组织要依托残疾人服务设施加强残疾儿童康复训练、特殊教育等工作，加快建立残疾儿童康复救助制度，加强残疾儿童康复机构建设和康复服务专业技术人员培训培养，组织实施残疾儿童康复救助项目，提高康复保障水平和服务能力。关工委要组织动员广大老干部、老战士、老专家、老教师、老模范等离退休老同志，协同做好困境儿童关爱服务工作。

（四）鼓励支持社会力量参与。建立政府主导与社会参与良性互动机制。加快孵化培育专业社会工作服务机构、慈善组织、志愿服务组织，引导其围绕困境儿童基本生活、教育、医疗、照料、康复等需求，捐赠资金物资、实施慈善项目、提供专业服务。落实国家有关税费优惠政策，通过政府和社会资本合作（PPP）等方式，支持社会力量举办困境儿童托养照料、康复训练等服务机构，并鼓励其参与承接政府购买服务。支持社会工作者、法律工作者等专业人员和志愿者针对困境儿童不同特点提供心理疏导、精神关爱、家庭教育指导、权益维护等服务。鼓励爱心家庭依据相关规定，为有需要的困境儿童提供家庭寄养、委托代养、爱心助养等服务，帮助困境儿童得到妥善照料和家庭亲情。积极倡导企业履行社会责任，通过一对一帮扶、慈善捐赠、实施公益项目等多种方式，为困境儿童及其家庭提供更多帮助。

四、加强工作保障

（一）强化组织领导。各地区要将困境儿童保障工作纳入重要议事日程和经济社会发展等规划，完善政策措施，健全工作机制，及时研究解决工作中的重大问题。要完善工作考核，强化激励问责，制定督查考核办法，明确督查指标，建立常态化、经常化的督查考核机制，定期通报工作情况，及时总结推广先进经验。民政部、国务院妇儿工委办公室、教育部、公安部、国家卫生计生委等有关部门和全国妇联、中国残联要积极推动制定完善儿童福利、儿童保护和家庭教育、儿童收养等法律法规，为困境儿童保障工作提供有力法律保障。加强各级各部门困境儿童工作信息共享和动态监测。

（二）强化能力建设。统筹各方资源，充分发挥政府、市场、社会作用，逐步完善儿童福利机构或社会福利机构儿童部、救助保护机构场所设施，健全服务功能，增强服务能力，满足监护照料困境儿童需要。利用现有公共服务设施开辟儿童之家等儿童活动和服务场所，将面向儿童服务功能纳入社区公共服务体系。各级财政部门要优化和调整支出结构，多渠道筹措资金，支持做好困境儿童保障工作。各地区要积极引导社会资金投入，为困境儿童保障工作提供更加有力支撑；要加强困境儿童保障工作队伍建设，制定儿童福利督导员或儿童权利监察员工作规范，明确工作职责，强化责任意识，提高服务困境儿童能力。

（三）强化宣传引导。加强儿童权益保障法律法规和困境儿童保障政策宣传，开展形式多样的宣传教育活动，强化全社会保护儿童权利意识，强化家庭履责的法律意识和政府主导、全民关爱的责任意识。大力弘扬社会主义核心价值观和中华民族恤孤慈幼的传统美德，鼓励、倡导、表彰邻里守望和社区互助行为，宣传报道先进典型，发挥示范带动作用。建立健全舆情监测预警和应对机制，及时妥善回应社会关切。

各地区、各部门要根据实际情况和职责分工制定具体实施办法。民政部、国务院妇儿工委办公室要加强对本意见执行情况的监督检查，重大情况及时向国务院报告。国务院将适时组织专项督查。

因新冠肺炎疫情影响造成监护缺失儿童救助保护工作方案

（2020 年 3 月 14 日　国发明电〔2020〕11 号）

儿童是祖国的未来、民族的希望。为深入贯彻落实中央应对新冠肺炎疫情工作领导小组《关于进一步做好疫情防控期间困难群众兜底保障工作的通知》（国发明电〔2020〕9 号）和国务院联防联控机制《关于进一步做好民政服务机构疫情防控工作的通知》（国发明电〔2020〕6 号）要求，进一步做好因新冠肺炎疫情影响造成监护缺失儿童（以下简称监护缺失儿童）救助保护工作，制定本方案。

本方案所称监护缺失儿童，按照《民政部办公厅关于做好因新冠肺炎疫情影响造成监护缺失的儿童救助保护工作的通知》（民电〔2020〕19 号）界定，包括其父母或其他监护人确认感染、疑似感染或需隔离观察，其父母或其他监护人因防疫抗疫工作需要以及其他因疫情影响不能完全履行抚养义务和监护职责的儿童。

一、及时发现报告

1. 各地要指导乡镇人民政府（街道办事处）统筹儿童督导员、儿童主任、基层妇联执委、社区工作者、社会工作者等工作力量，结合疫情防控排查，对各村（社区）儿童监护情况进行全面摸底；相关人员发现儿童监护缺失的，要及时向村（居）民委员会、乡镇人民政府（街道办事处）报告。

2. 卫生健康部门、医疗卫生机构对确诊收治或需集中隔离医学观察的对象，首先询问其监护对象情况，对存在儿童监护缺失情形的，要及时向其所在村（居）民委员会、工作单位或同级民政部门通报。村（居）民委员会要主动了解本辖区确诊收治或需集中隔离医学观察对象家庭的儿童监护情况。

3. 父母或其他监护人因疫情影响暂时不能履行抚养义务和监护职责的，要第一时间主动向所在村（居）民委员会或者本人工作单位报告家中儿童监护状况及联系方式。

4. 各地要开通儿童救助保护热线，通过手机短信、手机客户端、广播电视等形式加大宣传力度，在车站码头、村（社区）主干道、小区门口等醒目位置公布号码，结合疫情宣传、走访排查等告知儿童家庭，扩大社会知晓度。发挥“12338”妇女维权服务热线的发现、报告和转介作用。鼓励居民发现儿童脱离监护的情况并及时拨打热线进行报告。

5. 提供上门服务的医务工作者、学校教师、儿童主任、社区工作者、社会工作者、志愿者和相关公益慈善组织，发现儿童监护缺失的，要及时向儿童实际居住地村（居）民委员会、乡镇人民政府（街道办事处）报告情况。

二、落实监护照料

6. 儿童的父母或其他监护人因疫情影响不能完全履行抚养义务和监护职责的，村(居)民委员会要督促其委托其他具有监护能力的人代为照料。对没有依法具有监护资格的人的，由村(居)民委员会临时照料；对确有困难的，由县级民政部门承担临时监护责任。

7. 监护缺失儿童有重点疫区接触史、重点疫区人员接触史、新冠肺炎确诊病例或疑似病例接触史或者身体状况不明的，民政部门、乡镇人民政府(街道办事处)、村(居)民委员会要协调卫生健康部门将儿童安置到当地定点医疗卫生机构检测。对经检测未感染的儿童，乡镇人民政府(街道办事处)、村(居)民委员会要确认其监护责任的落实情况；对定性为确诊病例或疑似病例的，要优先安置到定点医疗卫生机构就诊救治。

8. 各地要加强跟进指导，对委托监护、指定由专人照料的儿童，要指定儿童督导员、儿童主任、基层妇联执委、社区工作者、社会工作者等实行包干到人，对儿童照料情况进行家访或电话跟踪，每周不少于两次。

9. 父母或其他监护人治愈出院或结束隔离后，要在提供当地医疗卫生机构出具的出院证明或相关健康医学证明的前提下，及时将儿童接回照料。

三、加强救助帮扶

10. 在疫情防控期间，对父母因疫情影响不能完全履行抚养和监护责任的儿童，符合事实无人抚养儿童认定情形的，要及时将其纳入事实无人抚养儿童保障范围；符合孤儿认定情形的，要及时纳入孤儿保障范围；对民政部门负责临时监护的，由未成年人救助保护机构等妥善安置照料。

11. 对因疫情影响导致生活陷入困难的儿童及家庭，要及时按规定给予临时救助。符合条件的，要及时落实低保等社会救助政策，确保基本生活得到有效保障。

12. 卫生健康部门要指导医疗卫生机构开通儿童医疗救治绿色通道，确保确诊或疑似感染儿童第一时间送定点医疗卫生机构接受治疗。对疫情期间有其他疾病的监护缺失儿童，村(居)民委员会、受委托监护人要密切关注其身体状况，协助做好就医就诊。

13. 各地要对有需求的儿童提供生活照料，对监护缺失儿童给予重点关怀，支持社会工作者、法律工作者等专业人员针对不同年龄段的儿童提供心理疏导、精神关爱、亲情陪伴等服务。教育部门和学校要加强对监护缺失适龄儿童居家学习的指导与服务，确保“停课不停学”。

14. 未成年人救助保护机构要积极主动参与监护缺失儿童的线索响应、临时照料、服务转介、个案跟踪、资源链接等服务。

四、强化工作保障

15. 各地要把监护缺失儿童救助保护工作纳入重要工作内容，完善工作方案，细化制度措施，加强组织保障，扎实做好各项工作，确保不发生冲击社会道德底线的事件。各级民政部门、妇联组织、妇儿工委办公室要发挥牵头作用。

16. 各地要强化资金保障,各级民政部门要统筹使用困难群众救助资金、用于社会福利事业的彩票公益金等各类资金,多方筹措其他社会资金,切实加强监护缺失儿童救助保护工作。

17. 加大政府购买服务力度,引进社会工作、心理咨询服务等机构,为监护缺失儿童提供各类专业服务,提高精准关爱水平。

18. 加强监督指导,各地要加大跟踪检查力度,对因工作不到位发生极端问题的,要依法依规严肃追究相关责任。

未成年人法律援助服务指引（试行）

（2020 年 9 月 16 日　司公通〔2020〕12 号）

第一章　总　　则

第一条　为有效保护未成年人合法权益，加强未成年人法律援助工作，规范未成年人法律援助案件的办理，依据《中华人民共和国民事诉讼法》《中华人民共和国刑事诉讼法》《中华人民共和国未成年人保护法》《法律援助条例》等法律、法规、规范性文件，制定本指引。

第二条　法律援助承办机构及法律援助承办人员办理未成年人法律援助案件，应当遵守《全国民事行政法律援助服务规范》《全国刑事法律援助服务规范》，参考本指引规定的工作原则和办案要求，提高未成年人法律援助案件的办案质量。

第三条　本指引适用于法律援助承办机构、法律援助承办人员办理性侵害未成年人法律援助案件、监护人侵害未成年人权益法律援助案件、学生伤害事故法律援助案件和其他侵害未成年人合法权益的法律援助案件。

其他接受委托办理涉及未成年人案件的律师，可以参照执行。

第四条　未成年人法律援助工作应当坚持最有利于未成年人的原则，遵循给予未成年人特殊、优先保护，尊重未成年人人格尊严，保护未成年人隐私权和个人信息，适应未成年人身心发展的规律和特点，听取未成年人的意见，保护与教育相结合等原则；兼顾未成年犯罪嫌疑人、被告人、被害人权益的双向保护，避免未成年人受到二次伤害，加强跨部门多专业合作，积极寻求相关政府部门、专业机构的支持。

第二章　基 本 要 求

第五条　法律援助机构指派未成年人案件时，应当优先指派熟悉未成年人身心特点、熟悉未成年人法律业务的承办人员。未成年人为女性的性侵害案件，应当优先指派女性承办人员办理。重大社会影响或疑难复杂案件，法律援助机构可以指导、协助法律援助承办人员向办案机关寻求必要支持。有条件的地区，法律援助机构可以建立未成年人法律援助律师团队。

第六条　法律援助承办人员应当在收到指派通知书之日起 5 个工作日内会见受援未成年人及其法定代理人（监护人）或近亲属并进行以下工作：

（一）了解案件事实经过、司法程序处理背景、争议焦点和诉讼时效、受援未成年人及其法定代理人（监护人）诉求、案件相关证据材料及证据线索等基本情况；

（二）告知其法律援助承办人员的代理、辩护职责、受援未成年人及其法定代理人（监护人）在诉讼中的权利和义务、案件主要诉讼风险及法律后果；

（三）发现未成年人遭受暴力、虐待、遗弃、性侵害等侵害的，可以向公安机关进行报告，同时向法律援助机构报备，可以为其寻求救助庇护和专业帮助提供协助；

（四）制作谈话笔录，并由受援未成年人及其法定代理人（监护人）或近亲属共同签名确认。未成年人无阅读能力或尚不具备理解认知能力的，法律援助承办人员应当向其宣读笔录，由其法定代理人（监护人）或近亲属代签，并在笔录上载明。

（五）会见受援未成年人时，其法定代理人（监护人）或近亲属至少应有一人在场，会见在押未成年人犯罪嫌疑人、被告人除外；会见受援未成年人的法定代理人（监护人）时，如有必要，受援未成年人可以在场。

第七条 法律援助承办人员办理未成年人案件的工作要求：

（一）与未成年人沟通时不得使用批评性、指责性、侮辱性以及有损人格尊严等性质的语言；

（二）会见未成年人，优先选择未成年人住所或者其他让未成年人感到安全的场所；

（三）会见未成年当事人或未成年证人，应当通知其法定代理人（监护人）或者其他成年亲属等合适成年人到场；

（四）保护未成年人隐私权和个人信息，不得公开涉案未成年人和未成年被害人的姓名、影像、住所、就读学校以及其他可能推断、识别身份信息的其他资料信息；

（五）重大、复杂、疑难案件，应当提请律师事务所或法律援助机构集体讨论，提请律师事务所讨论的，应当将讨论结果报告法律援助机构。

第三章 办理性侵害未成年人案件

第八条 性侵害未成年人犯罪，包括刑法第二百三十六条、第二百三十七条、第三百五十八条、第三百五十九条规定的针对未成年人实施的强奸罪，猥亵他人罪，猥亵儿童罪，组织卖淫罪，强迫卖淫罪，引诱、容留、介绍卖淫罪，引诱幼女卖淫罪等案件。

第九条 法律援助承办人员办理性侵害未成年人案件的工作要求：

（一）法律援助承办人员需要询问未成年被害人的，应当采取和缓、科学的询问方式，以一次、全面询问为原则，尽可能避免反复询问。法律援助承办人员可以建议办案机关在办理案件时，推行全程录音录像制度，以保证被害人陈述的完整性、准确性和真实性；

（二）法律援助承办人员应当向未成年被害人及其法定代理人（监护人）释明刑事附带民事诉讼的受案范围，协助未成年被害人提起刑事附带民事诉讼。法律援助承办人员应当根据未成年被害人的诉讼请求，指引、协助未成年被害人准备证据材料；

（三）法律援助承办人员办理性侵害未成年人案件时，应当于庭审前向人民法院确认案件不公开审理。

第十条 法律援助承办人员发现公安机关在处理性侵害未成年人犯罪案件应当立案

而不立案的，可以协助未成年被害人及其法定代理人（监护人）向人民检察院申请立案监督或协助向人民法院提起自诉。

第十一条 法律援助承办人员可以建议办案机关对未成年被害人的心理伤害程度进行社会评估，辅以心理辅导、司法救助等措施，修复和弥补未成年被害人身心伤害；发现未成年被害人存在心理、情绪异常的，应当告知其法定代理人（监护人）为其寻求专业心理咨询与疏导。

第十二条 对于低龄被害人、证人的陈述的证据效力，法律援助承办人员可以建议办案机关结合被害人、证人的心智发育程度、表达能力，以及所处年龄段未成年人普遍的表达能力和认知能力进行客观的判断，对待证事实与其年龄、智力状况或者精神健康状况相适应的未成年人陈述、证言，应当建议办案机关依法予以采信，不能轻易否认其证据效力。

第十三条 在未成年被害人、证人确有必要出庭的案件中，法律援助承办人员应当建议人民法院采取必要保护措施，不暴露被害人、证人的外貌、真实声音，有条件的可以采取视频等方式播放被害人的陈述、证人证言，避免未成年被害人、证人与被告人接触。

第十四条 庭审前，法律援助承办人员应当认真做好下列准备工作：

（一）在举证期限内向人民法院提交证据清单及证据，准备证据材料；

（二）向人民法院确认是否存在证人、鉴定人等出庭作证情况，拟定对证人、鉴定人的询问提纲；

（三）向人民法院确认刑事附带民事诉讼被告人是否有证据提交，拟定质证意见；

（四）拟定对证言笔录、鉴定人的鉴定意见、勘验笔录和其他作为证据的文书的质证意见；

（五）准备辩论意见；

（六）向被害人及其法定代理人（监护人）了解是否有和解或调解方案，并充分向被害人及其法定代理人（监护人）进行法律释明后，向人民法院递交方案；

（七）向被害人及其法定代理人（监护人）介绍庭审程序，使其了解庭审程序、庭审布局和有关注意事项。

第十五条 法律援助承办人员办理性侵害未成年人案件，应当了解和审查以下关键事实：

（一）了解和严格审查未成年被害人是否已满十二周岁、十四周岁的关键事实，正确判断犯罪嫌疑人、被告人是否“明知”或者“应当知道”未成年被害人为幼女的相关事实；

（二）了解和审查犯罪嫌疑人、被告人是否属于对未成年被害人负有“特殊职责的人员”；

（三）准确了解性侵害未成年人案发的地点、场所等关键事实，正确判断是否属于“在公共场所当众”性侵害未成年人。

第十六条 办理利用网络对儿童实施猥亵行为的案件时，法律援助承办人员应指导未成年被害人及其法定代理人（监护人）及时收集、固定能够证明行为人出于满足性刺激的目的，利用网络采取诱骗、强迫或者其他方法要求被害人拍摄、传送暴露身体的不雅照片、视频供其观看等相关事实方面的电子数据，并向办案机关报告。

第十七条 性侵害未成年人犯罪具有《关于依法惩治性侵害未成年人犯罪的意见》第25条规定的情形之一以及第26条第二款规定的情形的，法律援助承办人员应当向人民法院提出依法从重从严惩处的建议。

第十八条 对于犯罪嫌疑人、被告人利用职业便利、违背职业要求的特定义务性侵害未成年人的，法律援助承办人员可以建议人民法院在作出判决时对其宣告从业禁止令。

第十九条 发生在家庭内部的性侵害案件，为确保未成年被害人的安全，法律援助承办人员可以建议办案机关依法对未成年被害人进行紧急安置，避免再次受到侵害。

第二十条 对监护人性侵害未成年人的案件，法律援助承办人员可以建议人民检察院、人民法院向有关部门发出检察建议或司法建议，建议有关部门依法申请撤销监护人资格，为未成年被害人另行指定其他监护人。

第二十一条 发生在学校的性侵害未成年人的案件，在未成年被害人不能正常在原学校就读时，法律援助承办人员可以建议其法定代理人（监护人）向教育主管部门申请为其提供教育帮助或安排转学。

第二十二条 未成年人在学校、幼儿园、教育培训机构等场所遭受性侵害，在依法追究犯罪人员法律责任的同时，法律援助承办人员可以帮助未成年被害人及其法定代理人（监护人）要求上述单位依法承担民事赔偿责任。

第二十三条 从事住宿、餐饮、娱乐等的组织和人员如果没有尽到合理限度范围内的安全保障义务，与未成年被害人遭受性侵害具有因果关系时，法律援助承办人员可以建议未成年被害人及其法定代理人（监护人）向安全保障义务人提起民事诉讼，要求其承担与其过错相应的民事补充赔偿责任。

第二十四条 法律援助承办人员办理性侵害未成年人附带民事诉讼案件，应当配合未成年被害人及其法定代理人（监护人）积极与犯罪嫌疑人、被告人协商、调解民事赔偿，为未成年被害人争取最大限度的民事赔偿。

犯罪嫌疑人、被告人以经济赔偿换取未成年被害人翻供或者撤销案件的，法律援助承办人员应当予以制止，并充分释明法律后果，告知未成年被害人及其法定代理人（监护人）法律风险。未成年被害人及其法定代理人（监护人）接受犯罪嫌疑人、被告人前述条件，法律援助承办人员可以拒绝为其提供法律援助服务，并向法律援助机构报告；法律援助机构核实后应当终止本次法律援助服务。

未成年被害人及其法定代理人（监护人）要求严惩犯罪嫌疑人、被告人，放弃经济赔偿的，法律援助承办人员应当尊重其决定。

第二十五条 未成年被害人及其法定代理人（监护人）提出精神损害赔偿的，法律援助承办人员应当注意收集未成年被害人因遭受性侵害导致精神疾病或者心理伤害的证据，将其精神损害和心理创伤转化为接受治疗、辅导而产生的医疗费用，依法向犯罪嫌疑人、被告人提出赔偿请求。

第二十六条　对未成年被害人因性侵害犯罪造成人身损害，不能及时获得有效赔偿，生活困难的，法律援助承办人员可以帮助未成年被害人及其法定代理人（监护人）、近亲属，依法向办案机关提出司法救助申请。

第四章　办理监护人侵害未成年人权益案件

第二十七条　监护人侵害未成年人权益案件，是指父母或者其他监护人（以下简称监护人）性侵害、出卖、遗弃、虐待、暴力伤害未成年人，教唆、利用未成年人实施违法犯罪行为，胁迫、诱骗、利用未成年人乞讨，以及不履行监护职责严重危害未成年人身心健康等行为。

第二十八条　法律援助承办人员发现监护侵害行为可能构成虐待罪、遗弃罪的，应当告知未成年人及其他监护人、近亲属或村（居）民委员会等有关组织有权告诉或代为告诉。

未成年被害人没有能力告诉，或者因受到强制、威吓无法告诉的，法律援助承办人员应当告知其近亲属或村（居）委员会等有关组织代为告诉或向公安机关报案。

第二十九条　法律援助承办人员发现公安机关处理监护侵害案件应当立案而不立案的，可以协助当事人向人民检察院申请立案监督或协助向人民法院提起自诉。

第三十条　办案过程中，法律援助承办人员发现未成年人身体受到严重伤害、面临严重人身安全威胁或者处于无人照料等危险状态的，应当建议公安机关将其带离实施监护侵害行为的监护人，就近护送至其他监护人、亲属、村（居）民委员会或者未成年人救助保护机构。

第三十一条　监护侵害行为情节较轻，依法不给予治安管理处罚的，法律援助承办人员可以协助未成年人的其他监护人、近亲属要求公安机关对加害人给予批评教育或者出具告诫书。

第三十二条　公安机关将告诫书送交加害人、未成年受害人，以及通知村（居）民委员会后，法律援助承办人员应当建议村（居）民委员会、公安派出所对收到告诫书的加害人，未成年受害人进行查访、监督加害人不再实施家庭暴力。

第三十三条　未成年人遭受监护侵害行为或者面临监护侵害行为的现实危险，法律援助承办人员应当协助其他监护人、近亲属，向未成年人住所地、监护人住所地或者侵害行为地基层人民法院，申请人身安全保护令。

第三十四条　法律援助承办人员应当协助受侵害未成年人搜集公安机关出警记录、告诫书、伤情鉴定意见等证据。

第三十五条　法律援助承办人员代理申请人身安全保护令时，可依法提出如下请求：

（一）禁止被申请人实施家庭暴力；

（二）禁止被申请人骚扰、跟踪、接触申请人及其相关近亲属；

（三）责令被申请人迁出申请人住所；

（四）保护申请人人身安全的其他措施。

第三十六条 人身安全保护令失效前，法律援助承办人员可以根据申请人要求，代理其向人民法院申请撤销、变更或者延长。

第三十七条 发现监护人具有民法典第三十六条、《关于依法处理监护人侵害未成年人权益行为若干问题的意见》第三十五条规定的情形之一的，法律援助承办人员可以建议其他具有监护资格的人、居（村）民委员会、学校、医疗机构、妇联、共青团、未成年人保护组织、民政部门等个人或组织，向未成年人住所地、监护人住所地或者侵害行为地基层人民法院申请撤销原监护人监护资格，依法另行指定监护人。

第三十八条 法律援助承办人员承办申请撤销监护人资格案件，可以协助申请人向人民检察院申请支持起诉。申请支持起诉的，应当向人民检察院提交申请支持起诉书，撤销监护人资格申请书、身份证明材料及案件所有证据材料复印件。

第三十九条 有关个人和组织向人民法院申请撤销监护人资格前，法律援助承办人员应当建议其听取有表达能力的未成年人的意见。

第四十条 法律援助承办人员承办申请撤销监护人资格案件，在接受委托后，应撰写撤销监护人资格申请书。申请书应当包括申请人及被申请人信息、申请事项、事实与理由等内容。

第四十一条 法律援助承办人员办理申请撤销监护人资格的案件，应当向人民法院提交相关证据，并协助社会服务机构递交调查评估报告。该报告应当包含未成年人基本情况，监护存在问题，监护人悔过情况，监护人接受教育、辅导情况，未成年人身心健康状况以及未成年人意愿等内容。

第四十二条 法律援助承办人员根据实际需要可以向人民法院申请聘请适当的社会人士对未成年人进行社会观护，引入心理疏导和测评机制，组织专业社会工作者、儿童心理问题专家等专业人员参与诉讼，为受侵害未成年人和被申请人提供心理辅导和测评服务。

第四十三条 法律援助承办人员应当建议人民法院根据最有利于未成年人的原则，在民法典第二十七条规定的人员和单位中指定监护人。没有依法具有监护资格的人的，建议人民法院依据民法典第三十二条规定指定民政部门担任监护人，也可以指定具备履行监护职责条件的被监护人住所地的村（居）民委员会担任监护人。

第四十四条 法律援助承办人员应当告知现任监护人有权向人民法院提起诉讼，要求被撤销监护人资格的父母继续负担被监护人的抚养费。

第四十五条 判决不撤销监护人资格的，法律援助承办人员根据《关于依法处理监护人侵害未成年人权益行为若干问题的意见》有关要求，可以协助有关个人和部门加强对未成年人的保护和对监护人的监督指导。

第四十六条 具有民法典第三十八条、《关于依法处理监护人侵害未成年人权益行为若干问题的意见》第四十条规定的情形之一的，法律援助承办人员可以向人民法院提出不得判决恢复其监护人资格的建议。

第五章 办理学生伤害事故案件

第四十七条 学生伤害事故案件，是指在学校、幼儿园或其他教育机构（以下简称教育机构）实施的教育教学活动或者组织的校外活动中，以及在教育机构负有管理责任的校舍、场地、其他教育教学设施、生活设施内发生的，造成在校学生人身损害后果的事故。

第四十八条 办理学生伤害事故案件，法律援助承办人员可以就以下事实进行审查：

（一）受侵害未成年人与学校、幼儿园或其他教育机构之间是否存在教育法律关系；

（二）是否存在人身损害结果和经济损失，教育机构、受侵害未成年人或者第三方是否存在过错，教育机构行为与受侵害未成年人损害结果之间是否存在因果关系；

（三）是否超过诉讼时效，是否存在诉讼时效中断、中止或延长的事由。

第四十九条 法律援助承办人员应当根据以下不同情形，告知未成年人及其法定代理人（监护人）相关的责任承担原则：

（一）不满八周岁的无民事行为能力人在教育机构学习、生活期间受到人身损害的，教育机构依据民法典第一千一百九十九条的规定承担过错推定责任；

（二）已满八周岁不满十八周岁的限制民事责任能力人在教育机构学习、生活期间受到人身损害的，教育机构依据民法典第一千二百条的规定承担过错责任；

（三）因教育机构、学生或者其他相关当事人的过错造成的学生伤害事故，相关当事人应当根据其行为过错程度的比例及其与损害结果之间的因果关系承担相应的责任。

第五十条 办理学生伤害事故案件，法律援助承办人员应当调查了解教育机构是否具备办学许可资格，教师或者其他工作人员是否具备职业资格，注意审查和收集能够证明教育机构存在《学生伤害事故处理办法》第九条规定的过错情形的证据。

第五十一条 办理《学生伤害事故处理办法》第十条规定的学生伤害事故案件，法律援助承办人员应当如实告知未成年人及其法定代理人（监护人）可能存在由其承担法律责任的诉讼风险。

第五十二条 办理《学生伤害事故处理办法》第十二条、第十三条规定的学生伤害事故案件，法律援助承办人员应当注意审查和收集教育机构是否已经履行相应职责或行为有无不当。教育机构已经履行相应职责或行为并无不当的，法律援助承办人员应当告知未成年人及其法定代理人（监护人），案件可能存在教育机构不承担责任的诉讼风险。

第五十三条 未成年人在教育机构学习、生活期间，受到教育机构以外的人员人身损害的，法律援助承办人员应当告知未成年人及其法定代理人（监护人）由侵权人承担侵权责任，教育机构未尽到管理职责的，承担相应的补充责任。

第五十四条 办理涉及教育机构侵权案件，法律援助承办人员可以采取以下措施：

（一）关注未成年人的受教育权，发现未成年人因诉讼受到教育机构及教职员工不公正对待的，及时向教育行政主管部门和法律援助机构报告；

（二）根据案情需要，可以和校方协商，或者向教育行政主管部门申请调解，并注意疏导家属情绪，积极参与调解，避免激化矛盾；

（三）可以调查核实教育机构和未成年人各自参保及保险理赔情况。

第五十五条 涉及校园重大安全事故、严重体罚、虐待、学生欺凌、性侵害等可能构成刑事犯罪的案件，法律援助承办人员可以向公安机关报告，或者协助未成年人及其法定代理人（监护人）向公安机关报告，并向法律援助机构报备。

第六章 附 则

第五十六条 本指引由司法部公共法律服务管理局与中华全国律师协会负责解释，自公布之日起试行。

民政部、国家发展改革委等十部门联合印发《关于做好因突发事件影响造成监护缺失未成年人救助保护工作的意见》

（2021 年 1 月 13 日　民发〔2021〕5 号）

各省、自治区、直辖市民政厅（局）、发展改革委、教育厅（教委）、公安厅（局）、财政厅（局）、卫生健康委、应急管理厅（局）、团委、妇联、残联，新疆生产建设兵团民政局、发展改革委、教育局、公安局、财政局、卫生健康委、应急管理局、团委、妇联、残联：

党中央、国务院高度重视未成年人权益保护工作，特别关注突发事件应对中未成年人的生命安全和身体健康。习近平总书记深刻指出儿童是祖国的未来和希望，关乎民族延续和事业传承，要重视少年儿童健康成长。在抗击新冠肺炎疫情的斗争中，习近平总书记多次强调要把人民群众的生命安全和身体健康放在首位，加快完善各方面体制机制，着力提高应对重大突发公共卫生事件的能力和水平。《中华人民共和国民法典》（以下简称《民法典》）、《中华人民共和国未成年人保护法》（以下简称《未成年人保护法》）对因突发事件影响导致未成年人的生活处于无人照料或监护缺失状态的情形做了相应规定。为贯彻落实习近平总书记重要指示精神和《民法典》、《未成年人保护法》有关规定，切实做好因突发事件影响造成监护缺失未成年人（以下简称监护缺失未成年人）的救助保护工作，提出如下意见：

一、明确工作对象

1. 本意见所指突发事件是指突然发生，造成或者可能造成严重社会危害，需要采取应急处置措施予以应对的自然灾害、事故灾难、公共卫生事件和社会安全事件。

2. 本意见所指监护缺失未成年人，主要是指父母或者其他监护人因突发事件影响导致下落不明、接受治疗、被隔离医学观察、被行政拘留或者被依法采取限制人身自由的刑事强制措施等情形，或因参与突发事件应对工作暂时不能履行监护职责的未成年人。

二、及时发现报告

3. 父母或者其他监护人因突发事件影响暂时不能履行监护职责且具备主动报告条件的，应当及时主动向未成年人住所地的民政部门报告。父母或者其他监护人因突发事件影响与未成年人失散且具备主动报告条件的，应当第一时间向失散地的公安机关报告。

4. 应急管理部门在突发事件救援过程中，要主动询问被救援对象未成年子女的监护状况，存在未成年子女监护缺失情形的，要及时向未成年人住所地的民政部门通报；存在与未成年子女失散情形的，要及时向失散地的公安机关通报。救援过程中发现未成年人存在监护缺失情形的，要及时向未成年人发现地的公安机关和民政部门通报。

5. 卫生健康部门、医疗卫生机构对在突发事件中需要治疗和集中隔离医学观察的对象，要询问其未成年子女的监护状况，对存在监护缺失情形的，要及时通过未成年人保护热线等方式向未成年人住所地的民政部门通报。

6. 公安机关在处置突发事件过程中，对于决定执行行政拘留的被处罚人或者采取刑事拘留、逮捕等限制人身自由刑事强制措施的犯罪嫌疑人，应当询问其是否有未成年子女存在监护缺失情形，对存在监护缺失情形的，要及时向未成年人住所地的民政部门通报。

7. 村（居）民委员会、学校、幼儿园、托育机构、儿童福利机构和未成年人救助保护机构在工作中发现未成年人存在监护缺失情形的，要及时向未成年人住所地的民政部门通报。

8. 各地要开通未成年人保护热线，扩大热线社会知晓度，充分发挥其对监护缺失未成年人的发现、报告和转介作用。鼓励个人或单位拨打热线电话，主动报告未成年人监护缺失情况。

9. 突发事件发生后，民政部门要指导乡镇人民政府（街道办事处）统筹工作力量，对相关村（社区）未成年人监护情况进行全面摸底，及时核实情况。对报告和摸排的监护缺失未成年人信息，相关部门间建立信息通报制度，相关数据交由民政部门统一汇总，建立台账，开展动态监测。

三、妥善安置和照护

10. 对监护缺失未成年人，由未成年人住所地民政部门依法进行临时监护。

11. 对父母或者其他监护人下落不明的未成年人，公安机关要密切配合民政部门及时核查未成年人身份，全力寻找其父母和其他监护人。对寻亲无着的未成年人，公安机关要采集其DNA，录入数据库比对，并将结果反馈民政部门。

12. 对父母或者其他监护人下落不明的未成年人，在临时监护阶段，民政部门应当建档留存未成年人的基本信息、主要特征、随身衣服物品等，便于统计和寻亲比对。可制作身份信息卡和相关档案材料，便于未成年人在转移过程中随身携带。

13. 民政部门应当为监护缺失未成年人安排必要的生活照料措施。也可本着有利于未成年人生活的原则，由具备条件的未成年人住所地村（居）民委员会安排必要的生活照料措施。

14. 卫生健康部门应当指导医疗卫生机构做好监护缺失未成年人的救治工作，确保未成年人得到规范治疗。定点医疗卫生机构、临时治疗点或集中医学观察点应当设立专门区域，及时安置需要治疗或医学观察的未成年人，针对未成年人特殊需求配备专门的护理人员。

15. 教育部门和学校应当加强监护缺失适龄未成年人就学保障的指导和服务。

16. 父母或者其他监护人重新具备履行监护职责条件的，应当及时接回未成年人。

对与父母或者其他监护人失散的未成年人，其父母或者其他监护人提出认领的，能够确认监护关系且适龄未成年人能够辨认的，可由父母或者其他监护人领回。因未成年人年幼无法辨认父母或者监护人的，应当由公安机关采集 DNA，经鉴定为亲生父母或者其他血缘关系监护人方可领回未成年人。

父母或者其他监护人治愈出院、结束隔离等恢复监护能力的，应当在提供当地医疗卫生机构出具的出院证明或者相关健康医学证明的前提下，及时将未成年人接回。

四、强化救助帮扶

17. 监护缺失未成年人符合事实无人抚养儿童认定情形的，应当及时将其纳入事实无人抚养儿童保障范围；符合孤儿认定情形的，应当及时纳入孤儿保障范围。符合民政部门长期监护情形的，应当由民政部门长期监护。

18. 对因突发事件影响导致生活陷入困难的未成年人，符合条件的，要及时落实临时救助、最低生活保障等社会救助政策，确保其基本生活得到有效保障。

19. 相关部门在临时安置点设计管理、调拨救援物资等方面应当关注未成年人面临的风险因素，充分考虑未成年人的特殊需求。

五、引导社会力量参与

20. 各地要支持、鼓励和引导专业社会组织、社会工作机构等社会力量依法有序参与监护缺失未成年人的救助帮扶工作。

21. 各地要摸清监护缺失未成年人在救援物资、医疗康复、学业辅导、心理疏导、法律服务等方面的需求，有效对接相应的慈善资源和各类专业社会组织，提高帮扶的针对性和专业水平。

22. 社会力量在参与救助帮扶工作中，要充分考虑未成年人身心特点，充分保护未成年人权益，避免信息不当披露对未成年人造成再次心理伤害。

六、加强工作保障

23. 各地要把监护缺失未成年人救助保护工作纳入突发事件应对工作的总体部署，健全制度，完善方案，细化措施，加强组织保障。

24. 要建立面向监护缺失未成年人的强制报告、应急处置、评估帮扶、监护干预等在内的救助保护机制。未成年人救助保护机构要积极主动参与监护缺失未成年人的线索响应、临时照护、服务转介、个案跟踪、资源链接等服务。

25. 要强化落实地方主体责任，按现有突发事件应对工作资金渠道，妥善安排监护缺失未成年人救助保护工作开支。各级民政部门可按规定统筹使用困难群众救助资金、用于社会福利事业的彩票公益金等各类资金，多方筹措其他社会资金，加强监护缺失未成年人救助保护工作。

26. 儿童福利机构和未成年人救助保护机构、残疾儿童康复机构等未成年人关爱服务设施如需恢复重建,当地应根据工作实际将其纳入重建规划。

27. 要加强部门协作和配合,充分发挥妇联、残联和共青团等群团组织工作优势,为有需求的监护缺失未成年人提供关爱和帮扶,形成救助保护的合力。

28. 各地要加大跟踪检查力度,对因工作不到位发生极端问题的,要依法依规严肃追究相关责任。

因父母或者其他监护人自身客观原因导致监护缺失的未成年人救助保护工作,可参照本意见执行。

第三编
民法及相关法律法规

中华人民共和国民法典(节录)

(2020 年 5 月 28 日第十三届全国人民代表大会第三次会议通过　2020 年 5 月 28 日中华人民共和国主席令第 45 号公布　自 2021 年 1 月 1 日起施行)

第一编　总　则

第一章　基 本 规 定

第一条　为了保护民事主体的合法权益,调整民事关系,维护社会和经济秩序,适应中国特色社会主义发展要求,弘扬社会主义核心价值观,根据宪法,制定本法。

第二条　民法调整平等主体的自然人、法人和非法人组织之间的人身关系和财产关系。

第三条　民事主体的人身权利、财产权利以及其他合法权益受法律保护,任何组织或者个人不得侵犯。

第四条　民事主体在民事活动中的法律地位一律平等。

第五条　民事主体从事民事活动,应当遵循自愿原则,按照自己的意思设立、变更、终止民事法律关系。

第六条　民事主体从事民事活动,应当遵循公平原则,合理确定各方的权利和义务。

第七条　民事主体从事民事活动,应当遵循诚信原则,秉持诚实,恪守承诺。

第八条　民事主体从事民事活动,不得违反法律,不得违背公序良俗。

第九条　民事主体从事民事活动,应当有利于节约资源、保护生态环境。

第十条　处理民事纠纷,应当依照法律;法律没有规定的,可以适用习惯,但是不得违背公序良俗。

第二章　自　然　人

第一节　民事权利能力和民事行为能力

第十三条　自然人从出生时起到死亡时止,具有民事权利能力,依法享有民事权利,承担民事义务。

第十四条　自然人的民事权利能力一律平等。

第十五条　自然人的出生时间和死亡时间,以出生证明、死亡证明记载的时间为准;没有出生证明、死亡证明的,以户籍登记或者其他有效身份登记记载的时间为准。有其他证据足以推翻以上记载时间的,以该证据证明的时间为准。

第十六条 涉及遗产继承、接受赠与等胎儿利益保护的,胎儿视为具有民事权利能力。但是,胎儿娩出时为死体的,其民事权利能力自始不存在。

第十七条 十八周岁以上的自然人为成年人。不满十八周岁的自然人为未成年人。

第十八条 成年人为完全民事行为能力人,可以独立实施民事法律行为。

十六周岁以上的未成年人,以自己的劳动收入为主要生活来源的,视为完全民事行为能力人。

第十九条 八周岁以上的未成年人为限制民事行为能力人,实施民事法律行为由其法定代理人代理或者经其法定代理人同意、追认;但是,可以独立实施纯获利益的民事法律行为或者与其年龄、智力相适应的民事法律行为。

第二十条 不满八周岁的未成年人为无民事行为能力人,由其法定代理人代理实施民事法律行为。

第二十一条 不能辨认自己行为的成年人为无民事行为能力人,由其法定代理人代理实施民事法律行为。

八周岁以上的未成年人不能辨认自己行为的,适用前款规定。

第二十二条 不能完全辨认自己行为的成年人为限制民事行为能力人,实施民事法律行为由其法定代理人代理或者经其法定代理人同意、追认;但是,可以独立实施纯获利益的民事法律行为或者与其智力、精神健康状况相适应的民事法律行为。

第二十三条 无民事行为能力人、限制民事行为能力人的监护人是其法定代理人。

第二节 监　　护

第二十六条 父母对未成年子女负有抚养、教育和保护的义务。

成年子女对父母负有赡养、扶助和保护的义务。

第二十七条 父母是未成年子女的监护人。

未成年人的父母已经死亡或者没有监护能力的,由下列有监护能力的人按顺序担任监护人:

(一)祖父母、外祖父母;

(二)兄、姐;

(三)其他愿意担任监护人的个人或者组织,但是须经未成年人住所地的居民委员会、村民委员会或者民政部门同意。

第二十八条 无民事行为能力或者限制民事行为能力的成年人,由下列有监护能力的人按顺序担任监护人:

(一)配偶;

(二)父母、子女;

(三)其他近亲属;

（四）其他愿意担任监护人的个人或者组织，但是须经被监护人住所地的居民委员会、村民委员会或者民政部门同意。

第二十九条　被监护人的父母担任监护人的，可以通过遗嘱指定监护人。

第三十条　依法具有监护资格的人之间可以协议确定监护人。协议确定监护人应当尊重被监护人的真实意愿。

第三十一条　对监护人的确定有争议的，由被监护人住所地的居民委员会、村民委员会或者民政部门指定监护人，有关当事人对指定不服的，可以向人民法院申请指定监护人；有关当事人也可以直接向人民法院申请指定监护人。

居民委员会、村民委员会、民政部门或者人民法院应当尊重被监护人的真实意愿，按照最有利于被监护人的原则在依法具有监护资格的人中指定监护人。

依据本条第一款规定指定监护人前，被监护人的人身权利、财产权利以及其他合法权益处于无人保护状态的，由被监护人住所地的居民委员会、村民委员会、法律规定的有关组织或者民政部门担任临时监护人。

监护人被指定后，不得擅自变更；擅自变更的，不免除被指定的监护人的责任。

第三十二条　没有依法具有监护资格的人的，监护人由民政部门担任，也可以由具备履行监护职责条件的被监护人住所地的居民委员会、村民委员会担任。

第三十四条　监护人的职责是代理被监护人实施民事法律行为，保护被监护人的人身权利、财产权利以及其他合法权益等。

监护人依法履行监护职责产生的权利，受法律保护。

监护人不履行监护职责或者侵害被监护人合法权益的，应当承担法律责任。

因发生突发事件等紧急情况，监护人暂时无法履行监护职责，被监护人的生活处于无人照料状态的，被监护人住所地的居民委员会、村民委员会或者民政部门应当为被监护人安排必要的临时生活照料措施。

第三十五条　监护人应当按照最有利于被监护人的原则履行监护职责。监护人除为维护被监护人利益外，不得处分被监护人的财产。

未成年人的监护人履行监护职责，在作出与被监护人利益有关的决定时，应当根据被监护人的年龄和智力状况，尊重被监护人的真实意愿。

成年人的监护人履行监护职责，应当最大程度地尊重被监护人的真实意愿，保障并协助被监护人实施与其智力、精神健康状况相适应的民事法律行为。对被监护人有能力独立处理的事务，监护人不得干涉。

第三十六条　监护人有下列情形之一的，人民法院根据有关个人或者组织的申请，撤销其监护人资格，安排必要的临时监护措施，并按照最有利于被监护人的原则依法指定监护人：

（一）实施严重损害被监护人身心健康的行为；

（二）怠于履行监护职责，或者无法履行监护职责且拒绝将监护职责部分或者全部委托给他人，导致被监护人处于危困状态；

（三）实施严重侵害被监护人合法权益的其他行为。

本条规定的有关个人、组织包括：其他依法具有监护资格的人，居民委员会、村民委员会、学校、医疗机构、妇女联合会、残疾人联合会、未成年人保护组织、依法设立的老年人组织、民政部门等。

前款规定的个人和民政部门以外的组织未及时向人民法院申请撤销监护人资格的，民政部门应当向人民法院申请。

第三十七条 依法负担被监护人抚养费、赡养费、扶养费的父母、子女、配偶等，被人民法院撤销监护人资格后，应当继续履行负担的义务。

第三十八条 被监护人的父母或者子女被人民法院撤销监护人资格后，除对被监护人实施故意犯罪的外，确有悔改表现的，经其申请，人民法院可以在尊重被监护人真实意愿的前提下，视情况恢复其监护人资格，人民法院指定的监护人与被监护人的监护关系同时终止。

第三十九条 有下列情形之一的，监护关系终止：

（一）被监护人取得或者恢复完全民事行为能力；

（二）监护人丧失监护能力；

（三）被监护人或者监护人死亡；

（四）人民法院认定监护关系终止的其他情形。

监护关系终止后，被监护人仍然需要监护的，应当依法另行确定监护人。

第五章 民事权利

第一百零九条 自然人的人身自由、人格尊严受法律保护。

第一百一十条 自然人享有生命权、身体权、健康权、姓名权、肖像权、名誉权、荣誉权、隐私权、婚姻自主权等权利。

法人、非法人组织享有名称权、名誉权和荣誉权。

第一百一十一条 自然人的个人信息受法律保护。任何组织或者个人需要获取他人个人信息的，应当依法取得并确保信息安全，不得非法收集、使用、加工、传输他人个人信息，不得非法买卖、提供或者公开他人个人信息。

第一百一十二条 自然人因婚姻家庭关系等产生的人身权利受法律保护。

第一百一十三条 民事主体的财产权利受法律平等保护。

第一百一十四条 民事主体依法享有物权。

物权是权利人依法对特定的物享有直接支配和排他的权利，包括所有权、用益物权和担保物权。

第一百二十八条 法律对未成年人、老年人、残疾人、妇女、消费者等的民事权利保护有特别规定的，依照其规定。

第六章 民事法律行为

第三节 民事法律行为的效力

第一百四十四条 无民事行为能力人实施的民事法律行为无效。

第一百四十五条 限制民事行为能力人实施的纯获利益的民事法律行为或者与其年龄、智力、精神健康状况相适应的民事法律行为有效；实施的其他民事法律行为经法定代理人同意或者追认后有效。

相对人可以催告法定代理人自收到通知之日起三十日内予以追认。法定代理人未作表示的，视为拒绝追认。民事法律行为被追认前，善意相对人有撤销的权利。撤销应当以通知的方式作出。

第九章 诉 讼 时 效

第一百九十条 无民事行为能力人或者限制民事行为能力人对其法定代理人的请求权的诉讼时效期间，自该法定代理终止之日起计算。

第一百九十一条 未成年人遭受性侵害的损害赔偿请求权的诉讼时效期间，自受害人年满十八周岁之日起计算。

第一百九十四条 在诉讼时效期间的最后六个月内，因下列障碍，不能行使请求权的，诉讼时效中止：

（一）不可抗力；

（二）无民事行为能力人或者限制民事行为能力人没有法定代理人，或者法定代理人死亡、丧失民事行为能力、丧失代理权；

（三）继承开始后未确定继承人或者遗产管理人；

（四）权利人被义务人或者其他人控制；

（五）其他导致权利人不能行使请求权的障碍。

自中止时效的原因消除之日起满六个月，诉讼时效期间届满。

第一百九十六条 下列请求权不适用诉讼时效的规定：

（一）请求停止侵害、排除妨碍、消除危险；

（二）不动产物权和登记的动产物权的权利人请求返还财产；

（三）请求支付抚养费、赡养费或者扶养费；

（四）依法不适用诉讼时效的其他请求权。

第三编　合　　同

第一分编　通　　则

第一章　一 般 规 定

第四百六十四条　合同是民事主体之间设立、变更、终止民事法律关系的协议。

婚姻、收养、监护等有关身份关系的协议，适用有关该身份关系的法律规定；没有规定的，可以根据其性质参照适用本编规定。

第十一章　赠与合同

第六百六十四条　因受赠人的违法行为致使赠与人死亡或者丧失民事行为能力的，赠与人的继承人或者法定代理人可以撤销赠与。

赠与人的继承人或者法定代理人的撤销权，自知道或者应当知道撤销事由之日起六个月内行使。

第四编　人　格　权

第一章　一 般 规 定

第九百九十四条　死者的姓名、肖像、名誉、荣誉、隐私、遗体等受到侵害的，其配偶、子女、父母有权依法请求行为人承担民事责任；死者没有配偶、子女且父母已经死亡的，其他近亲属有权依法请求行为人承担民事责任。

第一千零一条　对自然人因婚姻家庭关系等产生的身份权利的保护，适用本法第一编、第五编和其他法律的相关规定；没有规定的，可以根据其性质参照适用本编人格权保护的有关规定。

第二章　生命权、身体权和健康权

第一千零六条　完全民事行为能力人有权依法自主决定无偿捐献其人体细胞、人体组织、人体器官、遗体。任何组织或者个人不得强迫、欺骗、利诱其捐献。

完全民事行为能力人依据前款规定同意捐献的，应当采用书面形式，也可以订立遗嘱。

自然人生前未表示不同意捐献的，该自然人死亡后，其配偶、成年子女、父母可以共同决定捐献，决定捐献应当采用书面形式。

第三章 姓名权和名称权

第一千零一十五条 自然人应当随父姓或者母姓，但是有下列情形之一的，可以在父姓和母姓之外选取姓氏：

（一）选取其他直系长辈血亲的姓氏；

（二）因由法定扶养人以外的人扶养而选取扶养人姓氏；

（三）有不违背公序良俗的其他正当理由。

少数民族自然人的姓氏可以遵从本民族的文化传统和风俗习惯。

第五编 婚 姻 家 庭

第一章 一 般 规 定

第一千零四十条 本编调整因婚姻家庭产生的民事关系。

第一千零四十一条 婚姻家庭受国家保护。

实行婚姻自由、一夫一妻、男女平等的婚姻制度。

保护妇女、未成年人、老年人、残疾人的合法权益。

第一千零四十二条 禁止包办、买卖婚姻和其他干涉婚姻自由的行为。禁止借婚姻索取财物。

禁止重婚。禁止有配偶者与他人同居。

禁止家庭暴力。禁止家庭成员间的虐待和遗弃。

第一千零四十三条 家庭应当树立优良家风，弘扬家庭美德，重视家庭文明建设。

夫妻应当互相忠实，互相尊重，互相关爱；家庭成员应当敬老爱幼，互相帮助，维护平等、和睦、文明的婚姻家庭关系。

第一千零四十四条 收养应当遵循最有利于被收养人的原则，保障被收养人和收养人的合法权益。

禁止借收养名义买卖未成年人。

第二章 结 婚

第一千零五十四条 无效的或者被撤销的婚姻自始没有法律约束力，当事人不具有夫妻的权利和义务。同居期间所得的财产，由当事人协议处理；协议不成的，由人民法院根据照顾无过错方的原则判决。对重婚导致的无效婚姻的财产处理，不得侵害合法婚姻当事人的财产权益。当事人所生的子女，适用本法关于父母子女的规定。

婚姻无效或者被撤销的，无过错方有权请求损害赔偿。

第三章　家 庭 关 系

第一节　夫 妻 关 系

第一千零五十八条　夫妻双方平等享有对未成年子女抚养、教育和保护的权利，共同承担对未成年子女抚养、教育和保护的义务。

第二节　父母子女关系和其他近亲属关系

第一千零六十七条　父母不履行抚养义务的，未成年子女或者不能独立生活的成年子女，有要求父母给付抚养费的权利。

成年子女不履行赡养义务的，缺乏劳动能力或者生活困难的父母，有要求成年子女给付赡养费的权利。

第一千零六十八条　父母有教育、保护未成年子女的权利和义务。未成年子女造成他人损害的，父母应当依法承担民事责任。

第一千零六十九条　子女应当尊重父母的婚姻权利，不得干涉父母离婚、再婚以及婚后的生活。子女对父母的赡养义务，不因父母的婚姻关系变化而终止。

第一千零七十条　父母和子女有相互继承遗产的权利。

第一千零七十一条　非婚生子女享有与婚生子女同等的权利，任何组织或者个人不得加以危害和歧视。

不直接抚养非婚生子女的生父或者生母，应当负担未成年子女或者不能独立生活的成年子女的抚养费。

第一千零七十二条　继父母与继子女间，不得虐待或者歧视。

继父或者继母和受其抚养教育的继子女间的权利义务关系，适用本法关于父母子女关系的规定。

第一千零七十三条　对亲子关系有异议且有正当理由的，父或者母可以向人民法院提起诉讼，请求确认或者否认亲子关系。

对亲子关系有异议且有正当理由的，成年子女可以向人民法院提起诉讼，请求确认亲子关系。

第一千零七十四条　有负担能力的祖父母、外祖父母，对于父母已经死亡或者父母无力抚养的未成年孙子女、外孙子女，有抚养的义务。

有负担能力的孙子女、外孙子女，对于子女已经死亡或者子女无力赡养的祖父母、外祖父母，有赡养的义务。

第一千零七十五条　有负担能力的兄、姐，对于父母已经死亡或者父母无力抚养的未成年弟、妹，有扶养的义务。

由兄、姐扶养长大的有负担能力的弟、妹，对于缺乏劳动能力又缺乏生活来源的兄、姐，有扶养的义务。

第四章　离　　婚

第一千零七十六条　夫妻双方自愿离婚的，应当签订书面离婚协议，并亲自到婚姻登记机关申请离婚登记。

离婚协议应当载明双方自愿离婚的意思表示和对子女抚养、财产以及债务处理等事项协商一致的意见。

第一千零七十九条　夫妻一方要求离婚的，可以由有关组织进行调解或者直接向人民法院提起离婚诉讼。

人民法院审理离婚案件，应当进行调解；如果感情确已破裂，调解无效的，应当准予离婚。

有下列情形之一，调解无效的，应当准予离婚：

（一）重婚或者与他人同居；

（二）实施家庭暴力或者虐待、遗弃家庭成员；

（三）有赌博、吸毒等恶习屡教不改；

（四）因感情不和分居满二年；

（五）其他导致夫妻感情破裂的情形。

一方被宣告失踪，另一方提起离婚诉讼的，应当准予离婚。

经人民法院判决不准离婚后，双方又分居满一年，一方再次提起离婚诉讼的，应当准予离婚。

第一千零八十二条　女方在怀孕期间、分娩后一年内或者终止妊娠后六个月内，男方不得提出离婚；但是，女方提出离婚或者人民法院认为确有必要受理男方离婚请求的除外。

第一千零八十四条　父母与子女间的关系，不因父母离婚而消除。离婚后，子女无论由父或者母直接抚养，仍是父母双方的子女。

离婚后，父母对于子女仍有抚养、教育、保护的权利和义务。

离婚后，不满两周岁的子女，以由母亲直接抚养为原则。已满两周岁的子女，父母双方对抚养问题协议不成的，由人民法院根据双方的具体情况，按照最有利于未成年子女的原则判决。子女已满八周岁的，应当尊重其真实意愿。

第一千零八十五条　离婚后，子女由一方直接抚养的，另一方应当负担部分或者全部抚养费。负担费用的多少和期限的长短，由双方协议；协议不成的，由人民法院判决。

前款规定的协议或者判决，不妨碍子女在必要时向父母任何一方提出超过协议或者判决原定数额的合理要求。

第一千零八十六条　离婚后，不直接抚养子女的父或者母，有探望子女的权利，另一方有协助的义务。

行使探望权利的方式、时间由当事人协议；协议不成的，由人民法院判决。

父或者母探望子女，不利于子女身心健康的，由人民法院依法中止探望；中止的事由消失后，应当恢复探望。

第一千零八十七条 离婚时，夫妻的共同财产由双方协议处理；协议不成的，由人民法院根据财产的具体情况，按照照顾子女、女方和无过错方权益的原则判决。

对夫或者妻在家庭土地承包经营中享有的权益等，应当依法予以保护。

第一千零八十八条 夫妻一方因抚育子女、照料老年人、协助另一方工作等负担较多义务的，离婚时有权向另一方请求补偿，另一方应当给予补偿。具体办法由双方协议；协议不成的，由人民法院判决。

第一千零九十一条 有下列情形之一，导致离婚的，无过错方有权请求损害赔偿：

（一）重婚；

（二）与他人同居；

（三）实施家庭暴力；

（四）虐待、遗弃家庭成员；

（五）有其他重大过错。

第五章 收　　养

第一节 收养关系的成立

第一千零九十三条 下列未成年人，可以被收养：

（一）丧失父母的孤儿；

（二）查找不到生父母的未成年人；

（三）生父母有特殊困难无力抚养的子女。

第一千零九十四条 下列个人、组织可以作送养人：

（一）孤儿的监护人；

（二）儿童福利机构；

（三）有特殊困难无力抚养子女的生父母。

第一千零九十五条 未成年人的父母均不具备完全民事行为能力且可能严重危害该未成年人的，该未成年人的监护人可以将其送养。

第一千零九十六条 监护人送养孤儿的，应当征得有抚养义务的人同意。有抚养义务的人不同意送养、监护人不愿意继续履行监护职责的，应当依照本法第一编的规定另行确定监护人。

第一千零九十七条 生父母送养子女，应当双方共同送养。生父母一方不明或者查找不到的，可以单方送养。

第一千零九十八条 收养人应当同时具备下列条件：

（一）无子女或者只有一名子女；

（二）有抚养、教育和保护被收养人的能力；

（三）未患有在医学上认为不应当收养子女的疾病；

（四）无不利于被收养人健康成长的违法犯罪记录；

（五）年满三十周岁。

第一千零九十九条　收养三代以内旁系同辈血亲的子女，可以不受本法第一千零九十三条第三项、第一千零九十四条第三项和第一千一百零二条规定的限制。

华侨收养三代以内旁系同辈血亲的子女，还可以不受本法第一千零九十八条第一项规定的限制。

第一千一百条　无子女的收养人可以收养两名子女；有子女的收养人只能收养一名子女。

收养孤儿、残疾未成年人或者儿童福利机构抚养的查找不到生父母的未成年人，可以不受前款和本法第一千零九十八条第一项规定的限制。

第一千一百零一条　有配偶者收养子女，应当夫妻共同收养。

第一千一百零二条　无配偶者收养异性子女的，收养人与被收养人的年龄应当相差四十周岁以上。

第一千一百零三条　继父或者继母经继子女的生父母同意，可以收养继子女，并可以不受本法第一千零九十三条第三项、第一千零九十四条第三项、第一千零九十八条和第一千一百条第一款规定的限制。

第一千一百零四条　收养人收养与送养人送养，应当双方自愿。收养八周岁以上未成年人的，应当征得被收养人的同意。

第一千一百零五条　收养应当向县级以上人民政府民政部门登记。收养关系自登记之日起成立。

收养查找不到生父母的未成年人的，办理登记的民政部门应当在登记前予以公告。

收养关系当事人愿意签订收养协议的，可以签订收养协议。

收养关系当事人各方或者一方要求办理收养公证的，应当办理收养公证。

县级以上人民政府民政部门应当依法进行收养评估。

第一千一百零六条　收养关系成立后，公安机关应当按照国家有关规定为被收养人办理户口登记。

第一千一百零七条　孤儿或者生父母无力抚养的子女，可以由生父母的亲属、朋友抚养；抚养人与被抚养人的关系不适用本章规定。

第一千一百零八条　配偶一方死亡，另一方送养未成年子女的，死亡一方的父母有优先抚养的权利。

第一千一百零九条　外国人依法可以在中华人民共和国收养子女。

外国人在中华人民共和国收养子女，应当经其所在国主管机关依照该国法律审查同意。收养人应当提供由其所在国有权机构出具的有关其年龄、婚姻、职业、财产、健康、有无受过刑事处罚等状况的证明材料,并与送养人签订书面协议,亲自向省、自治区、直辖市人民政府民政部门登记。

前款规定的证明材料应当经收养人所在国外交机关或者外交机关授权的机构认证,并经中华人民共和国驻该国使领馆认证,但是国家另有规定的除外。

第一千一百一十条 收养人、送养人要求保守收养秘密的,其他人应当尊重其意愿,不得泄露。

第二节 收养的效力

第一千一百一十一条 自收养关系成立之日起,养父母与养子女间的权利义务关系,适用本法关于父母子女关系的规定;养子女与养父母的近亲属间的权利义务关系,适用本法关于子女与父母的近亲属关系的规定。

养子女与生父母以及其他近亲属间的权利义务关系,因收养关系的成立而消除。

第一千一百一十二条 养子女可以随养父或者养母的姓氏,经当事人协商一致,也可以保留原姓氏。

第一千一百一十三条 有本法第一编关于民事法律行为无效规定情形或者违反本编规定的收养行为无效。

无效的收养行为自始没有法律约束力。

第三节 收养关系的解除

第一千一百一十四条 收养人在被收养人成年以前,不得解除收养关系,但是收养人、送养人双方协议解除的除外。养子女八周岁以上的,应当征得本人同意。

收养人不履行抚养义务,有虐待、遗弃等侵害未成年养子女合法权益行为的,送养人有权要求解除养父母与养子女间的收养关系。送养人、收养人不能达成解除收养关系协议的,可以向人民法院提起诉讼。

第一千一百一十五条 养父母与成年养子女关系恶化、无法共同生活的,可以协议解除收养关系。不能达成协议的,可以向人民法院提起诉讼。

第一千一百一十六条 当事人协议解除收养关系的,应当到民政部门办理解除收养关系登记。

第一千一百一十七条 收养关系解除后,养子女与养父母以及其他近亲属间的权利义务关系即行消除,与生父母以及其他近亲属间的权利义务关系自行恢复。但是,成年养子女与生父母以及其他近亲属间的权利义务关系是否恢复,可以协商确定。

第一千一百一十八条 收养关系解除后,经养父母抚养的成年养子女,对缺乏劳动能力又缺乏生活来源的养父母,应当给付生活费。因养子女成年后虐待、遗弃养父母而解除收养关系的,养父母可以要求养子女补偿收养期间支出的抚养费。

生父母要求解除收养关系的,养父母可以要求生父母适当补偿收养期间支出的抚养费;但是,因养父母虐待、遗弃养子女而解除收养关系的除外。

第六编　继　　承

第二章　法 定 继 承

第一千一百二十七条　遗产按照下列顺序继承:

(一)第一顺序:配偶、子女、父母;

(二)第二顺序:兄弟姐妹、祖父母、外祖父母。

继承开始后,由第一顺序继承人继承,第二顺序继承人不继承;没有第一顺序继承人继承的,由第二顺序继承人继承。

本编所称子女,包括婚生子女、非婚生子女、养子女和有扶养关系的继子女。

本编所称父母,包括生父母、养父母和有扶养关系的继父母。

本编所称兄弟姐妹,包括同父母的兄弟姐妹、同父异母或者同母异父的兄弟姐妹、养兄弟姐妹、有扶养关系的继兄弟姐妹。

第一千一百二十八条　被继承人的子女先于被继承人死亡的,由被继承人的子女的直系晚辈血亲代位继承。

被继承人的兄弟姐妹先于被继承人死亡的,由被继承人的兄弟姐妹的子女代位继承。

代位继承人一般只能继承被代位继承人有权继承的遗产份额。

第一千一百三十条　同一顺序继承人继承遗产的份额,一般应当均等。

对生活有特殊困难又缺乏劳动能力的继承人,分配遗产时,应当予以照顾。

对被继承人尽了主要扶养义务或者与被继承人共同生活的继承人,分配遗产时,可以多分。

有扶养能力和有扶养条件的继承人,不尽扶养义务的,分配遗产时,应当不分或者少分。

继承人协商同意的,也可以不均等。

第三章　遗嘱继承和遗赠

第一千一百四十条　下列人员不能作为遗嘱见证人:

(一)无民事行为能力人、限制民事行为能力人以及其他不具有见证能力的人;

(二)继承人、受遗赠人;

(三)与继承人、受遗赠人有利害关系的人。

第一千一百四十一条　遗嘱应当为缺乏劳动能力又没有生活来源的继承人保留必要的遗产份额。

第一千一百四十三条　无民事行为能力人或者限制民事行为能力人所立的遗嘱无效。

遗嘱必须表示遗嘱人的真实意思，受欺诈、胁迫所立的遗嘱无效。

伪造的遗嘱无效。

遗嘱被篡改的，篡改的内容无效。

第四章　遗产的处理

第一千一百四十五条　继承开始后，遗嘱执行人为遗产管理人；没有遗嘱执行人的，继承人应当及时推选遗产管理人；继承人未推选的，由继承人共同担任遗产管理人；没有继承人或者继承人均放弃继承的，由被继承人生前住所地的民政部门或者村民委员会担任遗产管理人。

第七编　侵 权 责 任

第一章　一 般 规 定

第一千一百六十九条　教唆、帮助他人实施侵权行为的，应当与行为人承担连带责任。

教唆、帮助无民事行为能力人、限制民事行为能力人实施侵权行为的，应当承担侵权责任；该无民事行为能力人、限制民事行为能力人的监护人未尽到监护职责的，应当承担相应的责任。

第三章　责任主体的特殊规定

第一千一百八十八条　无民事行为能力人、限制民事行为能力人造成他人损害的，由监护人承担侵权责任。监护人尽到监护职责的，可以减轻其侵权责任。

有财产的无民事行为能力人、限制民事行为能力人造成他人损害的，从本人财产中支付赔偿费用；不足部分，由监护人赔偿。

第一千一百八十九条　无民事行为能力人、限制民事行为能力人造成他人损害，监护人将监护职责委托给他人的，监护人应当承担侵权责任；受托人有过错的，承担相应的责任。

第一千一百九十九条　无民事行为能力人在幼儿园、学校或者其他教育机构学习、生活期间受到人身损害的，幼儿园、学校或者其他教育机构应当承担侵权责任；但是，能够证明尽到教育、管理职责的，不承担侵权责任。

第一千二百条　限制民事行为能力人在学校或者其他教育机构学习、生活期间受到人身损害，学校或者其他教育机构未尽到教育、管理职责的，应当承担侵权责任。

第一千二百零一条　无民事行为能力人或者限制民事行为能力人在幼儿园、学校或者其他教育机构学习、生活期间，受到幼儿园、学校或者其他教育机构以外的第三人人身损害的，由第三人承担侵权责任；幼儿园、学校或者其他教育机构未尽到管理职责的，承担相应的补充责任。幼儿园、学校或者其他教育机构承担补充责任后，可以向第三人追偿。

最高人民法院关于适用《中华人民共和国民法典》婚姻家庭编的解释（一）

（2020年12月25日最高人民法院审判委员会第1825次会议通过　2020年12月29日法释〔2020〕22号公布　自2021年1月1日起施行）

为正确审理婚姻家庭纠纷案件，根据《中华人民共和国民法典》《中华人民共和国民事诉讼法》等相关法律规定，结合审判实践，制定本解释。

一、一般规定

第一条　持续性、经常性的家庭暴力，可以认定为民法典第一千零四十二条、第一千零七十九条、第一千零九十一条所称的“虐待”。

第二条　民法典第一千零四十二条、第一千零七十九条、第一千零九十一条规定的“与他人同居”的情形，是指有配偶者与婚外异性，不以夫妻名义，持续、稳定地共同居住。

第三条　当事人提起诉讼仅请求解除同居关系的，人民法院不予受理；已经受理的，裁定驳回起诉。

当事人因同居期间财产分割或者子女抚养纠纷提起诉讼的，人民法院应当受理。

第四条　当事人仅以民法典第一千零四十三条为依据提起诉讼的，人民法院不予受理；已经受理的，裁定驳回起诉。

第五条　当事人请求返还按照习俗给付的彩礼的，如果查明属于以下情形，人民法院应当予以支持：

（一）双方未办理结婚登记手续；

（二）双方办理结婚登记手续但确未共同生活；

（三）婚前给付并导致给付人生活困难。

适用前款第二项、第三项的规定，应当以双方离婚为条件。

二、结婚

第六条　男女双方依据民法典第一千零四十九条规定补办结婚登记的，婚姻关系的效力从双方均符合民法典所规定的结婚的实质要件时起算。

第七条　未依据民法典第一千零四十九条规定办理结婚登记而以夫妻名义共同生活的男女，提起诉讼要求离婚的，应当区别对待：

（一）1994年2月1日民政部《婚姻登记管理条例》公布实施以前，男女双方已经符合结婚实质要件的，按事实婚姻处理。

（二）1994年2月1日民政部《婚姻登记管理条例》公布实施以后，男女双方符合结婚实质要件的，人民法院应当告知其补办结婚登记。未补办结婚登记的，依据本解释第三条规定处理。

第八条 未依据民法典第一千零四十九条规定办理结婚登记而以夫妻名义共同生活的男女，一方死亡，另一方以配偶身份主张享有继承权的，依据本解释第七条的原则处理。

第九条 有权依据民法典第一千零五十一条规定向人民法院就已办理结婚登记的婚姻请求确认婚姻无效的主体，包括婚姻当事人及利害关系人。其中，利害关系人包括：

（一）以重婚为由的，为当事人的近亲属及基层组织；

（二）以未到法定婚龄为由的，为未到法定婚龄者的近亲属；

（三）以有禁止结婚的亲属关系为由的，为当事人的近亲属。

第十条 当事人依据民法典第一千零五十一条规定向人民法院请求确认婚姻无效，法定的无效婚姻情形在提起诉讼时已经消失的，人民法院不予支持。

第十一条 人民法院受理请求确认婚姻无效案件后，原告申请撤诉的，不予准许。

对婚姻效力的审理不适用调解，应当依法作出判决。

涉及财产分割和子女抚养的，可以调解。调解达成协议的，另行制作调解书；未达成调解协议的，应当一并作出判决。

第十二条 人民法院受理离婚案件后，经审理确属无效婚姻的，应当将婚姻无效的情形告知当事人，并依法作出确认婚姻无效的判决。

第十三条 人民法院就同一婚姻关系分别受理了离婚和请求确认婚姻无效案件的，对于离婚案件的审理，应当待请求确认婚姻无效案件作出判决后进行。

第十四条 夫妻一方或者双方死亡后，生存一方或者利害关系人依据民法典第一千零五十一条的规定请求确认婚姻无效的，人民法院应当受理。

第十五条 利害关系人依据民法典第一千零五十一条的规定，请求人民法院确认婚姻无效的，利害关系人为原告，婚姻关系当事人双方为被告。

夫妻一方死亡的，生存一方为被告。

第十六条 人民法院审理重婚导致的无效婚姻案件时，涉及财产处理的，应当准许合法婚姻当事人作为有独立请求权的第三人参加诉讼。

第十七条 当事人以民法典第一千零五十一条规定的三种无效婚姻以外的情形请求确认婚姻无效的，人民法院应当判决驳回当事人的诉讼请求。

当事人以结婚登记程序存在瑕疵为由提起民事诉讼，主张撤销结婚登记的，告知其可以依法申请行政复议或者提起行政诉讼。

第十八条 行为人以给另一方当事人或者其近亲属的生命、身体、健康、名誉、财产等方面造成损害为要挟，迫使另一方当事人违背真实意愿结婚的，可以认定为民法典第一千零五十二条所称的“胁迫”。

因受胁迫而请求撤销婚姻的，只能是受胁迫一方的婚姻关系当事人本人。

第十九条 民法典第一千零五十二条规定的“一年”，不适用诉讼时效中止、中断或者延长的规定。

受胁迫或者被非法限制人身自由的当事人请求撤销婚姻的，不适用民法典第一百五十二条第二款的规定。

第二十条 民法典第一千零五十四条所规定的“自始没有法律约束力”，是指无效婚姻或者可撤销婚姻在依法被确认无效或者被撤销时，才确定该婚姻自始不受法律保护。

第二十一条 人民法院根据当事人的请求，依法确认婚姻无效或者撤销婚姻的，应当收缴双方的结婚证书并将生效的判决书寄送当地婚姻登记管理机关。

第二十二条 被确认无效或者被撤销的婚姻，当事人同居期间所得的财产，除有证据证明为当事人一方所有的以外，按共同共有处理。

三、夫妻关系

第二十三条 夫以妻擅自中止妊娠侵犯其生育权为由请求损害赔偿的，人民法院不予支持；夫妻双方因是否生育发生纠纷，致使感情确已破裂，一方请求离婚的，人民法院经调解无效，应依照民法典第一千零七十九条第三款第五项的规定处理。

第二十四条 民法典第一千零六十二条第一款第三项规定的“知识产权的收益”，是指婚姻关系存续期间，实际取得或者已经明确可以取得的财产性收益。

第二十五条 婚姻关系存续期间，下列财产属于民法典第一千零六十二条规定的“其他应当归共同所有的财产”：

（一）一方以个人财产投资取得的收益；

（二）男女双方实际取得或者应当取得的住房补贴、住房公积金；

（三）男女双方实际取得或者应当取得的基本养老金、破产安置补偿费。

第二十六条 夫妻一方个人财产在婚后产生的收益，除孳息和自然增值外，应认定为夫妻共同财产。

第二十七条 由一方婚前承租、婚后用共同财产购买的房屋，登记在一方名下的，应当认定为夫妻共同财产。

第二十八条 一方未经另一方同意出售夫妻共同所有的房屋，第三人善意购买、支付合理对价并已办理不动产登记，另一方主张追回该房屋的，人民法院不予支持。

夫妻一方擅自处分共同所有的房屋造成另一方损失，离婚时另一方请求赔偿损失的，人民法院应予支持。

第二十九条 当事人结婚前，父母为双方购置房屋出资的，该出资应当认定为对自己子女个人的赠与，但父母明确表示赠与双方的除外。

当事人结婚后，父母为双方购置房屋出资的，依照约定处理；没有约定或者约定不明确的，按照民法典第一千零六十二条第一款第四项规定的原则处理。

第三十条 军人的伤亡保险金、伤残补助金、医药生活补助费属于个人财产。

第三十一条 民法典第一千零六十三条规定为夫妻一方的个人财产，不因婚姻关系的延续而转化为夫妻共同财产。但当事人另有约定的除外。

第三十二条 婚前或者婚姻关系存续期间，当事人约定将一方所有的房产赠与另一方或者共有，赠与方在赠与房产变更登记之前撤销赠与，另一方请求判令继续履行的，人民法院可以按照民法典第六百五十八条的规定处理。

第三十三条 债权人就一方婚前所负个人债务向债务人的配偶主张权利的，人民法院不予支持。但债权人能够证明所负债务用于婚后家庭共同生活的除外。

第三十四条 夫妻一方与第三人串通，虚构债务，第三人主张该债务为夫妻共同债务的，人民法院不予支持。

夫妻一方在从事赌博、吸毒等违法犯罪活动中所负债务，第三人主张该债务为夫妻共同债务的，人民法院不予支持。

第三十五条 当事人的离婚协议或者人民法院生效判决、裁定、调解书已经对夫妻财产分割问题作出处理的，债权人仍有权就夫妻共同债务向男女双方主张权利。

一方就夫妻共同债务承担清偿责任后，主张由另一方按照离婚协议或者人民法院的法律文书承担相应债务的，人民法院应予支持。

第三十六条 夫或者妻一方死亡的，生存一方应当对婚姻关系存续期间的夫妻共同债务承担清偿责任。

第三十七条 民法典第一千零六十五条第三款所称"相对人知道该约定的"，夫妻一方对此负有举证责任。

第三十八条 婚姻关系存续期间，除民法典第一千零六十六条规定情形以外，夫妻一方请求分割共同财产的，人民法院不予支持。

四、父母子女关系

第三十九条 父或者母向人民法院起诉请求否认亲子关系，并已提供必要证据予以证明，另一方没有相反证据又拒绝做亲子鉴定的，人民法院可以认定否认亲子关系一方的主张成立。

父或者母以及成年子女起诉请求确认亲子关系，并提供必要证据予以证明，另一方没有相反证据又拒绝做亲子鉴定的，人民法院可以认定确认亲子关系一方的主张成立。

第四十条 婚姻关系存续期间，夫妻双方一致同意进行人工授精，所生子女应视为婚生子女，父母子女间的权利义务关系适用民法典的有关规定。

第四十一条 尚在校接受高中及其以下学历教育，或者丧失、部分丧失劳动能力等非因主观原因而无法维持正常生活的成年子女，可以认定为民法典第一千零六十七条规定的"不能独立生活的成年子女"。

第四十二条 民法典第一千零六十七条所称"抚养费"，包括子女生活费、教育费、医疗费等费用。

第四十三条 婚姻关系存续期间，父母双方或者一方拒不履行抚养子女义务，未成年子女或者不能独立生活的成年子女请求支付抚养费的，人民法院应予支持。

第四十四条 离婚案件涉及未成年子女抚养的，对不满两周岁的子女，按照民法典第

一千零八十四条第三款规定的原则处理。母亲有下列情形之一,父亲请求直接抚养的,人民法院应予支持:

(一)患有久治不愈的传染性疾病或者其他严重疾病,子女不宜与其共同生活;

(二)有抚养条件不尽抚养义务,而父亲要求子女随其生活;

(三)因其他原因,子女确不宜随母亲生活。

第四十五条 父母双方协议不满两周岁子女由父亲直接抚养,并对子女健康成长无不利影响的,人民法院应予支持。

第四十六条 对已满两周岁的未成年子女,父母均要求直接抚养,一方有下列情形之一的,可予优先考虑:

(一)已做绝育手术或者因其他原因丧失生育能力;

(二)子女随其生活时间较长,改变生活环境对子女健康成长明显不利;

(三)无其他子女,而另一方有其他子女;

(四)子女随其生活,对子女成长有利,而另一方患有久治不愈的传染性疾病或者其他严重疾病,或者有其他不利于子女身心健康的情形,不宜与子女共同生活。

第四十七条 父母抚养子女的条件基本相同,双方均要求直接抚养子女,但子女单独随祖父母或者外祖父母共同生活多年,且祖父母或者外祖父母要求并且有能力帮助子女照顾孙子女或者外孙子女的,可以作为父或者母直接抚养子女的优先条件予以考虑。

第四十八条 在有利于保护子女利益的前提下,父母双方协议轮流直接抚养子女的,人民法院应予支持。

第四十九 条抚养费的数额,可以根据子女的实际需要、父母双方的负担能力和当地的实际生活水平确定。

有固定收入的,抚养费一般可以按其月总收入的百分之二十至三十的比例给付。负担两个以上子女抚养费的,比例可以适当提高,但一般不得超过月总收入的百分之五十。

无固定收入的,抚养费的数额可以依据当年总收入或者同行业平均收入,参照上述比例确定。

有特殊情况的,可以适当提高或者降低上述比例。

第五十条 抚养费应当定期给付,有条件的可以一次性给付。

第五十一条 父母一方无经济收入或者下落不明的,可以用其财物折抵抚养费。

第五十二条 父母双方可以协议由一方直接抚养子女并由直接抚养方负担子女全部抚养费。但是,直接抚养方的抚养能力明显不能保障子女所需费用,影响子女健康成长的,人民法院不予支持。

第五十三条 抚养费的给付期限,一般至子女十八周岁为止。

十六周岁以上不满十八周岁,以其劳动收入为主要生活来源,并能维持当地一般生活水平的,父母可以停止给付抚养费。

第五十四条 生父与继母离婚或者生母与继父离婚时,对曾受其抚养教育的继子女,继父或者继母不同意继续抚养的,仍应由生父或者生母抚养。

第五十五条 离婚后,父母一方要求变更子女抚养关系的,或者子女要求增加抚养费的,应当另行提起诉讼。

第五十六条 具有下列情形之一,父母一方要求变更子女抚养关系的,人民法院应予支持:

(一)与子女共同生活的一方因患严重疾病或者因伤残无力继续抚养子女;

(二)与子女共同生活的一方不尽抚养义务或有虐待子女行为,或者其与子女共同生活对子女身心健康确有不利影响;

(三)已满八周岁的子女,愿随另一方生活,该方又有抚养能力;

(四)有其他正当理由需要变更。

第五十七条 父母双方协议变更子女抚养关系的,人民法院应予支持。

第五十八条 具有下列情形之一,子女要求有负担能力的父或者母增加抚养费的,人民法院应予支持:

(一)原定抚养费数额不足以维持当地实际生活水平;

(二)因子女患病、上学,实际需要已超过原定数额;

(三)有其他正当理由应当增加。

第五十九条 父母不得因子女变更姓氏而拒付子女抚养费。父或者母擅自将子女姓氏改为继母或继父姓氏而引起纠纷的,应当责令恢复原姓氏。

第六十条 在离婚诉讼期间,双方均拒绝抚养子女的,可以先行裁定暂由一方抚养。

第六十一条 对拒不履行或者妨害他人履行生效判决、裁定、调解书中有关子女抚养义务的当事人或者其他人,人民法院可依照民事诉讼法第一百一十一条的规定采取强制措施。

五、离婚

第六十二条 无民事行为能力人的配偶有民法典第三十六条第一款规定行为,其他有监护资格的人可以要求撤销其监护资格,并依法指定新的监护人;变更后的监护人代理无民事行为能力一方提起离婚诉讼的,人民法院应予受理。

第六十三条 人民法院审理离婚案件,符合民法典第一千零七十九条第三款规定"应当准予离婚"情形的,不应当因当事人有过错而判决不准离婚。

第六十四条 民法典第一千零八十一条所称的"军人一方有重大过错",可以依据民法典第一千零七十九条第三款前三项规定及军人有其他重大过错导致夫妻感情破裂的情形予以判断。

第六十五条 人民法院作出的生效的离婚判决中未涉及探望权,当事人就探望权问题单独提起诉讼的,人民法院应予受理。

第六十六条 当事人在履行生效判决、裁定或者调解书的过程中,一方请求中止探望的,人民法院在征询双方当事人意见后,认为需要中止探望的,依法作出裁定;中止探望的情形消失后,人民法院应当根据当事人的请求书面通知其恢复探望。

第六十七条 未成年子女、直接抚养子女的父或者母以及其他对未成年子女负担抚养、教育、保护义务的法定监护人,有权向人民法院提出中止探望的请求。

第六十八条 对于拒不协助另一方行使探望权的有关个人或者组织,可以由人民法院依法采取拘留、罚款等强制措施,但是不能对子女的人身、探望行为进行强制执行。

第六十九条 当事人达成的以协议离婚或者到人民法院调解离婚为条件的财产以及债务处理协议,如果双方离婚未成,一方在离婚诉讼中反悔的,人民法院应当认定该财产以及债务处理协议没有生效,并根据实际情况依照民法典第一千零八十七条和第一千零八十九条的规定判决。

当事人依照民法典第一千零七十六条签订的离婚协议中关于财产以及债务处理的条款,对男女双方具有法律约束力。登记离婚后当事人因履行上述协议发生纠纷提起诉讼的,人民法院应当受理。

第七十条 夫妻双方协议离婚后就财产分割问题反悔,请求撤销财产分割协议的,人民法院应当受理。

人民法院审理后,未发现订立财产分割协议时存在欺诈、胁迫等情形的,应当依法驳回当事人的诉讼请求。

第七十一条 人民法院审理离婚案件,涉及分割发放到军人名下的复员费、自主择业费等一次性费用的,以夫妻婚姻关系存续年限乘以年平均值,所得数额为夫妻共同财产。

前款所称年平均值,是指将发放到军人名下的上述费用总额按具体年限均分得出的数额。其具体年限为人均寿命七十岁与军人入伍时实际年龄的差额。

第七十二条 夫妻双方分割共同财产中的股票、债券、投资基金份额等有价证券以及未上市股份有限公司股份时,协商不成或者按市价分配有困难的,人民法院可以根据数量按比例分配。

第七十三条 人民法院审理离婚案件,涉及分割夫妻共同财产中以一方名义在有限责任公司的出资额,另一方不是该公司股东的,按以下情形分别处理:

(一)夫妻双方协商一致将出资额部分或者全部转让给该股东的配偶,其他股东过半数同意,并且其他股东均明确表示放弃优先购买权的,该股东的配偶可以成为该公司股东;

(二)夫妻双方就出资额转让份额和转让价格等事项协商一致后,其他股东半数以上不同意转让,但愿意以同等条件购买该出资额的,人民法院可以对转让出资所得财产进行分割。其他股东半数以上不同意转让,也不愿意以同等条件购买该出资额的,视为其同意转让,该股东的配偶可以成为该公司股东。

用于证明前款规定的股东同意的证据,可以是股东会议材料,也可以是当事人通过其他合法途径取得的股东的书面声明材料。

第七十四条 人民法院审理离婚案件,涉及分割夫妻共同财产中以一方名义在合伙企业中的出资，另一方不是该企业合伙人的，当夫妻双方协商一致，将其合伙企业中的财产份额全部或者部分转让给对方时，按以下情形分别处理：

（一）其他合伙人一致同意的，该配偶依法取得合伙人地位；

（二）其他合伙人不同意转让，在同等条件下行使优先购买权的，可以对转让所得的财产进行分割；

（三）其他合伙人不同意转让，也不行使优先购买权，但同意该合伙人退伙或者削减部分财产份额的，可以对结算后的财产进行分割；

（四）其他合伙人既不同意转让，也不行使优先购买权，又不同意该合伙人退伙或者削减部分财产份额的，视为全体合伙人同意转让，该配偶依法取得合伙人地位。

第七十五条 夫妻以一方名义投资设立个人独资企业的，人民法院分割夫妻在该个人独资企业中的共同财产时，应当按照以下情形分别处理：

（一）一方主张经营该企业的，对企业资产进行评估后，由取得企业资产所有权一方给予另一方相应的补偿；

（二）双方均主张经营该企业的，在双方竞价基础上，由取得企业资产所有权的一方给予另一方相应的补偿；

（三）双方均不愿意经营该企业的，按照《中华人民共和国个人独资企业法》等有关规定办理。

第七十六条 双方对夫妻共同财产中的房屋价值及归属无法达成协议时，人民法院按以下情形分别处理：

（一）双方均主张房屋所有权并且同意竞价取得的，应当准许；

（二）一方主张房屋所有权的，由评估机构按市场价格对房屋作出评估，取得房屋所有权的一方应当给予另一方相应的补偿；

（三）双方均不主张房屋所有权的，根据当事人的申请拍卖、变卖房屋，就所得价款进行分割。

第七十七条 离婚时双方对尚未取得所有权或者尚未取得完全所有权的房屋有争议且协商不成的，人民法院不宜判决房屋所有权的归属，应当根据实际情况判决由当事人使用。

当事人就前款规定的房屋取得完全所有权后，有争议的，可以另行向人民法院提起诉讼。

第七十八条 夫妻一方婚前签订不动产买卖合同，以个人财产支付首付款并在银行贷款，婚后用夫妻共同财产还贷，不动产登记于首付款支付方名下的，离婚时该不动产由双方协议处理。

依前款规定不能达成协议的，人民法院可以判决该不动产归登记一方，尚未归还的贷款为不动产登记一方的个人债务。双方婚后共同还贷支付的款项及其相对应财产增值部分，离婚时应根据民法典第一千零八十七条第一款规定的原则，由不动产登记一方对另一方进行补偿。

第七十九条 婚姻关系存续期间，双方用夫妻共同财产出资购买以一方父母名义参加房改的房屋，登记在一方父母名下，离婚时另一方主张按照夫妻共同财产对该房屋进行分割的，人民法院不予支持。购买该房屋时的出资，可以作为债权处理。

第八十条 离婚时夫妻一方尚未退休、不符合领取基本养老金条件，另一方请求按照夫妻共同财产分割基本养老金的，人民法院不予支持；婚后以夫妻共同财产缴纳基本养老保险费，离婚时一方主张将养老金账户中婚姻关系存续期间个人实际缴纳部分及利息作为夫妻共同财产分割的，人民法院应予支持。

第八十一条 婚姻关系存续期间，夫妻一方作为继承人依法可以继承的遗产，在继承人之间尚未实际分割，起诉离婚时另一方请求分割的，人民法院应当告知当事人在继承人之间实际分割遗产后另行起诉。

第八十二条 夫妻之间订立借款协议，以夫妻共同财产出借给一方从事个人经营活动或者用于其他个人事务的，应视为双方约定处分夫妻共同财产的行为，离婚时可以按照借款协议的约定处理。

第八十三条 离婚后，一方以尚有夫妻共同财产未处理为由向人民法院起诉请求分割的，经审查该财产确属离婚时未涉及的夫妻共同财产，人民法院应当依法予以分割。

第八十四条 当事人依据民法典第一千零九十二条的规定向人民法院提起诉讼，请求再次分割夫妻共同财产的诉讼时效期间为三年，从当事人发现之日起计算。

第八十五条 夫妻一方申请对配偶的个人财产或者夫妻共同财产采取保全措施的，人民法院可以在采取保全措施可能造成损失的范围内，根据实际情况，确定合理的财产担保数额。

第八十六条 民法典第一千零九十一条规定的“损害赔偿”，包括物质损害赔偿和精神损害赔偿。涉及精神损害赔偿的，适用《最高人民法院关于确定民事侵权精神损害赔偿责任若干问题的解释》的有关规定。

第八十七条 承担民法典第一千零九十一条规定的损害赔偿责任的主体，为离婚诉讼当事人中无过错方的配偶。

人民法院判决不准离婚的案件，对于当事人基于民法典第一千零九十一条提出的损害赔偿请求，不予支持。

在婚姻关系存续期间，当事人不起诉离婚而单独依据民法典第一千零九十一条提起损害赔偿请求的，人民法院不予受理。

第八十八条 人民法院受理离婚案件时，应当将民法典第一千零九十一条等规定中当事人的有关权利义务，书面告知当事人。在适用民法典第一千零九十一条时，应当区分以下不同情况：

（一）符合民法典第一千零九十一条规定的无过错方作为原告基于该条规定向人民法院提起损害赔偿请求的，必须在离婚诉讼的同时提出。

（二）符合民法典第一千零九十一条规定的无过错方作为被告的离婚诉讼案件，如果被告不同意离婚也不基于该条规定提起损害赔偿请求的，可以就此单独提起诉讼。

（三）无过错方作为被告的离婚诉讼案件，一审时被告未基于民法典第一千零九十一条规定提出损害赔偿请求，二审期间提出的，人民法院应当进行调解；调解不成的，告知当事人另行起诉。双方当事人同意由第二审人民法院一并审理的，第二审人民法院可以一并裁判。

第八十九条 当事人在婚姻登记机关办理离婚登记手续后，以民法典第一千零九十一条规定为由向人民法院提出损害赔偿请求的，人民法院应当受理。但当事人在协议离婚时已经明确表示放弃该项请求的，人民法院不予支持。

第九十条 夫妻双方均有民法典第一千零九十一条规定的过错情形，一方或者双方向对方提出离婚损害赔偿请求的，人民法院不予支持。

六、附则

第九十一条 本解释自2021年1月1日起施行。

最高人民法院关于适用《中华人民共和国民法典》继承编的解释(一)

(2020年12月25日最高人民法院审判委员会第1825次会议通过　2020年12月29日法释〔2020〕23号公布　自2021年1月1日起施行)

为正确审理继承纠纷案件,根据《中华人民共和国民法典》等相关法律规定,结合审判实践,制定本解释。

一、一般规定

第一条　继承从被继承人生理死亡或者被宣告死亡时开始。

宣告死亡的,根据民法典第四十八条规定确定的死亡日期,为继承开始的时间。

第二条　承包人死亡时尚未取得承包收益的,可以将死者生前对承包所投入的资金和所付出的劳动及其增值和孳息,由发包单位或者接续承包合同的人合理折价、补偿。其价额作为遗产。

第三条　被继承人生前与他人订有遗赠扶养协议,同时又立有遗嘱的,继承开始后,如果遗赠扶养协议与遗嘱没有抵触,遗产分别按协议和遗嘱处理;如果有抵触,按协议处理,与协议抵触的遗嘱全部或者部分无效。

第四条　遗嘱继承人依遗嘱取得遗产后,仍有权依照民法典第一千一百三十条的规定取得遗嘱未处分的遗产。

第五条　在遗产继承中,继承人之间因是否丧失继承权发生纠纷,向人民法院提起诉讼的,由人民法院依据民法典第一千一百二十五条的规定,判决确认其是否丧失继承权。

第六条　继承人是否符合民法典第一千一百二十五条第一款第三项规定的“虐待被继承人情节严重”,可以从实施虐待行为的时间、手段、后果和社会影响等方面认定。

虐待被继承人情节严重的,不论是否追究刑事责任,均可确认其丧失继承权。

第七条　继承人故意杀害被继承人的,不论是既遂还是未遂,均应当确认其丧失继承权。

第八条　继承人有民法典第一千一百二十五条第一款第一项或者第二项所列之行为,而被继承人以遗嘱将遗产指定由该继承人继承的,可以确认遗嘱无效,并确认该继承人丧失继承权。

第九条　继承人伪造、篡改、隐匿或者销毁遗嘱,侵害了缺乏劳动能力又无生活来源的继承人的利益,并造成其生活困难的,应当认定为民法典第一千一百二十五条第一款第四项规定的“情节严重”。

二、法定继承

第十条 被收养人对养父母尽了赡养义务，同时又对生父母扶养较多的，除可以依照民法典第一千一百二十七条的规定继承养父母的遗产外，还可以依照民法典第一千一百三十一条的规定分得生父母适当的遗产。

第十一条 继子女继承了继父母遗产的，不影响其继承生父母的遗产。

继父母继承了继子女遗产的，不影响其继承生子女的遗产。

第十二条 养子女与生子女之间、养子女与养子女之间，系养兄弟姐妹，可以互为第二顺序继承人。

被收养人与其亲兄弟姐妹之间的权利义务关系，因收养关系的成立而消除，不能互为第二顺序继承人。

第十三条 继兄弟姐妹之间的继承权，因继兄弟姐妹之间的扶养关系而发生。没有扶养关系的，不能互为第二顺序继承人。

继兄弟姐妹之间相互继承了遗产的，不影响其继承亲兄弟姐妹的遗产。

第十四条 被继承人的孙子女、外孙子女、曾孙子女、外曾孙子女都可以代位继承，代位继承人不受辈数的限制。

第十五条 被继承人的养子女、已形成扶养关系的继子女的生子女可以代位继承；被继承人亲生子女的养子女可以代位继承；被继承人养子女的养子女可以代位继承；与被继承人已形成扶养关系的继子女的养子女也可以代位继承。

第十六条 代位继承人缺乏劳动能力又没有生活来源，或者对被继承人尽过主要赡养义务的，分配遗产时，可以多分。

第十七条 继承人丧失继承权的，其晚辈直系血亲不得代位继承。如该代位继承人缺乏劳动能力又没有生活来源，或者对被继承人尽赡养义务较多的，可以适当分给遗产。

第十八条 丧偶儿媳对公婆、丧偶女婿对岳父母，无论其是否再婚，依照民法典第一千一百二十九条规定作为第一顺序继承人时，不影响其子女代位继承。

第十九条 对被继承人生活提供了主要经济来源，或者在劳务等方面给予了主要扶助的，应当认定其尽了主要赡养义务或主要扶养义务。

第二十条 依照民法典第一千一百三十一条规定可以分给适当遗产的人，分给他们遗产时，按具体情况可以多于或者少于继承人。

第二十一条 依照民法典第一千一百三十一条规定可以分给适当遗产的人，在其依法取得被继承人遗产的权利受到侵犯时，本人有权以独立的诉讼主体资格向人民法院提起诉讼。

第二十二条 继承人有扶养能力和扶养条件，愿意尽扶养义务，但被继承人因有固定收入和劳动能力，明确表示不要求其扶养的，分配遗产时，一般不应因此而影响其继承份额。

第二十三条 有扶养能力和扶养条件的继承人虽然与被继承人共同生活，但对需要扶养的被继承人不尽扶养义务，分配遗产时，可以少分或者不分。

三、遗嘱继承和遗赠

第二十四条　继承人、受遗赠人的债权人、债务人，共同经营的合伙人，也应当视为与继承人、受遗赠人有利害关系，不能作为遗嘱的见证人。

第二十五条　遗嘱人未保留缺乏劳动能力又没有生活来源的继承人的遗产份额，遗产处理时，应当为该继承人留下必要的遗产，所剩余的部分，才可参照遗嘱确定的分配原则处理。

继承人是否缺乏劳动能力又没有生活来源，应当按遗嘱生效时该继承人的具体情况确定。

第二十六条　遗嘱人以遗嘱处分了国家、集体或者他人财产的，应当认定该部分遗嘱无效。

第二十七条　自然人在遗书中涉及死后个人财产处分的内容，确为死者的真实意思表示，有本人签名并注明了年、月、日，又无相反证据的，可以按自书遗嘱对待。

第二十八条　遗嘱人立遗嘱时必须具有完全民事行为能力。无民事行为能力人或者限制民事行为能力人所立的遗嘱，即使其本人后来具有完全民事行为能力，仍属无效遗嘱。遗嘱人立遗嘱时具有完全民事行为能力，后来成为无民事行为能力人或者限制民事行为能力人的，不影响遗嘱的效力。

第二十九条　附义务的遗嘱继承或者遗赠，如义务能够履行，而继承人、受遗赠人无正当理由不履行，经受益人或者其他继承人请求，人民法院可以取消其接受附义务部分遗产的权利，由提出请求的继承人或者受益人负责按遗嘱人的意愿履行义务，接受遗产。

四、遗产的处理

第三十条　人民法院在审理继承案件时，如果知道有继承人而无法通知的，分割遗产时，要保留其应继承的遗产，并确定该遗产的保管人或者保管单位。

第三十一条　应当为胎儿保留的遗产份额没有保留的，应从继承人所继承的遗产中扣回。

为胎儿保留的遗产份额，如胎儿出生后死亡的，由其继承人继承；如胎儿娩出时是死体的，由被继承人的继承人继承。

第三十二条　继承人因放弃继承权，致其不能履行法定义务的，放弃继承权的行为无效。

第三十三条　继承人放弃继承应当以书面形式向遗产管理人或者其他继承人表示。

第三十四条　在诉讼中，继承人向人民法院以口头方式表示放弃继承的，要制作笔录，由放弃继承的人签名。

第三十五条　继承人放弃继承的意思表示，应当在继承开始后、遗产分割前作出。遗产分割后表示放弃的不再是继承权，而是所有权。

第三十六条　遗产处理前或者在诉讼进行中，继承人对放弃继承反悔的，由人民法院根据其提出的具体理由,决定是否承认。遗产处理后,继承人对放弃继承反悔的,不予承认。

第三十七条 放弃继承的效力,追溯到继承开始的时间。

第三十八条 继承开始后,受遗赠人表示接受遗赠,并于遗产分割前死亡的,其接受遗赠的权利转移给他的继承人。

第三十九条 由国家或者集体组织供给生活费用的烈属和享受社会救济的自然人,其遗产仍应准许合法继承人继承。

第四十条 继承人以外的组织或者个人与自然人签订遗赠扶养协议后,无正当理由不履行,导致协议解除的,不能享有受遗赠的权利,其支付的供养费用一般不予补偿;遗赠人无正当理由不履行,导致协议解除的,则应当偿还继承人以外的组织或者个人已支付的供养费用。

第四十一条 遗产因无人继承又无人受遗赠归国家或者集体所有制组织所有时,按照民法典第一千一百三十一条规定可以分给适当遗产的人提出取得遗产的诉讼请求,人民法院应当视情况适当分给遗产。

第四十二条 人民法院在分割遗产中的房屋、生产资料和特定职业所需要的财产时,应当依据有利于发挥其使用效益和继承人的实际需要,兼顾各继承人的利益进行处理。

第四十三条 人民法院对故意隐匿、侵吞或者争抢遗产的继承人,可以酌情减少其应继承的遗产。

第四十四条 继承诉讼开始后,如继承人、受遗赠人中有既不愿参加诉讼,又不表示放弃实体权利的,应当追加为共同原告;继承人已书面表示放弃继承、受遗赠人在知道受遗赠后六十日内表示放弃受遗赠或者到期没有表示的,不再列为当事人。

五、附则

第四十五条 本解释自 2021 年 1 月 1 日起施行。

最高人民法院关于审理人身损害赔偿案件适用法律若干问题的解释(节录)

(2003年12月4日由最高人民法院审判委员会第1299次会议通过　根据2020年12月23日最高人民法院审判委员会第1823次会议通过的《最高人民法院关于修改〈最高人民法院关于在民事审判工作中适用《中华人民共和国工会法》若干问题的解释〉等二十七件民事类司法解释的决定》修正)

第十七条　被扶养人生活费根据扶养人丧失劳动能力程度,按照受诉法院所在地上一年度城镇居民人均消费性支出和农村居民人均年生活消费支出标准计算。被扶养人为未成年人的,计算至十八周岁;被扶养人无劳动能力又无其他生活来源的,计算二十年。但六十周岁以上的,年龄每增加一岁减少一年;七十五周岁以上的,按五年计算。

被扶养人是指受害人依法应当承担扶养义务的未成年人或者丧失劳动能力又无其他生活来源的成年近亲属。被扶养人还有其他扶养人的,赔偿义务人只赔偿受害人依法应当负担的部分。被扶养人有数人的,年赔偿总额累计不超过上一年度城镇居民人均消费性支出额或者农村居民人均年生活消费支出额。

中华人民共和国著作权法(节录)

(1990 年 9 月 7 日第七届全国人民代表大会常务委员会第十五次会议通过　根据 2001 年 10 月 27 日第九届全国人民代表大会常务委员会第二十四次会议《关于修改〈中华人民共和国著作权法〉的决定》第一次修正　根据 2010 年 2 月 26 日第十一届全国人民代表大会常务委员会第十三次会议《关于修改〈中华人民共和国著作权法〉的决定》第二次修正　根据 2020 年 11 月 11 日第十三届全国人民代表大会常务委员会第二十三次会议《关于修改〈中华人民共和国著作权法〉的决定》第三次修正)

第三条　本法所称的作品,是指文学、艺术和科学领域内具有独创性并能以一定形式表现的智力成果,包括:

(一)文字作品;

(二)口述作品;

(三)音乐、戏剧、曲艺、舞蹈、杂技艺术作品;

(四)美术、建筑作品;

(五)摄影作品;

(六)视听作品;

(七)工程设计图、产品设计图、地图、示意图等图形作品和模型作品;

(八)计算机软件;

(九)符合作品特征的其他智力成果。

第四条　著作权人和与著作权有关的权利人行使权利,不得违反宪法和法律,不得损害公共利益。国家对作品的出版、传播依法进行监督管理。

第九条　著作权人包括:

(一)作者;

(二)其他依照本法享有著作权的自然人、法人或者非法人组织。

第十条　著作权包括下列人身权和财产权:

(一)发表权,即决定作品是否公之于众的权利;

(二)署名权,即表明作者身份,在作品上署名的权利;

(三)修改权,即修改或者授权他人修改作品的权利;

(四)保护作品完整权,即保护作品不受歪曲、篡改的权利;

(五)复制权,即以印刷、复印、拓印、录音、录像、翻录、翻拍、数字化等方式将作品制作一份或者多份的权利;

(六)发行权,即以出售或者赠与方式向公众提供作品的原件或者复制件的权利;

（七）出租权，即有偿许可他人临时使用视听作品、计算机软件的原件或者复制件的权利，计算机软件不是出租的主要标的的除外；

（八）展览权，即公开陈列美术作品、摄影作品的原件或者复制件的权利；

（九）表演权，即公开表演作品，以及用各种手段公开播送作品的表演的权利；

（十）放映权，即通过放映机、幻灯机等技术设备公开再现美术、摄影、视听作品等的权利；

（十一）广播权，即以有线或者无线方式公开传播或者转播作品，以及通过扩音器或者其他传送符号、声音、图像的类似工具向公众传播广播的作品的权利，但不包括本款第十二项规定的权利；

（十二）信息网络传播权，即以有线或者无线方式向公众提供，使公众可以在其选定的时间和地点获得作品的权利；

（十三）摄制权，即以摄制视听作品的方法将作品固定在载体上的权利；

（十四）改编权，即改变作品，创作出具有独创性的新作品的权利；

（十五）翻译权，即将作品从一种语言文字转换成另一种语言文字的权利；

（十六）汇编权，即将作品或者作品的片段通过选择或者编排，汇集成新作品的权利；

（十七）应当由著作权人享有的其他权利。

著作权人可以许可他人行使前款第五项至第十七项规定的权利，并依照约定或者本法有关规定获得报酬。

著作权人可以全部或者部分转让本条第一款第五项至第十七项规定的权利，并依照约定或者本法有关规定获得报酬。

第二十条　作品原件所有权的转移，不改变作品著作权的归属，但美术、摄影作品原件的展览权由原件所有人享有。

作者将未发表的美术、摄影作品的原件所有权转让给他人，受让人展览该原件不构成对作者发表权的侵犯。

第二十一条　著作权属于自然人的，自然人死亡后，其本法第十条第一款第五项至第十七项规定的权利在本法规定的保护期内，依法转移。

著作权属于法人或者非法人组织的，法人或者非法人组织变更、终止后，其本法第十条第一款第五项至第十七项规定的权利在本法规定的保护期内，由承受其权利义务的法人或者非法人组织享有；没有承受其权利义务的法人或者非法人组织的，由国家享有。

第二十二条　作者的署名权、修改权、保护作品完整权的保护期不受限制。

第二十三条　自然人的作品，其发表权、本法第十条第一款第五项至第十七项规定的权利的保护期为作者终生及其死亡后五十年，截止于作者死亡后第五十年的 12 月 31 日；如果是合作作品，截止于最后死亡的作者死亡后第五十年的 12 月 31 日。

法人或者非法人组织的作品、著作权（署名权除外）由法人或者非法人组织享有的职务作品，其发表权的保护期为五十年，截止于作品创作完成后第五十年的 12 月 31 日；本法第十条第一款第五项至第十七项规定的权利的保护期为五十年，截止于作品首次发表后第五十年的12月31日,但作品自创作完成后五十年内未发表的,本法不再保护。

视听作品,其发表权的保护期为五十年,截止于作品创作完成后第五十年的12月31日;本法第十条第一款第五项至第十七项规定的权利的保护期为五十年,截止于作品首次发表后第五十年的12月31日,但作品自创作完成后五十年内未发表的,本法不再保护。

第二十四条 在下列情况下使用作品,可以不经著作权人许可,不向其支付报酬,但应当指明作者姓名或者名称、作品名称,并且不得影响该作品的正常使用,也不得不合理地损害著作权人的合法权益:

(一)为个人学习、研究或者欣赏,使用他人已经发表的作品;

(二)为介绍、评论某一作品或者说明某一问题,在作品中适当引用他人已经发表的作品;

(三)为报道新闻,在报纸、期刊、广播电台、电视台等媒体中不可避免地再现或者引用已经发表的作品;

(四)报纸、期刊、广播电台、电视台等媒体刊登或者播放其他报纸、期刊、广播电台、电视台等媒体已经发表的关于政治、经济、宗教问题的时事性文章,但著作权人声明不许刊登、播放的除外;

(五)报纸、期刊、广播电台、电视台等媒体刊登或者播放在公众集会上发表的讲话,但作者声明不许刊登、播放的除外;

(六)为学校课堂教学或者科学研究,翻译、改编、汇编、播放或者少量复制已经发表的作品,供教学或者科研人员使用,但不得出版发行;

(七)国家机关为执行公务在合理范围内使用已经发表的作品;

(八)图书馆、档案馆、纪念馆、博物馆、美术馆、文化馆等为陈列或者保存版本的需要,复制本馆收藏的作品;

(九)免费表演已经发表的作品,该表演未向公众收取费用,也未向表演者支付报酬,且不以营利为目的;

(十)对设置或者陈列在公共场所的艺术作品进行临摹、绘画、摄影、录像;

(十一)将中国公民、法人或者非法人组织已经发表的以国家通用语言文字创作的作品翻译成少数民族语言文字作品在国内出版发行;

(十二)以阅读障碍者能够感知的无障碍方式向其提供已经发表的作品;

(十三)法律、行政法规规定的其他情形。

前款规定适用于对与著作权有关的权利的限制。

第二十五条 为实施义务教育和国家教育规划而编写出版教科书,可以不经著作权人许可,在教科书中汇编已经发表的作品片段或者短小的文字作品、音乐作品或者单幅的美术作品、摄影作品、图形作品,但应当按照规定向著作权人支付报酬,指明作者姓名或者名称、作品名称,并且不得侵犯著作权人依照本法享有的其他权利。

前款规定适用于对与著作权有关的权利的限制。

中华人民共和国保险法(节录)

(1995 年 6 月 30 日第八届全国人民代表大会常务委员会第十四次会议通过　根据 2002 年 10 月 28 日第九届全国人民代表大会常务委员会第三十次会议《关于修改〈中华人民共和国保险法〉的决定》第一次修正　2009 年 2 月 28 日第十一届全国人民代表大会常务委员会第七次会议修订　根据 2014 年 8 月 31 日第十二届全国人民代表大会常务委员会第十次会议《关于修改〈中华人民共和国保险法〉等五部法律的决定》第二次修正　根据 2015 年 4 月 24 日第十二届全国人民代表大会常务委员会第十四次会议《关于修改〈中华人民共和国计量法〉等五部法律的决定》第三次修正)

第三十一条　投保人对下列人员具有保险利益:

(一)本人;

(二)配偶、子女、父母;

(三)前项以外与投保人有抚养、赡养或者扶养关系的家庭其他成员、近亲属;

(四)与投保人有劳动关系的劳动者。

除前款规定外,被保险人同意投保人为其订立合同的,视为投保人对被保险人具有保险利益。

订立合同时,投保人对被保险人不具有保险利益的,合同无效。

第三十三条　投保人不得为无民事行为能力人投保以死亡为给付保险金条件的人身保险,保险人也不得承保。

父母为其未成年子女投保的人身保险,不受前款规定限制。但是,因被保险人死亡给付的保险金总和不得超过国务院保险监督管理机构规定的限额。

第三十四条　以死亡为给付保险金条件的合同,未经被保险人同意并认可保险金额的,合同无效。

按照以死亡为给付保险金条件的合同所签发的保险单,未经被保险人书面同意,不得转让或者质押。

父母为其未成年子女投保的人身保险,不受本条第一款规定限制。

最高人民法院关于适用《中华人民共和国保险法》若干问题的解释(三)(节录)

(2015年9月21日最高人民法院审判委员会第1661次会议通过 根据2020年12月23日最高人民法院审判委员会第1823次会议通过的《最高人民法院关于修改〈最高人民法院关于破产企业国有划拨土地使用权应否列入破产财产等问题的批复〉等二十九件商事类司法解释的决定》修正)

第六条 未成年人父母之外的其他履行监护职责的人为未成年人订立以死亡为给付保险金条件的合同,当事人主张参照保险法第三十三条第二款、第三十四条第三款的规定认定该合同有效的,人民法院不予支持,但经未成年人父母同意的除外。

中国公民收养子女登记办法

（1999年5月12日国务院批准　1999年5月25日民政部令第14号发布　根据2019年3月2日《国务院关于修改部分行政法规的决定》修订）

第一条　为了规范收养登记行为，根据《中华人民共和国收养法》（以下简称收养法），制定本办法。

第二条　中国公民在中国境内收养子女或者协议解除收养关系的，应当依照本办法的规定办理登记。

办理收养登记的机关是县级人民政府民政部门。

第三条　收养社会福利机构抚养的查找不到生父母的弃婴、儿童和孤儿的，在社会福利机构所在地的收养登记机关办理登记。

收养非社会福利机构抚养的查找不到生父母的弃婴和儿童的，在弃婴和儿童发现地的收养登记机关办理登记。

收养生父母有特殊困难无力抚养的子女或者由监护人监护的孤儿的，在被收养人生父母或者监护人常住户口所在地（组织作监护人的，在该组织所在地）的收养登记机关办理登记。

收养三代以内同辈旁系血亲的子女，以及继父或者继母收养继子女的，在被收养人生父或者生母常住户口所在地的收养登记机关办理登记。

第四条　收养关系当事人应当亲自到收养登记机关办理成立收养关系的登记手续。

夫妻共同收养子女的，应当共同到收养登记机关办理登记手续；一方因故不能亲自前往的，应当书面委托另一方办理登记手续，委托书应当经过村民委员会或者居民委员会证明或者经过公证。

第五条　收养人应当向收养登记机关提交收养申请书和下列证件、证明材料：

（一）收养人的居民户口簿和居民身份证；

（二）由收养人所在单位或者村民委员会、居民委员会出具的本人婚姻状况和抚养教育被收养人的能力等情况的证明，以及收养人出具的子女情况声明；

（三）县级以上医疗机构出具的未患有在医学上认为不应当收养子女的疾病的身体健康检查证明。

收养查找不到生父母的弃婴、儿童的，并应当提交收养人经常居住地计划生育部门出具的收养人生育情况证明；其中收养非社会福利机构抚养的查找不到生父母的弃婴、儿童的，收养人还应当提交下列证明材料：

（一）收养人经常居住地计划生育部门出具的收养人无子女的证明；

（二）公安机关出具的捡拾弃婴、儿童报案的证明。

收养继子女的，可以只提交居民户口簿、居民身份证和收养人与被收养人生父或者生母结婚的证明。

对收养人出具的子女情况声明，登记机关可以进行调查核实。

第六条 送养人应当向收养登记机关提交下列证件和证明材料：

（一）送养人的居民户口簿和居民身份证（组织作监护人的，提交其负责人的身份证件）；

（二）收养法规定送养时应当征得其他有抚养义务的人同意的，并提交其他有抚养义务的人同意送养的书面意见。

社会福利机构为送养人的，并应当提交弃婴、儿童进入社会福利机构的原始记录，公安机关出具的捡拾弃婴、儿童报案的证明，或者孤儿的生父母死亡或者宣告死亡的证明。

监护人为送养人的，并应当提交实际承担监护责任的证明，孤儿的父母死亡或者宣告死亡的证明，或者被收养人生父母无完全民事行为能力并对被收养人有严重危害的证明。

生父母为送养人的，并应当提交与当地计划生育部门签订的不违反计划生育规定的协议；有特殊困难无力抚养子女的，还应当提交送养人有特殊困难的声明。其中，因丧偶或者一方下落不明由单方送养的，还应当提交配偶死亡或者下落不明的证明。对送养人有特殊困难的声明，登记机关可以进行调查核实；子女由三代以内同辈旁系血亲收养的，还应当提交公安机关出具的或者经过公证的与收养人有亲属关系的证明。

被收养人是残疾儿童的，并应当提交县级以上医疗机构出具的该儿童的残疾证明。

第七条 收养登记机关收到收养登记申请书及有关材料后，应当自次日起30日内进行审查。对符合收养法规定条件的，为当事人办理收养登记，发给收养登记证，收养关系自登记之日起成立；对不符合收养法规定条件的，不予登记，并对当事人说明理由。

收养查找不到生父母的弃婴、儿童的，收养登记机关应当在登记前公告查找其生父母；自公告之日起满60日，弃婴、儿童的生父母或者其他监护人未认领的，视为查找不到生父母的弃婴、儿童。公告期间不计算在登记办理期限内。

第八条 收养关系成立后，需要为被收养人办理户口登记或者迁移手续的，由收养人持收养登记证到户口登记机关按照国家有关规定办理。

第九条 收养关系当事人协议解除收养关系的，应当持居民户口簿、居民身份证、收养登记证和解除收养关系的书面协议，共同到被收养人常住户口所在地的收养登记机关办理解除收养关系登记。

第十条 收养登记机关收到解除收养关系登记申请书及有关材料后，应当自次日起30日内进行审查；对符合收养法规定的，为当事人办理解除收养关系的登记，收回收养登记证，发给解除收养关系证明。

第十一条 为收养关系当事人出具证明材料的组织，应当如实出具有关证明材料。出具虚假证明材料的，由收养登记机关没收虚假证明材料，并建议有关组织对直接责任人员给予批评教育，或者依法给予行政处分、纪律处分。

第十二条　收养关系当事人弄虚作假骗取收养登记的，收养关系无效，由收养登记机关撤销登记，收缴收养登记证。

第十三条　本办法规定的收养登记证、解除收养关系证明的式样，由国务院民政部门制订。

第十四条　华侨以及居住在香港、澳门、台湾地区的中国公民在内地收养子女的，申请办理收养登记的管辖以及所需要出具的证件和证明材料，按照国务院民政部门的有关规定执行。

第十五条　本办法自发布之日起施行。

外国人在中华人民共和国收养子女登记办法

（1999 年 5 月 20 日经国务院批准　1999 年 5 月 25 日民政部第 15 号令发布施行）

第一条　为了规范涉外收养登记行为，根据《中华人民共和国收养法》，制定本办法。

第二条　外国人在中华人民共和国境内收养子女（以下简称外国人在华收养子女），应当依照本办法办理登记。

收养人夫妻一方为外国人，在华收养子女，也应当依照本办法办理登记。

第三条　外国人在华收养子女，应当符合中国有关收养法律的规定，并应当符合收养人所在国有关收养法律的规定；因收养人所在国法律的规定与中国法律的规定不一致而产生的问题，由两国政府有关部门协商处理。

第四条　外国人在华收养子女，应当通过所在国政府或者政府委托的收养组织（以下简称外国收养组织）向中国政府委托的收养组织（以下简称中国收养组织）转交收养申请并提交收养人的家庭情况报告和证明。

前款规定的收养人的收养申请、家庭情况报告和证明，是指由其所在国有权机构出具，经其所在国外交机关或者外交机关授权的机构认证，并经中华人民共和国驻该国使馆或者领馆认证的下列文件：

（一）跨国收养申请书；

（二）出生证明；

（三）婚姻状况证明；

（四）职业、经济收入和财产状况证明；

（五）身体健康检查证明；

（六）有无受过刑事处罚的证明；

（七）收养人所在国主管机关同意其跨国收养子女的证明；

（八）家庭情况报告，包括收养人的身份、收养的合格性和适当性、家庭状况和病史、收养动机以及适合于照顾儿童的特点等。

在华工作或者学习连续居住一年以上的外国人在华收养子女，应当提交前款规定的除身体健康检查证明以外的文件，并应当提交在华所在单位或者有关部门出具的婚姻状况证明、职业、经济收入或者财产状况证明，有无受过刑事处罚证明以及县级以上医疗机构出具的身体健康检查证明。

第五条　送养人应当向省、自治区、直辖市人民政府民政部门提交本人的居民户口簿和居民身份证（社会福利机构作送养人的，应当提交其负责人的身份证件）、被收养人的户籍证明等情况证明，并根据不同情况提交下列有关证明材料：

（一）被收养人的生父母（包括已经离婚的）为送养人的，应当提交生父母有特殊困难无力抚养的证明和生父母双方同意送养的书面意见；其中，被收养人的生父或者生母因丧偶或者一方下落不明，由单方送养的，并应当提交配偶死亡或者下落不明的证明以及死亡的或者下落不明的配偶的父母不行使优先抚养权的书面声明；

（二）被收养人的父母均不具备完全民事行为能力，由被收养人的其他监护人作送养人的，应当提交被收养人的父母不具备完全民事行为能力且对被收养人有严重危害的证明以及监护人有监护权的证明；

（三）被收养人的父母均已死亡，由被收养人的监护人作送养人的，应当提交其生父母的死亡证明、监护人实际承担监护责任的证明，以及其他有抚养义务的人同意送养的书面意见；

（四）由社会福利机构作送养人的，应当提交弃婴、儿童被遗弃和发现的情况证明以及查找其父母或者其他监护人的情况证明；被收养人是孤儿的，应当提交孤儿父母的死亡或者宣告死亡证明，以及有抚养孤儿义务的其他人同意送养的书面意见。

送养残疾儿童的，还应当提交县级以上医疗机构出具的该儿童的残疾证明。

第六条　省、自治区、直辖市人民政府民政部门应当对送养人提交的证件和证明材料进行审查，对查找不到生父母的弃婴和儿童公告查找其生父母；认为被收养人、送养人符合收养法规定条件的，将符合收养法规定的被收养人、送养人名单通知中国收养组织，同时转交下列证件和证明材料：

（一）送养人的居民户口簿和居民身份证（社会福利机构作送养人的，为其负责人的身份证件）复制件；

（二）被收养人是弃婴或者孤儿的证明、户簿证明、成长情况报告和身体健康检查证明的复制件及照片。

省、自治区、直辖市人民政府民政部门查找弃婴或者儿童生父母的公告应当在省级地方报纸上刊登。自公告刊登之日起满60日，弃婴和儿童的生父母或者其他监护人未认领的，视为查找不到生父母的弃婴和儿童。

第七条　中国收养组织对外国收养人的收养申请和有关证明进行审查后，应当在省、自治区、直辖市人民政府民政部门报送的符合收养法规定条件的被收养人中，参照外国收养人的意愿，选择适当的被收养人，并将该被收养人及其送养人的有关情况通过外国政府或者外国收养组织送交外国收养人。外国收养人同意收养的，中国收养组织向其发出来华收养子女通知书，同时通知有关的省、自治区、直辖市人民政府民政部门向送养人发出被收养人已被同意收养的通知。

第八条　外国人来华收养子女，应当亲自来华办理登记手续。夫妻共同收养的，应当共同来华办理收养手续；一方因故不能来华的，应当书面委托另一方。委托书应当经所在国公证和认证。

第九条　外国人来华收养子女，应当与送养人订立书面收养协议。协议一式三份，收养人、送养人各执一份，办理收养登记手续时收养登记机关收存一份。

书面协议订立后，收养关系当事人应当共同到被收养人常住户口所在地的省、自治区、直辖市人民政府民政部门办理收养登记。

第十条 收养关系当事人办理收养登记时，应当填写外国人来华收养子女登记申请书并提交收养协议，同时分别提供有关材料。

收养人应当提供下列材料：

（一）中国收养组织发出的来华收养子女通知书；

（二）收养人的身份证件和照片。

送养人应当提供下列材料：

（一）省、自治区、直辖市人民政府民政部门发出的被收养人已被同意收养的通知；

（二）送养人的居民户口簿和居民身份证（社会福利机构作送养人的，为其负责人的身份证件）、被收养人的照片。

第十一条 收养登记机关收到外国人来华收养子女登记申请书和收养人、被收养人及其送养人的有关材料后，应当自次日起 7 日内进行审查，对符合本办法第十条规定的，为当事人办理收养登记，发给收养登记证书。收养关系自登记之日起成立。

收养登记机关应当将登记结果通知中国收养组织。

第十二条 收养关系当事人办理收养登记后，各方或者一方要求办理收养公证的，应当到收养登记地的具有办理涉外公证资格的公证机构办理收养公证。

第十三条 被收养人出境前，收养人应当凭收养登记证书到收养登记地的公安机关为被收养人办理出境手续。

第十四条 外国人在华收养子女，应当向登记机关交纳登记费。登记费的收取标准按照国家有关规定执行。

中国收养组织是非营利性公益事业单位，为外国收养人提供收养服务，可以收取服务费。服务费的收取标准按照国家有关规定执行。

为抚养在社会福利机构生活的弃婴和儿童，国家鼓励外国收养人、外国收养组织向社会福利机构捐赠。受聘的社会福利机构必须将捐赠财物全部用于改善所抚养的弃婴和儿童的养育条件，不得挪作他用，并应当将捐赠财物的使用情况告知捐赠人。受赠的社会福利机构还应当接受有关部门的监督，并应当将捐赠的使用情况向社会公布。

第十五条 中国收养组织的活动受国务院民政部门监督。

第十六条 本办法自发布之日起施行。1993 年 11 月 3 日国务院批准，1993 年 11 月 10 日司法部、民政部发布的《外国人在中华人民共和国收养子女实施办法》同时废止。

家庭寄养管理办法

（2014年9月14日民政部部务会议通过　2014年9月24日民政部令第54号公布　自2014年12月1日起施行）

第一章　总　　则

第一条　为了规范家庭寄养工作，促进寄养儿童身心健康成长，根据《中华人民共和国未成年人保护法》和国家有关规定，制定本办法。

第二条　本办法所称家庭寄养，是指经过规定的程序，将民政部门监护的儿童委托在符合条件的家庭中养育的照料模式。

第三条　家庭寄养应当有利于寄养儿童的抚育、成长，保障寄养儿童的合法权益不受侵犯。

第四条　国务院民政部门负责全国家庭寄养监督管理工作。

县级以上地方人民政府民政部门负责本行政区域内家庭寄养监督管理工作。

第五条　县级以上地方人民政府民政部门设立的儿童福利机构负责家庭寄养工作的组织实施。

第六条　县级以上人民政府民政部门应当会同有关部门采取措施，鼓励、支持符合条件的家庭参与家庭寄养工作。

第二章　寄养条件

第七条　未满十八周岁、监护权在县级以上地方人民政府民政部门的孤儿、查找不到生父母的弃婴和儿童，可以被寄养。

需要长期依靠医疗康复、特殊教育等专业技术照料的重度残疾儿童，不宜安排家庭寄养。

第八条　寄养家庭应当同时具备下列条件：

（一）有儿童福利机构所在地的常住户口和固定住所。寄养儿童入住后，人均居住面积不低于当地人均居住水平；

（二）有稳定的经济收入，家庭成员人均收入在当地处于中等水平以上；

（三）家庭成员未患有传染病或者精神疾病，以及其他不利于寄养儿童抚育、成长的疾病；

（四）家庭成员无犯罪记录，无不良生活嗜好，关系和睦，与邻里关系融洽；

（五）主要照料人的年龄在三十周岁以上六十五周岁以下，身体健康，具有照料儿童的能力、经验,初中以上文化程度。

具有社会工作、医疗康复、心理健康、文化教育等专业知识的家庭和自愿无偿奉献爱心的家庭,同等条件下优先考虑。

第九条 每个寄养家庭寄养儿童的人数不得超过二人,且该家庭无未满六周岁的儿童。

第十条 寄养残疾儿童,应当优先在具备医疗、特殊教育、康复训练条件的社区中为其选择寄养家庭。

第十一条 寄养年满十周岁以上儿童的,应当征得寄养儿童的同意。

第三章 寄养关系的确立

第十二条 确立家庭寄养关系,应当经过以下程序:

(一)申请。拟开展寄养的家庭应当向儿童福利机构提出书面申请,并提供户口簿、身份证复印件,家庭经济收入和住房情况、家庭成员健康状况以及一致同意申请等证明材料;

(二)评估。儿童福利机构应当组织专业人员或者委托社会工作服务机构等第三方专业机构对提出申请的家庭进行实地调查,核实申请家庭是否具备寄养条件和抚育能力,了解其邻里关系、社会交往、有无犯罪记录、社区环境等情况,并根据调查结果提出评估意见;

(三)审核。儿童福利机构应当根据评估意见对申请家庭进行审核,确定后报主管民政部门备案;

(四)培训。儿童福利机构应当对寄养家庭主要照料人进行培训;

(五)签约。儿童福利机构应当与寄养家庭主要照料人签订寄养协议,明确寄养期限、寄养双方的权利义务、寄养家庭的主要照料人、寄养融合期限、违约责任及处理等事项。家庭寄养协议自双方签字(盖章)之日起生效。

第十三条 寄养家庭应当履行下列义务:

(一)保障寄养儿童人身安全,尊重寄养儿童人格尊严;

(二)为寄养儿童提供生活照料,满足日常营养需要,帮助其提高生活自理能力;

(三)培养寄养儿童健康的心理素质,树立良好的思想道德观念;

(四)按照国家规定安排寄养儿童接受学龄前教育和义务教育。负责与学校沟通,配合学校做好寄养儿童的学校教育;

(五)对患病的寄养儿童及时安排医治。寄养儿童发生急症、重症等情况时,应当及时进行医治,并向儿童福利机构报告;

(六)配合儿童福利机构为寄养的残疾儿童提供辅助矫治、肢体功能康复训练、聋儿语言康复训练等方面的服务;

(七)配合儿童福利机构做好寄养儿童的送养工作;

（八）定期向儿童福利机构反映寄养儿童的成长状况，并接受其探访、培训、监督和指导；

（九）及时向儿童福利机构报告家庭住所变更情况；

（十）保障寄养儿童应予保障的其他权益。

第十四条　儿童福利机构主要承担以下职责：

（一）制定家庭寄养工作计划并组织实施；

（二）负责寄养家庭的招募、调查、审核和签约；

（三）培训寄养家庭中的主要照料人，组织寄养工作经验交流活动；

（四）定期探访寄养儿童，及时处理存在的问题；

（五）监督、评估寄养家庭的养育工作；

（六）建立家庭寄养服务档案并妥善保管；

（七）根据协议规定发放寄养儿童所需款物；

（八）向主管民政部门及时反映家庭寄养工作情况并提出建议。

第十五条　寄养协议约定的主要照料人不得随意变更。确需变更的，应当经儿童福利机构同意，经培训后在家庭寄养协议主要照料人一栏中变更。

第十六条　寄养融合期的时间不得少于六十日。

第十七条　寄养家庭有协议约定的事由在短期内不能照料寄养儿童的，儿童福利机构应当为寄养儿童提供短期养育服务。短期养育服务时间一般不超过三十日。

第十八条　寄养儿童在寄养期间不办理户口迁移手续，不改变与民政部门的监护关系。

第四章　寄养关系的解除

第十九条　寄养家庭提出解除寄养关系的，应当提前一个月向儿童福利机构书面提出解除寄养关系的申请，儿童福利机构应当予以解除。但在融合期内提出解除寄养关系的除外。

第二十条　寄养家庭有下列情形之一的，儿童福利机构应当解除寄养关系：

（一）寄养家庭及其成员有歧视、虐待寄养儿童行为的；

（二）寄养家庭成员的健康、品行不符合本办法第八条第（三）和（四）项规定的；

（三）寄养家庭发生重大变故，导致无法履行寄养义务的；

（四）寄养家庭变更住所后不符合本办法第八条规定的；

（五）寄养家庭借机对外募款敛财的；

（六）寄养家庭不履行协议约定的其他情形。

第二十一条　寄养儿童有下列情形之一的，儿童福利机构应当解除寄养关系：

（一）寄养儿童与寄养家庭关系恶化，确实无法共同生活的；

（二）寄养儿童依法被收养、被亲生父母或者其他监护人认领的；

（三）寄养儿童因就医、就学等特殊原因需要解除寄养关系的。

第二十二条 解除家庭寄养关系，儿童福利机构应当以书面形式通知寄养家庭，并报其主管民政部门备案。家庭寄养关系的解除以儿童福利机构批准时间为准。

第二十三条 儿童福利机构拟送养寄养儿童时，应当在报送被送养人材料的同时通知寄养家庭。

第二十四条 家庭寄养关系解除后，儿童福利机构应当妥善安置寄养儿童，并安排社会工作、医疗康复、心理健康教育等专业技术人员对其进行辅导、照料。

第二十五条 符合收养条件、有收养意愿的寄养家庭，可以依法优先收养被寄养儿童。

第五章 监督管理

第二十六条 县级以上地方人民政府民政部门对家庭寄养工作负有以下监督管理职责：

（一）制定本地区家庭寄养工作政策；

（二）指导、检查本地区家庭寄养工作；

（三）负责寄养协议的备案，监督寄养协议的履行；

（四）协调解决儿童福利机构与寄养家庭之间的争议；

（五）与有关部门协商，及时处理家庭寄养工作中存在的问题。

第二十七条 开展跨县级或者设区的市级行政区域的家庭寄养，应当经过共同上一级人民政府民政部门同意。

不得跨省、自治区、直辖市开展家庭寄养。

第二十八条 儿童福利机构应当聘用具有社会工作、医疗康复、心理健康教育等专业知识的专职工作人员。

第二十九条 家庭寄养经费，包括寄养儿童的养育费用补贴、寄养家庭的劳务补贴和寄养工作经费等。

寄养儿童养育费用补贴按照国家有关规定列支。寄养家庭劳务补贴、寄养工作经费等由当地人民政府予以保障。

第三十条 家庭寄养经费必须专款专用，儿童福利机构不得截留或者挪用。

第三十一条 儿童福利机构可以依法通过与社会组织合作、通过接受社会捐赠获得资助。

与境外社会组织或者个人开展同家庭寄养有关的合作项目，应当按照有关规定办理手续。

第六章 法律责任

第三十二条 寄养家庭不履行本办法规定的义务，或者未经同意变更主要照料人的，儿童福利机构可以督促其改正，情节严重的，可以解除寄养协议。

寄养家庭成员侵害寄养儿童的合法权益，造成人身财产损害的，依法承担民事责任；构成犯罪的，依法追究刑事责任。

第三十三条　儿童福利机构有下列情形之一的，由设立该机构的民政部门进行批评教育，并责令改正；情节严重的，对直接负责的主管人员和其他直接责任人员依法给予处分：

（一）不按照本办法的规定承担职责的；

（二）在办理家庭寄养工作中牟取利益，损害寄养儿童权益的；

（三）玩忽职守导致寄养协议不能正常履行的；

（四）跨省、自治区、直辖市开展家庭寄养，或者未经上级部门同意擅自开展跨县级或者设区的市级行政区域家庭寄养的；

（五）未按照有关规定办理手续，擅自与境外社会组织或者个人开展家庭寄养合作项目的。

第三十四条　县级以上地方人民政府民政部门不履行家庭寄养工作职责，由上一级人民政府民政部门责令其改正。情节严重的，对直接负责的主管人员和其他直接责任人员依法给予处分。

第七章　附　　则

第三十五条　对流浪乞讨等生活无着未成年人承担临时监护责任的未成年人救助保护机构开展家庭寄养，参照本办法执行。

第三十六条　尚未设立儿童福利机构的，由县级以上地方人民政府民政部门负责本行政区域内家庭寄养的组织实施，具体工作参照本办法执行。

第三十七条　本办法自2014年12月1日起施行，2003年颁布的《家庭寄养管理暂行办法》（民发〔2003〕144号）同时废止。

最高人民法院、最高人民检察院、公安部、民政部关于依法处理监护人侵害未成年人权益行为若干问题的意见

（2014年12月18日　法发〔2014〕24号公布　自2015年1月1日起实施）

为切实维护未成年人合法权益，加强未成年人行政保护和司法保护工作，确保未成年人得到妥善监护照料，根据民法通则、民事诉讼法、未成年人保护法等法律规定，现就处理监护人侵害未成年人权益行为（以下简称监护侵害行为）的有关工作制定本意见。

一、一般规定

1. 本意见所称监护侵害行为，是指父母或者其他监护人（以下简称监护人）性侵害、出卖、遗弃、虐待、暴力伤害未成年人，教唆、利用未成年人实施违法犯罪行为，胁迫、诱骗、利用未成年人乞讨，以及不履行监护职责严重危害未成年人身心健康等行为。

2. 处理监护侵害行为，应当遵循未成年人最大利益原则，充分考虑未成年人身心特点和人格尊严，给予未成年人特殊、优先保护。

3. 对于监护侵害行为，任何组织和个人都有权劝阻、制止或者举报。

公安机关应当采取措施，及时制止在工作中发现以及单位、个人举报的监护侵害行为，情况紧急时将未成年人带离监护人。

民政部门应当设立未成年人救助保护机构（包括救助管理站、未成年人救助保护中心），对因受到监护侵害进入机构的未成年人承担临时监护责任，必要时向人民法院申请撤销监护人资格。

人民法院应当依法受理人身安全保护裁定申请和撤销监护人资格案件并作出裁判。

人民检察院对公安机关、人民法院处理监护侵害行为的工作依法实行法律监督。

人民法院、人民检察院、公安机关设有办理未成年人案件专门工作机构的，应当优先由专门工作机构办理监护侵害案件。

4. 人民法院、人民检察院、公安机关、民政部门应当充分履行职责，加强指导和培训，提高保护未成年人的能力和水平；加强沟通协作，建立信息共享机制，实现未成年人行政保护和司法保护的有效衔接。

5. 人民法院、人民检察院、公安机关、民政部门应当加强与妇儿工委、教育部门、卫生部门、共青团、妇联、关工委、未成年人住所地村（居）民委员会等的联系和协作，积极引导、鼓励、支持法律服务机构、社会工作服务机构、公益慈善组织和志愿者等社会力量，共同做好受监护侵害的未成年人的保护工作。

二、报告和处置

6. 学校、医院、村(居)民委员会、社会工作服务机构等单位及其工作人员,发现未成年人受到监护侵害的,应当及时向公安机关报案或者举报。

其他单位及其工作人员、个人发现未成年人受到监护侵害的,也应当及时向公安机关报案或者举报。

7. 公安机关接到涉及监护侵害行为的报案、举报后,应当立即出警处置,制止正在发生的侵害行为并迅速进行调查。符合刑事立案条件的,应当立即立案侦查。

8. 公安机关在办理监护侵害案件时,应当依照法定程序,及时、全面收集固定证据,保证办案质量。

询问未成年人,应当考虑未成年人的身心特点,采取和缓的方式进行,防止造成进一步伤害。

未成年人有其他监护人的,应当通知其他监护人到场。其他监护人无法通知或者未能到场的,可以通知未成年人的其他成年亲属、所在学校、村(居)民委员会、未成年人保护组织的代表以及专业社会工作者等到场。

9. 监护人的监护侵害行为构成违反治安管理行为的,公安机关应当依法给予治安管理处罚,但情节特别轻微不予治安管理处罚的,应当给予批评教育并通报当地村(居)民委员会;构成犯罪的,依法追究刑事责任。

10. 对于疑似患有精神障碍的监护人,已实施危害未成年人安全的行为或者有危害未成年人安全危险的,其近亲属、所在单位、当地公安机关应当立即采取措施予以制止,并将其送往医疗机构进行精神障碍诊断。

11. 公安机关在出警过程中,发现未成年人身体受到严重伤害、面临严重人身安全威胁或者处于无人照料等危险状态的,应当将其带离实施监护侵害行为的监护人,就近护送至其他监护人、亲属、村(居)民委员会或者未成年人救助保护机构,并办理书面交接手续。未成年人有表达能力的,应当就护送地点征求未成年人意见。

负责接收未成年人的单位和人员(以下简称临时照料人)应当对未成年人予以临时紧急庇护和短期生活照料,保护未成年人的人身安全,不得侵害未成年人合法权益。

公安机关应当书面告知临时照料人有权依法向人民法院申请人身安全保护裁定和撤销监护人资格。

12. 对身体受到严重伤害需要医疗的未成年人,公安机关应当先行送医救治,同时通知其他有监护资格的亲属照料,或者通知当地未成年人救助保护机构开展后续救助工作。

监护人应当依法承担医疗救治费用。其他亲属和未成年人救助保护机构等垫付医疗救治费用的,有权向监护人追偿。

13. 公安机关将受监护侵害的未成年人护送至未成年人救助保护机构的,应当在五个工作日内提供案件侦办查处情况说明。

14. 监护侵害行为可能构成虐待罪的,公安机关应当告知未成年人及其近亲属有权告诉或者代为告诉，并通报所在地同级人民检察院。

未成年人及其近亲属没有告诉的，由人民检察院起诉。

三、临时安置和人身安全保护裁定

15. 未成年人救助保护机构应当接收公安机关护送来的受监护侵害的未成年人，履行临时监护责任。

未成年人救助保护机构履行临时监护责任一般不超过一年。

16. 未成年人救助保护机构可以采取家庭寄养、自愿助养、机构代养或者委托政府指定的寄宿学校安置等方式，对未成年人进行临时照料，并为未成年人提供心理疏导、情感抚慰等服务。

未成年人因临时监护需要转学、异地入学接受义务教育的，教育行政部门应当予以保障。

17. 未成年人的其他监护人、近亲属要求照料未成年人的，经公安机关或者村（居）民委员会确认其身份后，未成年人救助保护机构可以将未成年人交由其照料，终止临时监护。

关系密切的其他亲属、朋友要求照料未成年人的，经未成年人父、母所在单位或者村（居）民委员会同意，未成年人救助保护机构可以将未成年人交由其照料，终止临时监护。

未成年人救助保护机构将未成年人送交亲友临时照料的，应当办理书面交接手续，并书面告知临时照料人有权依法向人民法院申请人身安全保护裁定和撤销监护人资格。

18. 未成年人救助保护机构可以组织社会工作服务机构等社会力量，对监护人开展监护指导、心理疏导等教育辅导工作，并对未成年人的家庭基本情况、监护情况、监护人悔过情况、未成年人身心健康状况以及未成年人意愿等进行调查评估。监护人接受教育辅导及后续表现情况应当作为调查评估报告的重要内容。

有关单位和个人应当配合调查评估工作的开展。

19. 未成年人救助保护机构应当与公安机关、村（居）民委员会、学校以及未成年人亲属等进行会商，根据案件侦办查处情况说明、调查评估报告和监护人接受教育辅导等情况，并征求有表达能力的未成年人意见，形成会商结论。

经会商认为本意见第 11 条第 1 款规定的危险状态已消除，监护人能够正确履行监护职责的，未成年人救助保护机构应当及时通知监护人领回未成年人。监护人应当在三日内领回未成年人并办理书面交接手续。会商形成结论前，未成年人救助保护机构不得将未成年人交由监护人领回。

经会商认为监护侵害行为属于本意见第 35 条规定情形的，未成年人救助保护机构应当向人民法院申请撤销监护人资格。

20. 未成年人救助保护机构通知监护人领回未成年人的，应当将相关情况通报未成年人所在学校、辖区公安派出所、村（居）民委员会，并告知其对通报内容负有保密义务。

21. 监护人领回未成年人的，未成年人救助保护机构应当指导村（居）民委员会对监护人的监护情况进行随访，开展教育辅导工作。

未成年人救助保护机构也可以组织社会工作服务机构等社会力量，开展前款工作。

22. 未成年人救助保护机构或者其他临时照料人可以根据需要，在诉讼前向未成年人住所地、监护人住所地或者侵害行为地人民法院申请人身安全保护裁定。

未成年人救助保护机构或者其他临时照料人也可以在诉讼中向人民法院申请人身安全保护裁定。

23. 人民法院接受人身安全保护裁定申请后，应当按照民事诉讼法第一百条、第一百零一条、第一百零二条的规定作出裁定。经审查认为存在侵害未成年人人身安全危险的，应当作出人身安全保护裁定。

人民法院接受诉讼前人身安全保护裁定申请后，应当在四十八小时内作出裁定。接受诉讼中人身安全保护裁定申请，情况紧急的，也应当在四十八小时内作出裁定。人身安全保护裁定应当立即执行。

24. 人身安全保护裁定可以包括下列内容中的一项或者多项：

（一）禁止被申请人暴力伤害、威胁未成年人及其临时照料人；

（二）禁止被申请人跟踪、骚扰、接触未成年人及其临时照料人；

（三）责令被申请人迁出未成年人住所；

（四）保护未成年人及其临时照料人人身安全的其他措施。

25. 被申请人拒不履行人身安全保护裁定，危及未成年人及其临时照料人人身安全或者扰乱未成年人救助保护机构工作秩序的，未成年人、未成年人救助保护机构或者其他临时照料人有权向公安机关报告，由公安机关依法处理。

被申请人有其他拒不履行人身安全保护裁定行为的，未成年人、未成年人救助保护机构或者其他临时照料人有权向人民法院报告，人民法院根据民事诉讼法第一百一十一条、第一百一十五条、第一百一十六条的规定，视情节轻重处以罚款、拘留；构成犯罪的，依法追究刑事责任。

26. 当事人对人身安全保护裁定不服的，可以申请复议一次。复议期间不停止裁定的执行。

四、申请撤销监护人资格诉讼

27. 下列单位和人员（以下简称有关单位和人员）有权向人民法院申请撤销监护人资格：

（一）未成年人的其他监护人，祖父母、外祖父母、兄、姐，关系密切的其他亲属、朋友；

（二）未成年人住所地的村（居）民委员会，未成年人父、母所在单位；

（三）民政部门及其设立的未成年人救助保护机构；

（四）共青团、妇联、关工委、学校等团体和单位。

申请撤销监护人资格，一般由前款中负责临时照料未成年人的单位和人员提出，也可以由前款中其他单位和人员提出。

28. 有关单位和人员向人民法院申请撤销监护人资格的，应当提交相关证据。

有包含未成年人基本情况、监护存在问题、监护人悔过情况、监护人接受教育辅导情况、未成年人身心健康状况以及未成年人意愿等内容的调查评估报告的，应当一并提交。

29. 有关单位和人员向公安机关、人民检察院申请出具相关案件证明材料的，公安机关、人民检察院应当提供证明案件事实的基本材料或者书面说明。

30. 监护人因监护侵害行为被提起公诉的案件，人民检察院应当书面告知未成年人及其临时照料人有权依法申请撤销监护人资格。

对于监护侵害行为符合本意见第35条规定情形而相关单位和人员没有提起诉讼的，人民检察院应当书面建议当地民政部门或者未成年人救助保护机构向人民法院申请撤销监护人资格。

31. 申请撤销监护人资格案件，由未成年人住所地、监护人住所地或者侵害行为地基层人民法院管辖。

人民法院受理撤销监护人资格案件，不收取诉讼费用。

五、撤销监护人资格案件审理和判后安置

32. 人民法院审理撤销监护人资格案件，比照民事诉讼法规定的特别程序进行，在一个月内审理结案。有特殊情况需要延长的，由本院院长批准。

33. 人民法院应当全面审查调查评估报告等证据材料，听取被申请人、有表达能力的未成年人以及村(居)民委员会、学校、邻居等的意见。

34. 人民法院根据案件需要可以聘请适当的社会人士对未成年人进行社会观护，并可以引入心理疏导和测评机制，组织专业社会工作者、儿童心理问题专家等专业人员参与诉讼，为未成年人和被申请人提供心理辅导和测评服务。

35. 被申请人有下列情形之一的，人民法院可以判决撤销其监护人资格：

(一)性侵害、出卖、遗弃、虐待、暴力伤害未成年人，严重损害未成年人身心健康的；

(二)将未成年人置于无人监管和照看的状态，导致未成年人面临死亡或者严重伤害危险，经教育不改的；

(三)拒不履行监护职责长达六个月以上，导致未成年人流离失所或者生活无着的；

(四)有吸毒、赌博、长期酗酒等恶习无法正确履行监护职责或者因服刑等原因无法履行监护职责，且拒绝将监护职责部分或者全部委托给他人，致使未成年人处于困境或者危险状态的；

(五)胁迫、诱骗、利用未成年人乞讨，经公安机关和未成年人救助保护机构等部门三次以上批评教育拒不改正，严重影响未成年人正常生活和学习的；

(六)教唆、利用未成年人实施违法犯罪行为，情节恶劣的；

(七)有其他严重侵害未成年人合法权益行为的。

36. 判决撤销监护人资格，未成年人有其他监护人的，应当由其他监护人承担监护职责。其他监护人应当采取措施避免未成年人继续受到侵害。

没有其他监护人的,人民法院根据最有利于未成年人的原则,在民法通则第十六条第二款、第四款规定的人员和单位中指定监护人。指定个人担任监护人的,应当综合考虑其意愿、品行、身体状况、经济条件、与未成年人的生活情感联系以及有表达能力的未成年人的意愿等。

没有合适人员和其他单位担任监护人的,人民法院应当指定民政部门担任监护人,由其所属儿童福利机构收留抚养。

37. 判决不撤销监护人资格的,人民法院可以根据需要走访未成年人及其家庭,也可以向当地民政部门、辖区公安派出所、村(居)民委员会、共青团、妇联、未成年人所在学校、监护人所在单位等发出司法建议,加强对未成年人的保护和对监护人的监督指导。

38. 被撤销监护人资格的侵害人,自监护人资格被撤销之日起三个月至一年内,可以书面向人民法院申请恢复监护人资格,并应当提交相关证据。

人民法院应当将前款内容书面告知侵害人和其他监护人、指定监护人。

39. 人民法院审理申请恢复监护人资格案件,按照变更监护关系的案件审理程序进行。

人民法院应当征求未成年人现任监护人和有表达能力的未成年人的意见,并可以委托申请人住所地的未成年人救助保护机构或者其他未成年人保护组织,对申请人监护意愿、悔改表现、监护能力、身心状况、工作生活情况等进行调查,形成调查评估报告。

申请人正在服刑或者接受社区矫正的,人民法院应当征求刑罚执行机关或者社区矫正机构的意见。

40. 人民法院经审理认为申请人确有悔改表现并且适宜担任监护人的,可以判决恢复其监护人资格,原指定监护人的监护人资格终止。

申请人具有下列情形之一的,一般不得判决恢复其监护人资格:

(一)性侵害、出卖未成年人的;

(二)虐待、遗弃未成年人六个月以上、多次遗弃未成年人,并且造成重伤以上严重后果的;

(三)因监护侵害行为被判处五年有期徒刑以上刑罚的。

41. 撤销监护人资格诉讼终结后六个月内,未成年人及其现任监护人可以向人民法院申请人身安全保护裁定。

42. 被撤销监护人资格的父、母应当继续负担未成年人的抚养费用和因监护侵害行为产生的各项费用。相关单位和人员起诉的,人民法院应予支持。

43. 民政部门应当根据有关规定,将符合条件的受监护侵害的未成年人纳入社会救助和相关保障范围。

44. 民政部门担任监护人的,承担抚养职责的儿童福利机构可以送养未成年人。

送养未成年人应当在人民法院作出撤销监护人资格判决一年后进行。侵害人有本意见第 40 条第 2 款规定情形的,不受一年后送养的限制。

共青团中央、民政部、国家卫生计生委关于印发《关于进一步做好青年婚恋工作的指导意见》的通知

（2017 年 9 月 4 日）

各省、自治区、直辖市团委、民政厅（局）、卫生计生委，中央军委政治工作部组织局群团处，全国铁道团委，全国民航团委，中直机关团工委，中央国家机关团工委，中央金融团工委，中央企业团工委，新疆生产建设兵团团委、民政局、卫生局、人口计生委：

为贯彻落实《中长期青年发展规划（2016—2025 年）》，推动服务青年婚恋工作，特制定《关于进一步做好青年婚恋工作的指导意见》。现印发给你们，请结合实际认真贯彻执行。

共青团中央

民政部

国家卫生计生委

2017 年 9 月 4 日

关于进一步做好青年婚恋工作的指导意见

恋爱成家是青年的人生大事和普遍需求。做好青年婚恋工作，不仅直接影响青年的健康发展，也关系到社会的和谐稳定。今年 4 月，中共中央、国务院印发《中长期青年发展规划（2016—2025 年）》（以下简称《规划》），将青年婚恋作为青年发展的重要领域，明确了目标任务，制定了发展措施。为推动《规划》有效实施，健全青年婚恋的社会支持体系，现制定以下指导意见。

一、思路和目标

贯彻落实《规划》关于青年婚恋的工作部署，健全政府部门、群团组织、社会力量齐抓共促青年婚恋工作的协同推进机制，加强青年婚恋观、家庭观的教育和引导，培育诚信度较高、适合青年特点需求的多样化青年婚恋服务项目，开展青年性健康教育和优生优育宣传教育，不断优化完善青年婚恋生育相关政策，推动青年婚恋观念更加文明、健康、理性，青年婚姻家庭和生殖健康服务水平进一步提升，青年相关法定权利得到更好保障。

二、基本原则

1. 突出价值引领。把服务青年需求与引领青年践行社会主义核心价值观结合起来，在帮助青年解决交友、择偶、婚姻实际问题的同时，强化青年对情感生活的尊重意识、诚信

意识和责任意识,加强对青年婚恋观、家庭观的教育和引导。

2. 强化公益导向。鼓励面向青年开展的公益性婚恋交友服务,打造诚信度高、公益性强的青年交友信息平台,提高青年获取婚恋婚育权益维护和公共服务的可及性,推动形成关心青年婚恋、促进青年成长的良好社会氛围。

3. 坚持青年为本。适应青年多样化需求和差异化特点,拓宽青年交友交流的渠道,培育富有实效、内涵、特色的服务项目,扩大青年反映呼声和参与评价的渠道,健全以青年满意度为核心的婚恋服务评价体系。

4. 务求工作实效。以市、县(区)为工作主体,就近就便开展青年婚恋工作。密切政府部门、群团组织、社会力量的协同合作,促进基层婚恋婚育服务水平的提升,共同推动相关政策法规的完善和执行。

三、工作内容

1. 弘扬文明婚恋风尚。将倡树婚恋文明新风融入培育和践行社会主义核心价值观工作体系,大力倡导文明、健康、理性的婚恋观念,形成积极健康的婚恋舆论导向。争取宣传、文化部门和新闻媒体的支持,在开展精神文明创建活动中,注重选树彰显正面婚恋观念的典型,推动协调新闻媒体、文艺社团、文化公司等打造积极向上的婚恋影视作品、新闻栏目和文化产品。各级团组织要配合相关政府部门,积极开展融入婚恋文明内涵的社区服务、法律援助、文化宣传等群众性活动,倡导家庭美德和文明节俭的婚庆文化,宣传婚姻政策及相关法规,丰富婚恋文明的时代内涵和实践载体。

2. 加强婚恋咨询与指导。加强对青年恋爱交友过程、婚姻家庭生活的心理和行为指导,在帮助青年解决实际问题的同时,加强青年价值引导、促进青年健康发展。依托民政、卫生计生、司法等专业力量,加强对专兼职心理咨询师和婚恋咨询、婚姻调解等社工队伍的培训,引导社会力量开展专业化咨询,丰富社区服务机构、医疗机构、婚介机构的咨询功能,提高青年婚恋咨询和指导的可及性和专业性。各级团组织要结合青年特点开展服务和引导工作,通过线上咨询、婚恋讲堂、面对面沟通等多种方式,帮助青年解除思想压力和心理困惑,提高青年社会融入、情绪管理、情感经营能力,引导青年端正择偶观念和家庭观念。

3. 普及性健康和优生优育知识。开展青年性健康、婚前保健和生育知识的教育宣传活动,促进青年生殖健康水平进一步提升。推动有条件的学校推广性健康和婚前保健课程,加强性教育和婚前保健服务师资队伍建设。以世界人口日、五四青年节等为契机,大力开展性健康、婚前保健和婚育文明主题宣传活动,利用公共场所、结婚登记场所、网络媒体,走进企业、社区、学校等,开展形式多样的宣讲、服务、咨询活动,重点加强进城务工青年群体的公益服务和知识普及,增强青年主动预防和减少不当性行为的意识和能力。加强基层青年婚恋服务阵地建设,依托各类“青年之家”、城乡社区服务机构等开展婚育文化教育,引导青年主动实施婚前、孕前和产前医学检查。

4. 培育公益性婚恋服务项目。更好适应青年交友、相亲、婚介、婚庆的多元多样需求,动员和支持基层团组织培育有形有效的服务项目。组织单身青年参加文体娱乐、兴趣培养、技能提升、社会服务等健康向上的集体活动,拓展青年社会交往的广度和深度,丰富青年交友择偶的机会。缓解青年婚恋经济压力,通过举办集体婚礼、优化婚庆服务、提供恋爱交友便利条件等,为青年提供贴心暖心的服务。加大对重点青年群体的服务力度,针对大龄未婚青年、进城务工青年、农村青年、青年官兵、部分行业青年等的婚恋难题和不同特点,尊重差异与个性,注重分类精准施策,提高服务针对性和有效性。

5. 拓展线上线下服务平台。整合民政部门、团组织、市场机构、社会组织的阵地和平台资源,打造一批便于青年参与、服务实效显著、有较高诚信度的婚恋公益服务平台。拓展实体服务阵地,为青年开展身份认证、婚恋咨询、联谊交流、交友约会等活动提供便利化精准化的服务。拓展线上服务平台,依托"青年之声"等团属媒体、团组织微博、微信公众号等,拓展婚恋咨询、婚恋调查、活动发布、活动报名的线上渠道,探索开发具备信息搜索、匹配推介、地图服务等功能的移动互联婚恋交友平台,将线上优势与线下服务深度融合,扩大服务覆盖、优化青年体验。

6. 促进婚恋市场规范发展。建立健全婚恋交友信息平台、婚介婚庆服务机构的行业标准体系和监测评估体系。协调推动工商、工信、公安、网监、机关职能等部门的协同联动,推动实名认证和实名注册在婚恋交友平台的严格执行,加强对个人用户信息保护的监督执法,依法整顿婚介服务市场,严厉打击婚托、婚骗等违法婚介行为。加强婚恋市场秩序的日常监管、婚恋服务质量的动态评估,拓展群团组织、青年、第三方机构参与评价的渠道。

7. 保障青年婚姻和生育合法权益。配合公安机关,依法处理包办、买卖等侵犯青年婚姻自由的行为。维护女性青年生育权益,落实女性青年在怀孕、生育和哺乳期间依法享有的物质和假期等方面的各项权利。对育龄劳动歧视、家庭暴力、财产纠纷等侵犯青年婚姻和生育合法权益的,积极配合相关部门,动员律师等专业力量,为青年提供必要帮助。

四、组织保障

1. 加强组织领导。民政部、卫生计生委、共青团中央是落实《规划》青年婚恋工作的主要部门,积极构建协同联动的工作机制,共同推动青年婚恋工作深入开展。省级民政部门、卫生计生部门、团委,主要负责本地区服务青年婚恋交友工作的组织领导,要重点做好思路谋划、统筹指导、支持保障等工作。市、县(区)民政部门、卫生计生部门、团委是青年婚恋工作的实施主体,要结合实际,突出重点,面向青年做好具体服务和引导工作,要做出特色、务求实效。

2. 形成社会合力。要推动青年婚恋交友服务体系的社会化发展,构建党政部门、群团组织、社会力量合力推动青年婚恋工作的良好格局。要发挥共青团协调作用,组建政府部门、行业协会、高校、社科机构等领域有关人士组成的专家团队,为青年婚恋工作发挥智库作用。要深化区域化团建工作合作,推动各级各类团组织服务青年婚恋交友的工作整合。要拓展基层团组织服务青年婚恋工作的社会化合作平台，支持婚恋领域青年组织开展联谊、婚介、交友等特色服务项目。

3. 强化政策保障。要加强青年婚恋状况的调查研究和关键数据的监测评估，为开展青年婚恋工作提供科学有力的依据。发挥民政部门、卫生计生部门的职能作用和专业优势，加强顶层设计，出台政策措施，为青年获取婚育服务提供便利。发挥共青团桥梁纽带作用，依托“共青团与人大代表、政协委员面对面”等渠道，及时反映青年呼声，促进青年婚恋相关政策的优化完善。

最高人民法院、全国妇联关于进一步加强合作建立健全妇女儿童权益保护工作机制的通知

(2019 年 8 月 16 日　法发〔2019〕21 号)

各省、自治区、直辖市高级人民法院,解放军军事法院,新疆维吾尔自治区高级人民法院生产建设兵团分院;各省、自治区、直辖市妇联,新疆生产建设兵团妇联:

为深入贯彻推进《最高人民法院关于进一步深化家事审判方式和工作机制改革的意见(试行)》(法发〔2018〕12 号)和《全国妇联、中央综治办、最高人民法院、公安部、民政部、司法部关于做好婚姻家庭纠纷预防化解工作的意见》(妇字〔2017〕13 号),在深化家事审判改革过程中,加强人民法院与妇联组织的协同配合,依法维护妇女儿童合法权益,现提出如下措施,请各地结合实际,加以落实。

1. 各级人民法院和妇联组织要以依法保障妇女儿童合法权益,维护平等和睦文明的婚姻家庭关系,促进社会健康发展为目标,充分发挥各自职能作用,在家事调解、家事调查、心理疏导以及反家庭暴力等方面充分加强沟通、协调和配合,建立健全法院诉讼与妇联组织调解有效对接的工作机制,促使婚姻家庭纠纷得到及时化解,妇女儿童合法权益得到有效保护。

2. 各级人民法院应当与同级妇联组织建立健全沟通协调的工作机制,通过定期召开工作联席会议等方式,通报妇女儿童权益保护工作情况,研究解决工作中出现的新情况、新问题,制定婚姻家庭纠纷审判人员、人民陪审员和妇联人民调解员、社会调查员等人员的选任和培训计划等。

3. 各级人民法院和妇联组织要进一步密切家事调解领域的合作。县(市、区)妇联组织加大工作力度,会同司法行政机关等建立健全婚姻家庭纠纷人民调解委员会,选聘专职人民调解员,加强法律、心理、社会工作、妇联维权等领域专业人员担任人民调解员工作,深入开展婚姻家庭纠纷调解。人民法院鼓励支持妇联组织参与人民法院诉调对接工作。各级人民法院与妇联组织开展特邀调解合作时,应当将婚姻家庭纠纷人民调解委员会和人民调解员纳入人民法院特邀调解组织和特邀调解员名册。

对人民法院委派、委托、特邀调解的案件,婚姻家庭纠纷人民调解委员会和人民调解员可以在职权范围内,充分运用妇联组织开展家庭工作的专业优势和传统经验,认真组织开展调解工作。妇联组织、人民调解员应就案件进展情况与人民法院保持联系,及时告知调解结果。

4. 各级人民法院和妇联组织要进一步密切委托家事调查领域的合作。各级妇联组

织应当积极向同级人民法院推荐具有性别意识，熟悉法律、心理、婚姻家庭等方面专业知识的人员作为家事调查员人选。人民法院应当建立健全家事调查员名册，并对家事调查的开展及调查报告的制作作出规范性规定和要求，家事调查员依此开展工作。如案件当事人对调查报告的内容提出异议，人民法院可以要求家事调查员出庭说明情况，或由家事调查员对当事人的异议进行书面说明。

5. 对涉及未成年人的离婚、抚养费、抚养权、探望权等亲权关系诉讼，人民法院和妇联组织应当加强对家长亲职教育的合作。诉讼中，人民法院应对家长给予诉讼指导，引导其从儿童利益最大化角度考虑亲权诉讼，解决家庭矛盾。人民法院也可以委托妇联组织推荐专业力量对家长开展亲职教育，积极引导家长正确处理亲子关系和家庭矛盾。

6. 在人民陪审员的选任上，各级妇联组织和人民法院应进一步加强沟通合作。在涉及婚姻家庭纠纷案件中，人民法院可以请当地妇联组织推荐符合基本条件，具有性别平等和儿童利益最大化意识，熟悉妇女儿童心理特点，善于做思想工作的人员作为人民陪审员预备人选，充分发挥妇联人民陪审员的优势。

7. 人民法院在审理家事纠纷案件中，可以根据案件需要委托妇联组织推荐的专业心理咨询机构提供婚姻心理咨询、家庭矛盾分析、科学育儿辅导等有关心理健康的服务，帮助涉案家庭成员疏导心理压力和不良情绪，为妥善处理家事纠纷提供心理支撑。

8. 人民法院可以请家事调查员、人民陪审员、人民调解员参与案件审结后的社会观护，也可以根据案件需要委托妇联组织推荐相关人员，对涉案尤其是具有家庭暴力因素的妇女、儿童当事人的生活状况、纠纷后续情况进行回访观护，并向人民法院反馈回访观护情况。

9. 各级人民法院要建立健全与妇联组织的信访互动机制。妇联组织可就需要了解案件情况的涉诉来信来访与人民法院信访部门及时沟通。人民法院信访部门也可就涉及妇女儿童权益保护的来信来访，邀请妇联组织共同参与矛盾化解。

10. 各级妇联组织和人民法院应当共同开展男女平等基本国策、婚姻法、反家庭暴力法、妇女权益保障法、未成年人保护法等宣传教育活动，注重社会主义核心价值观的宣传，创新宣教载体和阵地，加强新媒体技术在宣教中的运用，通过微视频、微访谈、微案例等多元化形式开展宣传教育活动，营造良好法治氛围。

11. 各级人民法院和妇联组织应当建立健全合作培训机制，加大双向交流培训力度。人民法院和妇联组织可以通过定期培训、以案释法等方式，针对家事案件审判人员、婚姻家庭纠纷人民调解员、人民陪审员、家事调查员、社会观护员等人员，加大与妇女儿童权益保护密切相关的法律业务、心理健康、性别平等和儿童利益最大化意识等方面的培训，增强其预防和处置婚姻家庭纠纷的能力。

12. 各级人民法院在审理家事纠纷案件中要注意引用妇女权益保障法、未成年人保护法、反家庭暴力法等相关条文规定，真正将保护妇女儿童权益的立法精神贯彻于司法实践。在判决说理部分要注重体现情理法的融合，弘扬社会主义核心价值观。

13. 各级人民法院与妇联组织要聚焦未成年人保护、反家庭暴力等婚姻家庭领域的重点难点问题,进一步密切合作,通过定期联席会议等形式,及时沟通、总结,提出应对举措,形成研究报告,促进与妇女、儿童利益密切相关的法律法规和公共政策的完善。各级人民法院要认真总结家事审判方式和工作机制改革的经验,在家事诉讼程序、考核评估等方面进一步创新审判实践,形成研究成果。

14. 各级人民法院对严重侵害妇女、儿童权益的侵权之诉或人身安全保护令等涉及人身权益的诉讼,应当开辟或完善“绿色通道”,迅捷、快速审理案件,及时维护妇女、儿童合法权益。要进一步统一家庭暴力事实认定标准,加大依职权调取证据力度,适当减轻受害方的举证责任;各级妇联组织在接到家庭暴力投诉反映或者求助后,应当及时给予家庭暴力受害人帮助,并对加害人进行法治教育,必要时可以引入专业力量对加害人、受害人进行心理辅导。当事人如系无民事行为能力人、限制民事行为能力人或者因受到强制、威吓等原因,无法自行申请人身安全保护令的,妇联组织收到求助后,可代为向人民法院申请。

第四编
刑法、行政法及相关法律法规

中华人民共和国刑法（节录）

（1979年7月1日第五届全国人民代表大会第二次会议通过　1997年3月14日第八届全国人民代表大会第五次会议修订　根据1999年12月25日《中华人民共和国刑法修正案》、2001年8月31日《中华人民共和国刑法修正案（二）》、2001年12月29日《中华人民共和国刑法修正案（三）》、2002年12月28日《中华人民共和国刑法修正案（四）》、2005年2月28日《中华人民共和国刑法修正案（五）》、2006年6月29日《中华人民共和国刑法修正案（六）》、2009年2月28日《中华人民共和国刑法修正案（七）》、2011年2月25日《中华人民共和国刑法修正案（八）》、2015年8月29日《中华人民共和国刑法修正案（九）》、2017年11月4日《中华人民共和国修正案（十）》、2020年12月26日《中华人民共和国刑法修正案（十一）》修正）

第二章　犯　　罪

第一节　犯罪和刑事责任

第十七条　已满十六周岁的人犯罪，应当负刑事责任。

已满十四周岁不满十六周岁的人，犯故意杀人、故意伤害致人重伤或者死亡、强奸、抢劫、贩卖毒品、放火、爆炸、投放危险物质罪的，应当负刑事责任。

已满十二周岁不满十四周岁的人，犯故意杀人、故意伤害罪，致人死亡或者以特别残忍手段致人重伤造成严重残疾，情节恶劣，经最高人民检察院核准追诉的，应当负刑事责任。

对依照前三款规定追究刑事责任的不满十八周岁的人，应当从轻或者减轻处罚。

因不满十六周岁不予刑事处罚的，责令其父母或者其他监护人加以管教；在必要的时候，依法进行专门矫治教育。

第三节　共同犯罪

第二十九条　教唆他人犯罪的，应当按照他在共同犯罪中所起的作用处罚。教唆不满十八周岁的人犯罪的，应当从重处罚。

如果被教唆的人没有犯被教唆的罪，对于教唆犯，可以从轻或者减轻处罚。

第三章　刑　　罚

第五节　死　　刑

第四十九条　犯罪的时候不满十八周岁的人和审判的时候怀孕的妇女，不适用死刑。

审判的时候已满七十五周岁的人,不适用死刑,但以特别残忍手段致人死亡的除外。

第四章 刑罚的具体运用

第二节 累 犯

第六十五条 被判处有期徒刑以上刑罚的犯罪分子,刑罚执行完毕或者赦免以后,在五年以内再犯应当判处有期徒刑以上刑罚之罪的,是累犯,应当从重处罚,但是过失犯罪和不满十八周岁的人犯罪的除外。

前款规定的期限,对于被假释的犯罪分子,从假释期满之日起计算。

第五节 缓 刑

第七十二条 对于被判处拘役、三年以下有期徒刑的犯罪分子,同时符合下列条件的,可以宣告缓刑,对其中不满十八周岁的人、怀孕的妇女和已满七十五周岁的人,应当宣告缓刑:

(一)犯罪情节较轻;

(二)有悔罪表现;

(三)没有再犯罪的危险;

(四)宣告缓刑对所居住社区没有重大不良影响。

宣告缓刑,可以根据犯罪情况,同时禁止犯罪分子在缓刑考验期限内从事特定活动,进入特定区域、场所,接触特定的人。

被宣告缓刑的犯罪分子,如果被判处附加刑,附加刑仍须执行。

第五章 其他规定

第一百条 依法受过刑事处罚的人,在入伍、就业的时候,应当如实向有关单位报告自己曾受过刑事处罚,不得隐瞒。

犯罪的时候不满十八周岁被判处五年有期徒刑以下刑罚的人,免除前款规定的报告义务。

第二编 分 则

第二章 危害公共安全罪

第一百二十条之四 利用极端主义煽动、胁迫群众破坏国家法律确立的婚姻、司法、教育、社会管理等制度实施的,处三年以下有期徒刑、拘役或者管制,并处罚金;情节严重的,处三年以上七年以下有期徒刑,并处罚金;情节特别严重的,处七年以上有期徒刑,并处罚金或者没收财产。

第一百三十三条之一 在道路上驾驶机动车,有下列情形之一的,处拘役,并处罚金:

(一)追逐竞驶,情节恶劣的;

(二)醉酒驾驶机动车的;

(三)从事校车业务或者旅客运输,严重超过额定乘员载客,或者严重超过规定时速行驶的;

(四)违反危险化学品安全管理规定运输危险化学品,危及公共安全的。

机动车所有人、管理人对前款第三项、第四项行为负有直接责任的,依照前款的规定处罚。

有前两款行为,同时构成其他犯罪的,依照处罚较重的规定定罪处罚。

第一百三十三条之二 对行驶中的公共交通工具的驾驶人员使用暴力或者抢控驾驶操纵装置,干扰公共交通工具正常行驶,危及公共安全的,处一年以下有期徒刑、拘役或者管制,并处或者单处罚金。

前款规定的驾驶人员在行驶的公共交通工具上擅离职守,与他人互殴或者殴打他人,危及公共安全的,依照前款的规定处罚。

有前两款行为,同时构成其他犯罪的,依照处罚较重的规定定罪处罚。

第一百三十八条 明知校舍或者教育教学设施有危险,而不采取措施或者不及时报告,致使发生重大伤亡事故的,对直接责任人员,处三年以下有期徒刑或者拘役;后果特别严重的,处三年以上七年以下有期徒刑。

第四章 侵犯公民人身权利、民主权利罪

第二百三十四条之一 组织他人出卖人体器官的,处五年以下有期徒刑,并处罚金;情节严重的,处五年以上有期徒刑,并处罚金或者没收财产。

未经本人同意摘取其器官,或者摘取不满十八周岁的人的器官,或者强迫、欺骗他人捐献器官的,依照本法第二百三十四条、第二百三十二条的规定定罪处罚。

违背本人生前意愿摘取其尸体器官,或者本人生前未表示同意,违反国家规定,违背其近亲属意愿摘取其尸体器官的,依照本法第三百零二条的规定定罪处罚。

第二百三十六条 以暴力、胁迫或者其他手段强奸妇女的,处三年以上十年以下有期徒刑。

奸淫不满十四周岁的幼女的,以强奸论,从重处罚。

强奸妇女、奸淫幼女,有下列情形之一的,处十年以上有期徒刑、无期徒刑或者死刑:

(一)强奸妇女、奸淫幼女情节恶劣的;

(二)强奸妇女、奸淫幼女多人的;

(三)在公共场所当众强奸妇女、奸淫幼女的;

(四)二人以上轮奸的;

(五)奸淫不满十周岁的幼女或者造成幼女伤害的;

（六）致使被害人重伤、死亡或者造成其他严重后果的。

第二百三十六条之一 对已满十四周岁不满十六周岁的未成年女性负有监护、收养、看护、教育、医疗等特殊职责的人员，与该未成年女性发生性关系的，处三年以下有期徒刑；情节恶劣的，处三年以上十年以下有期徒刑。

有前款行为，同时又构成本法第二百三十六条规定之罪的，依照处罚较重的规定定罪处罚。

第二百三十七条 以暴力、胁迫或者其他方法强制猥亵他人或者侮辱妇女的，处五年以下有期徒刑或者拘役。

聚众或者在公共场所当众犯前款罪的，或者有其他恶劣情节的，处五年以上有期徒刑。

猥亵儿童的，处五年以下有期徒刑；有下列情形之一的，处五年以上有期徒刑：

（一）猥亵儿童多人或者多次的；

（二）聚众猥亵儿童的，或者在公共场所当众猥亵儿童，情节恶劣的；

（三）造成儿童伤害或者其他严重后果的；

（四）猥亵手段恶劣或者有其他恶劣情节的。

第二百三十九条 以勒索财物为目的绑架他人的，或者绑架他人作为人质的，处十年以上有期徒刑或者无期徒刑，并处罚金或者没收财产；情节较轻的，处五年以上十年以下有期徒刑，并处罚金。

犯前款罪，杀害被绑架人的，或者故意伤害被绑架人，致人重伤、死亡的，处无期徒刑或者死刑，并处没收财产。

以勒索财物为目的偷盗婴幼儿的，依照前两款的规定处罚。

第二百四十条 拐卖妇女、儿童的，处五年以上十年以下有期徒刑，并处罚金；有下列情形之一的，处十年以上有期徒刑或者无期徒刑，并处罚金或者没收财产；情节特别严重的，处死刑，并处没收财产：

（一）拐卖妇女、儿童集团的首要分子；

（二）拐卖妇女、儿童三人以上的；

（三）奸淫被拐卖的妇女的；

（四）诱骗、强迫被拐卖的妇女卖淫或者将被拐卖的妇女卖给他人迫使其卖淫的；

（五）以出卖为目的，使用暴力、胁迫或者麻醉方法绑架妇女、儿童的；

（六）以出卖为目的，偷盗婴幼儿的；

（七）造成被拐卖的妇女、儿童或者其亲属重伤、死亡或者其他严重后果的；

（八）将妇女、儿童卖往境外的。

拐卖妇女、儿童是指以出卖为目的，有拐骗、绑架、收买、贩卖、接送、中转妇女、儿童的行为之一的。

第二百四十一条 收买被拐卖的妇女、儿童的，处三年以下有期徒刑、拘役或者管制。

收买被拐卖的妇女,强行与其发生性关系的,依照本法第二百三十六条的规定定罪处罚。

收买被拐卖的妇女、儿童,非法剥夺、限制其人身自由或者有伤害、侮辱等犯罪行为的,依照本法的有关规定定罪处罚。

收买被拐卖的妇女、儿童,并有第二款、第三款规定的犯罪行为的,依照数罪并罚的规定处罚。

收买被拐卖的妇女、儿童又出卖的,依照本法第二百四十条的规定定罪处罚。

收买被拐卖的妇女、儿童,对被买儿童没有虐待行为,不阻碍对其进行解救的,可以从轻处罚;按照被买妇女的意愿,不阻碍其返回原居住地的,可以从轻或者减轻处罚。

第二百四十二条 以暴力、威胁方法阻碍国家机关工作人员解救被收买的妇女、儿童的,依照本法第二百七十七条的规定定罪处罚。

聚众阻碍国家机关工作人员解救被收买的妇女、儿童的首要分子,处五年以下有期徒刑或者拘役;其他参与者使用暴力、威胁方法的,依照前款的规定处罚。

第二百四十四条之一 违反劳动管理法规,雇用未满十六周岁的未成年人从事超强度体力劳动的,或者从事高空、井下作业的,或者在爆炸性、易燃性、放射性、毒害性等危险环境下从事劳动,情节严重的,对直接责任人员,处三年以下有期徒刑或者拘役,并处罚金;情节特别严重的,处三年以上七年以下有期徒刑,并处罚金。

有前款行为,造成事故,又构成其他犯罪的,依照数罪并罚的规定处罚。

第二百六十条 虐待家庭成员,情节恶劣的,处二年以下有期徒刑、拘役或者管制。

犯前款罪,致使被害人重伤、死亡的,处二年以上七年以下有期徒刑。

第一款罪,告诉的才处理,但被害人没有能力告诉,或者因受到强制、威吓无法告诉的除外。

第二百六十条之一 对未成年人、老年人、患病的人、残疾人等负有监护、看护职责的人虐待被监护、看护的人,情节恶劣的,处三年以下有期徒刑或者拘役。

单位犯前款罪的,对单位判处罚金,并对其直接负责的主管人员和其他直接责任人员,依照前款的规定处罚。

有第一款行为,同时构成其他犯罪的,依照处罚较重的规定定罪处罚。

第二百六十一条 对于年老、年幼、患病或者其他没有独立生活能力的人,负有扶养义务而拒绝扶养,情节恶劣的,处五年以下有期徒刑、拘役或者管制。

第二百六十二条 拐骗不满十四周岁的未成年人,脱离家庭或者监护人的,处五年以下有期徒刑或者拘役。

第二百六十二条之一 以暴力、胁迫手段组织残疾人或者不满十四周岁的未成年人乞讨的,处三年以下有期徒刑或者拘役,并处罚金;情节严重的,处三年以上七年以下有期徒刑,并处罚金。

第二百六十二条之二 组织未成年人进行盗窃、诈骗、抢夺、敲诈勒索等违反治安管理活动的，处三年以下有期徒刑或者拘役，并处罚金；情节严重的，处三年以上七年以下有期徒刑，并处罚金。

第六章　妨害社会管理秩序罪

第一节　扰乱公共秩序罪

第二百八十四条　非法使用窃听、窃照专用器材，造成严重后果的，处二年以下有期徒刑、拘役或者管制。

第二百八十四条之一　在法律规定的国家考试中，组织作弊的，处三年以下有期徒刑或者拘役，并处或者单处罚金；情节严重的，处三年以上七年以下有期徒刑，并处罚金。

为他人实施前款犯罪提供作弊器材或者其他帮助的，依照前款的规定处罚。

为实施考试作弊行为，向他人非法出售或者提供第一款规定的考试的试题、答案的，依照第一款的规定处罚。

代替他人或者让他人代替自己参加第一款规定的考试的，处拘役或者管制，并处或者单处罚金。

第三百零一条　聚众进行淫乱活动的，对首要分子或者多次参加的，处五年以下有期徒刑、拘役或者管制。

引诱未成年人参加聚众淫乱活动的，依照前款的规定从重处罚。

第七节　走私、贩卖、运输、制造毒品罪

第三百四十七条　走私、贩卖、运输、制造毒品，无论数量多少，都应当追究刑事责任，予以刑事处罚。

走私、贩卖、运输、制造毒品，有下列情形之一的，处十五年有期徒刑、无期徒刑或者死刑，并处没收财产：

（一）走私、贩卖、运输、制造鸦片一千克以上、海洛因或者甲基苯丙胺五十克以上或者其他毒品数量大的；

（二）走私、贩卖、运输、制造毒品集团的首要分子；

（三）武装掩护走私、贩卖、运输、制造毒品的；

（四）以暴力抗拒检查、拘留、逮捕，情节严重的；

（五）参与有组织的国际贩毒活动的。

走私、贩卖、运输、制造鸦片二百克以上不满一千克、海洛因或者甲基苯丙胺十克以上不满五十克或者其他毒品数量较大的，处七年以上有期徒刑，并处罚金。

走私、贩卖、运输、制造鸦片不满二百克、海洛因或者甲基苯丙胺不满十克或者其他少量毒品的，处三年以下有期徒刑、拘役或者管制，并处罚金；情节严重的，处三年以上七年以下有期徒刑，并处罚金。

单位犯第二款、第三款、第四款罪的，对单位判处罚金，并对其直接负责的主管人员和其他直接责任人员，依照各该款的规定处罚。

利用、教唆未成年人走私、贩卖、运输、制造毒品，或者向未成年人出售毒品的，从重处罚。

对多次走私、贩卖、运输、制造毒品，未经处理的，毒品数量累计计算。

第三百五十三条 引诱、教唆、欺骗他人吸食、注射毒品的，处三年以下有期徒刑、拘役或者管制，并处罚金；情节严重的，处三年以上七年以下有期徒刑，并处罚金。

强迫他人吸食、注射毒品的，处三年以上十年以下有期徒刑，并处罚金。

引诱、教唆、欺骗或者强迫未成年人吸食、注射毒品的，从重处罚。

第八节 组织、强迫、引诱、容留、介绍卖淫罪

第三百五十九条 引诱、容留、介绍他人卖淫的，处五年以下有期徒刑、拘役或者管制，并处罚金；情节严重的，处五年以上有期徒刑，并处罚金。

引诱不满十四周岁的幼女卖淫的，处五年以上有期徒刑，并处罚金。

第九节 制作、贩卖、传播淫秽物品罪

第三百六十四条 传播淫秽的书刊、影片、音像、图片或者其他淫秽物品，情节严重的，处二年以下有期徒刑、拘役或者管制。

组织播放淫秽的电影、录像等音像制品的，处三年以下有期徒刑、拘役或者管制，并处罚金；情节严重的，处三年以上十年以下有期徒刑，并处罚金。

制作、复制淫秽的电影、录像等音像制品组织播放的，依照第二款的规定从重处罚。

向不满十八周岁的未成年人传播淫秽物品的，从重处罚。

第九章 渎 职 罪

第四百一十六条 对被拐卖、绑架的妇女、儿童负有解救职责的国家机关工作人员，接到被拐卖、绑架的妇女、儿童及其家属的解救要求或者接到其他人的举报，而对被拐卖、绑架的妇女、儿童不进行解救，造成严重后果的，处五年以下有期徒刑或者拘役。

负有解救职责的国家机关工作人员利用职务阻碍解救的，处二年以上七年以下有期徒刑；情节较轻的，处二年以下有期徒刑或者拘役。

第四百一十八条 国家机关工作人员在招收公务员、学生工作中徇私舞弊，情节严重的，处三年以下有期徒刑或者拘役。

中华人民共和国行政处罚法(节录)

(1996年3月17日第八届全国人民代表大会第四次会议通过　2009年8月27日第十一届全国人民代表大会常务委员会第十次会议《关于修改部分法律的决定》修正　根据2017年9月1日第十二届全国人民代表大会常务委员会第二十九次会议《关于修改〈中华人民共和国法官法〉等八部法律的决定》第二次修正　根据2021年1月22日第十三届全国人民代表大会常务委员会第二十五次会议修订　自2021年7月15日起施行)

第四章　行政处罚的管辖和适用

第三十条　不满十四周岁的未成年人有违法行为的,不予行政处罚,责令监护人加以管教;已满十四周岁不满十八周岁的未成年人有违法行为的,应当从轻或者减轻行政处罚。

中华人民共和国治安管理处罚法(节录)

(2005年8月28日第十届全国人民代表大会常务委员会第十七次会议通过　根据2012年10月26日第十一届全国人民代表大会常务委员会第二十九次会议《关于修改〈中华人民共和国治安管理处罚法〉的决定》修正)

第二章　处罚的种类和适用

第十二条　已满十四周岁不满十八周岁的人违反治安管理的,从轻或者减轻处罚;不满十四周岁的人违反治安管理的,不予处罚,但是应当责令其监护人严加管教。

第二十一条　违反治安管理行为人有下列情形之一,依照本法应当给予行政拘留处罚的,不执行行政拘留处罚:

(一)已满十四周岁不满十六周岁的;

(二)已满十六周岁不满十八周岁,初次违反治安管理的;

(三)七十周岁以上的;

(四)怀孕或者哺乳自己不满一周岁婴儿的。

第三章　违反治安管理的行为和处罚

第三节　侵犯人身权利、财产权利的行为和处罚

第四十条　有下列行为之一的,处十日以上十五日以下拘留,并处五百元以上一千元以下罚款;情节较轻的,处五日以上十日以下拘留,并处二百元以上五百元以下罚款:

(一)组织、胁迫、诱骗不满十六周岁的人或者残疾人进行恐怖、残忍表演的;

(二)以暴力、威胁或者其他手段强迫他人劳动的;

(三)非法限制他人人身自由、非法侵入他人住宅或者非法搜查他人身体的。

第四十三条　殴打他人的,或者故意伤害他人身体的,处五日以上十日以下拘留,并处二百元以上五百元以下罚款;情节较轻的,处五日以下拘留或者五百元以下罚款。

有下列情形之一的,处十日以上十五日以下拘留,并处五百元以上一千元以下罚款:

(一)结伙殴打、伤害他人的;

(二)殴打、伤害残疾人、孕妇、不满十四周岁的人或者六十周岁以上的人的;

(三)多次殴打、伤害他人或者一次殴打、伤害多人的。

第四十四条　猥亵他人的,或者在公共场所故意裸露身体,情节恶劣的,处五日以上十日以下拘留;猥亵智力残疾人、精神病人、不满十四周岁的人或者有其他严重情节的,处

十日以上十五日以下拘留。

第四十五条 有下列行为之一的,处五日以下拘留或者警告:

(一)虐待家庭成员,被虐待人要求处理的;

(二)遗弃没有独立生活能力的被扶养人的。

第四章 处罚程序

第一节 调 查

第八十四条 询问笔录应当交被询问人核对;对没有阅读能力的,应当向其宣读。记载有遗漏或者差错的,被询问人可以提出补充或者更正。被询问人确认笔录无误后,应当签名或者盖章,询问的人民警察也应当在笔录上签名。

被询问人要求就被询问事项自行提供书面材料的,应当准许;必要时,人民警察也可以要求被询问人自行书写。

询问不满十六周岁的违反治安管理行为人,应当通知其父母或者其他监护人到场。

中华人民共和国禁毒法(节录)

(2007年12月29日第十届全国人民代表大会常务委员会第三十一次会议通过 2007年12月29日中华人民共和国主席令第79号公布 自2008年6月1日起施行)

第二章 禁毒宣传教育

第十一条 国家采取各种形式开展全民禁毒宣传教育,普及毒品预防知识,增强公民的禁毒意识,提高公民自觉抵制毒品的能力。

国家鼓励公民、组织开展公益性的禁毒宣传活动。

第十二条 各级人民政府应当经常组织开展多种形式的禁毒宣传教育。

工会、共产主义青年团、妇女联合会应当结合各自工作对象的特点,组织开展禁毒宣传教育。

第十三条 教育行政部门、学校应当将禁毒知识纳入教育、教学内容,对学生进行禁毒宣传教育。公安机关、司法行政部门和卫生行政部门应当予以协助。

第十四条 新闻、出版、文化、广播、电影、电视等有关单位,应当有针对性地面向社会进行禁毒宣传教育。

第十五条 飞机场、火车站、长途汽车站、码头以及旅店、娱乐场所等公共场所的经营者、管理者,负责本场所的禁毒宣传教育,落实禁毒防范措施,预防毒品违法犯罪行为在本场所内发生。

第十六条 国家机关、社会团体、企业事业单位以及其他组织,应当加强对本单位人员的禁毒宣传教育。

第十七条 居民委员会、村民委员会应当协助人民政府以及公安机关等部门,加强禁毒宣传教育,落实禁毒防范措施。

第十八条 未成年人的父母或者其他监护人应当对未成年人进行毒品危害的教育,防止其吸食、注射毒品或者进行其他毒品违法犯罪活动。

第四章 戒毒措施

第三十一条 国家采取各种措施帮助吸毒人员戒除毒瘾,教育和挽救吸毒人员。

吸毒成瘾人员应当进行戒毒治疗。

吸毒成瘾的认定办法,由国务院卫生行政部门、药品监督管理部门、公安部门规定。

第三十五条 接受社区戒毒的戒毒人员应当遵守法律、法规,自觉履行社区戒毒协议,并根据公安机关的要求,定期接受检测。

对违反社区戒毒协议的戒毒人员，参与社区戒毒的工作人员应当进行批评、教育；对严重违反社区戒毒协议或者在社区戒毒期间又吸食、注射毒品的，应当及时向公安机关报告。

第三十九条 怀孕或者正在哺乳自己不满一周岁婴儿的妇女吸毒成瘾的，不适用强制隔离戒毒。不满十六周岁的未成年人吸毒成瘾的，可以不适用强制隔离戒毒。

对依照前款规定不适用强制隔离戒毒的吸毒成瘾人员，依照本法规定进行社区戒毒，由负责社区戒毒工作的城市街道办事处、乡镇人民政府加强帮助、教育和监督，督促落实社区戒毒措施。

第四十六条 戒毒人员的亲属和所在单位或者就读学校的工作人员，可以按照有关规定探访戒毒人员。戒毒人员经强制隔离戒毒场所批准，可以外出探视配偶、直系亲属。

强制隔离戒毒场所管理人员应当对强制隔离戒毒场所以外的人员交给戒毒人员的物品和邮件进行检查，防止夹带毒品。在检查邮件时，应当依法保护戒毒人员的通信自由和通信秘密。

中华人民共和国社区矫正法（节录）

（2019年12月28日第十三届全国人民代表大会常务委员会第十五次会议通过　2019年12月28日中华人民共和国主席令第40号公布　自2020年7月1日起施行）

第七章　未成年人社区矫正特别规定

第五十二条　社区矫正机构应当根据未成年社区矫正对象的年龄、心理特点、发育需要、成长经历、犯罪原因、家庭监护教育条件等情况，采取针对性的矫正措施。

社区矫正机构为未成年社区矫正对象确定矫正小组，应当吸收熟悉未成年人身心特点的人员参加。

对未成年人的社区矫正，应当与成年人分别进行。

第五十三条　未成年社区矫正对象的监护人应当履行监护责任，承担抚养、管教等义务。

监护人怠于履行监护职责的，社区矫正机构应当督促、教育其履行监护责任。监护人拒不履行监护职责的，通知有关部门依法作出处理。

第五十四条　社区矫正机构工作人员和其他依法参与社区矫正工作的人员对履行职责过程中获得的未成年人身份信息应当予以保密。

除司法机关办案需要或者有关单位根据国家规定查询外，未成年社区矫正对象的档案信息不得提供给任何单位或者个人。依法进行查询的单位，应当对获得的信息予以保密。

第五十五条　对未完成义务教育的未成年社区矫正对象，社区矫正机构应当通知并配合教育部门为其完成义务教育提供条件。未成年社区矫正对象的监护人应当依法保证其按时入学接受并完成义务教育。

年满十六周岁的社区矫正对象有就业意愿的，社区矫正机构可以协调有关部门和单位为其提供职业技能培训，给予就业指导和帮助。

第五十六条　共产主义青年团、妇女联合会、未成年人保护组织应当依法协助社区矫正机构做好未成年人社区矫正工作。

国家鼓励其他未成年人相关社会组织参与未成年人社区矫正工作，依法给予政策支持。

第五十七条　未成年社区矫正对象在复学、升学、就业等方面依法享有与其他未成年人同等的权利，任何单位和个人不得歧视。有歧视行为的，应当由教育、人力资源和社会保障等部门依法作出处理。

第五十八条　未成年社区矫正对象在社区矫正期间年满十八周岁的，继续按照未成年人社区矫正有关规定执行。

戒毒条例

（2011 年 6 月 26 日国务院令第 597 号公布　根据 2018 年 9 月 18 日国务院令第 703 号《国务院关于修改部分行政法规的决定》修正）

第一章　总　　则

第一条　为了规范戒毒工作，帮助吸毒成瘾人员戒除毒瘾，维护社会秩序，根据《中华人民共和国禁毒法》，制定本条例。

第二条　县级以上人民政府应当建立政府统一领导，禁毒委员会组织、协调、指导，有关部门各负其责，社会力量广泛参与的戒毒工作体制。

戒毒工作坚持以人为本、科学戒毒、综合矫治、关怀救助的原则，采取自愿戒毒、社区戒毒、强制隔离戒毒、社区康复等多种措施，建立戒毒治疗、康复指导、救助服务兼备的工作体系。

第三条　县级以上人民政府应当按照国家有关规定将戒毒工作所需经费列入本级财政预算。

第四条　县级以上地方人民政府设立的禁毒委员会可以组织公安机关、卫生行政和负责药品监督管理的部门开展吸毒监测、调查，并向社会公开监测、调查结果。

县级以上地方人民政府公安机关负责对涉嫌吸毒人员进行检测，对吸毒人员进行登记并依法实行动态管控，依法责令社区戒毒、决定强制隔离戒毒、责令社区康复，管理公安机关的强制隔离戒毒场所、戒毒康复场所，对社区戒毒、社区康复工作提供指导和支持。

设区的市级以上地方人民政府司法行政部门负责管理司法行政部门的强制隔离戒毒场所、戒毒康复场所，对社区戒毒、社区康复工作提供指导和支持。

县级以上地方人民政府卫生行政部门负责戒毒医疗机构的监督管理，会同公安机关、司法行政等部门制定戒毒医疗机构设置规划，对戒毒医疗服务提供指导和支持。

县级以上地方人民政府民政、人力资源社会保障、教育等部门依据各自的职责，对社区戒毒、社区康复工作提供康复和职业技能培训等指导和支持。

第五条　乡（镇）人民政府、城市街道办事处负责社区戒毒、社区康复工作。

第六条　县级、设区的市级人民政府需要设置强制隔离戒毒场所、戒毒康复场所的，应当合理布局，报省、自治区、直辖市人民政府批准，并纳入当地国民经济和社会发展规划。

强制隔离戒毒场所、戒毒康复场所的建设标准，由国务院建设部门、发展改革部门会同国务院公安部门、司法行政部门制定。

第七条　戒毒人员在入学、就业、享受社会保障等方面不受歧视。

对戒毒人员戒毒的个人信息应当依法予以保密。对戒断 3 年未复吸的人员，不再实行动态管控。

第八条　国家鼓励、扶持社会组织、企业、事业单位和个人参与戒毒科研、戒毒社会服务和戒毒社会公益事业。

对在戒毒工作中有显著成绩和突出贡献的，按照国家有关规定给予表彰、奖励。

第二章　自 愿 戒 毒

第九条　国家鼓励吸毒成瘾人员自行戒除毒瘾。吸毒人员可以自行到戒毒医疗机构接受戒毒治疗。对自愿接受戒毒治疗的吸毒人员，公安机关对其原吸毒行为不予处罚。

第十条　戒毒医疗机构应当与自愿戒毒人员或者其监护人签订自愿戒毒协议，就戒毒方法、戒毒期限、戒毒的个人信息保密、戒毒人员应当遵守的规章制度、终止戒毒治疗的情形等作出约定，并应当载明戒毒疗效、戒毒治疗风险。

第十一条　戒毒医疗机构应当履行下列义务：

（一）对自愿戒毒人员开展艾滋病等传染病的预防、咨询教育；

（二）对自愿戒毒人员采取脱毒治疗、心理康复、行为矫治等多种治疗措施，并应当符合国务院卫生行政部门制定的戒毒治疗规范；

（三）采用科学、规范的诊疗技术和方法，使用的药物、医院制剂、医疗器械应当符合国家有关规定；

（四）依法加强药品管理，防止麻醉药品、精神药品流失滥用。

第十二条　符合参加戒毒药物维持治疗条件的戒毒人员，由本人申请，并经登记，可以参加戒毒药物维持治疗。登记参加戒毒药物维持治疗的戒毒人员的信息应当及时报公安机关备案。

戒毒药物维持治疗的管理办法，由国务院卫生行政部门会同国务院公安部门、药品监督管理部门制定。

第三章　社 区 戒 毒

第十三条　对吸毒成瘾人员，县级、设区的市级人民政府公安机关可以责令其接受社区戒毒，并出具责令社区戒毒决定书，送达本人及其家属，通知本人户籍所在地或者现居住地乡（镇）人民政府、城市街道办事处。

第十四条　社区戒毒人员应当自收到责令社区戒毒决定书之日起 15 日内到社区戒毒执行地乡（镇）人民政府、城市街道办事处报到，无正当理由逾期不报到的，视为拒绝接受社区戒毒。

社区戒毒的期限为 3 年，自报到之日起计算。

第十五条　乡（镇）人民政府、城市街道办事处应当根据工作需要成立社区戒毒工作领导小组，配备社区戒毒专职工作人员，制定社区戒毒工作计划，落实社区戒毒措施。

第十六条 乡（镇）人民政府、城市街道办事处，应当在社区戒毒人员报到后及时与其签订社区戒毒协议，明确社区戒毒的具体措施、社区戒毒人员应当遵守的规定以及违反社区戒毒协议应承担的责任。

第十七条 社区戒毒专职工作人员、社区民警、社区医务人员、社区戒毒人员的家庭成员以及禁毒志愿者共同组成社区戒毒工作小组具体实施社区戒毒。

第十八条 乡（镇）人民政府、城市街道办事处和社区戒毒工作小组应当采取下列措施管理、帮助社区戒毒人员：

（一）戒毒知识辅导；

（二）教育、劝诫；

（三）职业技能培训，职业指导，就学、就业、就医援助；

（四）帮助戒毒人员戒除毒瘾的其他措施。

第十九条 社区戒毒人员应当遵守下列规定：

（一）履行社区戒毒协议；

（二）根据公安机关的要求，定期接受检测；

（三）离开社区戒毒执行地所在县（市、区）3 日以上的，须书面报告。

第二十条 社区戒毒人员在社区戒毒期间，逃避或者拒绝接受检测 3 次以上，擅自离开社区戒毒执行地所在县（市、区）3 次以上或者累计超过 30 日的，属于《中华人民共和国禁毒法》规定的“严重违反社区戒毒协议”。

第二十一条 社区戒毒人员拒绝接受社区戒毒，在社区戒毒期间又吸食、注射毒品，以及严重违反社区戒毒协议的，社区戒毒专职工作人员应当及时向当地公安机关报告。

第二十二条 社区戒毒人员的户籍所在地或者现居住地发生变化，需要变更社区戒毒执行地的，社区戒毒执行地乡（镇）人民政府、城市街道办事处应当将有关材料转送至变更后的乡（镇）人民政府、城市街道办事处。

社区戒毒人员应当自社区戒毒执行地变更之日起 15 日内前往变更后的乡（镇）人民政府、城市街道办事处报到，社区戒毒时间自报到之日起连续计算。

变更后的乡（镇）人民政府、城市街道办事处，应当按照本条例第十六条的规定，与社区戒毒人员签订新的社区戒毒协议，继续执行社区戒毒。

第二十三条 社区戒毒自期满之日起解除。社区戒毒执行地公安机关应当出具解除社区戒毒通知书送达社区戒毒人员本人及其家属，并在 7 日内通知社区戒毒执行地乡（镇）人民政府、城市街道办事处。

第二十四条 社区戒毒人员被依法收监执行刑罚、采取强制性教育措施的，社区戒毒终止。

社区戒毒人员被依法拘留、逮捕的，社区戒毒中止，由羁押场所给予必要的戒毒治疗，释放后继续接受社区戒毒。

第四章 强制隔离戒毒

第二十五条 吸毒成瘾人员有《中华人民共和国禁毒法》第三十八条第一款所列情形之一的，由县级、设区的市级人民政府公安机关作出强制隔离戒毒的决定。

对于吸毒成瘾严重，通过社区戒毒难以戒除毒瘾的人员，县级、设区的市级人民政府公安机关可以直接作出强制隔离戒毒的决定。

吸毒成瘾人员自愿接受强制隔离戒毒的，经强制隔离戒毒场所所在地县级、设区的市级人民政府公安机关同意，可以进入强制隔离戒毒场所戒毒。强制隔离戒毒场所应当与其就戒毒治疗期限、戒毒治疗措施等作出约定。

第二十六条 对依照《中华人民共和国禁毒法》第三十九条第一款规定不适用强制隔离戒毒的吸毒成瘾人员，县级、设区的市级人民政府公安机关应当作出社区戒毒的决定，依照本条例第三章的规定进行社区戒毒。

第二十七条 强制隔离戒毒的期限为2年，自作出强制隔离戒毒决定之日起计算。

被强制隔离戒毒的人员在公安机关的强制隔离戒毒场所执行强制隔离戒毒3个月至6个月后，转至司法行政部门的强制隔离戒毒场所继续执行强制隔离戒毒。

执行前款规定不具备条件的省、自治区、直辖市，由公安机关和司法行政部门共同提出意见报省、自治区、直辖市人民政府决定具体执行方案，但在公安机关的强制隔离戒毒场所执行强制隔离戒毒的时间不得超过12个月。

第二十八条 强制隔离戒毒场所对强制隔离戒毒人员的身体和携带物品进行检查时发现的毒品等违禁品，应当依法处理；对生活必需品以外的其他物品，由强制隔离戒毒场所代为保管。

女性强制隔离戒毒人员的身体检查，应当由女性工作人员进行。

第二十九条 强制隔离戒毒场所设立戒毒医疗机构应当经所在地省、自治区、直辖市人民政府卫生行政部门批准。强制隔离戒毒场所应当配备设施设备及必要的管理人员，依法为强制隔离戒毒人员提供科学规范的戒毒治疗、心理治疗、身体康复训练和卫生、道德、法制教育，开展职业技能培训。

第三十条 强制隔离戒毒场所应当根据强制隔离戒毒人员的性别、年龄、患病等情况对强制隔离戒毒人员实行分别管理；对吸食不同种类毒品的，应当有针对性地采取必要的治疗措施；根据戒毒治疗的不同阶段和强制隔离戒毒人员的表现，实行逐步适应社会的分级管理。

第三十一条 强制隔离戒毒人员患严重疾病，不出所治疗可能危及生命的，经强制隔离戒毒场所主管机关批准，并报强制隔离戒毒决定机关备案，强制隔离戒毒场所可以允许其所外就医。所外就医的费用由强制隔离戒毒人员本人承担。

所外就医期间，强制隔离戒毒期限连续计算。对于健康状况不再适宜回所执行强制隔离戒毒的，强制隔离戒毒场所应当向强制隔离戒毒决定机关提出变更为社区戒毒的建议,强制隔离戒毒决定机关应当自收到建议之日起7日内,作出是否批准的决定。经批准变更为社区戒毒的,已执行的强制隔离戒毒期限折抵社区戒毒期限。

第三十二条 强制隔离戒毒人员脱逃的,强制隔离戒毒场所应当立即通知所在地县级人民政府公安机关,并配合公安机关追回脱逃人员。被追回的强制隔离戒毒人员应当继续执行强制隔离戒毒,脱逃期间不计入强制隔离戒毒期限。被追回的强制隔离戒毒人员不得提前解除强制隔离戒毒。

第三十三条 对强制隔离戒毒场所依照《中华人民共和国禁毒法》第四十七条第二款、第三款规定提出的提前解除强制隔离戒毒、延长戒毒期限的意见,强制隔离戒毒决定机关应当自收到意见之日起7日内,作出是否批准的决定。对提前解除强制隔离戒毒或者延长强制隔离戒毒期限的,批准机关应当出具提前解除强制隔离戒毒决定书或者延长强制隔离戒毒期限决定书,送达被决定人,并在送达后24小时以内通知被决定人的家属、所在单位以及其户籍所在地或者现居住地公安派出所。

第三十四条 解除强制隔离戒毒的,强制隔离戒毒场所应当在解除强制隔离戒毒3日前通知强制隔离戒毒决定机关,出具解除强制隔离戒毒证明书送达戒毒人员本人,并通知其家属、所在单位、其户籍所在地或者现居住地公安派出所将其领回。

第三十五条 强制隔离戒毒诊断评估办法由国务院公安部门、司法行政部门会同国务院卫生行政部门制定。

第三十六条 强制隔离戒毒人员被依法收监执行刑罚、采取强制性教育措施或者被依法拘留、逮捕的,由监管场所、羁押场所给予必要的戒毒治疗,强制隔离戒毒的时间连续计算;刑罚执行完毕时、解除强制性教育措施时或者释放时强制隔离戒毒尚未期满的,继续执行强制隔离戒毒。

第五章 社区康复

第三十七条 对解除强制隔离戒毒的人员,强制隔离戒毒的决定机关可以责令其接受不超过3年的社区康复。

社区康复在当事人户籍所在地或者现居住地乡(镇)人民政府、城市街道办事处执行,经当事人同意,也可以在戒毒康复场所中执行。

第三十八条 被责令接受社区康复的人员,应当自收到责令社区康复决定书之日起15日内到户籍所在地或者现居住地乡(镇)人民政府、城市街道办事处报到,签订社区康复协议。

被责令接受社区康复的人员拒绝接受社区康复或者严重违反社区康复协议,并再次吸食、注射毒品被决定强制隔离戒毒的,强制隔离戒毒不得提前解除。

第三十九条 负责社区康复工作的人员应当为社区康复人员提供必要的心理治疗和辅导、职业技能培训、职业指导以及就学、就业、就医援助。

第四十条 社区康复自期满之日起解除。社区康复执行地公安机关出具解除社区康复通知书送达社区康复人员本人及其家属，并在7日内通知社区康复执行地乡（镇）人民政府、城市街道办事处。

第四十一条　自愿戒毒人员、社区戒毒、社区康复的人员可以自愿与戒毒康复场所签订协议，到戒毒康复场所戒毒康复、生活和劳动。

戒毒康复场所应当配备必要的管理人员和医务人员，为戒毒人员提供戒毒康复、职业技能培训和生产劳动条件。

第四十二条　戒毒康复场所应当加强管理，严禁毒品流入，并建立戒毒康复人员自我管理、自我教育、自我服务的机制。

戒毒康复场所组织戒毒人员参加生产劳动，应当参照国家劳动用工制度的规定支付劳动报酬。

第六章　法律责任

第四十三条　公安、司法行政、卫生行政等有关部门工作人员泄露戒毒人员个人信息的，依法给予处分；构成犯罪的，依法追究刑事责任。

第四十四条　乡（镇）人民政府、城市街道办事处负责社区戒毒、社区康复工作的人员有下列行为之一的，依法给予处分：

（一）未与社区戒毒、社区康复人员签订社区戒毒、社区康复协议，不落实社区戒毒、社区康复措施的；

（二）不履行本条例第二十一条规定的报告义务的；

（三）其他不履行社区戒毒、社区康复监督职责的行为。

第四十五条　强制隔离戒毒场所的工作人员有下列行为之一的，依法给予处分；构成犯罪的，依法追究刑事责任：

（一）侮辱、虐待、体罚强制隔离戒毒人员的；

（二）收受、索要财物的；

（三）擅自使用、损毁、处理没收或者代为保管的财物的；

（四）为强制隔离戒毒人员提供麻醉药品、精神药品或者违反规定传递其他物品的；

（五）在强制隔离戒毒诊断评估工作中弄虚作假的；

（六）私放强制隔离戒毒人员的；

（七）其他徇私舞弊、玩忽职守、不履行法定职责的行为。

第七章　附　　则

第四十六条　本条例自公布之日起施行。1995年1月12日国务院发布的《强制戒毒办法》同时废止。

最高人民法院关于审理未成年人刑事案件具体应用法律若干问题的解释

(2005 年 12 月 12 日最高人民法院审判委员会第 1373 次会议通过　2006 年 1 月 11 日法释〔2006〕1 号公布　自 2006 年 1 月 23 日起施行)

为正确审理未成年人刑事案件,贯彻“教育为主,惩罚为辅”的原则,根据刑法等有关法律的规定,现就审理未成年人刑事案件具体应用法律的若干问题解释如下:

第一条　本解释所称未成年人刑事案件,是指被告人实施被指控的犯罪时已满十四周岁不满十八周岁的案件。

第二条　刑法第十七条规定的“周岁”,按照公历的年、月、日计算,从周岁生日的第二天起算。

第三条　审理未成年人刑事案件,应当查明被告人实施被指控的犯罪时的年龄。裁判文书中应当写明被告人出生的年、月、日。

第四条　对于没有充分证据证明被告人实施被指控的犯罪时已经达到法定刑事责任年龄且确实无法查明的,应当推定其没有达到相应法定刑事责任年龄。

相关证据足以证明被告人实施被指控的犯罪时已经达到法定刑事责任年龄,但是无法准确查明被告人具体出生日期的,应当认定其达到相应法定刑事责任年龄。

第五条　已满十四周岁不满十六周岁的人实施刑法第十七条第二款规定以外的行为,如果同时触犯了刑法第十七条第二款规定的,应当依照刑法第十七条第二款的规定确定罪名,定罪处罚。

第六条　已满十四周岁不满十六周岁的人偶尔与幼女发生性行为,情节轻微、未造成严重后果的,不认为是犯罪。

第七条　已满十四周岁不满十六周岁的人使用轻微暴力或者威胁,强行索要其他未成年人随身携带的生活、学习用品或者钱财数量不大,且未造成被害人轻微伤以上或者不敢正常到校学习、生活等危害后果的,不认为是犯罪。

已满十六周岁不满十八周岁的人具有前款规定情形的,一般也不认为是犯罪。

第八条　已满十六周岁不满十八周岁的人出于以大欺小、以强凌弱或者寻求精神刺激,随意殴打其他未成年人、多次对其他未成年人强拿硬要或者任意损毁公私财物,扰乱学校及其他公共场所秩序,情节严重的,以寻衅滋事罪定罪处罚。

第九条　已满十六周岁不满十八周岁的人实施盗窃行为未超过三次,盗窃数额虽已达到“数额较大”标准,但案发后能如实供述全部盗窃事实并积极退赃,且具有下列情形之一的，可以认定为“情节显著轻微危害不大”，不认为是犯罪：

（一）系又聋又哑的人或者盲人；

（二）在共同盗窃中起次要或者辅助作用，或者被胁迫；

（三）具有其他轻微情节的。

已满十六周岁不满十八周岁的人盗窃未遂或者中止的，可不认为是犯罪。

已满十六周岁不满十八周岁的人盗窃自己家庭或者近亲属财物，或者盗窃其他亲属财物但其他亲属要求不予追究的，可不按犯罪处理。

第十条　已满十四周岁不满十六周岁的人盗窃、诈骗、抢夺他人财物，为窝藏赃物、抗拒抓捕或者毁灭罪证，当场使用暴力，故意伤害致人重伤或者死亡，或者故意杀人的，应当分别以故意伤害罪或者故意杀人罪定罪处罚。

已满十六周岁不满十八周岁的人犯盗窃、诈骗、抢夺罪，为窝藏赃物、抗拒抓捕或者毁灭罪证而当场使用暴力或者以暴力相威胁的，应当依照刑法第二百六十九条的规定定罪处罚；情节轻微的，可不以抢劫罪定罪处罚。

第十一条　对未成年罪犯适用刑罚，应当充分考虑是否有利于未成年罪犯的教育和矫正。

对未成年罪犯量刑应当依照刑法第六十一条的规定，并充分考虑未成年人实施犯罪行为的动机和目的、犯罪时的年龄、是否初次犯罪、犯罪后的悔罪表现、个人成长经历和一贯表现等因素。对符合管制、缓刑、单处罚金或者免予刑事处罚适用条件的未成年罪犯，应当依法适用管制、缓刑、单处罚金或者免予刑事处罚。

第十二条　行为人在达到法定刑事责任年龄前后均实施了危害社会的行为，只能依法追究其达到法定刑事责任年龄后实施的危害社会行为的刑事责任。

行为人在年满十八周岁前后实施了不同种犯罪行为，对其年满十八周岁以前实施的犯罪应当依法从轻或者减轻处罚。行为人在年满十八周岁前后实施了同种犯罪行为，在量刑时应当考虑对年满十八周岁以前实施的犯罪，适当给予从轻或者减轻处罚。

第十三条　未成年人犯罪只有罪行极其严重的，才可以适用无期徒刑。对已满十四周岁不满十六周岁的人犯罪一般不判处无期徒刑。

第十四条　除刑法规定“应当”附加剥夺政治权利外，对未成年罪犯一般不判处附加剥夺政治权利。

如果对未成年罪犯判处附加剥夺政治权利的，应当依法从轻判处。

对实施被指控犯罪时未成年、审判时已成年的罪犯判处附加剥夺政治权利，适用前款的规定。

第十五条　对未成年罪犯实施刑法规定的“并处”没收财产或者罚金的犯罪，应当依法判处相应的财产刑；对未成年罪犯实施刑法规定的“可以并处”没收财产或者罚金的犯罪，一般不判处财产刑。

对未成年罪犯判处罚金刑时，应当依法从轻或者减轻判处，并根据犯罪情节，综合考虑其缴纳罚金的能力，确定罚金数额。但罚金的最低数额不得少于五百元人民币。

对被判处罚金刑的未成年罪犯，其监护人或者其他人自愿代为垫付罚金的，人民法院应当允许。

第十六条 对未成年罪犯符合刑法第七十二条第一款规定的，可以宣告缓刑。如果同时具有下列情形之一，对其适用缓刑确实不致再危害社会的，应当宣告缓刑：

（一）初次犯罪；

（二）积极退赃或赔偿被害人经济损失；

（三）具备监护、帮教条件。

第十七条 未成年罪犯根据其所犯罪行，可能被判处拘役、三年以下有期徒刑，如果悔罪表现好，并具有下列情形之一的，应当依照刑法第三十七条的规定免予刑事处罚：

（一）系又聋又哑的人或者盲人；

（二）防卫过当或者避险过当；

（三）犯罪预备、中止或者未遂；

（四）共同犯罪中从犯、胁从犯；

（五）犯罪后自首或者有立功表现；

（六）其他犯罪情节轻微不需要判处刑罚的。

第十八条 对未成年罪犯的减刑、假释，在掌握标准上可以比照成年罪犯依法适度放宽。

未成年罪犯能认罪服法，遵守监规，积极参加学习、劳动的，即可视为“确有悔改表现”予以减刑，其减刑的幅度可以适当放宽，间隔的时间可以相应缩短。符合刑法第八十一条第一款规定的，可以假释。

未成年罪犯在服刑期间已经成年的，对其减刑、假释可以适用上述规定。

第十九条 刑事附带民事案件的未成年被告人有个人财产的，应当由本人承担民事赔偿责任，不足部分由监护人予以赔偿，但单位担任监护人的除外。

被告人对被害人物质损失的赔偿情况，可以作为量刑情节予以考虑。

第二十条 本解释自公布之日起施行。

《最高人民法院关于办理未成年人刑事案件适用法律的若干问题的解释》（法发〔1995〕9 号）自本解释公布之日起不再执行。

最高人民法院、最高人民检察院、公安部、司法部关于对判处管制、宣告缓刑的犯罪分子适用禁止令有关问题的规定(试行)

(2011年4月28日　法发〔2011〕9号)

为正确适用《中华人民共和国刑法修正案(八)》,确保管制和缓刑的执行效果,根据刑法和刑事诉讼法的有关规定,现就判处管制、宣告缓刑的犯罪分子适用禁止令的有关问题规定如下:

第一条　对判处管制、宣告缓刑的犯罪分子,人民法院根据犯罪情况,认为从促进犯罪分子教育矫正、有效维护社会秩序的需要出发,确有必要禁止其在管制执行期间、缓刑考验期限内从事特定活动,进入特定区域、场所,接触特定人的,可以根据刑法第三十八条第二款、第七十二条第二款的规定,同时宣告禁止令。

第二条　人民法院宣告禁止令,应当根据犯罪分子的犯罪原因、犯罪性质、犯罪手段、犯罪后的悔罪表现、个人一贯表现等情况,充分考虑与犯罪分子所犯罪行的关联程度,有针对性地决定禁止其在管制执行期间、缓刑考验期限内"从事特定活动,进入特定区域、场所,接触特定的人"的一项或者几项内容。

第三条　人民法院可以根据犯罪情况,禁止判处管制、宣告缓刑的犯罪分子在管制执行期间、缓刑考验期限内从事以下一项或者几项活动:

(一)个人为进行违法犯罪活动而设立公司、企业、事业单位或者在设立公司、企业、事业单位后以实施犯罪为主要活动的,禁止设立公司、企业、事业单位;

(二)实施证券犯罪、贷款犯罪、票据犯罪、信用卡犯罪等金融犯罪的,禁止从事证券交易、申领贷款、使用票据或者申领、使用信用卡等金融活动;

(三)利用从事特定生产经营活动实施犯罪的,禁止从事相关生产经营活动;

(四)附带民事赔偿义务未履行完毕,违法所得未追缴、退赔到位,或者罚金尚未足额缴纳的,禁止从事高消费活动;

(五)其他确有必要禁止从事的活动。

第四条　人民法院可以根据犯罪情况,禁止判处管制、宣告缓刑的犯罪分子在管制执行期间、缓刑考验期限内进入以下一类或者几类区域、场所:

(一)禁止进入夜总会、酒吧、迪厅、网吧等娱乐场所;

(二)未经执行机关批准,禁止进入举办大型群众性活动的场所;

（三）禁止进入中小学校区、幼儿园园区及周边地区，确因本人就学、居住等原因，经执行机关批准的除外；

（四）其他确有必要禁止进入的区域、场所。

第五条 人民法院可以根据犯罪情况，禁止判处管制、宣告缓刑的犯罪分子在管制执行期间、缓刑考验期限内接触以下一类或者几类人员：

（一）未经对方同意，禁止接触被害人及其法定代理人、近亲属；

（二）未经对方同意，禁止接触证人及其法定代理人、近亲属；

（三）未经对方同意，禁止接触控告人、批评人、举报人及其法定代理人、近亲属；

（四）禁止接触同案犯；

（五）禁止接触其他可能遭受其侵害、滋扰的人或者可能诱发其再次危害社会的人。

第六条 禁止令的期限，既可以与管制执行、缓刑考验的期限相同，也可以短于管制执行、缓刑考验的期限，但判处管制的，禁止令的期限不得少于三个月，宣告缓刑的，禁止令的期限不得少于二个月。

判处管制的犯罪分子在判决执行以前先行羁押以致管制执行的期限少于三个月的，禁止令的期限不受前款规定的最短期限的限制。

禁止令的执行期限，从管制、缓刑执行之日起计算。

第七条 人民检察院在提起公诉时，对可能判处管制、宣告缓刑的被告人可以提出宣告禁止令的建议。当事人、辩护人、诉讼代理人可以就应否对被告人宣告禁止令提出意见，并说明理由。

公安机关在移送审查起诉时，可以根据犯罪嫌疑人涉嫌犯罪的情况，就应否宣告禁止令及宣告何种禁止令，向人民检察院提出意见。

第八条 人民法院对判处管制、宣告缓刑的被告人宣告禁止令的，应当在裁判文书主文部分单独作为一项予以宣告。

第九条 禁止令由司法行政机关指导管理的社区矫正机构负责执行。

第十条 人民检察院对社区矫正机构执行禁止令的活动实行监督。发现有违反法律规定的情况，应当通知社区矫正机构纠正。

第十一条 判处管制的犯罪分子违反禁止令，或者被宣告缓刑的犯罪分子违反禁止令尚不属情节严重的，由负责执行禁止令的社区矫正机构所在地的公安机关依照《中华人民共和国治安管理处罚法》第六十条的规定处罚。

第十二条 被宣告缓刑的犯罪分子违反禁止令，情节严重的，应当撤销缓刑，执行原判刑罚。原作出缓刑裁判的人民法院应当自收到当地社区矫正机构提出的撤销缓刑建议书之日起一个月内依法作出裁定。人民法院撤销缓刑的裁定一经作出，立即生效。

违反禁止令，具有下列情形之一的，应当认定为“情节严重”：

（一）三次以上违反禁止令的；

（二）因违反禁止令被治安管理处罚后，再次违反禁止令的；

（三）违反禁止令，发生较为严重危害后果的；

（四）其他情节严重的情形。

第十三条　被宣告禁止令的犯罪分子被依法减刑时，禁止令的期限可以相应缩短，由人民法院在减刑裁定中确定新的禁止令期限。

最高人民法院关于审理拐卖妇女儿童犯罪案件具体应用法律若干问题的解释

（2016年11月14日最高人民法院审判委员会第1699次会议通过　2016年12月21日法释〔2016〕28号公布　自2017年1月1日起施行）

为依法惩治拐卖妇女、儿童犯罪，切实保障妇女、儿童的合法权益，维护家庭和谐与社会稳定，根据刑法有关规定，结合司法实践，现就审理此类案件具体应用法律的若干问题解释如下：

第一条　对婴幼儿采取欺骗、利诱等手段使其脱离监护人或者看护人的，视为刑法第二百四十条第一款第（六）项规定的“偷盗婴幼儿”。

第二条　医疗机构、社会福利机构等单位的工作人员以非法获利为目的，将所诊疗、护理、抚养的儿童出卖给他人的，以拐卖儿童罪论处。

第三条　以介绍婚姻为名，采取非法扣押身份证件、限制人身自由等方式，或者利用妇女人地生疏、语言不通、孤立无援等境况，违背妇女意志，将其出卖给他人的，应当以拐卖妇女罪追究刑事责任。

以介绍婚姻为名，与被介绍妇女串通骗取他人钱财，数额较大的，应当以诈骗罪追究刑事责任。

第四条　在国家机关工作人员排查来历不明儿童或者进行解救时，将所收买的儿童藏匿、转移或者实施其他妨碍解救行为，经说服教育仍不配合的，属于刑法第二百四十一条第六款规定的“阻碍对其进行解救”。

第五条　收买被拐卖的妇女，业已形成稳定的婚姻家庭关系，解救时被买妇女自愿继续留在当地共同生活的，可以视为“按照被买妇女的意愿，不阻碍其返回原居住地”。

第六条　收买被拐卖的妇女、儿童后又组织、强迫卖淫或者组织乞讨、进行违反治安管理活动等构成其他犯罪的，依照数罪并罚的规定处罚。

第七条　收买被拐卖的妇女、儿童，又以暴力、威胁方法阻碍国家机关工作人员解救被收买的妇女、儿童，或者聚众阻碍国家机关工作人员解救被收买的妇女、儿童，构成妨害公务罪、聚众阻碍解救被收买的妇女、儿童罪的，依照数罪并罚的规定处罚。

第八条　出于结婚目的收买被拐卖的妇女，或者出于抚养目的收买被拐卖的儿童，涉及多名家庭成员、亲友参与的，对其中起主要作用的人员应当依法追究刑事责任。

第九条　刑法第二百四十条、第二百四十一条规定的儿童，是指不满十四周岁的人。其中，不满一周岁的为婴儿，一周岁以上不满六周岁的为幼儿。

第十条　本解释自2017年1月1日起施行。

最高人民法院、最高人民检察院、公安部、司法部关于依法惩治拐卖妇女儿童犯罪的意见

（2010 年 3 月 15 日　法发〔2010〕7 号）

为加大对妇女、儿童合法权益的司法保护力度，贯彻落实《中国反对拐卖妇女儿童行动计划（2008 -2012）》，根据刑法、刑事诉讼法等相关法律及司法解释的规定，最高人民法院、最高人民检察院、公安部、司法部就依法惩治拐卖妇女、儿童犯罪提出如下意见：

一、总体要求

1. 依法加大打击力度，确保社会和谐稳定。自 1991 年全国范围内开展打击拐卖妇女、儿童犯罪专项行动以来，侦破并依法处理了一大批拐卖妇女、儿童犯罪案件，犯罪分子受到依法严惩。2008 年，全国法院共审结拐卖妇女、儿童犯罪案件 1353 件，比 2007 年上升 9.91%；判决发生法律效力的犯罪分子 2161 人，同比增长 11.05%，其中，被判处五年以上有期徒刑、无期徒刑至死刑的 1319 人，同比增长 10.1%，重刑率为 61.04%，高出同期全部刑事案件重刑率 45.27 个百分点。2009 年，全国法院共审结拐卖妇女、儿童犯罪案件 1636 件，比 2008 年上升 20.9%；判决发生法律效力的犯罪分子 2413 人，同比增长 11.7%，其中被判处五年以上有期徒刑、无期徒刑至死刑的 1475 人，同比增长 11.83%。

但是，必须清醒地认识到，由于种种原因，近年来，拐卖妇女、儿童犯罪在部分地区有所上升的势头仍未得到有效遏制。此类犯罪严重侵犯被拐卖妇女、儿童的人身权利，致使许多家庭骨肉分离，甚至家破人亡，严重危害社会和谐稳定。人民法院、人民检察院、公安机关、司法行政机关应当从维护人民群众切身利益、确保社会和谐稳定的大局出发，进一步依法加大打击力度，坚决有效遏制拐卖妇女、儿童犯罪的上升势头。

2. 注重协作配合，形成有效合力。人民法院、人民检察院、公安机关应当各司其职，各负其责，相互支持，相互配合，共同提高案件办理的质量与效率，保证办案的法律效果与社会效果的统一；司法行政机关应当切实做好有关案件的法律援助工作，维护当事人的合法权益。各地司法机关要统一思想认识，进一步加强涉案地域协调和部门配合，努力形成依法严惩拐卖妇女、儿童犯罪的整体合力。

3. 正确贯彻政策，保证办案效果。拐卖妇女、儿童犯罪往往涉及多人、多个环节，要根据宽严相济刑事政策和罪责刑相适应的刑法基本原则，综合考虑犯罪分子在共同犯罪中的地位、作用及人身危险性的大小，依法准确量刑。对于犯罪集团的首要分子、组织策划者、多次参与者、拐卖多人者或者具有累犯等从严、从重处罚情节的，必须重点打击，坚决依法严惩。对于罪行严重，依法应当判处重刑乃至死刑的，坚决依法判处。要注重铲除

"买方市场",从源头上遏制拐卖妇女、儿童犯罪。对于收买被拐卖的妇女、儿童,依法应当追究刑事责任的,坚决依法追究。同时,对于具有从宽处罚情节的,要在综合考虑犯罪事实、性质、情节和危害程度的基础上,依法从宽,体现政策,以分化瓦解犯罪,鼓励犯罪人悔过自新。

二、管辖

4. 拐卖妇女、儿童犯罪案件依法由犯罪地的司法机关管辖。拐卖妇女、儿童犯罪的犯罪地包括拐出地、中转地、拐入地以及拐卖活动的途经地。如果由犯罪嫌疑人、被告人居住地的司法机关管辖更为适宜的,可以由犯罪嫌疑人、被告人居住地的司法机关管辖。

5. 几个地区的司法机关都有权管辖的,一般由最先受理的司法机关管辖。犯罪嫌疑人、被告人或者被拐卖的妇女、儿童人数较多,涉及多个犯罪地的,可以移送主要犯罪地或者主要犯罪嫌疑人、被告人居住地的司法机关管辖。

6. 相对固定的多名犯罪嫌疑人、被告人分别在拐出地、中转地、拐入地实施某一环节的犯罪行为,犯罪所跨地域较广,全案集中管辖有困难的,可以由拐出地、中转地、拐入地的司法机关对不同犯罪分子分别实施的拐出、中转和拐入犯罪行为分别管辖。

7. 对管辖权发生争议的,争议各方应当本着有利于迅速查清犯罪事实,及时解救被拐卖的妇女、儿童,以及便于起诉、审判的原则,在法定期间内尽快协商解决;协商不成的,报请共同的上级机关确定管辖。

正在侦查中的案件发生管辖权争议的,在上级机关作出管辖决定前,受案机关不得停止侦查工作。

三、立案

8. 具有下列情形之一,经审查,符合管辖规定的,公安机关应当立即以刑事案件立案,迅速开展侦查工作:

(1)接到拐卖妇女、儿童的报案、控告、举报的;

(2)接到儿童失踪或者已满十四周岁不满十八周岁的妇女失踪报案的;

(3)接到已满十八周岁的妇女失踪,可能被拐卖的报案的;

(4)发现流浪、乞讨的儿童可能系被拐卖的;

(5)发现有收买被拐卖妇女、儿童行为,依法应当追究刑事责任的;

(6)表明可能有拐卖妇女、儿童犯罪事实发生的其他情形的。

9. 公安机关在工作中发现犯罪嫌疑人或者被拐卖的妇女、儿童,不论案件是否属于自己管辖,都应当首先采取紧急措施。经审查,属于自己管辖的,依法立案侦查;不属于自己管辖的,及时移送有管辖权的公安机关处理。

10. 人民检察院要加强对拐卖妇女、儿童犯罪案件的立案监督,确保有案必立、有案必查。

四、证据

11. 公安机关应当依照法定程序,全面收集能够证实犯罪嫌疑人有罪或者无罪、犯罪情节轻重的各种证据。

要特别重视收集、固定买卖妇女、儿童犯罪行为交易环节中钱款的存取证明、犯罪嫌疑人的通话清单、乘坐交通工具往来有关地方的票证、被拐卖儿童的 DNA 鉴定结论、有关监控录像、电子信息等客观性证据。

取证工作应当及时,防止时过境迁,难以弥补。

12. 公安机关应当高度重视并进一步加强 DNA 数据库的建设和完善。对失踪儿童的父母,或者疑似被拐卖的儿童,应当及时采集血样进行检验,通过全国 DNA 数据库,为查获犯罪,帮助被拐卖的儿童及时回归家庭提供科学依据。

13. 拐卖妇女、儿童犯罪所涉地区的办案单位应当加强协作配合。需要到异地调查取证的,相关司法机关应当密切配合;需要进一步补充查证的,应当积极支持。

五、定性

14. 犯罪嫌疑人、被告人参与拐卖妇女、儿童犯罪活动的多个环节,只有部分环节的犯罪事实查证清楚、证据确实、充分的,可以对该环节的犯罪事实依法予以认定。

15. 以出卖为目的强抢儿童,或者捡拾儿童后予以出卖,符合刑法第二百四十条第二款规定的,应当以拐卖儿童罪论处。

以抚养为目的偷盗婴幼儿或者拐骗儿童,之后予以出卖的,以拐卖儿童罪论处。

16. 以非法获利为目的,出卖亲生子女的,应当以拐卖妇女、儿童罪论处。

17. 要严格区分借送养之名出卖亲生子女与民间送养行为的界限。区分的关键在于行为人是否具有非法获利的目的。应当通过审查将子女“送”人的背景和原因、有无收取钱财及收取钱财的多少、对方是否具有抚养目的及有无抚养能力等事实,综合判断行为人是否具有非法获利的目的。

具有下列情形之一的,可以认定属于出卖亲生子女,应当以拐卖妇女、儿童罪论处:

(1)将生育作为非法获利手段,生育后即出卖子女的;

(2)明知对方不具有抚养目的,或者根本不考虑对方是否具有抚养目的,为收取钱财将子女“送”给他人的;

(3)为收取明显不属于“营养费”、“感谢费”的巨额钱财将子女“送”给他人的;

(4)其他足以反映行为人具有非法获利目的的“送养”行为的。

不是出于非法获利目的,而是迫于生活困难,或者受重男轻女思想影响,私自将没有独立生活能力的子女送给他人抚养,包括收取少量“营养费”、“感谢费”的,属于民间送养行为,不能以拐卖妇女、儿童罪论处。对私自送养导致子女身心健康受到严重损害,或者具有其他恶劣情节,符合遗弃罪特征的,可以遗弃罪论处;情节显著轻微危害不大的,可由公安机关依法予以行政处罚。

18. 将妇女拐卖给有关场所,致使被拐卖的妇女被迫卖淫或者从事其他色情服务的,以拐卖妇女罪论处。

有关场所的经营管理人员事前与拐卖妇女的犯罪人通谋的,对该经营管理人员以拐卖妇女罪的共犯论处;同时构成拐卖妇女罪和组织卖淫罪的,择一重罪论处。

19. 医疗机构、社会福利机构等单位的工作人员以非法获利为目的,将所诊疗、护理、抚养的儿童贩卖给他人的,以拐卖儿童罪论处。

20. 明知是被拐卖的妇女、儿童而收买,具有下列情形之一的,以收买被拐卖的妇女、儿童罪论处;同时构成其他犯罪的,依照数罪并罚的规定处罚:

(1)收买被拐卖的妇女后,违背被收买妇女的意愿,阻碍其返回原居住地的;

(2)阻碍对被收买妇女、儿童进行解救的;

(3)非法剥夺、限制被收买妇女、儿童的人身自由,情节严重,或者对被收买妇女、儿童有强奸、伤害、侮辱、虐待等行为的;

(4)所收买的妇女、儿童被解救后又再次收买,或者收买多名被拐卖的妇女、儿童的;

(5)组织、诱骗、强迫被收买的妇女、儿童从事乞讨、苦役,或者盗窃、传销、卖淫等违法犯罪活动的;

(6)造成被收买妇女、儿童或者其亲属重伤、死亡以及其他严重后果的;

(7)具有其他严重情节的。

被追诉前主动向公安机关报案或者向有关单位反映,愿意让被收买妇女返回原居住地,或者将被收买儿童送回其家庭,或者将被收买妇女、儿童交给公安、民政、妇联等机关、组织,没有其他严重情节的,可以不追究刑事责任。

六、共同犯罪

21. 明知他人拐卖妇女、儿童,仍然向其提供被拐卖妇女、儿童的健康证明、出生证明或者其他帮助的,以拐卖妇女、儿童罪的共犯论处。

明知他人收买被拐卖的妇女、儿童,仍然向其提供被收买妇女、儿童的户籍证明、出生证明或者其他帮助的,以收买被拐卖的妇女、儿童罪的共犯论处,但是,收买人未被追究刑事责任的除外。

认定是否"明知",应当根据证人证言、犯罪嫌疑人、被告人及其同案人供述和辩解,结合提供帮助的人次,以及是否明显违反相关规章制度、工作流程等,予以综合判断。

22. 明知他人系拐卖儿童的"人贩子",仍然利用从事诊疗、福利救助等工作的便利或者了解被拐卖方情况的条件,居间介绍的,以拐卖儿童罪的共犯论处。

23. 对于拐卖妇女、儿童犯罪的共犯,应当根据各被告人在共同犯罪中的分工、地位、作用,参与拐卖的人数、次数,以及分赃数额等,准确区分主从犯。

对于组织、领导、指挥拐卖妇女、儿童的某一个或者某几个犯罪环节,或者积极参与实施拐骗、绑架、收买、贩卖、接送、中转妇女、儿童等犯罪行为,起主要作用的,应当认定为主犯。

对于仅提供被拐卖妇女、儿童信息或者相关证明文件,或者进行居间介绍,起辅助或者次要作用,没有获利或者获利较少的,一般可认定为从犯。

对于各被告人在共同犯罪中的地位、作用区别不明显的,可以不区分主从犯。

七、一罪与数罪

24. 拐卖妇女、儿童，又奸淫被拐卖的妇女、儿童，或者诱骗、强迫被拐卖的妇女、儿童卖淫的，以拐卖妇女、儿童罪处罚。

25. 拐卖妇女、儿童，又对被拐卖的妇女、儿童实施故意杀害、伤害、猥亵、侮辱等行为，构成其他犯罪的，依照数罪并罚的规定处罚。

26. 拐卖妇女、儿童或者收买被拐卖的妇女、儿童，又组织、教唆被拐卖、收买的妇女、儿童进行犯罪的，以拐卖妇女、儿童罪或者收买被拐卖的妇女、儿童罪与其所组织、教唆的罪数罪并罚。

27. 拐卖妇女、儿童或者收买被拐卖的妇女、儿童，又组织、教唆被拐卖、收买的未成年妇女、儿童进行盗窃、诈骗、抢夺、敲诈勒索等违反治安管理活动的，以拐卖妇女、儿童罪或者收买被拐卖的妇女、儿童罪与组织未成年人进行违反治安管理活动罪数罪并罚。

八、刑罚适用

28. 对于拐卖妇女、儿童犯罪集团的首要分子，情节严重的主犯，累犯，偷盗婴幼儿、强抢儿童情节严重，将妇女、儿童卖往境外情节严重，拐卖妇女、儿童多人多次、造成伤亡后果，或者具有其他严重情节的，依法从重处罚；情节特别严重的，依法判处死刑。

拐卖妇女、儿童，并对被拐卖的妇女、儿童实施故意杀害、伤害、猥亵、侮辱等行为，数罪并罚决定执行的刑罚应当依法体现从严。

29. 对于拐卖妇女、儿童的犯罪分子，应当注重依法适用财产刑，并切实加大执行力度，以强化刑罚的特殊预防与一般预防效果。

30. 犯收买被拐卖的妇女、儿童罪，对被收买妇女、儿童实施违法犯罪活动或者将其作为牟利工具的，处罚时应当依法体现从严。

收买被拐卖的妇女、儿童，对被收买妇女、儿童没有实施摧残、虐待行为或者与其已形成稳定的婚姻家庭关系，但仍应依法追究刑事责任的，一般应当从轻处罚；符合缓刑条件的，可以依法适用缓刑。

收买被拐卖的妇女、儿童，犯罪情节轻微的，可以依法免予刑事处罚。

31. 多名家庭成员或者亲友共同参与出卖亲生子女，或者“买人为妻”、“买人为子”构成收买被拐卖的妇女、儿童罪的，一般应当在综合考察犯意提起、各行为人在犯罪中所起作用等情节的基础上，依法追究其中罪责较重者的刑事责任。对于其他情节显著轻微危害不大，不认为是犯罪的，依法不追究刑事责任；必要时可以由公安机关予以行政处罚。

32. 具有从犯、自首、立功等法定从宽处罚情节的，依法从轻、减轻或者免除处罚。

对被拐卖的妇女、儿童没有实施摧残、虐待等违法犯罪行为，或者能够协助解救被拐卖的妇女、儿童，或者具有其他酌定从宽处罚情节的，可以依法酌情从轻处罚。

33. 同时具有从严和从宽处罚情节的，要在综合考察拐卖妇女、儿童的手段、拐卖妇女、儿童或者收买被拐卖妇女、儿童的人次、危害后果以及被告人主观恶性、人身危险性等因素的基础上,结合当地此类犯罪发案情况和社会治安状况,决定对被告人总体从严或者从宽处罚。

九、涉外犯罪

34. 要进一步加大对跨国、跨境拐卖妇女、儿童犯罪的打击力度。加强双边或者多边“反拐”国际交流与合作,加强对被跨国、跨境拐卖的妇女、儿童的救助工作。依照我国缔结或者参加的国际条约的规定,积极行使所享有的权利,履行所承担的义务,及时请求或者提供各项司法协助,有效遏制跨国、跨境拐卖妇女、儿童犯罪。

教育部等九部门关于防治中小学生欺凌和暴力的指导意见

（2016年11月1日　教基一〔2016〕6号）

各省、自治区、直辖市教育厅（教委）、综治办、高级人民法院、人民检察院、公安厅（局）、民政厅（局）、司法厅（局）、团委、妇联，新疆生产建设兵团教育局、综治办、人民法院、人民检察院、公安局、民政局、司法局、团委、妇联：

在党中央、国务院的正确领导下，在各级党委政府及教育、综治、公安、司法等有关部门和共青团、妇联等群团组织的共同努力下，发生在中小学生之间的欺凌和暴力事件得到遏制，预防青少年违法犯罪工作取得明显成效。但是，由于在落实主体责任、健全制度措施、实施教育惩戒、形成工作合力等方面还存在薄弱环节，少数地方学生之间欺凌和暴力问题仍时有发生，损害了学生身心健康，造成了不良社会影响。为全面贯彻党的教育方针，落实立德树人根本任务，切实防治学生欺凌和暴力事件的发生，现提出如下指导意见。

一、积极有效预防学生欺凌和暴力

1. 切实加强中小学生思想道德教育、法治教育和心理健康教育。各地要紧密联系中小学生的思想实际，积极培育和践行社会主义核心价值观。落实《中小学生守则（2015年修订）》，引导全体中小学生从小知礼仪、明是非、守规矩，做到珍爱生命、尊重他人、团结友善、不恃强凌弱，弘扬公序良俗、传承中华美德。落实《中小学法制教育指导纲要》、《青少年法治教育大纲》，开展"法治进校园"全国巡讲活动，让学生知晓基本的法律边界和行为底线，消除未成年人违法犯罪不需要承担任何责任的错误认识，养成遵规守法的良好行为习惯。落实《中小学心理健康教育指导纲要（2012年修订）》，培养学生健全人格和积极心理品质，对有心理困扰或心理问题的学生开展科学有效的心理辅导，提高其心理健康水平。切实加强家庭教育，家长要注重家风建设，加强对孩子的管教，注重孩子思想品德教育和良好行为习惯培养，从源头上预防学生欺凌和暴力行为发生。

2. 认真开展预防欺凌和暴力专题教育。各地要在专项整治的基础上，结合典型案例，集中开展预防学生欺凌和暴力专题教育。要强化学生校规校纪教育，通过课堂教学、专题讲座、班团队会、主题活动、编发手册、参观实践等多种形式，提高学生对欺凌和暴力行为严重危害性的认识，增强自我保护意识和能力，自觉遵守校规校纪，做到不实施欺凌和暴力行为。研制学校防治学生欺凌和暴力的指导手册，全面加强教职工特别是班主任专题培训，提高教职工有效防治学生欺凌和暴力的责任意识和能力水平。要通过家访、家长会、家长学校等途径，帮助家长了解防治学生欺凌和暴力知识，增强监护责任意识，提高防治能力。要加强中小学生违法犯罪预防综合基地和人才建设,为开展防治学生欺凌和暴力专题教育提供支持和帮助。

3. 严格学校日常安全管理。中小学校要制定防治学生欺凌和暴力工作制度,将其纳入学校安全工作统筹考虑,健全应急处置预案,建立早期预警、事中处理及事后干预等机制。要加强师生联系,密切家校沟通,及时掌握学生思想情绪和同学关系状况,特别要关注学生有无学习成绩突然下滑、精神恍惚、情绪反常、无故旷课等异常表现及产生的原因,对可能的欺凌和暴力行为做到早发现、早预防、早控制。严格落实值班、巡查制度,禁止学生携带管制刀具等危险物品进入学校,针对重点学生、重点区域、重点时段开展防治工作。对发现的欺凌和暴力事件线索和苗头要认真核实、准确研判,对早期发现的轻微欺凌事件,实施必要的教育、惩戒。

4. 强化学校周边综合治理。各级综治组织要加大新形势下群防群治工作力度,实现人防物防技防在基层综治中心的深度融合,动员社会各方面力量做好校园周边地区安全防范工作。要依托全国社会治安综合治理信息系统,整合各有关部门信息资源,发挥青少年犯罪信息数据库作用,加强对重点青少年群体的动态研判。进一步加强校园及周边地区社会治安防控体系建设,作为公共安全视频监控建设联网应用示范工作的重要内容,推进校园及周边地区公共安全视频监控系统全覆盖,加大视频图像集成应用力度,实现对青少年违法犯罪活动的预测预警、实时监控、轨迹追踪及动态管控。把学校周边作为社会治安重点地区排查整治工作的重点,加强组织部署和检查考核。要对中小学生欺凌和暴力问题突出的地区和单位,根据《中共中央办公厅 国务院办公厅关于印发〈健全落实社会治安综合治理领导责任制规定〉的通知》要求,通过通报、约谈、挂牌督办、实施一票否决权制等方式进行综治领导责任督导和追究。公安机关要在治安情况复杂、问题较多的学校周边设置警务室或治安岗亭,密切与学校的沟通协作,积极配合学校排查发现学生欺凌和暴力隐患苗头,并及时预防处置。要加强学生上下学重要时段、学生途经重点路段的巡逻防控和治安盘查,对发现的苗头性、倾向性欺凌和暴力问题,要采取相应防范措施并通知学校和家长,及时干预,震慑犯罪。

二、依法依规处置学生欺凌和暴力事件

5. 保护遭受欺凌和暴力学生身心安全。各地要建立中小学生欺凌和暴力事件及时报告制度,一旦发现学生遭受欺凌和暴力,学校和家长要及时相互通知,对严重的欺凌和暴力事件,要向上级教育主管部门报告,并迅速联络公安机关介入处置。报告时相关人员有义务保护未成年人合法权益,学校、家长、公安机关及媒体应保护遭受欺凌和暴力学生以及知情学生的身心安全,严格保护学生隐私,防止泄露有关学生个人及其家庭的信息。特别要防止网络传播等因素导致事态蔓延,造成恶劣社会影响,使受害学生再次受到伤害。

6. 强化教育惩戒威慑作用。对实施欺凌和暴力的中小学生必须依法依规采取适当的矫治措施予以教育惩戒,既做到真情关爱、真诚帮助,力促学生内心感化、行为转化,又充分发挥教育惩戒措施的威慑作用。对实施欺凌和暴力的学生,学校和家长要进行严肃的批评教育和警示谈话,情节较重的,公安机关应参与警示教育。对屡教不改、多次实施欺凌和暴力的学生,应登记在案并将其表现记入学生综合素质评价,必要时转入专门学校就读。对构成违法犯罪的学生,根据《刑法》、《治安管理处罚法》、《预防未成年人犯罪法》等法律法规予以处置,区别不同情况,责令家长或者监护人严加管教,必要时可由政府收容教养,或者给予相应的行政、刑事处罚,特别是对犯罪性质和情节恶劣、手段残忍、后果严重的,必须坚决依法惩处。对校外成年人教唆、胁迫、诱骗、利用在校中小学生违法犯罪行为,必须依法从重惩处,有效遏制学生欺凌和暴力等事件发生。各级公安、检察、审判机关要依法办理学生欺凌和暴力犯罪案件,做好相关侦查、审查逮捕、审查起诉、诉讼监督、审判和犯罪预防工作。

7. 实施科学有效的追踪辅导。欺凌和暴力事件妥善处置后,学校要持续对当事学生追踪观察和辅导教育。对实施欺凌和暴力的学生,要充分了解其行为动机和深层原因,有针对性地进行教育引导和帮扶,给予其改过机会,避免歧视性对待。对遭受欺凌和暴力的学生及其家人提供帮助,及时开展相应的心理辅导和家庭支持,帮助他们尽快走出心理阴影,树立自信,恢复正常学习生活。对确实难以回归本校本班学习的当事学生,教育部门和学校要妥善做好班级调整和转学工作。要认真做好学生欺凌和暴力典型事件通报工作,既要充分发挥警示教育作用,又要注意不过分渲染事件细节。

三、切实形成防治学生欺凌和暴力的工作合力

8. 加强部门统筹协调。各地要把防治学生欺凌和暴力工作作为全面依法治国,建设社会主义和谐社会的重要任务。教育、综治、人民法院、人民检察院、公安、民政、司法、共青团、妇联等部门组织,应成立防治学生欺凌和暴力工作领导小组,明确任务分工,强化工作职责,完善防治办法,加强考核检查,健全工作机制,形成政府统一领导、相关部门齐抓共管、学校家庭社会三位一体的工作合力。

9. 依法落实家长监护责任。管教孩子是家长的法定监护职责。引导广大家长要增强法治意识,掌握科学的家庭教育理念,尽量多安排时间与孩子相处交流,及时了解孩子的日常表现和思想状况,积极与学校沟通情况,自觉发挥榜样作用,切实加强对孩子的管教,特别要做好孩子离校后的监管看护教育工作,避免放任不管、缺教少护、教而不当。要落实监护人责任追究制度,根据《民法》等相关法律法规,未成年学生对他人的人身和财产造成损害的,依法追究其监护人的法律责任。

10. 加强平安文明校园建设。中小学校要把防治学生欺凌和暴力作为加强平安文明校园建设的重要内容。学校党组织要充分发挥政治核心作用,加强组织协调和教育引导。校长是学校防治学生欺凌和暴力的第一责任人,分管法治教育副校长和班主任是直接责任人,要充分调动全体教职工的积极性,明确相关岗位职责,将学校防治学生欺凌和暴力的各项工作落实到每个管理环节、每位教职工。要努力创造温馨和谐、积极向上的校园环境,重视校园绿化、美化和人文环境建设。加强优良校风、教风、学风建设,开展内容健康、格调高雅、丰富多彩的校园活动，形成团结向上、互助友爱、文明和谐的校园氛围，激励学生爱学校、爱老师、爱同学，提高校园整体文明程度。要健全各项管理制度、校规校纪，落实《义务教育学校管理标准》，提高学校治理水平，推进依法依规治校，建设无欺凌和暴力的平安文明校园。

11. 全社会共同保护未成年学生健康成长。要建立学校、家庭、社区（村）、公安、司法、媒体等各方面沟通协作机制，畅通信息共享渠道，进一步加强对学生保护工作的正面宣传引导，防止媒体过度渲染报道事件细节，避免学生欺凌和暴力通过网络新媒体扩散演变为网络欺凌，消除暴力文化通过不良出版物、影视节目、网络游戏侵蚀、影响学生的心理和行为，引发连锁性事件。要依托各地“12355”青少年服务台，开设自护教育热线，组织专业社会工作者、公益律师、志愿者开展有针对性的自护教育、心理辅导和法律咨询。坚持标本兼治、常态长效，净化社会环境，强化学校周边综合治理，切实为保护未成年人平安健康成长提供良好社会环境。

教育部等十一部门关于印发《加强中小学生欺凌综合治理方案》的通知

（2017 年 11 月 22 日　教督〔2017〕10 号）

各省、自治区、直辖市教育厅（教委）、综治办、高级人民法院、人民检察院、公安厅（局）、民政厅（局）、司法厅（局）、人力资源社会保障厅（局）、团委、妇联、残联，新疆生产建设兵团教育局、综治办、人民法院、人民检察院、公安局、民政局、司法局、人力资源社会保障局、团委、妇联、残联：

《加强中小学生欺凌综合治理方案》已经国家教育体制改革领导小组会议通过，现印发给你们，请遵照执行。

教育部
中央综治办
最高人民法院
最高人民检察院
公安部
民政部
司法部
人力资源和社会保障部
共青团中央
全国妇联
中国残联
2017 年 11 月 22 日

加强中小学生欺凌综合治理方案

加强中小学生欺凌综合治理是中小学校安全工作的重点和难点，事关亿万中小学生的身心健康和全面发展，事关千家万户的幸福和社会和谐稳定，事关中华民族的未来和伟大复兴。为深入贯彻党的十九大精神，有效防治中小学生欺凌，依据相关法律法规，制定本方案。

一、指导思想

以习近平新时代中国特色社会主义思想为指导，全面贯彻党的教育方针，落实立德树人根本任务，大力培育和弘扬社会主义核心价值观，不断提高中小学生思想道德素质，健全预防、处置学生欺凌的工作体制和规章制度，以形成防治中小学生欺凌长效机制为目标，以促进部门协作、上下联动、形成合力为保障，确保中小学生欺凌防治工作落到实处，把校园建设成最安全、最阳光的地方，办好人民满意的教育，为培养德智体美全面发展的社会主义建设者和接班人创造良好条件。

二、基本原则

（一）坚持教育为先。深入开展中小学生思想道德教育、法治教育、心理健康教育，促进提高人民群众的思想觉悟、道德水准、文明素养，提高全社会文明程度，特别要加强防治学生欺凌专题教育，培养校长、教师、学生及家长等不同群体积极预防和自觉反对学生欺凌的意识。

（二）坚持预防为主。完善有关规章制度，及时排查可能导致学生欺凌事件发生的苗头隐患，强化学校及周边日常安全管理，加强欺凌事件易发现场监管，完善学生寻求帮助的维权渠道。

（三）坚持保护为要。切实保障学生的合法权益，严格保护学生隐私，尊重学生的人格尊严。切实保护被欺凌学生的身心建康，防止二次伤害发生，帮助被欺凌学生尽早恢复正常的学习生活。

（四）坚持法治为基。按照全面依法治国的要求，依法依规处置学生欺凌事件，按照“宽容不纵容、关爱又严管”的原则，对实施欺凌的学生予以必要的处置及惩戒，及时纠正不当行为。

三、治理内容及措施

（一）明确学生欺凌的界定

中小学生欺凌是发生在校园（包括中小学校和中等职业学校）内外、学生之间，一方（个体或群体）单次或多次蓄意或恶意通过肢体、语言及网络等手段实施欺负、侮辱，造成另一方（个体或群体）身体伤害、财产损失或精神损害等的事件。

在实际工作中，要严格区分学生欺凌与学生间打闹嬉戏的界定，正确合理处理。

（二）建立健全防治学生欺凌工作协调机制

各地要组织协调有关部门、群团组织，建立健全防治学生欺凌工作协调机制，统筹推进学生欺凌治理工作，妥善处理学生欺凌重大事件，正确引导媒体和网络舆情。教育行政（主管）部门和学校要重点抓好校园内欺凌事件的预防和处置；各部门要加强协作，综合治理，做好校园外欺凌事件的预防和处置。

（三）积极有效预防

1. 指导学校切实加强教育。中小学校要通过每学期开学时集中开展教育、学期中在道德与法治等课程中专门设置教学模块等方式，定期对中小学生进行学生欺凌防治专题教育。学校共青团、少先队组织要配合学校开展好法治宣传教育、安全自护教育。

2. 组织开展家长培训。通过组织学校或社区定期开展专题培训课等方式，加强家长培训，引导广大家长增强法治意识，落实监护责任，帮助家长了解防治学生欺凌知识。

3. 严格学校日常管理。学校根据实际成立由校长负责，教师、少先队大中队辅导员、教职工、社区工作者和家长代表、校外专家等人员组成的学生欺凌治理委员会（高中阶段学校还应吸纳学生代表）。加快推进将校园视频监控系统、紧急报警装置等接入公安机关、教育部门监控和报警平台，逐步建立校园安全网上巡查机制。学校要制定防治学生欺凌工作各项规章制度的工作要求，主要包括：相关岗位教职工防治学生欺凌的职责、学生欺凌事件应急处置预案、学生欺凌的早期预警和事中处理及事后干预的具体流程、校规校纪中对实施欺凌学生的处罚规定等。

4. 定期开展排查。教育行政部门要通过委托专业第三方机构或组织学校开展等方式，定期开展针对全体学生的防治学生欺凌专项调查，及时查找可能发生欺凌事件的苗头迹象或已经发生、正在发生的欺凌事件。

（四）依法依规处置

1. 严格规范调查处理。学生欺凌事件的处置以学校为主。教职工发现、学生或者家长向学校举报的，应当按照学校的学生欺凌事件应急处置预案和处理流程对事件及时进行调查处理，由学校学生欺凌治理委员会对事件是否属于学生欺凌行为进行认定。原则上学校应在启动调查处理程序10日内完成调查，根据有关规定处置。

2. 妥善处理申诉请求。各地教育行政部门要明确具体负责防治学生欺凌工作的处（科）室并向社会公布。县级防治学生欺凌工作部门负责处理学生欺凌事件的申诉请求。学校学生欺凌治理委员会处理程序妥当、事件比较清晰的，应以学校学生欺凌治理委员会的处理结果为准；确需复查的，由县级防治学生欺凌工作部门组织学校代表、家长代表和校外专家等组成调查小组启动复查。复查工作应在15日内完成，对事件是否属于学生欺凌进行认定，提出处置意见并通知学校和家长、学生。

县级防治学生欺凌工作部门接受申诉请求并启动复查程序的，应在复查工作结束后，及时将有关情况报上级防治学生欺凌工作部门备案。涉法涉诉案件等不宜由防治学生欺凌工作部门受理的，应明确告知当事人，引导其及时纳入相应法律程序办理。

3. 强化教育惩戒作用。对经调查认定实施欺凌的学生，学校学生欺凌治理委员会要根据实际情况，制定一定学时的专门教育方案并监督实施欺凌学生按要求接受教育，同时针对欺凌事件的不同情形予以相应惩戒。

情节轻微的一般欺凌事件，由学校对实施欺凌学生开展批评、教育。实施欺凌学生应向被欺凌学生当面或书面道歉，取得谅解。对于反复发生的一般欺凌事件，学校在对实施欺凌学生开展批评、教育的同时，可视具体情节和危害程度给予纪律处分。

情节比较恶劣、对被欺凌学生身体和心理造成明显伤害的严重欺凌事件，学校对实施欺凌学生开展批评、教育的同时，可邀请公安机关参与警示教育或对实施欺凌学生予以训诫，公安机关根据学校邀请及时安排人员，保证警示教育工作有效开展。学校可视具体情节和危害程度给予实施欺凌学生纪律处分，将其表现记入学生综合素质评价。

屡教不改或者情节恶劣的严重欺凌事件，必要时可将实施欺凌学生转送专门（工读）

学校进行教育。未成年人送专门(工读)学校进行矫治和接受教育,应当按照《中华人民共和国预防未成年人犯罪法》有关规定,对构成有严重不良行为的,按专门(工读)学校招生入学程序报有关部门批准。

涉及违反治安管理或者涉嫌犯罪的学生欺凌事件,处置以公安机关、人民法院、人民检察院为主。教育行政部门和学校要及时联络公安机关依法处置。各级公安、人民法院、人民检察院依法办理学生欺凌犯罪案件,做好相关侦查、审查逮捕、审查起诉、诉讼监督和审判等工作。对有违法犯罪行为的学生,要区别不同情况,责令其父母或者其他监护人严加管教。对依法应承担行政、刑事责任的,要做好个别矫治和分类教育,依法利用拘留所、看守所、未成年犯管教所、社区矫正机构等场所开展必要的教育矫治;对依法不予行政、刑事处罚的学生,学校要给予纪律处分,非义务教育阶段学校可视具体情节和危害程度给予留校察看、勒令退学、开除等处分,必要时可按照有关规定将其送专门(工读)学校。对校外成年人采取教唆、胁迫、诱骗等方式利用在校学生实施欺凌进行违法犯罪行为的,要根据《中华人民共和国刑法》及有关法律规定,对教唆未成年人犯罪的依法从重处罚。

(五)建立长效机制

各地各有关部门要加强制度建设,积极探索创新,逐步建立具有长效性、稳定性和约束力的防治学生欺凌工作机制。

1. 完善培训机制。明确将防治学生欺凌专题培训纳入教育行政干部和校长、教师在职培训内容。市级、县级教育行政部门分管负责同志和具体工作人员每年应当接受必要的学生欺凌预防与处置专题面授培训。中小学校长、学校行政管理人员、班主任和教师等培训中应当增加学生欺凌预防与处置专题面授的内容。培训纳入相关人员继续教育学分。

2. 建立考评机制。将本区域学生欺凌综合治理工作情况作为考评内容,纳入文明校园创建标准,纳入相关部门负责同志年度考评,纳入校长学期和学年考评,纳入学校行政管理人员、教师、班主任及相关岗位教职工学期和学年考评。

3. 建立问责处理机制。把防治学生欺凌工作专项督导结果作为评价政府教育工作成效的重要内容。对职责落实不到位、学生欺凌问题突出的地区和单位通过通报、约谈、挂牌督办、实施一票否决权制等方式进行综治领导责任追究。学生欺凌事件中存在失职渎职行为,因违纪违法应当承担责任的,给予党纪政纪处分;构成犯罪的,依法追究刑事责任。

4. 健全依法治理机制。建立健全中小学校法制副校长或法制辅导员制度,明确法制副校长或法制辅导员防治学生欺凌的具体职责和工作流程,把防治学生欺凌作为依法治校工作的重要内容,积极主动开展以防治学生欺凌为主题的法治教育,推进学校在规章制度中补充完善防治学生欺凌内容,落实各项预防和处置学生欺凌措施,配合有关部门妥善处理学生欺凌事件及对实施欺凌学生进行教育。

四、职责分工

（一）教育行政部门负责对学生欺凌治理进行组织、指导、协调和监督，牵头做好专门（工读）学校的建设工作，是学生欺凌综合治理的牵头单位。

（二）综治部门负责推动将学生欺凌专项治理纳入社会治安综合治理工作，强化学校周边综合治理，落实社会治安综合治理领导责任制。

（三）人民法院负责依法妥善审理学生欺凌相关案件，通过庭审厘清学生欺凌案件的民事责任，促进矛盾化解工作；以开展模拟法庭等形式配合学校做好法治宣传工作。

（四）人民检察院负责依法对学生欺凌案件进行审查逮捕、审查起诉，开展法律监督，并以案释法，积极参与学校法治宣传教育。

（五）公安机关负责依法办理学生欺凌违反治安管理和涉嫌犯罪案件，依法处理实施学生欺凌侵害学生权益和身心健康的相关违法犯罪嫌疑人，强化警校联动，指导监督学校全面排查整治校园安全隐患，协助学校开展法治教育，做好法治宣传工作。

（六）民政部门负责引导社会力量加强对被欺凌学生及其家庭的帮扶救助，协助教育部门组织社会工作者等专业人员为中小学校提供专业辅导，配合有关部门鼓励社会组织参与学生欺凌防治和帮扶工作。

（七）司法行政部门负责落实未成年人司法保护制度，建立未成年人司法支持体系，指导协调开展以未成年人相关法律法规为重点的法治宣传教育，做好未成年人法律援助和法律服务工作，有效保护未成年人的合法权益。

（八）人力资源社会保障部门负责指导技工学校做好学生欺凌事件的预防和处置工作。

（九）共青团组织负责切实履行综治委预防青少年违法犯罪专项组组长单位职责，配合教育行政部门并协调推动相关部门，建立预防遏制学生欺凌工作协调机制，积极参与学生欺凌防治工作。

（十）妇联组织负责配合有关部门开展预防学生欺凌相关知识的宣传教育，引导家长正确履行监护职责。

（十一）残联组织负责积极维护残疾儿童、少年合法权益，配合有关部门做好残疾学生权益保护相关法律法规的宣传教育，切实加强残疾学生遭受欺凌的风险防控，协助提供有关法律服务。

（十二）学校负责具体实施和落实学生欺凌防治工作，扎实开展相关教育，制定完善预防和处置学生欺凌的各项措施、预案、制度规范和处置流程，及时妥善处理学生欺凌事件。指导、教育家长依法落实法定监护职责，增强法治意识，科学实施家庭教育，切实加强对孩子的看护和管教工作。

五、工作要求

（一）深入细致部署。各地各有关部门要按照属地管理、分级负责的原则，加强学生欺凌综合治理。根据治理内容、措施及分工要求，明确负责人和具体联系人，结合本地区、本部门实际制订具体实施方案，落实工作责任。请于2017年12月31日前将省级防治学生欺凌工作负责人和联系人名单、2018年1月31日前将实施方案分别报送国务院教育督导委员会办公室。

（二）加强督导检查。省、市级教育督导部门要联合其他有关部门，定期对行政区域内防治学生欺凌工作情况进行督导检查。县级教育督导部门要对县域内学校按要求开展欺凌防治教育活动、制定应急预案和处置流程等办法措施、在校规校纪中完善防治学生欺凌内容、开展培训、及时处置学生欺凌事件等重点工作开展情况进行专项督导检查。

国务院教育督导委员会办公室适时组织联合督查组对全国防治学生欺凌工作进行专项督导，督导结果向社会公开。

（三）及时全面总结。认真及时做好防治学生欺凌工作总结，一方面围绕取得的成绩和经验，认真总结防治学生欺凌工作中带有启示性、经验性的做法；另一方面围绕面临的困难和不足，认真查找防治学生欺凌工作与社会、家长和学生需求的差距、不足和薄弱环节，查找问题真正的根源，汲取教训，研究改进，推动防治学生欺凌工作进一步取得实效。

（四）强化宣传引导。结合普法工作，开展法治宣传进校园活动，加强对防治学生欺凌工作的正面宣传引导，推广防治学生欺凌的先进典型、先进经验，普及防治学生欺凌知识和方法。对已发生的学生欺凌事件要及时回应社会关切，充分满足群众信息需求。教育行政部门要联系当地主要新闻媒体共同发布反学生欺凌绿色报道倡议书，营造反学生欺凌报道宣传的良好氛围。

教育部、公安部、共青团中央、全国妇联关于做好预防少年儿童遭受性侵工作的意见

（2013年9月3日　教基一〔2013〕8号）

各省、自治区、直辖市教育厅（教委）、公安厅（局）、团委、妇联，新疆生产建设兵团教育局、公安局、团委、妇联：

近年来，在党中央、国务院的正确领导下，在各级党委政府及教育、公安、共青团、妇联等有关部门的共同努力下，少年儿童保护工作取得积极进展，少年儿童安全事故数量和非正常死亡人数逐年下降。但是，少年儿童保护工作也出现了一些新情况、新问题，亟待加以研究解决，如寄宿制学校增多导致学校日常安全管理难度加大，留守儿童由于缺乏父母监管容易出现安全问题，社会不良风气影响少年儿童身心发展，特别是今年以来媒体集中曝光的个别地方出现的少年儿童被性侵犯案件，引发社会各界高度关注。为切实预防性侵犯少年儿童案件的发生，进一步加强少年儿童保护工作，确保教育系统和谐稳定，现提出以下意见。

一、科学做好预防性侵犯教育。各地教育部门、共青团、妇联组织要通过课堂教学、讲座、班队会、主题活动、编发手册等多种形式开展性知识教育、预防性侵犯教育，提高师生、家长对性侵犯犯罪的认识。广泛宣传“家长保护儿童须知”及“儿童保护须知”，教育学生特别是女学生提高自我保护意识和能力，了解预防性侵犯的知识，知晓什么是性侵犯，遭遇性侵犯后如何寻求他人帮助。教育学生特别是女学生提高警觉，外出时尽量结伴而行，离家时一定要告诉父母返回时间、和谁在一起、联系方式等，牢记父母电话及报警电话。要运用各类媒体普及有关知识，有条件的地方可设立学生保护热线和网站。

二、定期开展隐患摸底排查。各地教育部门要定期组织力量对中小学校进行拉网式排查，全面检查学校日常安全管理制度是否存在漏洞，重点检查教职工、学生是否有异常情况，特别是要关注班级内学生尤其是女学生有无学习成绩突然下滑、精神恍惚、无故旷课等异常表现及产生的原因。要加强对边远地区、山区学校、教学点的排查，切实做到县不漏校，校不漏人。对排查中发现的安全隐患要及时整改，发现的性侵犯事件线索和苗头要认真核实，涉及违法犯罪的要及时报警并报告上级部门。

三、全面落实日常管理制度。各地教育部门要坚持“谁主管、谁负责，谁开办、谁负责”的原则，落实中小学校长作为校园内部安全管理和学生保护第一责任人的责任。要指导学校建立低年级学生上下学接送交接制度，不得将晚离校学生交与无关人员。健全学生请假、销假制度，严禁学生私自离校。加强人防、物防和技防建设，完善重点时段和关键

部位的安全监管。严格落实值班、巡查制度，加强校园周边治安综合治理。严格实行外来人员、车辆登记制度和内部人员、车辆出入证制度。

四、从严管理女生宿舍。各地教育部门和寄宿制学校要对所有女生宿舍实行“封闭式”管理，尚未实现“封闭式”管理的要抓紧时间改善宿舍条件。女生宿舍原则上应聘用女性管理人员。未经宿管人员许可，所有男性，包括老师和家长，一律不得进入女生宿舍。宿舍管理人员发现有可疑人员在女生宿舍周围游荡，要立即向学校报告并采取相应防范措施。学生临时有事离校回家必须向学校请假并电话告知家长，经宿舍管理人员同意并登记后方可离校。做好学生夜间点名工作，发现有无故夜不归宿者要及时报告。

五、切实加强教职员工管理。各地教育部门要把好入口关，落实对校长、教师和职工从业资格有关规定，加强对临时聘用人员的准入资质审查，坚决清理和杜绝不合格人员进入学校工作岗位，严禁聘用受到剥夺政治权利或者故意犯罪受到刑事处罚人员、有精神病史人员担任教职员工。要将师德教育、法制教育纳入教职员工培训内容及考核范围，加强考核和评价，落实管理职责。要加强对教职员工的品行考核，对品行不良、侮辱学生、影响恶劣的，由县级以上教育行政部门撤销其教师资格。要关注教职员工队伍心理状况及工作状况，加强心理辅导，防止个别教职员工出现极端心理问题，及时预防个别教职员工出现的不良行为。

六、密切保持家校联系。各地教育部门、妇联组织要通过开展家访、召开家长会、举办家长学校等方式，提醒家长尽量多安排时间和孩子相处交流，切实履行对孩子的监护责任，特别要做好学生离校后的监管看护教育工作。要让家长了解必要的性知识和预防性侵犯知识，并通过适当方式向孩子进行讲解。学校要同家庭随时保持联系，特别要关注留守儿童家庭，及时掌握孩子情况，特别是发现孩子有异常表现时，家校双方要及时沟通，深入了解孩子表现情况，共同分析异常原因，及时采取应对措施。学校家长委员会、家长学校要与社区家长学校密切联系，构筑学校、家庭、社区有效衔接的保护网络。

七、妥善处置中小学生性侵犯事件。各地教育部门要建立中小学生性侵犯案件及时报告制度，一旦发现学生在学校内遭受性侵犯，学校或家长要立即报警并彼此告知，同时学校要及时向上级教育主管部门报告，报告时相关人员有义务保护未成年人合法权益，严格保护学生隐私，防止泄露有关学生个人及其家庭的信息，避免再次伤害。教育部门和学校要与共青团、妇联、家庭和医院等积极配合，向被性侵犯的学生及其家人提供帮助，及时开展相应的心理辅导和家庭支持，帮助他们尽快走出心理阴影。被性侵犯的学生有转学需求的，教育部门和学校应予以安排。对性侵学生者，各地要依法严惩，决不姑息。

八、努力营造良好社会环境和舆论氛围。各地教育部门、公安机关要分析学校及周边安全形势，掌握治安乱点和突出问题，大力整治学校及周边安全隐患。各地公安机关要重点排查民办学校、城乡结合部学校、寄宿制学校内部及周边的安全隐患，严厉打击对少年儿童性侵犯的违法犯罪活动。要加强校园周边巡逻防控，防止发生社会人员性侵犯在校女学生案件。各地教育部门要协调有关部门进一步加强对学生保护工作的正面宣传引导，防止媒体过度渲染报道性侵犯学生案件，营造全社会共同关心、关爱学生健康成长的良好氛围。

九、积极构建长效机制。各地教育部门要将预防性侵犯教育作为安全教育的重要内容，在开学后、放假前等重点时段集中开展，纳入对新上岗教职工和新入学学生的培训教育中。共青团组织要将预防性侵犯教育作为青少年自护教育活动的重要方面，依托各地“12355”青少年服务台，开设自护教育热线，组织专业社工、公益律师、志愿者开展有针对性的自护教育、心理辅导和法律咨询。妇联组织要将预防性侵犯教育纳入女童尤其是农村留守流动女童家庭教育指导服务重点内容，维护女童合法权益。要加强协同配合，努力构建教育、公安、共青团、妇联、家庭、社会六位一体的保护中小学生工作机制，做到安全监管全覆盖。

最高人民法院、最高人民检察院、公安部、司法部关于依法惩治性侵害未成年人犯罪的意见

（2013年10月23日　法发〔2013〕12号）

为依法惩治性侵害未成年人犯罪，保护未成年人合法权益，根据刑法、刑事诉讼法和未成年人保护法等法律和司法解释的规定，结合司法实践经验，制定本意见。

一、基本要求

1. 本意见所称性侵害未成年人犯罪，包括刑法第二百三十六条、第二百三十七条、第三百五十八条、第三百五十九条、第三百六十条第二款规定的针对未成年人实施的强奸罪，强制猥亵、侮辱妇女罪，猥亵儿童罪，组织卖淫罪，强迫卖淫罪，引诱、容留、介绍卖淫罪，引诱幼女卖淫罪，嫖宿幼女罪等。

2. 对于性侵害未成年人犯罪，应当依法从严惩治。

3. 办理性侵害未成年人犯罪案件，应当充分考虑未成年被害人身心发育尚未成熟、易受伤害等特点，贯彻特殊、优先保护原则，切实保障未成年人的合法权益。

4. 对于未成年人实施性侵害未成年人犯罪的，应当坚持双向保护原则，在依法保护未成年被害人的合法权益时，也要依法保护未成年犯罪嫌疑人、未成年被告人的合法权益。

5. 办理性侵害未成年人犯罪案件，对于涉及未成年被害人、未成年犯罪嫌疑人和未成年被告人的身份信息及可能推断出其身份信息的资料和涉及性侵害的细节等内容，审判人员、检察人员、侦查人员、律师及其他诉讼参与人应当予以保密。

对外公开的诉讼文书，不得披露未成年被害人的身份信息及可能推断出其身份信息的其他资料，对性侵害的事实注意以适当的方式叙述。

6. 性侵害未成年人犯罪案件，应当由熟悉未成年人身心特点的审判人员、检察人员、侦查人员办理，未成年被害人系女性的，应当有女性工作人员参与。

人民法院、人民检察院、公安机关设有办理未成年人刑事案件专门工作机构或者专门工作小组的，可以优先由专门工作机构或者专门工作小组办理性侵害未成年人犯罪案件。

7. 各级人民法院、人民检察院、公安机关和司法行政机关应当加强与民政、教育、妇联、共青团等部门及未成年人保护组织的联系和协作，共同做好性侵害未成年人犯罪预防和未成年被害人的心理安抚、疏导工作，从有利于未成年人身心健康的角度，对其给予必要的帮助。

8. 上级人民法院、人民检察院、公安机关和司法行政机关应当加强对下指导和业务培训。各级人民法院、人民检察院、公安机关和司法行政机关要增强对未成年人予以特殊、优先保护的司法理念，完善工作机制，提高办案能力和水平。

二、办案程序要求

9. 对未成年人负有监护、教育、训练、救助、看护、医疗等特殊职责的人员（以下简称负有特殊职责的人员）以及其他公民和单位，发现未成年人受到性侵害的，有权利也有义务向公安机关、人民检察院、人民法院报案或者举报。

10. 公安机关接到未成年人被性侵害的报案、控告、举报，应当及时受理，迅速进行审查。经审查，符合立案条件的，应当立即立案侦查。

公安机关发现可能有未成年人被性侵害或者接报相关线索的，无论案件是否属于本单位管辖，都应当及时采取制止违法犯罪行为、保护被害人、保护现场等紧急措施，必要时，应当通报有关部门对被害人予以临时安置、救助。

11. 人民检察院认为公安机关应当立案侦查而不立案侦查的，或者被害人及其法定代理人、对未成年人负有特殊职责的人员据此向人民检察院提出异议的，人民检察院应当要求公安机关说明不立案的理由。人民检察院认为不立案理由不成立的，应当通知公安机关立案，公安机关接到通知后应当立案。

12. 公安机关侦查未成年人被性侵害案件，应当依照法定程序，及时、全面收集固定证据。及时对性侵害犯罪现场进行勘查，对未成年被害人、犯罪嫌疑人进行人身检查，提取体液、毛发、被害人和犯罪嫌疑人指甲内的残留物等生物样本，指纹、足迹、鞋印等痕迹，衣物、纽扣等物品；及时提取住宿登记表等书证，现场监控录像等视听资料；及时收集被害人陈述、证人证言和犯罪嫌疑人供述等证据。

13. 办案人员到未成年被害人及其亲属、未成年证人所在学校、单位、居住地调查取证的，应当避免驾驶警车、穿着制服或者采取其他可能暴露被害人身份、影响被害人名誉、隐私的方式。

14. 询问未成年被害人，审判人员、检察人员、侦查人员和律师应当坚持不伤害原则，选择未成年人住所或者其他让未成年人心理上感到安全的场所进行，并通知其法定代理人到场。无法通知、法定代理人不能到场或者法定代理人是性侵害犯罪嫌疑人、被告人的，也可以通知未成年被害人的其他成年亲属或者所在学校、居住地基层组织、未成年人保护组织的代表等有关人员到场，并将相关情况记录在案。

询问未成年被害人，应当考虑其身心特点，采取和缓的方式进行。对与性侵害犯罪有关的事实应当进行全面询问，以一次询问为原则，尽可能避免反复询问。

15. 人民法院、人民检察院办理性侵害未成年人案件，应当及时告知未成年被害人及其法定代理人或者近亲属有权委托诉讼代理人，并告知其如果经济困难，可以向法律援助机构申请法律援助。对需要申请法律援助的，应当帮助其申请法律援助。法律援助机构应当及时指派熟悉未成年人身心特点的律师为其提供法律帮助。

16. 人民法院、人民检察院、公安机关办理性侵害未成年人犯罪案件，除有碍案件办理的情形外，应当将案件进展情况、案件处理结果及时告知被害人及其法定代理人，并对有关情况予以说明。

17. 人民法院确定性侵害未成年人犯罪案件开庭日期后，应当将开庭的时间、地点通知未成年被害人及其法定代理人。未成年被害人的法定代理人可以陪同或者代表未成年被害人参加法庭审理，陈述意见，法定代理人是性侵害犯罪被告人的除外。

18. 人民法院开庭审理性侵害未成年人犯罪案件，未成年被害人、证人确有必要出庭的，应当根据案件情况采取不暴露外貌、真实声音等保护措施。有条件的，可以采取视频等方式播放未成年人的陈述、证言，播放视频亦应采取保护措施。

三、准确适用法律

19. 知道或者应当知道对方是不满十四周岁的幼女，而实施奸淫等性侵害行为的，应当认定行为人"明知"对方是幼女。

对于不满十二周岁的被害人实施奸淫等性侵害行为的，应当认定行为人"明知"对方是幼女。

对于已满十二周岁不满十四周岁的被害人，从其身体发育状况、言谈举止、衣着特征、生活作息规律等观察可能是幼女，而实施奸淫等性侵害行为的，应当认定行为人"明知"对方是幼女。

20. 以金钱财物等方式引诱幼女与自己发生性关系的；知道或者应当知道幼女被他人强迫卖淫而仍与其发生性关系的，均以强奸罪论处。

21. 对幼女负有特殊职责的人员与幼女发生性关系的，以强奸罪论处。

对已满十四周岁的未成年女性负有特殊职责的人员，利用其优势地位或者被害人孤立无援的境地，迫使未成年被害人就范，而与其发生性关系的，以强奸罪定罪处罚。

22. 实施猥亵儿童犯罪，造成儿童轻伤以上后果，同时符合刑法第二百三十四条或者第二百三十二条的规定，构成故意伤害罪、故意杀人罪的，依照处罚较重的规定定罪处罚。

对已满十四周岁的未成年男性实施猥亵，造成被害人轻伤以上后果，符合刑法第二百三十四条或者第二百三十二条规定的，以故意伤害罪或者故意杀人罪定罪处罚。

23. 在校园、游泳馆、儿童游乐场等公共场所对未成年人实施强奸、猥亵犯罪，只要有其他多人在场，不论在场人员是否实际看到，均可以依照刑法第二百三十六条第三款、第二百三十七条的规定，认定为在公共场所"当众"强奸妇女，强制猥亵、侮辱妇女，猥亵儿童。

24. 介绍、帮助他人奸淫幼女、猥亵儿童的，以强奸罪、猥亵儿童罪的共犯论处。

25. 针对未成年人实施强奸、猥亵犯罪的，应当从重处罚，具有下列情形之一的，更要依法从严惩处：

（1）对未成年人负有特殊职责的人员、与未成年人有共同家庭生活关系的人员、国家工作人员或者冒充国家工作人员，实施强奸、猥亵犯罪的；

（2）进入未成年人住所、学生集体宿舍实施强奸、猥亵犯罪的；

（3）采取暴力、胁迫、麻醉等强制手段实施奸淫幼女、猥亵儿童犯罪的；

（4）对不满十二周岁的儿童、农村留守儿童、严重残疾或者精神智力发育迟滞的未成年人，实施强奸、猥亵犯罪的；

（5）猥亵多名未成年人，或者多次实施强奸、猥亵犯罪的；

（6）造成未成年被害人轻伤、怀孕、感染性病等后果的；

（7）有强奸、猥亵犯罪前科劣迹的。

26. 组织、强迫、引诱、容留、介绍未成年人卖淫构成犯罪的，应当从重处罚。强迫幼女卖淫、引诱幼女卖淫的，应当分别按照刑法第三百五十八条第一款第（二）项、第三百五十九条第二款的规定定罪处罚。

对未成年人负有特殊职责的人员、与未成年人有共同家庭生活关系的人员、国家工作人员，实施组织、强迫、引诱、容留、介绍未成年人卖淫等性侵害犯罪的，更要依法从严惩处。

27. 已满十四周岁不满十六周岁的人偶尔与幼女发生性关系，情节轻微、未造成严重后果的，不认为是犯罪。

四、其他事项

28. 对于强奸未成年人的成年犯罪分子判处刑罚时，一般不适用缓刑。

对于性侵害未成年人的犯罪分子确定是否适用缓刑，人民法院、人民检察院可以委托犯罪分子居住地的社区矫正机构，就对其宣告缓刑对所居住社区是否有重大不良影响进行调查。受委托的社区矫正机构应当及时组织调查，在规定的期限内将调查评估意见提交委托机关。

对于判处刑罚同时宣告缓刑的，可以根据犯罪情况，同时宣告禁止令，禁止犯罪分子在缓刑考验期内从事与未成年人有关的工作、活动，禁止其进入中小学校区、幼儿园园区及其他未成年人集中的场所，确因本人就学、居住等原因，经执行机关批准的除外。

29. 外国人在我国领域内实施强奸、猥亵未成年人等犯罪的，应当依法判处，在判处刑罚时，可以独立适用或者附加适用驱逐出境。对于尚不构成犯罪但构成违反治安管理行为的，或者因实施性侵害未成年人犯罪不适宜在中国境内继续停留居留的，公安机关可以依法适用限期出境或者驱逐出境。

30. 对于判决已生效的强奸、猥亵未成年人犯罪案件，人民法院在依法保护被害人隐私的前提下，可以在互联网公布相关裁判文书，未成年人犯罪的除外。

31. 对于未成年人因被性侵害而造成的人身损害，为进行康复治疗所支付的医疗费、护理费、交通费、误工费等合理费用，未成年被害人及其法定代理人、近亲属提出赔偿请求的，人民法院依法予以支持。

32. 未成年人在幼儿园、学校或者其他教育机构学习、生活期间被性侵害而造成人身损害，被害人及其法定代理人、近亲属据此向人民法院起诉要求上述单位承担赔偿责任的,人民法院依法予以支持。

33. 未成年人受到监护人性侵害,其他具有监护资格的人员、民政部门等有关单位和组织向人民法院提出申请,要求撤销监护人资格,另行指定监护人的,人民法院依法予以支持。

34. 对未成年被害人因性侵害犯罪而造成人身损害,不能及时获得有效赔偿,生活困难的,各级人民法院、人民检察院、公安机关可会同有关部门,优先考虑予以司法救助。

最高人民法院、最高人民检察院、公安部、司法部关于依法办理家庭暴力犯罪案件的意见

（2015 年 3 月 2 日　法发〔2015〕4 号）

发生在家庭成员之间，以及具有监护、扶养、寄养、同居等关系的共同生活人员之间的家庭暴力犯罪，严重侵害公民人身权利，破坏家庭关系，影响社会和谐稳定。人民法院、人民检察院、公安机关、司法行政机关应当严格履行职责，充分运用法律，积极预防和有效惩治各种家庭暴力犯罪，切实保障人权，维护社会秩序。为此，根据刑法、刑事诉讼法、婚姻法、未成年人保护法、老年人权益保障法、妇女权益保障法等法律，结合司法实践经验，制定本意见。

一、基本原则

1. 依法及时、有效干预。针对家庭暴力持续反复发生，不断恶化升级的特点，人民法院、人民检察院、公安机关、司法行政机关对已发现的家庭暴力，应当依法采取及时、有效的措施，进行妥善处理，不能以家庭暴力发生在家庭成员之间，或者属于家务事为由而置之不理，互相推诿。

2. 保护被害人安全和隐私。办理家庭暴力犯罪案件，应当首先保护被害人的安全。通过对被害人进行紧急救治、临时安置，以及对施暴人采取刑事强制措施、判处刑罚、宣告禁止令等措施，制止家庭暴力并防止再次发生，消除家庭暴力的现实侵害和潜在危险。对与案件有关的个人隐私，应当保密，但法律有特别规定的除外。

3. 尊重被害人意愿。办理家庭暴力犯罪案件，既要严格依法进行，也要尊重被害人的意愿。在立案、采取刑事强制措施、提起公诉、判处刑罚、减刑、假释时，应当充分听取被害人意见，在法律规定的范围内作出合情、合理的处理。对法律规定可以调解、和解的案件，应当在当事人双方自愿的基础上进行调解、和解。

4. 对未成年人、老年人、残疾人、孕妇、哺乳期妇女、重病患者特殊保护。办理家庭暴力犯罪案件，应当根据法律规定和案件情况，通过代为告诉、法律援助等措施，加大对未成年人、老年人、残疾人、孕妇、哺乳期妇女、重病患者的司法保护力度，切实保障他们的合法权益。

二、案件受理

5. 积极报案、控告和举报。依照刑事诉讼法第一百零八条第一款“任何单位和个人发现有犯罪事实或者犯罪嫌疑人，有权利也有义务向公安机关、人民检察院或者人民法院

报案或者举报”的规定，家庭暴力被害人及其亲属、朋友、邻居、同事，以及村(居)委会、人民调解委员会、妇联、共青团、残联、医院、学校、幼儿园等单位、组织，发现家庭暴力，有权利也有义务及时向公安机关、人民检察院、人民法院报案、控告或者举报。

公安机关、人民检察院、人民法院对于报案人、控告人和举报人不愿意公开自己的姓名和报案、控告、举报行为的，应当为其保守秘密，保护报案人、控告人和举报人的安全。

6. 迅速审查、立案和转处。公安机关、人民检察院、人民法院接到家庭暴力的报案、控告或者举报后，应当立即问明案件的初步情况，制作笔录，迅速进行审查，按照刑事诉讼法关于立案的规定，根据自己的管辖范围，决定是否立案。对于符合立案条件的，要及时立案。对于可能构成犯罪但不属于自己管辖的，应当移送主管机关处理，并且通知报案人、控告人或者举报人；对于不属于自己管辖而又必须采取紧急措施的，应当先采取紧急措施，然后移送主管机关。

经审查，对于家庭暴力行为尚未构成犯罪，但属于违反治安管理行为的，应当将案件移送公安机关，依照治安管理处罚法的规定进行处理，同时告知被害人可以向人民调解委员会提出申请，或者向人民法院提起民事诉讼，要求施暴人承担停止侵害、赔礼道歉、赔偿损失等民事责任。

7. 注意发现犯罪案件。公安机关在处理人身伤害、虐待、遗弃等行政案件过程中，人民法院在审理婚姻家庭、继承、侵权责任纠纷等民事案件过程中，应当注意发现可能涉及的家庭暴力犯罪。一旦发现家庭暴力犯罪线索，公安机关应当将案件转为刑事案件办理，人民法院应当将案件移送公安机关；属于自诉案件的，公安机关、人民法院应当告知被害人提起自诉。

8. 尊重被害人的程序选择权。对于被害人有证据证明的轻微家庭暴力犯罪案件，在立案审查时，应当尊重被害人选择公诉或者自诉的权利。被害人要求公安机关处理的，公安机关应当依法立案、侦查。在侦查过程中，被害人不再要求公安机关处理或者要求转为自诉案件的，应当告知被害人向公安机关提交书面申请。经审查确系被害人自愿提出的，公安机关应当依法撤销案件。被害人就这类案件向人民法院提起自诉的，人民法院应当依法受理。

9. 通过代为告诉充分保障被害人自诉权。对于家庭暴力犯罪自诉案件，被害人无法告诉或者不能亲自告诉的，其法定代理人、近亲属可以告诉或者代为告诉；被害人是无行为能力人、限制行为能力人，其法定代理人、近亲属没有告诉或者代为告诉的，人民检察院可以告诉；侮辱、暴力干涉婚姻自由等告诉才处理的案件，被害人因受强制、威吓无法告诉的，人民检察院也可以告诉。人民法院对告诉或者代为告诉的，应当依法受理。

10. 切实加强立案监督。人民检察院要切实加强对家庭暴力犯罪案件的立案监督，发现公安机关应当立案而不立案的，或者被害人及其法定代理人、近亲属，有关单位、组织就公安机关不予立案向人民检察院提出异议的，人民检察院应当要求公安机关说明不立案的理由。人民检察院认为不立案理由不成立的，应当通知公安机关立案，公安机关接到通知后应当立案;认为不立案理由成立的,应当将理由告知提出异议的被害人及其法定代理人、近亲属或者有关单位、组织。

11. 及时、全面收集证据。公安机关在办理家庭暴力案件时,要充分、全面地收集、固定证据,除了收集现场的物证、被害人陈述、证人证言等证据外,还应当注意及时向村(居)委会、人民调解委员会、妇联、共青团、残联、医院、学校、幼儿园等单位、组织的工作人员,以及被害人的亲属、邻居等收集涉及家庭暴力的处理记录、病历、照片、视频等证据。

12. 妥善救治、安置被害人。人民法院、人民检察院、公安机关等负有保护公民人身安全职责的单位和组织,对因家庭暴力受到严重伤害需要紧急救治的被害人,应当立即协助联系医疗机构救治;对面临家庭暴力严重威胁,或者处于无人照料等危险状态,需要临时安置的被害人或者相关未成年人,应当通知并协助有关部门进行安置。

13. 依法采取强制措施。人民法院、人民检察院、公安机关对实施家庭暴力的犯罪嫌疑人、被告人,符合拘留、逮捕条件的,可以依法拘留、逮捕;没有采取拘留、逮捕措施的,应当通过走访、打电话等方式与被害人或者其法定代理人、近亲属联系,了解被害人的人身安全状况。对于犯罪嫌疑人、被告人再次实施家庭暴力的,应当根据情况,依法采取必要的强制措施。

人民法院、人民检察院、公安机关决定对实施家庭暴力的犯罪嫌疑人、被告人取保候审的,为了确保被害人及其子女和特定亲属的安全,可以依照刑事诉讼法第六十九条第二款的规定,责令犯罪嫌疑人、被告人不得再次实施家庭暴力;不得侵扰被害人的生活、工作、学习;不得进行酗酒、赌博等活动;经被害人申请且有必要的,责令不得接近被害人及其未成年子女。

14. 加强自诉案件举证指导。家庭暴力犯罪案件具有案发周期较长、证据难以保存,被害人处于相对弱势、举证能力有限,相关事实难以认定等特点。有些特点在自诉案件中表现得更为突出。因此,人民法院在审理家庭暴力自诉案件时,对于因当事人举证能力不足等原因,难以达到法律规定的证据要求的,应当及时对当事人进行举证指导,告知需要收集的证据及收集证据的方法。对于因客观原因不能取得的证据,当事人申请人民法院调取的,人民法院应当认真审查,认为确有必要的,应当调取。

15. 加大对被害人的法律援助力度。人民检察院自收到移送审查起诉的案件材料之日起三日内,人民法院自受理案件之日起三日内,应当告知被害人及其法定代理人或者近亲属有权委托诉讼代理人,如果经济困难,可以向法律援助机构申请法律援助;对于被害人是未成年人、老年人、重病患者或者残疾人等,因经济困难没有委托诉讼代理人的,人民检察院、人民法院应当帮助其申请法律援助。

法律援助机构应当依法为符合条件的被害人提供法律援助,指派熟悉反家庭暴力法律法规的律师办理案件。

三、定罪处罚

16. 依法准确定罪处罚。对故意杀人、故意伤害、强奸、猥亵儿童、非法拘禁、侮辱、暴力干涉婚姻自由、虐待、遗弃等侵害公民人身权利的家庭暴力犯罪，应当根据犯罪的事实、犯罪的性质、情节和对社会的危害程度，严格依照刑法的有关规定判处。对于同一行为同时触犯多个罪名的，依照处罚较重的规定定罪处罚。

17. 依法惩处虐待犯罪。采取殴打、冻饿、强迫过度劳动、限制人身自由、恐吓、侮辱、谩骂等手段，对家庭成员的身体和精神进行摧残、折磨，是实践中较为多发的虐待性质的家庭暴力。根据司法实践，具有虐待持续时间较长、次数较多；虐待手段残忍；虐待造成被害人轻微伤或者患较严重疾病；对未成年人、老年人、残疾人、孕妇、哺乳期妇女、重病患者实施较为严重的虐待行为等情形，属于刑法第二百六十条第一款规定的虐待"情节恶劣"，应当依法以虐待罪定罪处罚。

准确区分虐待犯罪致人重伤、死亡与故意伤害、故意杀人犯罪致人重伤、死亡的界限，要根据被告人的主观故意、所实施的暴力手段与方式、是否立即或者直接造成被害人伤亡后果等进行综合判断。对于被告人主观上不具有侵害被害人健康或者剥夺被害人生命的故意，而是出于追求被害人肉体和精神上的痛苦，长期或者多次实施虐待行为，逐渐造成被害人身体损害，过失导致被害人重伤或者死亡的；或者因虐待致使被害人不堪忍受而自残、自杀，导致重伤或者死亡的，属于刑法第二百六十条第二款规定的虐待"致使被害人重伤、死亡"，应当以虐待罪定罪处罚。对于被告人虽然实施家庭暴力呈现出经常性、持续性、反复性的特点，但其主观上具有希望或者放任被害人重伤或者死亡的故意，持凶器实施暴力，暴力手段残忍，暴力程度较强，直接或者立即造成被害人重伤或者死亡的，应当以故意伤害罪或者故意杀人罪定罪处罚。

依法惩处遗弃犯罪。负有扶养义务且有扶养能力的人，拒绝扶养年幼、年老、患病或者其他没有独立生活能力的家庭成员，是危害严重的遗弃性质的家庭暴力。根据司法实践，具有对被害人长期不予照顾、不提供生活来源；驱赶、逼迫被害人离家，致使被害人流离失所或者生存困难；遗弃患严重疾病或者生活不能自理的被害人；遗弃致使被害人身体严重损害或者造成其他严重后果等情形，属于刑法第二百六十一条规定的遗弃"情节恶劣"，应当依法以遗弃罪定罪处罚。

准确区分遗弃罪与故意杀人罪的界限，要根据被告人的主观故意、所实施行为的时间与地点、是否立即造成被害人死亡，以及被害人对被告人的依赖程度等进行综合判断。对于只是为了逃避扶养义务，并不希望或者放任被害人死亡，将生活不能自理的被害人弃置在福利院、医院、派出所等单位或者广场、车站等行人较多的场所，希望被害人得到他人救助的，一般以遗弃罪定罪处罚。对于希望或者放任被害人死亡，不履行必要的扶养义务，致使被害人因缺乏生活照料而死亡，或者将生活不能自理的被害人带至荒山野岭等人迹罕至的场所扔弃，使被害人难以得到他人救助的，应当以故意杀人罪定罪处罚。

18. 切实贯彻宽严相济刑事政策。对于实施家庭暴力构成犯罪的，应当根据罪刑法定、罪刑相适应原则，兼顾维护家庭稳定、尊重被害人意愿等因素综合考虑，宽严并用，区别对待。根据司法实践，对于实施家庭暴力手段残忍或者造成严重后果；出于恶意侵占财产等卑劣动机实施家庭暴力；因酗酒、吸毒、赌博等恶习而长期或者多次实施家庭暴力；曾因实施家庭暴力受到刑事处罚、行政处罚；或者具有其他恶劣情形的，可以酌情从重处罚。对于实施家庭暴力犯罪情节较轻，或者被告人真诚悔罪，获得被害人谅解，从轻处罚有利于被扶养人的，可以酌情从轻处罚；对于情节轻微不需要判处刑罚的，人民检察院可以不起诉，人民法院可以判处免予刑事处罚。

对于实施家庭暴力情节显著轻微危害不大不构成犯罪的，应当撤销案件、不起诉，或者宣告无罪。

人民法院、人民检察院、公安机关应当充分运用训诫，责令施暴人保证不再实施家庭暴力，或者向被害人赔礼道歉、赔偿损失等非刑罚处罚措施，加强对施暴人的教育与惩戒。

19. 准确认定对家庭暴力的正当防卫。为了使本人或者他人的人身权利免受不法侵害，对正在进行的家庭暴力采取制止行为，只要符合刑法规定的条件，就应当依法认定为正当防卫，不负刑事责任。防卫行为造成施暴人重伤、死亡，且明显超过必要限度，属于防卫过当，应当负刑事责任，但是应当减轻或者免除处罚。

认定防卫行为是否“明显超过必要限度”，应当以足以制止并使防卫人免受家庭暴力不法侵害的需要为标准，根据施暴人正在实施家庭暴力的严重程度、手段的残忍程度，防卫人所处的环境、面临的危险程度、采取的制止暴力的手段、造成施暴人重大损害的程度，以及既往家庭暴力的严重程度等进行综合判断。

20. 充分考虑案件中的防卫因素和过错责任。对于长期遭受家庭暴力后，在激愤、恐惧状态下为了防止再次遭受家庭暴力，或者为了摆脱家庭暴力而故意杀害、伤害施暴人，被告人的行为具有防卫因素，施暴人在案件起因上具有明显过错或者直接责任的，可以酌情从宽处罚。对于因遭受严重家庭暴力，身体、精神受到重大损害而故意杀害施暴人；或者因不堪忍受长期家庭暴力而故意杀害施暴人，犯罪情节不是特别恶劣，手段不是特别残忍的，可以认定为刑法第二百三十二条规定的故意杀人“情节较轻”。在服刑期间确有悔改表现的，可以根据其家庭情况，依法放宽减刑的幅度，缩短减刑的起始时间与间隔时间；符合假释条件的，应当假释。被杀害施暴人的近亲属表示谅解的，在量刑、减刑、假释时应当予以充分考虑。

四、其他措施

21. 充分运用禁止令措施。人民法院对实施家庭暴力构成犯罪被判处管制或者宣告缓刑的犯罪分子，为了确保被害人及其子女和特定亲属的人身安全，可以依照刑法第三十八条第二款、第七十二条第二款的规定，同时禁止犯罪分子再次实施家庭暴力，侵扰被害人的生活、工作、学习，进行酗酒、赌博等活动；经被害人申请且有必要的，禁止接近被害人及其未成年子女。

22. 告知申请撤销施暴人的监护资格。人民法院、人民检察院、公安机关对于监护人实施家庭暴力，严重侵害被监护人合法权益的，在必要时可以告知被监护人及其他有监护资格的人员、单位，向人民法院提出申请，要求撤销监护人资格，依法另行指定监护人。

23. 充分运用人身安全保护措施。人民法院为了保护被害人的人身安全，避免其再次受到家庭暴力的侵害，可以根据申请，依照民事诉讼法等法律的相关规定，作出禁止施暴人再次实施家庭暴力、禁止接近被害人、迁出被害人的住所等内容的裁定。对于施暴人违反裁定的行为，如对被害人进行威胁、恐吓、殴打、伤害、杀害，或者未经被害人同意拒不迁出住所的，人民法院可以根据情节轻重予以罚款、拘留；构成犯罪的，应当依法追究刑事责任。

24. 充分运用社区矫正措施。社区矫正机构对因实施家庭暴力构成犯罪被判处管制、宣告缓刑、假释或者暂予监外执行的犯罪分子，应当依法开展家庭暴力行为矫治，通过制定有针对性的监管、教育和帮助措施，矫正犯罪分子的施暴心理和行为恶习。

25. 加强反家庭暴力宣传教育。人民法院、人民检察院、公安机关、司法行政机关应当结合本部门工作职责，通过以案说法、社区普法、针对重点对象法制教育等多种形式，开展反家庭暴力宣传教育活动，有效预防家庭暴力，促进平等、和睦、文明的家庭关系，维护社会和谐、稳定。

最高人民检察院、国家监察委员会等九部门联合印发《关于建立侵害未成年人案件强制报告制度的意见(试行)》

(2020 年 5 月 7 日　高检发〔2020〕9 号)

第一条　为切实加强对未成年人的全面综合司法保护,及时有效惩治侵害未成年人违法犯罪,根据《中华人民共和国刑事诉讼法》《中华人民共和国未成年人保护法》《中华人民共和国反家庭暴力法》《中华人民共和国执业医师法》及相关法律法规,结合未成年人保护工作实际,制定本意见。

第二条　侵害未成年人案件强制报告,是指国家机关、法律法规授权行使公权力的各类组织及法律规定的公职人员,密切接触未成年人行业的各类组织及其从业人员,在工作中发现未成年人遭受或者疑似遭受不法侵害以及面临不法侵害危险的,应当立即向公安机关报案或举报。

第三条　本意见所称密切接触未成年人行业的各类组织,是指依法对未成年人负有教育、看护、医疗、救助、监护等特殊职责,或者虽不负有特殊职责但具有密切接触未成年人条件的企事业单位、基层群众自治组织、社会组织。主要包括:居(村)民委员会;中小学校、幼儿园、校外培训机构、未成年人校外活动场所等教育机构及校车服务提供者;托儿所等托育服务机构;医院、妇幼保健院、急救中心、诊所等医疗机构;儿童福利机构、救助管理机构、未成年人救助保护机构、社会工作服务机构;旅店、宾馆等。

第四条　本意见所称在工作中发现未成年人遭受或者疑似遭受不法侵害以及面临不法侵害危险的情况包括:

(一)未成年人的生殖器官或隐私部位遭受或疑似遭受非正常损伤的;

(二)不满十四周岁的女性未成年人遭受或疑似遭受性侵害、怀孕、流产的;

(三)十四周岁以上女性未成年人遭受或疑似遭受性侵害所致怀孕、流产的;

(四)未成年人身体存在多处损伤、严重营养不良、意识不清,存在或疑似存在受到家庭暴力、欺凌、虐待、殴打或者被人麻醉等情形的;

(五)未成年人因自杀、自残、工伤、中毒、被人麻醉、殴打等非正常原因导致伤残、死亡情形的;

(六)未成年人被遗弃或长期处于无人照料状态的;

(七)发现未成年人来源不明、失踪或者被拐卖、收买的;

(八)发现未成年人被组织乞讨的;

（九）其他严重侵害未成年人身心健康的情形或未成年人正在面临不法侵害危险的。

第五条 根据本意见规定情形向公安机关报案或举报的，应按照主管行政机关要求报告备案。

第六条 具备先期核实条件的相关单位、机构、组织及人员，可以对未成年人疑似遭受不法侵害的情况进行初步核实，并在报案或举报时将相关材料一并提交公安机关。

第七条 医疗机构及其从业人员在收治遭受或疑似遭受人身、精神损害的未成年人时，应当保持高度警惕，按规定书写、记录和保存相关病历资料。

第八条 公安机关接到疑似侵害未成年人权益的报案或举报后，应当立即接受，问明案件初步情况，并制作笔录。根据案件的具体情况，涉嫌违反治安管理的，依法受案审查；涉嫌犯罪的，依法立案侦查。对不属于自己管辖的，及时移送有管辖权的公安机关。

第九条 公安机关侦查未成年人被侵害案件，应当依照法定程序，及时、全面收集固定证据。对于严重侵害未成年人的暴力犯罪案件、社会高度关注的重大、敏感案件，公安机关、人民检察院应当加强办案中的协商、沟通与配合。

公安机关、人民检察院依法向报案人员或者单位调取指控犯罪所需要的处理记录、监控资料、证人证言等证据时，相关单位及其工作人员应当积极予以协助配合，并按照有关规定全面提供。

第十条 公安机关应当在受案或者立案后三日内向报案单位反馈案件进展，并在移送审查起诉前告知报案单位。

第十一条 人民检察院应当切实加强对侵害未成年人案件的立案监督。认为公安机关应当立案而不立案的，应当要求公安机关说明不立案的理由。认为不立案理由不能成立的，应当通知公安机关立案，公安机关接到通知后应当立即立案。

第十二条 公安机关、人民检察院发现未成年人需要保护救助的，应当委托或者联合民政部门或共青团、妇联等群团组织，对未成年人及其家庭实施必要的经济救助、医疗救治、心理干预、调查评估等保护措施。未成年被害人生活特别困难的，司法机关应当及时启动司法救助。

公安机关、人民检察院发现未成年人父母或者其他监护人不依法履行监护职责，或者侵害未成年人合法权益的，应当予以训诫或者责令其接受家庭教育指导。经教育仍不改正，情节严重的，应当依法依规予以惩处。

公安机关、妇联、居民委员会、村民委员会、救助管理机构、未成年人救助保护机构发现未成年人遭受家庭暴力或面临家庭暴力的现实危险，可以依法向人民法院代为申请人身安全保护令。

第十三条 公安机关、人民检察院和司法行政机关及教育、民政、卫生健康等主管行政机关应当对报案人的信息予以保密。违法窃取、泄露报告事项、报告受理情况以及报告人信息的，依法依规予以严惩。

第十四条 相关单位、组织及其工作人员应当注意保护未成年人隐私，对于涉案未成年人身份、案情等信息资料予以严格保密，严禁通过互联网或者以其他方式进行传播。私自传播的，依法给予治安处罚或追究其刑事责任。

第十五条　依法保障相关单位及其工作人员履行强制报告责任，对根据规定报告侵害未成年人案件而引发的纠纷，报告人不予承担相应法律责任；对于干扰、阻碍报告的组织或个人，依法追究法律责任。

第十六条　负有报告义务的单位及其工作人员未履行报告职责，造成严重后果的，由其主管行政机关或者本单位依法对直接负责的主管人员或者其他直接责任人员给予相应处分；构成犯罪的，依法追究刑事责任。相关单位或者单位主管人员阻止工作人员报告的，予以从重处罚。

第十七条　对于行使公权力的公职人员长期不重视强制报告工作，不按规定落实强制报告制度要求的，根据其情节、后果等情况，监察委员会应当依法对相关单位和失职失责人员进行问责，对涉嫌职务违法犯罪的依法调查处理。

第十八条　人民检察院依法对本意见的执行情况进行法律监督。对于工作中发现相关单位对本意见执行、监管不力的，可以通过发出检察建议书等方式进行监督纠正。

第十九条　对于因及时报案使遭受侵害未成年人得到妥善保护、犯罪分子受到依法惩处的，公安机关、人民检察院、民政部门应及时向其主管部门反馈相关情况，单独或联合给予相关机构、人员奖励、表彰。

第二十条　强制报告责任单位的主管部门应当在本部门职能范围内指导、督促责任单位严格落实本意见，并通过年度报告、不定期巡查等方式，对本意见执行情况进行检查。注重加强指导和培训，切实提高相关单位和人员的未成年人保护意识和能力水平。

第二十一条　各级监察委员会、人民检察院、公安机关、司法行政机关、教育、民政、卫生健康部门和妇联、共青团组织应当加强沟通交流，定期通报工作情况，及时研究实践中出现的新情况、新问题。

各部门建立联席会议制度，明确强制报告工作联系人，畅通联系渠道，加强工作衔接和信息共享。人民检察院负责联席会议制度日常工作安排。

第二十二条　相关单位应加强对侵害未成年人案件强制报告的政策和法治宣传，强化全社会保护未成年人、与侵害未成年人违法犯罪行为作斗争的意识，争取理解与支持，营造良好社会氛围。

第二十三条　本意见自印发之日起试行。

最高人民法院、最高人民检察院、公安部、司法部印发《关于依法严惩利用未成年人实施黑恶势力犯罪的意见》的通知

（2020 年 3 月 23 日　高检发〔2020〕4 号）

各省、自治区、直辖市高级人民法院、人民检察院、公安厅（局）、司法厅（局），解放军军事法院、解放军军事检察院，新疆维吾尔自治区高级人民法院生产建设兵团分院，新疆生产建设兵团人民检察院、公安局、司法局：

为深入推进扫黑除恶专项斗争，依法从严惩治胁迫、教唆、引诱、欺骗等利用未成年人实施黑恶势力犯罪的行为，维护社会安定和人民安宁，保护未成年人合法权益，最高人民法院、最高人民检察院、公安部、司法部现联合印发《关于依法严惩利用未成年人实施黑恶势力犯罪的意见》，请结合实际认真贯彻执行。

最高人民法院
最高人民检察院
公安部
司法部
2020 年 3 月 23 日

最高人民法院、最高人民检察院、公安部、司法部关于依法严惩利用未成年人实施黑恶势力犯罪的意见

扫黑除恶专项斗争开展以来，各级人民法院、人民检察院、公安机关和司法行政机关坚决贯彻落实中央部署，严格依法办理涉黑涉恶案件，取得了显著成效。近期，不少地方在办理黑恶势力犯罪案件时，发现一些未成年人被胁迫、利诱参与、实施黑恶势力犯罪，严重损害了未成年人健康成长，严重危害社会和谐稳定。为保护未成年人合法权益，依法从严惩治胁迫、教唆、引诱、欺骗等利用未成年人实施黑恶势力犯罪的行为，根据有关法律规定，制定本意见。

一、突出打击重点，依法严惩利用未成年人实施黑恶势力犯罪的行为

（一）黑社会性质组织、恶势力犯罪集团、恶势力，实施下列行为之一的，应当认定为“利用未成年人实施黑恶势力犯罪”：

1. 胁迫、教唆未成年人参加黑社会性质组织、恶势力犯罪集团、恶势力，或者实施黑恶势力违法犯罪活动的；

2. 拉拢、引诱、欺骗未成年人参加黑社会性质组织、恶势力犯罪集团、恶势力,或者实施黑恶势力违法犯罪活动的;

3. 招募、吸收、介绍未成年人参加黑社会性质组织、恶势力犯罪集团、恶势力,或者实施黑恶势力违法犯罪活动的;

4. 雇用未成年人实施黑恶势力违法犯罪活动的;

5. 其他利用未成年人实施黑恶势力犯罪的情形。

黑社会性质组织、恶势力犯罪集团、恶势力,根据刑法和《最高人民法院、最高人民检察院、公安部、司法部关于办理黑恶势力犯罪案件若干问题的指导意见》《最高人民法院、最高人民检察院、公安部、司法部关于办理恶势力刑事案件若干问题的意见》等法律、司法解释性质文件的规定认定。

(二)利用未成年人实施黑恶势力犯罪,具有下列情形之一的,应当从重处罚:

1. 组织、指挥未成年人实施故意杀人、故意伤害致人重伤或者死亡、强奸、绑架、抢劫等严重暴力犯罪的;

2. 向未成年人传授实施黑恶势力犯罪的方法、技能、经验的;

3. 利用未达到刑事责任年龄的未成年人实施黑恶势力犯罪的;

4. 为逃避法律追究,让未成年人自首、做虚假供述顶罪的;

5. 利用留守儿童、在校学生实施犯罪的;

6. 利用多人或者多次利用未成年人实施犯罪的;

7. 针对未成年人实施违法犯罪的;

8. 对未成年人负有监护、教育、照料等特殊职责的人员利用未成年人实施黑恶势力违法犯罪活动的;

9. 其他利用未成年人违法犯罪应当从重处罚的情形。

(三)黑社会性质组织、恶势力犯罪集团利用未成年人实施犯罪的,对犯罪集团首要分子,按照集团所犯的全部罪行,从重处罚。对犯罪集团的骨干成员,按照其组织、指挥的犯罪,从重处罚。

恶势力利用未成年人实施犯罪的,对起组织、策划、指挥作用的纠集者,恶势力共同犯罪中罪责严重的主犯,从重处罚。

黑社会性质组织、恶势力犯罪集团、恶势力成员直接利用未成年人实施黑恶势力犯罪的,从重处罚。

(四)有胁迫、教唆、引诱等利用未成年人参加黑社会性质组织、恶势力犯罪集团、恶势力,或者实施黑恶势力犯罪的行为,虽然未成年人并没有加入黑社会性质组织、恶势力犯罪集团、恶势力,或者没有实际参与实施黑恶势力违法犯罪活动,对黑社会性质组织、恶势力犯罪集团、恶势力的首要分子、骨干成员、纠集者、主犯和直接利用的成员,即便有自首、立功、坦白等从轻减轻情节的,一般也不予从轻或者减轻处罚。

(五)被黑社会性质组织、恶势力犯罪集团、恶势力利用,偶尔参与黑恶势力犯罪活动的未成年人，按其所实施的具体犯罪行为定性，一般不认定为黑恶势力犯罪组织成员。

二、严格依法办案，形成打击合力

（一）人民法院、人民检察院、公安机关和司法行政机关要加强协作配合，对利用未成年人实施黑恶势力犯罪的，在侦查、起诉、审判、执行各阶段，要全面体现依法从严惩处精神，及时查明利用未成年人的犯罪事实，避免纠缠细枝末节。要加强对下指导，对利用未成年人实施黑恶势力犯罪的重特大案件，可以单独或者联合挂牌督办。对于重大疑难复杂和社会影响较大的案件，办案部门应当及时层报上级人民法院、人民检察院、公安机关和司法行政机关。

（二）公安机关要注意发现涉黑涉恶案件中利用未成年人犯罪的线索，落实以审判为中心的刑事诉讼制度改革要求，强化程序意识和证据意识，依法收集、固定和运用证据，并可以就案件性质、收集证据和适用法律等听取人民检察院意见建议。从严掌握取保候审、监视居住的适用，对利用未成年人实施黑恶势力犯罪的首要分子、骨干成员、纠集者、主犯和直接利用的成员，应当依法提请人民检察院批准逮捕。

（三）人民检察院要加强对利用未成年人实施黑恶势力犯罪案件的立案监督，发现应当立案而不立案的，应当要求公安机关说明理由，认为理由不能成立的，应当依法通知公安机关立案。对于利用未成年人实施黑恶势力犯罪的案件，人民检察院可以对案件性质、收集证据和适用法律等提出意见建议。对于符合逮捕条件的依法坚决批准逮捕，符合起诉条件的依法坚决起诉。不批准逮捕要求公安机关补充侦查、审查起诉阶段退回补充侦查的，应当分别制作详细的补充侦查提纲，写明需要补充侦查的事项、理由、侦查方向、需要补充收集的证据及其证明作用等，送交公安机关开展相关侦查补证活动。

（四）办理利用未成年人实施黑恶势力犯罪案件要将依法严惩与认罪认罚从宽有机结合起来。对利用未成年人实施黑恶势力犯罪的，人民检察院要考虑其利用未成年人的情节，向人民法院提出从严处罚的量刑建议。对于虽然认罪，但利用未成年人实施黑恶势力犯罪，犯罪性质恶劣、犯罪手段残忍、严重损害未成年人身心健康，不足以从宽处罚的，在提出量刑建议时要依法从严从重。对被黑恶势力利用实施犯罪的未成年人，自愿如实认罪、真诚悔罪，愿意接受处罚的，应当依法提出从宽处理的量刑建议。

（五）人民法院要对利用未成年人实施黑恶势力犯罪案件及时审判，从严处罚。严格掌握缓刑、减刑、假释的适用，严格掌握暂予监外执行的适用条件。依法运用财产刑、资格刑，最大限度铲除黑恶势力"经济基础"。对于符合刑法第三十七条之一规定的，应当依法禁止其从事相关职业。

三、积极参与社会治理，实现标本兼治

（一）认真落实边打边治边建要求，积极参与社会治理。深挖黑恶势力犯罪分子利用未成年人实施犯罪的根源，剖析重点行业领域监管漏洞，及时预警预判，及时通报相关部门、提出加强监管和行政执法的建议，从源头遏制黑恶势力向未成年人群体侵蚀蔓延。对被黑恶势力利用尚未实施犯罪的未成年人，要配合有关部门及早发现、及时挽救。对实施黑恶势力犯罪但未达到刑事责任年龄的未成年人，要通过落实家庭监护、强化学校教育管理、送入专门学校矫治、开展社会化帮教等措施做好教育挽救和犯罪预防工作。

（二）加强各职能部门协调联动，有效预防未成年人被黑恶势力利用。建立与共青团、妇联、教育等部门的协作配合工作机制，开展针对未成年人监护人的家庭教育指导、针对教职工的法治教育培训，教育引导未成年人远离违法犯罪。推动建立未成年人涉黑涉恶预警机制，及时阻断未成年人与黑恶势力的联系，防止未成年人被黑恶势力诱导利用。推动网信部门开展专项治理，加强未成年人网络保护。加强与街道、社区等基层组织的联系，重视和发挥基层组织在预防未成年人涉黑涉恶犯罪中的重要作用，进一步推进社区矫正机构对未成年社区矫正对象采取有针对性的矫正措施。

（三）开展法治宣传教育，为严惩利用未成年人实施黑恶势力犯罪营造良好社会环境。充分发挥典型案例的宣示、警醒、引领、示范作用，通过以案释法，选择典型案件召开新闻发布会，向社会公布严惩利用未成年人实施黑恶势力犯罪的经验和做法，揭露利用未成年人实施黑恶势力犯罪的严重危害性。加强重点青少年群体的法治教育，在黑恶势力犯罪案件多发的地区、街道、社区等，强化未成年人对黑恶势力违法犯罪行为的认识，提高未成年人防范意识和法治观念，远离黑恶势力及其违法犯罪。

公安机关执行《中华人民共和国治安管理处罚法》有关问题的解释(节录)

(2006年1月23日公安部发布　公通字〔2006〕12号　自2006年1月23日起施行)

五、关于不执行行政拘留处罚问题

根据《治安管理处罚法》第21条的规定,对"已满十四周岁不满十六周岁的","已满十六周岁不满十八周岁,初次违反治安管理的","七十周岁以上的","怀孕或者哺乳自己不满一周岁婴儿的"违反治安管理行为人,可以依法作出行政拘留处罚决定,但不投送拘留所执行。被处罚人居住地公安派出所应当会同被处罚人所在单位、学校、家庭、居(村)民委员会、未成年人保护组织和有关社会团体进行帮教。上述未成年人、老年人的年龄、怀孕或者哺乳自己不满1周岁婴儿的妇女的情况,以其实施违反治安管理行为或者正要执行行政拘留时的实际情况确定,即违反治安管理行为人在实施违反治安管理行为时具有上述情形之一的,或者执行行政拘留时符合上述情形之一的,均不再投送拘留所执行行政拘留。

九、关于询问不满16周岁的未成年人问题

《治安管理处罚法》第84条、第85条规定,询问不满16周岁的违反治安管理行为人、被侵害人或者其他证人,应当通知其父母或者其他监护人到场。上述人员父母双亡,又没有其他监护人的,因种种原因无法找到其父母或者其他监护人的,以及其父母或者其他监护人收到通知后拒不到场或者不能及时到场的,办案民警应当将有关情况在笔录中注明。为保证询问的合法性和证据的有效性,在被询问人的父母或者其他监护人不能到场时,可以邀请办案地居(村)民委员会的人员,或者被询问人在办案地有完全行为能力的亲友,或者所在学校的教师,或者其他见证人到场。询问笔录应当由办案民警、被询问人、见证人签名或者盖章。有条件的地方,还可以对询问过程进行录音、录像。

公安机关执行《中华人民共和国治安管理处罚法》有关问题的解释(二)(节录)

(2007年1月26日公安部发布 公通字〔2007〕1号)

三、关于未达到刑事责任年龄不予刑事处罚的,能否予以治安管理处罚问题

对已满十四周岁不满十六周岁不予刑事处罚的,应当责令其家长或者监护人加以管教;必要时,可以依照《治安管理处罚法》的相关规定予以治安管理处罚,或者依照《中华人民共和国刑法》第十七条的规定予以收容教养。

七、关于殴打、伤害特定对象的处罚问题

对违反《治安管理处罚法》第四十三条第二款第二项规定行为的处罚,不要求行为人主观上必须明知殴打、伤害的对象为残疾人、孕妇、不满十四周岁的人或者六十周岁以上的人。

第五编
诉讼法及相关法律法规

中华人民共和国民事诉讼法(节录)

(1991年4月9日第七届全国人民代表大会第四次会议通过　根据2007年10月28日第十届全国人民代表大会常务委员会第三十次会议《关于修改〈中华人民共和国民事诉讼法〉的决定》第一次修正　根据2012年8月31日第十一届全国人民代表大会常务委员会第二十八次会议《关于修改〈中华人民共和国民事诉讼法〉的决定》第二次修正　2017年6月27日第十二届全国人民代表大会常务委员会第二十八次会议《关于修改〈中华人民共和国民事诉讼法〉和〈中华人民共和国行政诉讼法〉的决定》第三次修正)

第五章　诉讼参加人

第五十七条　无诉讼行为能力人由他的监护人作为法定代理人代为诉讼。法定代理人之间互相推诿代理责任的,由人民法院指定其中一人代为诉讼。

第五十八条　当事人、法定代理人可以委托一至二人作为诉讼代理人。

下列人员可以被委托为诉讼代理人:

(一)律师、基层法律服务工作者;

(二)当事人的近亲属或者工作人员;

(三)当事人所在社区、单位以及有关社会团体推荐的公民。

最高人民法院关于适用《中华人民共和国民事诉讼法》的解释(节录)

(2014年12月18日由最高人民法院审判委员会第1636次会议通过 2015年1月30日法释〔2015〕5号公布 自2015年2月4日起施行)

第八十三条 在诉讼中,无民事行为能力人、限制民事行为能力人的监护人是他的法定代理人。事先没有确定监护人的,可以由有监护资格的人协商确定;协商不成的,由人民法院在他们之中指定诉讼中的法定代理人。当事人没有民法通则第十六条第一款、第二款或者第十七条第一款规定的监护人的,可以指定该法第十六条第四款或者第十七条第三款规定的有关组织担任诉讼中的法定代理人。

第八十四条 无民事行为能力人、限制民事行为能力人以及其他依法不能作为诉讼代理人的,当事人不得委托其作为诉讼代理人。

第八十五条 根据民事诉讼法第五十八条第二款第二项规定,与当事人有夫妻、直系血亲、三代以内旁系血亲、近姻亲关系以及其他有抚养、赡养关系的亲属,可以当事人近亲属的名义作为诉讼代理人。

中华人民共和国行政诉讼法(节录)

(1989 年 4 月 4 日第七届全国人民代表大会第二次会议通过　自 1990 年 10 月 1 日起施行　根据 2014 年 11 月 1 日第十二届全国人民代表大会常务委员会第十一次会议《关于修改〈中华人民共和国行政诉讼法〉的决定》第一次修正　根据 2017 年 6 月 27 日第十二届全国人民代表大会常务委员会第二十八次会议《关于修改〈中华人民共和国民事诉讼法〉和〈中华人民共和国行政诉讼法〉的决定》第二次修正)

第四章　诉讼参加人

第三十条　没有诉讼行为能力的公民,由其法定代理人代为诉讼。法定代理人互相推诿代理责任的,由人民法院指定其中一人代为诉讼。

中华人民共和国刑事诉讼法(节录)

(1979年7月1日第五届全国人民代表大会第二次会议通过 根据1996年3月17日第八届全国人民代表大会第四次会议《关于修改〈中华人民共和国刑事诉讼法〉的决定》第一次修正 根据2012年3月14日第十一届全国人民代表大会第五次会议《关于修改〈中华人民共和国刑事诉讼法〉的决定》第二次修正 根据2018年10月26日第十三届全国人民代表大会常务委员会第六次会议《关于修改〈中华人民共和国刑事诉讼法〉的决定》第三次修正)

第一百七十四条 犯罪嫌疑人自愿认罪,同意量刑建议和程序适用的,应当在辩护人或者值班律师在场的情况下签署认罪认罚具结书。

犯罪嫌疑人认罪认罚,有下列情形之一的,不需要签署认罪认罚具结书:

(一)犯罪嫌疑人是盲、聋、哑人,或者是尚未完全丧失辨认或者控制自己行为能力的精神病人的;

(二)未成年犯罪嫌疑人的法定代理人、辩护人对未成年人认罪认罚有异议的;

(三)其他不需要签署认罪认罚具结书的情形。

第二百二十三条 有下列情形之一的,不适用速裁程序:

(一)被告人是盲、聋、哑人,或者是尚未完全丧失辨认或者控制自己行为能力的精神病人的;

(二)被告人是未成年人的;

(三)案件有重大社会影响的;

(四)共同犯罪案件中部分被告人对指控的犯罪事实、罪名、量刑建议或者适用速裁程序有异议的;

(五)被告人与被害人或者其法定代理人没有就附带民事诉讼赔偿等事项达成调解或者和解协议的;

(六)其他不宜适用速裁程序审理的。

第二百七十七条 对犯罪的未成年人实行教育、感化、挽救的方针,坚持教育为主、惩罚为辅的原则。

人民法院、人民检察院和公安机关办理未成年人刑事案件,应当保障未成年人行使其诉讼权利,保障未成年人得到法律帮助,并由熟悉未成年人身心特点的审判人员、检察人员、侦查人员承办。

第二百七十八条 未成年犯罪嫌疑人、被告人没有委托辩护人的,人民法院、人民检察院、公安机关应当通知法律援助机构指派律师为其提供辩护。

第二百七十九条 公安机关、人民检察院、人民法院办理未成年人刑事案件,根据情况可以对未成年犯罪嫌疑人、被告人的成长经历、犯罪原因、监护教育等情况进行调查。

第二百八十条 对未成年犯罪嫌疑人、被告人应当严格限制适用逮捕措施。人民检察院审查批准逮捕和人民法院决定逮捕,应当讯问未成年犯罪嫌疑人、被告人,听取辩护律师的意见。

对被拘留、逮捕和执行刑罚的未成年人与成年人应当分别关押、分别管理、分别教育。

第二百八十一条 对于未成年人刑事案件,在讯问和审判的时候,应当通知未成年犯罪嫌疑人、被告人的法定代理人到场。无法通知、法定代理人不能到场或者法定代理人是共犯的,也可以通知未成年犯罪嫌疑人、被告人的其他成年亲属,所在学校、单位、居住地基层组织或者未成年人保护组织的代表到场,并将有关情况记录在案。到场的法定代理人可以代为行使未成年犯罪嫌疑人、被告人的诉讼权利。

到场的法定代理人或者其他人员认为办案人员在讯问、审判中侵犯未成年人合法权益的,可以提出意见。讯问笔录、法庭笔录应当交给到场的法定代理人或者其他人员阅读或者向他宣读。

讯问女性未成年犯罪嫌疑人,应当有女工作人员在场。

审判未成年人刑事案件,未成年被告人最后陈述后,其法定代理人可以进行补充陈述。

询问未成年被害人、证人,适用第一款、第二款、第三款的规定。

第二百八十二条 对于未成年人涉嫌刑法分则第四章、第五章、第六章规定的犯罪,可能判处一年有期徒刑以下刑罚,符合起诉条件,但有悔罪表现的,人民检察院可以作出附条件不起诉的决定。人民检察院在作出附条件不起诉的决定以前,应当听取公安机关、被害人的意见。

对附条件不起诉的决定,公安机关要求复议、提请复核或者被害人申诉的,适用本法第一百七十九条、第一百八十条的规定。

未成年犯罪嫌疑人及其法定代理人对人民检察院决定附条件不起诉有异议的,人民检察院应当作出起诉的决定。

第二百八十三条 在附条件不起诉的考验期内,由人民检察院对被附条件不起诉的未成年犯罪嫌疑人进行监督考察。未成年犯罪嫌疑人的监护人,应当对未成年犯罪嫌疑人加强管教,配合人民检察院做好监督考察工作。

附条件不起诉的考验期为六个月以上一年以下,从人民检察院作出附条件不起诉的决定之日起计算。

被附条件不起诉的未成年犯罪嫌疑人,应当遵守下列规定:

(一)遵守法律法规,服从监督;

(二)按照考察机关的规定报告自己的活动情况;

(三)离开所居住的市、县或者迁居,应当报经考察机关批准;

(四)按照考察机关的要求接受矫治和教育。

第二百八十四条 被附条件不起诉的未成年犯罪嫌疑人,在考验期内有下列情形之一的,人民检察院应当撤销附条件不起诉的决定,提起公诉:

(一)实施新的犯罪或者发现决定附条件不起诉以前还有其他犯罪需要追诉的;

(二)违反治安管理规定或者考察机关有关附条件不起诉的监督管理规定,情节严重的。

被附条件不起诉的未成年犯罪嫌疑人,在考验期内没有上述情形,考验期满的,人民检察院应当作出不起诉的决定。

第二百八十五条 审判的时候被告人不满十八周岁的案件,不公开审理。但是,经未成年被告人及其法定代理人同意,未成年被告人所在学校和未成年人保护组织可以派代表到场。

第二百八十六条 犯罪的时候不满十八周岁,被判处五年有期徒刑以下刑罚的,应当对相关犯罪记录予以封存。

犯罪记录被封存的,不得向任何单位和个人提供,但司法机关为办案需要或者有关单位根据国家规定进行查询的除外。依法进行查询的单位,应当对被封存的犯罪记录的情况予以保密。

第二百八十七条 办理未成年人刑事案件,除本章已有规定的以外,按照本法的其他规定进行。

全国人民代表大会常务委员会关于《中华人民共和国刑事诉讼法》第二百七十一条第二款的解释

（2014年4月24日第十二届全国人民代表大会常务委员会第八次会议通过）

全国人民代表大会常务委员会根据司法实践中遇到的情况，讨论了刑事诉讼法第二百七十一条第二款的含义及被害人对附条件不起诉的案件能否依照第一百七十六条的规定向人民法院起诉的问题，解释如下：

人民检察院办理未成年人刑事案件，在作出附条件不起诉的决定以及考验期满作出不起诉的决定以前，应当听取被害人的意见。被害人对人民检察院对未成年犯罪嫌疑人作出的附条件不起诉的决定和不起诉的决定，可以向上一级人民检察院申诉，不适用刑事诉讼法第一百七十六条关于被害人可以向人民法院起诉的规定。

现予公告。

最高人民法院关于适用《中华人民共和国刑事诉讼法》的解释(节录)

(2020年12月7日最高人民法院审判委员会第1820次会议通过　2021年1月26日法释〔2021〕1号公布　自2021年3月1日起施行)

第九十条　证人证言的收集程序、方式有下列瑕疵,经补正或者作出合理解释的,可以采用;不能补正或者作出合理解释的,不得作为定案的根据:

(一)询问笔录没有填写询问人、记录人、法定代理人姓名以及询问的起止时间、地点的;

(二)询问地点不符合规定的;

(三)询问笔录没有记录告知证人有关权利义务和法律责任的;

(四)询问笔录反映出在同一时段,同一询问人员询问不同证人的;

(五)询问未成年人,其法定代理人或者合适成年人不在场的。

第二百二十三条　精神病人、醉酒的人、未经人民法院批准的未成年人以及其他不宜旁听的人不得旁听案件审理。

第二百六十六条　审理涉及未成年人的刑事案件,询问未成年被害人、证人,通知未成年被害人、证人出庭作证,适用本解释第二十二章的有关规定。

第三百七十条　具有下列情形之一的,不适用速裁程序:

(一)被告人是盲、聋、哑人的;

(二)被告人是尚未完全丧失辨认或者控制自己行为能力的精神病人的;

(三)被告人是未成年人的;

(四)案件有重大社会影响的;

(五)共同犯罪案件中部分被告人对指控的犯罪事实、罪名、量刑建议或者适用速裁程序有异议的;

(六)被告人与被害人或者其法定代理人没有就附带民事诉讼赔偿等事项达成调解、和解协议的;

(七)辩护人作无罪辩护的;

(八)其他不宜适用速裁程序的情形。

第五百零五条　第一审人民法院在执行死刑前,应当告知罪犯有权会见其近亲属。罪犯申请会见并提供具体联系方式的,人民法院应当通知其近亲属。确实无法与罪犯近亲属取得联系,或者其近亲属拒绝会见的,应当告知罪犯。罪犯申请通过录音录像等方式留下遗言的，人民法院可以准许。

罪犯近亲属申请会见的，人民法院应当准许并及时安排，但罪犯拒绝会见的除外。罪犯拒绝会见的，应当记录在案并及时告知其近亲属；必要时，应当录音录像。

罪犯申请会见近亲属以外的亲友，经人民法院审查，确有正当理由的，在确保安全的情况下可以准许。

罪犯申请会见未成年子女的，应当经未成年子女的监护人同意；会见可能影响未成年人身心健康的，人民法院可以通过视频方式安排会见，会见时监护人应当在场。

会见一般在罪犯羁押场所进行。

会见情况应当记录在案，附卷存档。

第二十二章　未成年人刑事案件诉讼程序

第一节　一般规定

第五百四十六条　人民法院审理未成年人刑事案件，应当贯彻教育、感化、挽救的方针，坚持教育为主、惩罚为辅的原则，加强对未成年人的特殊保护。

第五百四十七条　人民法院应当加强同政府有关部门、人民团体、社会组织等的配合，推动未成年人刑事案件人民陪审、情况调查、安置帮教等工作的开展，充分保障未成年人的合法权益，积极参与社会治安综合治理。

第五百四十八条　人民法院应当加强同政府有关部门、人民团体、社会组织等的配合，对遭受性侵害或者暴力伤害的未成年被害人及其家庭实施必要的心理干预、经济救助、法律援助、转学安置等保护措施。

第五百四十九条　人民法院应当确定专门机构或者指定专门人员，负责审理未成年人刑事案件。审理未成年人刑事案件的人员应当经过专门培训，熟悉未成年人身心特点、善于做未成年人思想教育工作。

参加审理未成年人刑事案件的人民陪审员，可以从熟悉未成年人身心特点、关心未成年人保护工作的人民陪审员名单中随机抽取确定。

第五百五十条　被告人实施被指控的犯罪时不满十八周岁、人民法院立案时不满二十周岁的案件，由未成年人案件审判组织审理。

下列案件可以由未成年人案件审判组织审理：

（一）人民法院立案时不满二十二周岁的在校学生犯罪案件；

（二）强奸、猥亵、虐待、遗弃未成年人等侵害未成年人人身权利的犯罪案件；

（三）由未成年人案件审判组织审理更为适宜的其他案件。

共同犯罪案件有未成年被告人的或者其他涉及未成年人的刑事案件，是否由未成年人案件审判组织审理，由院长根据实际情况决定。

第五百五十一条　对分案起诉至同一人民法院的未成年人与成年人共同犯罪案件，

可以由同一个审判组织审理;不宜由同一个审判组织审理的,可以分别审理。

未成年人与成年人共同犯罪案件,由不同人民法院或者不同审判组织分别审理的,有关人民法院或者审判组织应当互相了解共同犯罪被告人的审判情况,注意全案的量刑平衡。

第五百五十二条 对未成年人刑事案件,必要时,上级人民法院可以根据刑事诉讼法第二十七条的规定,指定下级人民法院将案件移送其他人民法院审判。

第五百五十三条 对未成年被告人应当严格限制适用逮捕措施。

人民法院决定逮捕,应当讯问未成年被告人,听取辩护律师的意见。

对被逮捕且没有完成义务教育的未成年被告人,人民法院应当与教育行政部门互相配合,保证其接受义务教育。

第五百五十四条 人民法院对无固定住所、无法提供保证人的未成年被告人适用取保候审的,应当指定合适成年人作为保证人,必要时可以安排取保候审的被告人接受社会观护。

第五百五十五条 人民法院审理未成年人刑事案件,在讯问和开庭时,应当通知未成年被告人的法定代理人到场。法定代理人无法通知、不能到场或者是共犯的,也可以通知合适成年人到场,并将有关情况记录在案。

到场的法定代理人或者其他人员,除依法行使刑事诉讼法第二百八十一条第二款规定的权利外,经法庭同意,可以参与对未成年被告人的法庭教育等工作。

适用简易程序审理未成年人刑事案件,适用前两款规定。

第五百五十六条 询问未成年被害人、证人,适用前条规定。

审理未成年人遭受性侵害或者暴力伤害案件,在询问未成年被害人、证人时,应当采取同步录音录像等措施,尽量一次完成;未成年被害人、证人是女性的,应当由女性工作人员进行。

第五百五十七条 开庭审理时被告人不满十八周岁的案件,一律不公开审理。经未成年被告人及其法定代理人同意,未成年被告人所在学校和未成年人保护组织可以派代表到场。到场代表的人数和范围,由法庭决定。经法庭同意,到场代表可以参与对未成年被告人的法庭教育工作。

对依法公开审理,但可能需要封存犯罪记录的案件,不得组织人员旁听;有旁听人员的,应当告知其不得传播案件信息。

第五百五十八条 开庭审理涉及未成年人的刑事案件,未成年被害人、证人一般不出庭作证;必须出庭的,应当采取保护其隐私的技术手段和心理干预等保护措施。

第五百五十九条 审理涉及未成年人的刑事案件,不得向外界披露未成年人的姓名、住所、照片以及可能推断出未成年人身份的其他资料。

查阅、摘抄、复制的案卷材料,涉及未成年人的,不得公开和传播。

第五百六十条 人民法院发现有关单位未尽到未成年人教育、管理、救助、看护等保护职责的，应当向该单位提出司法建议。

第五百六十一条　人民法院应当结合实际，根据涉及未成年人刑事案件的特点，开展未成年人法治宣传教育工作。

第五百六十二条　审理未成年人刑事案件，本章没有规定的，适用本解释的有关规定。

第二节　开庭准备

第五百六十三条　人民法院向未成年被告人送达起诉书副本时，应当向其讲明被指控的罪行和有关法律规定，并告知其审判程序和诉讼权利、义务。

第五百六十四条　审判时不满十八周岁的未成年被告人没有委托辩护人的，人民法院应当通知法律援助机构指派熟悉未成年人身心特点的律师为其提供辩护。

第五百六十五条　未成年被害人及其法定代理人因经济困难或者其他原因没有委托诉讼代理人的，人民法院应当帮助其申请法律援助。

第五百六十六条　对未成年人刑事案件，人民法院决定适用简易程序审理的，应当征求未成年被告人及其法定代理人、辩护人的意见。上述人员提出异议的，不适用简易程序。

第五百六十七条　被告人实施被指控的犯罪时不满十八周岁，开庭时已满十八周岁、不满二十周岁的，人民法院开庭时，一般应当通知其近亲属到庭。经法庭同意，近亲属可以发表意见。近亲属无法通知、不能到场或者是共犯的，应当记录在案。

第五百六十八条　对人民检察院移送的关于未成年被告人性格特点、家庭情况、社会交往、成长经历、犯罪原因、犯罪前后的表现、监护教育等情况的调查报告，以及辩护人提交的反映未成年被告人上述情况的书面材料，法庭应当接受。

必要时，人民法院可以委托社区矫正机构、共青团、社会组织等对未成年被告人的上述情况进行调查，或者自行调查。

第五百六十九条　人民法院根据情况，可以对未成年被告人、被害人、证人进行心理疏导；根据实际需要并经未成年被告人及其法定代理人同意，可以对未成年被告人进行心理测评。

心理疏导、心理测评可以委托专门机构、专业人员进行。

心理测评报告可以作为办理案件和教育未成年人的参考。

第五百七十条　开庭前和休庭时，法庭根据情况，可以安排未成年被告人与其法定代理人或者合适成年人会见。

第三节　审　　判

第五百七十一条　人民法院应当在辩护台靠近旁听区一侧为未成年被告人的法定代理人或者合适成年人设置席位。

审理可能判处五年有期徒刑以下刑罚或者过失犯罪的未成年人刑事案件，可以采取适合未成年人特点的方式设置法庭席位。

第五百七十二条 未成年被告人或者其法定代理人当庭拒绝辩护人辩护的，适用本解释第三百一十一条第二款、第三款的规定。

重新开庭后，未成年被告人或者其法定代理人再次当庭拒绝辩护人辩护的，不予准许。重新开庭时被告人已满十八周岁的，可以准许，但不得再另行委托辩护人或者要求另行指派律师，由其自行辩护。

第五百七十三条 法庭审理过程中，审判人员应当根据未成年被告人的智力发育程度和心理状态，使用适合未成年人的语言表达方式。

发现有对未成年被告人威胁、训斥、诱供或者讽刺等情形的，审判长应当制止。

第五百七十四条 控辩双方提出对未成年被告人判处管制、宣告缓刑等量刑建议的，应当向法庭提供有关未成年被告人能够获得监护、帮教以及对所居住社区无重大不良影响的书面材料。

第五百七十五条 对未成年被告人情况的调查报告，以及辩护人提交的有关未成年被告人情况的书面材料，法庭应当审查并听取控辩双方意见。上述报告和材料可以作为办理案件和教育未成年人的参考。

人民法院可以通知作出调查报告的人员出庭说明情况，接受控辩双方和法庭的询问。

第五百七十六条 法庭辩论结束后，法庭可以根据未成年人的生理、心理特点和案件情况，对未成年被告人进行法治教育；判决未成年被告人有罪的，宣判后，应当对未成年被告人进行法治教育。

对未成年被告人进行教育，其法定代理人以外的成年亲属或者教师、辅导员等参与有利于感化、挽救未成年人的，人民法院应当邀请其参加有关活动。

适用简易程序审理的案件，对未成年被告人进行法庭教育，适用前两款规定。

第五百七十七条 未成年被告人最后陈述后，法庭应当询问其法定代理人是否补充陈述。

第五百七十八条 对未成年人刑事案件，宣告判决应当公开进行。

对依法应当封存犯罪记录的案件，宣判时，不得组织人员旁听；有旁听人员的，应当告知其不得传播案件信息。

第五百七十九条 定期宣告判决的未成年人刑事案件，未成年被告人的法定代理人无法通知、不能到场或者是共犯的，法庭可以通知合适成年人到庭，并在宣判后向未成年被告人的成年亲属送达判决书。

第四节 执 行

第五百八十条 将未成年罪犯送监执行刑罚或者送交社区矫正时，人民法院应当将有关未成年罪犯的调查报告及其在案件审理中的表现材料，连同有关法律文书，一并送达执行机关。

第五百八十一条　犯罪时不满十八周岁，被判处五年有期徒刑以下刑罚以及免予刑事处罚的未成年人的犯罪记录，应当封存。

司法机关或者有关单位向人民法院申请查询封存的犯罪记录的，应当提供查询的理由和依据。对查询申请，人民法院应当及时作出是否同意的决定。

第五百八十二条　人民法院可以与未成年犯管教所等服刑场所建立联系，了解未成年罪犯的改造情况，协助做好帮教、改造工作，并可以对正在服刑的未成年罪犯进行回访考察。

第五百八十三条　人民法院认为必要时，可以督促被收监服刑的未成年罪犯的父母或者其他监护人及时探视。

第五百八十四条　对被判处管制、宣告缓刑、裁定假释、决定暂予监外执行的未成年罪犯，人民法院可以协助社区矫正机构制定帮教措施。

第五百八十五条　人民法院可以适时走访被判处管制、宣告缓刑、免予刑事处罚、裁定假释、决定暂予监外执行等的未成年罪犯及其家庭，了解未成年罪犯的管理和教育情况，引导未成年罪犯的家庭承担管教责任，为未成年罪犯改过自新创造良好环境。

第五百八十六条　被判处管制、宣告缓刑、免予刑事处罚、裁定假释、决定暂予监外执行等的未成年罪犯，具备就学、就业条件的，人民法院可以就其安置问题向有关部门提出建议，并附送必要的材料。

中华人民共和国监狱法(节录)

(1994 年 12 月 29 日第八届全国人民代表大会常务委员会第十一次会议通过　根据 2012 年 10 月 26 日第十一届全国人民代表大会常务委员会第二十九次会议《关于修改〈中华人民共和国监狱法〉的决定》修正)

第三章　刑罚的执行

第一节　收　　监

第十七条　罪犯被交付执行刑罚,符合本法第十六条规定的,应当予以收监。罪犯收监后,监狱应当对其进行身体检查。经检查,对于具有暂予监外执行情形的,监狱可以提出书面意见,报省级以上监狱管理机关批准。

第十九条　罪犯不得携带子女在监内服刑。

第四章　狱 政 管 理

第一节　分 押 分 管

第三十九条　监狱对成年男犯、女犯和未成年犯实行分开关押和管理,对未成年犯和女犯的改造,应当照顾其生理、心理特点。

监狱根据罪犯的犯罪类型、刑罚种类、刑期、改造表现等情况,对罪犯实行分别关押,采取不同方式管理。

第六章　对未成年犯的教育改造

第七十四条　对未成年犯应当在未成年犯管教所执行刑罚。

第七十五条　对未成年犯执行刑罚应当以教育改造为主。未成年犯的劳动,应当符合未成年人的特点,以学习文化和生产技能为主。

监狱应当配合国家、社会、学校等教育机构,为未成年犯接受义务教育提供必要的条件。

第七十六条　未成年犯年满十八周岁时,剩余刑期不超过二年的,仍可以留在未成年犯管教所执行剩余刑期。

第七十七条　对未成年犯的管理和教育改造,本章未作规定的,适用本法的有关规定。

人民检察院办理未成年人刑事案件的规定

（2002 年 3 月 25 日最高人民检察院第九届检察委员会第一百零五次会议通过　2006 年 12 月 28 日最高人民检察院第十届检察委员会第六十八次会议第一次修订　2013 年 12 月 19 日最高人民检察院第十二届检察委员会第十四次会议第二次修订）

第一章　总　　则

第一条　为了切实保障未成年犯罪嫌疑人、被告人和未成年罪犯的合法权益，正确履行检察职责，根据《中华人民共和国刑法》、《中华人民共和国刑事诉讼法》、《中华人民共和国未成年人保护法》、《中华人民共和国预防未成年人犯罪法》、《人民检察院刑事诉讼规则（试行）》等有关规定，结合人民检察院办理未成年人刑事案件工作实际，制定本规定。

第二条　人民检察院办理未成年人刑事案件，实行教育、感化、挽救的方针，坚持教育为主、惩罚为辅和特殊保护的原则。在严格遵守法律规定的前提下，按照最有利于未成年人和适合未成年人身心特点的方式进行，充分保障未成年人合法权益。

第三条　人民检察院办理未成年人刑事案件，应当保障未成年人依法行使其诉讼权利，保障未成年人得到法律帮助。

第四条　人民检察院办理未成年人刑事案件，应当在依照法定程序和保证办案质量的前提下，快速办理，减少刑事诉讼对未成年人的不利影响。

第五条　人民检察院办理未成年人刑事案件，应当依法保护涉案未成年人的名誉，尊重其人格尊严，不得公开或者传播涉案未成年人的姓名、住所、照片、图像及可能推断出该未成年人的资料。

人民检察院办理刑事案件，应当依法保护未成年被害人、证人以及其他与案件有关的未成年人的合法权益。

第六条　人民检察院办理未成年人刑事案件，应当加强与公安机关、人民法院以及司法行政机关的联系，注意工作各环节的衔接和配合，共同做好对涉案未成年人的教育、感化、挽救工作。

人民检察院应当加强同政府有关部门、共青团、妇联、工会等人民团体，学校、基层组织以及未成年人保护组织的联系和配合，加强对违法犯罪的未成年人的教育和挽救，共同做好未成年人犯罪预防工作。

第七条　人民检察院办理未成年人刑事案件，发现有关单位或者部门在预防未成年人违法犯罪等方面制度不落实、不健全，存在管理漏洞的，可以采取检察建议等方式向有关单位或者部门提出预防违法犯罪的意见和建议。

第八条 省级、地市级人民检察院和未成年人刑事案件较多的基层人民检察院，应当设立独立的未成年人刑事检察机构。地市级人民检察院也可以根据当地实际，指定一个基层人民检察院设立独立机构，统一办理辖区范围内的未成年人刑事案件；条件暂不具备的，应当成立专门办案组或者指定专人办理。对于专门办案组或者专人，应当保证其集中精力办理未成年人刑事案件，研究未成年人犯罪规律，落实对涉案未成年人的帮教措施等工作。

各级人民检察院应当选任经过专门培训，熟悉未成年人身心特点，具有犯罪学、社会学、心理学、教育学等方面知识的检察人员承办未成年人刑事案件，并加强对办案人员的培训和指导。

第九条 人民检察院根据情况可以对未成年犯罪嫌疑人的成长经历、犯罪原因、监护教育等情况进行调查，并制作社会调查报告，作为办案和教育的参考。

人民检察院开展社会调查，可以委托有关组织和机构进行。开展社会调查应当尊重和保护未成年人名誉，避免向不知情人员泄露未成年犯罪嫌疑人的涉罪信息。

人民检察院应当对公安机关移送的社会调查报告进行审查，必要时可以进行补充调查。

提起公诉的案件，社会调查报告应当随案移送人民法院。

第十条 人民检察院办理未成年人刑事案件，可以应犯罪嫌疑人家属、被害人及其家属的要求，告知其审查逮捕、审查起诉的进展情况，并对有关情况予以说明和解释。

第十一条 人民检察院受理案件后，应当向未成年犯罪嫌疑人及其法定代理人了解其委托辩护人的情况，并告知其有权委托辩护人。

未成年犯罪嫌疑人没有委托辩护人的，人民检察院应当书面通知法律援助机构指派律师为其提供辩护。

第十二条 人民检察院办理未成年人刑事案件，应当注重矛盾化解，认真听取被害人的意见，做好释法说理工作。对于符合和解条件的，要发挥检调对接平台作用，积极促使双方当事人达成和解。

人民检察院应当充分维护未成年被害人的合法权益。对于符合条件的被害人，应当及时启动刑事被害人救助程序，对其进行救助。对于未成年被害人，可以适当放宽救助条件、扩大救助的案件范围。

人民检察院根据需要，可以对未成年犯罪嫌疑人、未成年被害人进行心理疏导。必要时，经未成年犯罪嫌疑人及其法定代理人同意，可以对未成年犯罪嫌疑人进行心理测评。

在办理未成年人刑事案件时，人民检察院应当加强办案风险评估预警工作，主动采取适当措施，积极回应和引导社会舆论，有效防范执法办案风险。

第二章　未成年人刑事案件的审查逮捕

第十三条　人民检察院办理未成年犯罪嫌疑人审查逮捕案件，应当根据未成年犯罪嫌疑人涉嫌犯罪的事实、主观恶性、有无监护与社会帮教条件等，综合衡量其社会危险性，严格限制适用逮捕措施，可捕可不捕的不捕。

第十四条　审查逮捕未成年犯罪嫌疑人，应当重点审查其是否已满十四、十六、十八周岁。

对犯罪嫌疑人实际年龄难以判断，影响对该犯罪嫌疑人是否应当负刑事责任认定的，应当不批准逮捕。需要补充侦查的，同时通知公安机关。

第十五条　审查逮捕未成年犯罪嫌疑人，应当审查公安机关依法提供的证据和社会调查报告等材料。公安机关没有提供社会调查报告的，人民检察院根据案件情况可以要求公安机关提供，也可以自行或者委托有关组织和机构进行调查。

第十六条　审查逮捕未成年犯罪嫌疑人，应当注意是否有被胁迫、引诱的情节，是否存在成年人教唆犯罪、传授犯罪方法或者利用未成年人实施犯罪的情况。

第十七条　人民检察院办理未成年犯罪嫌疑人审查逮捕案件，应当讯问未成年犯罪嫌疑人，听取辩护律师的意见，并制作笔录附卷。

讯问未成年犯罪嫌疑人，应当根据该未成年人的特点和案件情况，制定详细的讯问提纲，采取适宜该未成年人的方式进行，讯问用语应当准确易懂。

讯问未成年犯罪嫌疑人，应当告知其依法享有的诉讼权利，告知其如实供述案件事实的法律规定和意义，核实其是否有自首、立功、坦白等情节，听取其有罪的供述或者无罪、罪轻的辩解。

讯问未成年犯罪嫌疑人，应当通知其法定代理人到场，告知法定代理人依法享有的诉讼权利和应当履行的义务。无法通知、法定代理人不能到场或者法定代理人是共犯的，也可以通知未成年犯罪嫌疑人的其他成年亲属，所在学校、单位或者居住地的村民委员会、居民委员会、未成年人保护组织的代表等合适成年人到场，并将有关情况记录在案。到场的法定代理人可以代为行使未成年犯罪嫌疑人的诉讼权利，行使时不得侵犯未成年犯罪嫌疑人的合法权益。

未成年犯罪嫌疑人明确拒绝法定代理人以外的合适成年人到场，人民检察院可以准许，但应当另行通知其他合适成年人到场。

到场的法定代理人或者其他人员认为办案人员在讯问中侵犯未成年犯罪嫌疑人合法权益的，可以提出意见。讯问笔录应当交由到场的法定代理人或者其他人员阅读或者向其宣读，并由其在笔录上签字、盖章或者捺指印确认。

讯问女性未成年犯罪嫌疑人，应当有女性检察人员参加。

询问未成年被害人、证人，适用本条第四款至第七款的规定。

第十八条　讯问未成年犯罪嫌疑人一般不得使用械具。对于确有人身危险性，必须使用械具的,在现实危险消除后,应当立即停止使用。

第十九条 对于罪行较轻,具备有效监护条件或者社会帮教措施,没有社会危险性或者社会危险性较小,不逮捕不致妨害诉讼正常进行的未成年犯罪嫌疑人,应当不批准逮捕。

对于罪行比较严重,但主观恶性不大,有悔罪表现,具备有效监护条件或者社会帮教措施,具有下列情形之一,不逮捕不致妨害诉讼正常进行的未成年犯罪嫌疑人,可以不批准逮捕:

(一)初次犯罪、过失犯罪的;

(二)犯罪预备、中止、未遂的;

(三)有自首或者立功表现的;

(四)犯罪后如实交待罪行,真诚悔罪,积极退赃,尽力减少和赔偿损失,被害人谅解的;

(五)不属于共同犯罪的主犯或者集团犯罪中的首要分子的;

(六)属于已满十四周岁不满十六周岁的未成年人或者系在校学生的;

(七)其他可以不批准逮捕的情形。

对于不予批准逮捕的案件,应当说明理由,连同案卷材料送达公安机关执行。需要补充侦查的,应当同时通知公安机关。必要时可以向被害方作说明解释。

第二十条 适用本规定第十九条的规定,在作出不批准逮捕决定前,应当审查其监护情况,参考其法定代理人、学校、居住地公安派出所及居民委员会、村民委员会的意见,并在审查逮捕意见书中对未成年犯罪嫌疑人是否具备有效监护条件或者社会帮教措施进行具体说明。

第二十一条 对未成年犯罪嫌疑人作出批准逮捕决定后,应当依法进行羁押必要性审查。对不需要继续羁押的,应当及时建议予以释放或者变更强制措施。

第三章 未成年人刑事案件的审查起诉与出庭支持公诉

第一节 审 查

第二十二条 人民检察院审查起诉未成年人刑事案件,自收到移送审查起诉的案件材料之日起三日以内,应当告知被害人及其法定代理人或者其近亲属、附带民事诉讼的当事人及其法定代理人有权委托诉讼代理人。

对未成年被害人或者其法定代理人提出聘请律师意向,但因经济困难或者其他原因没有委托诉讼代理人的,应当帮助其申请法律援助。

未成年犯罪嫌疑人被羁押的,人民检察院应当审查是否有必要继续羁押。对不需要继续羁押的,应当予以释放或者变更强制措施。

审查起诉未成年犯罪嫌疑人,应当听取其父母或者其他法定代理人、辩护人、被害人及其法定代理人的意见。

第二十三条 人民检察院审查起诉未成年人刑事案件，应当讯问未成年犯罪嫌疑人。讯问未成年犯罪嫌疑人适用本规定第十七条、第十八条的规定。

第二十四条 移送审查起诉的案件具备以下条件之一，且其法定代理人、近亲属等与本案无牵连的，经公安机关同意，检察人员可以安排在押的未成年犯罪嫌疑人与其法定代理人、近亲属等进行会见、通话：

（一）案件事实已基本查清，主要证据确实、充分，安排会见、通话不会影响诉讼活动正常进行；

（二）未成年犯罪嫌疑人有认罪、悔罪表现，或者虽尚未认罪、悔罪，但通过会见、通话有可能促使其转化，或者通过会见、通话有利于社会、家庭稳定；

（三）未成年犯罪嫌疑人的法定代理人、近亲属对其犯罪原因、社会危害性以及后果有一定的认识，并能配合司法机关进行教育。

第二十五条 在押的未成年犯罪嫌疑人同其法定代理人、近亲属等进行会见、通话时，检察人员应当告知其会见、通话不得有串供或者其他妨碍诉讼的内容。会见、通话时检察人员可以在场。会见、通话结束后，检察人员应当将有关内容及时整理并记录在案。

第二节 不 起 诉

第二十六条 对于犯罪情节轻微，具有下列情形之一，依照刑法规定不需要判处刑罚或者免除刑罚的未成年犯罪嫌疑人，一般应当依法作出不起诉决定：

（一）被胁迫参与犯罪的；

（二）犯罪预备、中止、未遂的；

（三）在共同犯罪中起次要或者辅助作用的；

（四）系又聋又哑的人或者盲人的；

（五）因防卫过当或者紧急避险过当构成犯罪的；

（六）有自首或者立功表现的；

（七）其他依照刑法规定不需要判处刑罚或者免除刑罚的情形。

第二十七条 对于未成年人实施的轻伤害案件、初次犯罪、过失犯罪、犯罪未遂的案件以及被诱骗或者被教唆实施的犯罪案件等，情节轻微，犯罪嫌疑人确有悔罪表现，当事人双方自愿就民事赔偿达成协议并切实履行或者经被害人同意并提供有效担保，符合刑法第三十七条规定的，人民检察院可以依照刑事诉讼法第一百七十三条第二款的规定作出不起诉决定，并可以根据案件的不同情况，予以训诫或者责令具结悔过、赔礼道歉、赔偿损失，或者由主管部门予以行政处罚。

第二十八条 不起诉决定书应当向被不起诉的未成年人及其法定代理人宣布，并阐明不起诉的理由和法律依据。

不起诉决定书应当送达公安机关，被不起诉的未成年人及其法定代理人、辩护人，被害人或者其近亲属及其诉讼代理人。

送达时,应当告知被害人或者其近亲属及其诉讼代理人,如果对不起诉决定不服,可以自收到不起诉决定书后七日以内向上一级人民检察院申诉,也可以不经申诉,直接向人民法院起诉;告知被不起诉的未成年人及其法定代理人,如果对不起诉决定不服,可以自收到不起诉决定书后七日以内向人民检察院申诉。

第三节　附条件不起诉

第二十九条　对于犯罪时已满十四周岁不满十八周岁的未成年人,同时符合下列条件的,人民检察院可以作出附条件不起诉决定:

(一)涉嫌刑法分则第四章、第五章、第六章规定的犯罪;

(二)根据具体犯罪事实、情节,可能被判处一年有期徒刑以下刑罚;

(三)犯罪事实清楚,证据确实、充分,符合起诉条件;

(四)具有悔罪表现。

第三十条　人民检察院在作出附条件不起诉的决定以前,应当听取公安机关、被害人、未成年犯罪嫌疑人的法定代理人、辩护人的意见,并制作笔录附卷。被害人是未成年人的,还应当听取被害人的法定代理人、诉讼代理人的意见。

第三十一条　公安机关或者被害人对附条件不起诉有异议或争议较大的案件,人民检察院可以召集侦查人员、被害人及其法定代理人、诉讼代理人、未成年犯罪嫌疑人及其法定代理人、辩护人举行不公开听证会,充分听取各方的意见和理由。

对于决定附条件不起诉可能激化矛盾或者引发不稳定因素的,人民检察院应当慎重适用。

第三十二条　适用附条件不起诉的审查意见,应当由办案人员在审查起诉期限届满十五日前提出,并根据案件的具体情况拟定考验期限和考察方案,连同案件审查报告、社会调查报告等,经部门负责人审核,报检察长或者检察委员会决定。

第三十三条　人民检察院作出附条件不起诉的决定后,应当制作附条件不起诉决定书,并在三日以内送达公安机关、被害人或者其近亲属及其诉讼代理人、未成年犯罪嫌疑人及其法定代理人、辩护人。

送达时,应当告知被害人或者其近亲属及其诉讼代理人,如果对附条件不起诉决定不服,可以自收到附条件不起诉决定书后七日以内向上一级人民检察院申诉。

人民检察院应当当面向未成年犯罪嫌疑人及其法定代理人宣布附条件不起诉决定,告知考验期限、在考验期内应当遵守的规定和违反规定应负的法律责任,以及可以对附条件不起诉决定提出异议,并制作笔录附卷。

第三十四条　未成年犯罪嫌疑人在押的,作出附条件不起诉决定后,人民检察院应当作出释放或者变更强制措施的决定。

第三十五条　公安机关认为附条件不起诉决定有错误,要求复议的,人民检察院未成年人刑事检察机构应当另行指定检察人员进行审查并提出审查意见，经部门负责人审核，报请检察长或者检察委员会决定。

人民检察院应当在收到要求复议意见书后的三十日以内作出复议决定，通知公安机关。

第三十六条　上一级人民检察院收到公安机关对附条件不起诉决定提请复核的意见书后，应当交由未成年人刑事检察机构办理。未成年人刑事检察机构应当指定检察人员进行审查并提出审查意见，经部门负责人审核，报请检察长或者检察委员会决定。

上一级人民检察院应当在收到提请复核意见书后的三十日以内作出决定，制作复核决定书送交提请复核的公安机关和下级人民检察院。经复核改变下级人民检察院附条件不起诉决定的，应当撤销下级人民检察院作出的附条件不起诉决定，交由下级人民检察院执行。

第三十七条　被害人不服附条件不起诉决定，在收到附条件不起诉决定书后七日以内申诉的，由作出附条件不起诉决定的人民检察院的上一级人民检察院未成年人刑事检察机构立案复查。

被害人向作出附条件不起诉决定的人民检察院提出申诉的，作出决定的人民检察院应当将申诉材料连同案卷一并报送上一级人民检察院受理。

被害人不服附条件不起诉决定，在收到附条件不起诉决定书七日后提出申诉的，由作出附条件不起诉决定的人民检察院未成年人刑事检察机构另行指定检察人员审查后决定是否立案复查。

未成年人刑事检察机构复查后应当提出复查意见，报请检察长决定。

复查决定书应当送达被害人、被附条件不起诉的未成年犯罪嫌疑人及其法定代理人和作出附条件不起诉决定的人民检察院。

上级人民检察院经复查作出起诉决定的，应当撤销下级人民检察院的附条件不起诉决定，由下级人民检察院提起公诉，并将复查决定抄送移送审查起诉的公安机关。

第三十八条　未成年犯罪嫌疑人及其法定代理人对人民检察院决定附条件不起诉有异议的，人民检察院应当作出起诉的决定。

第三十九条　人民检察院在作出附条件不起诉决定后，应当在十日内将附条件不起诉决定书报上级人民检察院主管部门备案。

上级人民检察院认为下级人民检察院作出的附条件不起诉决定不适当的，应当及时撤销下级人民检察院作出的附条件不起诉决定，下级人民检察院应当执行。

第四十条　人民检察院决定附条件不起诉的，应当确定考验期。考验期为六个月以上一年以下，从人民检察院作出附条件不起诉的决定之日起计算。考验期不计入案件审查起诉期限。

考验期的长短应当与未成年犯罪嫌疑人所犯罪行的轻重、主观恶性的大小和人身危险性的大小、一贯表现及帮教条件等相适应，根据未成年犯罪嫌疑人在考验期的表现，可以在法定期限范围内适当缩短或者延长。

第四十一条 被附条件不起诉的未成年犯罪嫌疑人，应当遵守下列规定：

（一）遵守法律法规，服从监督；

（二）按照考察机关的规定报告自己的活动情况；

（三）离开所居住的市、县或者迁居，应当报经考察机关批准；

（四）按照考察机关的要求接受矫治和教育。

第四十二条 人民检察院可以要求被附条件不起诉的未成年犯罪嫌疑人接受下列矫治和教育：

（一）完成戒瘾治疗、心理辅导或者其他适当的处遇措施；

（二）向社区或者公益团体提供公益劳动；

（三）不得进入特定场所，与特定的人员会见或者通信，从事特定的活动；

（四）向被害人赔偿损失、赔礼道歉等；

（五）接受相关教育；

（六）遵守其他保护被害人安全以及预防再犯的禁止性规定。

第四十三条 在附条件不起诉的考验期内，人民检察院应当对被附条件不起诉的未成年犯罪嫌疑人进行监督考察。未成年犯罪嫌疑人的监护人应当对未成年犯罪嫌疑人加强管教，配合人民检察院做好监督考察工作。

人民检察院可以会同未成年犯罪嫌疑人的监护人、所在学校、单位、居住地的村民委员会、居民委员会、未成年人保护组织等的有关人员定期对未成年犯罪嫌疑人进行考察、教育，实施跟踪帮教。

第四十四条 未成年犯罪嫌疑人经批准离开所居住的市、县或者迁居，作出附条件不起诉决定的人民检察院可以要求迁入地的人民检察院协助进行考察，并将考察结果函告作出附条件不起诉决定的人民检察院。

第四十五条 考验期届满，办案人员应当制作附条件不起诉考察意见书，提出起诉或者不起诉的意见，经部门负责人审核，报请检察长决定。

人民检察院应当在审查起诉期限内作出起诉或者不起诉的决定。

作出附条件不起诉决定的案件，审查起诉期限自人民检察院作出附条件不起诉决定之日起中止计算，自考验期限届满之日起或者人民检察院作出撤销附条件不起诉决定之日起恢复计算。

第四十六条 被附条件不起诉的未成年犯罪嫌疑人，在考验期内有下列情形之一的，人民检察院应当撤销附条件不起诉的决定，提起公诉：

（一）实施新的犯罪的；

（二）发现决定附条件不起诉以前还有其他犯罪需要追诉的；

（三）违反治安管理规定，造成严重后果，或者多次违反治安管理规定的；

（四）违反考察机关有关附条件不起诉的监督管理规定，造成严重后果，或者多次违反考察机关有关附条件不起诉的监督管理规定的。

第四十七条　对于未成年犯罪嫌疑人在考验期内实施新的犯罪或者在决定附条件不起诉以前还有其他犯罪需要追诉的,人民检察院应当移送侦查机关立案侦查。

第四十八条　被附条件不起诉的未成年犯罪嫌疑人,在考验期内没有本规定第四十六条规定的情形,考验期满的,人民检察院应当作出不起诉的决定。

第四十九条　对于附条件不起诉的案件,不起诉决定宣布后六个月内,办案人员可以对被不起诉的未成年人进行回访,巩固帮教效果,并做好相关记录。

第五十条　对人民检察院依照刑事诉讼法第一百七十三条第二款规定作出的不起诉决定和经附条件不起诉考验期满不起诉的,在向被不起诉的未成年人及其法定代理人宣布不起诉决定书时,应当充分阐明不起诉的理由和法律依据,并结合社会调查,围绕犯罪行为对被害人、对本人及家庭、对社会等造成的危害,导致犯罪行为发生的原因及应当吸取的教训等,对被不起诉的未成年人开展必要的教育。如果侦查人员、合适成年人、辩护人、社工等参加有利于教育被不起诉未成年人的,经被不起诉的未成年人及其法定代理人同意,可以邀请他们参加,但要严格控制参与人范围。

对于犯罪事实清楚,但因未达刑事责任年龄不起诉、年龄证据存疑而不起诉的未成年犯罪嫌疑人,参照上述规定举行不起诉宣布教育仪式。

第四节　提 起 公 诉

第五十一条　人民检察院审查未成年人与成年人共同犯罪案件,一般应当将未成年人与成年人分案起诉。但是具有下列情形之一的,可以不分案起诉:

(一)未成年人系犯罪集团的组织者或者其他共同犯罪中的主犯的;

(二)案件重大、疑难、复杂,分案起诉可能妨碍案件审理的;

(三)涉及刑事附带民事诉讼,分案起诉妨碍附带民事诉讼部分审理的;

(四)具有其他不宜分案起诉情形的。

对分案起诉至同一人民法院的未成年人与成年人共同犯罪案件,由未成年人刑事检察机构一并办理更为适宜的,经检察长决定,可以由未成年人刑事检察机构一并办理。

分案起诉的未成年人与成年人共同犯罪案件,由不同机构分别办理的,应当相互了解案件情况,提出量刑建议时,注意全案的量刑平衡。

第五十二条　对于分案起诉的未成年人与成年人共同犯罪案件,一般应当同时移送人民法院。对于需要补充侦查的,如果补充侦查事项不涉及未成年犯罪嫌疑人所参与的犯罪事实,不影响对未成年犯罪嫌疑人提起公诉的,应当对未成年犯罪嫌疑人先予提起公诉。

第五十三条　对于分案起诉的未成年人与成年人共同犯罪案件,在审查起诉过程中可以根据全案情况制作一个审结报告,起诉书以及出庭预案等应当分别制作。

第五十四条　人民检察院对未成年人与成年人共同犯罪案件分别提起公诉后,在诉讼过程中出现不宜分案起诉情形的,可以建议人民法院并案审理。

第五十五条 对于符合适用简易程序审理条件的未成年人刑事案件,人民检察院应当在提起公诉时向人民法院提出适用简易程序审理的建议。

第五十六条 对提起公诉的未成年人刑事案件,应当认真做好下列出席法庭的准备工作:

(一)掌握未成年被告人的心理状态,并对其进行接受审判的教育,必要时,可以再次讯问被告人;

(二)与未成年被告人的法定代理人、合适成年人、辩护人交换意见,共同做好教育、感化工作;

(三)进一步熟悉案情,深入研究本案的有关法律政策问题,根据案件性质,结合社会调查情况,拟定讯问提纲、询问被害人、证人、鉴定人提纲、举证提纲、答辩提纲、公诉意见书和针对未成年被告人进行法制教育的书面材料。

第五十七条 公诉人出席未成年人刑事审判法庭,应当遵守公诉人出庭行为规范要求,发言时应当语调温和,并注意用语文明、准确,通俗易懂。

公诉人一般不提请未成年证人、被害人出庭作证。确有必要出庭作证的,应当建议人民法院采取相应的保护措施。

第五十八条 在法庭审理过程中,公诉人的讯问、询问、辩论等活动,应当注意未成年人的身心特点。对于未成年被告人情绪严重不稳定,不宜继续接受审判的,公诉人可以建议法庭休庭。

第五十九条 对于具有下列情形之一,依法可能判处拘役、三年以下有期徒刑,有悔罪表现,宣告缓刑对所居住社区没有重大不良影响,具备有效监护条件或者社会帮教措施、适用缓刑确实不致再危害社会的未成年被告人,人民检察院应当建议人民法院适用缓刑:

(一)犯罪情节较轻,未造成严重后果的;

(二)主观恶性不大的初犯或者胁从犯、从犯;

(三)被害人同意和解或者被害人有明显过错的;

(四)其他可以适用缓刑的情节。

建议宣告缓刑,可以根据犯罪情况,同时建议禁止未成年被告人在缓刑考验期限内从事特定活动,进入特定区域、场所,接触特定的人。

人民检察院提出对未成年被告人适用缓刑建议的,应当将未成年被告人能够获得有效监护、帮教的书面材料于判决前移送人民法院。

第六十条 公诉人在依法指控犯罪的同时,要剖析未成年被告人犯罪的原因、社会危害性,适时进行法制教育,促使其深刻反省,吸取教训。

第六十一条 人民检察院派员出席未成年人刑事案件二审法庭适用本节的相关规定。

第六十二条 犯罪的时候不满十八周岁，被判处五年有期徒刑以下刑罚的，人民检察院应当在收到人民法院生效判决后，对犯罪记录予以封存。

对于二审案件，上级人民检察院封存犯罪记录时，应当通知下级人民检察院对相关犯罪记录予以封存。

第六十三条 人民检察院应当将拟封存的未成年人犯罪记录、卷宗等相关材料装订成册，加密保存，不予公开，并建立专门的未成年人犯罪档案库，执行严格的保管制度。

第六十四条 除司法机关为办案需要或者有关单位根据国家规定进行查询的以外，人民检察院不得向任何单位和个人提供封存的犯罪记录，并不得提供未成年人有犯罪记录的证明。

司法机关或者有关单位需要查询犯罪记录的，应当向封存犯罪记录的人民检察院提出书面申请，人民检察院应当在七日以内作出是否许可的决定。

第六十五条 对被封存犯罪记录的未成年人，符合下列条件之一的，应当对其犯罪记录解除封存：

（一）实施新的犯罪，且新罪与封存记录之罪数罪并罚后被决定执行五年有期徒刑以上刑罚的；

（二）发现漏罪，且漏罪与封存记录之罪数罪并罚后被决定执行五年有期徒刑以上刑罚的。

第六十六条 人民检察院对未成年犯罪嫌疑人作出不起诉决定后，应当对相关记录予以封存。具体程序参照本规定第六十二条至第六十五条规定办理。

第四章 未成年人刑事案件的法律监督

第六十七条 人民检察院审查批准逮捕、审查起诉未成年犯罪嫌疑人，应当同时依法监督侦查活动是否合法，发现有下列违法行为的，应当提出纠正意见；构成犯罪的，依法追究刑事责任：

（一）违法对未成年犯罪嫌疑人采取强制措施或者采取强制措施不当的；

（二）未依法实行对未成年犯罪嫌疑人与成年犯罪嫌疑人分别关押、管理的；

（三）对未成年犯罪嫌疑人采取刑事拘留、逮捕措施后，在法定时限内未进行讯问，或者未通知其家属的；

（四）讯问未成年犯罪嫌疑人或者询问未成年被害人、证人时，未依法通知其法定代理人或者合适成年人到场的；

（五）讯问或者询问女性未成年人时，没有女性检察人员参加；

（六）未依法告知未成年犯罪嫌疑人有权委托辩护人的；

（七）未依法通知法律援助机构指派律师为未成年犯罪嫌疑人提供辩护的；

（八）对未成年犯罪嫌疑人威胁、体罚、侮辱人格、游行示众，或者刑讯逼供、指供、诱供的；

（九）利用未成年人认知能力低而故意制造冤、假、错案的；

（十）对未成年被害人、证人以暴力、威胁、诱骗等非法手段收集证据或者侵害未成年被害人、证人的人格尊严及隐私权等合法权益的；

（十一）违反羁押和办案期限规定的；

（十二）已作出不批准逮捕、不起诉决定，公安机关不立即释放犯罪嫌疑人的；

（十三）在侦查中有其他侵害未成年人合法权益行为的。

第六十八条 对依法不应当公开审理的未成年人刑事案件公开审理的，人民检察院应当在开庭前提出纠正意见。

公诉人出庭支持公诉时，发现法庭审判有下列违反法律规定的诉讼程序的情形之一的，应当在休庭后及时向本院检察长报告，由人民检察院向人民法院提出纠正意见：

（一）开庭或者宣告判决时未通知未成年被告人的法定代理人到庭的；

（二）人民法院没有给聋、哑或者不通晓当地通用的语言文字的未成年被告人聘请或者指定翻译人员的；

（三）未成年被告人在审判时没有辩护人的；对未成年被告人及其法定代理人依照法律和有关规定拒绝辩护人为其辩护，合议庭未另行通知法律援助机构指派律师的；

（四）法庭未告知未成年被告人及其法定代理人依法享有的申请回避、辩护、提出新的证据、申请重新鉴定或者勘验、最后陈述、提出上诉等诉讼权利的；

（五）其他违反法律规定的诉讼程序的情形。

第六十九条 人民检察院发现有关机关对未成年人犯罪记录应当封存而未封存的，不应当允许查询而允许查询的或者不应当提供犯罪记录而提供的，应当依法提出纠正意见。

第七十条 人民检察院依法对未成年犯管教所实行驻所检察。在刑罚执行监督中，发现关押成年罪犯的监狱收押未成年罪犯的，未成年犯管教所违法收押成年罪犯的，或者对年满十八周岁时余刑在二年以上的罪犯留在未成年犯管教所执行剩余刑期的，应当依法提出纠正意见。

第七十一条 人民检察院在看守所检察中，发现没有对未成年犯罪嫌疑人、被告人与成年犯罪嫌疑人、被告人分别关押、管理或者对未成年犯留所执行刑罚的，应当依法提出纠正意见。

第七十二条 人民检察院应当加强对未成年犯管教所、看守所监管未成年罪犯活动的监督，依法保障未成年罪犯的合法权益，维护监管改造秩序和教学、劳动、生活秩序。

人民检察院配合未成年犯管教所、看守所加强对未成年罪犯的政治、法律、文化教育，促进依法、科学、文明监管。

第七十三条 人民检察院依法对未成年人的社区矫正进行监督，发现有下列情形之一的，应当依法向公安机关、人民法院、监狱、社区矫正机构等有关部门提出纠正意见：

（一）没有将未成年人的社区矫正与成年人分开进行的；

（二）对实行社区矫正的未成年人脱管、漏管或者没有落实帮教措施的；

（三）没有对未成年社区矫正人员给予身份保护，其矫正宣告公开进行，矫正档案未进行保密，公开或者传播其姓名、住所、照片等可能推断出该未成年人的其他资料以及矫正资料等情形的；

（四）未成年社区矫正人员的矫正小组没有熟悉青少年成长特点的人员参加的；

（五）没有针对未成年人的年龄、心理特点和身心发育需要等特殊情况采取相应的监督管理和教育矫正措施的；

（六）其他违法情形。

第七十四条 人民检察院依法对未成年犯的减刑、假释、暂予监外执行等活动实行监督。对符合减刑、假释、暂予监外执行法定条件的，应当建议执行机关向人民法院、监狱管理机关或者公安机关提请；发现提请或者裁定、决定不当的，应当依法提出纠正意见；对徇私舞弊减刑、假释、暂予监外执行等构成犯罪的，依法追究刑事责任。

第五章 未成年人案件的刑事申诉检察

第七十五条 人民检察院依法受理未成年人及其法定代理人提出的刑事申诉案件和国家赔偿案件。

人民检察院对未成年人刑事申诉案件和国家赔偿案件，应当指定专人及时办理。

第七十六条 人民检察院复查未成年人刑事申诉案件，应当直接听取未成年人及其法定代理人的陈述或者辩解，认真审核、查证与案件有关的证据和线索，查清案件事实，依法作出处理。

案件复查终结作出处理决定后，应当向未成年人及其法定代理人当面送达法律文书，做好释法说理和教育工作。

第七十七条 对已复查纠正的未成年人刑事申诉案件，应当配合有关部门做好善后工作。

第七十八条 人民检察院办理未成年人国家赔偿案件，应当充分听取未成年人及其法定代理人的意见，对于依法应当赔偿的案件，应当及时作出和执行赔偿决定。

第六章 附 则

第七十九条 本规定所称未成年人刑事案件，是指犯罪嫌疑人、被告人实施涉嫌犯罪行为时已满十四周岁、未满十八周岁的刑事案件，但在有关未成年人诉讼权利和体现对未成年人程序上特殊保护的条文中所称的未成年人，是指在诉讼过程中未满十八周岁的人。犯罪嫌疑人实施涉嫌犯罪行为时未满十八周岁，在诉讼过程中已满十八周岁的，人民检察院可以根据案件的具体情况适用本规定。

第八十条 实施犯罪行为的年龄，一律按公历的年、月、日计算。从周岁生日的第二天起，为已满××周岁。

第八十一条 未成年人刑事案件的法律文书和工作文书,应当注明未成年人的出生年月日、法定代理人或者到场的合适成年人、辩护人基本情况。

对未成年犯罪嫌疑人、被告人、未成年罪犯的有关情况和办案人员开展教育感化工作的情况,应当记录在卷,随案移送。

第八十二条 本规定由最高人民检察院负责解释。

第八十三条 本规定自发布之日起施行,最高人民检察院2007年1月9日发布的《人民检察院办理未成年人刑事案件的规定》同时废止。

公安机关办理刑事案件程序规定（节录）

（2012年12月13日公安部令第127号修订发布　根据2020年7月20日公安部令第159号《公安部关于修改〈公安机关办理刑事案件程序规定〉的决定》修正）

第六章　强制措施

第八十四条　公安机关决定对犯罪嫌疑人取保候审的，应当责令犯罪嫌疑人提出保证人或者交纳保证金。

对同一犯罪嫌疑人，不得同时责令其提出保证人和交纳保证金。对未成年人取保候审，应当优先适用保证人保证。

第八十七条　犯罪嫌疑人的保证金起点数额为人民币一千元。犯罪嫌疑人为未成年人的，保证金起点数额为人民币五百元。具体数额应当综合考虑保证诉讼活动正常进行的需要、犯罪嫌疑人的社会危险性、案件的性质、情节、可能判处刑罚的轻重以及犯罪嫌疑人的经济状况等情况确定。

第九章　执行刑罚

第三百条　公安机关接到人民法院生效的判处死刑缓期二年执行、无期徒刑、有期徒刑的判决书、裁定书以及执行通知书后，应当在一个月以内将罪犯送交监狱执行。

对未成年犯应当送交未成年犯管教所执行刑罚。

第十章　特别程序

第一节　未成年人刑事案件诉讼程序

第三百一十七条　公安机关办理未成年人刑事案件，实行教育、感化、挽救的方针，坚持教育为主、惩罚为辅的原则。

第三百一十八条　公安机关办理未成年人刑事案件，应当保障未成年人行使其诉讼权利并得到法律帮助，依法保护未成年人的名誉和隐私，尊重其人格尊严。

第三百一十九条　公安机关应当设置专门机构或者配备专职人员办理未成年人刑事案件。

未成年人刑事案件应当由熟悉未成年人身心特点，善于做未成年人思想教育工作，具有一定办案经验的人员办理。

第三百二十条　未成年犯罪嫌疑人没有委托辩护人的，公安机关应当通知法律援助机构指派律师为其提供辩护。

第三百二十一条 公安机关办理未成年人刑事案件时，应当重点查清未成年犯罪嫌疑人实施犯罪行为时是否已满十四周岁、十六周岁、十八周岁的临界年龄。

第三百二十二条 公安机关办理未成年人刑事案件，根据情况可以对未成年犯罪嫌疑人的成长经历、犯罪原因、监护教育等情况进行调查并制作调查报告。

作出调查报告的，在提请批准逮捕、移送审查起诉时，应当结合案情综合考虑，并将调查报告与案卷材料一并移送人民检察院。

第三百二十三条 讯问未成年犯罪嫌疑人，应当通知未成年犯罪嫌疑人的法定代理人到场。无法通知、法定代理人不能到场或者法定代理人是共犯的，也可以通知未成年犯罪嫌疑人的其他成年亲属，所在学校、单位、居住地或者办案单位所在地基层组织或者未成年人保护组织的代表到场，并将有关情况记录在案。到场的法定代理人可以代为行使未成年犯罪嫌疑人的诉讼权利。

到场的法定代理人或者其他人员提出侦查人员在讯问中侵犯未成年人合法权益的，公安机关应当认真核查，依法处理。

第三百二十四条 讯问未成年犯罪嫌疑人应当采取适合未成年人的方式，耐心细致地听取其供述或者辩解，认真审核、查证与案件有关的证据和线索，并针对其思想顾虑、恐惧心理、抵触情绪进行疏导和教育。

讯问女性未成年犯罪嫌疑人，应当有女工作人员在场。

第三百二十五条 讯问笔录应当交未成年犯罪嫌疑人、到场的法定代理人或者其他人员阅读或者向其宣读；对笔录内容有异议的，应当核实清楚，准予更正或者补充。

第三百二十六条 询问未成年被害人、证人，适用本规定第三百二十三条、第三百二十四条、第三百二十五条的规定。

询问未成年被害人、证人，应当以适当的方式进行，注意保护其隐私和名誉，尽可能减少询问频次，避免造成二次伤害。必要时，可以聘请熟悉未成年人身心特点的专业人员协助。

第三百二十七条 对未成年犯罪嫌疑人应当严格限制和尽量减少使用逮捕措施。

未成年犯罪嫌疑人被拘留、逮捕后服从管理、依法变更强制措施不致发生社会危险性，能够保证诉讼正常进行的，公安机关应当依法及时变更强制措施；人民检察院批准逮捕的案件，公安机关应当将变更强制措施情况及时通知人民检察院。

第三百二十八条 对被羁押的未成年人应当与成年人分别关押、分别管理、分别教育，并根据其生理和心理特点在生活和学习方面给予照顾。

第三百二十九条 人民检察院在对未成年人作出附条件不起诉的决定前，听取公安机关意见时，公安机关应当提出书面意见，经县级以上公安机关负责人批准，移送同级人民检察院。

第三百三十条 认为人民检察院作出的附条件不起诉决定有错误的，应当在收到不起诉决定书后七日以内制作要求复议意见书，经县级以上公安机关负责人批准，移送同级人民检察院复议。

要求复议的意见不被接受的，可以在收到人民检察院的复议决定书后七日以内制作提请复核意见书，经县级以上公安机关负责人批准后，连同人民检察院的复议决定书，一并提请上一级人民检察院复核。

第三百三十一条　未成年人犯罪的时候不满十八周岁，被判处五年有期徒刑以下刑罚的，公安机关应当依据人民法院已经生效的判决书，将该未成年人的犯罪记录予以封存。

犯罪记录被封存的，除司法机关为办案需要或者有关单位根据国家规定进行查询外，公安机关不得向其他任何单位和个人提供。

被封存犯罪记录的未成年人，如果发现漏罪，合并被判处五年有期徒刑以上刑罚的，应当对其犯罪记录解除封存。

第三百三十二条　办理未成年人刑事案件，除本节已有规定的以外，按照本规定的其他规定进行。

第三百三十六条　达成和解的，公安机关应当主持制作和解协议书，并由双方当事人及其他参加人员签名。

当事人中有未成年人的，未成年当事人的法定代理人或者其他成年亲属应当在场。

最高人民法院关于加强新时代未成年人审判工作的意见

（2020年12月24日　法发〔2020〕45号）

为深入贯彻落实习近平新时代中国特色社会主义思想，认真学习贯彻习近平法治思想，切实做好未成年人保护和犯罪预防工作，不断提升未成年人审判工作能力水平，促进完善中国特色社会主义少年司法制度，根据《中华人民共和国未成年人保护法》《中华人民共和国预防未成年人犯罪法》等相关法律法规，结合人民法院工作实际，就加强新时代未成年人审判工作提出如下意见。

一、提高政治站位，充分认识做好新时代未成年人审判工作的重大意义

1. 未成年人是国家的未来、民族的希望。近年来，随着经济社会发展，未成年人的成长环境出现新的特点。进入新时代，以习近平同志为核心的党中央更加重视未成年人的健康成长，社会各界对未成年人保护和犯罪预防问题更加关切。维护未成年人权益，预防和矫治未成年人犯罪，是人民法院的重要职责。加强新时代未成年人审判工作，是人民法院积极参与国家治理、有效回应社会关切的必然要求。

2. 未成年人审判工作只能加强、不能削弱。要站在保障亿万家庭幸福安宁、全面建设社会主义现代化国家、实现中华民族伟大复兴中国梦的高度，充分认识做好新时代未成年人审判工作的重大意义，强化使命担当，勇于改革创新，切实做好未成年人保护和犯罪预防工作。

3. 加强新时代未成年人审判工作，要坚持党对司法工作的绝对领导，坚定不移走中国特色社会主义法治道路，坚持以人民为中心的发展思想，坚持未成年人利益最大化原则，确保未成年人依法得到特殊、优先保护。对未成年人犯罪要坚持“教育、感化、挽救”方针和“教育为主、惩罚为辅”原则。

4. 对未成年人权益要坚持双向、全面保护。坚持双向保护，既依法保障未成年被告人的权益，又要依法保护未成年被害人的权益，对各类侵害未成年人的违法犯罪要依法严惩。坚持全面保护，既要加强对未成年人的刑事保护，又要加强对未成年人的民事、行政权益的保护，努力实现对未成年人权益的全方位保护。

二、深化综合审判改革，全面加强未成年人权益司法保护

5. 深化涉及未成年人案件综合审判改革，将与未成年人权益保护和犯罪预防关系密切的涉及未成年人的刑事、民事及行政诉讼案件纳入少年法庭受案范围。少年法庭包括专门审理涉及未成年人刑事、民事、行政案件的审判庭、合议庭、审判团队以及法官。

有条件的人民法院，可以根据未成年人案件审判工作需要，在机构数量限额内设立专门审判庭，审理涉及未成年人刑事、民事、行政案件。不具备单独设立未成年人案件审判机构条件的法院，应当指定专门的合议庭、审判团队或者法官审理涉及未成年人案件。

6. 被告人实施被指控的犯罪时不满十八周岁且人民法院立案时不满二十周岁的刑事案件，应当由少年法庭审理。

7. 下列刑事案件可以由少年法庭审理：

（1）人民法院立案时不满二十二周岁的在校学生犯罪案件；

（2）强奸、猥亵等性侵未成年人犯罪案件；

（3）杀害、伤害、绑架、拐卖、虐待、遗弃等严重侵犯未成年人人身权利的犯罪案件；

（4）上述刑事案件罪犯的减刑、假释、暂予监外执行、撤销缓刑等刑罚执行变更类案件；

（5）涉及未成年人，由少年法庭审理更为适宜的其他刑事案件。

未成年人与成年人共同犯罪案件，一般应当分案审理。

8. 下列民事案件由少年法庭审理：

（1）涉及未成年人抚养、监护、探望等事宜的婚姻家庭纠纷案件，以及适宜由少年法庭审理的离婚案件；

（2）一方或双方当事人为未成年人的人格权纠纷案件；

（3）侵权人为未成年人的侵权责任纠纷案件，以及被侵权人为未成年人，由少年法庭审理更为适宜的侵权责任纠纷案件；

（4）涉及未成年人的人身安全保护令案件；

（5）涉及未成年人权益保护的其他民事案件。

9. 当事人为未成年人的行政诉讼案件，有条件的法院，由少年法庭审理。

10. 人民法院审理涉及未成年人案件，应当根据案件情况开展好社会调查、社会观护、心理疏导、法庭教育、家庭教育、司法救助、回访帮教等延伸工作，提升案件办理的法律效果和社会效果。

三、加强审判机制和组织建设，推进未成年人审判专业化发展

11. 坚持未成年人审判的专业化发展方向，加强未成年人审判工作的组织领导和业务指导，加强审判专业化、队伍职业化建设。

12. 大力推动未成年人审判与家事审判融合发展，更好维护未成年人合法权益，促进家庭和谐、社会安定，预防、矫治未成年人犯罪。未成年人审判与家事审判要在各自相对独立的基础上相互促进、协调发展。

13. 最高人民法院建立未成年人审判领导工作机制，加大对全国法院未成年人审判工作的组织领导、统筹协调、调查研究、业务指导。高级人民法院相应设立未成年人审判领导工作机制，中级人民法院和有条件的基层人民法院可以根据情况和需要，设立未成年人审判领导工作机制。

14. 地方各级人民法院要结合内设机构改革，落实《中华人民共和国未成年人保护法》《中华人民共和国预防未成年人犯罪法》关于应当确定专门机构或者指定专门人员办理涉及未成年人案件、负责预防未成年人犯罪工作的要求，充实未成年人审判工作力量，加强未成年人审判组织建设。

15. 探索通过对部分城区人民法庭改造或者加挂牌子的方式设立少年法庭，审理涉及未成年人的刑事、民事、行政案件，开展延伸帮教、法治宣传等工作。

16. 上级法院应当加强对辖区内下级法院未成年人审判组织建设工作的监督、指导和协调，实现未成年人审判工作的上下统一归口管理。

四、加强专业队伍建设，夯实未成年人审判工作基础

17. 各级人民法院应当高度重视未成年人审判队伍的培养和建设工作。要选用政治素质高、业务能力强、熟悉未成年人身心特点、热爱未成年人权益保护工作和善于做未成年人思想教育工作的法官负责审理涉及未成年人案件，采取措施保持未成年人审判队伍的稳定性。

18. 各级人民法院应当根据未成年人审判的工作特点和需要，为少年法庭配备专门的员额法官和司法辅助人员。加强法官及其他工作人员的业务培训，每年至少组织一次专题培训，不断提升、拓展未成年人审判队伍的司法能力。

19. 各级人民法院可以从共青团、妇联、关工委、工会、学校等组织的工作人员中依法选任人民陪审员，参与审理涉及未成年人案件。审理涉及未成年人案件的人民陪审员应当熟悉未成年人身心特点，具备一定的青少年教育学、心理学知识，并经过必要的业务培训。

20. 加强国际交流合作，拓展未成年人审判的国际视野，及时掌握未成年人审判的发展动态，提升新时代未成年人审判工作水平。

五、加强审判管理，推动未成年人审判工作实现新发展

21. 对涉及未成年人的案件实行专门统计。建立符合未成年人审判工作特点的司法统计指标体系，掌握分析涉及未成年人案件的规律，有针对性地制定和完善少年司法政策。

22. 对未成年人审判进行专门的绩效考核。要落实《中华人民共和国未成年人保护法》关于实行与未成年人保护工作相适应的评价考核标准的要求，将社会调查、心理疏导、法庭教育、延伸帮教、法治宣传、参与社会治安综合治理等工作纳入绩效考核范围，不能仅以办案数量进行考核。要科学评价少年法庭的业绩，调动、激励工作积极性。

23. 完善未成年人审判档案管理制度。将审判延伸、判后帮教、法治教育、犯罪记录封存等相关工作记录在案，相关材料订卷归档。

六、加强协作配合，增强未成年人权益保护和犯罪预防的工作合力

24. 加强与公安、检察、司法行政等部门的协作配合，健全完善“政法一条龙”工作机制，严厉打击侵害未成年人犯罪，有效预防、矫治未成年人违法犯罪，全面保护未成年人合法权益。

25. 加强与有关职能部门、社会组织和团体的协调合作，健全完善“社会一条龙”工作机制，加强未成年人审判社会支持体系建设。通过政府购买社会服务等方式，调动社会力量，推动未成年被害人救助、未成年罪犯安置帮教、未成年人民事权益保护等措施有效落实。

26. 加强法治宣传教育工作，特别是校园法治宣传。充分发挥法治副校长作用，通过法治进校园、组织模拟法庭、开设法治网课等活动，教育引导未成年人遵纪守法，增强自我保护的意识和能力，促进全社会更加关心关爱未成年人健康成长。

七、加强调查研究，总结推广先进经验和创新成果

27. 深化未成年人审判理论研究。充分发挥中国审判理论研究会少年审判专业委员会、最高人民法院少年司法研究基地作用，汇聚各方面智慧力量，加强新时代未成年人审判重大理论和实践问题研究，为有效指导司法实践、进一步完善中国特色社会主义少年司法制度提供理论支持。

28. 加强调查研究工作。针对未成年人保护和犯罪预防的热点、难点问题，适时研究制定司法解释、司法政策或者发布指导性案例、典型案例，明确法律适用、政策把握，有效回应社会关切。

29. 加强司法建议工作。结合案件审判，针对未成年人保护和犯罪预防的薄弱环节，有针对性、建设性地提出完善制度、改进管理的建议，促进完善社会治理体系。

30. 认真总结、深入宣传未成年人审判工作经验和改革创新成果。各级人民法院要结合本地实际，在法律框架内积极探索有利于强化未成年人权益保护和犯罪预防的新机制、新方法。通过专题片、微电影、新闻发布会、法治节目访谈、典型案例、重大司法政策文件发布、优秀法官表彰等多种形式，强化未成年人审判工作宣传报道，培树未成年人审判工作先进典型。

未成年犯管教所管理规定

（1999 年 5 月 6 日司法部部长办公会议通过　1999 年 12 月 18 日司法部令第 56 号发布施行）

第一章　总　　则

第一条　为了正确执行刑罚，加强对未成年犯管教所的管理，根据《中华人民共和国监狱法》（以下简称《监狱法》）、《中华人民共和国未成年人保护法》和有关法律法规，结合未成年犯管教所工作实际，制定本规定。

第二条　未成年犯管教所是监狱的一种类型，是国家的刑罚执行机关。

由人民法院依法判处有期徒刑、无期徒刑未满十八周岁的罪犯应当在未成年犯管教所执行刑罚、接受教育改造。

第三条　未成年犯管教所贯彻“惩罚和改造相结合，以改造人为宗旨”和“教育、感化、挽救”的方针，将未成年犯改造成为具有一定文化知识和劳动技能的守法公民。

第四条　对未成年犯的改造，应当根据其生理、心理、行为特点，以教育为主，坚持因人施教、以理服人、形式多样的教育改造方式；实行依法、科学、文明、直接管理。未成年犯的劳动，应当以学习、掌握技能为主。

第五条　未成年犯管教所应当依法保障未成年犯的合法权益，尊重未成年犯的人格，创造有益于未成年犯身心健康、积极向上的改造环境。

在日常管理中，可以对未成年犯使用“学员”称谓。

第六条　未成年犯管教所应当加强同未成年人保护组织、教育、共青团、妇联、工会等有关部门的联系，共同做好对未成年犯的教育改造工作。

第七条　未成年犯管教所所需经费由国家保障。未成年犯的教育改造费、生活费应高于成年犯。

第二章　组 织 机 构

第八条　各省、自治区、直辖市根据需要设置未成年犯管教所，由司法部批准。

第九条　未成年犯管教所设置管理、教育、劳动、生活卫生、政治工作等机构。

根据对未成年犯的管理需要，实行所、管区两级管理。管区押犯不超过一百五十名。

第十条　未成年犯管教所和管区的人民警察配备比例应当分别高于成年犯监狱和监区。

第十一条　未成年犯管教所的人民警察须具备大专以上文化程度。其中具有法学、教育学、心理学等相关专业学历的应达到百分之四十。

第十二条 未成年犯管教所的人民警察应当忠于职守，秉公执法，文明管理，为人师表。

第三章 管理制度

第十三条 未成年犯管教所除依据《监狱法》第十六条、第十七条的规定执行收监外，对年满十八周岁的罪犯不予收监。

第十四条 收监后，未成年犯管教所应当在五日内通知未成年犯的父母或者其他监护人。

第十五条 对未成年男犯、女犯，应当分别编队关押和管理。未成年女犯由女性人民警察管理。少数民族未成年犯较多的，可单独编队关押和管理。

第十六条 未成年犯管教所按照未成年犯的刑期、犯罪类型，实行分别关押和管理。根据未成年犯的改造表现，在活动范围、通信、会见、收受物品、离所探亲、考核奖惩等方面给予不同的处遇。

第十七条 未成年犯管教所建立警卫机构，负责警戒、看押工作。

第十八条 未成年犯管教所监管区的围墙，可以安装电网。在重要部位安装监控、报警装置。

第十九条 未成年犯管教所应当配备必要的通讯设施、交通工具和警用器材。

第二十条 对未成年犯原则上不使用戒具。如遇有监狱法第四十五条规定的情形之一时，可以使用手铐。

第二十一条 经批准，未成年犯可以与其亲属或者其他监护人通电话，必要时由人民警察监听。

第二十二条 未成年犯会见的时间和次数，可以比照成年犯适当放宽。对改造表现突出的，可准许其与亲属一同用餐或者延长会见时间，最长不超过二十四小时。

第二十三条 未成年犯遇有直系亲属病重、死亡以及家庭发生其他重大变故时，经所长批准，可以准许其回家探望及处理，在家期限最多不超过七天，必要时由人民警察护送。

第二十四条 对未成年犯的档案材料应当严格管理，不得公开和传播，不得向与管理教育或办案无关的人员泄漏。

对未成年犯的采访、报道，须经省、自治区、直辖市监狱管理局批准，且不得披露其姓名、住所、照片及可能推断出该未成年犯的资料。任何组织和个人不得披露未成年犯的隐私。

第二十五条 未成年犯管教所应当依法保障未成年犯的申诉、控告、检举权利。

第二十六条 未成年犯服刑期满，未成年犯管教所应当按期释放，发给释放证明书及路费，通知其亲属接回或者由人民警察送回。

第二十七条 刑满释放的未成年人具备复学、就业条件的，未成年犯管教所应当积极向有关部门介绍情况，提出建议。

第四章　教 育 改 造

第二十八条　对未成年犯的教育采取集体教育与个别教育相结合，课堂教育与辅助教育相结合，所内教育与社会教育相结合的方法。

第二十九条　对未成年犯应当进行思想教育，其内容包括法律常识、所规纪律、形势政策、道德修养、人生观、爱国主义、劳动常识等，所用教材由司法部监狱管理局统编。

第三十条　未成年犯的文化教育列入当地教育发展的总体规划，未成年犯管教所应与当地教育行政部门联系，争取在教育经费、师资培训、业务指导、考试及颁发证书等方面得到支持。

第三十一条　未成年犯管教所应当配备符合国家规定学历的人民警察担任教师，按押犯数百分之四的比例配备。教师实行专业技术职务制度。

禁止罪犯担任教师。

第三十二条　未成年犯管教所应当设立教学楼、实验室、图书室、运动场馆等教学设施，配置教学仪器、图书资料和文艺、体育器材。各管区应当设立谈话室、阅览室、活动室。

第三十三条　对未成年犯进行思想、文化、技术教育的课堂化教学时间，每周不少于二十课时，每年不少于一千课时，文化、技术教育时间不低于总课时数的百分之七十。

第三十四条　对未成年犯的文化教育应当根据其文化程度，分别进行扫盲教育、小学教育、初中教育。采取分年级编班施教，按规定的课程开课，使用经国务院教育行政部门审定的教材。有条件的可以进行高中教育。鼓励完成义务教育的未成年犯自学，组织参加各类自学考试。

第三十五条　对未成年犯的技术教育应当根据其刑期、文化程度和刑满释放后的就业需要，重点进行职业技术教育和技能培训，其课程设置和教学要求可以参照社会同类学校。

第三十六条　对参加文化、技术学习的未成年犯，经考试合格的，由当地教育、劳动行政部门发给相应的毕业或者结业证书及技术证书。

第三十七条　对新入所的未成年犯，应当进行入所教育，其内容包括认罪服法、行为规范和所规纪律教育等；对即将刑满的罪犯在形势、政策、遵纪守法等方面进行出所教育，并在就业、复学等方面给予指导，提供必要的技能培训。入所、出所教育时间各不得少于两个月。

第三十八条　根据未成年犯的案情、刑期、心理特点和改造表现进行有针对性的个别教育，实行教育转化责任制。

第三十九条　未成年犯管教所应当建立心理矫治机构，对未成年犯进行生理、心理健康教育，进行心理测试、心理咨询和心理矫治。

未成年犯管教所应当对未成年犯进行生活常识教育，培养其生活自理能力。

第四十条　未成年犯管教所应当开展文化、娱乐、体育活动，办好报刊、黑板报、广播站、闭路电视等。

第四十一条　定期举行升国旗仪式，开展成人宣誓活动。

第四十二条　根据需要，设立适合未成年犯特点的习艺劳动场所及其设施。

第四十三条　组织未成年犯劳动，应当在工种、劳动强度和保护措施等方面严格执行国家有关规定，不得安排未成年犯从事过重的劳动或者危险作业，不得组织未成年犯从事外役劳动。未满十六周岁的未成年犯不参加生产劳动。

未成年犯的劳动时间，每天不超过四小时，每周不超过二十四小时。

第四十四条　未成年犯管教所应当加强与社会各界的联系，争取更多的社会力量参与对未成年犯的教育帮助。

第四十五条　对未成年犯的社会教育，采取到社会上参观或者参加公益活动，邀请社会各界人士及未成年犯的父母或者其他监护人来所帮教的方法。

未成年犯管教所可以聘请社会知名人士或者有影响的社会志愿者担保辅导员。

第四十六条　未成年犯的父母或者其他监护人应当依法履行监护职责和义务，协助未成年犯管教所做好对未成年犯的教育改造，不得遗弃或者歧视。

第五章　生 活 卫 生

第四十七条　未成年犯的生活水平，应当以保证其身体健康发育为最低标准。

第四十八条　未成年犯管教所应当合理配膳，保证未成年犯吃饱、吃得卫生。对有特殊饮食习惯的少数民族罪犯，应当单独设灶配膳；对生病者，在伙食上给予照顾。

第四十九条　未成年犯的被服，须依照规定按时发放。

第五十条　未成年犯以班组为单位住宿，不得睡通铺。人均居住面积不得少于三平方米。

第五十一条　未成年犯管教所应当合理安排作息时间，保证未成年犯每天的睡眠时间不少于八小时。

第五十二条　未成年犯管教所定期安排未成年犯洗澡、理发、洗晒被服。

禁止未成年犯吸烟、喝酒。

第五十三条　经检查批准，未成年犯可以收受学习、生活用品以及钱款，现金由未成年犯管教所登记保管。

第五十四条　对未成年犯的私人财物，未成年犯管教所应当登记、造册，并发给本人收据。

第五十五条　未成年犯管教所在当地卫生主管部门指导下开展医疗、防病工作，设立医疗机构，保证未成年犯有病得到及时治疗，按照“预防为主，防治结合”的要求，做好未成年犯的防疫保健工作，每年进行一次健康检查。

第五十六条　未成年犯管教所设立生活物资供应站，由人民警察负责管理，保证未成年犯日常生活用品的供应。供应站所得收入,用于改善未成年犯的生活。

第六章　考核奖惩

第五十七条　对未成年犯的减刑、假释,可以比照成年犯依法适度放宽。

对被判处无期徒刑确有悔改表现的未成年犯,一般在执行一年六个月以上即可提出减刑建议。

对被判处有期徒刑确有悔改表现的未成年犯,一般在执行一年以上即可提出减刑建议。

未成年犯两次减刑的间隔时间应在六个月以上。

对未成年犯有《监狱法》第二十九条规定的重大立功表现情形之一的,可以不受前三款所述时间的限制,及时提出减刑建议。

第五十八条　对未成年犯的日常考核,采取日记载、周评议、月小结的方法,由人民警察直接考核。考核的结果应当作为对未成年犯奖惩的依据。

第五十九条　未成年犯有《监狱法》第五十七条情形之一的,未成年犯管教所应当给予表扬、物质奖励或者记功。

第六十条　对被判处有期徒刑的未成年犯在执行原判刑期三分之一以上,服刑期间一贯表现良好,离所后不致再危害社会的,未成年犯管教所可以根据情况准其离所探亲。

第六十一条　未成年犯被批准离所探亲的时间为五至七天(不包括在途时间),两次探亲的间隔时间至少在六个月以上。离所探亲的未成年犯必须由其父母或者其他监护人接送。

第六十二条　未成年犯有《监狱法》第五十八条规定的破坏监管秩序情形之一的,未成年犯管教所可以给予警告、记过或者禁闭处分;构成犯罪的,依法追究刑事责任。

第六十三条　对未成年犯实行禁闭的期限为三至七天。未成年犯禁闭期间,每天放风两次,每次不少于一小时。

第七章　附　　则

第六十四条　对于年满十八周岁,余刑不满二年继续留在未成年犯管教所服刑的罪犯,仍适用本规定。

第六十五条　本规定自公布之日起实施,1986 年颁布的《少年管教所暂行管理办法(试行)》同时废止。

第六编
国际法规范

经济、社会及文化权利国际公约

[联合国大会1966年12月16日第2200A(XXI)号决议通过,并开放给各国签字、批准和加入,于1976年1月3日生效。中华人民共和国政府于1997年10月27日签署本公约,并于2001年3月27日递交批准书,同时声明如下:一、中华人民共和国政府对《经济、社会及文化权利国际公约》第八条第一款(甲)项,将依据《中华人民共和国宪法》、《中华人民共和国工会法》和《中华人民共和国劳动法》等法律的有关规定办理。二、根据1997年6月20日和1999年12月2日中华人民共和国常驻联合国代表先后致联合国秘书长的照会,《经济、社会及文化权利国际公约》适用于中华人民共和国香港特别行政区和中华人民共和国澳门特别行政区,依照《中华人民共和国香港特别行政区基本法》和《中华人民共和国澳门特别行政区基本法》的规定,通过各该特别行政区的法律予以实施。三、台湾当局于1967年10月5日盗用中国名义对《经济、社会及文化权利国际公约》所作的签署是非法的和无效的。本公约于2001年6月27日对我国生效,并适用于香港特别行政区、澳门特别行政区。中央政府为澳门所作的声明如下:(1)公约在澳门特别行政区适用。特别是公约第1条,不影响《联合声明》和《基本法》关于澳门地位的规定。(2)公约适用于澳门特别行政区的有关规定通过澳门特别行政区的法律予以实施。澳门居民享有的权利和自由除依法规定外不得限制,此种限制不得与公约适用于澳门特别行政区的有关规定抵触。]

序　　言

本公约缔约各国,考虑到,按照联合国宪章所宣布的原则,对人类家庭所有成员的固有尊严及其平等的和不移的权利的承认,乃是世界自由、正义与和平的基础,确认这些权利是源于人身的固有尊严,确认,按照世界人权宣言,只有在创造了使人可以享有其经济、社会及文化权利,正如享有其公民和政治权利一样的条件的情况下,才能实现自由人类享有免于恐惧和匮乏的自由的理想。考虑到各国根据联合国宪章负有义务促进对人的权利和自由的普遍尊重和遵行,认识到个人对其他个人和对他所属的社会负有义务,应为促进和遵行本公约所承认的权利而努力,兹同意下述各条:

第一部分

第一条　一、所有人民都有自决权。他们凭这种权利自由决定他们的政治地位,并自由谋求他们的经济、社会和文化的发展。

二、所有人民得为他们自己的目的自由处置他们的天然财富和资源,而不损害根据基于互利原则的国际经济合作和国际法而产生的任何义务。在任何情况下不得剥夺一个人民自己的生存手段。

三、本公约缔约各国,包括那些负责管理非自治领土和托管领土的国家,应在符合联合国宪章规定的条件下,促进自决权的实现,并尊重这种权利。

第二部分

第二条 一、每一缔约国家承担尽最大能力个别采取步骤或经由国际援助和合作,特别是经济和技术方面的援助和合作,采取步骤,以便用一切适当方法,尤其包括用立法方法,逐渐达到本公约中所承认的权利的充分实现。

二、本公约缔约各国承担保证,本公约所宣布的权利应予普遍行使,而不得有例如种族、肤色、性别、语言、宗教、政治或其他见解、国籍或社会出身、财产、出生或其他身份等任何区分。

三、发展中国家,在适当顾到人权及它们的民族经济的情况下,得决定它们对非本国国民的享受本公约中所承认的经济权利,给予什么程度的保证。

第三条 本公约缔约各国承担保证男子和妇女在本公约所载一切经济、社会及文化权利方面有平等的权利。

第四条 本公约缔约各国承认,在对各国依据本公约而规定的这些权利的享有方面,国家对此等权利只能加以限制同这些权利的性质不相违背而且只是为了促进民主社会中的总的福利的目的的法律所确定的限制。

第五条 一、本公约中任何部分不得解释为隐示任何国家、团体或个人有权利从事于任何旨在破坏本公约所承认的任何权利或自由或对它们加以较本公约所规定的范围更广的限制的活动或行为。

二、对于任何国家中依据法律、惯例、条例或习惯而被承认或存在的任何基本人权,不得借口本公约未予承认或只在较小范围上予以承认而予以限制或克减。

第三部分

第六条 一、本公约缔约各国承认工作权,包括人人应有机会凭其自由选择和接受的工作来谋生的权利,并将采取适当步骤来保障这一权利。

二、本公约缔约各国为充分实现这一权利而采取的步骤应包括技术的和职业的指导和训练,以及在保障个人基本政治和经济自由的条件下达到稳定的经济、社会和文化的发展和充分的生产就业的计划、政策和技术。

第七条 本公约缔约各国承认人人有权享受公正或良好的工作条件,特别要保证:

(甲)最低限度给予所有工人以下列报酬:

(1)公平的工资和同值工作同酬而没有任何歧视,特别是保证妇女享受不差于男子所享受的工作条件,并享受同工同酬;

(2)保证他们自己和他们的家庭得有符合本公约规定的过得去的生活;

（乙）安全和卫生的工作条件；

（丙）人人在其行业中适当的提级的同等机会，除资历和能力的考虑外，不受其他考虑的限制；

（丁）休息、闲暇和工作时间的合理限制，定期给薪休假以及公共假日报酬。

第八条　一、本公约缔约各国承担保证：

（甲）人人有权组织工会和参加他所选择的工会，以促进和保护他的经济和社会利益；这个权利只受有关工会的规章的限制。对这一权利的行使，不得加以除法律所规定及在民主社会中为了国家安全或公共秩序的利益或为保护他人的权利和自由所需要的限制以外的任何限制；

（乙）工会有权建立全国性的协会或联合会，有权组织或参加国际工会组织；

（丙）工会有权自由地进行工作，不受除法律所规定及在民主社会中为了国家安全或公共秩序的利益或为保护他人的权利和自由所需要的限制以外的任何限制；

（丁）有权罢工，但应按照各个国家的法律行使此项权利。

二、本条不应禁止对军队或警察或国家行政机关成员的行使这些权利，加以合法的限制。

三、本条并不授权参加一九四八条关于结社自由及保护组织权国际劳工公约的缔约国采取足以损害该公约中所规定的保证的立法措施，或在应用法律时损害这种保证。

第九条　本公约缔约各国承认人人有权享受社会保障，包括社会保险。

第十条　本公约缔约各国承认：

一、对作为社会的自然和基本的单元的家庭，特别是对于它的建立和当它负责照顾和教育未独立的儿童时，应给予尽可能广泛的保护和协助。缔婚必须经男女双方自由同意。

二、对母亲，在产前和产后的合理期间，应给以特别保护。在此期间，对有工作的母亲应给以给薪休假或有适当社会保障福利金的休假。

三、应为一切儿童和少年采取特殊的保护和协助措施，不得因出身或其他条件而有任何歧视。儿童和少年应予保护免受经济和社会的剥削。雇佣他们做对他们的道德或健康有害或对生命有危险的工作或做足以妨害他们正常发育的工作，依法应受惩罚。各国亦应规定限定的年龄，凡雇佣这个年龄以下的童工，应予禁止和依法应受惩罚。

第十一条　一、本公约缔约各国承认人人有权为他自己和家庭获得相当的生活水准，包括足够的食物、衣着和住房，并能不断改进生活条件。各缔约国将采取适当的步骤保证实现这一权利，并承认为此而实行基于自愿同意的国际合作的重要性。

二、本公约缔约各国既确认人人享有免于饥饿的基本权利，应为下列目的，个别采取必要的措施或经由国际合作采取必要的措施，包括具体的计划在内：

（甲）用充分利用科技知识、传播营养原则的知识和发展或改革土地制度以使天然资源得到最有效的开发和利用等方法，改进粮食的生产、保存及分配方法；

（乙）在顾到粮食入口国家和粮食出口国家的问题的情况下，保证世界粮食供应，会按照需要，公平分配。

第十二条 一、本公约缔约各国承认人人有权享有能达到的最高的体质和心理健康的标准。

二、本公约缔约各国为充分实现这一权利而采取的步骤应包括为达到下列目标所需的步骤：

（甲）减低死胎率和婴儿死亡率，和使儿童得到健康的发育；

（乙）改善环境卫生和工业卫生的各个方面；

（丙）预防、治疗和控制传染病、风土病、职业病以及其他的疾病；

（丁）创造保证人人在患病时能得到医疗照顾的条件。

第十三条 一、本公约缔约各国承认，人人有受教育的权利。它们同意，教育应鼓励人的个性和尊严的充分发展，加强对人权和基本自由的尊重，并应使所有的人能有效地参加自由社会，促进各民族之间和各种族、人种或宗教团体之间的了解、容忍和友谊，和促进联合国维护和平的各项活动。

二、本公约缔约各国认为，为了充分实现这一权利起见：

（甲）初等教育应属义务性质并一律免费；

（乙）各种形式的中等教育，包括中等技术和职业教育，应以一切适当方法，普遍设立，并对一切人开放，特别要逐渐做到免费；

（丙）高等教育应根据成绩，以一切适当方法，对一切人平等开放，特别要逐渐做到免费；

（丁）对那些未受到或未完成初等教育的人的基础教育，应尽可能加以鼓励或推进；

（戊）各级学校的制度，应积极加以发展；适当的奖学金制度，应予设置；教员的物质条件，应不断加以改善。

三、本公约缔约各国承担，尊重父母和（如适用时）法定监护人的下列自由：为他们的孩子选择非公立的但系符合于国家所可能规定或批准的最低教育标准的学校，并保证他们的孩子能按照他们自己的信仰接受宗教和道德教育。

四、本条的任何部分不得解释为干涉个人或团体设立及管理教育机构的自由，但以遵守本条第一款所述各项原则及此等机构实施的教育必须符合于国家所可能规定的最低标准为限。

第十四条 本公约任何缔约国在参加本公约时尚未能在其宗主领土或其他在其管辖下的领土实施免费的、义务性的初等教育者，承担在两年之内制定和采取一个逐步实行的详细的行动计划，其中规定在合理的年限内实现一切人均得受免费的义务性教育的原则。

第十五条 一、本公约缔约各国承认人人有权：

（甲）参加文化生活；

(乙)享受科学进步及其应用所产生的利益；

(丙)对其本人的任何科学、文学或艺术作品所产生的精神上和物质上的利益，享受被保护之利。

二、本公约缔约各国为充分实现这一权利而采取的步骤应包括为保存、发展和传播科学和文化所必需的步骤。

三、本公约缔约各国承担尊重进行科学研究和创造性活动所不可缺少的自由。

四、本公约缔约各国认识到鼓励和发展科学与文化方面的国际接触和合作的好处。

第四部分

第十六条　一、本公约缔约各国承担依照本公约这一部分提出关于在遵行本公约所承认的权利方面所采取的措施和所取得的进展的报告。

二、(甲)所有的报告应提交给联合国秘书长；联合国秘书长应将报告副本转交经济及社会理事会按照本公约的规定审议；

(乙)本公约任何缔约国，同时是一个专门机构的成员国者，其所提交的报告或其中某部分，倘若与按照该专门机构的组织法规定属于该机构职司范围的事项有关，联合国秘书长应同时将报告副本或其中的有关部分转变该专门机构。

第十七条　一、本公约缔约各国应按照经济及社会理事会在同本公约缔约各国和有关的专门机构进行咨商后，于本公约生效后一年内，所制定的计划，分期提供报告。

二、报告得指出影响履行本公约义务的程度的因素和困难。

三、凡有关的材料业经本公约任一缔约国提供给联合国或某一专门机构时，即不需要复制该项材料，而只需确切指明所提供材料的所在地即可。

第十八条　经济及社会理事会按照其根据联合国宪章在人权方面的责任，得和专门机构就专门机构向理事会报告在使本公约中属于各专门机构活动范围的规定获得遵行方面的进展作出安排。这些报告得包括它们的主管机构所采取的关于此等履行措施的决定和建议的细节。

第十九条　经济及社会理事会得将各国按照第十六条和第十七条规定提出的关于人权的报告和各专门机构按照第十八条规定提出的关于人权的报告转交人权委员会以供研究和提出一般建议或在适当时候参考。

第二十条　本公约缔约各国以及有关的专门机构得就第十九条中规定的任何一般建议或就人权委员会的任何报告中的此种一般建议或其中所提及的任何文件，向经济及社会理事会提出意见。

第二十一条　经济及社会理事会得随时和其本身的报告一起向大会提出一般性的建议以及从本公约各缔约国和各专门机构收到的关于在普遍遵行本公约所承认的权利方面所采取的措施和所取得的进展的材料的摘要。

第二十二条　经济及社会理事会得提请从事技术援助的其他联合国机构和它们的辅

助机构以及有关的专门机构对本公约这一部分所提取的各种报告所引起的任何事项予以注意,这些事项可能帮助这些机构在它们各自的权限内决定是否需要采取有助于促进本公约的逐步切实履行的国际措施。

第二十三条 本公约缔约各国同意为实现本公约所承认的权利而采取的国际行动应包括签订公约、提出建议、进行技术援助以及为磋商和研究的目的同有关政府共同召开区域会议和技术会议等方法。

第二十四条 本公约的任何部分不得解释为有损联合国宪章和各专门机构组织法中确定联合国各机构和各专门机构在本公约所涉及事项方面的责任的规定。

第二十五条 本公约中任何部分不得解释为有损所有人民充分地和自由地享受和利用他们的天然财富与资源的固有权利。

第五部分

第二十六条 一、本公约开放给联合国任何会员国或其专门机构的任何会员国、国际法院规约的任何当事国、和经联合国大会邀请为本公约缔约国的任何其他国家签字。

二、本公约须经批准。批准书应交存联合国秘书长。

三、本公约应开放给本条第一款所述的任何国家加入。

四、加入应向联合国秘书长交存加入书。

五、联合国秘书长应将每一批准书或加入书的交存通知已经签字或加入本公约的所有国家。

第二十七条 一、本公约应自第三十五件批准书或加入书交存联合国秘书长之日起三个月后生效。

二、对于在第三十五件批准书或加入书交存后批准或加入本公约的国家,本公约应自该国交存其批准书或加入书之日起三个月后生效。

第二十八条 本公约的规定应扩及联邦国家的所有部分,没有任何限制和例外。

第二十九条 一、本公约的任何缔约国均得提出对本公约的修正案,并将其提交联合国秘书长。秘书长应立即将提出的修正案转知本公约各缔约国,同时请它们通知秘书长是否赞成召开缔约国会议以审议这个提案并对它进行表决。在至少有三分之一缔约国赞成召开这一会议的情况下,秘书长应在联合国主持下召开此会议。为会议上出席并投票的多数缔约国所通过的任何修正案,应提交联合国大会批准。

二、此等修正案由联合国大会批准并为本公约缔约国的三分之二多数按照它们各自的宪法程序加以接受后,即行生效。

三、此等修正案生效时,对已加接受的各缔约国有拘束力,其他缔约国仍受本公约的条款和它们已接受的任何以前的修正案的拘束。

第三十条 除按照第二十六条第五款作出的通知外,联合国秘书长应将下列事项通知同条第一款所述的所有国家:

（甲）按照第二十六条规定所作的签字、批准和加入；

（乙）本公约按照第二十七条规定生效的日期，以及对本公约的任何修正案按照第二十九条规定生效的日期。

第三十一条 一、本公约应交存联合国档库，其中中文、英文、法文、俄文、西班牙文各本同一作准。

二、联合国秘书长应将本公约的正式副本分送第二十六条所指的所有国家。

附件：中华人民共和国关于《经济、社会及文化权利国际公约》执行情况的第二次报告共同核心文件（略）

儿童权利公约

（1989年11月20日第44届联合国大会通过　1990年9月2日生效　1991年12月29日第七届全国人民代表大会常务委员会第二十三次会议通过决定批准　同时声明：中华人民共和国将在符合其宪法第二十五条关于计划生育的规定的前提下，并根据《中华人民共和国未成年人保护法》第二条的规定履行《公约》第六条所规定的义务）

序　言

本公约缔约国，考虑到按照《联合国宪章》所宣布的原则，对人类家庭所有成员的固有尊严及其平等和不移的权利的承认，乃是世界自由、正义与和平的基础，铭记联合国人民在《宪章》中重申对基本人权和人格尊严与价值的信念，并决心促成更广泛自由中的社会进步及更高的生活水平，认识到联合国在《世界人权宣言》和关于人权的两项国际公约中宣布和同意：人人有资格享受这些文书中所载的一切权利和自由，不因种族、肤色、性别、语言、宗教、政治或其他见解、国籍或社会出身、财产、出生或其他身份等而有任何区别，回顾联合国在《世界人权宣言》中宣布：儿童有权享受特别照料和协助，深信家庭作为社会的基本单元，作为家庭所有成员、特别是儿童的成长和幸福的自然环境，应获得必要的保护和协助，以充分负起它在社会上的责任，确认为了充分而和谐地发展其个性，应让儿童在家庭环境里，在幸福、亲爱和谅解的气氛中成长，考虑到应充分培养儿童可在社会上独立生活，并在《联合国宪章》宣布的理想的精神下，特别是在和平、尊严、宽容、自由、平等和团结的精神下，抚养他们成长，铭记给予儿童特殊照料的需要已在1924年《日内瓦儿童权利宣言》和在大会1959年11月20日通过的《儿童权利宣言》中予以申明，并在《世界人权宣言》、《公民权利和政治权利国际公约》（特别是第23条和第24条）、《经济、社会、文化权利国际公约》（特别是第10条）以及关心儿童福利的各专门机构和国际组织的章程及有关文书中得到确认，铭记如《儿童权利宣言》所示："儿童因身心尚未成熟，在其出生以前和以后均需要特殊的保护和照料，包括法律上的适当保护"，回顾《关于儿童保护和儿童福利、特别是国内和国际寄养和收养办法的社会和法律原则宣言》、《联合国少年司法最低限度标准规则》（北京规则）以及《在非常状态和武装冲突中保护妇女和儿童宣言》，确认世界各国都有生活在极端困难情况下的儿童，对这些儿童需要给予特别的照顾。适当考虑到每一民族的传统及文化价值对儿童的保护及和谐发展的重要性，确认国际合作对于改善每一国家，特别是发展中国家儿童的生活条件的重要性，兹协议如下：

第一部分

第一条　为本公约之目的，儿童系指18岁以下的任何人，除非对其适用之法律规定成年年龄低于18岁。

第二条 1. 缔约国应尊重本公约所载列的权利,并确保其管辖范围内每一儿童均享受此种权利,不因儿童或其父母或法定监护人的种族、肤色、性别、语言、宗教、政治或其他见解、民族、族裔或社会出身、财产、伤残、出生或其他身份而有任何差别。

2. 缔约国应采取一切适当措施确保儿童得到保护,不受基于儿童父母、法定监护人或家庭成员的身份、活动、所表达的观点或信仰而加诸的一切形式的歧视或惩罚。

第三条 1. 关于儿童的一切行动,不论是由公私社会福利机构、法院、行政当局或立法机构执行,均应以儿童的最大利益为一种首要考虑。

2. 缔约国承担确保儿童享有其幸福所必需的保护和照料,考虑到其父母、法定监护人、或任何对其负有法律责任的个人的权利和义务,并为此采取一切适当的立法和行政措施。

3. 缔约国应确保负责照料或保护儿童的机构、服务部门及设施符合主管当局规定的标准,尤其是安全、卫生、工作人员数目和资格以及有效监督等方面的标准。

第四条 缔约国应采取一切适当的立法、行政和其他措施以实现本公约所确认的权利。关于经济、社会及文化权利,缔约国应根据其现有资源所允许的最大限度并视需要在国际合作范围内采取此类措施。

第五条 缔约国应尊重父母或于适用时尊重当地习俗认定的大家庭或社会成员、法定监护人或其他对儿童负有法律责任的人以下的责任、权利和义务,以符合儿童不同阶段接受能力的方式适当指导和指引儿童行使本公约所确认的权利。

第六条 1. 缔约国确认每个儿童均有固有的生命权。

2. 缔约国应最大限度地确保儿童的存活与发展。

第七条 1. 儿童出生后应立即登记,并有自出生起获得姓名的权利,有获得国籍的权利,以及尽可能知道谁是其父母并受其父母照料的权利。

2. 缔约国应确保这些权利按照本国法律及其根据有关国际文书在这一领域承担的义务予以实施,尤应注意不如此儿童即无国籍之情形。

第八条 1. 缔约国承担尊重儿童维护其身份包括法律所承认的国籍、姓名及家庭关系而不受非法干扰的权利。

2. 如有儿童被非法剥夺其身份方面的部分或全部要素,缔约国应提供适当协助和保护,以便迅速重新确立其身份。

第九条 1. 缔约国应确保不违背儿童父母的意愿使儿童与父母分离,除非主管当局按照适用的法律和程序,经法院审查,判定这样的分离符合儿童的最大利益而确有必要。在诸如由于父母的虐待或忽视、或父母分居而必须确定儿童居住地点的特殊情况下,这种裁决可能有必要。

2. 凡按本条第1款进行诉讼,均应给予所有有关方面以参加诉讼并阐明自己意见之机会。

3. 缔约国应尊重与父母一方或双方分离的儿童同父母经常保持个人关系及直接联系的权利,但违反儿童最大利益者除外。

4. 如果这种分离是因缔约国对父母一方或双方或对儿童所采取的任何行动,诸如拘留、监禁、流放、驱逐或死亡(包括该人在该国拘禁中因任何原因而死亡)所致,该缔约国应按请求将该等家庭成员下落的基本情况告知父母、儿童或适当时告知另一家庭成员,除非提供这类情况会有损儿童的福祉,缔约国还应确保有关人员不致因提出这类请求而承受不利后果。

第十条 1. 按照第9条第1款所规定的缔约国的义务,对于儿童或其父母要求进入或离开一缔约国以便与家人团聚的申请,缔约国应以积极的人道主义态度迅速予以办理。缔约国还应确保申请人及其家庭成员不致因提出这类请求而承受不利后果。

2. 父母居住在不同国家的儿童,除特殊情况以外,应有权同父母双方经常保持个人关系和直接联系。为此目的,并按照第9条第1款所规定的缔约国的义务,缔约国应尊重儿童及其父母离开包括其本国在内的任何国家和进入其本国的权利。离开任何国家的权利只应受法律所规定并为保护国家安全、公共秩序、公共卫生或道德、或他人的权利和自由所必需且与本公约所承认的其他权利不相抵触的限制约束。

第十一条 1. 缔约国应采取措施制止非法将儿童移转国外和不使返回本国的行为。

2. 为此目的,缔约国应致力缔结双边或多边协定或加入现有协定。

第十二条 1. 缔约国应确保有主见能力的儿童有权对影响到其本人的一切事项自由发表自己的意见,对儿童的意见应按照其年龄和成熟程度给以适当看待。

2. 为此目的,儿童特别应有机会在影响到儿童的任何司法和政策诉讼中,以符合国家法律的诉讼规则的方式,直接或通过代表或适当机构陈述意见。

第十三条 1. 儿童应有自由发表言论的权利;此项权利应包括通过口头、书面或印刷、艺术形式或儿童所选择的任何其他媒介,寻求、接受和传递各种信息和思想的自由,而不论国界。

2. 此项权利的行使可受某些限制约束,但这些限制仅限于法律所规定并为以下目的所必需:

(a)尊重他人的权利和名誉;

(b)保护国家安全或公共秩序或公共卫生或道德。

第十四条 1. 缔约国应尊重儿童享有思想、信仰和宗教自由的权利。

2. 缔约国应尊重父母并于适用时尊重法定监护人以下的权利和义务,以符合儿童不同阶段接受能力的方式指导儿童行使其权利。

3. 表明个人宗教或信仰的自由,仅受法律所规定并为保护公共安全、秩序、卫生或道德或他人之基本权利和自由所必需的这类限制约束。

第十五条 1. 缔约国确认儿童享有结社自由及和平集会自由的权利。

2. 对此项权利的行使不得加以限制,除非符合法律所规定并在民主社会中为国家安全或公共安全、公共秩序、保护公共卫生或道德或保护他人的权利和自由所必需。

第十六条 1. 儿童的隐私、家庭、住宅或通信不受任意或非法干涉,其荣誉和名誉不受非法攻击。

2. 儿童有权享受法律保护,以免受这类干涉或攻击。

第十七条 缔约国确认大众传播媒介的重要作用,并应确保儿童能够从多种的国家和国际来源获得信息和资料,尤其是旨在促进其社会、精神和道德福祉和身心健康的信息和资料,为此目的,缔约国应:

(a)鼓励大众传播媒介本着第29条的精神散播在社会和文化方面有益于儿童的信息和资料;

(b)鼓励在编制、交流和散播来自不同文化、国家和国际来源的这类信息和资料方面进行国际合作;

(c)鼓励儿童读物的著作和普及;

(d)鼓励大众传播媒介特别注意属于少数群体或土著居民的儿童在语言方面的需要;

(e)鼓励根据第13条和第18条的规定制定适当的准则,保护儿童不受可能损害其福祉的信息和资料之害。

第十八条 1. 缔约国应尽其最大努力,确保父母双方对儿童的养育和发展负有共同责任的原则得到确认。父母、或视具体情况而定的法定监护人对儿童的养育和发展负有首要责任。儿童的最大利益将是他们主要关心的事。

2. 为保证和促进本公约所列举的权利,缔约国应在父母和法定监护人履行其抚养儿童的责任方面给予适当协助,并应确保发展育儿机构、设施和服务。

3. 缔约国应采取一切适当措施确保就业父母的子女有权享受他们有资格得到的托儿服务和设施。

第十九条 1. 缔约国应采取一切适当的立法、行政、社会和教育措施,保护儿童在受父母、法定监护人或其他任何负责照管儿童的人的照料时,不致受到任何形式的身心摧残、伤害或凌辱,忽视或照料不周,虐待或剥削,包括性侵犯。

2. 这类保护性措施应酌情包括采取有效程序以建立社会方案,向儿童和负责照管儿童的人提供必要的支助,采取其他预防形式,查明、报告、查询、调查、处理和追究前述的虐待儿童事件,以及在适当时进行司法干预。

第二十条 1. 暂时或永久脱离家庭环境的儿童,或为其最大利益不得在这种环境中继续生活的儿童,应有权得到国家的特别保护和协助。

2. 缔约国应按照本国法律确保此类儿童得到其他方式的照顾。

3. 这种照顾除其他外,包括寄养、伊斯兰法的"卡法拉"(监护)、收养或者必要时安置在适当的育儿机构中。在考虑解决办法时,应适当注意有必要使儿童的培养教育具有连续性和注意儿童的族裔、宗教、文化和语言背景。

第二十一条 凡承认和(或)许可收养制度的国家应确保以儿童的最大利益为首要考虑并应:

(a)确保只有经主管当局按照适用的法律和程序并根据所有有关可靠的资料,判定鉴于儿童有关父母、亲属和法定监护人方面的情况可允许收养,并且判定必要时有关人士已根据可能必要的辅导对收养表示知情的同意,方可批准儿童的收养;

(b)确认如果儿童不能安置于寄养或收养家庭,或不能以任何适当方式在儿童原籍国加以照料,跨国收养可视为照料儿童的一个替代办法;

(c)确保得到跨国收养的儿童享有与本国收养相当的保障和标准;

(d)采取一切适当措施确保跨国收养的安排不致使所涉人士获得不正当财务收益;

(e)在适当时通过缔结双边或多边安排或协定促成本条的目标,并在这一范围内努力确保由主管当局或机构负责安排儿童在另一国收养的事宜。

第二十二条 1. 缔约国应采取适当措施,确保申请难民身份的儿童或按照适用的国际法或国内法及程序可视为难民的儿童,不论有无父母或其他任何人的陪同,均可得到适当的保护和人道主义援助,以享有本公约和该有关国家为其缔约国的其他国际人权和或人道主义文书所规定的可适用权利。

2. 为此目的,缔约国应对联合国和与联合国合作的其他主管的政府间组织或非政府组织所作的任何努力提供其认为适当的合作,以保护和援助这类儿童,并为只身难民儿童追寻其父母或其他家庭成员,以获得必要的消息使其家庭团聚。在寻不着父母或其他家庭成员的情况下,也应使该儿童获得与其他任何由于任何原因而永久或暂时脱离家庭环境的儿童按照本公约的规定所得到的同样的保护。

第二十三条 1. 缔约国确认身心有残疾的儿童应能在确保其尊严、促进其自立,有利于其积极参与社会生活的条件下享有充实而适当的生活。

2. 缔约国确认残疾儿童有接受特别照顾的权利,应鼓励并确保在现有资源范围内,依据申请,斟酌儿童的情况和儿童的父母或其他照料人的情况,对合格儿童及负责照料该儿童的人提供援助。

3. 鉴于残疾儿童的特殊需要,考虑到儿童的父母或其他照料人的经济情况,在可能时应免费提供按照本条第2款给予的援助,这些援助的目的应是确保残疾儿童能有效地获得和接受教育、培训、保健服务、康复服务、就业准备和娱乐机会,其方式应有助于该儿童尽可能充分地参与社会,实现个人发展,包括其文化和精神方面的发展。

4. 缔约国应本着国际合作精神,在预防保健以及残疾儿童的医疗、心理治疗和功能治疗领域促进交换适当资料,包括散播和获得有关康复教育方法和职业服务方面的资料,以期使缔约国能够在这些领域提高其能力和技术并扩大其经验。在这方面,应特别考虑到发展中国家的需要。

第二十四条 1. 缔约国确认儿童有权享有可达到的最高标准的健康,并享有医疗和康复设施。缔约国应努力确保没有任何儿童被剥夺获得这种保健服务的权利。

2. 缔约国应致力充分实现这一权利,特别是应采取适当措施,以

(a)降低婴幼儿死亡率;

(b)确保向所有儿童提供必要的医疗援助和保健,侧重发展初级保健;

(c)消除疾病和营养不良现象,包括在初级保健范围内利用现有可得的技术和提供充足的营养食品和清洁饮水,要考虑到环境污染的危险和风险;

(d)确保母亲得到适当的产前和产后保健;

(e)确保向社会各阶层、特别是向父母和儿童介绍有关儿童保健和营养、母乳育婴优点、个人卫生和环境卫生及防止意外事故的基本知识,使他们得到这方面的教育并帮助他们应用这种基本知识;

(f)开展预防保健、对父母的指导以及计划生育教育和服务。

3. 缔约国应致力采取一切有效和适当的措施,以期废除对儿童健康有害的传统习俗。

4. 缔约国承担促进和鼓励国际合作,以期逐步充分实现本条所确认的权利。在这方面,应特别考虑到发展中国家的需要。

第二十五条 缔约国确认在有关当局为照料、保护或治疗儿童身心健康的目的下受到安置的儿童,有权获得对给予的治疗以及与所受安置有关的所有其他情况进行定期审查。

第二十六条 1. 缔约国应确认每个儿童有权受益于社会保障、包括社会保险,并应根据其国内法律采取必要措施充分实现这一权利。

2. 提供福利时应酌情考虑儿童及负有赡养儿童义务的人的经济情况和环境,以及与儿童提出或代其提出的福利申请有关的其他方面因素。

第二十七条 1. 缔约国确认每个儿童均有权享有足以促进其生理、心理、精神、道德和社会发展的生活水平。

2. 父母或其他负责照顾儿童的人负有在其能力和经济条件许可范围内确保儿童发展所需生活条件的首要责任。

3. 缔约国按照本国条件并其能力范围内,应采取适当措施帮助父母或其他负责照顾儿童的人实现此项权利,并在需要时提供物质援助和资助方案,特别是在营养、衣着和住房方面。

4. 缔约国应采取一切适当措施,向在本国境内或境外儿童的父母或其他对儿童负有经济责任的人追索儿童的赡养费。尤其是,遇对儿童负有经济责任的人住在与儿童不同的国家的情况时,缔约国应促进加入国际协定或缔结此类协定以及作出其他适当安排。

第二十八条 1. 缔约国确认儿童有受教育的权利,为在机会均等的基础上逐步实现此项权利,缔约国尤应:

(a)实现全面的免费义务小学教育;

(b)鼓励发展不同形式的中学教育,包括普通和职业教育,使所有儿童均能享有和接

受这种教育,并采取适当措施,诸如实行免费教育和对有需要的人提供津贴;

(c)根据能力以一切适当方式使所有人均有受高等教育的机会;

(d)使所有儿童均能得到教育和职业方面的资料和指导;

(e)采取措施鼓励学生按时出勤和降低辍学率。

2. 缔约国应采取一切适当措施,确保学校执行纪律的方式符合儿童的人格尊严及本公约的规定。

3. 缔约国应促进和鼓励有关教育事项方面的国际合作,特别着眼于在全世界消灭愚昧与文盲,并便利获得科技知识和现代教学方法。在这方面,应特别考虑到发展中国家的需要。

第二十九条 1. 缔约国一致认为教育儿童的目的应是:

(a)最充分地发展儿童的个性、才智和身心能力;

(b)培养对人权和基本自由以及《联合国宪章》所载各项原则的尊重;

(c)培养对儿童的父母、儿童自身的文化认同、语言和价值观、儿童所居住国家的民族价值观、其原籍国以及不同于其本国的文明的尊重;

(d)培养儿童本着各国人民、族裔、民族和宗教群体以及原为土著居民的人之间谅解、和平、宽容、男女平等和友好的精神,在自由社会里过有责任感的生活;

(e)培养对自然环境的尊重。

2. 对本条或第二十八条任何部分的解释均不得干涉个人和团体建立和指导教育机构的自由,但须始终遵守本条第1款载列的原则,并遵守在这类机构中实行的教育应符合国家可能规定的最低限度标准的要求。

第三十条 在那些存在有族裔、宗教或语言方面属于少数人或原为土著居民的人的国家,不得剥夺属于这种少数人或原为土著居民的儿童与其群体的其他成员共同享有自己的文化、信奉自己的宗教并举行宗教仪式、或使用自己的语言的权利。

第三十一条 1. 缔约国确认儿童有权享有休息和闲暇,从事与儿童年龄相宜的游戏和娱乐活动,以及自由参加文化生活艺术活动。

2. 缔约国应尊重并促进儿童充分参加文化和艺术生活的权利,并应鼓励提供从事文化、艺术、娱乐和休闲活动的适当和均等的机会。

第三十二条 1. 缔约国确认儿童有权受到保护,以免受经济剥削和从事任何可能妨碍或影响儿童教育或有害儿童健康或身体、心理、精神、道德或社会发展的工作。

2. 缔约国应采取立法、行政、社会和教育措施确保本条得到执行。为此目的,并鉴于其他国际文书的有关规定,缔约国尤应:

(a)规定受雇的最低年龄;

(b)规定有关工作时间和条件的适当规则;

(c)规定适当的惩罚或其他制裁措施以确保本条得到有效执行。

第三十三条 缔约国应采取一切适当措施,包括立法、行政、社会和教育措施,保护儿童不致非法使用有关国际条约中界定的麻醉药品和精神药物，并防止利用儿童从事非法生产和贩运此类药物。

第三十四条　缔约国承担保护儿童免遭一切形式的色情剥削和性侵犯之害，为此目的，缔约国尤应采取一切适当的国家、双边和多边措施，以防止：

（a）引诱或强迫儿童从事任何非法的性生活；

（b）利用儿童卖淫或从事其他非法的性行为；

（c）利用儿童进行淫秽表演和充当淫秽题材。

第三十五条　缔约国应采取一切适当的国家、双边和多边措施，以防止为任何目的或以任何形式诱拐、买卖或贩运儿童。

第三十六条　缔约国应保护儿童免遭有损儿童福利的任何方面的一切其他形式的剥削之害。

第三十七条　缔约国应确保：

（a）任何儿童不受酷刑或其他形式的残忍、不人道或有辱人格的待遇或处罚。对未满 18 岁的人所犯罪行不得判以死刑或无释放可能的无期徒刑；

（b）不得非法或任意剥夺任何儿童的自由。对儿童的逮捕、拘留或监禁应符合法律规定并仅应作为最后手段，期限应为最短的适当时间；

（c）所有被剥夺自由的儿童应受到人道待遇，其人格固有尊严应受尊重，并应考虑到他们这个年龄的人的需要的方式加以对待。特别是所有被剥夺自由的儿童应同成人隔开，除非认为反之最有利于儿童，并有权通过信件和探访同家人保持联系，但特殊情况除外；

（d）所有被剥夺自由的儿童均有权迅速获得法律及其他适当援助，并有权向法院或其他独立公正的主管当局就其被剥夺自由一事之合法性提出异议，并有权迅速就任何此类行动得到裁定。

第三十八条　1. 缔约国承担尊重并确保尊重在武装冲突中对其适用的国际人道主义法律中有关儿童的规则。

2. 缔约国应采取一切可行措施确保未满 15 岁的人不直接参加敌对行动。

3. 缔约国应避免招募任何未满 15 岁的人加入武装部队。在招募已满 15 岁但未满 18 岁的人时，缔约国应致力首先考虑年龄最大者。

4. 缔约国按照国际人道主义法律规定它们在武装冲突中保护平民人口的义务，应采取一切可行措施确保保护和照料受武装冲突影响的儿童。

第三十九条　缔约国应采取一切适当措施，促使遭受下述情况之害的儿童身心得以康复并重返社会；任何形式的忽视、剥削或凌辱虐待；酷刑或任何其他形式的残忍、不人道或有辱人格的待遇或处罚；或武装冲突。此种康复和重返社会应在一种能促进儿童的健康、自尊和尊严的环境中进行。

第四十条　1. 缔约国确认被指称、指控或认为触犯刑法的儿童有权得到符合以下情况方式的待遇，促进其尊严和价值感并增强其对他人的人权和基本自由的尊重。这种待遇应考虑到其年龄和促进其重返社会并在社会中发挥积极作用的愿望。

2. 为此目的，并鉴于国际文书的有关规定，缔约国尤应确保：

(a)任何儿童不得以行为或不行为之时本国法律或国际法不禁止的行为或不行为之理由被指称、指控或认为触犯刑法；

(b)所有被指称或指控触犯刑法的儿童至少应得到下列保证：

(一)在依法判定有罪之前应视为无罪；

(二)迅速直接地被告知其被控罪名，适当时应通过其父母或法定监护人告知，并获得准备和提出辩护所需的法律或其他适当协助；

(三)要求独立公正的主管当局或司法机构在其得到法律或其他适当协助的情况下，通过依法公正审理迅速作出判决，并且须有其父母或法定监护人在场，除非认为这样做不符合儿童的最大利益，特别要考虑到其年龄或状况；

(四)不得被迫作口供或认罪；应可盘问或要求盘问不利的证人，并在平等条件下要求证人为其出庭和接受盘问；

(五)若被判定触犯刑法，有权要求高一级独立公正的主管当局或司法机构依法复查此一判决及由此对之采取的任何措施；

(六)若儿童不懂或不会说所用语言，有权免费得到口译人员的协助；

(七)其隐私在诉讼的所有阶段均得到充分尊重。

3. 缔约国应致力于促进规定或建立专门适用于被指称、指控或确认为触犯刑法的儿童的法律、程序、当局和机构，尤应：

(a)规定最低年龄，在此年龄以下的儿童应视为无触犯刑法之行为能力；

(b)在适当和必要时，制订不对此类儿童诉诸司法程序的措施，但须充分尊重人权和法律保障。

4. 应采用多种处理办法，诸如照管、指导和监督令、辅导、察看、寄养、教育和职业培训方案及不交由机构照管的其他办法，以确保处理儿童的方式符合其福祉并与其情况和违法行为相称。

第四十一条 本公约的任何规定不应影响更有利于实现儿童权利且可能载于下述文件中的任何规定：

(a)缔约国的法律；

(b)对该国有效。

第二部分

第四十二条 缔约国承担以适当的积极手段，使成人和儿童都能普遍知晓本公约的原则和规定。

第四十三条 1. 为审查缔约国在履行根据本公约所承担的义务方面取得的进展，应设立儿童权利委员会,执行下文所规定的职能。

2. 委员会应由10名品德高尚并在本公约所涉领域具有公认能力的专家组成。委员会成员应由缔约国从其国民中选出,并应以个人身份任职,但须考虑到公平地域分配原则及主要法系。

3. 委员会成员应以无记名表决方式从缔约国提名的人选名单中选举产生。每一缔约国可从其本国国民中提名一位人选。

4. 委员会的初次选举应最迟不晚于本公约生效之日后的六个月进行,此后每两年举行一次。联合国秘书长应至少在选举之日前四个月函请缔约国在两个月内提出其提名的人选。秘书长随后应将已提名的所有人选按字母顺序编成名单,注明提名此等人选的缔约国,分送本公约缔约国。

5. 选举应在联合国总部由秘书长召开的缔约国会议上进行。在此等会议上,应以三分之二缔约国出席作为会议的法定人数,得票最多且占出席并参加表决缔约国代表绝对多数票者,当选为委员会成员。

6. 委员会成员任期四年。成员如获再次提名,应可连选连任。在第一次选举产生的成员中,有5名成员的任期应在两年结束时届满;会议主席应在第一次选举之后立即以抽签方式选定这5名成员。

7. 如果委员会某一成员死亡或辞职或宣称因任何其他原因不能再履行委员会的职责,提名该成员的缔约国应从其国民中指定另一名专家接替余下的任期,但须经委员会批准。

8. 委员会应自行制订其议事规则。

9. 委员会应自行选举其主席团成员,任期两年。

10. 委员会会议通常应在联合国总部或在委员会决定的任何其他方便地点举行。委员会通常应每年举行一次会议。委员会的会期应由本公约缔约国会议决定并在必要时加以审查,但需经大会核准。

11. 联合国秘书长应为委员会有效履行本公约所规定的职责提供必要的工作人员和设施。

12. 根据本公约设立的委员会的成员,经大会核可,得从联合国资源领取薪酬,其条件由大会决定。

第四十四条 1. 缔约国承担按下述办法,通过联合国秘书长,向委员会提交关于它们为实现本公约确认的权利所采取的措施以及关于这些权利的享有方面的进展情况的报告:

(a)在本公约对有关缔约国生效后两年内;

(b)此后每五年一次。

2. 根据本条提交的报告应指明可能影响本公约规定的义务履行程度的任何因素和困难。报告还应载有充分的资料,以使委员会全面了解本公约在该国的实施情况。

3. 缔约国若已向委员会提交全面的初次报告，就无须在其以后按照本条第1款(b)项提交的报告中重复原先已提供的基本资料。

4. 委员会可要求缔约国进一步提供与本公约实施情况有关的资料。

5. 委员会应通过经济及社会理事会每两年向大会提交一次关于其活动的报告。

6. 缔约国应向其本国的公众广泛供应其报告。

第四十五条 为促进本公约的有效实施和鼓励在本公约所涉领域进行国际合作：

(a)各专门机构、联合国儿童基金会和联合国其他机构应有权派代表列席对本公约中属于它们职责范围内的条款的实施情况的审议。委员会可邀请各专门机构、联合国儿童基金会以及它可能认为合适的其他有关机关就本公约在属于它的各自职责范围内的领域的实施问题提供专家意见。委员会可邀请各专门机构、联合国儿童基金会和联合国其他机构就本公约在属于它们活动范围内的领域的实施情况提交报告；

(b)委员会在其可能认为适当时应向各专门机构、联合国儿童基金会和其他有关机构转交缔约国要求或说明需要技术咨询或援助的任何报告以及委员会就此类要求或说明提出的任何意见和建议；

(c)委员会可建议大会请秘书长代表委员会对有关儿童权利的具体问题进行研究；

(d)委员会可根据依照本公约第44条和第45条收到的资料提出提议和一般性建议。此类提议和一般性建议应转交有关的任何缔约国并连同缔约国作出的任何评论一并报告大会。

第三部分

第四十六条 本公约应向所有国家开放供签署。

第四十七条 本公约须经批准。批准书应交存联合国秘书长。

第四十八条 本公约应向所有国家开放供加入。加入书应交存于联合国秘书长。

第四十九条 1. 本公约自第二十份批准书或加入书交存联合国秘书长之日后的第三十天生效。

2. 本公约对于在第二十份批准书或加入书交存之后批准或加入本公约的国家，自其批准书或加入书交存之日后的第三十天生效。

第五十条 1. 任何缔约国均可提出修正案，提交给联合国秘书长。秘书长应立即将提议的修正案通知缔约国，并请它们表明是否赞成召开缔约国会议以审议提案并进行表决。如果在此类通知发出之日后的四个月内，至少有三分之一的缔约国赞成召开这样的会议，秘书长应在联合国主持下召开会议。经出席会议并参加表决的缔约国多数通过的任何修正案应提交大会批准。

2. 根据本条第1款通过的修正案若获大会批准并为缔约国三分之二多数所接受，即行生效。

3. 修正案一旦生效，即应对接受该项修正案的缔约国具有约束力，其他缔约国则仍受本公约各项条款和它们已接受的任何早先的修正案的约束。

第五十一条 1. 联合国秘书长应接受各国在批准或加入时提出的保留,并分发给所有国家。

2. 不得提出内容与本公约目标和宗旨相抵触的保留。

3. 缔约国可随时向联合国秘书长提出通知,请求撤销保留,并由他将此情况通知所有国家。通知于秘书长收到当日起生效。

第五十二条 缔约国可以书面通知联合国秘书长退出本公约。秘书长收到通知之日起一年后退约即行生效。

第五十三条 指定联合国秘书长为本公约的保管人。

第五十四条 本公约的阿拉伯文、中文、英文、法文、俄文和西班牙文文本具有同等效力,应交存联合国秘书长。

下列全权代表,经各自政府正式授权,在本公约上签字,以资证明。

《儿童权利公约》关于儿童卷入武装冲突问题的任择议定书

(2000年5月25日签订于纽约,2002年2月12日生效。2001年3月15日中国签署该议定书,2007年12月29日第十届全国人大常委会第三十一次会议决定批准,同时声明:一、中华人民共和国公民自愿加入本国武装部队的最低年龄为17岁。二、为实施上述规定,中华人民共和国政府采取以下保障措施:(一)《中华人民共和国兵役法》规定:每年12月31日以前年满18岁的男性公民,应当被征集服现役。根据军队需要和自愿的原则,可以征集当年12月31日以前未满18岁的男女公民服现役。经过兵役登记的应征公民,未被征集服现役的,服士兵预备役,士兵预备役的最低年龄为18岁。中华人民共和国国务院、中央军事委员会依据《中华人民共和国兵役法》制定的《征兵工作条例》规定:根据军队需要和本人自愿的原则,可以征集当年12月31日以前年满17岁未满18岁的男女公民服现役。(二)《中华人民共和国刑法》规定:在征兵工作中徇私舞弊,接送不合格兵员,情节严重的,处3年以下有期徒刑或者拘役;造成特别严重后果的,处3年以上7年以下有期徒刑。(三)中华人民共和国国务院、中央军事委员会批准的《廉洁征兵若干规定》规定:在征兵工作中不准放宽征兵条件、降低征集标准;实行到应征青年家庭和单位走访调查制度;对应征青年年龄情况进行审查)

本议定书缔约国,欣慰地注意到《儿童权利公约》获得极大的支持,可见各方决心致力于促进和保护儿童权利,重申必须特别保护儿童权利,要求一视同仁地不断改善儿童的情况,使儿童在和平与安全的条件下成长和接受教育,不安地注意到武装冲突对儿童造成有害和广泛的影响,并对持久和平、安全和发展造成长期后果,谴责在武装冲突情况中以儿童为目标,以及直接攻击受国际法保护的物体,包括学校和医院等一般有大量儿童的场所的行为,注意到《国际刑事法院规约》获得通过,特别是将征募或招募不满15岁的儿童,或在国际武装冲突和非国际武装冲突中利用他们积极参与敌对行动定为战争罪,因此,考虑到为进一步加强行使《儿童权利公约》确认的权利,需要加强保护儿童,使其不卷入武装冲突,注意到《儿童权利公约》第一条规定,为该公约的目的,儿童系指不满18岁的任何人,除非对其适用的法律规定成年年龄低于18岁,深信公约任择议定书提高可被招募加入武装部队和参加敌对行动的人的年龄,将切实促进落实有关儿童的一切行动均应以儿童的最大利益为首要考虑的原则,注意到1995年12月第二十六届红十字会和红新月会国际会议特别建议冲突各当事方采取一切可行措施,确保不满18岁的儿童不参加敌对行动,欢迎《国际劳工组织关于禁止和立即行动消除最有害的童工形式的第182号公约》于1999年6月获得一致通过,其中也禁止强迫或强制招募儿童参加武装冲突,最严重关切并谴责非国家武装部队的武装团体在国境内外招募、训练和使用儿童参加敌对行动,并确认在这方面招募、训练和使用儿童的人所负的责任，回顾武装冲突各当事方均有义务遵守国际人道主义法的规定，强调本议定书不妨碍《联合国宪章》所载的宗旨和原则，包括其第五十一条以及有关的人道主义法规范，铭记以充分尊重《宪章》所载的宗旨和原则以及遵守适用的人权文书为基础的和平与安全是充分保护儿童的必要条件，在武装冲突和外国占领期间尤其如此，确认因其经济或社会状况或性别特别容易被人以违反本议定书的方式招募或用于敌对行动的儿童的特殊需要，注意到必须考虑儿童卷入武装冲突的经济、社会和政治根源，深信需要加强国际合作执行本议定书，帮助受武装冲突之害的儿童恢复身心健康和重返社会，鼓励社区、尤其是儿童和受害儿童参与传播有关执行本议定书的宣传和教育方案，兹协议如下：

第一条 缔约国应采取一切可行措施，确保不满 18 周岁的武装部队成员不直接参加敌对行动。

第二条 缔约国应确保不满 18 周岁的人不被强制招募加入其武装部队。

第三条 一、考虑到《儿童权利公约》第三十八条所载原则，并确认公约规定不满 18 周岁的人有权获得特别的保护，缔约国应提高该条第三款所述个人自愿应征加入本国武装部队的最低年龄。

二、每一缔约国在批准或加入本议定书时应交存一份具有约束力的声明，规定其允许自愿应征加入本国武装部队的最低年龄，并说明其为确保不强迫或胁迫进行此类招募而采取的保障措施。

三、允许不满 18 周岁的人自愿应征加入本国武装部队的缔约国应设置保障措施，至少确保：

（一）此种应征确实是自愿的；

（二）此种应征得到本人父母或法定监护人的知情同意；

（三）这些人被充分告知此类兵役所涉的责任；

（四）这些人在被接纳服本国兵役之前提供可靠的年龄证明。

四、每一缔约国可随时加强其声明，就此事通知联合国秘书长，由秘书长通知所有缔约国。此种通知在秘书长收到之日起生效。

五、按照《儿童权利公约》第二十八条和第二十九条，提高本条第一款所述入伍年龄的规定不适用于缔约国武装部队开办或控制的学校。

第四条 一、非国家武装部队的武装团体在任何情况下均不得招募或在敌对行动中使用不满 18 周岁的人。

二、缔约国应采取一切可行措施防止此种招募和使用，包括采取必要的法律措施禁止并将这种做法按刑事罪论处。

三、本条的适用不影响武装冲突任何当事方的法律地位。

第五条 本议定书的任何规定不得被解释为排除更有利于实现儿童权利的缔约国法律或国际文书和国际人道主义法的规定。

第六条 一、每一缔约国应采取一切必要的法律、行政和其他措施，确保在其管辖范围内有效执行和实施本议定书的规定。

二、缔约国承诺以适当手段使成人和儿童普遍知晓并向他们宣传本议定书的各项原则和规定。

三、缔约国应采取一切可行措施，确保在违反本议定书的情况下被招募或用于敌对行动的本国管辖范围内的人退伍或退役。缔约国在必要时应向这些人提供一切适当援助，协助其恢复身心健康和重返社会。

第七条 一、缔约国应通过技术合作和财政援助等方式合作执行本议定书，包括防止违反本议定书的任何活动，协助受违反本议定书行为之害的人康复和重返社会。提供此类援助和合作时，应与有关缔约国和有关国际组织磋商。

二、缔约国在有能力的情况下应通过现有的多边、双边或其他方案或通过按联合国大会规则设立的自愿基金提供此类援助。

第八条 一、每一缔约国应在本议定书对其生效两年内向儿童权利委员会提交一份报告，提供详尽资料，说明本国为执行议定书的规定而采取的措施，包括为执行关于参加和招募的条款而采取的措施。

二、提交全面报告后，每一缔约国应在根据公约第四十四条提交儿童权利委员会的报告中，提供与执行本议定书有关的任何进一步资料。议定书的其他缔约国应每五年提交一份报告。

三、儿童权利委员会可要求缔约国提供与执行本议定书有关的进一步资料。

第九条 一、本议定书开放供公约任何缔约国或已签署公约的任何国家签署。

二、本议定书须经批准并开放供任何国家加入。批准书或加入书应交存联合国秘书长。

三、秘书长应以公约和本议定书保管人的身份，通知公约所有缔约国和已签署公约的所有国家根据第十三条送交的每一份声明。

第十条 一、本议定书在第十份批准书或加入书交存后三个月生效。

二、对于在本议定书生效后批准或加入的国家，议定书在其批准书或加入书交存之日后一个月生效。

第十一条 一、缔约国可在任何时候书面通知联合国秘书长退出本议定书，秘书长应立即通知公约其他缔约国和已签署公约的所有国家。退约应于秘书长收到通知之日后一年生效。但是，在该年结束时如果退约缔约国正处于武装冲突之中，退约在武装冲突终止之前应仍未生效。

二、此类退约不解除缔约国依本议定书对退约生效日期前发生的任何行为所承担的义务。退约也绝不妨碍委员会继续审议在退约生效日期前业已开始审议的任何事项。

第十二条 一、任何缔约国均可提出修正案，提交给联合国秘书长。秘书长应立即将提议的修正案通知各缔约国，并请它们表明是否赞成召开缔约国会议以审议提案并进行表决。如果在此类通知发出之后的四个月内,至少有三分之一的缔约国赞成召开这样的会议,秘书长应在联合国主持下召开会议。经出席会议并参加表决的缔约国过半数通过的任何修正案应提交联合国大会批准。

二、根据本条第一款通过的修正案如果获得大会批准并为缔约国三分之二多数接受,即行生效。

三、修正案一旦生效,即应对接受该项修正案的缔约国具有约束力,其他缔约国则仍受本议定书各项条款和它们已接受的任何早先的修正案的约束。

第十三条　一、本议定书的阿拉伯文、中文、英文、法文、俄文和西班牙文文本具有同等效力,应交存联合国档案库。

二、联合国秘书长应将本议定书经证明无误的副本分送公约所有缔约国和已签署公约的所有国家。

《儿童权利公约》关于买卖儿童、儿童卖淫和儿童色情制品问题的任择议定书

(2002年8月29日第九届全国人民代表大会常务委员会第二十九次会议决定:批准于2000年5月25日经联合国大会通过,同年9月6日我国政府签署的该议定书,本议定书于2002年1月18日生效。我国于2002年12月3日交存批准书并声明如下:依照香港特别行政区基本法有关规定,根据香港特别行政区政府意见,本议定书在中华人民共和国香港特别行政区的适用需经香港特别行政区先行立法;在中华人民共和国政府另行通知前,本议定书暂不适用于中华人民共和国香港特别行政区)

本议定书各缔约国,考虑到为了进一步实现《儿童权利公约》的宗旨并执行其各项规定,特别是第一条、第十一条、第二十一条、第三十二条、第三十三条、第三十四条、第三十五条和第三十六条,应当扩大各缔约国为确保对儿童的保护、使其不受买卖儿童、儿童卖淫和儿童色情制品的影响而采取的各项措施,还考虑到《儿童权利公约》承认儿童有权受到保护,不受经济剥削,不从事有危害性的或可能影响其教育或有害于儿童的健康或身心、精神、道德或社会发展的任何工作,深切关注十分猖獗且日益严重的出于买卖儿童、儿童卖淫和儿童色情制品目的的国际儿童贩运,深切关注仍然广泛存在着特别容易侵害儿童的性旅游,因为它直接助长了买卖儿童、儿童卖淫和儿童色情制品,认识到一些尤其脆弱的群体,其中包括女童受到了性剥削的极大危险,而且女童在遭受性剥削的群体中占有很大的比例,关注互联网和其他不断发展的技术提供了越来越多的儿童色情制品并回顾打击互联网上的儿童色情制品国际会议(维也纳,一九九九年),特别是它作出的要求在全世界范围内对儿童色情材料的制作、传播、出口、播送、进口、蓄意占有和宣传予以刑事处罚,并强调各国政府与互联网工业间建立更加密切的合作与伙伴关系的重要性,认为应采用一种全面的方法来消除引发性因素,其中包括发展不足、贫困、经济失衡、社会经济结构不公平、家庭瘫痪、缺乏教育、城市—农村移徙、性别歧视、不负责任的成人性行为、有害的传统作法、武装冲突和贩卖儿童,从而有助于消除买卖儿童、儿童卖淫和儿童色情制品,认为需要努力提高公众意识,以减少消费者对买卖儿童、儿童卖淫和儿童色情制品的需求,并还认为需要加强各方的全球合作以及在国家一级改善执法行动的重要性,注意到关于保护儿童的国际法律文书的各项规定,其中包括《关于在跨国收养方面保护儿童和进行合作的海牙公约》、《儿童拐骗事件的民事问题海牙公约》、《有关父母责任和保护儿童的措施方面的管辖权、适用法、承认、实施与合作的海牙公约》以及国际劳工组织《关于禁止和立即采取行动消除最恶劣童工形式的第一百八十二号公约》,对《儿童权利公约》获得

广泛支持感到鼓舞，这表明各方均广泛致力于促进和保护儿童权利，认识到实施《预防买卖儿童、儿童卖淫和儿童色情制品的行动纲领》和一九九六年八月二十七日至三十一日在斯德哥尔摩举行的反对利用儿童从事商业色情活动大会的《宣言和行动议程》的规定以及有关国际组织的其他有关决定和建议，充分重视各国人民保护儿童和促进儿童协调发展的传统及文化价值的重要性，兹商定如下：

第一条 缔约国应根据本议定书的规定，禁止买卖儿童、儿童卖淫和儿童色情制品。

第二条 为了本议定书的目的：

（一）买卖儿童系指任何人或群体为了报酬或出于其他考虑将儿童转让给另一个人的任何行为或交易；

（二）儿童卖淫系指为了报酬或出于任何其他形式的考虑而在性活动中利用儿童；

（三）儿童色情制品系指以任何方式表现儿童正在进行真实或模拟的直露的性活动或主要为取得性满足而以任何方式表现儿童身体的一部分的制品。

第三条 一、每一缔约国应确保下列行为和活动按照其刑事法或刑法起码将被定为犯罪行为，而不论这些行为是在国内还是在国际上犯下的，也不论是个人还是有组织地犯下的：

（一）根据第二条确定的买卖儿童的定义：

1. 为下述目的以任何方式提供、送交或接受儿童：

（1）对儿童进行性剥削；

（2）为获取利润而转让儿童器官；

（3）使用儿童从事强迫性劳动。

2. 作为中间人以不正当方式诱惑同意，以达到用违反适用的有关收养的国际法律文书的方式收养儿童的目的；

（二）主动表示愿意提供、获取、诱使或提供儿童，进行第二条所指的儿童卖淫活动；和

（三）为了上述目的生产、发售、传播、进口、出口、主动提供、销售或拥有第二条所指的儿童色情制品。

二、在不影响缔约国的国内法规定的情况下，上述规定应适用于采取任何这些行为的企图和对任何这些行为的协助或参与。

三、每一缔约国应规定这些罪行将按照其严重程度受到相应惩罚。

四、在不违反其国内法规定的情况下，每一缔约国应采取适当措施确定法人对本条第一款中规定的罪行的责任。在不影响缔约国的法律原则的情况下，可将法人的这一责任定为刑事、民事或行政责任。

五、缔约国应采取一切适当的法律和行政措施，确保参与儿童收养的所有人均按照适用的国际法律文书行事。

第四条 一、当第三条第一款所列罪行在其领土上或在该国注册的船只或飞机上犯

下时，每一缔约国均应采取必要的措施，确立它对这些罪行的管辖权。

二、每一缔约国可在下列情况下采取必要的措施，确立它对第三条第一款所列罪行的管辖权：

（一）当嫌疑人为该国国民或为在该国领土上拥有其惯常住址者时；

（二）当受害者为该国国民时。

三、当嫌疑人身在该国领土上而且该国因罪行系由该国国民所犯而不将他引渡至另一个缔约国时，每一缔约国也应采取必要的措施确立它对上述罪行的管辖权。

四、本议定书不排除根据国内法行使的任何刑事管辖权。

第五条 一、应当认为第三条第一款所列各项罪行已作为可引渡的罪行列入缔约国之间现有的任何引渡条约，而且应根据各缔约国之间后来缔结的每一项引渡条约所确定的条件将这些罪行作为可引渡罪行列入这些条约之中。

二、凡以订有条约为引渡条件的缔约国在接到未与其缔结任何引渡条约的另一个缔约国提出的引渡请求时，可将本议定书视为就这些罪行进行引渡的法律依据。引渡应当符合被请求国法律规定的条件。

三、凡不以订有条约作为引渡条件的缔约国应根据被请求国法律规定的条件将这类罪行视为在它们之间可进行引渡的罪行。

四、为了在缔约国之间进行引渡的目的，此类罪行不仅应当被当作是在它们发生的地点所犯下的罪行，而且应被当作是在必须根据第四条确立其管辖权的国家领土上犯下的罪行。

五、如果就第三条第一款所列的一项罪行提出了引渡要求，而被请求的缔约国基于罪犯的国籍不引渡或不愿意引渡，则该国应当采取适当措施将此案提交其主管当局进行起诉。

第六条 一、在对第三条第一款所列罪行进行调查或提起刑事或引渡程序时，各缔约国应当相互给予最大程度的协助。其中包括协助获取它们拥有的对进行这种程序所必要的证据。

二、各缔约国应当根据它们之间可能已存在的任何司法互助条约或其他安排履行它们在本条第一款之下承担的义务。在不存在这类条约或安排的情况下，各缔约国应根据其国内法提供互助。

第七条 各缔约国应根据其国内法的规定：

（一）采取措施，规定视情况扣押和没收：

1. 用于进行或方便进行本议定书所列犯罪的材料、资产和其他工具等物品；

2. 从这些犯罪中获得的收益。

（二）执行另一个缔约国提出的扣押或没收（一）1 小段中所列物品或收益的请求；

（三）采取措施临时性关闭或彻底关闭用于进行这种犯罪的场所。

第八条 一、各缔约国应当采取适当措施，在刑事司法程序的各个阶段保护本议定书所禁止的行为的儿童受害者的权益，特别应当：

（一）承认儿童受害者的脆弱性并对程序进行修改，从而承认他们的特别需求，其中包括他们作为证人的特别需求；

（二）向儿童受害者介绍其权利、其作用和司法程序的范围、时间和进度以及对其案件的处置；

（三）应按照国家法律的程序规则允许在影响到儿童受害者的个人利益的司法程序中提出和审议儿童受害者的意见、需求和问题；

（四）在整个司法程序中向儿童受害者提供适当的支助服务；

（五）适当保护儿童受害者的隐私和身份，并根据国家立法采取措施，避免错误发布可能导致泄露儿童受害者身份的消息；

（六）在适当情况下确保儿童受害者及其家庭和证人的安全，使他们不受恐吓和报复；

（七）避免在处理案件和执行向儿童受害者提供赔偿的命令或法令方面出现不必要的延误。

二、缔约国应当确保受害者实际年龄不详不会妨碍开展刑事调查，其中包括旨在查明受害者年龄的调查。

三、各缔约国应当确保刑事司法系统在处理作为本议定书所列罪行受害者的儿童时应以儿童的最佳利益为重。

四、各缔约国应当采取措施确保对从事照顾本议定书所禁止的罪行的儿童受害者的人员进行适当的培训，特别是法律和心理培训。

五、各缔约国应在适当情况下采取措施，保护从事预防和/或保护和帮助这种罪行的受害者康复的人士和/或组织的安全和完整。

六、本议定书的任何规定均不应解释为妨碍或违背被告人享有公平和公正审判的权利。

第九条　一、各缔约国应通过或加强、执行和宣传旨在预防本议定书所列各项罪行的法律、行政措施、社会政策和方案。应当特别重视保护特别容易遭受这些做法伤害的儿童。

二、各缔约国应当通过各种恰当手段对本议定书所列各项罪行的预防措施以及这些罪行的有害影响进行宣传、教育和培训，从而增进包括儿童在内的广大公众的认识。各缔约国在履行它们在本条款下的义务时应当鼓励社区、特别是儿童和儿童受害者参与包括在国际一级开展的这类宣传、教育和培训方案。

三、各缔约国应当采取一切可行的措施，以确保向这些罪行的受害者提供一切适当的援助，其中包括使他们完全重新融入社会并使他们身心得到完全康复。

四、各缔约国应当确保本议定书所列罪行的所有儿童受害者均有权提起适当法律程序，在不受歧视的情况下要求那些必须负法律责任者作出损害赔偿。

五、各缔约国应当采取适当措施,有效禁止生产和传播宣传本议定书所列的各项罪行的材料。

第十条 一、各缔约国应采取一切必要的步骤,通过旨在预防、侦查、调查、起诉和惩治涉及买卖儿童、儿童卖淫、儿童色情制品和狎童旅游行为的责任者的多边、区域和双边安排加强国际合作。各缔约国还应促进其当局与国家和国际非政府组织和国际组织的国际合作与协调。

二、各缔约国应当促进国际合作,协助儿童受害者实现身心康复、重新融入社会和重返家园。

三、各缔约国应当促进加强国际合作,消除贫困和发展不足等促使儿童易受买卖儿童、儿童卖淫、儿童色情制品和狎童旅游等行为之害的根源。

四、能够采取下述行动的缔约国应当通过现有的多边、区域、双边或其他方案提供财政、技术或其他援助。

第十一条 本议定书的任何规定均不影响更有利于实现儿童权利的任何规定和可能载于下述文书中的任何规定:

(一)缔约国的法律;或

(二)对该国有效的国际法。

第十二条 一、每一缔约国应在本议定书对该缔约国生效后的两年内向儿童权利委员会提交一份报告,提供它为实施本议定书的规定已采取的各项措施的全面情况。

二、在提交全面报告后,每一缔约国应在其根据《公约》第四十四条向儿童权利委员会递交的报告中进一步列入执行本议定书的任何其他情况。议定书的其他缔约国应每五年递交一份报告。

三、儿童权利委员会可要求各缔约国提供有关执行本议定书的进一步的情况。

第十三条 一、本议定书开放供已成为《公约》缔约国或已签署《公约》的任何国家签署。

二、本议定书需经各国批准并开放供任何国家加入。批准书或加入书应交存联合国秘书长。

第十四条 一、本议定书在交存第十份批准书或加入书后生效。

二、对每一个在生效后批准或加入本议定书的国家,本议定书在其交存批准书或加入书之日后一个月生效。

第十五条 一、任何缔约国可以在任何时候书面通知联合国秘书长退约,此后秘书长将告知《公约》的其他缔约国和签署《公约》的所有国家。退约在联合国秘书长收到通知之日后一年生效。

二、这种退约不具有解除缔约国依本议定书对退约生效之日前发生的任何罪行承担的义务。退约也不得以任何方式妨碍委员会继续审议在退约生效之日前已在审议的任何问题。

第十六条 一、任何缔约国均可提出修正案并将它提交联合国秘书长。秘书长随后应将提议的修正案通报各缔约国，请它们表明它们是否赞成召开一次缔约国会议对修正案进行审议和投票。如果在发出这一通报之日后的四个月内有至少三分之一的缔约国赞成召开这样一次会议，则秘书长应在联合国的主持下召开这一会议。任何修正案，凡经出席会议并投票的绝大多数缔约国通过，均应提交大会核准。

二、根据本条第一款通过的修正案在经联合国大会核准并得到三分之二的绝大多数缔约国接受后即刻生效。

三、一旦一项修正案生效，它将对已接受此项修正案的缔约国产生约束力，而其他缔约国则仍将受到本议定书以及它们已经接受的任何早先的修正案的约束。

第十七条 一、本议定书的阿拉伯文、中文、英文、法文、俄文和西班牙文文本具有同等效力，应交存于联合国档案馆。

二、联合国秘书长应将本议定书的正式副本送交《公约》的所有缔约方和签署《公约》的所有国家。

消除对妇女一切形式歧视公约(节录)

(1979年12月18日签订于哥本哈根,1980年7月17日中华人民共和国政府代表签署本公约,同年11月4日交存批准书,同时声明:中华人民共和国不接受公约第二十九条第一款的约束。公约于1981年9月3日对我国生效)

本公约缔约各国,

注意到《联合国宪章》重申对基本人权、人格尊严和价值以及男女平等权利的信念;

注意到《世界人权宣言》申明不容歧视的原则,并宣布人人生而自由,在尊严和权利上一律平等,且人人都有资格享受该宣言所载的一切权利和自由,不得有任何区别,包括基于性别的区别;

注意到有关人权的各项国际公约的缔约国有义务使男女在权利平等的基础上享有一切经济、社会、文化、公民和政治权利;

考虑到在联合国及各专门机构主持下所签署的各项国际公约旨在促进男女权利平等;

还注意到联合国和各专门机构所通过旨在促进男女权利平等的决议、宣言和建议;

关心到尽管有这些不同的文件,歧视妇女的现象仍然普遍存在;

考虑到对妇女的歧视违反权利平等和尊重人格尊严的原则,阻碍妇女与男子在平等的条件上参加本国的政治、社会、经济和文化生活,妨碍社会和家庭的繁荣发展,并使妇女更难充分发展为国家和人类服务的潜力;

关心到在贫穷情况下,妇女在获得粮食、保健、教育、训练、就业和其他需要等方面,往往机会最少;

深信基于平等和公正的新的国际经济秩序的建立,将大有助于促进男女平等;

强调彻底消除种族隔离、一切形式的种族主义、种族歧视、新老殖民主义、侵略、外国占领和外国统治、对别国内政的干预,对于男女权利的充分享受是必不可少的;

申明国际和平与安全的加强,国际紧张局势的缓和,各国不论其社会和经济制度如何彼此之间的相互合作,在严格有效的国际管制下全面彻底裁军、特别是核裁军,国与国之间关系上公平、平等和互利原则的确认,在外国和殖民统治下和外国占领下的人民取得自决与独立权利的实现,以及对各国国家主权和领土完整的尊重,都将会促进社会进步和发展,从而有助于实现男女的完全平等;

确信一国的充分和完全的发展,世界的福利以及和平的事业,需要妇女与男子同样充分参加所有各方面的工作;

念及妇女对家庭的福利和社会的发展所作出的巨大贡献至今没有充分受到公认,又念及母性的社会意义以及父母在家庭中和在养育子女方面所负任务的社会意义,并理解到妇女不应因生育的任务而受到歧视,因为养育子女是男女和整个社会的共同责任;

认识到要同时改变男子和妇女在社会上和家庭中的传统任务,才能实现男女充分的平等;

决心执行《消除对妇女歧视宣言》内载的各项原则,并为此目的,采取一切必要措施,消除一切形式和表现的这种歧视。

兹协议如下:

第一部分

第一条　为本公约的目的,"对妇女的歧视"一词是指基于性别而作的任何区别、排除和限制其作用或目的是要妨碍或破坏对在政治、经济、社会、文化、公民或任何其他方面的人权和基本自由的承认以及妇女不论已婚未婚在男女平等的基础上享有或行使这些人权和基本自由。

第二条　缔约各国谴责对妇女一切形式的歧视,协议立即用一切适当办法,推行政策,消除对妇女的歧视。为此目的,承担:

(a)男女平等的原则如尚未列入本国宪法或其他有关法律者,应将其列入,并以法律或其他适当方法,保证实现这项原则;

(b)采取适当立法和其他措施,包括适当时采取制裁,禁止对妇女的一切歧视;

(c)为妇女与男子平等的权利确立法律保护,通过各国的主管法庭及其他公共机构,保证切实保护妇女不受任何歧视;

(d)不采取任何歧视妇女的行为或做法,并保证公共当局和公共机构的行动都不违背这项义务;

(e)应采取一切适当措施,消除任何个人、组织或企业对妇女的歧视;

(f)应采取一切适当措施,包括制定法律,以修改或废除构成对妇女歧视的现行法律、规章、习俗和惯例;

(g)同意废止本国刑法内构成对妇女歧视的一切规定。

第三条　缔约各国应承担在所有领域,特别是在政治、社会、经济、文化领域,采取一切适当措施,包括制定法律,力谋妇女的充分发展和进步,以保证她们在与男子平等的基础上,行使和享有人权和基本自由。

第四条

1. 缔约各国为加速实现男女事实上的平等而采取的暂行特别措施,不得视为本公约所指的歧视,亦不得因此导致维持不平等或分别的标准;这些措施应在男女机会和待遇平等的目的达到之后,停止采用。

2. 缔约各国为保护母性而采取的特别措施,包括本公约所列各项措施,不得视为歧视。

第五条 缔约各国应采取一切适当措施:

(a)改变男女的社会和文化行为模式,以消除基于因性别而分尊卑观念或基于男女定型任务的偏见、习俗和一切其他方法。

(b)保证家庭教育应包括正确了解母性的社会功能和确认教养子女是父母的共同责任,但了解到在任何情况下应首先考虑子女的利益。

第六条 缔约各国同意采取一切适当措施,包括制定法律,以打击一切形式贩卖妇女和迫使妇女卖淫以进行剥削的行为。

第二部分

第七条 缔约各国应采取一切适当措施,消除在本国政治和公众事务中对妇女的歧视,特别应保证妇女在与男子平等的条件下:

(a)在一切选举和公民投票中有选举权,并在一切民选机构有被选举权;

(b)参加政府政策的制订及其执行,并担任各级政府公职,执行一切公务;

(c)参加有关本国公众和政治事务的非政府组织和协会。

第八条 缔约各国应采取一切适当措施,保证妇女在与男子平等不受任何歧视的条件下,有机会在国际上代表本国政府参加各国际组织的工作。

第九条

1. 缔约各国应给予妇女与男子相同的取得、改变或保留国籍的权利。它们应特别保证,与外国人结婚,或婚姻期间丈夫改变国籍,均不当然改变妻子的国籍,使她成为无国籍人,或把丈夫的国籍强加于她。

2. 缔约各国在关于子女的国籍方面,应给予妇女与男子平等的权利。

第三部分

第十条 缔约各国应采取一切适当措施,消除对妇女的歧视,并保证妇女在教育方面享有与男子平等的权利,特别是在男女平等的基础上保证:

(a)在各种教育机构,不论其在农村或城市,职业和行业辅导、学习的机会和文凭的取得,条件相同。在学前教育、普通教育、技术、专业和高等技术教育以及各种职业训练方面,都应保证这种平等;

(b)课程的选择、考试、师资的标准、校舍和设备的质量相同;

(c)为消除在各级和各种方式的教育中对男女任务的任何定型观念,应鼓励实行男女同校和其他有助于实现这个目的的教育形式,并特别应修订教科书和课程,修改教学方法;

(d)领受奖学金和其他研究补助金的机会相同;

(e)接受成人教育、包括成人识字和实用识字教育的机会相同,特别是为了尽早缩短男女之间存在的教育水平上的一切差距;

(f)减少女生退学率,并为离校过早的少女和妇女办理种种方案;

(g)积极参加运动和体育的机会相同;

(h)有接受特殊教育性辅导的机会,以保障家庭健康和幸福,包括关于计划生育的知识和辅导在内。

第十一条

1. 缔约各国应采取一切适当措施,消除在就业方面对妇女的歧视,以保证她们在男女平等的基础上享有相同权利,特别是:

(a)人人有不可剥夺的工作权利;

(b)享有相同就业机会的权利,包括在就业方面相同的甄选标准;

(c)享有自由选择专业和职业,升级和工作保障,一切工作福利和服务条件,接受职业训练和再训练,包括实习训练、高等职业训练和经常训练的权利;

(d)同样价值的工作享有同等报酬(包括福利)、平等待遇的权利,在评定工作的表现方面,享有平等待遇的权利;

(e)享有社会保障的权利,特别是在退休、失业、疾病、残废和老年或其他丧失工作能力的情况下,以及享有带薪假的权利;

(f)在工作条件中享有健康和安全保障,包括保障生育机能的权利。

2. 缔约各国为使妇女不致因结婚或生育而受歧视,又为保障其有效的工作权利起见,应采取适当措施:

(a)禁止以怀孕或产假为理由予以解雇,以及以婚姻状况为理由予以解雇的歧视,违反规定者得受处分;

(b)实施带薪产假或具有同等社会福利的产假,不丧失原有工作、年资或社会津贴;

(c)鼓励提供必要的辅助性社会服务,特别是通过促进建立和发展托儿设施系统,使父母得以兼顾家庭义务和工作责任并参与公共生活;

(d)对于怀孕期间从事确实有害于健康的工作的妇女,给予特别保护。

3. 应参照科技知识,定期审查与本条所包含的内容有关的保护性法律,必要时应加以修订、废止或推广。

第十二条

1. 缔约各国应采取一切适当措施,消除在保健方面对妇女的歧视,以保证她们在男女平等的基础上取得各种保健服务,包括有关计划生育的保健服务。

2. 尽管有上面第1款的规定,缔约各国应保证为妇女提供有关怀孕、分娩和产后期间的适当服务,于必要时给予免费服务,并保证在怀孕和哺乳期间得到充分营养。

第十三条　缔约各国应采取一切适当措施,消除在经济和社会生活的其他方面对妇女的歧视,以保证她们在男女平等的基础上有相同权利,特别是:

(a)领取家属津贴的权利;

(b)银行贷款、抵押和其他形式的金融信贷的权利;

(c)参与娱乐活动、运动和文化生活所有各方面的权利。

第四部分

第十五条

1. 缔约各国应给予男女在法律面前平等的地位。

2. 缔约各国应在公民事务上,给予妇女与男子同等的法律行为能力,以及行使这种行为能力的相同机会。特别应给予妇女签订合同和管理财产的平等权利,并在法院和法庭诉讼的各个阶段给予平等待遇。

3. 缔约各国同意,旨在限制妇女法律行为能力的所有合同和其他任何具有法律效力的私人文书,应一律视为无效。

4. 缔约各国在有关人身移动和自由择居的法律方面,应给予男女相同的权利。

第十六条

1. 缔约各国应采取一切适当措施,消除在有关婚姻和家庭关系的一切事务上对妇女的歧视,并特别应保证她们在男女平等的基础上:

(a)有相同的缔婚权利;

(b)有相同的自由选择配偶和非经本人自由表示、完全同意不得结婚的权利;

(c)在婚姻存续期间以及解除婚姻关系时,有相同的权利和义务;

(d)不论婚姻状况如何,在有关子女的事务上,作为父母亲有相同的权利和义务。但在任何情形下,均应以子女的利益为重;

(e)有相同的权利,自由负责地决定子女人数和生育间隔,并有机会获得使她们能够行使这种权利的知识、教育和方法;

(f)在监护、看管、受托和收养子女或类似的社会措施(如果国家法规有这些观念)方面,有相同的权利和义务。但在任何情形下,均应以子女的利益为重;

(g)夫妻有相同的个人权利,包括选择姓氏、专业和职业的权利;

(h)配偶双方在财产的所有、取得、经营、管理、享有、处置方面,不论是免费的或是收取价值酬报,具有相同的权利。

2. 童年订婚和童婚应不具法律效力,并应采取一切必要行动,包括制定法律,规定结婚最低年龄,并规定婚姻必须向正式登记机构登记。

跨国收养方面保护儿童及合作公约

（本公约于1995年5月1日生效。我国于2000年5月1日签署本公约。第十届全国人民代表大会常务委员会第十五次会议决定：批准于1993年5月29日经海牙国际私法会议第17次外交大会通过的、2000年11月30日由我国政府代表签署的《跨国收养方面保护儿童及合作公约》；同时声明：一、中华人民共和国民政部为中华人民共和国履行《公约》赋予职责的中央机关。二、《公约》第十五条至第二十一条规定的中央机关职能由中华人民共和国政府委托的收养组织——中国收养中心履行；只有在收养国政府或政府委托的组织履行有关中央机关职能的情况下，该国公民才能收养惯常居住在中华人民共和国的中国儿童。三、中华人民共和国涉外收养证明的出具机关为被收养人常住户口所在地的省、自治区、直辖市人民政府民政部门，其出具的收养登记证为收养证明。四、中华人民共和国没有义务承认根据《公约》第三十九条第二款所达成的协议而进行的收养）

本公约签字国，

认识到为了儿童人格的完整和协调发展，儿童应在一个充满幸福、慈爱和理解的家庭环境中成长；

呼吁每一国家应采取适当措施以使儿童能够持续地得到其出生家庭的照顾，并将此作为优先考虑事项；

认识到跨国收养可为在其原住国不能找到适当家庭的儿童提供永久家庭的优势；

确认有必要采取措施，确保跨国收养的实施符合儿童最佳利益并尊重其基本权利，防止诱拐、出卖和贩卖儿童；

希望为此制定共同规则，并顾及国际文件，尤其是1989年11月20日的联合国《儿童权利公约》以及联合国《关于儿童保护及福利、特别是国内和国际寄养和收养办法的社会和法律原则宣言》（1986年12月3日的第41/85号大会决议）中体现的原则。

兹议定下列条款：

第一章　公约的范围

第一条　本公约的宗旨为：

（一）制定保障措施，确保跨国收养的实施符合儿童最佳利益和尊重国际法所承认的儿童的基本权利；

（二）在缔约国之间建立合作制度，确保上述保障措施得到遵守，以防止诱拐、出卖和贩卖儿童；

（三）确保根据本公约所进行的收养得到缔约国承认。

第二条

一、本公约适用于惯常居住在一缔约国(原住国)的儿童在该国被惯常居住在另一缔约国(收养国)的夫妻或个人收养以后,或者为在原住国或收养国进行此收养的目的,已经、正在或将要被移送到收养国的案件。

二、本公约仅适用于产生永久的父母子女关系的收养。

第三条 如果在儿童年满18岁时,第十七条第(三)项提及的同意仍未作出,则本公约停止适用。

第二章 跨国收养的要件

第四条 原住国的主管机关只有在确认符合下列条件的情况下,才能进行本公约范围内的收养:

(一)确认该儿童适于被收养;

(二)在充分考虑了在原住国内安置该儿童的可能性后,确认跨国收养符合儿童的最佳利益;

(三)确保:

1. 已与须经其同意方可进行收养的个人、机构和机关,进行了必要的协商,且上述个人、机构和机关已被适当告知其同意收养的后果,特别是收养是否终止儿童与其出生家庭的法律关系;

2. 上述个人、机构和机关已经自主地按符合要求的法律形式表示了同意,该项同意应以书面方式作出或经书面证明;

3. 该项同意不是因给付了任何形式的报酬或补偿而获得,且没有被撤回;

4. 在要求征得母亲同意的情况下,该项同意是在儿童出生后作出。

(四)考虑到儿童年龄和成熟程度,确保:

1. 在要求征得儿童同意的情况下,已与该儿童商议并适当告知其收养的后果和其同意收养的后果;

2. 儿童的愿望和意见已给予考虑;

3. 在要求征得儿童同意的情况下,儿童已自主地按符合要求的法律形式表示了同意,该项同意应以书面形式作出或经书面证明;

4. 此项同意不是因给付了任何形式的报酬或补偿而获得。

第五条 收养国的主管机关只有在符合下列条件的情况下,才能进行本公约范围内的收养;

(一)确认预期养父母符合条件并适于收养儿童;

(二)确保已与预期养父母协商;

(三)确认该儿童已经或将要被批准进入该国并长期居住。

第三章 中央机关和委任机构

第六条

一、每一缔约国应指定一个中央机关,负责履行本公约赋予该机关的职责。

二、联邦国家,具有一个以上法律制度的国家,或拥有自治领土单位的国家,可以指定一个以上中央机关,并指明他们职权所及的领土或人员范围。当一国指定了一个以上中央机关时,应指定一个在任何情况下均可与其联系的中央机关,并由其向国内适当的中央机关转递有关信息。

第七条

一、中央机关应相互合作,并促进各自国家主管机关之间的合作,以保护儿童和实现本公约的其他宗旨。

二、中央机关应直接采取一切适当措施,以便:

(一)提供各自国家有关收养法律的资料以及其他一般资料,如统计数字、标准格式等;

(二)就本公约的执行情况经常互通信息,并尽力消除实施公约的任何障碍。

第八条 中央机关应当直接或通过公共机关采取一切适当措施,防止与收养有关的不适当的金钱或其他收益,并阻止违背本公约宗旨的一切活动。

第九条 中央机关应当直接或通过公共机关或在本国受到适当委任的其他机构,采取一切适当措施,特别是:

(一)收集、保存和交换完成收养所必需的有关儿童和预期养父母情况的资料;

(二)便利、跟进和加快收养的程序,以便实现收养;

(三)推进各自国家的收养咨询和收养后服务的发展;

(四)相互提供关于跨国收养经验的综合性评估报告;

(五)在本国法律允许的情况下,对其他中央机关或公共机关关于提供某项具体收养资料的正当请求作出答复。

第十条 委任只能赋予能够证明其有能力适当履行所交托的工作的机构,并由该机构保有这种资格。

第十一条 受委任机构应当:

(一)只能按照委任国主管机关所确定的条件和限制范围,追求非营利目标;

(二)由道德标准合格和在跨国收养领域受过培训或有过经验而能胜任其工作的人员指导,并配备此类人员;

(三)接受该国主管机关对其组成、业务和财务情况的监督。

第十二条 一缔约国的受委任机构只有在两国主管机关授权的情况下,才可以在另一缔约国活动。

第十三条 每一缔约国应将其所指定的中央机关,必要时将他们的职权范围,以及委任机构的名称和地址通知海牙国际私法会议常设局。

第四章 跨国收养的程序要件

第十四条 惯常居住在一缔约国的人，如希望收养惯常居住在另一缔约国的儿童，应向自己惯常居住国的中央机关提出申请。

第十五条

一、如果收养国中央机关认为申请人符合条件并适宜收养，则应准备一份报告，内容包括申请人身份，其收养的合格性和适当性，其背景、家庭史和病史、社会环境、收养原因、负担跨国收养的能力以及他们适合照顾的儿童的特点。

二、收养国的中央机关应将此报告转交原住国的中央机关。

第十六条

一、如果原住国中央机关认为该儿童可被收养，则应：

（一）准备一份报告，内容包括该儿童的身份、可被收养性、背景、社会环境、家庭史和包括儿童家庭成员在内的病史及儿童的任何特殊需要；

（二）充分考虑儿童的成长和其种族、宗教及文化背景；

（三）确保已经取得第四条规定的同意；

（四）以有关报告特别是关于儿童和预期养父母情况的报告为基础，确认所计划的安置是否符合该儿童的最佳利益。

二、原住国中央机关应向收养国中央机关转交关于儿童的报告，证明已经取得必需的同意和说明作出该项安置决定的原因。如果儿童父母的身份在原住国不能公开，则应注意不泄露该父母的身份。

第十七条 原住国将儿童托付给预期养父母的任何决定，只有在下列情况下才能作出：

（一）原住国中央机关已经确认预期养父母同意这种安置；

（二）收养国中央机关同意该决定，如果收养国法律或原住国中央机关要求此项同意；

（三）两国的中央机关都同意进行收养；

（四）已根据第五条的规定，确认预期养父母条件合格并适于收养，和确认该儿童已经或将被批准进入收养国并长期居住。

第十八条 两国中央机关都应采取一切必要措施使儿童获准离开原住国，进入收养国并长期居住。

第十九条

一、只有在满足第十七条要求的情况下，才能将儿童移送往收养国。

二、两国的中央机关应当确保此种移送在安全和适当的环境下进行，如有可能，由养父母或预期养父母陪同。

三、如果对儿童的移送没有成行，应将第十五条和第十六条所指的报告退还给发出报告的机关。

第二十条　中央机关应就收养程序和完成收养程序的措施经常互通信息。如果有适应期的要求，应互相交换关于安置的进展情况的信息。

第二十一条

一、在儿童被送到收养国后才开始收养的情况下，收养国中央机关如果认为继续将儿童安置给该预期养父母不符合该儿童的最佳利益，则应采取必要措施保护该儿童，特别是：

（一）使该儿童脱离该预期养父母，并安排临时性照顾；

（二）与原住国中央机关协商，以便毫不延迟地为收养之目的重新安置该儿童，在不适宜这样做的情况下，应安排替代性的长期照顾；收养只有在原住国中央机关得到有关新的预期养父母情况的适当通报后才能进行；

（三）在符合儿童利益的条件下，作为最后措施，安排将儿童送回原住国。

二、特别是考虑到儿童的年龄和成熟程度，在根据本条采取措施时应与其协商，必要时应得到他们的同意。

第二十二条

一、在该国法律准许的范围内，第三章提到的公共机关或受委任机构可履行本章所述的中央机关的职能。

二、任一缔约国可向本公约保存机关声明，在该国法律准许的范围内并在其主管机关的监督下，可由该国符合下列条件的机构或个人履行第十五条至第二十一条规定的中央机关的职能：

（一）符合该国对诚实、专业能力、经验和责任感等方面的要求；

（二）道德标准合格和因在跨国收养领域受过培训或有过经验而能胜任其工作。

三、根据本条第二款规定作出声明的缔约国应将这些机构或个人的名称和地址通知海牙国际私法会议常设局。

四、任一缔约国可向本公约保存机关声明，只有有关中央机关的职能已根据本条第一款的规定得到履行的情况下，才能开始收养惯常居住在其领土上的儿童。

五、无论是否根据本条第二款作出声明，第十五条和第十六条中所指的报告在任何情况下均应由中央机关或符合本条第一款规定的其他机关或机构负责准备。

第五章　收养的承认及效力

第二十三条

一、经收养发生国主管机关证明的根据本公约所进行的收养，其他缔约国应依法给予承认。该证明应指明按照第十七条第（三）项达成协议的中央机关及达成协议的时间。

二、每一缔约国应在签署、批准、接受、核准或加入本公约时，将本国有权出具该证明的机关名称和职能以及任何对该指定机关的修改通知公约保存机关。

第二十四条 只有当对一项收养的承认明显违反一缔约国考虑到儿童最佳利益在内的公共政策时,该国才能拒绝承认。

第二十五条 任一缔约国可向公约保存机关声明,该国没有义务承认根据本公约第三十九条第二款所达成的协议而进行的收养。

第二十六条

一、对收养的承认包括:

(一)儿童与其养父母之间法律上的父母子女关系;

(二)养父母对儿童的父母责任;

(三)儿童与其父亲或母亲之间先前存在的法律关系的终止,如果在发生收养的缔约国收养具有此种效力。

二、如果收养终止先前存在的法律上的父母子女关系,在收养国及承认该收养的任何其他缔约国,该儿童应与各该国内具有同样效力的被收养儿童享有同等的权利。

三、前款规定不妨碍承认收养的缔约国适用其现行有效的对儿童更为有利的规定。

第二十七条

一、当在原住国成立的收养并不终止先前存在的法律上的父母子女关系时,可在根据本公约承认该收养的收养国内转换成具有此种效力的收养,如果:

(一)收养国法律允许;

(二)为此种收养的目的已经取得第四条第(三)项和第(四)项规定的同意。

二、第二十三条适用于转换该收养的决定。

第六章 一般规定

第二十八条 本公约不影响原住国法律规定应在其国内收养惯常居住在该国的儿童,或禁止在收养发生前将儿童安置或移送到收养国。

第二十九条 在满足了第四条第(一)项至第(三)项和第五条第(一)项的各项要求前,预期养父母、儿童的父母或照顾儿童的任何其他人不应进行联系,除非收养发生在一个家庭之内,或者其联系符合原住国主管机关规定的条件。

第三十条

一、缔约国的主管机关应确保其所掌握的有关儿童的出生,特别是有关儿童父母身份及其病史的资料得到保存。

二、上述主管机关应确保在该国法律允许的情况下,该儿童或其代理人有权在适当的指导下使用这些资料。

第三十一条 在不违背第三十条的情况下,根据本公约所收集或转递的个人资料,特别是第十五条和第十六条提及的资料,只能用于据以收集或转递这些资料的目的。

第三十二条

一、任何人不得从与跨国收养有关的活动中获取不适当的金钱或其他收益。

二、只有与收养有关的开支和花费，包括参与收养人员的合理的专业收费，可以收取或给付。

三、参与收养的机构的管理人员、行政人员和雇员，不得接受与其所提供的服务不相称的高额报酬。

第三十三条　主管机关如发现本公约的任何规定未被遵守或有不被遵守的严重危险，应立即通知本国的中央机关。该中央机关应负责确保采取适当措施。

第三十四条　如果文件目的国主管机关有此要求，必须提供经证明与原件相符的译文。除非另有规定，翻译的费用应由预期养父母承担。

第三十五条　缔约国的主管机关应快速办理有关收养程序。

第三十六条　对于在不同的领土单位适用两个或更多收养法律制度的国家：

（一）任何提及该国惯常居所的规定应被解释为提及在该国一个领土单位内的惯常居所；

（二）任何提及该国法律的规定应被解释为提及有关领土单位上已生效的法律；

（三）任何提及该国主管机关或公共机关的规定应被解释为提及有关领土单位上的有权机关；

（四）任何提及该国受委任机构的规定应被解释为提及有关领土单位的受委任机构。

第三十七条　对于对不同类别的人员适用两个或更多的收养法律制度的国家，任何提及关于该国法律的规定应被解释为提及该国法律中特定的法律制度。

第三十八条　如果具有统一法律制度的国家没有义务适用本公约，具有不同领土单位且各领土单位具有各自的收养法律规定的国家亦无义务适用。

第三十九条

一、本公约不影响缔约国参加的包含本公约调整事项的任何其他国际文书，除非该文书的成员国作出相反声明。

二、任何缔约国可与一个或更多的其他缔约国缔结协议，以在其相互关系中促进适用本公约。这些协议只能减损第十四条至第十六条和第十八条至第二十一条的规定。缔结此协议的国家应将其副本转交本公约保存机关。

第四十条　本公约不允许保留。

第四十一条　本公约适用于公约在收养国和原住国生效后收到的根据第十四条提出申请的任何案件。

第四十二条　海牙国际私法会议秘书长应定期召开特别委员会会议，以审查本公约的实际执行情况。

第七章　最后条款

第四十三条

一、本公约应向海牙国际私法会议召开第17次会议时的会员国和其他参加该次会议的国家开放签署。

二、本公约须经批准、接受或核准,批准书、接受书和核准书应交存本公约的保存机关——荷兰王国外交部。

第四十四条

一、任何其他国家可在本公约根据第四十六条第一款生效后加入本公约。

二、加入书应交存公约保存机关。

三、此项加入仅对加入国和接到第四十八条第(二)项所指通知后6个月内未对其加入表示异议的那些缔约国之间生效。其他国家可在批准、接受或核准本公约时对上述加入表示异议。任何此类异议应通知公约保存机关。

第四十五条

一、如果一个国家具有两个或更多的领土单位,且这些领土单位在处理与本公约有关的事务时适用不同法律制度,该国在签署、批准、接受、核准或加入时,可声明本公约适用于其全部领土,或其中之一部分或几部分,并可在任何时候通过提交另一项声明修改上述声明。

二、任何此项声明应通知公约保存机关,并应明确本公约对其适用的领土单位。

三、如果一个国家没有根据本条提出声明,则本公约将适用于该国的所有领土单位。

第四十六条

一、本公约自第四十三条规定的第三份批准书、接受书或核准书交存后3个月期间届满后的第1个月的第1天起生效。

二、此后,本公约的生效日期为:

(一)对嗣后批准、接受、核准或加入的每一国家,自其交存批准书、接受书、核准书或加入书后3个月期间届满后的第1个月的第1天起生效;

(二)对根据第四十五条扩展适用本公约的领土单位,自该条所指的通知后3个月期间届满后的第1个月的第1天起生效。

第四十七条

一、本公约成员国可以书面方式通知公约保存机关退出本公约。

二、退出在本公约保存机关收到退出通知后12个月期间届满后的第1个月的第1天起生效。当退出通知指明更长的生效期间时,退出在本公约保存机关收到通知后的该更长期间届满后生效。

第四十八条

本公约保存机关应向海牙国际私法会议成员国和参加第17次会议的其他国家以及

根据第四十四条加入本公约的国家通知下列事项：

（一）第四十三条提及的签署、批准、接受和核准；

（二）第四十四条提及的加入和对加入提出的异议；

（三）本公约根据第四十六条的规定生效的日期；

（四）第二十二条、第二十三条、第二十五条和第四十五条提及的声明和指定；

（五）第三十九条提及的协议；

（六）第四十七条提及的退出。

下列经正式授权的代表在本公约上签署，以昭信守。

1993 年 5 月 29 日订于海牙，本公约仅一份，用英文和法文写成，两种文本同等作准。正本交荷兰王国政府档案库保存，其经核证无误的副本一份应通过外交途径分送海牙国际私法会议召开第 17 次会议时的会员国及参加该次会议的其他国家。

准予就业最低年龄公约

(本公约于1973年6月26日签订,1976年6月19日生效。我国于1998年12月29日批准加入,1999年4月28日交存批准书,同时声明如下:在中华人民共和国领土内及中华人民共和国注册的运输工具上就业或者工作的最低年龄为16周岁;本公约于2000年4月28日对我国生效,适用于香港和澳门。中央政府为香港特别行政区所作的声明如下:一、就香港特别行政区而言,公约第二条所指的最低年龄为15岁;二、就香港特别行政区而言,公约第三条修改为:(一)如获劳工处处长的书面批准,年满15岁但不满16岁的人士,可受雇于《工厂及工业经营条例》所界定的危险行业和使用木工机械工作;(二)如获得酒牌局的书面批准,年满15岁但不满16岁的人士,在上午6时至晚上10时,可在持牌供应酒类以供饮用的处所或其附近受雇)

国际劳工组织大会,

经国际劳工局理事会召集,于1973年6月6日在日内瓦举行其第58届大会,并经决定采纳本届会议议程第4项关于准予就业最低年龄的某些提议,并注意到1919年(工业)最低年龄公约、1920年(海上)最低年龄公约、1921年(农业)最低年龄公约、1921年(扒炭工和司炉工)最低年龄公约、1932年(非工业就业)最低年龄公约、1936年(海上)最低年龄公约(修订)、1937年(工业)最低年龄公约(修订)、1937年(非工业就业)最低年龄公约(修订)、1959年(渔民)最低年龄公约和1965年(井下工作)最低年龄公约的条款,并考虑到就此主题制订一个总文件的时机已到,这一文件将逐步替代现有的适用于有限经济部门的文件,以达到全部废除童工的目的,并经确定这些提议应采取国际公约的形式,于1973年6月26日通过以下公约,引用时得称之为1973年准予就业最低年龄公约:

第一条 凡本公约对其生效的会员国,承诺执行一项国家政策,以保证有效地废除童工并将准予就业或工作的最低年龄逐步提高到符合年轻人身心最充分发展的水平。

第二条

1. 凡批准本公约的会员国应在附于其批准书的声明中,详细说明准予在其领土内及在其领土注册的运输工具上就业或工作的最低年龄;除了符合本公约第4条至第8条规定外,未满该年龄者不得允许其受雇于或从事任何职业。

2. 凡批准本公约的会员国得随后再以声明书通知国际劳工局长,告知其规定了高于以前规定的最低年龄。

3. 根据本条第1款规定的最低年龄应不低于完成义务教育的年龄,并在任何情况下不得低于15岁。

4. 尽管有本条第3款的规定,如会员国的经济和教育设施不够发达,得在与有关的雇主组织和工人组织(如存在此种组织)协商后,初步规定最低年龄为14岁。

5. 根据上款规定已定最低年龄为14岁的各会员国,应在其按照国际劳工组织章程第22条的规定提交的实施本公约的报告中说明:

(a)如此做的理由;或

(b)自某日起放弃其援用有关规定的权利。

第三条

1. 准予从事按其性质或其工作环境很可能有害年轻人健康、安全或道德的任何职业或工作类别,其最低年龄不得小于18岁。

2. 本条第1款适用的职业类别应由国家法律或条例,或由主管当局在与有关的雇主组织和工人组织(如存在此种组织)协商后确定。

3. 尽管有本条第1款的规定,国家法律或条例,或主管当局在与有关的雇主组织和工人组织(如存在此种组织)协商后可准予从16岁起就业或工作,条件是必须充分保护有关年轻人的健康、安全和道德,这些年轻人并须在有关的活动部门受过适当的专门指导或职业训练。

第四条

1. 如属必要,主管当局在与有关的雇主组织和工人组织(如存在此种组织)协商后,对运用本公约将产生特殊和重大问题的有限几种职业或工作得豁免其应用本公约。

2. 凡批准本公约的会员国应在其按照国际劳工组织章程第22条的规定提交的关于实施本公约的第一次报告中,列举按照本条第1款的规定得豁免于应用本公约的任何职业或工作类别,陈述豁免的理由,并应在以后的报告中说明该国法律和实践对豁免此类职业或工作所做规定的状况,并说明在何种程度上已经或建议对此类职业或工作实施本公约。

3. 本公约第3条所规定的职业或工作,不得按照本条规定而免于应用本公约。

第五条

1. 经济和行政设施不够发达的会员国在与有关的雇主组织和工人组织(如存在此种组织)协商后,得在开始时限制本公约的应用范围。

2. 凡援用本条第1款规定的会员国,应在附于其批准书的声明书中,详细说明哪些经济活动部门或企业类别将应用本公约的规定。

3. 本公约的规定至少应适用于下列行业:采矿和采石、制造、建筑、电、煤气和水、卫生服务、运输、仓储和交通,以及种植园和其他主要为商业目的而生产的农业企业,但不包括为当地消费而生产又不正式雇工的家庭企业和小型企业。

4. 任何会员国按照本条规定已限制应用本公约的范围者:

(a)应在其根据国际劳工组织章程第22条的规定提交的报告中,说明不包括在应用本公约范围内的经济活动部门中年轻人和儿童就业或工作的一般状况,以及为扩大应用本公约的规定所可能取得的任何进展;

(b)得在任何时候通过向国际劳工局长提交声明书,正式扩大应用范围。

第六条 本公约不适用于在普通学校、职业技术学校或其他培训机构中的儿童和年轻人所做的工作,或企业中年龄至少为14岁的人所做的工作,只要该工作符合主管当局在与有关的雇主组织和工人组织(如存在此种组织)协商后规定的条件,并是下列课程或计划不可分割的一部分:

(a)一所学校或一个培训机构主要负责的教育或培训课程;

(b)经主管当局批准,主要或全部在一个企业内实施的培训计划;或

(c)为便于选择一种职业或行业的培训指导或引导计划。

第七条

1. 国家法律或条例得允许年龄为13至15岁的人在从事轻工作的情况下就业或工作,这种工作是:

(a)大致不会危害他们的健康或发育;并

(b)不会妨碍他们上学、参加经主管当局批准的职业指导或培训计划或从所受教育中获益的能力。

2. 国家法律或条例还得允许年龄至少为15岁但还未完成其义务教育的人从事符合本条第1款(a)和(b)所要求的工作。

3. 主管当局应确定按照本条第1款和第2款的规定得被允许就业或工作的活动,并应规定从事此种就业或工作的工作小时数和工作条件。

4. 尽管有本条第1款和第2款的规定,已援用第2条第4款的会员国,只要其继续这样做,得以12岁和14岁取代本条第1款的13岁和15岁,并以14岁取代本条第2款的15岁。

第八条

1. 主管当局在与有关的雇主组织和工人组织(如存在此种组织)协商后,得在个别情况下,例如参加艺术表演,准许除外于本公约第2条关于禁止就业或工作的规定。

2. 如此作出的准许应对准予就业或工作的小时数加以限制,并规定其条件。

第九条

1. 主管当局应采取一切必要措施,包括规定适当惩罚,以保证本公约诸条款的有效实施。

2. 国家法律或条例或主管当局应规定何种人员有责任遵守实施公约的条款。

3. 国家法律或条例或主管当局应规定雇主应保存登记册或其他文件并使其可资随时取用;这种登记册或文件应包括他所雇用或为他工作的不足18岁的人的姓名、年龄或出生日期,尽可能有正式证明。

第十条

1. 本公约按照本条条款修正1919年(工业)最低年龄公约、1920年(海上)最低年龄公约、1921(农业)最低年龄公约、1921年(扒炭工和司炉工)最低年龄公约、1932年(非工

业就业）最低年龄公约、1936 年（海上）最低年龄公约（修订）、1937 年（工业）最低年龄公约（修订）、1937 年（非工业就业）最低年龄公约（修订）、1959 年（渔民）最低年龄公约、以及 1965 年（井下工作）最低年龄公约。

2. 本公约生效不应停止接受下列公约的批准：1936 年（海上）最低年龄公约（修订）、1937 年（工业）最低年龄公约（修订）、1937 年（非工业就业）最低年龄公约（修订）、1959 年（渔民）最低年龄公约，或 1965 年（井下工作）最低年龄公约。

3. 如有关各方都以批准本公约或向国际劳工局长送达声明书表示同意停止对 1919 年（工业）最低年龄公约、1920 年（海上）最低年龄公约、1921 年（农业）最低年龄公约和 1921 年（扒炭工和司炉工）最低年龄公约的继续批准，则应停止其继续批准。

4. 如本公约生效或当其生效之时：

（a）一个已批准了 1937 年（工业）最低年龄公约（修订）的会员国承担本公约的义务且已遵照本公约第 2 条规定了最低年龄不低于 15 岁，则依法应为对该公约的立即解约；

（b）关于 1932 年（非工业就业）最低年龄公约所规定的非工业就业，如一个批准了该公约的会员国承担本公约的义务，则依法应为对该公约的立即解约；

（c）关于 1937 年（非工业就业）最低年龄公约（修订）所规定的非工业就业，如一个批准了该公约的会员国承担本公约的义务，并遵照本公约第 2 条规定了最低年龄不低于 15 岁，则依法应为对该公约的立即解约；

（d）关于海事就业，如一个批准了 1936 年（海上）最低年龄公约的会员国承担本公约的义务，并遵照本公约第 2 条规定了最低年龄不低于 15 岁或该会员国规定本公约第 3 条适用于海事就业，则依法应为对该公约的立即解约；

（e）关于海上捕鱼就业，如一个批准了 1959 年（渔民）最低年龄公约的会员国承担本公约的义务，并遵照本公约第 2 条规定了最低年龄不低于 15 岁或该会员国规定本公约第 3 条适用于海上捕鱼就业，则依法应为对该公约的立即解约；

（f）一个批准了 1965 年（井下工作）最低年龄公约的会员国承担本公约的义务，并遵照本公约第 2 条规定了不低于该公约规定的最低年龄或该会员国因本公约第 3 条而规定此年龄适用于井下就业时，则依法应为对该公约的立即解约。

5. 如本公约生效或当其生效之时：

（a）关于 1919（工业）最低年龄公约，承担本公约的义务应涉及根据该公约第 12 条对该公约解约；

（b）关于农业，承担本公约的义务应涉及根据 1921 年（农业）最低年龄公约第 9 条对该公约解约；

（c）关于海事就业，承担本公约的义务应涉及根据 1920 年（海上）最低年龄公约第 10 条和 1921 年（扒炭工和司炉工）最低年龄公约第 12 条对该公约解约。

第十一条　本公约的正式批准书应送请国际劳工局长登记。

第十二条

1. 本公约应仅对其批准书已经国际劳工局长登记的会员国有约束力。

2. 本公约应自两个会员国的批准书已经登记之日起 12 个月后生效。

3. 此后对于任何会员国,本公约应自其批准书已经登记之日起 12 个月后生效。

第十三条

1. 凡批准本公约的会员国,自本公约初次生效之日起满 10 年后,得向国际劳工局长通知解约,并请其登记。此项解约通知书,自登记之日起满一年后,始得生效。

2. 凡批准本公约的会员国,在前款所述 10 年期满后的一年内未行使本条所规定的解约权利者,即须再遵守 10 年,此后每当 10 年期满,得依本条的规定通知解约。

第十四条

1. 国际劳工局长应将国际劳工组织各会员国所送达的一切批准书和解约通知书的登记情况,通知本组织的全体会员国。

2. 局长在将所送达的第 2 份批准书的登记通知本组织的各会员国时,应提请本组织各会员国注意本公约开始生效的日期。

第十五条 国际劳工局长应将他按照以上各条规定所登记的一切批准书和解约通知书的详细情况,按照联合国宪章第 102 条的规定,送请联合国秘书长进行登记。

第十六条 国际劳工局理事会在必要时,应将本公约的实施情况向大会提出报告,并审查应否将本公约的全部或部分修订问题列入大会议程。

第十七条

1. 如大会通过新公约对本公约做全部或部分修订时,除新公约另有规定外,应:

(a)如新修订公约生效和当其生效之时,会员国对于新修订公约的批准,不需按照上述第 13 条的规定,依法应为对本公约的立即解约。

(b)自新修订公约生效之日起,本公约应即停止接受会员国的批准。

2. 对于已批准本公约而未批准修订公约的会员国,本公约以其现有的形式和内容,在任何情况下仍应有效。

第十八条 本公约的英文本和法文本同等为准。

禁止和立即行动消除最恶劣形式的童工劳动公约

（1999年6月17日经第八十七届国际劳工大会通过　2000年11月19日生效　2002年6月29日第九届全国人民代表大会常务委员会第二十八次会议决定批准）

国际劳工组织大会，经国际劳工局理事会召集，于1999年6月1日在日内瓦举行其第87届会议，并考虑到需要通过新的文书，把禁止和消除最恶劣形式的童工劳动作为包括国际合作和援助在内的国家和国际行动的主要优先目标，以便补充依然是童工劳动方面基本文书的1973年准予就业最低年龄公约和建议书，并考虑到立即采取全面行动切实消除最恶劣形式的童工劳动，既要关注免费基础教育的重要性，又要关注需要使有关儿童脱离所有此类工作以及为其康复和社会融合提供援助，还要同时解决其家庭需要问题，并忆及1996年第83届国际劳工大会上通过的关于消除童工劳动的决议，并认识到童工劳动在很大程度上是由于贫困造成的，长期的解决办法有赖于经济的持续增长带来的社会进步，特别是在消除贫困和普及教育方面，并忆及联合国大会于1989年11月20日通过的《儿童权利公约》，并忆及1998年第86届国际劳工大会上通过的《国际劳工组织关于工作中基本原则和权利的宣言及其后续措施》，并忆及某些最恶劣形式的童工劳动已涵盖在其他国际文书中，特别是1930年《强迫劳动公约》和联合国1956年《废止奴隶制、奴隶贩卖及类似奴隶制的制度与习俗补充公约》，并经决定采纳本届会议议程第四项关于童工劳动的若干提议，并经确定这些提议应采取一项国际公约的形式，于1999年6月17日通过以下公约，引用时得称之为1999年《禁止和立即行动消除最恶劣形式的童工劳动公约》。

第一条　凡批准本公约的会员国应立即采取有效的措施，以保证将禁止和消除最恶劣形式的童工劳动作为一项紧迫事务。

第二条　就本公约而言，“儿童”一词适用于18岁以下的所有人员。

第三条　就本公约而言，“最恶劣形式的童工劳动”一词包括：

(a)所有形式的奴隶制或类似奴隶制的做法，如出售和贩卖儿童、债务劳役和奴役，以及强迫或强制劳动，包括强迫或强制招募儿童用于武装冲突；

(b)使用、招收或提供儿童卖淫、生产色情制品或进行色情表演；

(c)使用、招收或提供儿童从事非法活动，特别是生产和贩卖有关国际条约中界定的毒品；

(d)在可能对儿童健康、安全或道德有伤害性的环境中工作。

第四条　1. 第三条(d)项所指的工作类型应由国家法律或条例，或是主管当局，在同有关雇主组织和工人组织磋商之后，考虑有关国际标准，特别是1999年《禁止和立即行动消除最恶劣形式的童工劳动建议书》第3款、第4款的情况，然后确定。

2. 主管当局在同有关雇主组织和工人组织磋商之后，应查明所确定的工作类型存在场所。

3. 根据本条第1款确定的工作类型一览表，应同有关雇主组织和工人组织磋商，进行定期审查并视需要予以修订。

第五条 凡批准本公约的会员国在同雇主组织和工人组织磋商之后，应建立或指定适当机构，监督实施使本公约发生效力的各项条款。

第六条 1. 凡批准本公约的会员国应将制定和实施行动计划，作为优先目标，以消除最恶劣形式的童工劳动。

2. 制订和实施此类行动计划，应同有关政府机构以及雇主组织和工人组织进行磋商，凡适宜时，考虑其他有关群体的意见。

第七条 1. 凡批准本公约的会员国应采取一切必要措施，包括规定和执行刑事制裁或其他必要制裁，以保证有效实施和强制执行使本公约发生效力的各项条款。

2. 考虑到教育对消除童工劳动的重要性，凡批准本公约的会员国应采取有效的和有时限的措施，以便：

(a)防止雇用儿童从事最恶劣形式的童工劳动；

(b)为使儿童脱离最恶劣形式的童工劳动，以及为其康复和社会融合，提供必要和适宜的直接援助；

(c)保证脱离了最恶劣形式的童工劳动的所有儿童，能享受免费基础教育，以及凡可能和适宜时，接受职业培训；

(d)查明和接触处于特殊危险境地的儿童；以及

(e)考虑女童的特殊情况。

3. 凡批准本公约的会员国应指定主管当局，负责实施使本公约发生效力的各项条款。

第八条 凡批准本公约的会员国应采取适宜步骤，通过加强国际合作和/或援助，包括支持社会与经济发展、消除贫困计划与普及教育，以相互帮助，落实本公约的条款。

第九条 本公约的正式批准书应送请国际劳工局长登记。

第十条 1. 本公约应仅对其批准书已经国际劳工局长登记的国际劳工组织会员国有约束力。

2. 本公约自两个会员国的批准书已经国际劳工局长登记之日起12个月后生效。

3. 此后，对于任何会员国，本公约应自其批准书已经登记之日起12个月后生效。

第十一条 1. 凡批准本公约的会员国，自本公约初次生效之日起满10年后得向国际劳工局长通知解约，并请其登记。此项解约通知书自登记之日起满1年后始得生效。

2. 凡批准本公约的会员国，在前款所述10年期满后的1年内未行使本条所规定的解约权利者,即须再遵守10年,此后每当10年期满,得依本条的规定通知解约。

第十二条　1. 国际劳工局长应将国际劳工组织各会员国所送达的一切批准书和解约通知书的登记情况,通知本组织的全体会员国。

2. 国际劳工局长在将所送达的第二份批准书的登记情况通知本组织全体会员国时,应提请本组织务会员国注意本公约开始生效的日期。

第十三条　国际劳工局长应将他按照以上各条规定所登记的一切批准书和解约通知书的详细情况,按照《联合国宪章》第102条的规定,送请联合国秘书长进行登记。

第十四条　国际劳工局理事会在必要时,应将本公约的实施情况向大会提出报告,并审查应否将本公约的全部或部分修订问题列入大会议程。

第十五条　1. 如大会通过新公约对本公约作全部或部分修订时,除新公约另有规定外,应:

(a)如新修订公约已生效,自其生效时,会员国对于新修订公约的批准,不需按照上述第十一条的规定,即为依法对本公约的立即解约;

(b)自新修订公约生效之日起,本公约应即停止接受会员国的批准。

2. 对于已批准本公约而未批准修订公约的会员国,本公约以其现有的形式和内容,在任何情况下仍应有效。

第十六条　本公约的英文本和法文本同等作准。

确定准许儿童在海上工作的最低年龄公约

（本公约于1920年6月15日第三届劳工大会通过　1921年9月27日生效　1982年6月11日吴学谦外长致函国际劳工局局长　承认当时中国政府对本公约和另外十三个劳工公约的批准）

国际劳工组织全体大会，经国际劳工局理事会的召集，于1920年6月15日在热那亚举行会议，经议决采纳关于本大会热那亚会议议程第3项所列“上年11月在华盛顿所制定的禁止使用14岁以下儿童公约适用于海员”的若干提议，并经决定这些提议应采取国际公约的方式，通过下列公约，供国际劳工组织各会员国依据国际劳工组织章程的规定加以批准，此公约得称为《1920年最低年龄（海上）公约》。

第一条　本公约所称的“船舶”一词，系指不问属于任何性质、从事海上航行，无论公有或私有的一切船舶而言，但军舰除外。

第二条　凡儿童在14岁以下者，不得受雇用或工作于船舶上，但船舶所使用的人员仅为同一家庭成员者，不在此限。

第三条　凡儿童在教学船或培训船上所做的工作，如该种工作系经政府机关核准并受其监督者，应不适用第2条的规定。

第四条　为便利本公约各项规定的实施起见，每一船长应置备一名册，将在其船上所使用的所有16岁以下的人员姓名及其出生日期，予以登记；或在协议条文中列一名单。

第五条　1. 凡国际劳工组织会员国已批准本公约者，承允将本公约实施于其殖民地、被保护国及未完全自治的属地，但同时得依下列规定办理：

（a）由于当地情形不能适用本公约者，予以除外；

（b）酌作必要的修改，以使本公约的规定适应当地情形。

2. 每一会员国应将其对于其每一殖民地、被保护国及未完全自治的属地所已采取的措施，通知国际劳工局。

第六条　本公约的正式批准书应送请国际劳工局局长登记。

第七条　国际劳工局局长在国际劳工组织两会员国的批准书已经国际劳工局登记时，应尽快通知国际劳工组织的全体会员国。

第八条　本公约应自国际劳工局局长发出前述通知之日起生效，其效力应仅及于批准书已经国际劳工局登记的会员国，此后对于其他任何会员国，本公约自其批准书已经国际劳工局登记之日起生效。

第九条　凡会员国已批准本公约者，如适合第八条的规定时，承允实行本公约之规定，不迟于1922年7月1日，并采取必要的措施，使之切实有效。

第十条　凡批准本公约的会员国,自本公约初次生效之日起满 10 年后,得向国际劳工局局长通知解约,并请其登记。此项解约通知书,自经国际劳工局登记之日起满 1 年后,始得生效。

第十一条　国际劳工局理事会在必要时,应将本公约的实施情况向大会提出报告,并审查应否将本公约的全部或局部修正问题列入大会议程。

第十二条　本公约的法文本与英文本同等为准。

在海上工作的儿童及未成年人的强制体格检查公约

（1921 年 10 月 25 日第三届国际劳工大会通过　1922 年 11 月 20 日生效　1984 年 6 月 11 日吴学谦外长致函国际劳工局局长　承认当时中国政府对本公约和另外十三个劳工公约的批准）

国际劳工组织全体大会，经国际劳工局理事会的召集于 1921 年 10 月 25 日在日内瓦举行第 3 届会议，经议决采纳关于本届大会议程第 8 项所列“在海上工作的儿童及未成年人的强制体格检查”的若干提议，并经决定这些提议应采取国际公约的方式，通过下列公约，供国际劳工组织各会员国依据国际劳工组织章程的规定加以批准，此公约得称为《1921 年未成年人（海上）的体格检查公约》。

第一条　本公约所称“船舶”一词，系指不问属于任何性质，从事海上航行，无论公有或私有的一切船舶而言，但军舰除外。

第二条　任何船舶对于 18 岁以下的儿童或未成年人的使用，应以提出证明其适宜于此种工作并经主管机关认可的医生签字的体格检查证明书为条件，但船舶所使用的人员仅为家属者，不在此限。

第三条　凡继续在海上工作的上述儿童或未成年人，至多每隔一年，应重受体格检查，并在每次检查后，重新提出证明其适宜于此种工作的体格检查证明书，如体格检查证明书在航程中满期时，其效力应延长至该次航程终了时为止。

第四条　如遇有紧急情况时，主管机关得准许 18 岁以下的未成年人不受本公约第 2 条与第 3 条所规定的检查，先行登船，但当该船驶抵第一个港口时，概须受此种检查。

第五条　本公约的正式批准书应送请国际劳工局局长登记。

第六条　（一）本公约应自国际劳工组织两会员国的批准书已经局长登记之日起生效。

（二）本公约应仅对批准书已经国际劳工局登记的会员国有约束力。

（三）此后对于任何会员国，本公约应自其批准书已经国际劳工局登记之日起生效。

第七条　国际劳工局局长在国际劳工组织两会员国的批准书已经国际劳工局登记时，应立即通知国际劳工组织的全体会员国，此后续有其他会员国的批准书登记时，该局长亦应予以通知。

第八条　凡会员国已批准本公约者，如适合第 6 条的规定时，承允实行第一、第二、第三与第四各条的规定，不迟于 1924 年 1 月 1 日，并采取必要的措施，以使之切实有效。

第九条 凡国际劳工组织会员国已批准本公约者，承允依照国际劳工组织章程第三十五条的规定，将本公约实施于其殖民地、属地及被保护国。

第十条 凡批准本公约的会员国，自本公约初次生效之日起满十年后，得向国际劳工局局长通知解约，并请其登记。此项解约通知书，自经国际劳工局登记之日起满一年后，始得生效。

第十一条 国际劳工局理事会在必要时，应将本公约的实施情况向大会提出报告，并审查应否将本公约的全部或局部修正问题列入大会议程。

第十二条 本公约的法文本与英文本同等为准。

确定准许使用未成年人为扒炭工或司炉工的最低年龄公约

（本公约于1921年10月25日第三届国际劳工大会通过　1922年11月20日生效　1984年6月11日吴学谦外长致函国际劳工局局长　承认当时中国政府对本公约和另外十三个劳工公约的批准）

国际劳工组织全体大会，经国际劳工局理事会的召集于1921年10月25日在日内瓦举行第三届会议，经议决采纳关于本届会议议程第八项所列“禁止使用十八岁以下的未成年人为扒炭工或司炉工”的若干提议，并经决定这些提议应采取国际公约的方式，通过下列公约，供国际劳工组织各会员国依据国际劳工组织章程的规定加以批准，此公约得称为1921年最低年龄（扒炭工及司炉工）公约。

第一条　本公约所称“船舶”一词，系指不问属于任何性质，从事海上航行，无论公有或私有的一切船舶而言，但军舰除外。

第二条　凡十八岁以下的未成年人，不得受雇用或工作在船舶上充任扒炭工或司炉工。

第三条　下列事项应不适用第二条的规定：

（1）未成年人在教学船或培训船上所做的工作，如该项工作系经政府机关核准并受其监督者；

（2）未成年人被使用于主要系以蒸汽以外的方法航驶的船舶者；

（3）凡十六岁以上的未成年人，经体格检查后，如认为体格适宜者，得在专从事在印度及日本沿岸贸易的船舶上受雇用为扒炭工或司炉工，但须受各该国在征询最能代表雇主与工人的组织的意见后所制定的条例的限制。

第四条　如在某一个港口需用一个扒炭工或司炉工，而当地仅有十八岁以下的未成年人可供使用时，可使用这种未成年人，在这种情况下，必须使用两个未成年人以代替所需的一个扒炭工或司炉工，这种未成年人的年龄，至少须为十六岁。

第五条　为便利本公约各项规定的实施起见，每一船长应置备一名册，将在其船上所使用的所有十八岁以下的人员、姓名及其出生日期，予以登记，或在协议条文中列一名单。

第六条　协议中应摘要载明本公约的各项规定。

第七条　本公约的正式批准书应送请国际劳工局局长登记。

第八条　（一）本公约应自国际劳工组织两会员国的批准书已经局长登记之日起生效。

（二）本公约应仅对批准书已经国际劳工局登记的会员国有约束力。

（三）此后对于任何会员国，本公约应自其批准书已经局长登记之日起生效。

第九条　国际劳工局局长在国际劳工组织两会员国的批准书已经国际劳工局登记时，应即以之通知国际劳工组织的全体会员国，此后续有其他会员国的批准书登记时，该局长亦应予以通知。

第十条　凡会员国已批准本公约者，如适合第八条的规定时，承允实行第一、第二、第三、第四、第五与第六各条的规定，不迟于 1924 年 1 月 1 日，并采取必要的措施，使之切实有效。

第十一条　凡国际劳工组织会员国已批准本公约者，承允依照国际劳工组织章程第三十五条的规定，将本公约实施于其殖民地、属地及被保护国。

第十二条　凡批准本公约的会员国，自本公约初次生效之日起满十年后，得向国际劳工局局长通知解约，并请其登记。此项解约通知书，自经国际劳工局登记之日起满一年后，始得生效。

第十三条　国际劳工局理事会在必要时应将本公约的实施情况向大会提出报告，并审查应否将本公约的全部或局部修正问题列入大会议程。

第十四条　本公约的法文本与英文本同等为准。

确定准许使用儿童于工业工作的最低年龄公约

（本公约于1937年6月3日第二十三届国际劳工大会通过　1921年9月27日生效　1984年6月11日吴学谦外长致函国际劳工局局长　承认当时中国政府对本公约和另外十三个劳工公约的批准）

国际劳工组织全体大会，经国际劳工局理事会的召集于1937年6月3日在日内瓦举行第二十三届会议，并经议决采纳关于本届会议议程第六项所列“局部修正本大会第一届会议所通过的确定准许使用儿童于工业工作的最低年龄公约”的若干提议，并认为这些提议须采取国际公约的方式，兹于1937年6月22日通过下列公约，此公约得称为1937年最低年龄（工业）公约（修正）。

第一章　一般规定

第一条　（一）本公约所称的“工业”一词，特指下列而言：

（1）矿场、采石场及其他土中矿物开采业。

（2）从事各种物件的制造、更改、刷新、修理、装饰、完成、整理待售、分散或拆毁，或从事各种原料的变换的工业，船舶制造及电力或他种动力的产出、变换与传送亦包括在内。

（3）房屋、铁路、电车路、海港、船坞、码头、运河、内河、公路、隧道、桥梁、栈道、暗渠、明沟、水井、电报或电话装置、电气设备和企业、煤气企业、自来水企业或其他建筑物的建筑、改建、维护、修理、更改或拆毁，以及此类企业或建筑物的准备与奠基。

（4）公路、铁路或内河的客货运输，包括船坞、码头、埠头或货栈的货物搬运，但用手运输者除外。

（二）各国主管机关应将工业有别于商业与农业的界限予以划明。

第二条　（一）凡儿童在十五岁以下者，不得受雇用或工作在任何公营或私营工业企业或其任何分部。

（二）但除因工作性质或工作环境对于受雇用人的生命、健康或道德有危险性者外，国家法律或条例得准许前述的儿童受雇用于所雇用者仅为雇主家属的企业。

第三条　凡儿童在技术学校所做的工作，如该种工作系经政府机关核准并受其监督者，应不适用本公约的规定。

第四条　为便利本公约各项规定的实施起见，各工业企业的所有雇主，应置备一名册，将其所使用的所有十八岁以下的人员及其出生日期予以登记。

第五条　（一）因工作性质或工作环境对受雇者的生命、健康或道德有危险性者，国家法律应依下列任何一项办理：

（1）对于未成年人或青年人的使用，规定年龄高于十五岁；

（2）授权适当机关对于未成年人或青年人的使用，规定年龄高于十五岁。

（二）依照国际劳工组织章程第二十二条所应提送的年度报告中，关于国家法律依照前款第（1）项所规定的一种或数种年龄或关于适当机关为行使依照前款第（2）项所赋予的权力而采取的措施，应有完备的报告。

第二章　对于若干国家的特殊规定

第六条　（一）本条的规定，应适用于日本，以替代第二条与第五条的规定。

（二）凡儿童在十四岁以下者，不得受雇用或工作在任何公营或私营工业企业或其分部，但国家法律或条例得准许此类儿童受雇用于所雇用者仅为雇主家属的企业。

（三）凡儿童在十六岁以下者，不得受雇用或工作在矿场或工厂中经国家法律或条例明定为危险或不卫生的工作。

第七条　（一）第二、第四与第五条的规定，应不适用于印度，但在印度，下列的规定，应适用于印度立法机关有权实施的一切地域。

（二）凡儿童在十二岁以下者，不得受雇用或工作在使用动力工作并雇用工人超过十人的工厂。

（三）凡儿童在十三岁以下者，不得受雇用或工作在铁路的客货邮件运输，或船坞、码头或埠头的货物搬运，但用手运输者除外。

（四）凡儿童在十五岁以下者，不得受雇用或工作在下列企业或职业：

（1）矿场、采石场及其他土中矿物开采业；

（2）适用本条的职业，经主管机关列为危险或不卫生者。

（五）关于下列的工人，除经医生证明其适合于工作者外，规定如下：

（1）凡已满十二岁而在十七岁以下者，不得准许其工作在使用动力工作并雇用工人超过十人的工厂；

（2）凡已满十五岁而在十七岁以下者，不得准许其工作在矿场。

第八条　（一）本条的规定，应适用于中国，以替代第二、第四与第五条的规定。

（二）凡儿童在十二岁以下者，不得受雇用或工作于使用动力发动的机器，平时雇用工人在三十人以上的任何工厂。

（三）凡儿童在十五岁以下者，不得受雇用或工作在下列企业或职业：

（1）平时雇用工人在五十人以上的矿场；

（2）使用动力发动的机器，平时雇用工人在三十人以上的任何工厂中的工作，经国家法律或条例明定为危险或不卫生者。

（四）凡适用本条的企业的每一雇主，应置备一名册，将其所雇用所有十八岁以下的人予以登记,并附有主管机关所规定的年龄证明文件。

第九条 （一）国际劳工大会在其任何一届会议中,如其议程内列有关于本公约第二章前述任何一条或多条的修正草案时,得以三分之二多数通过。

（二）任何此项修正草案,应叙明适用的会员国,并应由适用的会员国在大会会议闭幕后一年内,或在特殊情况下,在十八个月内,将其提交主管此事的机关,以便制定法律或采取其他措施。

（三）此种会员国,如得主管此事的机关的同意,即将修正案的正式批准书送请国际劳工局局长登记。

（四）任何此项修正草案一经适用的会员国批准后,即作为本公约的修正案生效。

第三章 最后条款

第十条 本公约的正式批准书应送请国际劳工局局长登记。

第十一条 （一）本公约应仅对批准书已经局长登记的国际劳工组织会员国有约束力。

（二）本公约应自两会员国的批准书已经局长登记之日起十二个月后生效。

（三）此后对于任何会员国,本公约应自其批准书已经登记之日起十二个月后生效。

第十二条 国际劳工局局长在国际劳工组织两会员国的批准书已经登记时,应即以之通知国际劳工组织的全体会员国,此后续有其他会员国的批准书登记时,该局长亦应予以通知。

第十三条 （一）凡批准本公约的会员国,自本公约初次生效之日起满十年后,得向国际劳工局局长通知解约,并请其登记。此项解约通知书,自经登记之日起满一年后始得生效。

（二）凡批准本公约的会员国,在前款所述的十年期满后的一年内,如未行使本条规定的解约权利者,即须再遵守十年,此后得依本条的规定,每当十年期满后,通知解约。

第十四条 国际劳工局理事会在必要时,应将本公约的实施情况向大会提出报告,并审查应否将本公约的全部或局部修正问题列入大会议程。

第十五条 （一）如大会制定新公约,系对本公约作全部或局部的修正时,除新公约另有规定外,应:

(1)在新修正公约生效时,会员国对于新修正公约的批准,不须依照前述第十三条的规定,依法应为对本公约的立即解约;

(2)自新修正公约生效之日起,本公约应即停止接受各会员国的批准。

（二）对于已批准本公约而未批准修正公约的会员国,本公约现有的形式及其内容,在任何情况下,仍应有效。

第十六条 本公约的法文本与英文本同等为准。

联合国少年司法最低限度标准规则(北京规则)

(本规则于联合国大会1985年11月29日第40/33号决议通过)

第一部分　总　　则

1. 基本观点

1.1 会员国应努力按照其总的利益来促进少年及其家庭的福利。

1.2 会员国应尽力创造条件确保少年能在社会上过有意义的生活,并在其一生中最易沾染不良行为的时期使其成长和受教育的过程尽可能不受犯罪和不法行为的影响。

1.3 应充分注意采取积极措施,这些措施涉及充分调动所有可能的资源,包括家庭、志愿人员及其他社区团体以及学校和其他社区机构,以便促进少年的幸福,减少根据法律进行干预的必要,并在他们触犯法律时对他们加以有效、公平及合乎人道的处理。

1.4 少年司法应视为是在对所有少年实行社会正义的全面范围内的各国发展进程的一个组成部分,同时还应视为有助于保护青少年和维护社会的安宁秩序。

1.5 应根据每个会员国的经济、社会和文化情况来执行本原则。

1.6 应逐步地建立和协调少年司法机关,以便提高和保持这些机关工作人员的能力,包括他们的方法、着手办法和态度。

说明:

这些主要的基本观点涉及总的社会政策,旨在尽可能促进少年的幸福,从而尽量减少少年司法制度进行干预的必要。这样做也可减少任何干预可能带来的害处。在不法行为发生前为青少年采取这类照管措施是旨在避免产生有适用本规则之需要的基本政策手段。

规则1.1至规则1.3说明了积极的少年社会政策所起的重要作用,尤其在预防少年犯罪和不法行为方面的重要作用。规则1.4规定少年司法是为少年取得社会公理的一个组成部分,而规则1.6则谈到有必要经常改进少年司法,不使其落后于一般关于少年的渐进社会政策的发展,并切记有必要不断改善工作人员的服务。规则1.5力求考虑到会员国的现状,这些现状势必会使会员国执行具体规则的方式互不相同。

2. 规则的范围和采用的定义

2.1 下列最低限度标准规则应公平适用于少年罪犯,不应有任何区别,例如种族、肤色、性别、语言、宗教、政治或其他见解、民族本源或社会出身、财产、血统或其他身份地位的区别。

2.2 为了本规则的目的,会员国应在符合本国法律制度和法律概念的情况下应用下列定义:

(A)少年系指按照各国法律制度,对其违法行为可以不同于成年人的方式进行处理的儿童或少年人;

(B)违法行为系指按照各国法律制度可由法律加以惩处的任何行为(行为或不行为);

(C)少年犯系指被指控犯有违法行为或被判定犯有违法行为的儿童或少年人。

2.3 应努力在每个国家司法管辖权范围内制定一套专门适用于少年犯的法律、规则和规定,并建立受权实施少年司法的机构和机关,其目的是:

(A)满足少年犯的不同需要,同时保护他们的基本权利;

(B)满足社会的需要;

(C)彻底和公平地执行上述规则。

说明:

特意拟就本最低限度标准规则以使可在不同的法律制度内适用,同时规定了一些无论根据哪种关于少年的定义和任何对待少年犯的制度都可用于处理少年犯的最低限度标准。实施本规则时应始终公平对待和不加任何区别。

因此,规则2.1强调了公平和不加任何区别地实行本规则的重要性。这条规则遵循了《儿童权利宣言》原则2的拟写方式。

规则2.2界定"少年"和"违法行为"是"少年犯"概念的组成部分,少年犯是本最低限度标准规则的主要对象(另见规则3和规则4)。应当指出的是,年龄限度将取决于各国本身的法律制度,并对此做了明文规定,从而充分尊重会员国的经济、社会、政治、文化和法律制度。这样,在"少年"的定义下,年龄幅度很大,从7岁到18岁或18岁以上不等。鉴于各国法律制度的不同,这种差别似乎是难免的,而且不会削弱本最低限度标准规则的作用。

规则2.3说明有必要制订具体的国家立法,以便合法地和符合实际地适当执行本最低限度标准规则。

3. 规则应用范围的扩大

3.1 本规则的有关规定不仅适用于少年犯,而且也适用于可能因犯有对成年人不予惩处的任何具体行为而被起诉的少年。

3.2 应致力将本规则中体现的原则扩大应用于所有受到保护福利和教管程序对待的少年。

3.3 还应致力将本规则中体现的原则扩大应用于年纪轻的成年罪犯。

说明:

规则3把少年司法最低限度标准规则的保护扩大到下列范围:

(A)各国法律制度中所称的“身份罪”,在这方面少年的违法行为范围较成人为广(如旷课、在学校和家庭不服管教、公共场所酗酒等)(规则3.1);

(B)少年福利和教管程序(规则3.2);

(C)处理年轻的成年罪犯的程序,当然取决于每一特定的年龄限度(规则3.3)。

将本规则的应用范围扩大到上述3个方面似乎是有道理的。规则3.1规定了这些方面最低限度的保证。人们认为,规则3.2是迈向对所有触犯法律的少年提供比较公正、公平、合乎人道的司法待遇的可喜的一步。

4. 刑事责任年龄

4.1 在承认少年负刑事责任的年龄这一概念的法律制度中,该年龄的起点不应规定得太低,应考虑到情绪和心智成熟的实际情况。

说明:

由于历史和文化的原因,负刑事责任的最小年龄差别很大。现代的做法是考虑一个儿童是否能达到负刑事责任的精神和心理要求,即根据孩子本人的辨别和理解能力来决定其是否能对本质上反社会的行为负责。如果将刑事责任的年龄规定得太低或根本没有年龄限度的下限,那么责任概念就会失去意义。总之,不法行为或犯罪行为的责任概念与其他社会权利和责任(如婚姻状况、法定成年等)密切有关。

因此,应当做出努力以便就国际上都适用的合理的最低年龄限度的问题取得一致意见。

5. 少年司法的目的

5.1 少年司法制度应强调少年的幸福,并应确保对少年犯做出的任何反应均应与罪犯和违法行为情况相称。

说明:

规则5提到了少年司法问题两个最重要的目的。第一个目的是增进少年的幸福。这是那些由家庭法院或行政当局来处理少年犯的法律制度的一个重点,但是,在那些遵循刑事法院模式的法律制度中也应当对少年的幸福给予重视强调,从而可以避免只采用惩罚性的处分(并参看规则14)。

第二个目的是“相称原则”。这一原则作为限制采取惩罚性处分的一种手段是众所周知的,而这一原则在大多数情况下表现为对违法行为的严重性有公正的估量。不仅应当根据违法行为的严重程度而且也应根据本人的情况来对少年犯做出反应。罪犯个人的情况(如社会地位、家庭情况、罪行造成的危害或影响个人情况的其他因素)应对做出相称的反应产生影响(如考虑到罪犯为赔偿受害人而做出的努力,或注意到其愿意重新做人过有益生活的表示)。

由于同样的原因,旨在确保少年犯的幸福所做的反应也许会超过需要,因而侵犯了少年个人的基本权利,在某些少年司法制度中就存在这类情况。在这方面,应当确保对罪犯的情况和对违法行为、包括受害人的情况所做出的反应也要相称。

实质上,规则 5 要求的正是在任何少年违法和犯罪案件中做出公正反应。这条规则中包括的问题也许会有助于促进下两个方面的进展:既需要新的和创新的反应形式,又需要防止不适当地扩大对少年的正规社会约束网。

6. 处理权限

6.1 鉴于少年的各种不同特殊需要,而且可采取的措施也多种多样,应允许在诉讼的各个阶段和少年司法的各级——包括调查、检控、审判和后续处置安排,有适当的处理权限。

6.2 但是,应尽量确保所有各阶段和各级在行使任何这种处理权时充分承担责任。

6.3 行使处理权的人应具有特别资历或经过特别训练,能够根据自己的职责和权限明智地行使这种处理权。

说明:

规则 6.1、规则 6.2 和规则 6.3 结合了有效、公正与合乎人道的少年司法的几个重要特点:必须允许在各级重要的诉讼程序中行使自由处理权,这样使有决定权的人能够对每一案件采取最适当的行动;必须规定进行核查和制衡,以便制止任何滥用自由处理权的现象并保护少年犯的权利。追究责任和专业化对制止扩大处理权是一种最为恰当的手段。因此,这里强调了专业条件和培训专家的重要性,对确保明智地处理少年犯问题是一种宝贵的手段(并参看规则 1.6 和规则 2.22)。在这方面,还强调了需要制定行使处理权的具体准则和对审查、上诉等制度做出规定,以便可以对裁决和责任进行检查。这些内容在这里没有具体列明,因为在国际最低限度标准规则中很难包含这些内容,也不可能包括各种司法制度的所有差别。

7. 少年的权利

7.1 在诉讼的各个阶段,应保证基本程序方面的保障措施,诸如假定无罪指控罪状通知本人的权利、保持沉默的权利、请律师的权利、要求父亲或母亲或监护人在场的权利、与证人对质的权利和向上级机关上诉的权利。

说明:

规则 7.1 强调了几个重要问题,这些问题是进行公平合理审判的基本内容,并且在现有的一些人权文献中已得到了国际上的承认(并参看规则 14)。例如:在《世界人权宣言》第 11 条和《公民权利和政治权利国际公约》第 14 条第 2 款中,都有假定无罪这方面的内容。

规则 14 以下的这些最低限度标准规则特别具体规定了对少年犯的诉讼程序中的一些重要问题,而规则 7.1 只是一般地确认了最基本的程序方面的保障措施。

8. 保护隐私

8.1 应在各个阶段尊重少年犯享有隐私的权利,以避免由于不适当的宣传或加以点名而对其造成伤害。

8.2 原则上不应公布可能会导致使人认出某一少年犯的资料。

说明：

规则8强调了保护少年犯罪享有隐私权的重要性。青少年特别易沾污名烙印。犯罪学方面对于这种加以点名问题的研究表明，将少年总是看成“少年犯”或“罪犯”会造成（各种不同的）有害影响。

规则8还强调了保护少年犯不受由于传播工具公布有关案件的情况（例如被指控或定罪的少年犯的姓名）而造成的有害影响的重要性。少年犯的个人利益应当受到保护或维护，至少在原则上应如此（规则8的一般性内容在规则21中将做进一步的规定）。

9. 保留条款

9.1 本规则的任何部分都不应解释为排除应用联合国所通过的《囚犯待遇最低限度标准规则》和其他人权文书以及国际社会所承认的有关照顾和保护青少年的准则。

说明：

规则9旨在避免在根据现有或正在制订的国际人权文书和标准中所载原则解释和实施本规则时出现任何误解——这些文书如《世界人权宣言》、《经济、社会、文化权利国际公约》、《公民权利和政治权利国际公约》、《儿童权利宣言》和《儿童权利公约》草案。应该认识到，本规则的适用不影响可能载有适用范围更广泛的规定的任何这类国际文书（并参看规则27）。

第二部分 调查和检控

10. 初步接触

10.1 一俟逮捕就应立即将少年犯被捕之事通知其父母或监护人，如无法立即通知，即应在随后尽快通知其父母或监护人。

10.2 法官或其他主管人员或主管机关应不加拖延地考虑释放问题。

10.3 应设法安排执法机构与少年犯的接触，以便在充分考虑到案件发生情况的条件下，尊重少年的法律地位，促进少年的福利，避免对其造成伤害。

说明：

《囚犯待遇最低标准规则》第92条在原则上已包括了规则10.1。

法官或其他主管人员应不加拖延地考虑释放问题（规则10.2）。主管人员系该词最广义所指的任何人员或机关，包括有权释放任何被捕的人的社区委员会或警察当局（并参看《公民权利和政治权利国际公约》第9条第3款）。

规则10.3涉及警察和其他执法人员在处理少年罪行时的某些基本程序问题和行为。大家公认，“避免伤害”的措辞比较灵活，它包括可能互相影响的许多特点（例如恶语相伤，身体暴行或环境影响等）。触犯少年司法程序本身对少年就可能是“有害的”；因此，“避免伤害”应首先广义地解释为尽可能不伤害到少年，以及尽可能不造成其他任何或无故的伤害。这在与执法机构的初步接触中特别重要，因为这可能深刻地影响到少年对国家和社会的态度。而且，任何进一步的干预是否成功，在很大程度上取决于这种初步接触。在这种情况下,同情和宽厚坚定的态度极为重要。

11. 观护办法

11.1 应酌情考虑在处理少年犯时尽可能不提交下面规则 14.1 中提到的主管当局正式审判。

11.2 应授权处理少年犯案件的警察、检察机关或其他机构按照各法律系统为此目的规定的标准以及本规则所载的原则自行处置这种案件,无需依靠正式审讯。

11.3 任何涉及把少年犯安排到适当社区或其他部门观护的办法部应征得少年、其父母或监护人的同意,但此种安排决定在执行前需经主管当局审查。

11.4 为便利自行处置少年案件,应致力提供各种社会方案诸如短期监督和指导对受害者的赔偿和补偿等。

说明:

观护办法,包括免除刑事司法诉讼程序并且经常转交社区支助部门,是许多法律制度中正规和非正规的通常做法。这种办法能够防止少年司法中进一步采取的诉讼程序的消极作用(例如被定罪和判刑带来的烙印)。许多时候不干预可能是最佳的对策。因而,在一开始就采取观护办法而不转交替代性的(社会)部门可能是适当的对策。当罪行性质不严重,家庭、学校或进行非正规社会约束的其他机关已经以或可能会以适当的和建设性的方式做出反应时,情况尤其是如此。

规则 11.2 指出,警察、检察机关或法院、仲裁庭、委员会或理事会等其他机构可在做出决定的任何阶段采用观护办法。可以由一个、几个或全部当局根据各法律制度的规则和政策并遵循本规则来施行这种做法,这些做法不一定局限于性质较轻的案件,从而能使观护办法成为一种重要的工具。

规则 11.3 强调取得少年犯(或父或母或监护人)对建议的观护措施的同意这一要求的重要性(转送社区服务而不征得这种同意,将违反《废止强迫劳动公约》)但是对这种同意也并非不能表示反对,因为,这种同意有时完全是由于少年出于走投无路的绝望心情才同意的。这一规则强调,在观护的各个阶段中,都应尽力减少强制和威胁的可能性。少年不应感到有压力(如避免出庭)或被迫同意接受观护方案。因此,最好做出规定,以便由“主管当局在执行前”客观地评价对少年犯的处置是否适宜(“主管当局”可不同于规则 14 所指的当局)。

规则 11.4 建议,以社区观护办法作为代替少年司法诉讼程序的可行办法。特别推举以赔偿受害者的方式来了结的方案以及通过短时期监督和指导以避免将来触犯法律事件的方案。视个别案件情况有必要采取适当观护方法,即使是当犯有比较严重的罪行(例如初犯,由于同伙的压力而犯下罪行等)。

12. 警察内部的专业化

12.1 为了圆满地履行其职责,经常或专门同少年打交道的警官或主要从事防止少年犯罪的警官应接受专门指导和训练。在大城市里,应为此目的设立特种警察小组。

说明：

规则12提请人们注意，必须对从事少年司法的所有执法人员提供专门训练。由于警察是与少年司法制度发生接触的第一步，因此，他们的行为必须有充分认识而且恰当，这一点极为重要。

都市化与犯罪的关系十分复杂，少年犯罪行为的增加是与大城市的发展特别是无计划的迅速发展存在联系的。因此，特种警察小组不仅对实施本文件中所载的具体原则（如规则1.6）是不可缺少的，而且，从广义上说，对改善少年犯罪的预防和控制及少年犯罪的处理也是不可缺少的。

13. 审前拘留

13.1 审前拘留应仅作为万不得已的手段使用，而且时间尽可能短。

13.2 如有可能，应采取其他替代办法，诸如密切监视、加强看管或安置在一个家庭或一个教育机关或环境内。

13.3 审前拘留的少年有权享有联合国所通过的《囚犯待遇最低限度标准规则》内载的所有权利和保障。

13.4 审前拘留的少年应与成年人分开看管，应拘留在一个单独的监所或拘留在成年人监所的单独部分。

13.5 看管期间，少年应接受按照他们的年龄、性别和个性所需要的照顾、保护和一切必要的社会、教育、职业、心理、医疗和物质方面的个人援助。

说明：

不应低估在审前拘留期间"犯罪污染"对少年的危害性。因此，强调需要采取替代性措施是极为重要的。为此目的，规则13.1鼓励制定新的和创新的措施以便为了少年的利益而避免采取这种拘留。

审前拘留的少年享有《囚犯待遇最低限制标准规则》以及《公民权利和政治权利国际公约》所规定的一切权利和保障，特别是第9条和第10条第2（B）款和第3款规定的权利和保障。

规则13.4不妨碍各国采取其他至少与本规则所提措施同样有效的对付少年罪犯的不利影响的措施。

列举了可能必要的各种不同的援助方式，以提请人们注意拘留少年应获解决的特别需求的广泛性质（例如少女和少男、吸毒酗酒、患精神病的少年以及由于例如被逮捕而精神上受到创伤的少年人，等等）。

受拘留少年的不同的身心特点可能要求采取分类措施，从而对审前拘留的某些人实行单独看管，这样能避免少年受害，并提供更为恰当的援助。

第六届联合国预防犯罪和罪犯待遇大会在其关于少年司法标准的第4号决议规定，本规则除其他外，应反映出这一基本原则，即审前拘留应仅作为万不得已的手段使用，未成年人不应被关押在易受成年被拘留者不良影响的设施中，并始终应考虑到他们发育成长阶段所特有的需要。

第三部分　审判和处理

14. 审判主管当局

14.1 少年罪犯的案件未(按规则 11)转送观护机构时,则应由主管当局(法院、仲裁、委员会、理事会等)按照公平合理审判的原则对其加以处理。

14.2 诉讼程序应按照最有利于少年的方式和在谅解的气氛下进行,应允许少年参与诉讼程序,并且自由地表达自己的意见。

说明:

要拟订一个可充当普遍称为审判当局的主管机关或个人的定义是很困难的。“主管当局”包括法院或仲裁庭的主持人(由 1 名法官或几名法官组成,包括专业和非专业地方法官)以及行政管理委员会(如苏格兰和斯堪的纳维亚的制度)或其他更加非正规的带有审判性质的社会机构和解决冲突机构。

处理少年罪犯的程序在任何时候均应遵守在称为“正当法律程序”的程序下几乎普遍适用于任何刑事被告的最低限度标准。根据正当法律程序,“公平合理审判”应包括如下的基本保障:假定无罪、证人出庭和受询问、公共的法律辩护、保持沉默的权利、在审讯时最后发言的权利、上诉的权利等(并参看规则 7.1)。

15. 法律顾问、父母和监护人

15.1 在整个诉讼程序中,少年应有权由 1 名法律顾问代表,或在提供义务法律援助的国家申请这种法律援助。

15.2 父母或监护人应有权参加诉讼,主管当局可以要求他们为了少年的利益参加诉讼。但是如果有理由认为,为了保护少年的利益必须排除他们参加诉讼,则主管当局可以拒绝他们参加。

说明:

规则 15.1 采用了同《囚犯待遇最低限度标准规则》第 93 条类似的词语。法律顾问和义务法律援助来确保向少年提供法律援助是必要的,规则 15.2 中所述的父母或监护人参加的权利则应被视为是对少年一般的心理和感情上的援助,在整个程序过程中都是如此。

主管当局在对案件寻求适当处理时可能特别会从少年的法律代表(或少年可以而且真正信任的某个其他个人助理)的合作中获益,如果父母或监护人的出席起了反作用,例如,如果他们对少年表现出仇视的态度,那么这种关怀就会受挫;因此必须规定有排除他们参加的可能性。

16. 社会调查报告

16.1 所有案件除涉及轻微违法行为的案件外,在主管当局做出判决前的最后处理之前,应对少年生活的背景和环境或犯罪的条件进行适当的调查,以便主管当局对案件做出明智的判决。

说明：

在大多数少年法律诉讼案中，必须借助社会调查报告（社会报告或判决前调查报告）。应使主管当局了解少年的社会和家庭背景、学历、教育经历等有关事实。为此，有些司法制度利用法院或委员会附设的专门社会机构和人员来达到这一目的。其他人员包括执行缓刑的人员，也可起到这一作用。因此，本规则要求提供足够的社会服务，以便提出合乎要求的社会调查报告。

17. 审判和处理的指导原则

17.1 主管当局的处理应遵循下列原则：

（A）采取的反应不仅应当与犯罪的情况和严重性相称，而且应当与少年情况和需要以及社会的需要相称；

（B）只有经过认真考虑之后才能对少年的人身自由加以限制并应尽可能把限制保持在最低限度；

（C）除非判决少年犯有涉及对他人行使暴力的严重行为，或屡犯其他严重罪行，并且不能对其采取其他合适的对策，否则不得剥夺其人身自由；

（D）在考虑少年的案件时，应把其福祉看作为主导因素。

17.2 少年犯任何罪行不得判以死刑。

17.3 不得对少年施行体罚。

17.4 主管当局有权随时撤销诉讼。

说明：

制订审判少年犯的准则，其主要困难在于存在未解决的哲理性冲突如：

（A）教改，或罪有应得；

（B）帮助，或压制和惩罚；

（C）根据每个案件情况做出反应，或者基于保护整个社会做出反应；

（D）普遍遏制或逐个瓦解。

处理少年案件的这些做法之间的矛盾比在成人案件中的矛盾要大。少年案件所特有的各种各样的原因和反应，使所有这些解决办法都相互交错而不可分。

少年司法最低限度标准规则应起的作用不是规定遵循哪种办法，而是确认一种最符合国际上所接受原则的办法。因此，规则17.1尤其是（A）、（C）分段中所确定的要点，基本上应视为能确保有共同起点的实际可行的准则；如果有关当局重视这些准则（并参看规则5），他们就可大大有助于确保少年的基本权利得到保护，特别是个人发育成长和受教育的基本权利。

规则17.1（B）意味着采用严厉的惩罚性办法是不合适的。在成人案件中和可能某些、严重的少年违法案件中，可能会认为罪有应得和惩罚性处分有些好处，但在少年案件中必须一贯以维护少年的福祉和他们未来的前途为重。

根据第六届联合国预防犯罪大会第8号决议，考虑到必须满足少年的特别要求，鼓励尽可能采用监外教养办法。因此，考虑到公共安全，应当充分应用现有的替代处分办法和制定新的替代处分办法。应当尽可能通过缓期判刑、有条件的判刑、委员会裁决和其他处置办法实行缓刑。

规则 17.1(C)与第六届大会第 4 号决议的指导原则之一相一致，这条原则旨在避免对少年实行监禁，除非没有其他适当的办法可以保护公共安全才这样做。

规则 17.2 禁止死刑的规定是与《公民权利和政治权利国际公约》第 6 条第 5 款相一致的。

禁止使用体罚的规定是与《公民权利和政治权利国际公约》第 7 条和《保护人人不受酷刑和其他残忍、不人道或有辱人格的待遇或处罚宣言》以及《禁止酷刑和其他残忍、不人道或有辱人格的待遇或处罚公约》和儿童权利公约草案 17 相一致的。

随时撤销诉讼的权力(规则 17.4)是处理少年犯与处理成年犯不同的固有特点。主管当局随时可能掌握到事实情况，以致完全停止干预似乎是对案件最好的处理。

18. 各种不同的处理办法

18.1 应使主管当局可以采用各种各样的处理措施，使其具有灵活性，从而最大限度地避免监禁。有些可以结合起来使用的这类措施包括：

(A)照管、监护和监督的裁决；

(B)缓刑；

(C)社区服务的裁决；

(D)罚款、补偿和赔偿；

(E)中间待遇和其他待遇的裁决；

(F)参加集体辅导和类似活动的裁决；

(G)有关寄养、生活区或其他教育设施的裁决；

(H)其他有关裁决。

18.2 不应使少年部分或完全地离开父母的监管，除非其案情有必要这样做。

说明：

规则 18.1 的目的是列举在不同的法律制度下一些已经实行而且至今证实有成效的重要反应和处分。总的来说，它们是一些很有希望的做法，值得效法和进一步加以发展。本规则没有对人员编制提出要求，因为可能某些地区会缺乏足够人员，可在这些地区试行或制定出需要较少人员的措施。

规则 18.1 所举例子都有共同的情况，即它们依靠和求助于社区有效执行监外教养办法。以社区为基础的改造是一种传统办法，现在已有多种形式。在这个基础上，应当鼓励有关当局提供以社区为基础的服务。

规则 18.2 指出家庭的重要性，根据《经济、社会、文化权利国际公约》第 10 条第 1 款，家庭是“社会的自然和基本的单元”。在家庭里，父母不仅有权利，而且有责任照料和监督其子女。因此，规则 18.2 要求把孩子与父母隔离开来这种办法当作万不得已的措施。

只有当案情事实证明确实到了需要采取这一重大步骤(例如虐待儿童)时才可采取这种措施。

19. 尽量少用监禁

19.1 把少年投入监禁机关始终应是万不得已的处理办法,其期限应是尽可能最短的必要时间。

说明:

进步的犯罪学主张采用非监禁办法代替监禁教改办法。就其成果而言,监禁与非监禁之间,并无很大或根本没有任何差别。任何监禁机构似乎不可避免地会对个人带来许多消极影响;很明显,这种影响不能通过教改努力予以抵消。少年的情况尤为如此,因为他们最易受到消极影响的侵袭。此外,由于少年正处于早期发育成长阶段,不仅失去自由而且与正常的社会环境隔绝,这对他们所产生的影响无疑较成人更为严重。

规则19的目的是从两个方面对监禁加以限制:从数量上("万不得已的办法")和从时间上("最短的必要时间")。规则19反映出第六届联合国大会第4号决议的基本指导原则之一:除非在别无任何其他适当办法时,不得把少年罪犯投入监狱。因此,本规定要求,如果不得不对少年实行监禁,则应将剥夺其自由的程度限制在最低限度,并就监禁做出特殊安排,同时注意区别罪犯、罪行和监禁机构的种类。实际上,应首先考虑采用"开放"而不是"关闭式"监禁机构。此外,任何设施均应是教养或感化性的,而不是监禁性的。

20. 避免不必要的拖延

20.1 每一案件从一开始就应迅速处理,不应有任何不必要的拖延。

说明:

在少年案件中迅速办理正式程序是首要的问题。否则法律程序和处置可能会达到的任何好效果都会有危险。随着时间的推移,少年理智和心理上就越来越难以(如果不是不可能)把法律程序和处置同违法行为联系起来。

21. 档案

21.1 对少年罪犯的档案应严格保密,不得让第三方利用。应仅限于与处理手头上的案件直接有关的人员或其他经正式授权的人员才可以接触这些档案。

21.2 少年罪犯的档案不得在其后的成人诉讼案中加以引用。

说明:

本条规则在于在关系档案或案卷的相互冲突利益之间取得平衡,即加强控制的警察、检察机关和其他当局的利益同少年罪犯的利益(并参见规则8)。"其他经正式授权的人员"一般包括除其他人员外,还有研究人员。

22. 需要专业化和培训

22.1 应利用专业教育、在职培训、进修课程以及其他各种适宜的授课方式,使所有处理少年案件的人员具备并保持必要的专业能力。

22.2 少年司法工作人员的组成应反映出触犯少年司法制度的少年的多样成分，应努力确保少年司法机构中有合理的妇女和少数民族工作人员。

说明：

处理案件的主管当局人员背景可能非常不同（在大不列颠及北爱尔兰联合王国及受习惯法系影响区域的地方法官；采用罗马法的国家及受这些国家影响的地区的经过正式训练的法官；其他一些地方推选的或任命的非专业审判员或陪审人员、社区委员会的成员等）。对于所有这些人员都要求具有最低限度的法律、社会学、心理学、犯罪学和行为科学的知识，这是同组织专业化和主管当局的独立性同等重要的。

对于社会工作者和缓刑监督人员来说，要求把职业专门化作为承担处理少年罪犯任务的前提条件可能是行不通的。因此，受过在职专业教育应为最低条件。

专业资格是确保公正有效地执行少年司法的一个重要因素。因此，有必要改进人员的聘用、晋升和专业培训工作，并为其提供必要的手段，以便他们能有效地履行其职能。

在遴选、任命、提升少年司法人员时，应避免政治、社会、性别、种族、宗教、文化或其他任何种类的歧视，以便在少年司法工作中保持公正。这是由联合国第六届大会所建议的。此外，该届大会还要求会员国确保给予从事刑事司法工作的妇女公正平等的待遇，并建议应采取特别措施，聘用、培训妇女从事少年司法工作并为其晋升提供便利。

第四部分　非监禁待遇

23. 处理的有效执行

23.1 应为执行以上规则 14.1 所提到的主管当局所作裁决做出适当的规定，这些裁决可由当局本身或视情况需要由某个其他当局来执行。

23.2 这种规定应包括当局认为有必要时随时更动裁决的权力，其条件是应根据本规则所制订的原则来决定这种更动。

说明：

处理少年案件比处理成人案件更易于对罪犯的一生产生长期影响，因此重要的是主管当局或原来处理案件的具备主管当局同样条件的独立机关（假释委员会、缓刑办公室、保护少年福利机构或其他机构）应监督对处理决定的执行。有些国家为此目的任命了执行法官。

主管当局的组成、权力和职能应是灵活的；规则 23 大体地对它们进行了说明，目的是使该条能被广泛地接受。

24. 提供必要的援助

24.1 应做出努力在诉讼的各个阶段为少年提供诸如住宿、教育或职业培训，就业或其他任何有帮助的实际援助，以便有利推动改造的过程。

说明：

增进少年的福利应是最优先的考虑。因此，规则 24 强调，提供必要的设施、服务以及其他必要的协助是十分重要的，因为这样可以通过改造过程增进少年的最佳利益。

25. 动员志愿人员和其他各项社区服务

25.1 应发动志愿人员、自愿组织、当地机构以及其他社区资源在社区范围内并且尽可能在家庭内为改造少年犯做出有效的贡献。

说明：

本规则反映出为所有教改少年犯的工作制定改造方针的必要性。要使主管当局的指令得到有效的执行，社区方面的合作是必不可少的。志愿人员特别是自愿服务业经证明是非常有价值的资源，但目前未得到充分利用。在某些情况下，前科犯（包括已戒除的前吸毒者）的合作，可以提供相当大的帮助。

规则25是根据规则1.1至规则1.6中所列诸项原则和《公民权利和政治权利国际公约》中的有关规定制定的。

第五部分　监禁待遇

26. 监禁待遇的目标

26.1 被监禁少年的培训和待遇的目标是提供照管、保护、教育和职业技能，以便帮助他们在社会上起到建设性和生产性的作用。

26.2 被监禁少年应获得由于其年龄、性别和个性并且为其健康成长所需要的社会、教育、职业、心理、医疗和身体的照顾、保护和一切必要的援助。

26.3 应将被监禁的少年与成年人分开，应将他们关押在分别的一个监所或关押在成年人的监所的一个单独部分。

26.4 对被监禁的少女罪犯个人的需要和问题，应加以特别的关心。她们应得到的照管、保护、援助、待遇和培训绝不低于少男罪犯。应确保她们获得公正的待遇。

26.5 为了被监禁少年犯的利益和福祉，父母或监护人应有权探望他们。

26.6 应鼓励各部会和部门之间的合作，给被监禁的少年提供适当的知识或在适当时提供职业培训，以便确保他们离开监禁机关时不致成为没有知识的人。

说明：

规则26.1和规则26.2所确定的监禁待遇目标是任何制度和文化都可以接受的，但很多地方尚未达到这些目标，在这方面还需做更多的工作。

医疗特别是心理上的帮助，对被监禁的吸毒成瘾的、狂暴的和患精神病的少年，是极重要的。

规则26.3规定，使处于监禁的少年免受成人罪犯的不利影响和保障他们的福祉，正如第六届大会第4号决议所规定的，是与本规则的一项基本指导原则相一致的。这一规则不妨碍各国采取至少与这一规则中所提措施同样有效的其他对付成人罪犯的不利影响的措施（并参见规则13.4）。

规则26.4是针对第六届大会所指出的女性罪犯一般得到的注意较男性罪犯差这一

事实。特别是第六届大会的第9号决议要求在刑事司法程序的每一阶段对女性罪犯给予公正的待遇，并在监禁时期对她们的特殊问题和需要给予特别的关心。此外，还应根据第六届大会的《加拉加斯宣言》——该宣言特别要求在刑事司法中给予平等待遇——并以《消除对妇女歧视宣言》和《消除对妇女一切形式歧视公约》为背景来考虑本规则。

探访权（规则26.5）是根据规则7.1、规则10.1、规则15.2和规则18.2的规定而来的。部会与部门之间的合作（规则26.6）对普遍提高监禁待遇和培训的质量有特别的重要意义。

27. 联合国所通过的《囚犯待遇最低限度标准规则》的适用

27.1《联合国囚犯待遇最低限度标准规则》和有关各项建议应就其有关方面适用于对待被监禁的包括被拘留尚待审判的少年罪犯。

27.2 应尽最大的努力执行《囚犯待遇最低限度标准规则》所规定的有关原则，以便根据少年的年龄、性别和个性满足他们不同的需要。

说明：

《囚犯待遇最低限度标准规则》是联合国最早颁布的这类文书之一。人们普遍认为该规则已在全世界范围内产生影响。尽管在一些国家，其执行只是一种愿望而不是一个事实，但是该规则对监禁机关的人道和公平管理仍起着重要的影响作用。

《囚犯待遇最低限度标准规则》包括了一些涉及被监禁的少年罪犯的基本保护（住宿、建筑、被褥、衣服、申诉和要求、与外界的接触、食物、医疗、参加宗教仪式、按年龄分组、工作人员、工作等），其中也包括了处罚和纪律的规定以及对危险罪犯的管束。如果要在少年司法最低限度标准范围内，根据少年罪犯监禁机关的特点，来更动该最低限度标准规则，是不适当的。

规则27着重于被监禁少年的必要需求（规则27.1）以及根据他们年龄、性别和个性的不同需要（规则27.2）。因此，本规则的目标和内容是与《囚犯待遇最低限度标准规则》的有关规定互相关联的。

28. 经常、尽早地采用假释办法

28.1 有关当局应尽最大可能并尽早采用从监禁机关假释的办法。

28.2 有关当局应对从监禁机关假释的少年给予帮助和监督，社区应予充分的支持。

说明：

如规则14.1所提到的主管当局或某些其他当局具有就假释做出决定的权力。因此，本规则提到“有关”而不是“主管”当局，这是恰当的。

如果情况允许，应采取假释，不一定要服满刑期。当表明有改过自新进步良好的证据时，甚至在监禁时曾经被认为危险的罪犯，在可行时，也可予以假释。像缓刑一样，假释是有条件的，需做到在有关当局判决规定的一段时间内有良好的表现，例如，罪犯“行为良好”，参加社区教改方案、重返社会训练所居住等。

从监禁机关获得假释的罪犯，应由1名缓刑工作人员或其他人员（尤其是尚未采用缓刑的地方）给予帮助和监督，也应鼓励社区的支持。

29. 半监禁式的办法

29.1 应努力提供帮助少年重获社会新生的半监禁式办法，如重返社会训练所、教养院、日间训练中心及其他这类适当的安排办法。

说明：

不应低估在监禁期后加以照管的重要性。本规则强调有必要组成一系列半监禁式的安排办法。

本规则也强调有必要提供各种不同的设施和服务，以满足少年犯重返社会的不同需要，并且把提供指导和结构上的支助作为帮助顺利重获社会新生的一项重要措施。

第六部分 研究、规划、政策制订和评价

30. 研究作为规划、政策制订和评价的基础

30.1 应做出努力组织和促进必要的研究工作，把它作为有效规划和制定政策的基础。

30.2 应做出努力定期地审查和评价少年不法行为和犯罪的趋势、问题和原因以及被拘禁的少年的各种特殊需要。

30.3 应做出努力在少年司法制度中建立经常的评价研究体制，收集和分析供有关评价和今后改善和改革管理用的有关数据和资料。

30.4 在少年司法方面的提供服务工作应作为国家发展努力的一个组成部分来进行系统的规划和执行。

说明：

人们普遍承认，利用研究作为制定一项通晓情况的少年司法政策的基础，是保持实践和知识同时提高并不断发展和改进少年司法制度的一个重要方法。在少年司法方面，研究同政策的相互反馈是尤其重要的。由于少年的生活方式及少年犯罪方式和领域的迅速而且往往急剧的变化，社会和司法机关对少年犯罪和不法行为的反应很快就变得不合时宜和不适当了。

因此规则30为把研究结合到少年司法政策的制定和应用的过程，规定了一些标准。本规则指出，应特别注意有必要对现行的方案和措施做经常的审查和评价，并从总体发展目标这一更大的角度进行规则。

对少年的需要及其不法行为的趋势和问题进行不断的评价，是正规地和非正规地改进制订有关政策和确定适当干预方法的一个条件。在这方面，负责机构应促进独立人士和团体进行研究，获得并考虑到少年本身的意见，不仅是那些触犯过少年司法制度的少年的意见，也许是有价值。

在规划过程中必须特别强调更加有效和公平地提供必要服务的制度。为此应对少年普遍和特定的需要和问题进行全面和经常的评价，并定出明确的优生事项。在这方面，在使用现有资源、包括适于建立具体程序以执行和监督既定方案的监外教养办法和社区支持方面，也应进行协调。

联合国保护被剥夺自由少年规则

（本规则于1990年12月14日联合国大会第45/113号决议通过）

一、基本原则

1. 少年司法系统应维护少年的权利和安全，增进少年的身心福祉，监禁办法只应作为最后手段加以采用。

2. 只应根据本《规则》和《联合国少年司法最低限度标准规则》所规定原则和程序来剥夺少年的自由。剥夺少年的自由应作为最后的一种处置手段，时间应尽可能短，并只限于特殊情况。制裁的期限应由司法当局确定，同时不排除今后早日释放的可能性。

3. 本《规则》旨在制定出符合人权和基本自由为联合国所接受保护以各种形式被剥夺自由少年的最低限度标准，目的在避免一切拘留形式的有害影响，并促进社会融合。

4. 本《规则》应公正无私地适用于所有少年，不得由于种族、肤色、性别、年龄、语言、宗教、国籍、政治观点或其他见解、文化信仰或习俗、财产、出生或家庭地位、族裔本源或社会出身、或残疾而有任何歧视。少年的宗教文化信仰、习俗及道德观念应得到尊重。

5. 制定《规则》是为了向管理少年司法系统的专业人员提供一种现成的参考标准、鼓励和指导。

6. 本《规则》应以本国语文印发给少年司法工作人员。不熟悉拘留所内工作人员所用语文的少年应有权在必要时获得传译服务，特别应有权在体格检查和纪律程序过程中获得这种服务。

7. 各国酌情将本《规则》纳入本国立法或对本国立法作出相应修正，并对违反本《规则》情事规定有效补救措施，包括少年受到伤害时为其提供赔偿。各国还应监测本《规则》的适用情况。

8. 主管机构应不断致力，使公众认识到，照料好被拘留的少年，让他们为重返社会做好准备，是一项非常重要的社会服务，为此目的，应采取积极步骤，促进少年与当地社区的公开接触。

9. 本《规则》中的任何规定不得解释为免予执行国际社会所公认有助于少年儿童和所有青年人的权利、照料和保护的有关联合国人权文书和标准。

10. 遇本《规则》第二至第五部分所载某些规则的实际应用与第一部分所载规则发生任何冲突时，遵守第一部分则应视为主要要求。

二、规则的范围和适用

11. 为本《规则》的目的，应采用以下定义：

(a)少年系指未满18岁者。应由法律规定一年龄界限，对在这一年龄界限以下的儿童不得剥夺其自由；

(b)剥夺自由系指对一个人采取任何形式的拘留或监禁，或将其安置于另一公私拘禁处所，由于任何司法、行政或其他公共当局的命令而不准自行离去。

12. 剥夺自由的实施情况应以确保尊重少年的人权为条件。应当保证拘留在各种设施内的少年能得益于有意义的活动和课程，这些活动和课程将有助于增进他们的健康，增强他们的自尊心，培养他们的责任感，鼓励他们培养有助于他们发挥社会一员的潜力的态度和技能。

13. 被剥夺自由的少年不应因有关这一身份的任何理由而丧失其根据国内法或国际法有权享有并与剥夺自由情况相容的公民、经济、政治、社会或文化权利。

14. 少年各项权利的保护特别是关于执行拘留措施的合法性应由司法当局加以保证，而社会融合的各项目标则应根据国际标准、本国法律和条例，由获准探访少年但不属于拘留设施的一个适当组成机关进行定期检查及执行其他管理措施来加以保证。

15. 本《规则》适用于被剥夺自由少年所在的任何类别和形式的拘留设施。本《规则》第一、第二、第四和第五部分适用于扣押少年的一切拘留设施和机构处所，第三部分则针对被逮捕或待审讯的少年。

16. 本《规则》应根据每个会员国普遍的经济社会和文化条件加以实施。

三、被逮捕或待审讯的少年

17. 被逮捕扣押的少年或待审讯("未审讯")的少年应假定是无罪的，并当作无罪者对待。应尽可能避免审讯前拘留的情况，并只限于特殊情况。因此，应作出一切努力，采用其他的替代办法。在不得已采取预防性拘留的情况下，少年法院和调查机构应给予最优先处理，以最快捷方式处理此种案件，以保证尽可能缩短拘留时间。应将未审讯的拘留者与已判罪的少年分隔开来。

18. 未审讯少年拘留的待遇条件应与下述各项规定相一致，必要时还可酌情根据假定无罪的要求、拘留期限和有关少年的法律地位和状况，作出具体的补充规定。这些规定应包括但不一定只限于下列各项：

(a)这些少年应有权得到法律顾问，并应能申请免费法律援助(如有这种援助的话)，并能经常与法律顾问进行联系。此种联系应保证能私下进行，严守机密；

(b)如果有可能，应向这些少年提供机会从事有酬工作或继续接受教育或培训，但不应要求他们一定这样做。而工作、教育或培训都不应引致继续拘留；

(c)这些少年应可得到和保留一些消遣和娱乐用具，只要符合司法管理的利益。

四、少年设施的管理

A. 记录

19. 所有报告包括法律记录、医疗记录和纪律程序记录以及与待遇的形式、内容和细节有关的所有其他文件，均应放入保密的个人档案内，该档案应不时补充新的材料，非特许人员不得查阅，其分类编号应使人一目了然。在可能情况下，每个少年均应有权对本人档案中所载任何事实或意见提出异议，以便纠正那些不确切、无根据或不公正的陈述。为了行使这一权利，应订立程序，允许根据请求由适当的第三者查阅这种档案。释放时，少年的记录应封存，并在适当时候加以销毁。

20. 任何拘留所在未获得司法、行政或其他公共当局的有效拘留令时，均不得接受任何少年入所。拘留令的内容应立即登记入册。不得将少年拘留在任何没有这种登记册的设施内。

B. 入所、登记、迁移和转所

21. 在所有拘留少年的场所，均应保存下列关于所接受的少年的完整而可靠的资料记录：

(a)关于该少年的身份的资料；

(b)拘留的事实和理由以及有关负责当局；

(c)入所、转所和释放的日期和时间；

(d)每一次接收少年入所，或将其照料下的少年转所或释放时，将情况通知其家长或监护人的具体内容；

(e)已知身心健康问题的细节，包括吸毒和酗酒在内。

22. 应毫不迟延地向有关少年的家长和监护人或关系最近的亲属提供上述入所、安置、转所和释放的资料。

23. 接收后应尽快就每一少年的个人情况和处境拟写全面报告和有关资料，提交管理部门。

24. 少年入所时，应发给每人一本以其易懂语文刊印的有关拘留设施的规定及其权利和义务的书面说明，连同负责受理申诉的主管当局的地址以及能提供法律协助的公私机构或组织的地址，如少年为文盲或看不懂书面资料，应以能使他充分理解的方式向他传达资料内容。

25. 应帮助所有少年了解有关该拘留所内部组织的条例、所提供照料的目的和方法、纪律要求和程序、获取资料和提出申诉的其他所允许方法以及所有为使他们充分理解其拘留期间的权利和义务所必要的其他事项。

26. 运送少年的费用应用管理部门负担，运送工具应通风良好、光线充足，其条件应是不使他们感到难受或失去尊严。不得任意将少年从一所转到另一所。

C. 分类和安置

27. 少年入所后，应尽快找他们谈话，撰写一份有关心理及社会状况的报告，说明与该少年所需管教方案的特定类型和等级有关的任何因素。此报告应连同该少年入所时对其进行体格检查的医官报告一起送交所长，以便在所内为该少年确定最适宜的安置地点及其所需和拟采用的特定类型和等级的管教方案。如需要特别感化待遇，且留在该所的时间许可，则应由该所训练有素的人员拟定一项个别管教书面计划，说明管教目的和时间构想以及应用以达到目标的方式、阶段和延迟情况。

28. 拘留少年的环境条件必须根据他们的年龄、个性、性别、犯罪类别以及身心健康充分考虑到他们的具体需要、身份和特殊要求，确保使他们免受有害的影响和不致碰到危险情况。将被剥夺自由的各类少年实行分开管理的主要标准是提供最适合有关个人特殊需要的管教方式，保护其身心道德和福祉。

29. 在各种拘留机构内，少年应与成人隔离，除非他们属于同一家庭的成员。作为确经证明有益于所涉少年的特别管教方案内容的一部分，可在管制情况下让少年与经过慎重挑选的成人在一起。

30. 应为少年设立开放性的拘留所，开放性的拘留所是完全没有或很少警备设施的场所。这类拘留所内人数应尽可能不多。拘留在完全关闭的拘留所内的少年人数也应不多以便进行个别管教。少年拘留所应进行分权管理，且其规模应便于少年与其家庭的联系和接触。应设小型拘留所，与社区的社会、经济和文化环境融合。

D. 物质环境和住宿条件

31. 被剥夺自由的少年有权享有可满足一切健康和尊严要求的设施和服务。

32. 少年拘留所的设计和物质环境应符合收容教养改过自新的目的，并应适当顾及少年的隐私、对感官刺激、与同龄人交往和参加文体娱乐活动的需要。少年拘留所的设计和结构应尽量减少火灾危险，确保能从房舍中安全撤出。应装置有效的火警系统，建立正规的经常演习制度来保证少年的安全。拘留所不得建造在明知有害健康或有其他危险的地区。

33. 寝室通常应为小组集体宿舍或个人睡房，并须注意到当地的标准。于睡眠时间应经常对所有住宿地区包括单人房间和集体宿舍进行不打扰人的检查，以保证每个少年的安全。应按照地方或国家标准，向每一少年发放足够的干净被褥，并应保持整齐和经常更换以确保干净。

34. 便所的位置和标准应使所内每一少年于需要时可正当方便，并应清洁隐蔽。

35. 持有个人财物是隐私权的一项基本内容，对少年的心理健康至关重要。应充分承认和尊重每一个少年持有个人财物和拥有充分设施来存放这些财物的权利。少年个人财物中本人不想保留的或予以没收的部分，应置于安全保管之下。保管财物的清单应由少年签字。应采取措施使这些财物保持完好。除准许其花掉的钱或向外界寄送的财物外，所有这些物件和金钱均应在该少年获释时如数归还。如少年收到或被发现持有任何药品，应由医官决定应如何使用。

36. 所内少年应有权尽可能穿用自己的衣服。拘留所应确保每一少年得到适合气候和足以保持其健康的衣服，这种衣服绝不得是污辱性或屈辱性的。应允许出于任何原因调离或离开拘留所的少年穿自己的衣服。

37. 每个拘留所应确保所内少年均应有权享用经过适当制作并在正常用餐时间提供的食品，其质量和数量应满足营养、卫生和健康标准，并尽可能考虑到宗教和文化方面的要求。应随时向每一少年提供清洁饮水。

E. 教育、职业培训和工作

38. 达到义务教育年龄的所有少年均有权获得与其需要和能力相应并以帮助其重返社会为宗旨的教育。这种教育应尽可能在拘留所外的社区学校里进行,但无论如何应有合格的教师,其课程应与本国的教育制度一致,以便获释后能继续学业而不感到困难。拘留所管理部门应特别注意外籍的或具有特殊文化或族裔需要的少年的教育。文盲或有认知或学习困难的少年应有权接受特殊教育。

39. 应允许和鼓励超过义务教育年龄但仍想继续学习的少年继续学习,应尽力为他们提供获得适当的教育课程的机会。

40. 向拘留所内的少年颁发毕业文凭或学历证明时,不应以任何方式表示该少年曾受拘留教养。

41. 每一拘留所均应有图书馆,藏有数量足够宜于少年阅读的知识性和娱乐性图书,应鼓励所内少年能够充分利用这些图书。

42. 所内少年均应有权获得职业培训,所选职业应能使其为今后的就业做好准备。

43. 在正当选择职业并合乎拘留所管理部门的要求范围内,所内少年应能按照自己的愿望选择所想从事的工作。

44. 适用于童工和青年工人的所有国家和国际保护性标准均应适用于被剥夺自由的少年。

45. 应尽可能让所内少年最好在当地社区从事有报酬的劳动,以补充所提供的职业培训,增加其在重返社区后获得适当就业的可能性。所提供的工作应能作为适当的培训,对少年获释后有所助益。拘留所内提供工作的安排和方法应尽量与社区内类似工作的安排和方法相同,以便少年适应正常的职业生活条件。

46. 参加工作的所内少年均有权获得公平的报酬。为拘留所或为第三方赢利的这一目的不得高于少年及其职业培训的利益。通常应将少年收益的一部分作为储蓄金另立,在少年获释时交还。少年应有权利用这些收益的剩余部分购买物品供自己使用,或者赔偿因其违法行为而受到伤害的受害者,或者寄给家里或拘留所外的其他人。

F. 娱乐

47. 所内少年应有权每天做适当时间的自由活动,如天气允许,活动地点应为室外,活动期间通常应提供适当的娱乐或体能训练。应为这些活动提供适当的场地、设施和设备。每一少年每天均应另有闲暇活动时间,根据少年的要求,其中部分时间应用于帮助学习手工艺技能。拘留所应确保每一少年的体格上能够参加向其提供的体育活动。应在医护人员指导下,向有需要的少年提供补救性的体育锻炼和理疗。

G. 宗教

48. 应允许所内每一少年满足其对宗教和精神生活的需要,特别是参加在拘留所内举行的仪式或聚会或自行联系仪式并持有其宗教派别进行宗教仪式和宣讲时所必要的书籍或物品。如果拘留所内信仰某一宗教的少年达到一定人数,应指定或批准该宗教一名或数名合格代表，允许他们定期举行仪式并应所内少年的要求对他们进行个别的宗教探望。每一少年均应有权接受其选择的任一宗教合格代表的探望，也应有权不参加宗教仪式和自由表示不接受宗教教育、辅导或宣传。

H. 医疗护理

49. 所内少年均应有权获得充分的预防性和治疗性的医疗护理，包括牙医、眼科和精神科护理以及医疗所需药品和特别膳食。如可能，所有这种医疗护理通常应由拘留所所在社区的有关卫生机构和服务部门向被拘留少年提供，以防止他们受人以特殊眼光看待，而培养他们的自尊，并促使他们与社区融合。

50. 所内少年有权在入拘留所时立即由医生进行体检，以便记录进所前受过任何虐待的迹象，并查明需要医疗护理的任何身心方面的情况。

51. 向所内少年提供医疗服务时应设法检查和治疗任何可能影响少年重返社会的身心疾病、药物滥用或其他情况。每一少年拘留所应能随时获得足够的医疗设施和设备，这些设施和设备应与收容人数及其要求相称，并配合所内医疗人员所受预防性保健护理和处理紧急医疗事件的培训。生病、感觉不适或有身心不适症状的少年，应迅速由医官检查。

52. 任何医官如有理由认为某一少年的身心健康已受到或将受到长期拘留、绝食或任何拘留条件的损害，应立即将实际情况报告有关拘留所的所长和负责保障少年福祉的独立当局。

53. 患有精神病的少年应送往受独立的医疗管理的专门机构接受治疗。应与有关机构作出安排，采取措施确保必要时在释放后继续进行精神病治疗。

54. 少年拘留所应采用由合格人员管理的预防吸毒戒毒康复专门方案，这些方案应与有关少年的年龄、性别及其他要求相符，应向吸毒酗酒少年提供解毒设施和服务，并配备训练有素的工作人员。

55. 基于医疗理由为进行必要治疗时方得施药，可能时应事先通知有关少年并征得其同意。施药的目的绝不是为了套取资料或口供，也不是一种惩罚或管束手段。绝不能对少年进行药物试验和治疗试验。任何药物均应由合格的医护人员批准和施给。

I. 生病、受伤和死亡通知

56. 所内少年的家属或监护人以及少年指定的任何其他人均有权查问并于该少年的健康发生任何重大变化时及时了解他的健康状况。遇所内少年死亡、因生病而需要将他转送到所外医疗机构或因其健康状况而需要在拘留所内接受了门诊治疗 48 小时以上时，拘留所所长应立即将此情况通知该少年的家属或监护人或其他指定者。遇所内少年为外国公民时，应将此事通知其所属国家领事当局。

57. 遇所内少年在其被剥夺自由期间死亡，关系最近的亲属应有权查验死亡证明书、验看遗体和决定处置遗体的方法。遇少年在拘留期间死亡，应对死因进行独立的调查，调查报告应提供给关系最近的亲属。如系释放后六个月内死亡，并有理由认为死亡原因与拘留期间有关,也应进行这种调查。

58. 所内少年如有近亲死亡、重病或重伤时应立即获通知,该少年应有机会参加已逝近亲的葬礼或探望病况濒危的亲属。

J. 与外界的接触

59. 应提供一切手段确保所内少年与外界充分接触,这是他们有权享有的公正人道待遇的一个组成部分,对使青少年做好准备重返社会来说也极其重要。应允许所内少年与其家人、朋友以及外界有信誉组织的人员或代表接触,允许他们离开拘留所回家探亲,并应特准由于教育、职业或其他重要原因而外出。如系服刑少年,则其离拘留所外出时间应计入服刑时间。

60. 所内少年均应有权经常定期地接受探访,原则上每周一次,至少每月一次,探访的环境应尊重少年的隐私及其与家人和律师接触并进行无拘束交谈的需要。

61. 除非有法定限制,所内少年均应有权与其选择的人进行书面或电话联系,必要时应助其有效地享有此一权利。每一少年均应有权收取信件。

62. 所内少年均应有机会阅读报纸、期刊及其他出版物,听收音机和看电视节目及电影,以及接受他感兴趣的任何合法俱乐部或组织的代表的探访,借此经常了解新闻。

K. 身体束缚和使用武力的限制

63. 禁止为任何目的使用束缚工具和武力,但规则 64 规定者除外。

64. 束缚工具和武力只有在特殊情况下,当所有其他控制方法都已用尽并证明无效时才能使用,并必须有法律和条例的明文授权和规定。使用束缚工具和武力不应造成屈辱或侮辱,使用范围应有限,时间应尽可能短。为了防止少年自我伤害、伤害他人或严重毁坏财物,可根据所长的命令使用束缚工具。如发生这种情况,所长应立即与医护及其他有关人员磋商,并报告上级管理当局。

65. 在任何少年拘留所内所方人员禁止携带和使用武器。

L. 纪律程序

66. 任何纪律措施和程序均应确保安全,确保共同生活的秩序,并应符合维护少年自身尊严的原则和拘留所管教的根本目的,即灌输一种正义感、自尊感和尊重每个人的基本权利的意识。

67. 应严格禁止任何构成残酷、不人道或有辱人格的待遇的纪律措施,其中包括体罚、关在暗室、密闭或单独禁闭或其他任何有害有关少年身心健康的惩罚。禁止以任何理由减少供食的限制或不准与家人接触的做法。劳动应视为一种培养少年自尊的教育手段,以便为其重返社会做好准备,因而不应强行劳动以之作为一种纪律处罚。任何少年不应由于同一违反纪律事件而受到一次以上的处罚。禁止进行集体处罚。

68. 主管管理当局所采立法或条例应充分考虑到少年的基本特点、需要和权利,定出关于下述各项规范:

(a)构成违反纪律的行为;

(b)可施加的纪律处罚的种类和时限;

(c)有权施加此种处罚的官员;

(d)有权审理上诉的官员。

69. 关于越轨行为的报告应立即送交主管当局,主管当局应及时对之作出决定。主管当局应对事件进行彻底的检查。

70. 除严格按现行法律和条例办事的情况外,任何少年不应受到纪律处罚。除非先将所指控的违反纪律行为以少年充分理解的适当方式告知当事人并给予提出申辩的适当机会,包括向公正无私的主管当局上诉的权利,任何少年不应受到处罚。所有纪律程序均应作出完整记录。

71. 任何少年不应担负执行惩戒的责任,除非是在监管某一社会、教育或体育活动中或在自行管理方案中。

M. 视察和投诉

72. 有资格的视察人员或相当资格的不属于拘留所管理部门的当局,应有权经常进行视察和自行进行事先不经宣布的视察,在行使这一职责时,其独立性应享有充分的保证。在少年被剥夺或可能被剥夺自由的任何设施,视察人员应不受限制地接触到这些设施所雇用或在其中工作的所有人员、其中的所有少年以及阅看此类设施的所有记录。

73. 属于视察机关或公共卫生部门的合格医官应参加视察,评估有关环境、卫生、住宿、膳食、体操和医务等各项规定的执行情况,并评估所内生活关系到少年身心健康的任何其他方面或其他情况。每一少年都应有权同任何视察人员进行秘密交谈。

74. 在完成一次视察后,视察人员应就其视察结果提出一份报告。此项报告应包括评价各拘留所是否充分执行本规则和本国有关法律的规定,并提出为保证执行本规则和本国法律规定而认为必要的任何步骤的建议。视察人员所发现的情况之中,如有任何事实表明发生了违反关于少年权利或少年拘留所作业方面的法律规定的现象,应将有关事实通知有关当局以进行调查和起诉。

75. 每一少年应随时有机会向拘留所所长及其委托的代表提出请求或申诉。

76. 每一少年应有权通过核准的渠道向少年拘留所的中枢管理部门、司法部门或其他适当部门提出请求或申诉,其内容不受检查,而且应及时得到答复。

77. 应采取努力,设立一个独立的部门(监察专员),接受和调查被剥夺自由的少年提出的申诉,并协助达成公平的解决方案。

78. 每一少年应有权请求家人、法律顾问、人道主义团体或可能时请求其他人提供帮助,以便提出申诉。如文盲少年需要利用提供法律顾问或有权接受申诉的公私机构和组织的服务,则应向他们提供协助。

N. 重返社会

79. 所有所内少年都应得到安排,帮助他们在释放后重返社会,重过家庭生活、重新就学或就业。应为此设立有关的程序,包括提前释放和特别课程。

80. 主管当局应提供或确保提供一些服务,帮助少年在社会上重新立足并减少对这些少年的偏见。这些服务应在可能的情况下确保向该少年提供适当的住所、职业、衣物和足够的生活资料,使获释后能够维持生活,以便顺利融入社会。应与提供此种服务机构的代表磋商,并让他们与拘留中的少年接触,以便帮助他们重返社会。

五、管理人员

81. 管理人员应具适当的条件并包括足够数量的专家,例如教育人员、职业教导员、辅导人员、社会工作者、精神病专家和心理学家。这些专家及其他的专门人员一般应长期聘用。但在合适情况下按其所能提供协助和培训的程度,并不排除聘用兼职人员或志愿人员的做法。各拘留所应根据被拘留少年的个别需要和问题,利用社区可提供的所有合宜的补救、教育、道德和精神及其他来源和形式的帮助。

82. 管理当局应认真挑选和聘用各级和各类的工作人员,因为各拘留所是否管理得好,全靠他们的品德、人道、处理少年的能力和专业才能以及个人对工作的适应性。

83. 为达致上述目的,管理人员应作为专业人员加以任用,给以优厚报酬以便吸引和留住合适的男女人才,应不断鼓励少年拘留所的管理人员努力做到人道、负责、专业、公平和有效率地履行自己的职责和义务,他们任何时候都应以身作则,使自己的言行赢得少年的尊敬,为他们树立好榜样。

84. 管理当局应建立合宜的组织形式和管理形式,以利拘留所内不同类别的工作人员之间的联系,从而保证照顾少年的各个部门之间的合作,还应有利于工作人员同管理当局之间的联系,以保证直接与少年接触的人员能够很好地发挥作用,便于其有效地履行职责。

85. 所有管理人员应受适当培训,以便能够有效地执行其责任,尤其包括关于儿童心理、儿童福利和国际人权和儿童权利标准和规范、包括本规则各项内容的培训。所有管理人员应通过参加在其任内定期举办的在职人员进修班,保持并提高其专业知识和业务能力。

86. 拘留所所长应在管理能力、学历和经验方面充分符合其工作所要求的条件,并应按专职进行工作。

87. 拘留所管理人员在履行其职责时应尊重和保护所有少年的人格尊严和基本人权,特别是:

(a)拘留所任何人员不得以任何借口或在任何情况下施加、唆使或容忍发生任何严刑拷打行为或施加其他粗暴、残酷、不人道或有辱人格的待遇、处罚、感化或纪律手段;

(b)所有管理人员应坚决反对和制止任何贪污受贿行为,并在发现时立即报告主管当局;

(c)所有管理人员均应遵守本《规则》。凡有理由相信发生了或要将发生严重违反本《规则》情事的人员,应将情况报告其上级机关或掌有审查或纠正权力的机关;

(d)所有管理人员应确保少年的身心健康得到充分保护,包括保护其不受性侵犯、身体上和精神上的虐待以及剥削利用,必要时应立即采取行动,给予医疗处置;

(e)所有管理人员应尊重少年的隐私权,尤其应对其作为专业人员身份从中得知的有关少年或其家庭的机密情事保守秘密;

(f)所有管理人员应致力减少拘留所内外生活上的区别,因为这种区别往往会削弱对拘留所内少年人格尊严的尊重。

联合国预防少年犯罪准则(利雅得准则)

(1990年12月14日联合国大会第45/112号决议通过)

一、基本原则

1. 预防少年违法犯罪是社会预防犯罪的一个关键部分。青少年通过从事合法的、有益社会的活动,对社会采取理性态度和生活观,就可以形成非犯罪型的态度。

2. 要成功地预防少年违法犯罪,就需要整个社会进行努力,确保青少年的均衡发展,从其幼童期起尊重和促进其性格的发展。

3. 为诠释本《准则》的目的,应遵循以儿童为中心的方针。青少年应发挥积极作用,参与社会活动,而不应被看作仅仅是社会化的或控制的对象。

4. 在实施本《准则》时,根据国家法律制度,青少年从其幼年开始的福利应是任何预防方案所关注的重心。

5. 应认识到制定进步的预防少年违法犯罪政策以及系统研究和详细拟订措施的必要性和重要性。这些政策措施应避免对未造成严重损害其发展或危害他人行为的儿童给予定罪和处罚。这种政策和措施应包括:

(a)提供机会,特别是受教育的机会,以满足青少年的不同需要,作为对所有青少年、特别是那些明显处于危险或面临社会风险而需要特别照顾和保护的青少年的一种辅助办法,以保障所有青少年的个人发展;

(b)在法律、程序和建立机构、设施和服务网的基础上,采取专门化的防止不端行为的理论和方法,以减少发生违法的动机、需要和机会或诱发的条件;

(c)官方干预,首先应着重于青少年的整体利益并以公正、公平的思想作为指导;

(d)维护所有青少年的福利、发展、权力和利益;

(e)要考虑青少年不符合总的社会规范和价值的表现或行为,往往是成熟和成长过程的一部分,在他们大部分人中,这种现象将随着其步入成年而消失;

(f)要认识到专家绝大多数的意见是,把青少年列为"离经叛道"、"违规闹事"或"行为不端",往往会助成青少年发展出不良的一贯行为模式。

6. 在防止少年违法犯罪中,应发展以社区为基础的服务和方案,特别是在还没有设立任何机构的地方。正规的社会管制机构只应作为最后的手段来利用。

二、本《准则》的范围

7. 本《准则》应在下列国际文书的广义范围内予以诠释和执行;《世界人权宣言》、《经济、社会、文化权利国际盟约》、《公民权利和政治权利国际盟约》、《儿童权利宣言》和《儿童权利公约》,并符合《联合国少年司法最低限度标准规则》(北京规则)的内容以及有关儿童和青少年权利、利益和福祉的其他文书和规范。

8. 本《准则》应结合每个会员国当前的经济、社会和文化条件予以执行。

三、总的预防

9. 全面性的预防计划应由各级政府制订,并包括下列内容:

(a)深入地分析问题,查明现有的方案、服务、设施和可取得的资源;

(b)明确划定参与预防工作的合格机关、机构和人员的责任;

(c)制定具体办法,适当协调各政府机构和非政府机构间的预防工作;

(d)对根据预测的研究所制定的政策、方案和战略不断进行监测,并在执行过程中认真作出评估;

(e)制定有效减少发生不端行为的机会的方法;

(f)促进社区通过各种服务和方案进行参与;

(g)国家、州省和地方政府之间开展密切的跨学科合作,吸收私营部门、所针对社区的公民代表、劳工、儿童保育、卫生教育、社会、执法、司法机关等部门参加,采取协调一致共同行动防止少年违法和犯罪行为;

(h)让青少年参与制定防止不端行为的政策和程序,包括借助社区资源、青少年自助、受害者赔偿和援助方案等;

(i)各级的专业人员。

四、社会化过程

10. 预防政策的重点应促使所有儿童和青少年尤其是要通过家庭、社区、同龄人、学校、职业培训和工作环境以及通过各种自愿组织成功地走向社会化和达到融合。应对儿童和青少年适当的个人发展给予应有的尊重,并应在其社会化和融合的过程中,把他们视为完全的、平等的伙伴。

A. 家庭

11. 每个社会均应将家庭及其所有成员的需要和福利置于高度优先地位。

12. 由于家庭是促使儿童初步社会化的中心环节,政府和社会应竭力维护家庭、包括大家庭的完整。社会有责任帮助家庭提供照料和保护,确保儿童的身心福祉。应提供适当安排、包括托儿服务。

13. 各国政府应制定政策以利儿童在稳定和安定的家庭环境中成长。凡在解决不稳定状况或冲突状况中需要帮助的家庭,均应获得必要的服务。

14. 如缺乏稳定和安定的家庭环境,而社区在这方面向父母提供帮助的努力又归于失败,同时不能依靠大家庭其他成员发挥这种作用的情况下,则应考虑采取其他的安置办法,包括寄养和收养。这种安置应尽最大可能仿造成一种稳定和安定的家庭环境,与此同时还应为孩子建立永久感,以避免引起由于连续转移寄养而连带产生的问题。

15. 对受到经济、社会和文化上迅速而不平衡变化影响的家庭的儿童,尤其是土著、移民和难民家庭的儿童,应给予特别的关注。由于这类变化可能破坏家庭的社会能力,而往往由于角色和文化冲突的结果，无法按照传统方式抚养培育孩子时，则必须采用创新性的、有益于社会的方式来保证儿童的社会化过程。

16. 应采取措施和制定方案，为家庭提供机会，学习在孩子发展和照顾方面父母的角色和义务，同时促进亲子之间的关系，使父母能敏锐地发现孩子的种种问题，并鼓励参与家庭和社区范围的活动。

17. 各国政府应采取措施，促进家庭的和睦团结，并劝阻使孩子与父母分开的做法，除非出现特殊情况，影响到孩子的幸福和前途，而没有别的可行办法。

18. 强调家庭和大家庭的社会化功能十分重要；认识到青少年在社会上的未来作用、责任、参加与合作精神也同样十分重要。

19. 为确保儿童适当社会化的权利，各国政府及其他机构应依靠现有的社会和法律机构，但当传统的制度和习俗不起作用时，还应提供和允许创新措施。

B. 教育

20. 各国政府有义务使所有青少年都能享受公共教育。

21. 教育系统除其学术和职业培训活动外，还应特别注意以下方面：

(a)进行基本价值观念的教育，培养对孩子自身的文化特性和模式、对孩子所居住国家的社会价值观念、对与孩子自身不同的文明、对人权和基本自由的尊重；

(b)促使青少年的个性、才能、身心方面的能力得到最充分的发展；

(c)青少年应作为教育过程的积极而有效的参加者，而不仅是作为教育的对象；

(d)举办一些活动，培养学生对学校和社区的认同感和归属感；

(e)鼓励青少年理解和尊重各种不同的观点和意见以及文化上和其他的差异；

(f)提供职业培训、就业机会及职业发展方面的信息和指导；

(g)对青少年提供正面的情绪支助并避免精神方面的不适待遇；

(h)避免粗暴的处分方式，特别是体罚。

22. 教育系统应设法与家长、社区组织和关注青少年活动的机构共同合作。

23. 应让青少年及其家庭认识法律，知道他们的法定权利和责任以及普遍的价值体系，包括联合国的各项文书。

24. 教育系统应对面临社会风险的青少年给予特别的关怀和注意。应编制专门的预防方案、教材、课程、方法和工具，并予以充分利用。

25. 应特别重视制订防止青少年酗酒吸毒及滥用其他药物的全面政策和战略。教师和其他专业人员应充分准备并得到培训来防止和对付这些问题。应向全体学生提供关于包括酒精在内的药物使用和滥用情况资料。

26. 各学校应成为向青少年提供医疗、辅导及其他服务的中心和介绍中心，特别是应向那些受到虐待、忽视以及受到伤害和剥削利用而有特殊需要的青少年提供上述服务。

27. 应通过各种教育方案使教师及其他成年人以及全体学生能敏锐地注意到青少年的问题、需要和见解，尤其是贫困阶层、处境不利阶层、少数族裔或其他少数人和低收入阶层的青少年。

28. 学校系统应致力要求在课程、教学方法以及聘请和培训合格教师方面，达到并推动最高的专业水平和教育水平。应确保由合适的专业组织和当局对工作绩效进行定期监测并作出评估。

29. 学校系统应与社区团体合作，规划、制定和实施青少年感兴趣的课外活动。

30. 对于有困难遵守出勤规定的学生和对于中途退学者，应给予特别的帮助。

31. 各个学校应推动定出公平合理的政策和规定；在制订学校政策包括纪律政策的委员会上以及决策方面应有学生的代表。

C. 社区

32. 社区应制订或加强现有的符合青少年特殊需要，适应他们的问题、兴趣和忧虑的各种社区性服务和方案，以及向青少年及其家庭提供适当的辅导和指导。

33. 社区应提供或加强现有的各种社区性支助青少年的措施，其中包括设立社区发展中心、文娱活动设施和服务，以解决面临社会风险的儿童的特殊问题。在提供这些协助措施时，应确保尊重个人的权利。

34. 对已无法留在家里或无家可归的青少年，应建立专门设施，向他们提供适当的收容住所。

35. 应提供各种服务和帮助措施，解决青少年步入成年期所经历的种种困难。这种服务应包括对吸毒青少年的特别方案，其中应强调关怀、辅导、协助和着重治疗的干预。

36. 向青少年提供服务的自愿组织，应由各国政府及其他有关机构提供财政及其他支助。

37. 应建立或加强地方一级的青少年组织，并给予管理社区事务的充分参加资格。这些组织应鼓励青少年举办集体性和自愿性的项目，尤其是帮助那些需要协助的青少年的项目。

38. 政府机构应负起特别责任，向无家可归或流浪街头的儿童提供必要的服务；应随时向青少年提供当地设施、住所、就业及其他帮助形式和来源的信息。

39. 应建立各种适合青少年的特别兴趣的文娱设施和服务，并方便他们使用。

D. 大众传播媒介

40. 应鼓励大众传播媒介确保青少年能获得本国和国际的各种信息和资料。

41. 应鼓励大众传播媒介表现青少年对社会的积极贡献。

42. 应鼓励大众传播媒介向社会上青少年提供关于现有的服务、设施和机会等方面的信息。

43. 应促使一般的大众传播媒介、特别是电视和电影尽量减少对色情、毒品和暴力行为的描绘，在展现暴力和剥削时要表现出不赞成的态度，特别是对儿童、妇女和人与人的关系要避免卑贬、污辱性的呈现，提倡平等的原则和角色的平等。

44. 大众传播媒介在播放有关青少年吸毒酗酒的消息时，应意识到自身的广泛社会作用、责任和影响。应通过平衡的方式播放始终一贯的信息，发挥其防止药物滥用的威力。应促进在各个层次开展有效的认识毒品的宣传。

五、社会政策

45. 政府机构应把帮助青少年的计划和方案放在高度优先地位，并应拨付足够资金及其他资源，以有效地提供服务、设施和配备人员，进行适当医疗、精神保健、营养、住房及其他有关服务，包括吸毒酗酒的预防和治疗，保证这些资源真正用于青少年身上，使青少年得到益处。

46. 将青少年安置教养的做法，应作为最后的手段，而且时间应尽可能短，应把他们的最大利益放在最重要的位置。应严格规定允许采取此种正规干预的标准，并且一般只限于下述几种情况：(a)孩子受到了父母或监护人的伤害；(b)孩子受到了父母或监护人的性侵犯或身体上、精神上的虐待；(c)孩子受到了父母或监护人的疏忽、遗弃或剥削；(d)孩子因父母或监护人的行为而遭到身体或道德方面的危险；(e)孩子的行为表现对其有严重的身心危险，如采取非安置教养办法，其父母、监护人或孩子本身，或任何社区服务，均无法应付此种危险。

47. 政府机构应向青少年提供机会，使其可继续接受全日制教育，如果父母或监护人不能供养，则应由国家提供经费，并且得到工作的锻炼。

48. 防止违法不端行为的方案应以可靠的、科学的研究结果为依据，进行规划和制定，并应定期监测、评价和作出相应的调整。

49. 应向专业界和一般公众传播关于何种行为或情况显示或可导致青少年身心受到伤害、损害、虐待和剥削的科学知识。

50. 参与各种计划和方案应以自愿为原则。应使青少年本身参与计划和方案的规划、制订和执行。

51. 各国政府应在刑事司法系统内和系统外，开始或继续探讨、制定和执行各项政策、措施和战略，以防止对青少年的和影响到青少年的家庭暴力，并确保家庭暴力的受害者得到公正待遇。

六、立法和少年司法工作

52. 各国政府应颁布和实施一些特定的法律和程序，促进和保护所有青少年的权利和福祉。

53. 应颁布和实施防止伤害、虐待、剥削儿童和青少年以及利用他们进行犯罪活动的法规。

54. 不应使儿童或青少年在家庭、学校或任何其他机构内受到粗暴或污辱性的纠正或惩罚措施的对待。

55. 应制定立法，限制和管制儿童和青少年获取任何种类武器的可能，并予以执行。

56. 为防止青少年进一步受到污点烙印、伤害和刑事罪行处分，应制定法规，确保凡成年人所做不视为违法或不受刑罚的行为，如为青少年所做，也不视为违法且不受刑事。

57. 应考虑设立一个监察处或类似的独立机关，确保维护青少年的地位、权力和利益并适当指引他们得到应有的服务。监察官或指定的其他机关也应监督《利雅得准则》、《北京规则》和《保护被剥夺自由少年规则》的执行情况。监察官或其他机关应定期出版一份关于执行这些文书的进展情况和在执行过程中所遭遇困难的报告。还应建立推动儿童福利的机构。

58. 为适应青少年的特殊需要，应培训一批男女执法人员及其他有关人员，尽可能地使他们熟悉和利用各种方案和指引办法，不把青少年放在司法系统中处置。

59. 应颁布立法，保护儿童和青少年免受吸毒和贩毒之害，并予以严格执行。

七、研究、政策制订和协调

60. 应作出努力并建立适当机制，以促进各经济、社会、教育和卫生机构和服务、司法系统、青少年、社区和发展机构及其他有关机构之间开展多学科和部门内的协调和配合。

61. 应加强在国家、区域和国际各级交流通过执行项目、方案、实践和创新活动所得的有关防止青少年犯罪和违法行为以及少年司法的信息、经验和专门知识。

62. 应进一步发展和加强包括开业者、专家和决策者在内的关于防止少年犯罪和违法行为以及少年司法的区域和国际合作。

63. 关于某些实际问题和政策性问题、特别是培训、试点和示范项目以及关于有关防止青少年犯罪和违法行为的具体问题的技术和科学合作，各国政府和联合国系统及其他有关部门应给予强有力的支持。

64. 应鼓励开展协作，进行防止青少年犯罪和违法行为的有效办法的科学研究，并将研究结果广为散播和予以评价。

65. 联合国各有关机关、研究所、机构和部门应就有关儿童、少年司法以及防止青少年犯罪和违法行为的各种问题，继续进行密切的合作与协调。

66. 根据本《准则》，联合国秘书处应与有关机构合作，在进行研究、科学协作、提出政策选择以及审查和监测其执行情况方面发挥积极的作用，并应作为取得有关防止违法不端行为有效办法的可靠信息的来源。

儿童生存、保护和发展的世界宣言

（1990年9月30日于纽约签订）

1. 我们聚集一堂，举行世界儿童问题首脑会议，目的是做出共同的承诺并向全世界紧急呼吁：让每个儿童有更好的未来。

2. 世界上的儿童是纯洁、脆弱、需要依靠的。他们还充满好奇，充满生气，充满希望。儿童时代应该是欢乐、和平、游戏、学习和生长的时代。他们的未来应该在和谐和合作之中形成。他们应该在开阔视野、增长新的经验的过程中长大成人。

3. 但是，对许多儿童来说，童年的现实却与此完全不同。

4. 每一天，世界上有无数的儿童面临危险，使他们的生长和发展受到阻碍。他们的苦难无穷无尽；他们因战争和暴力遭受伤亡；他们是种族歧视、种族隔离、侵略、外国占领和吞并的受害者；他们成为难民和流离失所的儿童，不得不离弃自己的家园和根基；他们成为残疾人；或成为遭受忽视、残暴和剥削的受害者。

5. 每一天，千百万儿童因贫穷和经济危机而遭受苦难——他们遭受着饥饿和无家可归之苦、传染病和文盲之苦以及环境恶化之苦。他们因外债问题所造成的严重影响以及因许多发展中国家，特别是最不发达国家，不能取得长期和持久的增长而要受苦受难。

6. 每一天，4万名儿童死于营养不良和疾病，包括后天免疫机能丧失综合征（艾滋病），死于缺少干净水和卫生条件不足，并死于毒品造成的影响。

7. 这些挑战是我们作为政治领袖所必须面对的。

8. 我们各国在一起，拥有手段和知识，能够保护儿童的生命和极大地减轻他们的苦难，促进充分发展他们的人的潜力，并使他们认识到自己的需要、权利和机会。《儿童权利公约》提供了新的机会，真正使全世界尊重儿童的权利和福利。

9. 最近国际政治气候的改善有助于推动这项工作。通过国际合作和团结一致，现在应该可以在许多领域取得具体的成果——振兴经济增长和发展，保护环境、预防致命和致残疾病的传播以及实现更多的社会和经济正义。目前裁军方面的活动也意味着可以腾出大量的资源用于非军事目的。在重新分配这些资源时，提高儿童福利必须是非常高度的优先。

10. 第一项责任是改善儿童健康状况和营养，而且这也是一项现在已经有了解决办法的任务。因为可以轻而易举地防止引起他们死亡的原因，每天可以挽救千千万万男女儿童生命。世界许多地方的儿童和婴儿死亡率高得令人不能接受，但是利用现已知道的、很容易获取的办法就可以大大降低死亡率。

11. 应该给予残疾儿童和处境非常困难的儿童更多的关心、照顾和支持。

12. 普遍加强妇女的作用，确保她们的平等权利，将有利于全世界的儿童。必须在一开始就给予女孩同等待遇和机会。

13. 目前，1 亿以上儿童得不到基本教育，其中三分之二是女孩。为所有儿童提供基本教育和识字是可以为世界儿童的发展所作的最重要的贡献之一。

14. 每年有五十万母亲死于与分娩有关的疾病。必须用一切可能的方法来促进母亲的安全。必须把重点放在负责任地规划生育数量和生育间隔。家庭是儿童成长和幸福的基本群体和自然环境，应予以所有必要的保护和帮助。

15. 必须通过致力于儿童福利的家庭和其他保育人员，使儿童在一个安全的、保护性的环境中能够发现自己的特性，认识到自己的价值。必须使他们准备好在一个自由的社会负责任地生活。从他们的童年起，就应鼓励他们参与他们社会的文化生活。

16. 经济条件将继续大大影响儿童的命运，特别是在发展中国家。为了所有儿童的未来，紧迫地需要保证或恢复所有国家的持久和持续的经济增长和发展，并继续迫切注意及早、广泛和持久地解决发展中负债国所面临的外债问题。

17. 这些任务需要所有国家通过国家行动和国际合作，进行持久协调的努力。

18. 儿童幸福需要最高一级的政治行动，我们决心采取这样的行动。

19. 我们在此庄严承诺，对儿童的权利，对他们的生存、及对他们的保护和发展给予高度优先。这也将保证所有社会的幸福。

20. 我们同意我们将在国际合作和我们各自的国家中，共同采取行动。我们现在对保护儿童权利和改善生活的以下十点方案做出我们的承诺：

（1）我们将努力推动尽早批准和执行《儿童权利公约》。应该在全世界推行各种方案，以鼓励传播关于儿童权利的资料，同时顾及到不同国家不同的文化和社会价值。

（2）我们将努力推动扎实的全国性和国际性行动，以增进儿童健康、提高产前保健，并降低所有国家、所有民族的婴儿和儿童死亡率。我们将促进所有社区为其全体儿童提供干净用水，并使所有人享有卫生条件。

（3）我们将努力通过消除饥饿、营养不良和饥荒的措施，使儿童获得最大程度地成长和发展，从而使千百万儿童在一个能够使其所有公民吃饱的世界上免受悲惨的苦难。

（4）我们将努力加强妇女的作用和地位。我们将促进负责任的生育数量、生育间隔、母乳喂养和母亲安全计划。

（5）我们将努力做好工作，从而尊重家庭在抚养儿童方面的作用，并支持父母、其他保育人员和社区对儿童，从早期童年至青春期的养育和照料。我们还认识到与家庭分离的儿童的特殊需要。

（6）我们将努力制定方案，内容包括：减少文盲，并为所有儿童，无论其背景和性别，提供教育机会；使儿童为生产性就业做好准备和终身学习的机会，即通过职业培训；让儿童在一个支持性的、培育性的文化和社会环境中长大成人。

（7）我们将努力改善千百万生活在特殊困难环境中的儿童的命运——种族隔离和外

国占领的受害者;孤儿和街头流浪儿童以及移徙工人的孩子;流离失所的儿童以及自然灾害和人为灾害的受害者:残疾儿童和受虐儿童,社会处境不利的儿童和受剥削的儿童。必须帮助难民儿童寻找生活中新的根。我们将努力对工作儿童给予特殊保护,并废除非法使用童工,我们将竭尽全力确保不使儿童成为非法毒品之灾难的受害者。

(8)我们将做出慎重努力,保护儿童免遭战争之灾祸,并采取措施以防止更多的武装冲突,以便给予所有各地的儿童一个和平与安全的未来。我们将在儿童教育中宣传和平、谅解和对话的价值。即使是在战争中、在充满暴力的地区,也必须保证儿童和家庭的基本需要。我们建议,为了儿童的利益,在仍然发生战争和暴力的地方规定平静期间和设立特别救济走廊。

(9)我们将做出努力,采取共同措施,在所有层次保护环境,从而使所有儿童享有一个更为安全健康的未来。

(10)我们将做出努力,向贫穷发起全球性进攻,这将立即促进儿童的福利。发展中国家,特别是最不发达国家的儿童易受伤害,他们有特殊的需要,对此,应给予优先地位。但是,需要所有国家,通过国家行动和国际合作,来促进增长和发展的需要。这就需要向发展中国家转移适当的额外资源,以及改善贸易条件,进一步贸易自由化和减免债务措施。这还意味着促进世界经济增长的结构调整,特别是在发展中国家,同时保证人口中最脆弱的部分,特别是儿童的福利。

21. 世界儿童问题首脑会议向我们提出了挑战,要我们采取行动。我们同意接受这一挑战。

22. 我们特别在儿童之中寻找我们的伙伴。我们呼吁他们参与这项努力。

23. 在促进儿童的福利的世界性努力中,我们还寻求联合国系统和其他国际及区域组织的支持。我们要求非政府组织更多地参与,以补充这方面的国家努力和国际联合行动。

24. 我们决定通过并实施一项《行动计划》,以此作为更加具体的国家和国际行动的纲要。我们呼吁我们的同僚核准这项《行动计划》。我们准备为履行这些承诺提供资源,以此作为我们国家计划优先事项的一部分。

25. 我们做此努力不仅是为了现在这一世代,也是为了今后所有世世代代。让每个儿童享有更美好的未来,这是一项最为崇高的使命。

图书在版编目（CIP）数据

青少年权益维护法律法规及政策汇编 / 共青团中央维护青少年权益部，中国青少年研究中心编. -- 北京 : 法律出版社，2021.6

ISBN 978-7-5197-0698-2

Ⅰ. ①青… Ⅱ. ①共… ②中… Ⅲ. ①未成年人保护法-汇编-中国 Ⅳ. ①D922.79

中国版本图书馆 CIP 数据核字（2017）第 054674 号

青少年权益维护法律法规及政策汇编
QINGSHAONIAN QUANYI WEIHU FALÜ FAGUI JI ZHENGCE HUIBIAN

共青团中央维护青少年权益部
中国青少年研究中心 编

策划编辑 刘秀丽
责任编辑 刘秀丽
装帧设计 李 瞻

出版 法律出版社
总发行 中国法律图书有限公司
经销 新华书店
印刷 三河市兴达印务有限公司
责任校对 王晓萍
责任印制 胡晓雅

编辑统筹 法商出版分社
开本 787 毫米×1092 毫米 1/16
印张 40.5
字数 880 千
版本 2021 年 6 月第 1 版
印次 2021 年 6 月第 1 次印刷

法律出版社/北京市丰台区莲花池西里 7 号（100073）
网址/www.lawpress.com.cn
投稿邮箱/info@lawpress.com.cn
举报维权邮箱/jbwq@lawpress.com.cn
销售热线/400-660-8393
咨询电话/010-63939796

中国法律图书有限公司/北京市丰台区莲花池西里 7 号（100073）
全国各地中法图分、子公司销售电话：
统一销售客服/400-660-8393/6393
第一法律书店/010-83938432/8433 西安分公司/029-85330678 重庆分公司/023-67453036
上海分公司/021-62071639/1636 深圳分公司/0755-83072995

书号：ISBN 978-7-5197-0698-2 **定价**：138.00 元（定价）